PHILOSOPHIE IN ÖSTERREICH 1996

PHILOSOPHIE IN ÖSTERREICH 1996

Vorträge des IV. Kongresses der
Österreichischen Gesellschaft für Philosophie
Graz, 28. Februar - 2. März 1996

Herausgegeben von
Alfred Schramm

Verlag Hölder-Pichler-Tempsky

Die Deutsche Bibliothek - CIP-Einheitsaufnahme

Philosophie in Österreich 1996 : Graz, 28. Februar - 2. März 1996 / hrsg. von Alfred Schramm. - Wien : Hölder-Pichler-Tempsky, 1996
(Vorträge des ... Kongresses der Österreichischen Gesellschaft für Philosophie ; 4)
ISBN 3-209-02208-9
NE: Schramm, Alfred [Hrsg.]

Österreichische Gesellschaft für Philosophie:
Voträge des ... Kongresses der Österreichischen Gesellschaft für Philosophie. - [Wien] : Hölder-Pichler-Tempsky.
Früher u.d.T.: Österreichische Gesellschaft für Philosophie: ... Kongress der Österreichischen Gesellschaft für Philosophie
NE: HST

ISBN 3-209-02208-9

Alle Rechte vorbehalten.

Jede Art der Wiedergabe - auch auszugsweise - bedarf der schriftlichen Genehmigung des Verlages.
© **Copyright by Verlag Hölder-Pichler-Tempsky, Wien 1996**

Druck: DIGIBUCH, 1239 Wien

VORWORT

Der *IV. Kongreß der Österreichischen Gesellschaft für Philosophie* (Graz, 28. Februar bis 2. März 1996) wurde als Forum für alle in Österreich vertretenen philosophischen Strömungen, Positionen und Interessen veranstaltet. Dies eröffnete einerseits den Kongreßteilnehmern die Gelegenheit, sich in ihren Vorträgen den sie vordringlich beschäftigenden Problemstellungen zu widmen, andererseits – und damit in Zusammenhang – bot sich solcherart die Möglichkeit, den gegenwärtigen Status der österreichischen Philosophie gleichsam im Rahmen einer Leistungsschau zu bestimmen. Selbstverständlich war diese auf Österreich gemünzte Zielsetzung mit der weiteren verträglich, daß auch befruchtende Beiträge ausländischer Kollegen willkommen waren. Darüberhinaus bot der Kongreß dem wissenschaftlichen Nachwuchs gute Gelegenheit, sich auch außerhalb seines jeweiligen Universitätsortes einem breiteren Fachpublikum bekanntzumachen.

Auch wenn es nicht gelang (und naturgemäß nicht gelingen konnte), *alle* österreichischen Philosophen bei der Tagung zu versammeln, so wurde es schließlich eine gute, d.h. *repräsentative*, Stichprobe aus der österreichischen Philosophen-Population, deren Referate – ergänzt durch Beiträge einiger ausländischer Kollegen – im vorliegenden Sammelband dokumentiert sind.

Die Kapiteleinteilung behält die Ablaufstruktur des Kongresses bei: Vorangestellt sind Hauptvortrag und Gastvortrag. Den aufgrund der von den Referenten selbst vorgenommenen Zuordnung zu den einzelnen philosophischen Fächern veranstalteten Sektionsvorträgen entsprechen nunmehr die Kapitel dieses Bandes.

Herausgeberische Notwendigkeiten – vor allem die große Anzahl von 67 Beiträgen – bedingen den Umstand, daß die Mehrzahl der Vorträge lediglich in komprimierter Form wiedergegeben werden kann. Je Sektion wurden (den Vorschlägen der Sektionsleiter folgend) ein oder zwei Beiträge zur Publikation in voller Länge ausgewählt und an den Anfang der entsprechenden Kapitel gerückt.

Ausdrücklicher Dank gebührt meiner Mitarbeiterin Birgit Franz, die mich, wie schon bei der Organisation des Kongresses, auch bei der Herausgabe dieses Bandes hervorragend unterstützt hat.

Graz, im August 1996   Alfred Schramm

INHALT

Hauptvortrag

Rudolf Haller
Über das subjektive und das objektive Dasein 3

Gastvortrag

Keith Lehrer
Consciousness 20

Erkenntnistheorie

Heiner Rutte
Über das Wahrheitsziel und den Willen zur Illusion 35

Alfred Schramm
Bejahung und Verneinung: Drei J/N-Kalküle 51

Reinhard Margreiter
„Mystik" als Problembegriff im Kontext philosophischer Erfahrungstheorien 67

Sonja Rinofner-Kreidl
Das Psychologismusproblem und der Streit um eine wissenschaftliche Philosophie 71

Wissenschaftstheorie

Reinhard Kleinknecht
Phänomenale und wirkliche Zeit 77

Gerhard Schurz
Die Bedeutung des abduktiven Schließens in Erkenntnis- und Wissenschaftstheorie 91

Norbert Adler
Zur Überwindung der „dialektischen Verirrung der Vernunft" in der mathematischen Physik des 20. Jahrhunderts 110

Thomas Breuer
Theorien über alles – Ein Fall für Gödel? 114

Edmund Fröse
Die Reformulierung des Begriffs „wissenschaftliche Rationalität" im Paradigmenwechsel von der klassischen Physik zu den Theorien der Selbstorganisation 119

Volker Gadenne
Die verschiedenen Regeln zur Falsifikation und ihre Eignung für die Wissenschaften 123

Rainer Gottlob
Superinduktion und Superconsilience, zwei neue Begriffe und
ihre Bedeutung für die Erkenntnislogik 128

Michael Stöltzner
Quantenmechanik und „Schulphilosophie" 132

Philosophie der Mathematik

Hans-Christian Reichel
Wie könnte/sollte die rezente Entwicklung der Mathematik deren
Philosophie beeinflussen? 138

Erhard Oeser
Philosophie oder Wissenschaftstheorie der Mathematik? 151

Knut Radbruch
Die unlösbare Wahlverwandtschaft von Mathematik und Philosophie 155

Philosophie des Geistes

Peter Strasser
Kann man wissen, wer man ist? 160

Nikolaus Knoepffler
Determinismusproblem und „Freiheitswette" 173

Klaus Puhl
Reduktionismus und die erste Person 177

Josef Quitterer
Beruht das Leib-Seele-Problem auf der Inkommensurabilität
verschiedener Erklärungssysteme? 181

Sprachphilosophie

Johannes L. Brandl
Intrinsische und abgeleitete Intentionalität 187

Evelyn Gröbl-Steinbach
Kontextualismus – das Eindringen der Lebenswelt in die Erkenntnistheorie 200

Wilhelm Lütterfelds
Innen und Außen – Wittgensteins späte Auflösung der Leib-Seele-Problematik 213

Jesús Padilla-Gálvez
Wieso ist das Prädikat „wahr" auf der Seite der Anführungszeichen? 217

Angelika Schlegel
Eine Tarski-Semantik für den Namenkalkül von Leśniewski 222

Daniel v. Wachter
Weshalb analytische Urteile kontingent und a posteriori sind 227

Ontologie

Edmund Runggaldier
Die esoterische und hermetische Ontologie als Herausforderung   233

Bojan Borstner
Are Things State of Affairs? 247

Christian Kanzian
Dinge und Ereignisse 251

Andreas Roser
Das Problem der Kombinierbarkeit der Kategorien in Hegels Logik 255

Phänomenologie

Rainer Thurnher
Zu den Sachen selbst! – Zur Bedeutung der phänomenologischen Grundmaxime bei Husserl und Heidegger 261

Karl Baier
Die daseinsanalytische Phänomenologie des Traums 274

Günther Pöltner
Das Phänomen des Anfangs des menschlichen Daseins 278

Helmuth Vetter
Zu einer Phänomenologie des Emotionalen von Husserl her 283

Augustinus Karl Wucherer-Huldenfeld
Zur Phänomenologie der Zeitlichkeit: Zur Bedeutung von Heideggers Analytik der Zeitlichkeit für die philosophische Anthropologie, Ethik und Religionsphilosophie 287

Philosophie der Informations- und Kognitionswissenschaften

Gerhard Fröhlich
Netz-Euphorien. Zur Kritik digitaler und sozialer Netz(werk)-metaphern 292

Rafael Capurro
Informationsethik nach Kant und Habermas 307

Marie H. Hegedüs
Vom globalen Dorf zum globalen double-bind? 311

Josef Wallmannsberger
Netzwelten: Parerga zu einem elektronischen Passagenwerk 315

Praktische Philosophie

Christian Piller
Ist es vernünftig, das Wertvolle dem Wertlosen vorzuziehen? 320

Károly Kókai
Über den Begriff der Humanität 333

Eckart Ruschmann
Philosophische Beratung 337

Ethik

Peter Kampits
Rettet die Medizin die Ethik? 343

Hans Kraml
Sollensverständnis und Ethikbegründung 349

Georg Spielthenner
Interdisziplinarität in der ethischen Forschung 353

Sozialphilosophie und Politische Philosophie

Thomas Mohrs
Immanuel Kants „Zum ewigen Frieden" – naive Utopie oder unvermeidlicher „Ausgang der Not"? 359

Daniela G. Camhy
Kinderphilosophie und Demokratie 373

Peter Koller
Internationale Gerechtigkeit – Versuch einer Annäherung 378

Michaela Strasser
Hegel und der Weltstaat 383

Religionsphilosophie

Winfried Löffler
Einige Bemerkungen zur neueren Diskussion um „Pascals Wette" 389

Paul Weingartner
Wissenschaftlicher und religiöser Glaube 405

Philosophisch-religionswissenschaftliche Grenzfragen

Anton Kolb
Aufgaben und Ziele von Philosophie und Theologie. Dialog zwischen einem Philosophen und einem Theologen 412

Heinrich Schmidinger
Wie ist Metaphysik als Wissenschaft möglich? 432

Reinhold Esterbauer
Religiöse Momente in reduktionistischen Weltbildern moderner
Physiker 448

Hans-Walter Ruckenbauer
„Die Kunst ist mehr wert als die Wahrheit" – Zum Erlösungs-
motiv in Nietzsches antipessimistischem Entwurf 452

Jörg Salaquarda
Das Grundproblem der Religionsphilosophie 456

Kulturphilosophie, Anthropologie und Hermeneutik

Konrad Paul Liessmann
Ästhetik nach der Postmoderne 463

Charlotte Annerl
Zur Bedeutung der Kategorie Glück für eine Theorie des modernen
Subjekts 475

Felix Annerl
Der Alltagsgegenstand als Thema der Philosophie 481

Artur R. Boelderl
Die Logik des Weder-noch oder Warum Nichtverstehen (k)ein
Problem ist 485

Roland Traunmüller
Einige Anmerkungen zu Freuds „Drei grosse Kränkungen" aus
der Perspektive buddhistischer Philosophie 489

Geschichte der Philosophie

Florian Uhl
Roger Bacons (†1292) Analyse der *causae erroris* – Ein Beitrag
zur Geschichte der Ideologiekritik 495

Harald Berger
Zum Relationenproblem im 14. Jahrhundert 509

Marina Bykova
Subjektivität als Hauptthema des Rationalismus 514

Kurt Salamun
Einige Bemerkungen zu Fehldeutungen von Karl R. Poppers Rationalitätskonzeption 518

Róbert Somos
Franz Brentano und Ákos von Pauler 522

Hauptvortrag

ÜBER DAS SUBJEKTIVE UND DAS OBJEKTIVE DASEIN

RUDOLF HALLER (GRAZ)

1

Vorbemerkung

Unübersehbar ist, daß sich philosophische Einstellungen wie philosophische Richtungen wandeln und gewandelt haben. Und da der Möglichkeitsraum, philosophische Positionen – Standpunkte – einzunehmen, offenkundig nicht beliebig erweitert wird, weil ihm nicht so viel Platz eingeräumt ist, wie man vielleicht anzunehmen geneigt ist, so kehren die Denker, wenn sie einige Zeit in eine Richtung gegangen sind, oft an jene Orte zurück, von denen sie – weil sie sie verlassen wollten – einst losgezogen sind. Weil aber die Orte – man kann dafür auch „Standpunkte" sagen – verschieden sind, von denen wir ausgehen können, sind auch die Orte, zu denen wir zurückkehren, nicht immer genau die gleichen.

Lassen Sie mich mit einem provinziellen Beispiel belegen, was hier unter „Wandel" von Positionen verstanden werden kann. Als in den Sechziger-Jahren die österreichische Universitätslandschaft, nach einer Periode der Erstarrung, langsam in Bewegung geriet, und die einzelnen Fächer darangingen ihre Studienordnungen und Studienpläne neu zu entwerfen, waren die wichtigsten Desiderata des Neubeginns: Allgemeine Einführungen, ein wohlaufgebauter Logik-Kurs, Geschichte der Philosophie und als zentrale theoretische Disziplinen Erkenntnis- und Wissenschaftstheorie, Ontologie und Metaphysik sowie für die praktische Philosophie Ethik und Sozialphilosophie. Als ergänzende Fächer wurden aus dem Katalog philosophischer Disziplinen eine Reihe von nahezu 20 angeführt. Aber die Philosophie des Geistes, des Bewußtseins – wie man sich heute gerne englisch ausdrückt: Philosophy of mind – war nicht unter diesen.

Mit einem solchen schädlichen Fehler, der obendrein zum kleinen Schwindel des Namen-Wechsels führt, weil man ja doch nicht wegen eines zurückgebliebenen Gesetzes den Studierenden eine heute im Zentrum der Forschung stehende philosophische Diskussion unterschlagen kann, sollte man nicht weiter die Studierenden hinters Licht führen.

Lassen Sie mich, gewissermaßen zur Einleitung, mit einer Verneigung vor einem Großen beginnen.

Einleitung

Als René Descartes, der philosophische Jahresregent von 1996, das Thema der neuzeitlichen Philosophie vorgab, die Frage nach dem Wesen von Geist und Körper – und der Ausgangspunkt der Philosophie des Geistes eben in der unbezweifelbaren Gewißheit des „Ego cogito – ego existo" fixiert worden war, schien die philosophische Forschung festgelegt auf die Analyse des menschlichen Geistes, des Bewußtseins des eigenen Denkens, der Natur der körperlichen Dinge und der Beziehung zwischen den beiden Wesen oder Substanzen, der res cogitans und der res extensa. Descartes war es, der den Weg der neuzeitlichen Bewußtseinsphilosophie eröffnete, indem er den lebendigen Denker in den Mittelpunkt rückte und in dessen Akten des Denkens nicht nur die Grundstruktur des Denkens – seine Intentionalität – aufdeckte, sondern eben auch den Bezug zwischen den erfaßten oder gedachten Gegenständen und dem Denkenden. Nie zuvor in der Geschichte der Philosophie hat ein Denker jedoch eben diese Beziehung zwischen dem Denken und dem, was gedacht wird, nein: zwischen sich selbst und dem, was er denkt, auf ihren Rechtfertigungsanspruch hin in Zweifel gestellt. Denn Descartes fragt ja nicht, wie ich formulierte, nach der Relation zwischen dem Denker (oder einem Gedanken) und dem, was gedacht wird (also dem Inhalt oder Gegenstand eines Gedankens). Descartes' universaler Zweifel hatte nicht nur den Sinn, darauf aufmerksam zu machen, daß die Grundlegung einer universalen Wissenschaft einen Beweis der Möglichkeit der Erkenntnis voraussetzt, Descartes' universeller Zweifelsversuch wird vielmehr und einzig und allein getragen von der unumstößlichen Gewißheit der Existenz des eigenen Selbst. Denn wenn man – in einem Gedankenexperiment, zu dem man sich überredet – alle Externa, also alle überhaupt bestehenden Sachverhalte als nichtbestehend, nicht existierend annimmt, also den Fall setzt, daß es „keinen Himmel, keine Erde, keine denkenden Wesen, keine Körper" gebe, so gebe es nach diesem gigantischen Gedanken-Experiment doch die Existenz dessen, der sich eben dies eingeredet habe.

Wir erinnern uns der II. Meditation und ihres Verweises auf die erste, in der die Hypothese des allmächtigen Täuschers eingeführt worden war. Bevor es zur Äußerung des Cogito-Satzes kommen kann, muß eben die Existenz dieses deceptor summe potens summe callidus (dem vielleicht auch die Erfindung von Kripkes quus-Funktion zuzuschreiben wäre) berücksichtigt werden. Und wir kennen Descartes letzten Schritt, daß nämlich, selbst unter der Annahme steter Täuschung, unzweifelhaft ist, daß ich bin, solange (quamdiu) ich denke. Indem Descartes das „Ich denke, also bin ich", das „ego cogito ego existo" zum ersten Prinzip der Philosophie erhob, war ein

Wegweiser errichtet, von dem sehr bald gesagt wurde, was Hegel in die Worte faßt: „René Descartes ist in der Tat der wahrhaftige Anfänger der modernen Philosophie, insofern sie das Denken zum Prinzip macht".[1]

„Ich denke" – so könnte man sagen – ist der mindeste Ausdruck dessen, der auf die Tatsache seines Bewußtseins aufmerksam macht. Denn solange nicht von dem Gegenstand die Rede ist, welcher der Gegenstand meines Denkens ist, fehlt der Behauptung die Folgerung des „Ich bin (existiere)". Natürlich ist die performative Aussage „Ich denke" insoferne „selbstverifizierend", als sie eben im Vollzuge der Aussage bestätigt, daß jemand, der „ich" geäußert hat oder äußert, denkt. Da es logisch ausgeschlossen ist, daß, wenn ich denke, ich nicht denke, ist der empirisch wahre, von mir geäußerte Satz „Ich denke" eo ipso durch seine Äußerung verifiziert und also wahr.[2] Allerdings habe ich hier den Vollzug der Handlung, d.h. des Denkaktes „Ich denke" gemeint, und nicht seine bloße Äußerung, die ja – für sich genommen – mechanisch erzeugt und mechanisch reproduziert sein könnte, so wie man in früherer Zeit das sinnlose Nachplappern des Papageis als Exempel für eine Pseudo-Handlung, einen Pseudo-Vollzug gedankenlosen Sprechens benützte.

Es ist nicht einfach, das Einfachste zu sagen, und erst recht nicht, es zu analysieren. Dies wird sich sogleich herausstellen, wenn wir uns bemühen, den eigentlich subjektiven Ansatz des Gedankenganges zu identifizieren. Oft und schon in den Entgegnungen, die Descartes selbst zu beantworten hatte, war eingewendet worden, daß es doch kein Privileg der Eigenschaft des Denkens wäre, die Existenz von Etwas vorauszusetzen, von Etwas, dem die Eigenschaft, (jetzt) zu denken, zukäme. Aber, wie von Descartes selbst und vielen Interpreten wohl bemerkt, ist „Ich gehe spazieren" oder „Ich atme" nicht in der Lage, die Beweiskraft des Cogito-Satzes zu tragen. Der von anderen leicht verifizierbare Satz: „Ich gehe spazieren" setzt sicher voraus, daß es etwas gibt, was mit dem identisch ist, auf das ich mich mit „ICH" beziehe, also mit mir identisch ist und spazieren geht, aber weder ist der Selbstbezug durch die Identitätsbehauptung gesichert, noch sind „spazieren" oder „atmen" immun gegenüber dem Zweifel, wie das für „Ich denke" zutrifft.

Descartes' Zweifelsversuch jedoch war – wie wir uns erinnern – in der Tat ein radikaler, denn er setzt die Existenz aller Wahrheiten, an die wir bisher geglaubt haben, ebenso außer Kraft, wie jene der körperlichen, d.h. ausge-

---

1 G.W.F. Hegel, Vorlesungen über die Geschichte der Philosophie III, Werke Bd.20, p.123
2 Vgl. B. Williams, *Descartes. Das Vohaben der reinen philosophischen Untersuchung.* Dt. W. Dittel u. A. Viviani, Königstein 1981.

dehnten Dinge, damit das Beispiel der Annahmefreiheit demonstrierend, die uns erlaubt, Wirkliches wie Mögliches, Existierendes wie Nicht-Existierendes infrage stellen zu können. Warum also wählt er nicht Spazierengehen oder Atmen als Handlungen, deren Vollzug uns der zweifellosen eigenen Existenz versichern könnten? Wir erinnern uns an den Discours de la méthode, wo Descartes im 4.Abschnitt in der gedrängten Kürze zunächst den Versuch erläutert, an allem zu zweifeln: An den Überzeugungen, die der Sinneserfahrung entstammen, an den logischen und mathematischen Beweisen und Rechtfertigungen, an der Common-sense Unterscheidung von Traum und Wachen, um zu entdecken, daß auch dann, wenn er denkt, alles sei falsch, „doch notwendig ich, der es dachte, etwas sei". Es ist an diesem Punkt, daß Descartes auf die Wahrheit des „Je pense, donc je suis" stößt, sie als eine Wahrheit erkennt und den Satz als ersten Grundsatz der Philosophie einsetzt.

So sehr ich versucht bin, in der Erinnerung an Descartes und der Analyse des Cogito-Satzes fortzufahren, muß ich doch hier auch schon die Ehrerweisung, die wir ihm, 400 Jahre nach seiner Geburt schulden, von ihrem Ursprung ablösen und zu den Folgen lenken. Von Descartes – und nicht von Augustinus – an, tritt der Anspruch der 1.Person Singular in den unverrückbaren Vordergrund der Philosophie: Das Subjekt der Urteils- und Theorienbildung ist sich seiner Rolle bewußt geworden und richtet den Blick, wie man sagen möchte, der Innenwelt zu, um die wankend gewordene Sicherheit der alten Welt, deren Zentrum verschoben worden war, durch eine neue, unumstößliche innere Sicherheit zu ersetzen. Es ist Descartes und nicht Augustinus, der der neuzeitlichen Philosophie den Weg gewiesen hat.

Vielleicht am deutlichsten zeigt sich diese Blickwendung nach dem Inneren bei dem Hervortreten der erkenntnistheoretischen Fragestellung. Denn nun lautet das Problem nicht mehr wie seit der Antike: „Was ist Wissen? Was ist ein Beweis? Was ist der Mensch?", vielmehr tritt, nahezu plötzlich, das Subjekt in den Mittelpunkt, und ab diesem Datum fragen die Philosophen: „Was weiß ich? Was kann ich wissen? Was rechtfertigt meinen Glauben?" Und dergleichen in anderen Gebieten, wo sie nicht mehr fragen: „Was ist das Gute?" sondern „Was soll ich tun?"

2

Das subjektive Dasein: So wende ich mich also – um eine historische Rück-Erinnerung reicher – zuerst der Frage zu, was mit der Gegenüberstellung eines subjektiven und objektiven Daseins denn überhaupt gemeint sei.

Um diese Frage zu verstehen und beantworten zu können, ist es angebracht, eine terminologische Klärung, oder – wenn man weniger entgegenkommend ist, müßte man sagen – eine terminologische Festlegung vorauszuschicken. Als „*subjektiv*" im *engeren Sinne* bezeichnen wir jene Zustände, Beschaffenheiten oder Befindlichkeiten, die einem erlebenden (erkennenden, fühlenden, wollenden) Subjekt (einem Individuum – einer Person) entweder gewöhnlicherweise oder zeitweise eigen sind, und die dem Subjekt in bestimmter oder in unbestimmter Weise gegenwärtig sind. Als „*subjektiv*" im *weiteren Sinne* bezeichnen wir jene erkenntnis- und gefühlsmäßigen Einstellungen, welche absichtlich oder nicht nicht-absichtlich die eigene(n) Perspektive(n) bei dem Erleben, Betrachten und der Beurteilung von Weltstücken oder Sachverhalten benützen. Handelt es sich also beim Gebrauch von „subjektiv" im weiteren Sinne um die jeweilige Perspektive (Erlebens-, Betrachtungs-, Erwägungs- oder Beurteilungsweise) beim Erleben, Betrachten, Erwägen oder Beurteilen von Gegenständen oder Sachverhalten, so beim Gebrauch von „subjektiv" im engeren Sinne um jeweils eigene Zustände und Befindlichkeiten, also um solche, die sich dem erlebenden Subjekt unmittelbar präsentieren.

In gewisser Weise und im Titel eigentlich schon kenntlich gemacht, schließe ich damit an ein altes Thema an, dessen Wiederaufleben Thomas Nagel vor mehr als zwanzig Jahren initiiert hat mit der Frage: „What is it like to be a Bat?"[3] und dem Aufsatz „Subjective and Objective"[4].

Als objektiv läßt sich jede Betrachtungs-, Erwägungs- oder Beurteilungsweise bezeichnen, die für jedes rationale Wesen oder Individuum gleichermaßen zugänglich und überprüfbar ist. In extremer Auslegung kann man dann den Standpunkt der Objektivität als jenen ansehen, in welchem der Versuch unternommen wird, „die Welt nicht von einem Standpunkt, der in ihr liegt, oder aus der Perspektive einer spezifischen Lebens- oder Bewußtseinsform zu betrachten, sondern schlechthin unabhängig von jeder besonderen Lebensform".[5] „Objektiv" wird in der Tat häufig eben dadurch näher bestimmt, daß man den Gegensatz zu „subjektiv" betonend, eine nicht-subjektive Auffassungs- und Betrachtungsweise als objektive beschreibt. In diesem Sinne hat Popper sich, in üblicher Einfachheit, auch den Begriff einer objektiven Erkenntnis ausgedacht und behauptet: „Erkenntnis im objektiven Sinne ist *Erkenntnis ohne einen Erkennenden*: es ist Erkenntnis *ohne erken-*

---

3 In: *Philosophical Review* (1974)
4 Ursprünglich in: Thomas Nagel, *Mortal Questions* (1979) dt. In: T.N., Die Grenzen der Objektivität. Stuttgart 1991. „Das Subjektive und das Objektive", p.99 u.128.
5 ebd. p.118.

nendes Subjekt".⁶ Und indem Popper dem Zauber Platons offenkundig nicht ganz entfliehen kann, baut er – statt auf das Subjekt der Erkenntnis – auf eine mißgestaltete sogenannte dritte Welt, die neben der Welt der physikalischen Gegenstände und Sachverhalte und neben „der Welt der Bewußtseinszustände oder geistigen Zustände" besteht, eine „Welt der objektiven Gedankeninhalte". Popper, der sich mit dieser Konzeption in der Nähe von Bolzano und Frege sieht, (wobei Frege ja den Einfall, von einem „dritten Reich" zu sprechen, vorausgedacht hat), erhebt damit einen ungebührlichen Anspruch, denn seine dritte Welt entbehrt keineswegs der Kausalität: sie ist gefertigt und hat als ihre Bewohner nicht Vorstellungen und Sätze an sich wie jene Bolzanos, oder Gedanken, die man fassen oder nicht fassen kann, wie Freges Welt, sondern die Hervorbringungen und Ergebnisse der Wissenschaft: Bibliotheken, Akademien. Kurz, die Objektivität – in Poppers Verstande – besteht in den von Subjekten erarbeiteten und dargestellten Produkten, insbesondere in den wissenschaftlichen Theorien, die – angeblich – eine „unabhängige Existenz der dritten Welt" verbürgen.

Dem gegenüber steht die Auffassung der cartesischen Tradition, die ja nicht weniger um eine Grundlegung der Wissenschaft, genauer einer scientia universalis bemüht war. Nur ruht hier der Aufbau der Theorien auf dem intentionalen Bezugssystem, das auf der Basis des Cogito-Satzes errichtet wurde. Die Grundrelation von Intentionalität ist dabei der Wegweiser vom Subjekt zu den Gegenständen der Welt.

Man erinnert sich Brentanos, der bereits in seiner Philosophie vom empirischen Standpunkt (1874) die Meinung vertrat, daß allein in der sogenannten inneren Wahrnehmung – im Gegesatz zur äußeren – uns die vollste Gewißheit und klarste Erkenntnis der psychischen Phänomene überhaupt gegeben ist. Niemand könne im Zustand innerer Wahrnehmung in Zweifel ziehen, ob der psychische Zustand, „den er in sich wahrnehme, sei, und ob er so sei, wie er ihn wahrnehme".⁷ Das, so denke ich, ist das Cartesische Erbe Brentanos, das ihm sogar erlaubt, ausdrücklich zu verneinen, daß es auf dieser allergewissensten Basis möglich wäre, eine Substanz oder Seele als Träger der psychischen Erscheinungen zu entdecken: „Eine Seele gibt es nicht, wenigstens nicht für uns".⁸

In der Tat handelt es sich bei der von Brentano proponierten Analyse um eine solche, die das ganze Gewicht der Beweisführung über den Zustand der

---

6 K. Popper, *Objektive Erkenntnis. Ein evolutionärer Entwurf.* Dt. Hamburg 1974, p.126.(Gesperrt von mir)
7 F. Brentano, *Psychologie vom empirischen Standpunkt I*, Hg. O.Kraus (1924), Hamburg 1973, p.14.
8 ebd.p.16.

Innenwelt dem Subjekt dieser auferlegt: Es ist die von Descartes inaugurierte Inthronisierung dessen, was die analytischen Philosophen unserer Tage die Autorität der ersten Person (first person authority) nennen, eine subjektive Autorität, die durch keine objektive (third person testimony) gestüzt wird oder falsifiziert werden kann. Zugegeben, bei dieser Behauptung ist vorausgesetzt, daß das Subjekt eines Erlebnisses sogenannter innerer Wahrnehmung – wie „ich denke" (wenn ich gerade an Smith denke), „ich erinnere mich" (wenn ich mich gerade erinnere, Chisholm nicht geschrieben zu haben), „ich habe Zahnweh" (wenn ich gerade Zahnweh habe) immer auch das erfaßt, was ihm in innerer Wahrnehmung gegeben ist, also in irgend einer Weise über das begrifflich-sprachliche Instrumentarium verfügt, das Erlebte, Erinnerte, Gedachte zu identifizieren. In gewisser Hinsicht ist das auch schon in der Wahl des terminus „psychisches Phänomen" zum Vorschein gekommen, denn was die innere Wahrnehmung en parergo präsentiert, ist eben das dem Ich der inneren Wahrnehmung präsentierte Phänomen des Denkens, Erinnerns, des Schmerzes etc., eben das, wovon wir Bewußtsein haben. Da Brentano die Möglichkeit nicht bewußten Erlebens perhorresziert, ein Unterbewußtsein ausschließt, gilt für ihn die generelle Behauptung: „Jeder psychische Akt ist bewußt; ein Bewußtsein von ihm ist in ihm selbst gegeben." Diese waghalsige These soll durch die Existenz eines doppelten Objekts psychischer Akte gerechtfertigt werden. Einerseits sei jeder psychische Akt auf etwas gerichtet – das ist seine intentionale Struktur (z.B. das Hören auf einen Ton)-, andererseits aber auf das psychische Phänomenon, in welchem der Ton gehört wird. Eben in diesem letzten Sinn zeige sich der Gegenstand als ein dreifaches Bewußtsein: als ein Bewußtsein der Vorstellung, der Erkenntnis und des Gefühls.[9]

Es ist mir freilich vor einiger Zeit aufgefallen, daß die Fragestellung, fast möchte man sagen – natürlich – auch andere Vorgänger hat, von denen ich nur Schopenhauer – in den Ergänzungen zum 2. Buch von *Die Welt als Wille und Vorstellung* – und Sartre, der der Unterscheidung von l'être en soi und l'être pour soi eine ausführliche phänomenologische Untersuchung widmete, nennen möchte.[10]

Und da ich seinen Namen hiermit schon erwähnt habe und obendrein finde, daß ein allgemein nicht selten vertretener Standpunkt selten so klar ausgedrückt wird, möchte ich an der Stelle Schopenhauers Formulierung zum Ausgangspunkt nehmen:

„In Wahrheit hingegen ist ein subjektives und ein objektives Daseyn, ein

---

9 ebd. p.218f.
10 Immerhin weist Nagel – ohne Namensnennung – auf diese Unterscheidung in den Termini der französischen Sprache hin.

Seyn für sich und ein Seyn für Andere, ein Bewußtseyn des eigenenSelbst und ein Bewußtseyn von anderen Dingen, uns unmittelbar gegeben, und Beide sind es auf so grundverschiedene Weise, daß keine andere Verbindung dieser gleich kommt. Von sich weiß jeder unmittelbar, von allen Andern nur sehr mittelbar. Dies ist die Tatsache und das Problem."[11]

(Fürchten Sie nicht, daß ich in der Motten- oder Trickkiste der Philosophie noch weiter herumkrame, ausgenommen in jener unserer Zeitgenossen, die wir doch in der philosophischen Unterhaltung nicht vermissen wollen.)

In „Wie ist es, eine Fledermaus zu sein?" heißt es im Ausgangssatz, es sei das Bewußtsein, welches das Leib-Seele-Problem so kompliziert und verquert mache, und bald darauf sagt derselbe Autor, daß es mit dem Thema „Bewußtsein" hoffnungslos zu sein scheine.

Bei dem Versuch, sich zu denken, sich vorzustellen, zu empfinden, wie es ist, eine Fledermaus zu sein, sind wir – wie im Falle der Frage, wie es wäre, eine Giraffe oder eine Schnecke zu sein – auf unser *eigenes* Vorstellungsvermögen, auf unser *eigenes* Empfinden, Fühlen und Denken angewiesen, das uns bei allem zoologischen Wissen nicht weiter helfen kann, wie es eben ist, genauer: – in der Innenperspektive gespürt und vorgestellt wird – als dieses Tier zu leben.

Was mit dieser seltsamen, aber eigentlich simplen Frage, zu der es keine positive Antwort gibt, beabsichtigt war, ist uns aufzurufen, darüber nachzudenken, welche Bedingungen es *verhindern*, eine befriedigende und nachvollziehbare Antwort zu finden. Es sind die Unterschiede zwischen dem *subjektiven Dasein*, d.h. dem je eigenen Dasein und seiner objektiven Betrachtung, die dem Problem zugrunde liegen. Denn, was eine positive Antwort verhindert, ist primär nicht eine erkenntnismäßige Schranke wie: nicht zu wissen bzw. nicht wissen zu können, was es bedeutet, so-und-so zu sein, oder sich so-und-so zu fühlen, sondern, wie Nagel meint, eine Perspektiven-Insuffizienz. D.h. daß wir – im allgemeinen – nicht imstande sind, eine subjektive Perspektive, wie sie uns in *unserem* Bewußtsein präsentiert und bei der Selbstbetrachtung eigen ist, auf Gegebenheiten und Fälle zu übertragen, die nicht im eigenen Erfahrungsbereich, nicht im Möglichkeitsbereich eigener Erfahrungen liegen. Wie mir zumute ist, wenn ich aufgeregt oder lustig oder verängstigt bin, ist mir ziemlich vertraut, aber eben in der Weise, in der mir die übrigen Erscheinungen in meinem bewußten Erleben und vielleicht im bewußten Erleben anderer Personen vertraut sind. Und das heißt, wie bei allen Erfahrungen, daß aus der bisherigen Reihe gleichartiger Erfahrungen nicht auf die gleiche Beschaffenheit der nächst-ähnlichen, viel weniger auf

---

11   A. Schopenhauer, *Die Welt als Wille und Vorstellung II* (Zürcher Ausgabe: Werke in zehn Bänden, Bd.3), p.224.

ihre Wiederholung zu schließen ist, unbenommen der Tatsache, daß man sie erwartet. Ich habe freilich nicht vor, die weithin bekannten Überlegungen von Nagel zu verfolgen, sie zu wiederholen oder im einzelnen zu erörtern. Was wir ihm verdanken – und das ist für den hier ausgewählten Gegensatz genug – ist der Hinweis auf eine eigentümliche Eigenschaft des Bewußtseins, nämlich eine eigene, vermutlich artspezifische Einstellungsperspektive zu haben, die uns zwar den Analogieschluß auf gleichartige Befindlichkeiten bei anderen Wesen offen läßt, aber keine Möglichkeit seiner Bestätigung oder Widerlegung.

Die Grundlage dafür wäre in der Möglichkeit gelegen, eine Beschreibungsart zu finden, welche subjektive Erfahrung in objektiver Sprache zum Ausdruck bringt. Allerdings müßten dafür noch andere Bedingungen erfüllt sein und unter diesen insbesondere die Annahme, daß subjektive Befindlichkeiten selbst „eine objektive Natur *haben*"[12]. Nun ist es so gut wie sicher, daß die Weise, wie eine Fledermaus sich fühlt bzw. wie es ist, eine Fledermaus zu sein, uns so fremd ist wie nur etwas fremd sein kann. Gäbe es also eine Methode aus der Subjektivität und der Beschränktheit der eigenen Perspektive herauszutreten, dann könnte man hoffen, eine Methode zu finden, in nicht-subjektiver Weise über „den subjektiven Charakter von Erlebnissen" zu berichten. Ohne Zweifel haben wir gar keine genaue Vorstellung, wie ein solches Programm der Objektivierung des Subjektiven durchzuführen ist. In dem späten Werk von Nagel „Der Blick von Nirgendwo" wird die Idee der objektiven Phänomenologie, die die Grenzen der Subjektivität und ihrer Perspektiven überschreitet, ausgedehnt, aber die damit einhergehende Metaphysik schwebt wie als geistige Wolke über den Wassern der Unklarheit. Warum sollte für ein objektives Weltbild der Pan-Psychismus zutreffen, d.h. die These, daß alles, woraus die Welt, ja das Universum besteht, aus Teilen besteht, die, wenn sie richtig analysiert sind, sich als solche erweisen, die psychische oder zumindest proto-psychische Eigenschaften haben? Es ist freilich richtig, daß sich aus den physikalischen Eigenschaften von Dingen nicht erklären läßt, wie Dinge und Vorkommnisse sich aus bestimmten subjektiven Blickwinkeln präsentieren. So kann Nagel zurecht sagen: Man kann ein pour soi nicht aus einem en soi herleiten. Ich teile mit Nagel die Überzeugung, daß wir nicht den leichten Weg zur Verfügung haben, einen Träger der psychischen Eigenschaften zu supponieren, der als Seele die einfache Lösung des Rätsels der Verbindung von Körper und Geist löst. Aber ich finde wenig Grund, den Vorschlag anzunehmen, daß die metaphysischen Teile des Universums selbst von psychischer oder wenigstens protopsychischer Natur sein sollten. Dieser Anthropomorphismus der Natur, der

---

12 Th. Nagel, *Wie ist es, eine Fledermaus zu sein?* Dt.p.195.

man den menschlichen Geist imputiert und die uns aus Mythen und Märchen erfreut, hat jedenfalls heute wenig Plausibilität. Diese Vergeistigung des Physikalismus erklärt weder die Mentalität des Mentalen noch die Materialität des Physischen, denn ein objektives Verfahren, das eine solche These stützte, *kann* es gar nicht geben. Freilich bleibt noch das Problem der kausalen Beziehung vom Geistigen zum Physischen, wofür ein klassisches Exerzierfeld ja das Beziehungsgefüge von Geist-Bewußtsein und Gehirn bildet. Schon Descartes hat dazu einen Beitrag geleistet, als er in der nicht-paarig vorhandenen Zirbeldrüse jenes Verbindungsorgan zu entdecken glaubte, das eine kausale Beziehung zwischen den beiden Substanzen, der res cogitans und der res extensa, möglich mache. Hier liegt schon ein, vielleicht zu primitives, Modell dafür vor, wie der Geist auf das Gehirn einwirken könnte. Aber was sich zweifelsohne nicht in Descartes hineinlesen läßt, ist, daß dadurch eine der beiden Substanzen in die andere übergehen, auf sie reduziert werden könnte.

Nicht zu leugnen ist allerdings, daß die Idee, man könne die Welt dadurch verständlicher machen, daß man den Dualismus von Körper und Geist beseitigt, indem eines von beiden auf das andere zurückgeführt wird, ein weites Anwendungsfeld der Philosophie und der Wissenschaften eröffnet. Daß es sich dabei in neuerer Zeit gewöhnlich um Reduktionsversuche handelt, in denen das Physische oder Physikalische die Reduktionsbasis bildet, hat eine gewisse Plausibilität. Im Bereiche des Physikalischen und seiner Theorien findet eben die Maxime der Objektivität größeren Halt. Schon Otto Neurath hat daher der Sprache des Physikalismus den unbedingten Vorzug gegeben, weil durch sie zwei Kriterien objektiven Daseins erfüllbar wären: *Intersensibilität* und insbesondere *Intersubjektivität*. Daß um die gleiche Zeit Carnap und Wittgenstein dasselbe Programm vertraten, scheint mir noch immer bemerkenswert.

Reduktion in ihrer extremsten Form bedeutet Identität, oder besser, führt zu Identität. Und, wie man weiß, gibt es verschiedene Formen, in denen sie gedacht und beschrieben wird. Strikte Identität von A = B liegt dann vor, wenn – entsprechend dem Leibnizschen Gesetz – die beiden Gegenstände (Zustände oder Ereignisse) sich in allen Eigenschaften, die A zukommen und B zukommen, gleich sind. Natürlich sind sie dann auch ein- und dasselbe. Die uns bekannten Theorien und Vorschläge, insoweit sie das Verhältnis von Geist und Körper betreffen, sind allerdings auf einen weniger strikten Begriff der Identität beschränkt, und beziehen sich z. B. eher auf eine auf Einzelvorkommnisse aufgebaute sog. Token-identity, oder auf eine auf einen Typus aufgebaute Typen-Identität. So haben einige Philosophen zurecht gemeint, daß die Identifikation von einzelnen Empfindungen irgendwelcher Qualia mit einzelnen Gehirnzuständen nicht auch die Annahme implizieren müßte, daß mentale und physische Typen identisch seien. Dazu können „einem intelligenten Denker bei einer ersten Überlegung kurz vor dem Schlafengehen keine Hinderungsgründe einfallen", um einige dieser Theorien zu vertreten, andere zu bezweifeln, meint Saul Kripke, der mit guten Gründen die Identitätstheorie von Typen angreift.[13] Jaegwon Kim weist darauf hin, daß Typenidentität nichts anderes besagt, als daß geistige Eigenschaften einfach physisch sind, daß es demnach gar keine mentalen Eigenschaften geben könne.[14] Aber natürlich gibt es alle möglichen Einwände, auch gegen die übrigen Formen von Identitätstheorien, auf die hier gar nicht eingegangen werden kann.

Offenkundig ist, daß die bisherige Charakterisierung des subjektiven Daseins und seiner perspektivischen Einstellungen genau dem Bilde einer Theorie des Geistes entspricht, wie sie Tyler Burge als *Individualismus* benannte. Entsprechend dem Individualismus soll nämlich gelten, daß die qualitativen (phänomenologischen) geistigen oder mentalen Phänomene allein alle mentalen oder geistigen Zustände einer Person bestimmen. Wenn Burge das, was er „Individualismus" nennt, weiter ausführt, wird ziemlich klar, daß damit vornehmlich eine idealistische Position angegriffen wird, auch wenn die Argumentation diesen Terminus nicht gebraucht und ihre Methode hauptsächlich semantisch orientiert ist. Der Kernpunkt dieser semantischen Orientierung ist, daß eine rein subjektiv=konstruierte Bedeutung der sprachlichen Ausdrücke, die wir in der Beschreibung unserer Erfahrungen verwenden, nicht erworben und daher auch nicht angewendet werden kann.

Fast alle heute im Schwange befindlichen philosophischen Argumentationen, die der Kritik eines rein subjektiven, d.h. auf die Kapazität des je-eigenen Bewußtseins abgestellten Repräsentierens von Weltstücken gewidmet sind, haben Profit aus Wittgensteins Bemerkungen über die Unmöglichkeit einer privaten Sprache gezogen. Denn bei der Kritik, die Wittgenstein im Sinne hatte, stand ja zunächst die analoge Frage im Zentrum: Wie ist es, über eine Sprache zu verfügen, die nur der Sprecher deuten kann, weil sich ihre Ausdrücke auf etwas beziehen, was nur diesem unmittelbar bekannt ist, z.B. seine unmittelbaren privaten Empfindungen? Wittgenstein unterstreicht die Empfindungen, aber er schließt alle inneren Erlebnisse, und ausdrücklich Gefühle und Stimmungen, die wir ja nicht zu den Empfindungen rechnen, ein. Und von diesem Beispielsfeld aus stellte er die Frage, wie sich Wörter überhaupt auf etwas wie Empfindungen *beziehen*. *Eine* der Antworten – es gibt eben auch hier mehrere Möglichkeiten -lautete dann: „Es werden Worte mit dem ursprünglichen, natürlichen Ausdruck der Empfindung verbunden

---

13 S. Kripke, *Name und Notwendigkeit* (1977), dt. Frankfurt 1981, p.164 ff.
14 Vgl. J. Kim, *Philosophy of Mind* 1996, p.63 f.

und an dessen Stelle gesetzt."(PU 244) Diese Form der Bezugnahme hat (oder zeigt) einen eigentümlichen Doppelcharakter. Sie weist darauf hin, daß der Bezugsgegenstand nicht dadurch variiert wird, daß anstelle von natürlicher Äußerung (z.b, im Falle von Schmerz: das Schreien) eine sprachliche Äußerung tritt. Dies ist nur eines der vielen Beispiele, die uns darauf aufmerksam machen, daß die eigene subjektive Einstellung zwar „subjektiv" genannt werden kann, daß jedoch damit zuvörderst nur anerkannt und unterstrichen wird, welche Rolle die auf meine Innenwelt (Empfindungen, Gefühle, Stimmungen) bezogenen Ausdrucksweisen im Blick- und Hörfeld der Anderen spielen. In der Anwendung des Symmetrieargumentes – vielleicht dem wichtigsten methodischen Argumentationsmodell seiner späteren philosophischen Untersuchungen – hat Wittgenstein darum auch zwischen zwei Gebräuchen egozentrischer Ausdrücke – wie „ich", „mein", „mir" – unterschieden.[15] Während im *subjektiven Gebrauch* die gegebenen Beispiele lauten: „ Ich versuche meinen Arm zu heben", „Ich habe Zahnschmerzen", „Ich denke, es wird regnen", zeigt uns der *objektive* Gebrauch sogleich auch die andere Seite, von der bisher noch nicht explizit die Rede war. Die von Wittgenstein angeführten Beispiele für den *objektiven Gebrauch* lauten: „Mein Arm ist gebrochen", „Ich bin zehn Zentimeter gewachsen", „Ich habe eine Beule auf meiner Stirn", „Der Wind verweht meine Haare".[16]

Ganz offenkundig sind die Beispiele der zweiten Art solche, die physische Vorkommnisse betreffen, die nicht nur subjektiv, vom einzelnen Individuum erfaßt werden können, sondern die von jedermann zu erfassen sind, von ihnen als zutreffend oder nicht zutreffend beurteilt werden können. Der Grund ist, daß die Verwendung egozentrischer Ausdrücke im *objektiven* Gebrauch eine objektive Überprüfung ermöglicht, und da hierfür die Identifikation des Wesens, das sich geäußert hat, nötig ist, weil man sonst nicht wüßte, wer es ist, dem etwas zugesprochen würde, ist auf der Erfüllung dieser Bedingung zu bestehen. Insoferne diese Überprüfung nicht zweifellos erfolgt, ist Irrtum möglich, oder, wie Wittgenstein gesagt hat, „vorgesehen". Nur, es handelt sich um ein Vorsehen für alle, denn was dem objektiven Gebrauch zugesprochen werden kann, ist eben die *intersubjektive* Erfassung wie Überprüfung, auch wenn Wittgenstein den Terminus Intersubjektivität nicht verwendet. Es ist also nötig, das Objekt so zu bestimmen, daß intersubjektiv überprüfbare Aussagen über es gemacht werden können. Genau diese Bedingung fällt beim subjektiven Gebrauch der egozentrischen Ausdrücke weg. Wenn ich Kopfweh habe, bin ich nicht veranlaßt, die Person zu identifizieren, welcher der Kopf weh tut. Die Frage, ob ich es bin, der die

---

15 L. Wittgenstein, *Das Blaue Buch* (Werkausgabe Bd.5), p.106f.
16 ebd.

Schmerzen hat, wenn ich sie *habe*, ist geradezu „unsinnig".

Wenn wir zugeben, daß die Identifikation des „Ich" für den, der denkt, kein zusätzliches Problem darstellen kann, wenn er denkt: „Ich denke...", dann wird ein Aspekt der zweifellosen Sicherheit, die wir seit Descartes dem Cogito-Satz zusprechen, deutlich, daß der Bezug auf sich selbst, als dem Denkenden, für den, der denkt, mit der Tatsache mitgegeben ist, von sich zu behaupten: „Ich denke". Die Asymmetrie zu „Er denkt..." ist offenkundig, denn worauf sonst sollte ich mich beziehen, wenn ich denke: „Ich denke"? Denn die Person, auf die man sich bezieht, wenn man das Pronomen der dritten Person Einzahl verwendet, ist eine andere, über die ich nur aus meiner faktisch gegebenen und erkenntnismäßig nicht privilegierten Situation urteilen kann. Ohne eine Äußerung oder Indizien für das Vorkommen von Denken des Wesens kann ich nicht einmal vermuten, daß „Er denkt..." zutrifft. Schließlich kann ich (aber das nur nebenbei) auch trotz einer Äußerung getäuscht werden, wenn es sich bei der Äußerung etwa um eine mechanische Reproduktion einer solchen handelt. Ebenso einsichtig dürfte sein, daß sich die Überprüfung nur auf den Vollzug in der Gegenwart beziehen kann, weil der Vollzug im strikten Sinne sich nur im tatsächlichen Vollzugsverlauf verifizieren läßt und alle nachträgliche Überprüfung – wie historische Behauptungen – eher nur hypothetisch bleibt.

Und nun möchte man fragen, welche Art von Subjekt oder Objekt dabei identifiziert werden kann. Welche Optionen stehen zur Verfügung? So viel ich sehe nur zweierlei: Entweder man agiert als Subjekt von Handlungen im weitesten Sinne des Wortes, als ein Wesen, das absichtlich oder unabsichtlich selbst etwas tut, oder zu tun unterläßt, ein Wesen, das denkt, glaubt, hofft, zweifelt, liebt, haßt, arbeitet, geht oder steht oder liegt.[17] Als ein solches lebt man auch als Mitglied einer Sozietät ein Leben, von dem gesagt wurde, es sei ein *Sein für sich*.

Ich sagte, man agiert, man tut, denkt, hofft etc., aber es bedurfte nicht erst Heideggers, uns zu vergewissern, daß es jedesmal ein Wesen ist, das, wenn es sich auf sich selbst bezieht, etwas nur sagen kann, was wir, wenn wir von uns sprechen, nur in der ersten Person Singular, also mit ICH umschrieben zum Ausdruck bringen. Es ist dieses persönliche Fürwort, das Descartes im Discours mit Je pense und in den Meditationes mit Ego cogito (oder nur cogito) in französischer und lateinischer Sprache und das wir in unserem Deutsch mit „ich" zum Ausdruck bringen, wenn wir sagen: „Ich denke". Worauf freilich die Cartesische Tradition bis in unsere Tage den allergeringsten Wert gelegt hat, ist, sich vor Augen zu halten, daß jeder geistige Akt, soll er Objekt des eigenen, oder Objekt fremden (d.h. nicht-eigenen) Den-

---

17 Vgl. Descartes, *Meditationes de prima philosophia*

kens oder Bewußtseins werden, einzig und allein in einer Sprache ausgedrückt werden kann, ja nur als ein sprachliches Ereignis faßbar ist. Eine pure lingua mentis, die sich bloß in der Übertragung in eine gewöhnliche und artikulierte Sprache kenntlich macht, gibt es nämlich nicht. Dies zu behaupten heißt nicht notwendigerweise zu behaupten, daß alle Bewußtseinsinhalte sprachlicher Natur, oder durch die je eigene Sprache präformiert wären. Es heißt nur, das Bild auszuschließen, daß es so etwas, wie ein unartikuliertes Meinen oder Glauben geben könne.

Wenn es aber unser Meinen, Glauben, kurz: unser Denken ist, das wir äußern, wenn wir sprechen, dann ist es gerechtfertigt, die Artikulation des Sprechens zur Beschreibung dessen zu verwenden, was gedacht und geglaubt wird und gedacht und geglaubt werden kann. Wittgensteins Insistenz, der Verwendung der Sprache durch die Mitglieder einer Sprachgemeinschaft sozusagen „auf den Mund zu schauen", ist das methodische Mittel, in objektiver Weise zu entdecken oder sich zu vergegenwärtigen, was wir meinen, wenn wir unseren Glauben, daß etwas sich so und so verhalte, zum Ausdruck bringen. Die Devise: Frag nicht, sondern schau (oder höre!), wie die Wörter richtig verwendet werden, erfordert freilich eine Antwort auf die Frage: Wer ist der Richter über die Richtigkeit des Gebrauchs? Einer Ansicht des subjektiven Daseins zufolge, scheint die Frage überflüssig oder sinnlos. Denn, wenn nur ich selbst den Zugang und ein Wissen über mein Inneres haben könnte, mein subjektives Dasein also der reinste Spiegel und, wie man jetzt gerne sagt, die einzige Autorität wäre, die über mich selbst Auskunft geben könnten, dann wäre notwendigerweise auch der Gebrauch der Sprache nicht nur ein subjektiver, sondern auch ein solcher, den nur ich selbst wirklich zu verstehen in der Lage wäre. Wollte man Wittgensteins Philosophie nur ein einziges Verdienst zuschreiben, so ist es meiner Meinung nach dieses: Das Vorurteil der Möglichkeit der strikt privaten Innenwelt zerstört zu haben. Da wir kein anderes Mittel zur Verfügung haben als die Sprache, um unseren Gedanken eine Gestalt zu geben, die auch andere verstehen können, verlagerte Wittgenstein die Frage nach dem Zugang zum eigenen subjektiven Dasein auf die Ebene des Problems der Möglichkeit einer privaten Sprache. Die Unmöglichkeit einer privaten Sprache, die nur der Sprecher verstehen kann und mithilfe deren ich meine privaten Empfindungen beschreibe, zu beweisen, war nicht nur eine der überragenden Leistungen von Wittgensteins Philosophie, sie bietet auch den Schlüssel, der uns das Tor zum Übergang vom subjektiven zum objektiven Dasein öffnet. Natürlich kann ich hier, und erst recht am Ende meines Vortrages nicht das viel diskutierte Problem und seine Lösung abhandeln. Es muß die Erinnerung an das Beispiel des Satzes „Ich habe Schmerzen" genügen, um wenigstens darauf hinzuweisen, daß nicht jeder Satz, der wie eine Behauptung aussieht, eine Behauptung sein, nicht alles, was als Meinung oder Gedanke auftritt, ein Glaube sein, nicht, was wie ein Bezug auf Etwas aussieht, sich auch auf Etwas beziehen, und nicht alles, was einem sinnvollen Satz gleicht, sinnvoll sein.

Fixiert von der Cartesischen Tradition, im Ego, im Ich, den Mittel- und Angelpunkt unserer eigentlichen Welt, der *Innenwelt*, zu sehen, haben wir gemeint, daß die Welt als Ganzes und in ihren Individuen nur aus der Perspektive dieses Mittelpunktes zu betrachten ist. In dieser Fixierung übersehen wir, was vor Augen liegt, daß wir unsere gestrigen Erfahrungen wie die übrigen schon auf dem Boden der Sprache der Anderen gebaut haben, daß die Möglichkeit der Sprache, wie Wittgenstein gesagt hat, auf Übereinkunft beruht. Da heißt es in den Philosophischen Untersuchungen:

„Wenn ich sage 'ich habe Schmerzen', weise ich nicht auf eine Person, die die Schmerzen hat, da ich in gewissem Sinne garnicht weiß, *wer* sie hat."
Und das läßt sich rechtfertigen. Denn vor allem: Ich sage ja nicht, die und die Person habe Schmerzen, sondern „ich habe ...". Nun, damit nenne ich ja keine Person. So wenig wie dadurch, daß ich vor Schmerz *stöhne*. Obwohl der Andre aus dem Stöhnen ersieht, wer Schmerzen hat.
Was heißt es denn: wissen, *wer* Schmerzen hat? Es heißt, z.B., wissen, welcher Mensch in diesem Zimmer Schmerzen hat: also, der dort sitzt, oder, der in dieser Ecke steht, der Lange mit den blonden Haaren dort, etc. – Worauf will ich hinaus? Darauf, daß es sehr verschiedene Kriterien der *'Identität'* der Person gibt.
Nun, welches ist es, das mich bestimmt, zu sagen, *'ich'* habe Schmerzen? Gar keins.[18]

Aus dieser Überlegung hört man – wenn man Ohren hat – die Botschaft, der ich meinen Vortrag gewidmet habe: Zurück auf den rauhen Boden der Sprache – konkrete Beispiele und eine den metaphysischen Standpunkten gegenüber distanzierte Einstellung.

Diese Regel mag uns vor der voreiligen Festlegung auf philosophische Positionen, wie Idealismus oder Realismus, bewahren. Das subjektive Dasein, dem ich mein Erleben und die Philosophen gegebenenfalls auch die ganze Welt zuschreiben, ist kein anderes als jenes, das Sie als das von mir Erlebte kennen und konstatieren können. Dort, wo ich nur als „ich" spreche, sagen Sie „Er". Die Kriterien dieses Unterschieds sind natürlich nicht dieselben, aber sie führen uns, richtig verwendet, zur selben Person. Die Brücke, über die wir einander erreichen, ist die Sprache – und wenn wir mehr von einander wissen wollen – die Zuneigung.

---

18 L. Wittgenstein, *Philosophische Untersuchungen* (Werkausgabe Bd. 1), p.407.

Gastvortrag

CONSCIOUSNESS

KEITH LEHRER (TUCSON, ARIZ. UND GRAZ)

The topic of consciousness has become the focus of philosophical attention since the 18th century. A great number of different ideas have come under this topic. The diversity of topics combined on this heading may, as a result, create a greater sense of mystery about it all than is warranted by the facts. One way to approach the subject is to lay emphasis on the different aspects of consciousness, sort them out, and then attempt to discover some central or fundamental problem concerning consciousness. The objective, of course, is then to solve that problem. Such is my intention. You might think that the solution to the problem is what will prove to be the most challenging. In fact, the articulation of the problem is just as difficult. I will argue that the fundamental problem about consciousness concerns what I will call the *lucidity* of consciousness. This is an epistemic feature of consciousness yielding immediate knowledge of some of our mental states. I seek to explain it.

There is only one way to begin a discussion of consciousness, by drawing distinctions. The first fact about consciousness is that individuals are sometimes conscious and are conscious to different degrees. I will call this the *condition* of consciousness. So one fact about consciousness is that it is a condition of living subjects, though not of all living subjects, not plants presumably, but is not a condition that is continuous in all beings that are conscious. Moreover, it admits of degrees or levels. There is the paradigm case of consciousness in waking life when one is attending to some thought, feeling or object and is vividly aware of it. As we gradually drift off to sleep, the degree of consciousness diminishes. Do we satisfy the condition of consciousness when we sleep? I am afraid the answer is not very satisfying. Sometimes we are consciousness at some level when we sleep, sometimes not, but the matter is unclear.

We satisfy the condition of consciousness, but there is more to consciousness than that. We are, when conscious, aware of something. I call this the *awareness* condition of consciousness.[1] Can we be in the condition of consciousness and not be aware of anything? We can certainly be in the condition of consciousness and not be aware of anything very specific as when we first regain consciousness. Are we, nevertheless, aware of some object? Introspectively, it seems to me that we are sometimes in a state of objectless consciousness. It is like visual consciousness so clouded that no object is discernible. We can be under the condition of consciousness and yet not be

---

1 Leopold Stubenberg, *Consciousness and Qualia*, Benjamins, forthcoming.

aware of any object of consciousness at all.

Both the condition of consciousness and awareness of objects are states of consciousness. Some philosophers have thought that the peculiarity of consciousness consists in our being infallible about the existence of such states. It might seem logically impossible to err in thinking that one is in the condition of consciousness because thought itself is a condition of consciousness. Hence, if I think that I am conscious, then I must be conscious to think it, and error is impossible. This argument presupposes the impossibility of unconscious thought. Suppose that I have unconscious thoughts. Then it seems that I might have the unconscious thought that I am conscious and be in error. In unconscious thought, moreover, I may even think that I am consciously aware of thinking, though I am not, for the thought is unconscious.

Do we find the problem of consciousness in the objects of consciousness or awareness? It is not clear that we do. There has been a traditional theory, one advocated by Locke, Berkeley and Hume, that the immediate object of awareness is always something mental, some idea, some impression, some sensation, but this is an error as Reid noted in criticism of what he called the *ideal theory*.[2] We are aware of our internal states, of our pains and other sensations, but we are similarly aware of external qualities. That is my first conclusion. The second is that such awareness, however interesting scientifically, does not reveal the problem of consciousness. Why not? Because such awareness is a process of receiving information.[3] An unconscious being might receive the same information. Of course, the unconscious being would not receive the information in the same way that we typically receive the information, that is, by conscious awareness.

As a result, a scientist might inquire as to how exactly we receive the information that we do. But there is no philosophical problem here only a scientific one. The analogy is this. A plant converts chemicals into nourishment by photosynthesis. We convert chemicals into nourishment by digestion. Photosynthesis and digestion are very different but both result in the nourishment of the organism that sustains its life. Similarly, different organisms might receive information in different ways, but the study of these differences is only scientifically interesting. The question of how we receive information by consciousness and why we do it that way, is scientifically interesting, but it is no more interesting philosophically than how we receive nourishment and why we do it that way.

---

2 Thomas Reid, *The Philosophical Works of Thomas Reid, D. D, 8th edition*, Sir William Hamilton, ed., James Thin, Edinburgh, (1785).

3 Fred Dretske presented this view in a talk, "What is Consciousness?", given at the University of Arizona to which I am much indebted.

Is the condition of consciousness the source of the philosophical problem about consciousness? Again it does not appear to be so. The condition of consciousness has a role in our receiving information the way we do when we are aware of things. Of course, we do receive some information when the condition of consciousness is not satisfied, or, at least, not satisfied to a very high degree. Nevertheless, our awareness of qualities of things, whether internal or external, typically occurs in the condition of consciousness. Is that philosophically interesting? Again, it seems to me that we might ask the question of how and why we receive information by being aware of things in the condition of consciousness, but it is no more interesting philosophically than the question of why plants receive nourishment by photosynthesis in the condition of exposing their leaves to light. We have not yet articulated the philosophical problem.

Some philosophers, Ferrier, for example, have argued that the activity of *my* being consciousness or aware of something from my perspective is what is interesting.[4] Of course, Ferrier concedes that one might study the activity, but then we are no longer studying the activity as *my* activity, from *my* perspective, for we have then converted the activity into an object of study independent of it's being my activity. You are no longer considering my awareness from my perspective but from another and in that way you have lost the special feature that makes it *my* awareness. Let us call this the problem of *self-consciousness*. It appears that any scientific account leaves the consciousness of the self unexplained. Is this the problem we were seeking? It is, instead, an interesting problem of about self-reference and about the self. Suppose I am unconscious and someone tries to describe that condition scientifically. One might object that such consideration fails to consider the important fact that it is *my* unconscious activity. There thus appears to be a problem of *self-unconsciousness* that exactly parallels the problem of *self-consciousness*. This a problem about the self, the I, and not about consciousness.

There is a reply to this line of thought stemming from Nagel, namely, that when I am conscious, I have an experience of what it is like to be me.[5] When I am not conscious, I have no such experience. Thus, consciousness is the experience of what it is like to be me. The reply to this line of thought is that

---

4   James Frederick Ferrier, *Introduction to the Philosophy of Consciousness, Parts I to VII,* (1838-9), contained in *Lectures on Greek Philosophy and other Philosophical Remains, Vol. II,* Sir Alexander Grant, Bart and E. L Lushington, eds., William Blackwood and Sons, Edinburgh and London, (1866), pp. 1-257.
5   Thomas Nagel, "What is it Like to be a Bat?" *Philosophical Review,* **83**, (1974), pp. 1-22, and *The View from Nowhere,* Oxford, Oxford University Press, (1986).

it is tautological or false. Of course, what it is like for me to be conscious requires, tautologically, that I be conscious. But what it is like for me to be unconscious requires, again tautologically, that I be unconscious. There is much that goes on in me. Some of it may be unique to me and make it what it is like to be me, even though it is unconscious. Changes may take place in me while I am unconscious that completely change what I am like and, as a result, what it is like to be me. One might object that I will only realize what it is like to be the changed me when I am again conscious, but, again, this is tautological or false. I will only be conscious of what it is like to be me when I am conscious, tautologically, but I may have the information of what it is like to be me after the changes and before I am consciously aware of that information. We cannot satisfactorily articulate the problem of consciousness in terms of consciousness of what it is like to be the person one is. We must find another way. That way becomes obvious when one considers the relationship between consciousness and knowledge of the object of consciousness.

Can people and other creatures be in the condition of consciousness and be conscious of things without any knowledge of either the condition or the awareness? Some animals and very young children are, no doubt, in such states. They are conscious but do not know what it is like to be conscious. Perhaps they do not know what is like to be what they are like. There is no philosophical problem to be articulated or solved here. A philosophical problem arises, however, as soon as a higher level of consciousness is considered which brings with it knowledge, indeed, an abundant proliferation of knowledge.

When I am in the condition of consciousness and am consciously aware of some quality of thought or sensation, I may also have knowledge that I am in this condition and that I am conscious of the quality. One must be careful not overstate the matter. I may be conscious of something and not know that I am conscious of it. I may hear something, for example, be conscious of it, and not know what I am conscious of. Sellars noted long ago, it does not follow logically from the fact that I have a sensation that I know that I have it, and, in fact, in the moment of regaining consciousness from a deep sleep the logical gap between sensation and our knowledge of it is empirically realized.[6] I do not yet know that I have the sensation that I have because knowledge that I have the sensation involves an operation of the mind beyond simply having the sensation. Having of a sensation may lack the intentional structure and complexity of knowledge that something is the case. The mystery and per-

---

6   Wilfrid Sellars, *Science, Perception and Reality*, London, Routledge and Kegan Paul, (1963), esp. Ch. "Empiricism and the Philosophy of Mind."

plexity of consciousness arise with our knowledge of it.

Reid, overstating the matter, claimed that we have immediate knowledge of all our conscious states, all our thoughts, feelings, emotions, and sensations by consciousness.[7] He thought that consciousness was like perception but with different objects. We perceive the qualities of external objects and we are conscious of all the operations of the mind. It is a natural view but unrealistic. Sometimes, as I have noted, we do not have immediate knowledge of our conscious states, not even sensations. Moreover, we can be mistaken about our conscious states, even our sensations.

There is, however, a kind of knowledge of our conscious states which naturally accompanies our conscious states in a way that seems, as a matter of fact if not of logic, connected to their nature. I may fail to attend to some sensations and, as a result of being distracted from them, fail to know the quality of them. Sensations of touch are certainly like that. The primary role of many sensations of touch is to make us aware of some external quality of an object rather than to call attention to themselves. We may be conscious of some of them, however inattentively, while others pass through the mind unnoticed all together. There is, however, a kind of mental state, let me call them *lucid* states, which carry knowledge that they exist along with the awareness of themselves. What I am now feeling and thinking, attentive to my feelings and thoughts, makes itself known to me in a way that led philosophers to mistakenly ascribe lucidity to all mental states, or, at least to all conscious states of mind. When the lucidity of consciousness is present, it is so striking that one may fail to reflect upon the less lucid varieties of mental states. But lucid consciousness is the kind of consciousness that enables us to know something important about what we are like, about what our consciousness is like. That knowledge creates the wonder and generates the philosophical perplexity concerning consciousness.

Let us consider the perplexities. One involves a regress. I am in pain. I am conscious of a pain and know that I am in pain. I also know that I am conscious of pain. I am conscious of the knowledge. I know that I have this knowledge, this first order knowledge, that I am in pain. But now what of this second order knowledge of the first order knowledge? Do I also know that I have this knowledge that I know that I am in pain? And do I then have a fourth order knowledge of the third order knowledge, a fifth of the fourth, a nth of the n minus one order, and so forth? And, if not, why not? Does the lucidity of knowledge just arbitrarily end at some point, after knowing that I am pain, perhaps? But why is that knowledge not lucid? Am I not conscious of it?

---

7   Thomas Reid, *The Philosophical Works*.

The second perplexity is deeper but related to our knowledge of the conscious state. Is the knowledge extrinsic to the state? Do I know that I am in pain in the way I know a car passing before me is in motion? The motion of the car causes me to conceive of the motion of it but has not a closer connection with the motion than that. Should we say that my being in pain causes me to conceive of the pain but has not a closer connection with the pain than that? One might consider this a logical possibility and answer affirmatively, but, in fact, you must think that pain is lucid, that to remove your knowledge of your pain, you would have to remove the pain. Imagine, if you doubt this, that you are offered a discount on the usual sort of anesthesia if you are willing to accept epistemesthesia instead which, though it does not remove the pain at all, will keep you ignorant of the pain. You might be inclined to think it all right, that what is meant is that you will not be aware of the usual stimulus and inquire as to whether you will be conscious of the pain. If you are now told that you will be conscious of the pain, aware of the pain, but you simply will not know that you are in pain or that you are conscious of the pain, I believe you would be baffled as to what you should make of the offer. The reason is that you are convinced that the lucidity of pain goes with the awareness of it and, therefore, the knowledge of the pain cannot be separated from it.

Consider a third perplexity concerning our knowledge of consciousness which I will call the problem of *subjective knowledge*. Any knowledge that anyone else can have about the mental state of another fails to capture the crucial bit of knowledge about what the state is like. Only the person who has the state knows what the state is like. Both Ferrier and Nagel as well as Jackson have called out attention to this.[8] It is sometimes put as a problem for materialism. Suppose that a person has all the materialistic knowledge it is possible to have about the material states of the world and of a person. Now suppose that a person has such complete knowledge of the material states of people but has never been aware of certain qualities, for example, of color. Jackson asks us to suppose that a person, Mary, who has complete knowledge of the material states of people and of physics generally, has lived her life in a monochromatic room. Though she has complete knowledge of the material states of people who are aware of color, red say, she has not herself been aware of any colors. There is a kind of subjective knowledge that she lacks and which she could acquire by leaving the room and becoming aware of colors. She would then know what red is like when she did not know previously in her monochromatic life.

---

8 James Frederick Ferrier, *Introduction*, Thomas Nagel, *The View*, and Frank Jackson, "Epiphenomenal Qualities," *Philosophical Quarterly*, **32**, pp. 127-136.

The argument offered by Jackson is intended as an argument against materialism, as an argument against the view that materialism could be a complete account of the world and our knowledge of it. But, as Ferrier noted long before Jackson and Nagel, it is an argument against objectivism.[9] Let objective knowledge be any knowledge of things that is objective in the sense that, in principle, it could be represented objectively so that anyone could acquire the knowledge from the objective representation of it. Now suppose that we have such a representation of the conscious awareness of something. A person who only had knowledge of such awareness from the objective representation of it would inevitably lack some knowledge of what it is like to be consciously aware of the thing in question. There is, therefore, a kind of knowledge, what I will call, *subjective knowledge*. It is genuine knowledge about what the world is like which eludes all objective representation and arises from conscious awareness in a unique way. This knowledge is genuine factual knowledge. The knowledge of what it is like to experience red or to experience an orgasm is knowledge of a fact about what the experience is like which eludes objective representation. There is, Ferrier concluded, a kind of subjectivity and subjective knowledge lying beyond the reach of all objective knowledge and all of science. But how are we to explain subjective knowledge?

How are we to avoid the regress? How are we to explain the lucidity of consciousness? How are we to explain subjective knowledge? The solution to these problems is that consciousness has the peculiar feature of converting states into symbols and, moreover, ones that represent, among other things, those very states. Rather than beginning with our conscious awareness of our sensations, I will begin with our conscious awareness of our present thoughts. The account I will present is indebted to Sellars, though it differs from his account.[10] Suppose I am thinking something, for example, "Graz is in Steiermark." When I am consciously aware of this thought, the awareness is lucid. I know immediately what I am thinking. I know immediately the content of my thought is that Graz is in Steiermark. There are interesting accounts of the content of thought, some affirming that the content of thought is the result of some external connection between some mental token and a fact, others affirming that the content of thought is the result of some relations between internal states. Both accounts, whatever their merits, leave the lucidity of the contents of the thoughts of which we are aware a mystery. How can I know immediately the content of my thoughts simply by being conscious of them? The answer to this question will lead us to the answers to the three questions

---

9 James Frederick Ferrier, *Introduction*.
10 Wilfrid Sellars, *Science*.

with which we began.

I will begin by assuming that the thought of which I am conscious is some mental token or representation, for example, "Graz is in Steiermark." I will later indicate how one might dispense with this assumption. When I am conscious of the token, "Graz is in Steiermark," I obtain knowledge of the content of the thought by simply disquoting the token to conclude that my thought has the content that Graz is in Steiermark. There is a loop of quotation and disquotation contained in the sentence

S. "Graz is in Steiermark" has the content that Graz is in Steiermark

which reveals the way in which the content of my thought is lucid and immediately known. By the operation of quotation and disquotation the content becomes lucid. It is a kind of trick of metamentality yielding first order content. The contribution that Sellars made to this discussion is to note that the content, that Graz is in Steiermark, uses the sentence "Graz is in Steiermark," in a special way, as an exemplar standing for a class of sentences playing a special role, a class of sentences of which it is itself a member. Thus, rather than being used to assert something about the geography of Steiermark, the second use of the sentence, "Graz is in Steiermark," in sentence S above, is an unusual semantic use of being held up as an exemplar of a class of sentences having a certain role. Sellars was an advocate and, perhaps, the inventor of conceptual role semantics. I prefer to remain neutral about conceptual role semantics, though I do wish to point out that the account of lucid content is compatible with it.

I wish to defend the idea that the lucidity of content in our awareness of our thoughts is the result of an operation of quotation and disquotation wherein the object of awareness becomes a symbol which represents, among other things, itself. Moreover, I want to claim that, in general, the lucidity of awareness and the immediate knowledge of the objects of awareness is the result of converting the objects of awareness into symbols which represent, among other things, themselves. It is, in fact, the loop of self-representation that explains the lucidity of awareness, the nature of subjective knowledge and escapes the regress.

Self-representation might seem odd at first, but, as Goodman taught us, it is familiar enough.[11] Suppose I tell you my favorite song in German and you, not knowing what singings of that song sound like, ask me what a singing of the song is like. I reply by singing the song. My singing represents singings of the song and is a singing of the song. It, therefore, represents itself. Or

---

11   Nelson Goodman, *Languages of Art*, Indianapolis, Bobbs-Merrill, (1968), esp. pp. 59-61.

suppose you are a student who has heard that sentences referring to themselves lead to paradox and want an example. I say to you, "This sentence refers to itself," which, of course, it does, and at the same time it represents sentences that refer to themselves, including this sentence itself. However much philosophical ink of protest as been spilt over self-representation, the phenomenon is familiar enough. It also has the power to resolve the perplexities of consciousness.

The next steps to resolving those perplexities are to apply the lesson of self-representation to things other than symbolic tokens. I said that the assumption that the object of awareness of our thoughts is a mental token, a syntactic string in a system of representation, was introduced for the purposes of simplification but is inessential. Noticing that it is inessential is the next step toward understanding the lucidity of awareness. To do so, one only needs to notice the freedom one has in letting one thing stand for another. I can use the shaking of my fist to represent a threat to another and be perfectly well understood. Activities are common vehicles of representation.

Now, suppose that thought, though it is an activity, does not involve the tokening of any syntactic string in a system of representation. It may, nevertheless, represent something that could be represented by such a syntactic string in just the way that my shaking my fist represents something that could be represented by the syntactic string in English, "You better watch out!" Some thoughts, though they are activities, may not be articulated in tokens or syntactic strings. They may represent thoughts, nevertheless. In fact, they may represent a class of activities, including tokenings of syntactic strings. Now, just as a sentence may represent a class of sentences of which it itself is a member, so an activity may represent a class of activities of which it itself is a member. That is why the assumption of mental tokening was inessential.

The operations of the mind whereby something comes to represent a class of things which includes itself need not involve the quotation and disquotation of some token but may, instead, use activities, such as thinking something. The thinking may represent a class of thinkings, and, in that role, as exemplar of the class of thinkings, may give one immediate knowledge of the content of such thinkings. Awareness of thinking is lucid with respect to the content of it because it converts the thinking into a symbol of the class of thinkings to which it belongs. The lucidity and immediateness of knowledge of thought of which we are consciously aware result from the conversion of the thought into a representation of a class of thoughts with the thought itself serving as an exemplar of the class.

If you have followed me this far, the next step of generalizing to the lucidity of other objects of awareness and our immediate knowledge of them is a simple transition. Consider a sensation, an itch, that is the object of lucid awareness. The knowledge of the itch seems inseparable from it phenomenologically no matter how convinced I am on philosophical grounds of the logical possibility of having the itch without the knowledge that I itch. I know that I itch as soon as I am consciously aware of the unpleasant sensation. The knowledge and the sensation are inseparable in conscious awareness whatever logic tells us. How are we to explain this? The philosopher seeking to assure us of the logical gap between sensation and knowledge might remind us that a person could well itch and be aware of the itch before he or she ever acquired any concept of an itch, let alone any word to express the concept, and we should have to agree. So how are we to explain the inseparability of the awareness of the itch from our knowledge of it?

The answer is to be found in the loop of self-representation. Notice, first of all, as Reid contended, that sensations are often signs of other things.[12] There is, therefore, no problem about sensations representing things. Just as sensations represent other things, however, so they may represent themselves. That, I propose, is the way in which the awareness of the itch is inseparable from our knowledge of it. The itch becomes a symbol representing itches, an exemplar of itches, representing, among other itches, itself. The lucid awareness of the itch brings a process into operation which is like quotation and disquotation of an itch so that awareness of the itch carries representation of the itch with it by converting the itch into a symbol or representation which represents itself. It is as though in lucid awareness we place the sensation between quotes and convert it into a symbolic exemplar of itches.

A sensation which represents itself may, of course, be represented in other ways, the itch, for example, by the English word, "itch." The sensation fades in memory and makes a rather ephemeral symbol. There is a transition from the sensation as representation of itself to words that represent it, which, though natural and unreflective, is not quite automatic as we note when we search for the word to represent the thing. But we know what the thing is like, especially in lucid awareness, even if we cannot find the word for it. Our knowledge of what the thing is like, whether thought or sensation, involves some conception or representation of the thing. The inseparability of lucid awareness and our knowledge of the object of awareness, which may predate our acquisition of words or precede our application of words we have acquired, is the work of the operation of making the object a symbol of, among other things, itself.

To give this operation of representation a name, let us call it *exemplarization*, for the state represents objects by serving as a kind of example or exemplar of objects belonging to a class of objects which, because the exem-

---

12 Thomas Reid, *The Philosophical Works*.

plar is an example, includes the exemplar itself. The exemplar of a class is the model example of its members. The lucidity of awareness is the result of exemplarizing the object of awareness. Exemplarization yields knowledge of the object of awareness by converting it into an exemplar of objects including, of course, itself. Exemplarization is a form of representation which includes self-representation.

With the notion of exemplarization and self-representation, we can solve the perplexities of consciousness. The lucidity of consciousness is explained by, as we have noted, the exemplarization of the object of consciousness. The awareness of the object carries self-representation with it. Our immediate knowledge of the object is our knowledge that it is as represented by our exemplarization of it. The solution to the problem of the regress is the replacement of a regress with a loop. Since our knowledge loops back onto the object of awareness from the exemplarization of the object, the regress becomes a circle. In a way, the circle may widen as we go from knowledge of a sensation, to knowledge of consciousness of the sensation, to knowledge of knowledge of the sensation, but the widening of the circle is like the concentric circles generated from dropping a stone in a placid river. At the center, there is the awareness and exemplarization of the object which continues as long as awareness spreads from the primary object to consciousness of it and then fades in concentric circles into the placid waters of Lethe. Put less metaphorically, lucid awareness carries exemplarization with it as far as it spreads into higher levels of awareness, but awareness does not spread very far beyond the first or second level and, consequently, neither does exemplarized knowledge of those levels.

The interesting problem of subjective knowledge remains. How are we to explain our subjective knowledge of the objects of awareness? Remember Mary invented by Jackson, monochromatic physicist Mary, who knows everything about the material world but does not know what red looks like. Mary does not know what it is like to be aware of colors, though she has complete scientific knowledge of physics, that is, objective knowledge of the world. The perplexity is that subjective knowledge is knowledge of fact but is subjective and transcends all scientific or objective knowledge.

This argument has been much discussed, and the solution often proposed is based on the opacity of knowledge contexts. A person can know that p and fail to know that q when the assertion that p and that q represent the same fact but in different ways. Thus, a person can know that Mark Twain is an author and fail to know that Samuel Clemens is an author when the assertion that Mark Twain is an author and the assertion that Samuel Clemens is an author represents the same fact but in different ways. The reason that the fact is the same is, of course, because Mark Twain is Samuel Clemens, they are the same person, and, consequently, both assertions assert of the same person that he is an author. There is but one fact, that a specific person is an author, which may, of course, be represented in different ways in different assertions. This is completely familiar. What is novel is that awareness of a mental state, a sensation of pain, for example, which, being lucid, exemplarizes the sensation, gives us knowledge of a fact by means of unique exemplaric representation. Since the representation is, in part, self-representation, it is a different representation than any other, and, in this way, provides a new kind of knowledge.

Notice that a person who knows that Mark Twain is an author, perhaps as a result of reading one of his novels, *Tom Sawyer*, for example, and noting the author of it, obtains new knowledge when he learns that Samuel Clemens is an author. This will be most apparent if the person learns the latter by being informed of the fact without learning that Mark Twain is Samuel Clemens. In that case, the person knows both that Mark Twain is an author and that Samuel Clemens is an author but, being ignorant of the identity of Mark Twain and Samuel Clemens, does not know that these two things that he knows are knowledge of the same fact, of one specific person being an author. Similarly, a person like monochromatic Mary will obtain new knowledge when they become aware of colors for the first time. Her lucid awareness of the new sensation of color exemplarizes the sensation and gives her new knowledge of a fact by means of the exemplaric representation, the self-representation, of the sensation. Since she has not been aware of the sensation previously, she could know what the sensation was like in that way, that is, in terms of self-representation. The reason is that, not having had the sensation previously, she could not use the sensation to represent anything and especially not itself.

Exemplaric representation arising in lucid awareness of a sensation yields knowledge, which a person cannot obtain prior to awareness of the sensation. The question that remains is whether this new knowledge is knowledge of some new fact beyond the facts that can be objectively or scientifically known. The example of Mark Twain and Samuel Clemens illustrates quite clearly that new knowledge does not entail knowledge of a new fact. Thus, although exemplaric representation yields new knowledge for Mary of what the qualities of her experience are like, it does not follow that this new knowledge is knowledge of a new fact. She now knows something new about some old facts, namely, what it was like to be aware of them, to be the subject of the awareness of new qualia. Awareness of color reveals a new way of representing facts, by novel exemplarization, and new knowledge generated by exemplaric representation. The new knowledge is explained by the new mode of representation without appeal to a new kind of fact.

Can the process of exemplarization be a physical process? Can a physical process contain a loop of self-representation? There is room for controversy here, though some controversies dissolve in the loop, for example, those between Dennett[13], who affirms that consciousness is representation, and Searle[14] who affirms that it cannot be since it is reflexive. Exemplarization and the self-representation it yields is both representational and reflexive enclosing Dennett and Searle in a common loop. Is it a material loop? It is clear that computational states may contain a loop and aggregation processes in the neurons may find the values of the aggregation in the process thus containing a loop. Are they the loops of exemplarization and self-representation? They may be for all we know. Are the qualities of lucid awareness just the loops of exemplarization? They may be for all we know. Are the facts that we can know from objective science all the facts there are? They may be for all we know.

If we are honest, we admit that we ignorant and have no proof that conscious awareness, however lucid and informative, yields facts that elude the objective results of science. Ignorance may not be bliss, but the admission of it may be more honest than the claim that we have transcended the results of science at the outset. What have we learned about consciousness and awareness? That it carries a special kind of knowledge, the knowledge of exemplarization and self-representation, which will always add something new to our knowledge, however much we have already learned from science or even more omniscient sources. One may value that kind of knowledge in a special way. Without lucid awareness, the arts and our senses could not give us that special kind of knowledge which forms the basis of esthetic experience and the few rare moments of interpersonal bliss.

---

13   Daniel C. Dennett, *Consciousness Explained*, Boston, Little, Brown and Company (1991).
14   John R. Searle, *The Rediscovery of Mind*, Cambridge, MIT Press, (1992).

Erkenntnistheorie

ÜBER DAS WAHRHEITSZIEL UND DEN WILLEN ZUR ILLUSION

HEINER RUTTE (GRAZ)

(1) Ziel des Erkenntnisbemühens in der Wissenschaft und in der Praxis bis hin zum bloßen Beobachten und Wahrnehmen ist es, in jedem interessierenden Fall allein einen wahren Glauben über die jeweils in Frage stehenden Sachverhalte p/non-p zu erlangen. Ich nenne das *allgemeines Wahrheitsziel.* Auch wenn das Erkenntnisziel eingeschränkter formuliert wird, z.B. als „Gelingen von Prognosen" oder „Eintreffen des Erwarteten", handelt es sich um ein Wahrheitsziel in diesem Sinn. Klarerweise ist in dieser Formulierung des Wahrheitsziels das Ziel der Vermeidung des Irrtums eingeschlossen, während umgekehrt aus der Vermeidung des Irrtums noch nicht die Erreichung der Wahrheit folgt, denn man kann Irrtum vermeiden, indem man sich der Meinung enthält (James). Die umfassendste Formulierung des allgemeinen Wahrheitsziels würde wohl lauten: stets und allein wahre Antworten (Lösungen) auf (von) Sachfragen (Sachproblemen) geben zu wollen. Bei dieser Formulierung müssen noch nicht einmal bestimmte Sachverhalte p/non-p als Alternativen zur Debatte stehen, zwischen denen eine bestimmte Glaubensentscheidung zu fällen wäre; wenn wir z.B. nach der Ursache von Krebs fragen, so erheischt die Frage eine wahre Antwort, ohne daß schon mit der Fragestellung bestimmte Sachverhalte, die eine solche Ursache abgeben könnten, namhaft gemacht worden wären.

Des näheren handelt es sich, wenn man Wahrheit als Ziel auffaßt, darum, vom Stand des bloßen Zweifels oder des Sich-Enthaltens oder des Fragens, d.h. der glaubensmäßigen Unentschiedenheit, zu einem wahren Glauben zu gelangen, oder auch darum, von einem schwächeren Glauben bezüglich p/non-p (etwa Vermuten) zu einem stärkeren wahren Glauben bez. p/non-p (bis hin zur festen zweifelsfreien Überzeugung) zu gelangen. (Glauben wird aufgefaßt als ein Für-wahr-halten, das vom mit Zweifel belasteten Vermuten bis zum zweifelsfreien, festen Überzeugtsein reicht.) Es ist nun m.E. nicht unsinnig, das Erreichen wahrer *Vermutungen* als Erkenntnisziel anzusetzen, obwohl man die Sinnhaftigkeit einer solchen Zielsetzung mit dem eher suggestiven Hinweis bestreiten könnte, die Wahrheit „verdiene" es, mit zweifelsfreier Überzeugung geglaubt zu werden. Ich will aber darauf hier nicht eingehen. Letzten Endes jedenfalls werden wir stets am Erreichen *wahrer Überzeugungen* ausgerichtet sein, denn Überzeugungen gewähren Entscheidungs- und Handlungssicherheit, sie ersparen uns Kontroll- und Vorsichtsmaßnahmen, sind also praktikabler als Vermutungen, wenn wir auf risikofreies Handeln aus sind. Somit ist es wohl sinnvoll, zumindest als Fernziel wahre feste Überzeugungen zu postulieren. Als Fernziel deswegen, weil der Begründungsprozeß für einen Glauben prinzipiell und potentiell kein Ende hat, ausgenommen Überzeugungen von objektiver Irrtumssicherheit, wie u.U. die Überzeugungen von den eigenen gegenwärtigen Erlebnissen oder von bestimmten logisch-analytischen Tatsachen, deren Bestehen Voraussetzung für jedes Argumentieren und überhaupt für jedes Für-wahr-halten ist. Wir streben also stets zumindest in die Richtung einer wahren festen Überzeugung, um das anstrengende Risikobewußtsein sukzessive senken zu können.

Über die *Explikation des Wahrheitsbegriffs* soll hier nicht viel gesagt werden; mein Problem ist Wahrheit als Zielsetzung. Ich setze den klassischen Wahrheitsbegriff voraus, auf der Grundlage der aristotelischen Bestimmung, die hier wie folgt formuliert sei: „Wenn jemand glaubt, daß p der Fall ist, und p ist der Fall, so glaubt er Wahres; wenn jemand glaubt, daß p der Fall ist, und p ist nicht der Fall, so glaubt er Falsches", usw. in diesem Sinne. Diese *ontologisch neutrale* Begriffserklärung, die eigentlich nur Beispielslisten schematisiert, mag man ontologisch verschärfen zu Bestimmungen wie: „ein Glaube ist wahr, wenn er mit einer Tatsache korrespondiert; er ist falsch, wenn er mit keiner Tatsache korrespondiert", oder: „ein Glaube ist wahr, wenn der geglaubte Sachverhalt eine reale Tatsache ist; er ist falsch, wenn der geglaubte Sachverhalt keine reale Tatsache ist", u.dgl. Aber wenn man diese Korrespondenz erläutern will, ist man gezwungen, wieder Beispielslisten zu schematisieren, und ebenso, wenn man den Unterschied von bloßen Sachverhalten und realen Tatsachen durch deren unterschiedliches Verhältnis zu konkreten Dingen, Zuständen oder Ereignissen erläutern will. Trotzdem werde ich aus Gründen der Vereinfachung, d.h. ohne ontologische Belastung, von *Sachverhalten* und *realen Tatsachen* reden, immer im Bewußtsein, daß diese Redeweisen in eine ontologisch neutrale, quasi aristotelische Fassung gebracht werden können. In diesem Sinn ist mit „realen Tatsachen" gemeint, daß alle, einige oder einzigartige Dinge bzw. Raum-Zeit-Stellen Eigenschaften haben bzw. nicht haben, in Relationen zueinander stehen bzw. nicht stehen, diese Eigenschaften oder Relationen kontingent oder notwendig haben bzw. nicht haben, usw. Mit „Sachverhalt" meine ich in diesem ontologisch nicht festgelegten Sinn soviel wie den Inhalt oder Gegenstand des Glaubens, etwas Denkmögliches, das Tatsache ist oder nicht. Wer also das Wahrheitsziel hat, möchte das (den Sachverhalt) glauben, was (der) reale Tatsache ist.

(2) Nun zu einigen Besonderheiten des Wahrheitsziels, die einen Gegensatz zu anderen Zielsetzungen bilden: Wer an einen Sachverhalt p glaubt, glaubt notwendigerweise zugleich, daß es wahr ist, daß p, bzw. daß p reale Tatsache ist, bzw. daß der Glaube an p wahr ist – gleichgültig, ob der Glaube an p tatsächlich wahr ist oder falsch. Wer somit an p glaubt, glaubt, er habe sein Wahrheitsziel im besonderen Fall, sein *spezielles Wahrheitsziel* betr.

eine Glaubensalternative p/non-p erreicht, sofern er sich dieses Wahrheitsziel gesetzt hat und sich dessen bewußt bleibt. In dieser Weise ist also das Glauben an p mit dem Glauben, das diesbezügliche spezielle Wahrheitsziel erreicht zu haben, notwendig verknüpft. Aus dieser Situation folgt weiters, daß mit dem Erreichen eines speziellen Wahrheitsziels (Subjekt hat einen bestimmten wahren Glauben betr. die Alternative p/non-p) der gleichzeitige Glaube des Subjekts, dieses Ziel erreicht zu haben (d.h. den wahren Glauben zu haben), notwendig verknüpft ist, sofern dem Subjekt seine Zielsetzung bewußt bleibt. Ebenso folgt aber daraus, daß mit dem *Verfehlen* eines speziellen Wahrheitsziels (Subjekt hat einen bestimmten falschen Glauben betr. p/non-p) der gleichzeitige Glaube des Subjekts, sein Ziel *erreicht* zu haben (d.h. den wahren Glauben zu haben), notwendig verknüpft ist, sofern dem Subjekt seine Zielsetzung bewußt bleibt.

Aus den hier explizierten Besonderheiten des Wahrheitsziels läßt sich allerdings nicht, wie bei Peirce, der Schluß ziehen, das Wahrheitsziel sei gegenüber dem „eigentlichen" Ziel der Bildung einer Überzeugung etwas Überflüssiges oder Redundantes. Ein Einwand bleibt aber trotzdem in diesem Zusammenhang bestehen: Für denjenigen, der bereits eine feste, jedoch unbegründete oder unzureichend begründete Überzeugung hat, ist es offenbar ohne Sinn, sich im speziellen Fall Wahrheit als Ziel zu setzen und dieses verfolgen zu wollen, denn er ist ohnehin davon überzeugt, dieses Ziel, falls er es gehabt hat oder hätte, erreicht zu haben. (Zur Verschärfung der Situation mag man überdies annehmen, unser dogmatisch Überzeugter habe eine wahre Überzeugung, d.h. das Wahrheitsziel tatsächlich erreicht.) Wer überzeugt ist, er habe sein Ziel erreicht (und es noch dazu tatsächlich erreicht hat), kann vernünftigerweise nicht dieses Ziel verfolgen wollen. Andererseits fordern wir gerade vom dogmatisch Überzeugten, er solle seine Meinungen überprüfen, zu begründen versuchen. Und Überprüfung bzw. Begründung muß ja wiederum dem Wahrheitsziel dienen, an diesem orientiert sein, sonst wäre das Wahrheitsziel gar nicht das einzige letzte Ziel des Erkenntnisbemühens. Begründung bzw. Prüfung sind als *zielführender Weg* (=Methode) zum Ziel der Wahrheit, als *methodische Verfolgung* des Wahrheitsziels zu verstehen. Das heißt aber, wir verlangen von dem, der überzeugt ist, das Wahrheitsziel im besonderen Fall erreicht zu haben (und es tatsächlich erreicht hat), er solle dieses Wahrheitsziel verfolgen – ein offenbar unsinniges Verlangen. Ebenso unsinnig wäre die Aufforderung an den dogmatisch von der Erreichung des Wahrheitsziels Überzeugten, er solle *feststellen*, ob er tatsächlich dieses Ziel erreicht habe. Denn diese Feststellung müßte sich ja wieder eines Prüf- und Begründungsverfahrens bedienen, sie bedeutet ja wieder eine methodische Verfolgung eben dieses Wahrheitsziels, von dessen Erreichung unser Subjekt überzeugt ist (und das er tatsächlich erreicht hat). Es gehört zu diesen Besonderheiten des Wahrheitsziels, daß seine zielführende (=methodische) Verfolgung im Prinzip von derselben Art ist wie die Feststellung seiner Erreichung oder Verfehlung. Wer also feststellen möchte, ob er mit seiner Überzeugung die Wahrheit erreicht hat, muß sich in die Position der Verfolgung dieses Ziels begeben oder zurückbegeben und aus der dafür kennzeichnenden Situation des glaubensmäßigen Unentschiedenseins heraus das Ziel methodisch, d.h. nach einem Prüf- oder Begründungsverfahren verfolgen.

Wir können also den dogmatisch Überzeugten sinnvollerweise nur auffordern, sein *Überzeugtsein selbst* aufzugeben, da es unvernünftig ist. Aber inwiefern ist es *unvernünftig*? Offenbar nur insofern, als unser Subjekt öfter die Erfahrung gemacht hat, daß seine festen Überzeugungen in Widerspruch zu anderen festen Überzeugungen gerieten, insbesondere zu solchen, die sich unmittelbar einstellen, d.h. der „inneren" oder „äußeren" Wahrnehmung oder der Erinnerung und ähnlichen Wissensquellen entstammen (Erfahrung der Inkohärenz, v.a. des Eintreffens des Unerwarteten). Es ist nun im Sinne seines Wahrheitsziels *konsequent*, daß das Subjekt jede Inkohärenz im Glaubenssystem beseitigt (da ja Inkohärenz notwendiges Falschsein bedeutet), und es ist *vernünftig*, daß das Subjekt versucht, weitere Inkohärenz zu vermeiden, indem es ein Glaubenssystem von *möglichst stabiler Kohärenz* herzustellen trachtet, wofür wiederum die Kohärenz seiner Erwartungen mit jenen ständig sich neu und unwillkürlich einstellenden unmittelbaren Glaubenshaltungen der „inneren" und „äußeren" Wahrnehmung und Erinnerung wie auch mit anderen unmittelbaren Glaubenshaltungen, etwa der Intuition von logischen oder mathematischen Operationen oder dem Sinn- und Ausdrucksverstehen, maßgeblich ist. Dabei sollen diese unmittelbaren Glaubenshaltungen ihrerseits einen jeweils optimal kohärenten Zusammenhang bilden, denn ihre Unmittelbarkeit verbürgt ja nicht in jedem Fall so etwas wie objektive Irrtumssicherheit. Zeigt sich im Prüfverfahren ein Glaubensinhalt als mit einer vorläufig stabilen Kohärenz eingliederbar ins jeweilige Glaubenssystem, so gilt er als begründet, und es ist vernünftig, ihn zu bejahen. Zeigt sich, daß gerade die Eliminierung bzw. Korrektur des Glaubensinhalts zu vorläufig stabiler Kohärenz im System führt, so ist es vernünftig, ihn zu verwerfen. – Ich bin mir natürlich bewußt, daß mit diesen ganz pauschalen und skizzenhaften Bemerkungen die eigentliche erkenntnistheoretische Begründungsdiskussion erst ihren Anfang nimmt. Hier ging es nur darum darzutun, daß eine zielführende (methodische) Verfolgung des Wahrheitsziels in Prüf- und Begründungsverfahren nur in Beseitigung von Inkohärenz und Vermeidung weiterer Inkohärenz durch Herstellung eines möglichst stabil kohärenten Glaubenssystems bestehen kann, daß also nur mit Hilfe der Begriffe der *Inkohärenz* und *Kohärenz* einsichtig wird, daß Prüfung bzw. Begründung einen zielführenden, methodischen Weg zur Wahrheit darstellen können.

Natürlich gibt es keine erkenntnistheoretische Garantie, daß jener Weg tatsächlich zur Wahrheit führt oder daß ein bisher stabil kohärentes System auch weiterhin stabil bleibt, aber daß es trotzdem vernünftig bzw. das einzig Vernünftige ist, den Weg zu beschreiten, ist eben trotz der Fülle der skeptischen Einwände aufzuweisen.

(3) Ich sagte, wer etwas glaubt, glaubt zugleich, ein Wahrheitsziel erreicht zu haben, sofern er sich ein solches gesetzt hat usw. Dem muß jedoch hinzugefügt werden, daß im Glauben selbst eine Wahrheitszielsetzung nicht impliziert ist. Andernfalls würde ja aus dem Glauben ein Wollen, d.i. eine Zielsetzung, folgen, was dem entspräche, daß aus dem „Sein" ein „Sollen" folgte. Das Glauben ist vom Wollen logisch unabhängig, wie sein sogen. Gegenstand, das „Sein", vom „Sollen". Dafür spricht, daß häufig jemand etwas Wahres *unwillkürlich* glaubt, ohne daß er die diesbezügliche Wahrheit *erreichen* wollte, etwa wenn er eine unerwünschte, unerfreuliche Tatsache zu glauben gezwungen ist, obwohl er sie gar nicht glauben will und es ihm lieber wäre, nicht diesen Glauben zu haben. Dies mag als Erwiderung auf den beliebten Einwand gegen das Wertfreiheitsprinzip verstanden werden, wonach jegliches Erkennen zumindest *ein* Ziel, eben das Wahrheitsziel, logisch voraussetze. Wenn man unmittelbar zu bemerken gezwungen ist, Schmerzen zu haben, muß man sich dafür kein Wahrheitsziel gesetzt haben. (Man kann es natürlich, z.B. wenn man seine Schmerzen systematisch beobachtet.) Ausserdem gibt es angeborene Glaubenshaltungen, die von vornherein ohne Zielverfolgung da sind, u.a.m.

Weiters scheint mir das, was ich über das spezielle Wahrheitsziel, das auf einen bestimmten Glaubensinhalt bzw. dessen Negation gerichtet ist, gesagt habe, unabhängig davon zu sein, ob ein solches Wahrheitsziel als *Primärziel* oder als *Zwischenziel* aufgefaßt wird. (Primärziele sind solche, die auch für sich allein und nicht bloß als Mittel zur Erreichung anderer Ziele angestrebt werden.) Die sogen. „theoretische Neugierde" – das wäre das Wahrheitsziel als Primärziel. Zweifellos fungieren aber spezielle Wahrheitsziele für rationales und erfolgreiches Handeln als unumgängliche Zwischenziele: Solches Handeln bedarf wahrer Einsichten in Zweck-Mittel-Zusammenhänge, wahrer Prognosen über Handlungsgelingen u.dgl., und dementsprechend wahrer Tatsachenbeschreibungen und -erklärungen, denn nur diese führen notwendig zu wahren Zweck-Mittel-Aussagen und Prognosen; falsche Tatsachenbeschreibungen und -erklärungen können dahin führen, müssen es aber nicht. Jedenfalls darf ein Wahrheitsziel auch als ein bloßes Zwischenziel angesehen werden und trotzdem ist es sinnvoll, eine objektive Verfolgung dieses Wahrheitsziels zu postulieren. Denn wenn wahre Einsicht geeignetes Mittel zur Erreichung eines praktischen Ziels ist, so ist es vernünftig, zu dieser Einsicht durch ein unbehindertes methodisches Vorgehen, d.h. auf objektive Weise, gelangen zu wollen, und nicht durch ein methodisch eingeschränktes, subjektiv-parteiliches Vorgehen, das von vornherein der Verzerrung der Wahrheit ausgesetzt ist (s.u.).

(4) Wenn es nun ein sinnvolles und nicht überflüssiges Ziel ist, einen wahren Glauben zu erlangen, so muß es gegenteilige Ziele geben, deren Verfolgung zumindest möglich erscheint, z.B., um gleich das sonderbarste unter ihnen anzuführen, das *Ziel, einen falschen Glauben zu erlangen*, d.h. das Ziel der Illusion, den *Willen zur Illusion* im eigentlichen Sinn. Von diesem Ziel wäre zu sagen: Wer es *erreicht* hat, d.h. den erwünschten falschen Glauben hat, glaubt notwendigerweise zugleich, es *verfehlt* zu haben, sofern er sich seiner Zielsetzung bewußt bleibt. Denn wer etwas Falsches glaubt, glaubt ja notwendigerweise zugleich, daß sein Glaube wahr ist, d.h. daß er das Wahrheitsziel erreicht hätte, falls er es angestrebt hätte. Sofern er aber weiß, sich erinnert, das Ziel, einen falschen Glauben zu erreichen, angestrebt zu haben, wird er zwangsläufig glauben müssen, dieses Ziel verfehlt zu haben, denn er glaubt ja nunmehr, daß er etwas Wahres glaubt. (Er mag sich nun etwa sagen: „Ich wollte mich in Illusionen wiegen, bin aber unversehens bei der Wahrheit gelandet.") Ebenso gilt natürlich von unserem Falschheits-Ziel: Wer es verfehlt hat, d.h. den wahren Glauben hat, glaubt notwendigerweise zugleich, es verfehlt zu haben, sofern er sich seiner Zielsetzung bewußt bleibt. Denn wer etwas Wahres glaubt, glaubt ja notwendigerweise zugleich, daß sein Glaube wahr ist, usw. – Zweifellos haben wir häufig den Wunsch, etwas Falsches, Illusionäres zu glauben, sofern dieses Glauben angenehmen, lustvollen Inhalts und uns Wohlbefinden zu verschaffen geeignet ist oder uns in irgendeiner Weise praktisch erheblich nützen und nicht schaden würde. Und aus diesem durchaus bewußten Wunsch kann ein *mehr oder minder bewußtes Wollen*, eine Zielsetzung werden, mit mehr oder minder bewußten Strategien, das Ziel zu verwirklichen.

Es kommt z.B. vor, daß ein hoffnungslos Erkrankter um seine Krankheit weiß, dieses Wissen bedauert und sich wünscht, einen illusionären Glauben über seine Gesundung zu haben. Er trifft nun Anstalten, dieses Ziel zu erreichen, indem er sich etwa mit Wunderheilern oder falschen Propheten und der entsprechenden Literatur umgibt, oder einfach mit optimistischen Menschen, indem er beginnt, seine Krankheitssymptome optimistischer als bisher zu beurteilen (er glaubt, weniger Schmerzen zu haben, hat vielleicht auch weniger, u.dgl.), Alkohol und schmerzlindernde Drogen mögen seinen Optimismus unterstützen – kurz, er läßt sich etwas suggerieren und suggeriert sich selbst etwas, mit dem Ergebnis, daß er glaubt, auf dem Weg der Gesundung zu sein, und dieser Glaube ihm das entsprechende Wohlbefinden verschafft (jedenfalls geht es ihm besser als vorher), bis ihn die harten Tatsachen einholen, falls er nicht überhaupt glücklich ins Koma fällt. Es ist ein Fall, der sicher vorkommt, allerdings als Geschehen, das eher im Bereich des Halb-Bewußten und Unbewußten verläuft – als ständig vollbewußtes strategisches Handeln ist es schwer vorstellbar. Und obwohl sich unser tragischer Patient theoretisch irrational verhält, muß man ihm eine praktische Rationalität bescheinigen: er hat sicher auf zweckmäßige Weise und mit Wissen um die geeigneten Mittel sein Gesamt-Wohlbefinden beträchtlich gesteigert, wenn auch nicht mit vollem Bewußtsein seines Tuns. – Ein ähnlicher Wille zur Illusion läßt sich heutzutage auch im Fall der Religion konstatieren: Die Leute glauben eigentlich nicht mehr an die Religion, haben aber eine Sehnsucht nach der Geborgenheit des religiösen Glaubens und versuchen, diese Sehnsucht zu realisieren, begeben sich in religiöse und esoterische Gemeinschaften aller Art usw., und werden manchmal dabei tatsächlich religiös, zumindest zeitweilig und meist in charakteristisch exaltiert-hysterischer Weise. (Ich will hier nicht sagen, die Religion sei eine Illusion, sondern, daß die Leute sie für eine Illusion halten und in diesen illusionären gläubigen Zustand kommen wollen.) Ähnliche Beispiele ließen sich aus dem Umgang von manchen mit der Psychotherapie gewinnen: sie suchen und finden hier des öfteren – wiederum unterstützt von Gemeinschaftserlebnissen – eine Bestätigung von gewissen Wunschbildern über die eigene Persönlichkeit, die sie im Grunde bereits als Illusionen durchschaut haben. Eine nähere Würdigung verdiente ferner der Umgang von vielen, v.a. von Intellektuellen, mit homöopathischen Mitteln u.ähnl. – man ist sich des auf Illusion beruhenden Placebo-Effekts durchaus bewußt oder vermutet ihn wenigstens, versucht aber trotzdem den Effekt herbeizuführen und offenbar nicht ganz ohne Erfolg. Schließlich sei noch auf die bewährten Beispiele von Rauschgift-Gebrauch verwiesen, mit Hilfe dessen mancher sogar auf eine sehr bewußte und gezielte Weise in einen gewünschten Zustand der Illusion zu gelangen vermag. – Alle diese Beispiele von Realisierung eines Willens zur Illusion haben allerdings etwas von *Extrem-* und *Sonderfällen* an sich. (Zur weiteren logischen Analyse des Willens zur Illusion vgl. Anm.1, Punkt a-d, bes.d.) Den geläufigen, alltäglichen Fällen von *Mangel an Objektivität*, von Subjektivität und Parteilichkeit, kurz von Ideologiebildung, wird man einen derartigen Willen zur Illusion nicht ohne weiteres bzw. nur selten zugrundelegen können.

(5) Der subjektive, parteiliche Denker, Wissenschaftler usw., aber auch Alltagsmensch, ich nenne ihn einfach den *Ideologen*, ist nicht willens und fähig, bestimmte ihm unerwünschte, unerfreuliche, unangenehme Tatsachen zur Kenntnis zu nehmen. Er hat die Tendenz, sie zu leugnen oder zu ignorie-

ren und an Stelle dessen die gegenteiligen, ihm erwünschten, erfreulichen, angenehmen Sachverhalte anzuerkennen, d.h. sie als reale Tatsachen zu bejahen. Dementsprechend sind seine Nachprüfungen und Begründungsversuche *einseitig*: Was für den Glauben an den angenehmen Sachverhalt und nicht, was gegen ihn spricht, sowie was gegen den Glauben an den unangenehmen Sachverhalt und nicht, was für ihn spricht, soll ausfindig gemacht werden (näheres s.u.). Sein außertheoretisches Wünschen und Wollen und davon abhängig sein Lieben und Hassen wie auch sein Werten hindern den Ideologen daran, das Wahrheitsziel *ungeteilt* methodisch zu verfolgen, wie es das Ideal der Objektivität fordert. (Ich füge dem hinzu, daß jedermann in irgendeiner Weise Ideologe ist, nicht nur der politische oder religiöse Fanatiker. Auch der Umgang eines Wissenschaftlers mit seiner Lieblingshypothese kann durchaus ideologisch sein, um ein Beispiel aus der Fülle der möglichen herauszugreifen. Dergleichen sagt nichts gegen das Ideal der Objektivität aus, sondern bestätigt nur dessen Wichtigkeit.)

Nun läßt sich aber das Wahrheitsziel nicht geteilt verfolgen: Wer dazu neigt, unangenehme Tatsachen zu verneinen, muß dazu neigen, die gegenteiligen angenehmen Sachverhalte zu bejahen, d.h. sie als reale Tatsachen aufzufassen, womit er gegen die Wahrheitszielsetzung verstößt. Es liegt hier also wieder eine Art von Willen zur Illusion vor, die man diesmal eine *Bereitschaft zur Illusion* nennen könnte. Ebenso läßt sich der methodische Weg des Überprüfens und Begründens nicht geteilt verfolgen, da man mit diesem ja dem Wahrheitsziel dienen will. Der Ideologe muß somit ein anderes, sozusagen *quasitheoretisches Glaubensziel* verfolgen, wenn sein Tun verständlich sein soll. Es ist offenbar das Ziel, *die angenehmen Sachverhalte zu glauben, die unangenehmen Sachverhalte zu verneinen oder zu ignorieren*, gleichgültig, ob diese Sachverhalte reale Tatsachen sind oder nicht, gleichgültig, ob sein Glauben bzw. Verneinen wahr oder falsch ist. (Wobei das Ignorieren, obwohl häufig geübt, von vornherein als inkonsequent erscheint, da ja der Ideologe die entgegengesetzten, angenehmen Sachverhalte durchaus glauben, bejahen möchte.) Diesem seinem Ziel entsprechend verhalten sich dann seine Prüf- und Begründungsversuche, wie oben skizziert. Natürlich wird der Ideologe sein spezifisches Glaubensziel nicht aussprechen, er ist sich dessen wohl auch nur fallweise bewußt, er bewegt sich damit wieder eher im Bereich des Halb- und Unbewußten. Widrigenfalls würde er ja gar nicht ernstgenommen werden. Es läuft also wie beim Willen zur Illusion auf eine Art Betrug hinaus, der zugleich *Selbstbetrug* ist und vom bewußt geplanten Betrug der anderen durch Lüge und bloße Propaganda unterschieden werden muß. Es wird wohl auch ohne weiteres klar, daß eine derartige bloß quasitheoretische Zielsetzung eine Bereitschaft zur Illusion für den gegebenen Fall einschließt; d.h., eine solche Zielsetzung muß nicht in jedem Fall Illu-

sionen produzieren (es kann ja sein, daß gerade die angenehmen Sachverhalte reale Tatsachen sind), aber falls, wie häufig, das Unangenehme Tatsache ist (die „harten" Fakten), muß sie zur Illusion führen.
Worin bestehen die *unangenehmen Tatsachen* bzw. *Sachverhalte*? Ich beziehe sie primär auf ein Wünschen oder Wollen. In bezug auf eine wünschende Person ist es unangenehme Tatsache, wenn das, was sie wünscht – ein p – nicht eintritt oder nicht der Fall ist, vielmehr non-p eintritt oder der Fall ist; ebenso natürlich, wenn p gar nicht eintreten, realisiert werden kann; weiters, wenn es unwahrscheinlich ist, daß p eintritt, wenn p schwer oder nicht optimal zu realisieren ist. Ferner können unangenehm die Tatsachen sein, welche die spezifischen Ursachen von alledem bilden (daß p nicht eintritt, nicht eintreten kann usw.) oder welche zu alledem kausal signifikant beitragen. Und schließlich sind auch alle Tatsachen, die dafür sprechen, ein Indiz oder einen Grund dafür bilden, jene unangenehmen Tatsachen anzunehmen, selbst wieder potentiell unangenehme Tatsachen. – Die *angenehmen Tatsachen* wären dann das kontradiktorische Gegenteil zum eben Angeführten; es ist angenehme Tatsache, wenn p eintritt, eintreten kann, wenn es wahrscheinlich ist, daß p eintritt usf.; ferner sind potentiell angenehm alle diesbezüglich spezifisch verursachenden oder kausal signifikant beitragenden Tatsachen sowie alle Tatsachen, die für die Annahme all dieser angenehmen Tatsachen sprechen. – Im analogen Sinn läßt sich dann auch von angenehmen und unangenehmen Sachverhalten sprechen: Wenn die Person p wünscht und glaubt, daß p eintritt, so glaubt sie einen angenehmen Sachverhalt, der reale Tatsache ist oder nicht; glaubt sie, daß p nicht eintritt, so glaubt sie einen unangenehmen Sachverhalt, der Tatsache ist oder nicht, usw. in diesem Sinn, wie oben ausgeführt. (Zur weiteren logischen Analyse des Ziels, das Angenehme zu glauben, vgl. Anm. 1, bes. Punkt b,d,e.)
Eine wesentliche Voraussetzung für ideologische Glaubensbildung im Sinne jenes skizzierten quasitheoretischen Glaubensziels liegt nun sicher darin, daß das *bloße Glauben* an den angenehmen Sachverhalt uns denselben Lustgewinn verschafft wie das Glauben, wenn dieser angenehme Sachverhalt reale Tatsache ist; der bloße Glaube an Wunscherfüllung ist gleich lustvoll wie der Glaube bei tatsächlicher Wunscherfüllung. Erst aus diesem Grund ist es sinnvoll, weil Wohlbefinden versprechend, jenes Ziel, das Angenehme zu glauben und das Unangenehme nicht, zumindest unbewußt anzustreben. Jeder, der sich dem naiv-infantilen Wunschdenken hingibt, orientiert sich (eher unbewußt) an dieser Strategie, indem er versucht, von der fiktiven Vorstellung der Wunscherfüllung zum zeitweiligen Glauben an die Wunscherfüllung hinüberzugleiten. Der Ideologe hingegen versucht zum lustvollen Glauben ans Angenehme zu gelangen bzw. diesen Glauben aufrechtzuerhalten, indem er zum Teil, aber eben nur zum Teil das tut, wodurch auch der

Wahrheitsorientierte zu seinem Glauben gelangt: Prüfen der fraglichen Meinungen, aber eben nur partiell, einseitig und selektiv, wie oben angedeutet. Dabei spielen Argumente, die sich auf ihrerseits zureichend oder unzureichend begründete Meinungen von Autoritäten berufen, eine besondere Rolle. Zum anderen Teil verfährt der Ideologe so, wie er beim Willen zur Illusion verfährt: Er läßt sich etwas suggerieren (blindes Autoritätsvertrauen) und suggeriert sich selbst etwas. (Wobei natürlich auch beim Willen zur Illusion die einseitige Prüfung des erwünschten Glaubens ihre Rolle spielt – doch das stark Wirksame in solchen Fällen bildet die massive suggestive und autosuggestive Beeinflussung des Glaubenswilligen.) Soviel zum Grundlegenden.

Dazu müssen noch einige *weitere Bedingungen* für die Bildung eines spezifisch ideologischen Glaubens an angenehme Sachverhalte (bzw. Verneinens von unangenehmen Sachverhalten) gegeben sein: 1) Das Glauben an den angenehmen Sachverhalt, auch wenn er nicht der Fall ist, ist praktisch vernünftig; es ist nützlich für die betr. Person, z.B. was Macht, Geltung anlangt, zumindest kurzfristig, und der Nutzen ist wohlkalkuliert, wenn auch eher unbewußt. 2) Das bloße Glauben an den angenehmen Sachverhalt hat schon, ersetzt mehr oder minder bzw. steigert sogar die kausale Wirkung, welche das Glauben der entsprechenden realen Tatsache auf die Erfüllung unserer Wünsche hätte. (Ähnliches wird auch bei Lüge und Propaganda geleistet: Man redet z.B. den Leuten ein, jemand sei ein Verbrecher, und dieser wird wie ein Verbrecher behandelt werden, was eben die Wunscherfüllung bedeutet.) 3) Das ideologische Glauben ist jedoch praktikabler als bloße Lüge und Propaganda: Diese werden leichter durchschaut, haben daher weniger Wirkung, außerdem hält es der Lügner oder Propagandist selbst schwer durch – besser, er glaubt gleich selber daran. Im allgemeinen dürfte ein Pendeln zwischen Glaube und Lüge für den Ideologen charakteristisch sein, vergleichbar dem Pendeln zwischen fiktivem Vorstellen und Glauben beim naiven Wunschdenken (das z.B. die Grundlage für künstlerische Hervorbringungen abgibt). 4) Eine Erschütterung oder Widerlegung dieses Glaubens ans Angenehme wirkt sich zumindest kurzfristig nicht in praktischen Mißerfolgen aus; die betr. unangenehmen Tatsachen fallen uns sozusagen nicht gleich „auf den Kopf", wie das in der Alltagspraxis zu sein pflegt.

Ich gebe ein drastisches Beispiel zum hier Explizierten: Für einen Antisemiten vor oder nach dem 1. Weltkrieg ist der Sachverhalt, daß die Juden die Feinde der übrigen Menschheit, insbes. seiner eigenen Nation sind, daß sie alle zusammenarbeiten, konspirieren und die Weltherrschaft erlangen wollen, ein angenehmer Sachverhalt (obwohl er vordergründig unangenehm ausschaut und sein Angenehmsein dem Antisemiten nicht bewußt ist). Er ist angenehm im Hinblick auf den durchaus bewußten Wunsch des Antisemiten, die jüdische Konkurrenz und Einflußnahme auf allen Gebieten zu beseitigen.

(Ich kann hier natürlich nur ein vereinfachtes Bild derartiger Phänomene zeichnen.) Angenehm ist der Sachverhalt in dem Sinn: Wenn er als Tatsache real besteht, trägt er kausal entscheidend bei zur Wunscherfüllung (Ausschaltung der jüdischen Konkurrenz und Einflußnahme), denn im Falle solcher jüdischer Machenschaften erscheinen ja radikale Gegenmaßnahmen geboten und akzeptiert. Weiters gilt, daß schon das bloße Glauben an diesen angenehmen Sachverhalt die erwünschte kausale Wirkung auf die erwünschte Ausschaltung der jüdischen Konkurrenz hat, wahrscheinlich sogar eine stärkere kausale Wirkung als im Falle eines Wahr-Glaubens. (Wenn man glaubt, die Juden seien so gefährlich, und sie sind tatsächlich nicht so gefährlich, kann man sie leichter ausschalten, als wenn man glaubt, sie seien so gefährlich, und sie sind tatsächlich so gefährlich.) Ferner ist das Glauben an diesen Sachverhalt zumindest kurzfristig etwas für den Gläubigen sehr Praktikables, das sich kalkulieren läßt (für den, der jüdischer Konkurrenz ausgesetzt ist, wie für den Politiker, der Anhänger und Stimmen gewinnen will, usw.), und es ist außerdem praktikabler als Lüge und bloße Propaganda – gerade bei „extremen" Thesen wirkt das Glauben besser und sicherer als das Lügen. Schließlich werden sich Erschütterungen und Widerlegungen dieses Glaubens nicht direkt in handfesten praktischen Mißerfolgen niederschlagen. Daher wird dieser Glaube vom Ideologen angestrebt und auf selektiv-einseitige Weise plausibel gemacht, so weit es eben geht.

Man könnte jetzt einwenden, daß der Wunsch des Antisemiten ja die Beseitigung der jüdischen Konkurrenz betrifft; warum ist nicht dies der angenehme Sachverhalt, den er glauben möchte? Die triviale Antwort darauf: Da würden ihm die Tatsachen bald „auf den Kopf fallen"; man bildet sich nicht ohne eigenen Schaden ein, jemand sei nicht mehr sein Konkurrent, und er ist doch weiterhin der Konkurrent. Allerdings läßt sich allgemein bei Konkurrenzkämpfen beobachten, daß mitunter sogar Wünsche der obgenannten Art zum Glauben an eine diesbezügliche Wunscherfüllung ideologisiert werden: Wenn man sich nicht mehr eines Konkurrenten oder Gegners erwehren kann, bedeutet es schon eine mögliche Verbesserung der eigenen Position, wenn man glaubt und sagt, der andere sei nicht Konkurrent oder Gegner, sondern etwa ein Freund. Dann gilt von diesem ideologischen Glauben wieder das von mir Explizierte.

(6) Einer näheren Charakterisierung bedarf noch die *Überprüfungstätigkeit* des ideologisch Gläubigen. Er hat das mehr oder minder unbewußte (oder nur fallweise bewußte) Ziel, das Angenehme zu glauben, das Unangenehme nicht zu glauben bzw. zu verneinen. Zu diesem Ziel soll ihn eine einseitige (d.h. eigentlich: scheinbare) Prüfung der jeweiligen Glaubensinhalte führen, die auf einer wieder mehr oder minder unbewußten (oder nur fall-

weise bewußten) Selektion am relevanten Fakten- und Datenmaterial beruht. Auf Grund dessen werden vom Ideologen in seiner bewußten Überprüfungstätigkeit für den Glauben ans Angenehme nur *positive* Instanzen, Argumente, Indizien, Gründe herangezogen, das, was dafür spricht, aber auch das, was bloß scheinbar dafür spricht, und nur danach wird gesucht; nach negativen Instanzen, Gegenargumenten, Gegenindizien, Gegengründen (das, was dagegen spricht) wird nicht gesucht; drängen sich solche auf, werden sie ungewollt bemerkt, dann wird 1) der erwünschte Glaube durch Ad-hoc-Hypothesen oder auch durch plausiblere Änderungen an den mit ihm verbundenen Zusatzhypothesen und theoretischen Hintergrundannahmen „immunisiert" – es werden also Umdeutungen vorgenommen derart, daß der erschütternde, widerlegende Effekt aufgehoben erscheint (gerade in den historischen und Sozial-Wissenschaften steht eine Fülle von einander ausschließenden theoretischen Ansätzen zur Verfügung, die alle eine gewisse Plausibilität oder Unplausibilität haben); oder es werden 2) die dagegen sprechenden Annahmen und Theorien bzw. die diese bestätigenden Urteile über empirische Daten (z.B. Dokumentationen), deren Inhalt nun ebenfalls ein „unangenehmer" geworden ist, ihrerseits einer einseitigen negativen Prüfung (bloßes Aufsuchen dessen, was dagegen spricht) unterzogen, mit dem Ziel, sie als unplausibel oder gar als widerlegt bzw. als unverläßlich oder gar als Fälschung u.ähnl. erscheinen zu lassen (also auch hier das Ziel, das – „sekundär" – Unangenehme nicht zu glauben); oder es wird 3) das, was in irgendeiner Weise gegen den erwünschten Glauben spricht, einfach ignoriert, d.h. vergessen oder verschwiegen und weggelassen (im letzteren Fall ist der Übergang zu Lüge und Schwindel tatsächlich vollzogen). – Dementsprechend erfolgt der Umgang des ideologisch Gläubigen mit der unerwünschten *Gegenmeinung*, dem Glauben ans für ihn Unangenehme: Diese Gegenmeinung wird sogleich zu kritisieren, zu erschüttern versucht, wiederum auf einseitige Weise, indem man beharrlich nach *negativen* Instanzen, Gegenargumenten, Gegengründen für sie sucht, nur solche und auch bloß scheinbare solche anführt, und nicht nach positiven Instanzen, Argumenten und Gründen sucht, diesen ausweicht, und falls sie sich aufdrängen, sie analog zur obigen Weise behandelt: Bildung von Ad-hoc-Hypothesen oder plausibleren Zusatzannahmen zur erwünschten Meinung, um den die Gegenmeinung bestätigenden Effekt aufzuheben; einseitige negative Prüfung der für die Gegenmeinung sprechenden Annahmen bzw. der ihnen zugrundeliegenden Urteile über empirische Daten; Ignorieren dessen, was für die Gegenmeinung spricht. Häufig wird diese Gegenmeinung aber auch überhaupt keiner Behandlung gewürdigt. Im wesentlichen geht es also bei der bewußten Überprüfungstätigkeit des Ideologen um ein Suchen und Sammeln von allem, was *für* die *erwünschte* Meinung (den Glauben an den angenehmen Sachverhalt) spricht, sowie von allem, was *gegen* die *unerwünschte* Meinung (den Glauben an den unangenehmen Sachverhalt) spricht, sofern man sie nicht ignorieren kann, wobei die strategische Orientierung des Unternehmens am „Erwünschten" bzw. „Unerwünschten" der jeweiligen Meinung im Unbewußten, Halbbewußten oder nur fallweise Bewußten verbleibt.

Natürlich wird sich das ideologische *Wunschdenken* v.a. in Gebieten etablieren, wo sich widerlegende, erschütternde Fakten und Daten nicht via Wahrnehmung und Beobachtung als Prognosemißerfolg unmittelbar und unabweislich aufdrängen. In der alltäglichen Lebenspraxis, aber auch in praktisch anwendbaren Gebieten der Naturwissenschaft, z.B. in Medizin und Technik, wird der *epistemische* Mißerfolg, die Erfahrung prognostischer Inkohärenz, sogleich zu einem *praktischen* Mißerfolg, der sich nicht umgehen läßt, und wir müßten für allfälliges Wunschdenken bitter büßen. Jedoch in Gebieten wie Geschichte und Sozialwissenschaft, in Moral, Politik, zum Teil sogar in der Wirtschaft, und natürlich auch in Religion und Philosophie sind wir nicht in dieser Weise solch handfesten Mißerfolgen ausgeliefert und hier setzt sich relativ leicht ideologisches Wunschdenken fest. Es kann sich aber bekanntlich ebenso in Naturwissenschaft, Medizin, Technik u.dgl. etablieren, so etwa, wenn ihre Anwendung schwer einschätzbare, aber möglicherweise gefährliche Nebenfolgen nach sich zieht, oder wenn ihre Anwendung in besonderen, extremen Lebenssituationen erfolgt, oder auch, wenn ihre Aussagen sich in rein theoretischen oder sonstwie schwer nachprüfbaren Bereichen bewegen, oder einfach, wenn ihre Ergebnisse mit ideologischem Wunschdenken anderer Gebiete, z.B. der Religion, der Politik, in Konflikt zu geraten drohen. Ideologieverdächtige Diskussionen gibt es also auch hier genug, und sie nehmen offenbar zu. Mir kam es jedenfalls darauf an zu zeigen, daß hinter dieser ideologischen Glaubensbildung und der ihr entsprechenden einseitigen Nachprüfung ein bestimmtes, bestenfalls scheinbar theoretisches Glaubensziel steht, das zum Wahrheitsziel konträr ist und stets den Willen oder die Bereitschaft zur Illusion einschließt.[1,2]

---

1 Anzumerken sind noch einige begriffliche Klarstellungen, die teils Erläuterungen, teils Ergänzungen zum im Vortrag Gesagten darstellen. Einige von ihnen sind ausgearbeitete Erwiderungen auf Einwände und Diskussionsbeiträge, die von Ch. Piller zu meinem Vortrag gemacht wurden, wofür ich ihm zu Dank verpflichtet bin. – a) Zur logischen Analyse des Willens zur Illusion an Hand des gegebenen Beispiels: Jemand, der glaubt „ich bin todkrank", hat das Ziel: „Ich will den falschen Glauben, daß ich gesund bin, erlangen". Es macht nun für die Person, die den Glauben, den sie für falsch hält („ich bin gesund"), erlangen will, keinen Unterschied, ob dieser Glaube tatsächlich falsch ist oder wahr; in beiden Fällen wird sie den Glauben an Zielverfehlung haben müssen, sofern ihr die Zielsetzung bewußt bleibt. Im Fall der Falschheit des betr. Glau-

bens hat die Person ihr Falschheits-Ziel erreicht, indem sie nunmehr den falschen Glauben „ich bin gesund" hat, und bei Erreichung dieses Ziels glaubt sie notwendigerweise zugleich, sie habe ihr Ziel verfehlt insofern, als sie jetzt etwas Wahres glaube, und darin irrt sie. Im Fall der Wahrheit des betr. Glaubens hat die Person ihr Falschheits-Ziel verfehlt, indem sie nunmehr den wahren Glauben „ich bin gesund" hat, und bei Verfehlung dieses Ziels glaubt sie notwendigerweise, sie habe ihr Ziel verfehlt insofern, als sie jetzt etwas Wahres glaube, und darin hat sie recht. (Natürlich hat die Person ihr Falschheits-Ziel auch verfehlt, wenn sie gar nicht die relevante Glaubenssituation erreicht hat, d.h. wenn sie weiterhin den alten Glauben „ich bin todkrank" vertritt oder diesbezüglich bloß in Zweifel oder ein Sich-Enthalten geraten ist, u.dgl. Analoges gilt für das Wahrheitsziel.). – b) Das Ziel der Illusion, d.h. den falschen Glauben zu erlangen, ist vom Ziel, das Angenehme zu glauben, zu unterscheiden. Sicher will man in beiden Fällen das Angenehme glauben (vgl. dazu auch Punkt e dieser Anm.), doch beim Ziel der Illusion kommt hinzu, daß die Person selbst den angestrebten Glauben für falsch hält bzw. daß er falsch ist. Das Ziel ist also spezieller, komplexer. Es ist kein bloßes Glaubensziel wie das andere, d.h., das falsche Angenehme glauben zu wollen, ist nicht dasselbe wie das Angenehme, gleichgültig ob wahr oder falsch, glauben zu wollen, welch letzteres, wie ausgeführt, nur eine Bereitschaft zur Illusion einschließt. Der Wille zur Illusion ist ein gegenüber dem Willen, das Angenehme zu glauben, *abgeleitetes Wollen* (aus „ich will glauben, daß ich gesund bin" und „dieser Glaube ist falsch" wird gefolgert „ich will den falschen Glauben, daß ich gesund bin, haben"), aber trotzdem ein echtes Wollen, ein echtes Ziel: auf eine diesbezügliche kritische Befragung hin wird die Person, sofern ihr die Sache bewußt wird, zugeben müssen, daß sie eben einen falschen Glauben erlangen wollte, daß sie tatsächlich dieses Ziel (oder zumindest diesen Wunsch) hatte. – c) Aus dem Willen der Person, einen falschen Glauben „ich bin gesund" zu erlangen (daß sie einen falschen Glauben „ich bin gesund" erlangen möge), folgt nicht der Wille, besser: Wunsch, daß der Glaube „ich bin gesund" falsch sein möge. Aus letzterem Wunsch würde ja der Wunsch der Person folgen, daß der Glaube „ich bin nicht gesund" bzw. „ich bin krank" wahr sein möge – die Person würde also ihr Kranksein wünschen bzw. wollen. Alles dergleichen folgt ebensowenig aus dem ursprünglichen Willen, wie aus dem Willen, eine teure Ware zu kaufen, oder eine häßliche Musik zu hören, der Wille bzw. der Wunsch folgt, daß die Ware teuer sein möge oder daß die Musik häßlich sein möge. Wer einen falschen Glauben „ich bin gesund" erlangen will, der glaubt notwendigerweise, daß der Glaube „ich bin gesund" falsch ist (und kann sich darin irren), aber er will bzw. wünscht dies nicht notwendigerweise. In diesen Folgebeziehungen unterscheidet sich allgemein Glauben vom Wollen bzw. Wünschen; es ist keine Besonderheit des angesprochenen Falls. Aus dem Glauben, daß ich den falschen Glauben „ich bin gesund" haben werde, folgt der Glaube, daß der Glaube „ich bin gesund" falsch ist, nicht aber folgt aus dem entsprechenden Willen bzw. Wunsch, daß ich den falschen Glauben „ich bin gesund" haben möge, der Wunsch, der Glaube „ich bin gesund" möge falsch sein. – d) Das Falschheitsziel, der Wille zur Illusion, wie er beschrieben wurde, bezieht sich in *bestimmter* Weise auf einen Glaubensinhalt p, nicht in *unbestimmter* Weise auf eine Glaubensalternative p/non-p. Man will den falschen Glauben an p erlangen (bestimmtes Falschheitsziel). Es ist auch ein *unbestimmtes Falschheitsziel* betr. die Alternative p/non-p im Prinzip denkbar: Man will dann bezüglich p/non-p einen falschen Glauben erlangen, gleichgültig, ob p oder non-p das Falsche beinhaltet. Erst dieses Falschheitsziel entspräche als Gegenstück dem von mir früher explizierten Wahrheitsziel, das ebenso unbestimmt auf eine Glaubensalternative p/non-p gerichtet ist (das Wahre bezüglich p/non-p zu glauben, gleichgültig, ob p oder non-p wahr ist). Das unbestimmte Falschheitsziel könnte dann wieder wie das unbestimmte Wahrheitsziel speziell oder allgemein sein (wenn man von den logischen Schwierigkeiten der Selbstanwendung absieht, die sich bei einem unbeschränkt allgemeinen Falschheitsziel ergeben dürften.) Es fällt allerdings schwer, Beispiele ausfindig zu machen. Vielleicht setzt sich jemand (mehr oder minder bewußt) so ein Ziel, wenn es für ihn zweckmäßig ist, in besonderen Situationen oder ständig als Dummkopf oder als Irrender dazustehen. Auch scheinen zielführende, quasi methodische Wege, das Ziel zu erreichen, schwer anzugeben zu sein: Es ist wohl nicht möglich, nach Überprüfung etwa den Glauben einzunehmen, gegen den am meisten spricht. Man kann allerdings nunmehr den Willen, das bestimmte Ziel entwickeln, doch zu eben diesem Glauben zu gelangen, was nunmehr genau dem bestimmten Falschheitsziel des Willens zur Illusion entspräche, und dann diesen bestimmten Willen zur Illusion in der Art verfolgen, wie ich sie in meiner Arbeit beschrieben habe. Das heißt aber, die Verfolgung des unbestimmten Falschheitsziels würde zwangsläufig zur Verfolgung eines bestimmten Falschheitsziels werden. – Auf der anderen Seite gibt es offenbar auch *bestimmte Wahrheitsziele*: wenn jemand den Willen hat, einen bestimmten wahren Glauben p zu erlangen. V.a. bei einem wahren Glauben an einen unangenehmen Sachverhalt kommt es leicht vor, daß man sich vornehmen und Mittel dafür ergreifen muß, diesen Glauben einzunehmen und aufrechtzuerhalten. – Weiters gilt von den bestimmten wie den unbestimmten Zielen die o.a. Scheinparadoxie: Wer das Falschheitsziel erreicht hat, glaubt es verfehlt zu haben; wer das Wahrheitsziel verfehlt hat, glaubt es erreicht zu haben, sofern er in die hiefür *relevante Glaubenssituation* gelangt ist. – Die quasitheoretischen Glaubensziele des Ideologen (das Angenehme zu glauben usw.) wird man gleichfalls als bestimmte und nicht als hinsichtlich einer Alternative p/non-p unbestimmte auffassen müssen. Denn derartige Zielsetzungen setzen voraus, daß die Person vorher bestimmte angenehme und bestimmte unangenehme Glaubensinhalte (Sachverhalte) aussondert, wobei das ihr Angenehme und Unangenehme sowie die entsprechenden Wünsche, Zu-, Abneigungen, Ängste etwas sein können, das ihr bewußt ist und das sie wahrheitsorientiert, objektiv festzustellen vermag, oder auch etwas, das ihr nicht oder nur fallweise bewußt ist und das sie, wenn überhaupt, nur einseitig-selektiv festzustellen vermag. (Vgl. dazu das Beispiel vom Antisemiten.) – Erwähnt sei ferner das Ziel, bezügl. p/non-p zur Haltung des Unentschiedenseins, des Sich-Enthaltens zu gelangen, um nicht das Unangenehme glauben zu müssen. Es wird häufig verfolgt, weil es sich relativ leicht realisieren läßt: durch Verzicht auf (nähere) Prüfung („Vogel-Strauß-Politik"). – Die meisten dieser Bemerkungen des Punktes d) scheinen mir eine wesentliche Ergänzung des im Vortrag Gesagten zu beinhalten. – e) In Erwägung zu ziehen wäre noch die Möglichkeit eines ideologischen Pessimisten oder Schwarzsehers, der sich das Ziel setzt, das Unangenehme zu glauben und das Angenehme nicht zu glauben bzw. zu verneinen, und nun im Sinne dieser Zielsetzung einseitig-selektiv vorgeht. M.E. gibt es dergleichen jedoch nicht wirklich, es ist bloße Denkmöglichkeit. Tatsächlich orientieren sich ideologische Pessimisten gleichfalls am Glauben an die ihnen angenehmen Sachverhalte, die nur scheinbar für sie unangenehme sind, deren Angenehmsein von ihnen in besonderer Weise verschleiert oder nicht bemerkt wird (s.o.). Dieses ihnen Angenehme ist von Ressentiment, Lebensangst und Geltungsdrang in einer Weise determiniert, die ich hier nicht näher analysieren kann, für die sich aber leicht Beispiele finden lassen. – f) Die in der Arbeit beschriebene Ideologisierung betrifft die Bildung eines Glaubens, eines Sachurteils, und kommt für das Werturteil nur insofern in Betracht, als dieses stets ein Sachurteil enthält. Das Werturteil selbst wird nicht (wie z.B. bei Th. Geiger) von vornherein als ideologisch aufgefaßt. Es können aber auch Werturteile, genauer: ihr „Wertcharakter" (V. Kraft) der Billigung und Mißbilligung sowie die dabei vorausgesetzten Wünsche, Zu- und Abneigungen, Forderungen, Ideale usw. ideologisiert werden, indem man für sie Scheinbegründungen gibt (z.B. Rekurs auf ein vermeintlich objektives Sollen, auf vermeintlich naturgegebene Rechte und Pflichten, scheinbare Zurückführung von „problematischen" Wünschen, Forderungen usw. auf sozial akzeptierte Wünsche, Forderungen usw.). Zweifellos liegt auch solcher Scheinbegründung ein Wunschdenken zugrunde, das durch das Ziel analysiert werden könnte, all diesen werthaften Einstellungen eine intersubjektive Anerkennung durch die jeweilige Gemeinschaft zu verschaffen bzw. sie vor der Gemeinschaft oder dem jeweils eigenen „Über-Ich" zu rechtfertigen, wobei die Bildung der für die Scheinbegründung erforderlichen (z.B. o.a.) Sach- oder Pseudosach-Urteile über bestimmte inhaltliche und formale Zusammenhänge im Wertbereich wieder einem Glaubensziel untersteht, das auf die in bezug auf ersteres Ziel angenehmen „Sachverhalte" ausgerichtet ist und eine Gleichgültigkeit gegenüber Irrtum oder Inkonsequenz einschließt.

2   Daß der Wille zum Glauben (das Glaubensziel) unabhängig vom Ziel der Wahrheitsfindung eine theoretisch wie praktisch bedeutsame Rolle spielt, haben Pragmatisten wie Peirce und James wohl erkannt (Abhandlungen wie „The Fixation of Belief", 1877, und „The Will to Believe", 1896/97, sind dafür charakteristisch). Ich teile allerdings nicht die damit verbundenen Tendenzen dieser Denker, den klassischen Wahrheitsbegriff zu verwirren sowie religiöse und andere Ideologiebildung versteckt oder offen zu rechtfertigen. Ich meine, daß dieser Wille zum Glauben als Wille oder Bereitschaft zur Illusion zum Dogmatismus der Ideologie führen muß, daß also die dogmatische Haltung der wahrheitsorientierten diametral entgegengesetzt ist und nur die gewaltsame Lösung von Meinungsverschiedenheiten befördert.

BEJAHUNG UND VERNEINUNG: DREI J/N-KALKÜLE

ALFRED SCHRAMM (GRAZ)

1 Präliminarien

Die nachfolgend diskutierten Kalküle sind wesentliches Teilstück einer Explikation von Glauben und damit eines der drei traditionellen Bestimmungsstücke von Wissen. Hinsichtlich der beiden anderen Bestimmungsstücke von Wissen – nämlich Wahrheit und Rechtfertigung – ist das hier diskutierte nur von mittelbarer Relevanz. Es scheint aber unzweifelhaft, daß jede Explikation von Wissen und auch von *begründetem* Glauben eine Explikation von *bloßem* Glauben, um das es hier gehen soll, voraussetzen muß.[1] Und das erfordert wiederum, wie ich meine, daß die Begriffe der Bejahung und Verneinung geklärt sind.

1.1 Glauben und Bejahen

Ich betrachte Glauben als eine der jeweils glaubenden Person anhaftende Disponiertheit, einem bestimmten Inhalt – vorzugsweise einer Proposition – bei Eintritt geeigneter Umstände zuzustimmen, also den Inhalt zu *bejahen*:

Df 1   Eine Person X *glaubt* zum Zeitpunkt T eine Proposition h genau dann, wenn X zu T disponiert ist, h zu bejahen, im Falle daß X h hinsichtlich ihrer Wahrheit erwägt.

Hiezu einige Erläuterungen.

Zunächst ist eine Differenzierung zu treffen, die wir uns anhand einer Analogie deutlich machen wollen: Wir können bei Substanzen zwischen ihrer Brennbarkeit als einer *Disposition* und der aktuellen Verbrennung als *Aktualisierung* dieser Disposition unterscheiden. Die Aktualisierung tritt ein, wenn geeignete *Umstände* vorliegen – hier: wenn die Zündtemperatur erreicht wird und genügend Sauerstoff vorhanden ist. Analog unterscheiden wir durch die obige Definition zwischen der einer Person zukommenden *Disposition* des Glaubens und der auf eine bestimmte Proposition gerichteten tatsächlichen Bejahung als *Aktualisierung* dieser Disposition, wobei als geeigneter *Umstand* für die Aktualisierung der Fall anzusehen ist, daß die Person die Proposition hinsichtlich ihrer Wahrheit erwägt.

---

[1] *Bloßes* Glauben wird hier als Oberbegriff verstanden und umfaßt *jedes* Glauben (ob nun begründet oder nicht). Eine *epistemische Logik*, d.i. eine Logik des Wissens und des *begründeten* Glaubens, kann somit nicht adäquat sein, wenn der in ihr auftretende Glaubensbegriff gegen die Begriffspostulate für *bloßes* Glauben verstößt.

Auf diesem Niveau qualitativer Begriffe ist die Analogie noch nicht sehr überraschend. Interessanter wird sie aber, wenn wir bedenken, daß bei verschiedenen Stoffen das Verhältnis zwischen Zündtemperatur und Verbrennungstemperatur recht unterschiedlich sein kann, also verschiedene Stoffe zum Beispiel bei *annähernd gleicher* Zündtemperatur *verschieden heiß* brennen können. Auf die uns hier interessierende Disposition des Glaubens übertragen bedeutet dies, daß wir unterscheiden müssen zwischen einerseits dem Merkmal, wie leicht oder wie schwer bei einer Person die Bejahung einer Proposition eintritt und andererseits wie stark oder wie *entschieden* diese Bejahung selbst erfolgt. Bei den später zu untersuchenden komparativen und metrischen Begriffsbildungen werden wir uns vorwiegend mit letzterem beschäftigen, also mit der *Stärke* oder *Entschiedenheit*, mit der Bejahungen und Verneinungen erfolgen.

Ein weiterer Punkt ist, daß die Definition nicht auf eine Disposition zu *overtem* Bejahungs*verhalten* abzielt. Natürlich wäre der Idealfall wohl der, daß das äußere Bejahungs*verhalten* einer Person in Übereinstimmung mit dem bei ihr auftretenden *mentalen Ereignis* der Bejahung steht. Aber es kommt bekanntlich vor, daß eine Person wohl äußeres Bejahungsverhalten zeigt, dies jedoch bloß weil sie sich z. B. die Wahrheit der betreffenden Proposition so sehr wünscht oder weil sie nicht unwissend oder unhöflich erscheinen möchte oder weil sie einfach lügt oder sich wichtig machen möchte und vieles andere mehr. In allen diesen Fällen würden wir gerade *nicht* sagen, die Person glaube die betreffende Proposition. Dasjenige Bejahen, das im Sinne unserer obigen Definition im Erwägungsfalle erfolgt, ist als mentales (übrigens auch der Person selbst unmittelbar evidentes) Zustimmungs*ereignis* aufzufassen. Anstatt zu sagen, „*X* bejaht *h*", könnte ich auch sagen, „*X* hat ein Bejahen für *h*", oder auch „bei *X* erfolgt bezüglich *h* ein mentales Bejahungsereignis". Ausschließlich in diesem technischen Sinn eines mentalen Ereignisses sollen die Termini 'bejahen', 'Bejahung' hier verstanden werden. (Analoges auch für Verneinungen.)

Eine Disposition zu bloß äußerlichem Zustimmungs- resp. Bejahungs*verhalten* ohne begleitende Bejahung (der soeben erläuterten Art) ist somit kein Glauben im definierten Sinn. Hingegen genügt das Vorliegen der Disposition zu einer Bejahung von *h*, um als Glauben von *h* im Sinne der Definition zu gelten, selbst wenn diese Disposition nie aktualisiert wird (die Bejahung also niemals erfolgt) oder auch wenn - im Falle der Aktualisierung - kein äußerlich erkennbares Bejahungsverhalten mit der Bejahung einhergeht. Ein Glauben oder Meinen kann also auch dann vorliegen, wenn es sich niemals äußert oder es niemals geäußert wird.

Und schließlich sei nochmals betont, daß das bloße Vorliegen der Disposition zur Bejahung, also ein Glauben allein, noch als *epistemisch unbewer-*

tet, neutral, gelten muß. Der Umstand, daß eine Person eine Proposition glaubt, kann dieses Glauben nicht begründen oder rechtfertigen. Somit steht die Frage nach den Bedingungen der *Rationalität* eines Glaubens hier noch garnicht zur Debatte.[2]

1.2 Unglauben, Verneinung, nicht glauben

Wir definierten Glauben als Disposition zur Bejahung. Es ist dann im Sinne der Definition auch legitim zu sagen, eine Person *X* glaube *nicht* zum Zeitpunkt *T* eine Proposition *h*, wenn es nicht zutrifft, daß *X* zu *T* disponiert ist, *h* zu bejahen, im Falle daß *X h* hinsichtlich ihrer Wahrheit erwägt. Aber Nichtglauben in solchem Sinne läßt offenbar zwei sehr verschiedene Fälle zu: Erstens den Fall der expliziten *Ungläubigkeit*, in dem *X* nicht disponiert ist, zu bejahen, wohl aber disponiert zu verneinen, und zweitens den *agnostischen* Fall, in dem *X* gleichfalls nicht disponiert ist, zu bejahen, aber auch nicht disponiert zu verneinen.

Um zwischen diesen beiden Spielarten des nicht glaubens zu differenzieren, definieren wir zunächst Ungläubigkeit:

Df 2 Eine Person *X* ist zum Zeitpunkt *T* bezüglich einer Proposition *h* *ungläubig* genau dann, wenn *X* zu *T* disponiert ist, *h* zu verneinen, im Falle daß *X h* hinsichtlich ihrer Wahrheit erwägt.

Hier kommt nun ins Spiel, was bereits im Vorherigen gelegentlich erwähnt wurde. Ich fasse Verneinungen als den Bejahungen gleichartige, wenn auch inverse, mentale Ereignisse auf. Demgemäß müssen wir auch wieder zwischen overtem Verneinungs*verhalten* und der Verneinung als prinzipiell privatem mentalem *Ereignis* unterscheiden, welches – wie schon für die Bejahung dargelegt – verschieden heftig oder entschieden erfolgen kann. Für Verneinungen gilt also *mutatis mutandis* alles, was schon über Bejahungen gesagt wurde.

Dies erlaubt uns nun, den agnostischen Fall zu definieren:

Df 3 Eine Person *X* ist zum Zeitpunkt *T* bezüglich einer Proposition *h* *agnostisch* genau dann, wenn *X* zu *T* weder disponiert ist, *h* zu bejahen, noch disponiert ist, *h* zu verneinen, im Falle daß *X h* hinsichtlich ihrer Wahrheit erwägt.

Definition *3* entspricht in der Zielsetzung dem, was in der deutschen Fassung von Chisholms Erkenntnislehre „zurückhalten" genannt wird.[3] Und

---

2 Anzumerken ist lediglich, daß die Prädikate der Rechtfertigung, Begründung, Rationalität primär dem *Glauben* oder der *Bejahung*, nicht den geglaubten oder bejahten *Inhalten*, also den Propositionen zukommen.
3 Vgl. Roderick M. Chisholm, *Erkenntnistheorie*, München 1979, insb. S. 21.

damit kann nun wie angekündigt deutlich gemacht werden, daß „nicht glauben" nicht einfach die Abwesenheit von Glauben ist, sondern daß darunter zwei streng zu unterscheidende Fälle zu subsumieren sind:

Df 4 Eine Person X *glaubt nicht* zum Zeitpunkt T eine Proposition h genau dann, wenn X zu T bezüglich h entweder ungläubig oder agnostisch ist.

Wie sich leicht einsehen läßt, bilden Glauben, Unglauben und agnostisch sein eine Partition der Menge aller epistemisch unbewerteten Einstellungen einer Person gegenüber den ihr zugänglichen Propositionen: sie schließen einander paarweise aus und sie sind gemeinsam erschöpfend.[4] Somit sind alle möglichen Glaubenseinstellungen (unter Außerachtlassung ihrer epistemischen Bewertung) von Personen gegenüber Propositionen durch die beiden Aktualisierungsformen des Bejahens und Verneinens definierbar. Fragen wir uns nun im nächsten Schritt, wie diese beiden ihrerseits in Beziehung stehen. (Der Einfachheit halber sagen wir ab jetzt anstelle von „Eine Person X ist zum Zeitpunkt T disponiert, eine Proposition h zu bejahen" einfach: „h wird bejaht". Analog „h wird verneint", etc..) Es gelten folgende intuitiv naheliegende Prinzipien:

Pr₁ Eine Proposition h wird genau dann bejaht, wenn ihre Negation $\neg h$ verneint wird.

Pr₂ Keine Proposition h wird zugleich mit ihrer Negation $\neg h$ bejaht.[5, 6]

Verstöße gegen diese beiden Prinzipien können nun nur noch so gedeutet werden, daß es sich dann entweder um *keine Glaubens-*, sondern irgendwelche *andere* Einstellungen handelt (vielleicht Wunschdenken oder ähnliches, vgl. oben), oder daß die betreffende Person die jeweilige(n) Proposition(en) *nicht versteht* (also wiederum *nicht eigentlich glaubt*). Denn eine Person, die bezüglich einer Proposition h gegen die Prinzipien verstößt, kann offenbar keine Wahrheitsbedingungen für h angeben. Von einer solchen Person gilt,

---

4 Einer Person *zugänglich* ist eine Proposition genau dann, wenn nicht ausgeschlossen ist, daß die Proposition von der Person zum betreffenden Zeitpunkt hinsichtlich ihrer Wahrheit erwogen wird.

5 Dieses Prinzip nenne ich auch das *Rutte-Prinzip*, weil Heiner Rutte in privater Diskussion so lange darauf insistiert hat, bis ich mich entschloß, versuchsweise damit ernst zu machen und seine formalen Konsequenzen näher zu untersuchen.

6 Beide Prinzipien sind in den qualitativen Begriffen der Bejahung und Verneinung formuliert. Komparative oder metrische Versionen sind entsprechend anzupassen. So würde z.B. die komparative Version von Pr_2 lauten: „Für keine Proposition h gibt es eine Proposition i derart, daß sowohl h als auch $\neg h$ entschiedener bejaht wird als i".

daß sie *h nicht versteht* (daß sie nicht versteht, *was* sie zu bejahen bzw. zu verneinen disponiert ist). Den beiden Prinzipien kommt somit der Status von *Begriffs*postulaten zu, zum Unterschied von allfälligen *Rationalitäts*postulaten: Wer wegen eines Verstoßes gegen Prinzipien der Rationalität eine Proposition h nicht rational (vernünftig, gerechtfertigt, begründet) glaubt, der *glaubt* immerhin noch h. Wer jedoch bezüglich h gegen die angeführten *begrifflichen* Prinzipien verstößt, dessen Einstellung *ist gar kein Glauben*. (Zumindest kein Glauben im hier explizierten Sinn.)

Als weitere Konsequenz der beiden Postulate wollen wir bereits jetzt notieren, daß sie mit keiner probabilistischen Konzeption von Glauben verträglich sind. Für den Bayesianer mag dies Grund genug sein, die Prinzipien abzulehnen. Ich ziehe die entgegengesetzte Konsequenz: Glauben, somit auch rationales Glauben, ist (formal betrachtet) keine Wahrscheinlichkeit.

Die angeführten vier Definitionen und die beiden Prinzipien sollen durch die gesuchten Explikate erfüllt werden. Die Explikationen erfolgen durch Angabe von Postulaten, welche zugleich entsprechende Kalküle festlegen.

2 Die Kalküle

Wir schreiben „$J(h)$" für „h wird bejaht", analog „$N(h)$" für „h wird verneint". Es gelten die üblichen Junktoren, z.B. $\neg N(h); J(\neg h); J(h) \wedge N(i); J(\neg h) \rightarrow N(h)$; etc., doppelte Verneinung innen und außen: $J(h) \leftrightarrow \neg\neg J(h)$ und $J(h) \leftrightarrow J(\neg\neg h)$, Quantoren über die Propositionsvariablen: $\forall h(J(h)...)$, $\neg \exists i(N(i)...)$, u.s.w..

Schließlich definieren wir *Körperbedingungen* für die Menge der zu betrachtenden, d.h. einer Person zu einer bestimmten Zeit zugänglichen, Propositionen:

Df $\mathcal{K}$

Sei Ω eine endliche oder abzählbare Menge von Propositionen $h, i, ..., e(,...)$, so ist $\mathcal{K}$ ein aus Ω generierter *Körper von Propositionen* g.d.w.
(i) $\quad \forall h(h \in \Omega \rightarrow h \in \mathcal{K})$
(ii) $\quad \forall h(h \in \mathcal{K} \rightarrow \neg h \in \mathcal{K})$
(iii) $\quad \forall h((h \in \mathcal{K} \wedge i \in \mathcal{K}) \rightarrow h \wedge i \in \mathcal{K})$.

Damit sind die Vorbereitungen für die Formulierung der Kalküle getroffen. Wir beginnen mit der Festlegung eines ersten Kalküls für die *qualitativen* Begriffe von Bejahung und Verneinung.

2.1 Qualitative J/N-Struktur (qJ/N)

Df qJ/N
$< \Omega, \mathcal{K}, J, N >$ ist eine *qualitative J/N-Struktur* mit einer Grundmenge Ω von Propositionen, einem aus Ω generierten Körper $\mathcal{K}$ von Propositionen und den Operatoren J, N über alle $h \in \mathcal{K}$, g.d.w.
$^{qJ/N}\mathscr{P}_1 \quad \forall h(J(h) \leftrightarrow N(\neg h))$
$^{qJ/N}\mathscr{P}_2 \quad \neg\exists h(J(h) \wedge J(\neg h))$

Nicht alle in diesem Kalkül ableitbaren Sätze sind trivial – manche erfordern eine gewisse Denkanstrengung, um die Korrektheit ihrer umgangsprachlichen Deutung einzusehen. Ich beschränke mich auf die Herleitung einiger Sätze.

$^{qJ/N}1$
$\forall h(J(h) \to N(\neg h))$ $\hfill ^{qJ/N}\mathscr{P}_1$

$^{qJ/N}2$
$\forall h(J(\neg h) \to N(h))$ $\hfill ^{qJ/N}1$
   (1)   Ist $h \in \mathcal{K}$ dann ist $\neg h \in \mathcal{K}$ $\hfill Df.\mathcal{K}$
   (2) $J(\neg h) \to N(\neg\neg h)$ $\hfill (1), ^{qJ/N}\mathscr{P}_1$
   (3) $J(\neg h) \to N(h)$ $\hfill (1), (2),$ **q.e.d.**[7]

$^{qJ/N}3$
$\forall h(N(h) \to J(\neg h))$ $\hfill ^{qJ/N}\mathscr{P}_1$

$^{qJ/N}4$
$\forall h(J(h) \to \neg J(\neg h))$ $\hfill ^{qJ/N}\mathscr{P}_2$

$^{qJ/N}5$
$\forall h(\neg N(\neg h) \to \neg J(h))$ $\hfill ^{qJ/N}\mathscr{P}_1$

$^{qJ/N}6$
$\forall h(\neg J(h) \to \neg N(\neg h))$ $\hfill ^{qJ/N}\mathscr{P}_1$

$^{qJ/N}7$
$\forall h(\neg N(h) \to \neg J(\neg h))$ $\hfill ^{qJ/N}2$

$^{qJ/N}8$
$\forall h(\neg J(\neg h) \to \neg N(h))$ $\hfill ^{qJ/N}3$

$^{qJ/N}9$
$\forall h(J(h) \to \neg N(h))$ $\hfill ^{qJ/N}4, ^{qJ/N}8$

$^{qJ/N}10$
$\neg\exists h(J(h) \wedge N(h))$ $\hfill ^{qJ/N}9$

---

[7] Beweise werden nun nur noch für nicht ganz triviale Folgerungen ausgeführt.

$^{qJ/N}11$
$\forall h((\neg J(h) \land \neg N(h) \to (\neg J(\neg h) \land \neg N(\neg h)))$
(1) $\neg J(h) \land \neg N(h))$ Ann.
(2) $\neg J(h)$ (1)
(3) $\neg N(h)$ (1)
(4) $\neg N(\neg h)$ (2), $^{qJ/N}6$
(5) $\neg J(\neg h)$ (3), $^{qJ/N}7$
(6) $\neg J(\neg h) \land \neg N(\neg h)$ (4), (5), q.e.d.

$^{qJ/N}12$
$\forall h((\neg J(\neg h) \land \neg N(\neg h) \to (\neg J(h) \land \neg N(h)))$ $^{qJ/N}5, ^{qJ/N}8$

$^{qJ/N}13$
$\forall h((\neg J(h) \land \neg N(h) \leftrightarrow (\neg J(\neg h) \land \neg N(\neg h)))$ $^{qJ/N}11, ^{qJ/N}12$

$^{qJ/N}14$
$\forall h((\neg J(h) \land \neg J(\neg h) \leftrightarrow (\neg N(h) \land \neg N(\neg h)))$ analog $^{qJ/N}13$

$^{qJ/N}15$
$\forall h((\neg J(h) \land \neg J(\neg h) \leftrightarrow (\neg J(h) \land \neg N(h)))$ analog $^{qJ/N}13$

$^{qJ/N}16$
Folgende Formeln treffen notwendig entweder alle (und zwar genau im agnostischen Fall) auf ein gegebenes $h \in \mathcal{K}$ zu oder es trifft keine von ihnen zu:
(i) $\neg J(h) \land \neg J(\neg h)$
(ii) $\neg N(\neg h) \land \neg J(\neg h)$
(iii) $\neg N(\neg h) \land \neg N(h)$
(iv) $\neg J(h) \land \neg N(h)$. $^{qJ/N}13, ^{qJ/N}14\, ^{qJ/N}15$

Dies führt schließlich zu dem Satz, der die klassische Dreiteilung in Bejahen (Glauben), Verneinen (Unglauben) und agnostischen Fall darstellt[8]:

$^{qJ/N}17$
$\forall h((J(h) \leftrightarrow \neg N(h)) \leftrightarrow \neg(\neg J(h) \land \neg N(h)))$
(1) $(J(h) \lor N(h)) \leftrightarrow (J(h) \lor N(h))$ Taut.
(2) $(J(h) \lor N(h)) \leftrightarrow \neg(\neg J(h) \land \neg N(h))$ (1)
(3) $(J(h) \leftrightarrow \neg N(h)) \leftrightarrow \neg(\neg J(h) \land \neg N(h))$ (2), $^{qJ/N}10$, q.e.d.

2.2 Komparative J/N-Struktur (kJ/N)

Wir gehen jetzt einen Schritt weiter und betrachten die entsprechende komparative Begriffsbildung. Dabei ist als Merkwürdigkeit zu beachten, daß die äußere Negation der Ausdrücke des qualitativen Kalküls nun eine Umdeutung erfahren muß: Im qualitativen System sagten wir „X ist nicht disponiert, h zu bejahen/verneinen", bzw. einfach „h wird nicht bejaht/verneint".

---

8 Die Dreiteilung gilt traditionell auch für den Begriff des religiösen Glaubens, das hier sonst nicht behandelt wird.

Das werden wir nun reformulieren als „X ist disponiert, keine Proposition weniger entschieden zu bejahen/verneinen als h", bzw. einfach „Keine Proposition wird weniger bejaht/verneint als h". Es wird also auch in diesen Fällen sozusagen noch bejaht und verneint – nur eben *als Grenzfall geringster Entschiedenheit*. Abgesehen davon setzen wir bezüglich Ω, $\mathcal{K}$, J und N die Vereinbarungen aus *qJ/N* voraus. Die hinzutretende Relation „$\leq$" für „nicht entschiedener als" ist reflexiv, transitiv und antisymmetrisch in der Menge aller geordneten Paare von $J(\_)$- und/oder $N(...)$-Ausdrücken, d.h.,

(i) $J(\_) \leq J(\_)$
(ii)   Wenn $J(\_) \leq J(...)$ und $J(...) \leq J(--)$ dann $J(\_) \leq J(--)$
(iii)   Wenn $J(\_) \leq J(...)$ und $J(...) \leq J(\_)$ dann $J(\_)=J(...)$

Durch *(iii)* ist zugleich die Äquivalenzrelation „$=$" bestimmt (reflexiv, transitiv und symmetrisch). Definitorisch können wir ergänzen:

$J(\_)>J(...) =_{Df} J(...) \leq J(\_)$ und nicht $J(\_)=J(...)$
$J(\_)<J(...) =_{Df} J(...) > J(\_)$
$J(\_) \geq J(...) =_{Df} J(...) \leq J(\_)$

Dies ermöglicht die Postulierung des Kalküls für die komparativen Begriffe:

Df kJ/N
$< \Omega, \mathcal{K}, J, N, \leq >$ ist eine *komparative J/N-Struktur* mit einer Grundmenge Ω von Propositionen, einem aus Ω generierten Körper $\mathcal{K}$ von Propositionen, den Operatoren J, N über alle $h,i \in \mathcal{K}$ und der Relation $\leq$ g.d.w.

$^{kJ/N}\mathcal{P}_1$ $\forall h(J(h) \leq N(\neg h) \wedge N(\neg h) \leq J(h))$
$^{kJ/N}\mathcal{P}_2$ $\forall h \forall i(J(h)>J(i) \rightarrow J(\neg h) \leq J(i))$
$^{kJ/N}\mathcal{P}_3$ $\forall h \forall i(J(h)>J(\neg h) \leftrightarrow (J(h)>J(i) \vee J(h)>J(\neg i)))$

Wir formulieren zunächst einige Hilfssätze:

$^{kJ/N}H_1$
$\forall h(J(h)=N(\neg h) \wedge J(\neg h)=N(h))$ $^{kJ/N}\mathcal{P}_1$

$^{kJ/N}H_2$
(i) $\forall h(J(h)=N(h) \leftrightarrow J(h)=J(\neg h))$
(ii) $\forall h(N(h)=N(\neg h) \leftrightarrow J(h)=J(\neg h))$
(iii) $\forall h(N(h)=N(\neg h) \leftrightarrow J(h)=N(\neg h))$
(iv) $\forall h(J(h)=N(h) \leftrightarrow J(\neg h)=N(\neg h))$ $^{kJ/N}H_1$

$^{kJ/N}H_3$
$\forall h \forall i(J(h)>J(i) \leftrightarrow N(\neg h)>J(i))$ $^{kJ/N}\mathcal{P}_2, ^{kJ/N}\mathcal{P}_3, ^{kJ/N}H_1$

$^{kJ/N}H_4$

Alle *qJ/N*-Sätze können durch Ersetzung (und Anpassung der erforderlichen Quantoren) mechanisch in *kJ/N*-Analoga umgeformt werden, wobei die Wahl zwischen einer *elementaren* und einer *extensiven Form* (bzw. Mischformen zwischen beiden) freisteht:

qJ/N	*kJ/N elementar*	*kJ/N extensiv*
$J(h)$	$J(h){>}J(\neg h)$	$J(h){>}J(i) \lor J(h){>}J(\neg i)$
$J(\neg h)$	$J(\neg h){>}J(h)$	$J(\neg h){>}J(i) \lor J(\neg h){>}J(\neg i)$
$\neg J(h)$	$J(h){\leq}J(\neg h)$	$J(h){\leq}J(i) \land J(h){\leq}J(\neg i)$
$\neg J(\neg h)$	$J(\neg h){\leq}J(h)$	$J(\neg h){\leq}J(i) \land J(\neg h){\leq}J(\neg i)$
$N(h)$	$N(h){>}N(\neg h)$	$N(h){>}N(i) \lor N(h){>}N(\neg i)$
$N(\neg h)$	$N(\neg h){>}N(h)$	$N(\neg h){>}N(i) \lor N(\neg h){>}N(\neg i)$
$\neg N(h)$	$N(h){\leq}N(\neg h)$	$N(h){\leq}N(i) \land N(h){\leq}N(\neg i)$
$\neg N(\neg h)$	$N(\neg h){\leq}N(h)$	$N(\neg h){\leq}N(i) \land N(\neg h){\leq}N(\neg i)$

Während der Übergang von *qJ/N* zu *kJ/N* lediglich eine einseitig eindeutige *Übersetzung* darstellt, sind *kJ/N-elementar* und *kJ/N-extensiv* als äquivalent in *kJ/N* beweisbar.

Analog zu *qJ/N* ergeben sich nun die Sätze $^{kJ/N}1$ bis $^{kJ/N}17$ in entsprechender Komparativform[9].

$^{kJ/N}1$

(i) elementar:
$\forall h(J(h){>}J(\neg h) \to N(\neg h){>}N(h)))$ $\qquad ^{kJ/N}H_3$
(ii) extensiv:
$\forall h \forall i((J(h){>}J(i) \lor J(h){>}J(\neg i)) \to (N(\neg h){>}N(i) \lor N(\neg h){>}N(\neg i))$ $\quad ^{kJ/N}H_3, {}^{kJ/N}H_4$
(iii) Mischform:
$\forall h \forall i (J(h){>}J(\neg h) \to (N(\neg h){>}J(i) \lor N(\neg h){>}J(\neg i)))$ $\qquad ^{kJ/N}\mathscr{B}, {}^{kJ/N}H_1$

$^{kJ/N}2$

$\forall h \forall i (J(\neg h){>}J(h) \to (N(h){>}J(i) \lor N(h){>}J(\neg i)))$ $\qquad ^{kJ/N}\mathscr{B}, {}^{kJ/N}H_1$

$^{kJ/N}3$

$\forall h \forall i (N(h){>}N(\neg h) \to (J(\neg h){>}J(i) \lor J(\neg h){>}J(\neg i)))$ $\qquad ^{kJ/N}2, {}^{kJ/N}H_1$

$^{kJ/N}4$

$\forall h \forall i (J(h){>}J(\neg h) \to (J(\neg h){\leq}J(i) \land J(\neg h){\leq}J(\neg i)))$
(1) $\quad J(\neg h){>}J(h) \leftrightarrow (J(\neg h){>}J(i) \lor J(\neg h){>}J(\neg i))$ $\qquad ^{kJ/N}\mathscr{B}$
(2) $\quad J(\neg h){\leq}J(h) \leftrightarrow (J(\neg h){\leq}J(i) \land J(\neg h){\leq}J(\neg i))$ $\qquad$ (1)
(3) $\quad J(h){>}J(\neg h) \to (J(\neg h){\leq}J(i) \land J(\neg h){\leq}J(\neg i))$ $\qquad$ (2), $^{kJ/N}\mathscr{B}$, **q.e.d.**

---

9   Ausgenommen $^{kJ/N}1$ und $^{kJ/N}17$ werden hier die Sätze lediglich in einer der Intuition entgegenkommenden Mischform angeschrieben. Die Nummerierung der Sätze entspricht der ihrer jeweiligen *qJ/N*-Analoga.

Dieser Satz besagt, anders ausgedrückt, nichts anderes als: „Wird h überhaupt noch merklich entschieden bejaht, so wird $\neg h$ mit geringster Entschiedenheit (am wenigsten) bejaht."

$^{kJ/N}5$
$\forall h \forall i (N(\neg h) \leq N(h) \rightarrow (J(h) \leq J(i) \wedge J(h) \leq J(\neg i)))$ $\qquad$ $^{kJ/N}1, \ ^{kJ/N}H_1$

$^{kJ/N}6$
$\forall h \forall i (J(h) \leq J(\neg h) \rightarrow (N(\neg h) \leq J(i) \wedge N(\neg h) \leq J(\neg i)))$ $\qquad$ $^{kJ/N}5, \ ^{kJ/N}H_1$

$^{kJ/N}7$
$\forall h \forall i (N(h) \leq N(\neg h) \rightarrow (J(\neg h) \leq J(i) \wedge J(\neg h) \leq J(\neg i)))$ $\qquad$ $^{kJ/N}5$

$^{kJ/N}8$
$\forall h \forall i (J(\neg h) \leq J(h) \rightarrow (N(h) \leq J(i) \wedge N(h) \leq J(\neg i)))$ $\qquad$ $^{kJ/N}7, \ ^{kJ/N}H_1$

$^{kJ/N}9$
$\forall h \forall i (J(h) > J(\neg h) \rightarrow (N(h) \leq J(i) \wedge N(h) \leq J(\neg i)))$ $\qquad$ $^{kJ/N}4, \ ^{kJ/N}H_1$

$^{kJ/N}10$
$\forall h \neg \exists i (J(h) > J(\neg h) \wedge N(h) > J(i))$
(1) $J(h) > J(\neg h) \wedge N(h) > J(i)$ $\qquad$ Ann.
(2) $J(h) > J(\neg h)$ $\qquad$ (1)
(3) $N(\neg h) > N(h)$ $\qquad$ (2), $^{kJ/N}H_1$
(4) $N(h) > J(i)$ $\qquad$ (1)
(5) $N(\neg h) > J(i)$ $\qquad$ (3), (4)
(6) $J(h) > J(i)$ $\qquad$ (5), $^{kJ/N}H_2$
(7) $J(\neg h) > J(i)$ $\qquad$ (4), $^{kJ/N}H_1$
(8) $J(h) > J(\neg h)$ $\qquad$ (6), $^{kJ/N}\mathscr{R}$
(9) $J(\neg h) > J(h)$ $\qquad$ (7), $^{kJ/N}\mathscr{R}$
(10) $J(h) > J(\neg h) \wedge J(\neg h) > J(h)$ $\qquad$ (8), (9): K, $\qquad$ q.e.d.

$^{kJ/N}11$
$\forall h \forall i ((J(h) \leq J(\neg h) \wedge N(h) \leq N(\neg h)) \rightarrow (J(\neg h) \leq J(h) \wedge N(\neg h) \leq N(h)))$ $\qquad$ $^{kJ/N}H_1$

$^{kJ/N}12$
$\forall h \forall i ((J(\neg h) \leq J(h) \wedge N(\neg h) \leq N(h)) \rightarrow (J(h) \leq J(\neg h) \wedge N(h) \leq N(\neg h)))$ $\qquad$ $^{kJ/N}H_1$

$^{kJ/N}13$
$\forall h \forall i ((J(h) \leq J(\neg h) \wedge N(h) \leq N(\neg h)) \leftrightarrow (J(\neg h) \leq J(h) \wedge N(\neg h) \leq N(h)))$ $\qquad$ $^{kJ/N}H_1$

$^{kJ/N}14$
$\forall h \forall i ((J(h) \leq J(\neg h) \wedge J(\neg h) \leq J(h)) \leftrightarrow (N(h) \leq N(\neg h) \wedge N(\neg h) \leq N(h)))$ $\qquad$ $^{kJ/N}H_1$

$^{kJ/N}15$
$\forall h \forall i ((J(h) \leq J(\neg h) \wedge J(\neg h) \leq J(h)) \leftrightarrow (J(h) \leq J(\neg h) \wedge N(h) \leq N(\neg h)))$ $\qquad$ $^{kJ/N} H_1$

$^{kJ/N}16$
Folgende Formeln treffen notwendig entweder alle (und zwar genau im agnostischen Fall) auf ein gegebenes $h \in \mathcal{H}$ zu, oder keine von ihnen trifft zu:
(i) $J(h) \leq J(\neg h) \wedge J(\neg h) \leq J(h)$
(ii) $N(\neg h) \leq N(h) \wedge J(\neg h) \leq J(h)$
(iii) $N(\neg h) \leq N(h) \wedge N(h) \leq N(\neg h)$
(iv) $J(h) \leq J(\neg h) \wedge N(h) \leq N(\neg h)$ $^{kJ/N}H_1$

Dies führt wieder zur klassischen Dreiteilung in Bejahen, Verneinen und agnostischen Fall:

$^{kJ/N}17$
(i) elementar:
$\forall h((J(h) > J(\neg h) \leftrightarrow N(h) \leq N(\neg h)) \leftrightarrow \neg(J(h) = N(h)))$
(ii) extensiv:
$\forall h \forall i(((J(h) > J(i) \vee J(h) > J(\neg i)) \leftrightarrow (N(h) \leq N(i) \wedge N(h) \leq N(\neg i))) \leftrightarrow$
$\leftrightarrow \neg(J(h) \leq J(i) \wedge J(h) \leq J(\neg i) \wedge N(h) \leq N(i) \wedge N(h) \leq N(\neg i)))$
(iii) Mischform:
$\forall h((J(h) > J(\neg h) \leftrightarrow J(\neg h) \leq J(h)) \leftrightarrow \neg(J(h) \leq J(\neg h) \wedge J(\neg h) \leq J(h)))$

Daß die durch komparative Bejahungen und Verneinungen definierbaren Glaubenseinstellungen (Glauben, Unglauben und agnostisch sein) formal keine Wahrscheinlichkeiten sind, ist offensichtlich und läßt sich auf vielfache Weise zeigen. Tragen wir zunächst die entsprechend angepaßten Definitionen nach:[10]

Df 1' Eine Person X *glaubt* zum Zeitpunkt T eine Proposition h genau dann, wenn X zu T disponiert ist, h entschiedener als $\neg h$ zu bejahen, im Falle daß X h hinsichtlich ihrer Wahrheit erwägt.

Df 2' Eine Person X ist zum Zeitpunkt T bezüglich einer Proposition h *ungläubig* genau dann, wenn X zu T disponiert ist, h entschiedener als $\neg h$ zu verneinen, im Falle daß X h hinsichtlich ihrer Wahrheit erwägt.

Df 3' Eine Person X ist zum Zeitpunkt T bezüglich einer Proposition h *agnostisch* genau dann, wenn X zu T disponiert ist, h weder entschiedener als $\neg h$ zu bejahen, noch h entschiedener als $\neg h$ zu verneinen, im Falle daß X h hinsichtlich ihrer Wahrheit erwägt.

Den Unterschied zu probabilistisch interpretierten Glaubenseinstellungen können wir nun an zwei besonders prägnanten Beispielen aufzeigen:
1. Glauben: Sei h eine kontingente Proposition, die von X zwar nicht mit höchster Überzeugung, aber doch immerhin eher geglaubt wird als nicht. In einer (hoffentlich) selbsterklärenden Notation können wir das so ausdrücken:

---

10   Bezüglich der Anpassung der Prinzipien Pr_1 und Pr_2 vgl. Fn.6, oben.

$G_{X,T}(h) \succ G_{X,T}(\neg h)$. Wenn nun Glauben eine sogenannte qualitative Wahrscheinlichkeit[11] wäre, dann müßte auch X's Glauben von $\neg h$ (neben dem vorausgesetzten Glauben von h) noch immer stärker sein als z.B. ihr Glauben einer von ihr für vollends unglaublich gehaltenen Proposition i; es muß also für wenigstens eine Proposition i gelten $G_{X,T}(\neg h) \succ G_{X,T}(i)$. Genau diese Konsequenz ist aber ausgeschlossen, wenn wir Glauben im Sinne unserer komparativen J/N-Begriffe deuten: Wenn X h eher glaubt als $\neg h$, also in unserem Sinn, wenn X disponiert ist zu $J(h) > J(\neg h)$, dann gibt es aufgrund von $^{kJ/N}4$ kein i derart, daß $J(\neg h) > J(i)$, sondern es gilt $\forall i(J(\neg h) \leq J(i))$. X glaubt somit wohl h eher als $\neg h$, glaubt aber auch kein i weniger als $\neg h$.

2. *Agnostischer Fall:* Der agnostische Fall ist probabilistisch nicht adäquat rekonstruierbar: $G_{X,T}(h) \approx G_{X,T}(\neg h)$ würde probabilistisch interpretiert gleiche *positive* Wahrscheinlichkeit für h und für $\neg h$ ausdrücken, was gerade *nicht* der agnostischen Situation entspricht, weil dadurch zum Ausdruck käme, daß sowohl h als auch $\neg h$ noch stärker geglaubt werden als entweder i oder $\neg i$ (für *jedes* beliebige i). In der Rekonstruktion durch *kJ/N* hingegen wird insbesondere durch $^{kJ/N}16$ und $^{kJ/N}17$ deutlich, daß der Fall $J(h) = J(\neg h)$ genau dann vorliegt, wenn nichts weniger bejaht und nichts weniger verneint wird als h und $\neg h$.

2.3 Metrische J/N-Struktur (mJ/N)

Im *metrischen* J/N-Kalkül bleibt die aus *kJ/N* stammende schwache Ordnung in den Funktionswerten von *mJ/N* erhalten. Dies geschieht dadurch, daß die persönlichen Bejahungs- und Verneinungsfunktionen *j* und *n* allen X zugänglichen Propositionen h, i reelle Werte $j(h)$ und $n(i)$ zuordnen, sodaß

wenn (in *kJ/N*) gilt $J(h) \leq J(i)$, dann gilt (in *mJ/N*) $j(h) \leq j(i)$,
wenn (in *kJ/N*) gilt $N(h) = N(i)$, dann gilt (in *mJ/N*) $n(h) = n(i)$,
etc..

Damit wird nicht nur die durch *kJ/N* erzeugte schwache Ordnung der $J(...)/N(...)$-Ausdrücke in eine numerische Ordinalskala übertragen, sondern auch die durch Definitionen und Prinzipien der Glaubensbegriffe[12] erzwungene *Struktur* sichergestellt.

Die zudem erfolgende *Normierung* ist konventioneller Natur, denn es zwingt uns nichts, den niedrigsten Wert für $j(h)$ und $n(h)$ mit *0*, bzw. den höchsten mit *1* anzusetzen. *Daß* es einen niedrigsten und höchsten Wert gibt, ist hingegen nicht konventionell, sondern steht schon begrifflich fest.[13]

---

11 Der Terminus ist unglücklich, aber eingebürgert. Besser wäre „komparative".
12 Diese sind wieder sinngemäß anzupassen; vgl. oben, Fn. 6 und Text zu Fn. 10.
13 Z.B. wird keine Proposition weniger bejaht und weniger verneint als eine,

Welche Metrik wir erhalten, hängt von der Operation ab, die für die jeweilige persönliche Zuordnung von Bejahungs- resp. Verneinungswerten verantwortlich ist. Sie kann sowohl in empirisch-psychologischen, wie auch in bloß gedachten Auswahlexperimenten bestehen, worauf hier nicht eingegangen zu werden braucht. (Die Literatur zur subjektiven Wahrscheinlichkeit liefert dafür reichlich Anregungen.) Aber unter Voraussetzung einer solcherart operational festgelegten Metrik erhalten wir durch *mJ/N* eine Intervallskala, die nur bis auf lineare Transformationen eindeutig ist:[14]

Df mJ/N

$< \Omega, \mathcal{K}, j, n >$ ist eine *metrische J/N-Struktur* mit einer Grundmenge Ω von Propositionen, einem aus Ω generierten Körper $\mathcal{K}$ von Propositionen und den reellwertigen Funktionen j, n auf $\mathcal{K}$ g.d.w. für alle $h, i \in \mathcal{K}$

$^{mJ/N}\mathcal{P}_1$ $0 \leq j(h) \leq 1$
$^{mJ/N}\mathcal{P}_2$ $j(h) = n(\neg h)$
$^{mJ/N}\mathcal{P}_3$ $j(h) > j(i) \rightarrow j(\neg h) \leq j(i)$
$^{mJ/N}\mathcal{P}_4$ $j(h) > j(\neg h) \leftrightarrow j(h) > 0$

Wir führen lediglich einen Hilfssatz ein:

$^{mJ/N}H_1$

$\forall h \forall i ((j(h) > j(i) \lor j(h) > j(\neg i)) \leftrightarrow j(h) > 0)$

(1)	$j(h) \geq j(i) \lor j(h) \geq j(\neg i)$	Ann. l.
(2)	$j(h) \geq j(i)$	(1) [1.Arg.]
(3)	$j(h) > 0$	(2), $^{mJ/N}\mathcal{P}_1$
(4)	$j(h) \geq j(\neg i)$	(1) [2.Arg.]
(5)	$j(h) > 0$	(4), $^{mJ/N}\mathcal{P}_1$
(6)	$(j(h) \geq j(i) \lor j(h) \geq j(\neg i)) \rightarrow j(h) > 0$	(1), (3), (5)
(7)	$j(h) > 0$	Ann. r.
(8)	$j(\neg h) = 0$	(7), $^{mJ/N}\mathcal{P}_1$, $^{mJ/N}\mathcal{P}_4$
(9)	$j(i) \geq j(\neg h) \rightarrow j(\neg i) \leq j(\neg h)$	$^{mJ/N}\mathcal{P}_3$
(10)	$j(i) > 0 \rightarrow j(\neg i) = 0$	(8), (9), $^{mJ/N}\mathcal{P}_1$
(11)	$j(\neg i) > 0 \rightarrow j(i) = 0$	(7), (8), $^{mJ/N}\mathcal{P}_1$, $^{mJ/N}\mathcal{P}_3$
(12)	$j(h) > 0 \rightarrow (j(h) \geq j(i) \lor j(h) \geq j(\neg i))$	(7), (10), (11); , **q.e.d.**

---

bezüglich welcher X agnostisch ist. Auch der Negation einer bejahten Proposition kommt wegen Pr_2 der niedrigste Bejahungswert zu. Nicht weniger zwingend ist es, auch einen höchsten Wert, z.B. für die von X für notwendig wahr gehaltene Proposition, festzusetzen.

14   Der tiefere Grund dafür (und auch dafür, daß es sich somit um keine Wahrscheinlichkeiten handeln kann) ist, daß mangels eines direkten Kombinationsverfahrens für $J(...)$- und $N(...)$-Ausdrücke ein Additivitätsaxiom keine sinnvolle Deutung hätte. Wir haben es also bei den metrischen Bejahungs- und Verneinungsbegriffen mit *intensiven* Größen zu tun, die z.B. analog dem Temperaturbegriff vorgestellt werden müssen.

Somit ergibt sich folgende Tabelle:

$^{mJ/N}H_2$
Alle *kJ/N*-Sätze können durch Ersetzung mechanisch in *mJ/N*-Analoga umgeformt werden:

kJ/N extensiv	mJ/N-extensiv	mJ/N-elementar
$J(h){>}J(i) \lor J(h){>}J(\neg i)$	$j(h){>}j(i) \lor j(h){>}j(\neg i)$	$j(h) > 0$
$J(\neg h){>}J(i) \lor J(\neg h){>}J(\neg i)$	$j(\neg h){>}j(i) \lor j(\neg h){>}j(\neg i)$	$j(\neg h) > 0$
$J(h){\leq}J(i) \land J(h){\leq}J(\neg i)$	$j(h){\leq}j(i) \land j(h){\leq}j(\neg i)$	$j(h) = 0$
$J(\neg h){\leq}J(i) \land J(\neg h){\leq}J(\neg i)$	$j(\neg h){\leq}j(i) \land j(\neg h){\leq}j(\neg i)$	$j(\neg h) = 0$
$N(h){>}N(i) \lor N(h){>}N(\neg i)$	$n(h){>}n(i) \lor n(h){>}n(\neg i)$	$n(h) > 0$
$N(\neg h){>}N(i) \lor N(\neg h){>}N(\neg i)$	$n(\neg h){>}n(i) \lor n(\neg h){>}n(\neg i)$	$n(\neg h) > 0$
$N(h){\leq}N(i) \land N(h){\leq}N(\neg i)$	$n(h){\leq}n(i) \land n(h){\leq}n(\neg i)$	$n(h) = 0$
$N(\neg h){\leq}N(i) \land N(\neg h){\leq}N(\neg i)$	$n(\neg h){\leq}n(i) \land n(\neg h){\leq}n(\neg i)$	$n(\neg h) = 0$

Während der Übergang von *kJ/N* zu *mJ/N* lediglich eine einseitig eindeutige *Übersetzung* darstellt, sind *mJ/N-extensiv* und *mJ/N-elementar* als äquivalent in *mJ/N* beweisbar (vgl. $^{mJ/N}H_1$).

Analog zu *qJ/N* bzw. *kJ/N* ergeben sich nun die Sätze $^{mJ/N}1$ bis $^{mJ/N}17$, die wie einfachheitshalber in der Form *mJ/N-elementar* anschreiben:

$^{mJ/N}1$
$\forall h(j(h) > 0 \rightarrow n(\neg h) > 0)$ $\qquad ^{mJ/N}\mathcal{B}_2$

$^{mJ/N}2$
$\forall h(j(\neg h) > 0 \rightarrow n(h) > 0)$ $\qquad ^{mJ/N}\mathcal{B}_2$

$^{mJ/N}3$
$\forall h(n(h) > 0 \rightarrow j(\neg h) > 0)$ $\qquad ^{mJ/N}\mathcal{B}_2$

$^{mJ/N}4$
$\forall h(j(h) > 0 \rightarrow j(\neg h) = 0)$ $\qquad ^{mJ/N}\mathcal{B}_1, ^{mJ/N}\mathcal{B}_4$

$^{mJ/N}5$
$\forall h(n(\neg h) = 0 \rightarrow j(h) = 0)$ $\qquad ^{mJ/N}\mathcal{B}_2$

$^{mJ/N}6$
$\forall h(j(h) = 0 \rightarrow n(\neg h) = 0)$ $\qquad ^{mJ/N}\mathcal{B}_2$

$^{mJ/N}7$
$\forall h(n(h) = 0 \rightarrow j(\neg h) = 0)$ $\qquad ^{mJ/N}\mathcal{B}_2$

$^{mJ/N}8$
$\forall h(j(\neg h) = 0 \rightarrow n(h) = 0)$ $\qquad ^{mJ/N}\mathcal{B}_2$

$^{mJ/N}9$
$\forall h(j(h) > 0 \to n(h) = 0)$ $\qquad$ $^{mJ/N}\mathscr{R}_2$

$^{mJ/N}10$
$\neg \exists h(j(h) > 0 \land n(h) > 0)$ $\qquad$ $^{mJ/N}4, {}^{mJ/N}\mathscr{R}_2$

$^{mJ/N}11$
$\forall h((j(h) = 0 \land n(h) = 0) \to (j(\neg h) = 0 \land n(\neg h) = 0))$ $\qquad$ $^{mJ/N}\mathscr{R}_2$

$^{mJ/N}12$
$\forall h((j(\neg h) = 0 \land n(\neg h) = 0) \to (j(h) = 0 \land n(h) = 0))$ $\qquad$ $^{mJ/N}\mathscr{R}_2$

$^{mJ/N}13$
$\forall h((j(h) = 0 \land n(h) = 0) \leftrightarrow (j(\neg h) = 0 \land n(\neg h) = 0))$ $\qquad$ $^{mJ/N}\mathscr{R}_2$

$^{mJ/N}14$
$\forall h((j(h) = 0 \land j(\neg h) = 0) \leftrightarrow (n(h) = 0 \land n(\neg h) = 0))$ $\qquad$ $^{mJ/N}\mathscr{R}_2$

$^{mJ/N}15$
$\forall h((j(h) = 0 \land j(\neg h) = 0) \leftrightarrow (j(h) = 0 \land n(h) = 0))$ $\qquad$ $^{mJ/N}\mathscr{R}_2$

$^{mJ/N}16$
Folgende Formeln treffen notwendig entweder alle (und zwar genau im agnostischen Fall) auf ein gegebenes $h \in \mathcal{K}$ zu, oder keine von ihnen trifft zu:
(i) $\quad j(h) = j(\neg h)$
(ii) $\quad n(\neg h) = j(\neg h)$
(iii) $\quad n(\neg h) = n(h)$
(iv) $\quad j(h) = n(h) = 0$ $\qquad$ $^{mJ/N}13, {}^{mJ/N}14, {}^{mJ/N}15$

Dies führt wieder zur klassischen Dreiteilung in Bejahen, Verneinen und agnostischen Fall:

$^{mJ/N}17$
$\forall h((j(h) > 0) \leftrightarrow (j(\neg h) = 0)) \leftrightarrow \neg(j(h) = n(h))$ $\qquad$ $^{mJ/N}4, {}^{mJ/N}9, {}^{mJ/N}16$

3 Schlußbemerkung

Die bereits oben getroffene Feststellung, daß die *J/N*-Begriffe mit einer probabilistischen Interpretation der Glaubensbegriffe nicht verträglich seien, bedarf noch einer Einschränkung: tatsächlich gibt es einen – allerdings recht trivialen – Fall, für den dies nicht zutrifft:

Angenommen, *X* glaube in höchstem Grade eine Proposition (genauer: *X* ist disponiert, eine Proposition mit dem höchstem Bestimmtheitsgrad *1* zu bejahen), z.B. weil sie diese als die Tautologie *t* erkannt hat. Dann gilt für *X* zu *T* daß $j(t) = 1$. Da $j(t) > 0$, gilt wegen $^{mJ/N}4$, daß $j(\neg t) = 0$. Nun ist $\neg t$ aber die Kontradiktion *k*, und daher $j(k) = 0$. In diesem Fall würde sich ein Additionsgesetz für *mJ/N* wie eine Wahrscheinlichkeit verhalten.

Wenn für alle $h, i \in \mathcal{K}$ mit $h \wedge i \equiv k$ gälte, daß $j(h \vee i) = j(h) + j(i)$, dann hätten wir tatsächlich $j(t \vee k) = j(t) + j(k) = 1$, und $j(t) = 1 - j(\neg t)$. Daß ein solches Additionsgesetz aber nur für den Fall des höchsten Bestimmtheitsgrades der Bejahung einer Proposition (bzw. den inversen Fall mit Verneinungsgraden) Geltung haben könnte, kann man sich leicht klarmachen:

Sei $j(h) = r$ mit $0 < r < 1$, dann gilt (wieder wegen $^{mJ/N}4$) daß $j(\neg h) = 0$, sodaß sich nun ergibt: $j(h \vee \neg h) = j(h) + j(\neg h) = j(h) = r < 1$. Das führt aber zum Widerspruch, denn $h \vee \neg h$ ist die Tautologie und es müßte gelten, daß $j(h \vee \neg h) = 1$.

Mit der letzten Beobachtung haben wir allerdings den Aufgabenbereich dieses Vortrages schon überschritten, denn sie zielt bereits auf die Fragen, welche *Kompositionsgesetze* für die Glaubensbegriffe gelten sollen, wie entschieden einzelne Mitglieder aus der Menge der für eine Person X zugänglichen Propositionen geglaubt werden *sollen*, um insgesamt ein *kohärentes* Glaubenssystem zu erhalten, etc. Darauf Antwort zu geben, gehört aber nicht mehr zur Begriffsbestimmung von Glauben, sondern zu der von *rationalem* Glauben, also in den Bereich der Rationalitätstheorie.[15]

---

15 Dort ist auch eine weitere Frage abzuhandeln, die von H. Rutte aufgeworfen wurde. Gegen meine Auffassung, daß ein Widerspruch gar nicht *geglaubt* werden könne, weil eine Person, die den Widerspruch bejaht, offenbar die Proposition nicht *versteht*, die sie bejaht, richtete er den Einwand, daß es aber durchaus den *impliziten* Widerspruch geben kann, der darin besteht, daß eine Person die Propositionen h und i glaubt und versteht, diese Propositionen aber an anderer, entfernter Stelle des Glaubenssystems, ev. in Zusammenhang mit einer Proposition e, einen Widerspruch ergeben. Die Antwort darauf ist, daß durch meine Bedingungen lediglich der *manifeste* Widerspruch ($h \wedge \neg h$) davon ausgeschlossen ist, geglaubt werden zu können – die am *impliziten* Widerspruch beteiligten Propositionen können durchaus individuell verstanden und geglaubt werden, solange die *manifest* widersprüchliche Proposition nicht im Glaubenssystem enthalten ist. Nicht jede logische Konsequenz einer in einem Glaubenssystem enthaltenen Proposition muß selbst in diesem Glaubenssystem enthalten sein: Wenn die Bedingungen $G_{X,T}(h)$ und $h \vdash e$ erfüllt sind, folgt nicht $G_{X,T}(e)$. Auch die Problematik des impliziten Widerspruchs gehört also in den Bereich der Rationalitätstheorie und nichtmehr zur Explikation der Glaubensbegriffe.

„MYSTIK" ALS PROBLEMBEGRIFF IM KONTEXT PHILOSOPHISCHER ERFAHRUNGSTHEORIEN

REINHARD MARGREITER (BERLIN)

Unter „Mystik" sei im folgenden ein Problem- oder Zielbegriff verstanden, der ein für Philosophie und Wissenschaft zentrales Thema indiziert: die Struktur von Rationalität und Erfahrung. Im Gegensatz zu einem Grund- oder Erklärungsbegriff bedeutet ein Problem- oder Zielbegriff, daß er in Inhalt, Umfang und Funktion noch nicht ausreichend definiert ist und auf das zu Klärende erst vorläufig hinweist. In der Philosophie des späten 18., des 19. und 20. Jh. – z.B. bei Kant und Hegel, Schopenhauer und James, Wittgenstein und Mauthner, Rickert und Bergson, Cassirer und Derrida – kommt der Ausdruck „Mystik" relativ häufig vor: (a) im Zusammenhang systematischer Überlegungen zu den Grenzen von Vernunft, Erfahrung, Sprache und (b) im Zusammenhang mit der Frage nach dem Ganzen der Wirklichkeit.

Entstanden ist das Nomen „Mystik" im Theologiediskurs des 17. Jh. als fideistische, gegen aufklärerische Rationalität gerichtete Kampfformel. Es ist von Belang, auf diesen spezifisch modernen Entstehungskontext hinzuweisen. Es gibt, was wir seit etwa 300 Jahren terminologisch unter „Mystik" verstehen, schon in der mittelalterlichen und spätantiken Religion und Philosophie. Doch ist der Terminus Mystik eine moderne Sprachschöpfung, die – als Versuch eines Gegen- oder Überbegriffs zu Vernunft – erst relevant wird, als der Vernunftbegriff (und mit ihm der Erfahrungsbegriff) zunehmend enger und präziser gefaßt wird, immer größere lebensweltliche Bereiche ausblendet und so eine Komplementärkonzeption herausfordert.

Die „irrationalistischen" Strömungen der Moderne – von Fideismus und Pietismus über Romantik und Lebensphilosophie bis hin zu Jugendbewegung und New Age – können als Reaktionen auf diese Verengung und Präzisierung verstanden werden. In ihnen taucht ein emphatisch propagierter Mystikbegriff auf, der vielfach verschwommen und obskurantistisch anmutet. Entsprechend wie diese Strömungen zunehmend nicht nur auf Religion, sondern auch auf Alltag, Ästhetik und Wissenschaft Bezug nehmen, läßt sich eine Säkularisierung und Dekontextualisierung des vormals allein religiös konnotierten Mystikbegriffs verzeichnen. Seit Ende des 19. Jh. spricht man von christlicher und nichtchristlicher, theistischer und atheistischer, von philosophischer, ästhetischer, politischer Sprachmystik, Alltagsmystik usf.

Freilich ist „Mystik" bis heute ein vagabundierender Ausdruck, der nicht nur zwischen positiven und negativen Bewertungen oszilliert, sondern in einer Vielzahl von Sprachspielen höchst Unterschiedliches meint. Oft ist Mystik nur eine Sprachverlegenheit, ein Füllsel, ein Platzhalter für dumpfe und verworrene Vorstellungen. Das hat u.a. mit der langen und komplizierten Wortgeschichte zu tun. Sie beginnt mit dem griech. Verb „myein" (= „die Augen schließen") und seinen adjektivisch-nominalen Ableitungen „mystikos"/„mysterion" (lat. „mysticus"/„mysterium" = „geheimnisvoll"/„Geheimnis"), deren religiöse Konnotation aus ihrer Verwendung im Diskurs der antiken Mysterienkulte stammt. Von hier aus dringen die beiden Wörter in die Diskurse anderer Kultur- und Erfahrungsbereiche ein: in Poesie, Alltag, Rhetorik und Philosophie. Über die platonisch-neuplatonische Philosophie setzt sich ihre Karriere fort bis in die mittelalterliche und neuzeitliche Theologie: bis hin zum Neologismus Mystik (oder auch: Mystizismus) im 17. Jh.

Seit Kant jedoch ist Mystik nicht mehr nur eine Selbstverständigungsformel für Schwärmer, Pietisten und Theosophen, sondern wird zum Thema elaborierten begrifflich-theoretischen Denkens. Die Rolle als Korrelationsbegriff zu Vernunft und Erfahrung bringt es mit sich, daß sich keineswegs eine philosophische opinio communis über Bedeutung und Wert von Mystik ausbildet, sondern daß Bedeutungszuweisung und Bewertung mit der jeweiligen Konzeptualisierung von Vernunft und Erfahrung variieren.

Für diesen Mystikbegriff der neueren Philosophie gibt es nun freilich so etwas wie klassische Referenztexte: mittelalterliche Texte wie die von Meister Eckhart und Dionysius Areopagita oder (aus der Zeit der Reformation und Gegenreformation) Teresa von Avila und Juan de la Cruz, Jakob Böhme und Angelus Silesius. Diese Texte wurden im 18. und 19. Jh. als „klassische Mystikertexte" kanonisiert. Werden sie sorgfältig gelesen und folgt man dem Leitbegriff der „unio mystica", läßt sich – entgegen der Verschwommenheit des gängigen Wortgebrauchs – eine ziemlich klare Vorstellung gewinnen, was „mystische Erfahrung" darstellt.

Was diese Texte allerdings nicht ohne weiteres verraten, ist der erkenntnistheoretische und ontologische Status des Mitgeteilten. Je nach Interpretation handelt es sich um emotionales Erlebnis, tatsächliche Wahrnehmung, reales oder symbolisches Wissen, extreme Spekulation oder phantastische Projektion. Ich will diese „mystische Erfahrung" – den Terminus „Erfahrung" verwende ich heuristisch – kurz umreißen.

Mystik ist fürs erste die Erfahrung von All-Einheit und Ich-Entgrenzung, von Transkategorialität (d.h. Negation von Zeit und Raum, Gegenständlichkeit und Vielheit, Subjekt und Objekt, Kausalität und Teleologie). Weiters ist sie eine Erfahrung höchstgesteigerter Emotionalität sowie prinzipieller Skepsis gegenüber allen vertrauten Maßstäben „normaler" Weltorientierung. Dies äußert sich in apophatischer und paradoxer Rede oder in der Forderung zu schweigen. Das Problem ist jedoch, daß auch Schweigen eine kommunikative Handlung ist und mehrdeutig bleibt.

Bei den mystischen Negationen ergibt sich das Problem, daß Denken und

Sprechen an die negierten Elemente und Strukturen gebunden zu sein scheinen. Wir können die Negationen offenkundig im strengen Sinn weder denken noch aussprechen, denn jedes Denken und Aussprechen führt zu Rückvergegenständlichung und Re-Kategorialisierung. So hat J. Quint die mystische Rede als vergebliches Anrennen an die Grenzen der Sprache interpretiert. Die neuere Mystikforschung freilich – W. Haug, A.M. Haas oder M. Wagner-Egelhaaf – ist von Quints Position abgerückt, da sie weniger die Abbildungs-, vielmehr die Performationsfunktion der Sprache betont und Mystik als in und an der Sprache sich ereignendes Sinngeschehen, als semiotischen bzw. symbolisch-medialen Prozeß interpretiert. Das ermöglicht die Legitimation eines prima facie unsinnigen Sprechens, das den gegenständlich-kategorialen Sinn seiner Aussagen während des Sprechaktes bereits wieder zurücknimmt.

In der philosophischen Diskussion ist Erfahrung, im Gegensatz zu Vernunft, ein weitaus weniger normativ belasteter Begriff und eignet sich daher besser als Leitfaden eines beschreibenden, lernwilligen, interpretationsoffenen Denkens. Allerdings hat auch der moderne Erfahrungsbegriff – zumal in naturwissenschaftlichem Kontext – eine ähnliche Verengung, Präzisierung und Domestikation erfahren. Kant liefert das Musterbeispiel: Seine Termini „Erfahrung" und „Natur" stehen ganz unter dem Diktat des apriorisch-regelgeleiteten Verstandes. Gegenüber einer solchen auf (stilisierte) wissenschaftliche Empirie reduzierten Erfahrung hat sich jedoch die Sprache bis heute erfolgreich gewehrt: mit den Waffen der Ignoranz, Subversion, Äquivokation. Im 19. und 20. Jh. wurden neben dem Diskurs naturwissenschaftlicher Erfahrung auch Diskurse religiöser, ästhetischer, philosophischer und alltäglicher Erfahrung entwickelt. Der breite lebensweltliche Erfahrungsbegriff behauptet sich bis heute neben seinen reduktionistischen und eng normierten Versionen und bleibt die Instanz, auf die man sich bei der Kritik solcher Reduktionen und Normierungen beruft. Erfahrung impliziert insofern das Thema Rationalität, als erstere nicht ungeordnet, unorganisiert, unstrukturiert und prinzipienlos denkbar ist. Ordnung, Organisation, Struktur und Prinzip aber sind es, was Rationalität kennzeichnet, und diese kann als ein zur Erfahrung von außen her notwendig Hinzukommendes oder – was einleuchtender scheint – als ein notwendig im Prozeß der Erfahrung selbst sich autopoietisch Entwickelndes verstanden werden.

Die neuzeitliche Philosophie, mit ihren Protagonisten Descartes und Kant, ist in massiver Weise bemüht, die Funktion des menschlichen Wissens zu klären, indem es als begrenzt gedacht und eben in solcher Begrenzung als funktionstüchtig erwiesen wird. Dieses – historisch überaus erfolgreiche – Bemühen führt zu einer dreifachen Ausblendung: (a) des diffusen Hintergrunds solch präziser Perspektiven, (b) der Zusammenhänge und Vernetzungen der Erfahrung und (c) des Horizonts der Totalität. Die Erkenntnisgrenzen werden als nicht durchlässig postuliert, und dem entspricht dann auch eine Restriktion des Begriffs Mystik. Diese ist für Kant eine mit der Dimension der Noumena ungebührlich sich beschäftigende, zudem emotional aufgeladene Tätigkeit von Vernunft und Verstand: „Schwärmen", das dazu führe, der Vernunft ihre Ungeheuer auf[zu]dringen, zum Übersprung (salto mortale) von Begriffen zum Undenkbaren, zu einem vernunfttödtenden Mystizism.[1]

Es ist Kant, der den Gestus der Ausgrenzung von Mystik in aller Schärfe vorführt. In seiner Nachfolge steht der frühe Wittgenstein, der im Tractatus das Mystische zu jener Dimension erklärt, über die man nicht reden könne und daher schweigen müsse. Das Mystische „zeige sich" bloß, es sei, als Konzeption, die unsinnige Vorstellung von der Welt-als-begrenztem-Ganzen.[2]

Man könnte annehmen, eine kritische Revision dieser Restriktionstendenzen führe zu einer Rehabilitierung der „mystischen Erfahrung". Doch auch Rehabilitierungen sind fragwürdig. Es gibt in der neueren Philosophie – nicht nur in den Popularphilosophien eines R. Steiner oder H. Keyserling – neben dem Gestus der Ausgrenzung, gegenläufig zu ihm, auch den Gestus fragwürdiger und vorschneller Vereinnahmung. Ich denke an Hegel und Bergson, die mit ihren Konzepten des absoluten Denkens und der Intuition den Vernunftbegriff, den sie der Sache nach mit Mystik gleichsetzen, entgrenzen.

Die beiden Gesten Ausgrenzung und Vereinnahmung stellen die zwei Haupttherangehensweisen der modernen Philosophie an Phänomen und Begriff der Mystik dar. Die Frage ist, ob diese Herangehensweisen – auch wenn sie die Bedeutung von Mystik als Korrelation zu Vernunft und Erfahrung klar herausstellen – alternativlos sind.

Ich möchte dies mit einem abschließenden Hinweis in Frage stellen. Auf dem Boden einer dynamisch-prozessualen Symbol- und Medienphilosophie – wie sie Whitehead, Cassirer und S.K. Langer entwickelt haben und wie sie neuerdings N. Goodman oder O. Schwemmer fortsetzen (in modifizierter Weise auch J. Derrida) – gibt es das Problem der konstitutiven, unverrückbaren Grenzen von Denken und Wissen, Vernunft und Erfahrung nicht mehr. Damit eröffnen sich auch für den Begriff der Totalität neue Perspektiven, außerdem relativieren sich die traditionellen Fragen nach „Unmittelbarkeit" und „Wahrheit". Diese paradigmatische Veränderung im begrifflich-theoretischen Zugriff auf Wirklichkeit könnte erlauben, nicht nur Rationalität und Erfahrung, sondern auch ihr Korrelat, Mystik, in neuer Weise zu interpretieren.

---

1   Kant, Akademie-Textausgabe in 11 Bänden: V, 120; VII, 59; VIII, 398.
2   *Tractatus*: Notationen 7; 6.522; 6.45.

DAS PSYCHOLOGISMUSPROBLEM UND DER STREIT UM EINE WISSENSCHAFTLICHE PHILOSOPHIE

SONJA RINOFNER-KREIDL (GRAZ)

Im Psychologismusstreit treten psychologistische und antipsychologistische Auffassungen der Logik als „Rettungsversuche" einer philosophischen Wissenschaft auf. Uneinigkeiten bezüglich des Begriffs einer philosophischen Wissenschaft liegen dabei nicht nur zwischen Psychologisten und Anti-psychologisten vor, sondern ebenso innerhalb der verschiedenen psychologistischen und antipsychologistischen Ansätze. Im Folgenden soll der Zusammenhang des Psychologismusproblems mit der Frage der Wissenschaftlichkeit in Edmund Husserls Phänomenologie verdeutlicht werden. Die These ist, daß es Husserl 1900/01 nicht gelingt, das Problem in befriedigender Weise zu lösen und daß der Übergang von der deskriptiven Psychologie zur reinen Phänomenologie eine Reaktion auf die unzulängliche Psychologismuskritik der Logischen Untersuchungen darstellt.[1]

Logik ist als allgemeine Wissenschaftslehre autonome Grundwissenschaft. Sie ist eine theoretische, formale, demonstrative Disziplin und „rein", insofern sie Grundbegriffe und Prinzipien nicht aus anderen Wissenschaften übernimmt. Nach psychologistischer Auffassung kann die Geltungsbegründung logischer Gesetze nur mit Hilfe psychologischer Gesetzmäßigkeiten erfolgen. Der logische Idealismus behauptet, daß der psychologistische Reduktionismus mit dem Wesen der idealen, logischen Gegenstände unverträglich ist und zu absurden Konsequenzen führt. Psychologismus und Antipsychologismus widersprechen einander bezüglich der Anerkennung einer strikten Unterscheidung von Ideal- und Realwissenschaft. Es handelt sich hiebei um Argumentationsvoraussetzungen, die bestimmte Wissenschaftlichkeitsansprüche (Apriorismus vs. Empirismus) festlegen.

Selbst wenn Husserls Widerlegung des Psychologismus unangreifbar wäre, so wären noch die Eigenprobleme einer antipsychologistischen Auffassung zu bewältigen. Der logische Idealist behauptet, daß es ideale Bedeutungen gibt, die in ihrer Objektivität auch dann anzuerkennen sind, wenn sie niemals in einem Denkakt erfaßt werden. Der Sinn dieser Behauptung ist zu klären, wenn er seine Position verteidigen will. Der diesbezügliche Anspruch Husserls ist es, ohne metaphysische Annahmen auszukommen. Die Unter-

---

[1] Zitationen erfolgen mit Siglen: Logische Untersuchungen. Halle a.S. Max Niemeyer 1900/01. Erster Theil: Prolegomena zur reinen Logik (LU I). Zweiter Theil: Untersuchungen zur Pänomenologie und Theorie der Erkenntnis (LU II/I-VI).

scheidung von Realität und Idealität wird in den Prolegomena mittels Verweis auf die Evidenz einer schlechthinnigen Subjektunabhängigkeit idealer Gegenstände eingeführt. Wie sollte die so verstandene Idealität der logischen Gegenstände von metaphysischen Annahmen freigehalten werden? Die Schwäche der frühen Psychologismuskritik Husserls liegt darin, daß sie mit einer ontologischen Hypothek belastet ist, die sie nicht loswerden kann, solange sie einen logischen Idealismus vertritt, die sie andererseits aber auch im Rahmen der phänomenologischen Erkenntnislehre nicht abtragen kann, weil diese eine Thematisierung solcher Annahmen gar nicht erlaubt. Husserls deskriptive Psychologie ist dem Prinzip der Voraussetzungslosigkeit unterstellt, wonach metaphysische, physische und psychische Annahmen nicht in Anspruch genommen werden dürfen, wenn sie phänomenologisch – in der Beschreibung des Inhaltes intentionaler Erlebnisse – nicht vollständig ausweisbar sind. Nach dem Wissenschaftsbegriff der Prolegomena ist die deskriptive Psychologie keine Wissenschaft. Sie ist Deskription, nicht Theorie, obwohl sie einem rein theoretischen Interesse dient, nämlich der Grundlegung der reinen Logik (LU I:§ 64). Die objektive Geltung der Gedanken und Wahrheiten ist nicht gemacht, „als handelte es sich um Zufälligkeiten seines (eines Individuums, S.R.) oder des allgemein menschlichen Geistes" (LU II/I:95). Sie wird vielmehr eingesehen, entdeckt. Jeder, der sie einsieht, weiß, „daß ihr ideales Sein nicht die Bedeutung eines 'psychischen Seins in unserem Geiste' habe, da ja mit der echten Objectivität der Wahrheit und des Idealen überhaupt auch alles reale Sein, darunter das subjective Sein aufgehoben wäre." (LU II/I:95) Gäbe es keine objektiv gültigen Bedeutungen, Sätze und Wahrheiten, so wäre auch das subjektive Sein insofern aufgehoben, als kein real Seiendes erkennbar wäre. Erkenntnis von etwas setzt dessen Gedachtsein voraus. Daß richtig erkannt wird und dem Gedachten Wahrheit zukommt, ist aber nicht von dem betreffenden Denkerlebnis abhängig. Wäre das Gedachte vom Erlebnis des Denkens abhängig, dann gäbe es ein so vielfaches und verschiedenes Gedachtes wie Denkerlebnisse, was eine objektive Identifizierung und Bestimmung von Gegenständen, und damit alle Fremd- und Selbstverständigung, unmöglich machte. Kann einer Bedeutung nicht psychisches Sein im Geist zugesprochen werden, so wird aber fraglich, wie die Denkunabhängigkeit der logischen Bedeutungen anders verständlich gemacht werden könnte, als durch die Annahme einer selbständigen, unabhängig vom Geist existierenden Bedeutungsgegenständlichkeit. Die Antwort des „wolverstandenen Conceptualismus" (LU II/II:142) ist: Bedeutungen sind ideale Einheiten gegenüber der Mannigfaltigkeit realer Denkvorkommnisse, die als dieselben von jedem beliebigen Subjekt zu jeder beliebigen Zeit gedacht werden können. Ist die Denkunabhängigkeit der Bedeutungen demnach lediglich als Unabhängigkeit vom jeweiligen, aktuellen Denkvollzug zu verstehen? In den Logischen Untersuchungen finden sich jedoch Äußerungen, die über diese Interpretation hinausgehen. So wird etwa festgestellt, daß es unzählige Bedeutungen gäbe, die „vermöge der Schranken menschlicher Erkenntniskräfte" (LU II/I:105) niemals ausgedrückt würden oder werden könnten. Es ist nicht einsichtig, was die Auffassung der Denkunabhängigkeit als Allzeitlichkeit in bezug auf ideale Gegenstände bedeuten sollte, deren Erzeugbarkeit für jede mögliche Zeit ausgeschlossen wird. Derartige Unklarheiten bieten den Antiplatonisten eine Angriffsfläche für ihre Kritik, wie umgekehrt das Leitprinzip der deskriptiv-psychologischen Untersuchung den Antipsychologisten suspekt bleiben muß: „(die) logischen Begriffe als geltende Denkeinheiten müssen ihren Ursprung in der Anschauung haben; sie müssen durch Abstraction auf Grund gewisser Erlebnisse erwachsen und im Neuvollzuge dieser Abstraction immer wieder neu zu bewähren, in ihrer Identität mit sich selbst zu erfassen sein." (LU II:7)[2] Es ist in der Sache selbst begründet, wenn gegen Husserls frühe Psychologismuskritik von beiden Seiten – von Psychologisten und Antipsychologisten – Einwände erhoben wurden.

Die Problemstellung des Psychologismus ändert sich mit der Einführung der phänomenologischen Reduktion (1905/07), die einen Wechsel des Gegenstandsbereiches phänomenologischer Aussagen zur Folge hat. Unter Enthaltung (Epoché) von allen Existenzthesen wird weder über Erfahrungsgegenstände, noch über die Erfahrung von Gegenständen im Sinne der früheren Aktphänomenologie, sondern ausschließlich über die Art und Weise des Gegebenseins von Gegenständen geurteilt: über die reine Intentionalbeziehung. 1900/01 wurde die Frage nach der Existenz der Außenwelt als eine metaphysische Frage aus der Untersuchung ausgeschlossen und die phänomenologische Analyse auf den reellen (rein deskriptiven) Bewußtseinsinhalt (d.i. die intentionalen Erlebnisse) beschränkt, während sich die logische Analyse mit den idealen Inhalten befaßte. Deshalb konnte die deskriptive

---

2 Ist gemäß der methodischen Verfassung der deskriptiven Psychologie ein Rückfall in den logischen Psychologismus ausgeschlossen, so stellt sich das Problem einer Subjektivierung dennoch in bezug auf den Ansatz der Bedeutungslehre. Da die identische Bedeutung als Speciesidentität bestimmt wird, die sich in Bedeutungsakten vereinzele und somit durch Reflexion auf die Akte zu gewinnen sei, ist der frühe Bedeutungsbegriff ein noetischer. Seine Ablösung vom bedeutunggebenden Akt erfolgt mit der Einführung des noematischen Bedeutungsbegriffes in den Vorlesungen zur Bedeutungslehre (1908). Danach ist die identische Bedeutung die Idee der kategorialen Gegenständlichkeit als solcher und dem objektiven Inhalt (eines Satzes) zu entnehmen. Diese Revision der Bedeutungslehre wird ermöglicht durch die methodologische Überschreitung der Aktphänomenologie.

Analyse den auf den Objektivismus der idealen Inhalte bezogenen Platonismusvorwurf nicht beseitigen. Im Rahmen des intentionalen Idealismus werden sowohl reale, als auch ideale Gegenstände bloß als Aktkorrelate untersucht, wodurch einerseits der Gegenstandsbereich der phänomenologischen Analyse erweitert, andererseits der Einwand einer Hypostasierung von Bedeutungsentitäten hinfällig wird – ohne daß die Unterscheidung von Realität und Idealität aufgegeben würde. Der Unterschied realer und idealer Gegenstände wird nun aber ausschließlich als ein funktionaler, die Gegebenheitsweise (bzw. Intention) derartiger Gegenstände betreffender Unterschied geltend gemacht und nicht mehr als absoluter Seinsunterschied. Der ontologische Preis einer Widerlegung des logischen Psychologismus ist vermeidbar, sobald das Psychologismusproblem im Rahmen der ontologisch neutralen, unter Epoché urteilenden Phänomenologie gestellt wird. Damit hat sich jedoch die Beweislage im Streit zwischen Psychologisten und Antipsychologisten nicht dahingehend geklärt, daß eine standpunktunabhängige, bloß argumentativ auszutragende Entscheidung möglich wäre. Der phänomenologischen Reduktion liegt die Idee einer Philosophie als letztbegründender Universalwissenschaft zugrunde. Deren Gegenstandsbereich umfaßt die Sinne bzw. Sätze aller wissenschaftlichen und nicht-wissenschaftlichen Erfahrungen. Dieser Begriff der Philosophie ist eine Setzung. Deren Implikationen führen in eine scheinbar paradoxe Situation: Die Epoché ermöglicht eine neue, „neutrale" Problemstellung des Psychologismus, indem sie die Entscheidung zugunsten einer antipsychologistischen Position als Bedingung der Möglichkeit ihrer selbst vorwegnimmt. Daß der logische Psychologismus widerlegt ist, ist die Voraussetzung der Durchführbarkeit der Reduktion. Denn die reine Intentionalbeziehung kann nur dann zum Untersuchungsgegenstand werden, wenn sie in objektivierter Form, in objektiven Bedeutungseinheiten verfügbar ist. Diese Einheiten müssen idealen Charakter haben, wenn sie nicht auf Bewußtseinserlebnisse reduzierbar sein sollen, wodurch das Bewußtsein aufhörte, intentional zu sein, d.h. aufhörte, Bewußtsein zu sein. Andererseits kann die Phänomenologie nur dann als reine, d.i. von Existenzthesen freie verstanden werden, wenn der erkenntnistheoretische Psychologismus zurückgewiesen wird. Das bedeutet aber nicht, daß mit Hilfe reiner Beschreibungen die Falschheit oder Widersinnigkeit des logischen und erkenntnistheoretischen Psychologismus bewiesen würde. Es soll lediglich der in den reinen Phänomenen liegende Sachgehalt unter Enthaltung von allen transzendenten Ausdeutungen festgestellt. Gelingt es nicht, die phänomenologische Reduktion zu verteidigen, so stehen bezüglich des Psychologismusproblems nur zwei Wege offen: entweder der Rückzug auf die dogmatische Position der Prolegomena oder das Eingeständnis, daß die Psychologismuskritik der Phänomenologie gescheitert ist.

Wissenschaftstheorie

PHÄNOMENALE UND WIRKLICHE ZEIT

REINHARD KLEINKNECHT (INNSBRUCK)

Philosophie ist die Wissenschaft vom Grundsätzlichen, ihr Thema ist das Selbstverständliche und darum Unverstandene. Sie ist die Explikation des implizit Vorausgesetzten sowie dessen Prüfung und Systematisierung. Dies läßt sich exemplarisch am Zeitproblem verdeutlichen. Die Zeit beherrscht unser ganzes Leben, sie ist die Grundlage aller Erfahrung. Wir glauben, die Wirklichkeit zu erfahren. Aber ist die Zeit wirklich? Was wissen wir von der Zeit? Ist die Erfahrung letzter Prüfstein der Wirklichkeit? Das ist nachweisbar nicht der Fall. Vielmehr ist die Erfahrung voller innerer Widersprüche und Rätsel. Sie ist in Wirklichkeitsfragen kein guter Ratgeber. Das gilt insbesondere für die Frage nach der Wirklichkeit der Zeit.

Diese Frage gehört zur Philosophie der Wirklichkeit, nämlich zur Ontologie. Um die Ontologie der Zeit zu verstehen, sind zunächst einige allgemeine Betrachtungen anzustellen, welche die Wirklichkeit als solche betreffen. Diese Betrachtungen haben präliminarischen Charakter und sind nur äußerst skizzenhaft. Sie haben nur den Zweck, den ontologischen Hintergrund zu beleuchten, in den das Zeitproblem eingebettet ist. Es sind überwiegend Thesen, ohne ausführliche Begründung, die hier nicht gegeben werden kann. Ferner sei noch vermerkt, daß alle Ausführungen dieses Vortrags bewußt elementar gehalten sind. Im Elementaren entscheidet sich aber, wie die Details aussehen.

1 Philosophische Voraussetzungen

Worin besteht die Wirklichkeit? Begrifflich ist die Wirklichkeit zunächst durch ihre Objektivität gekennzeichnet. Existenz und Beschaffenheit des Wirklichen sind unabhängig davon, ob sie von einem Subjekt erfaßt werden. Alles Wirkliche hat in diesem Sinn An-sich-Charakter, es ist subjektunabhängig. Ein Gegenstand ist *subjektiv*, wenn er ohne ein Subjekt nicht existierte, wenn er also nur für ein Subjekt vorhanden ist. Und *objektiv* ist, was nicht subjektiv ist, was also von keinem Subjekt abhängt.

Hier treten uralte Fragen auf: Gibt es eine objektive Wirklichkeit? Und könnten wir von ihr überhaupt etwas wissen? Ist nicht alles Wirkliche, von dem wir etwas wissen, eo ipso ein Gegenstand, also Objekt eines Subjekts? Letzteres trifft zwar zu, ist aber unproblematisch. Denn daraus, daß etwas ein Objekt ist, folgt nicht, daß es subjektiv ist.

Entscheidend für das Verständnis der Wirklichkeitsfragen ist das Verhältnis zwischen Epistemologie und Ontologie. Man kann nämlich die Wirklichkeit unter zweierlei Aspekt betrachten. Fragt man, wie die Wirklichkeit uns gegeben ist und wie wir sie erkennen können, so liegt die *epistemologische Perspektive* vor. Fragt man dagegen, was mit Wirklichkeit begrifflich gemeint ist und welche Aspekte dieser Begriff im einzelnen aufweist, so fragt man aus *ontologischer* Perspektive.

In der Ontologie wird zwischen wird zwischen *Außenwirklichkeit* und *Bewußtseinswirklichkeit* unterschieden. Wir betrachten zunächst jene Außenwirklichkeit, die man in der Alltagserfahrung vor sich zu haben glaubt. Sie umfaßt alles, was in Raum und Zeit existiert und naturgesetzlich geordnet ist. Der *Raum* wird dabei als dreidimensional, euklidisch und nach allen Richtungen unendlich gedacht, wobei keine Richtung ausgezeichnet ist. Dem Raum als der Ordnung des Nebeneinander steht die *Zeit* als die Ordnung des Nacheinander gegenüber. Sie ist eindimensional, unendlich und unumkehrbar einsinnig von der Vergangenheit in die Zukunft gerichtet. Zum Außenwirklichkeitsbegriff der Praxis gehört ferner, daß Außenwirkliches erfahrbar, mithin intersubjektiv wahrnehmbar ist. Der Wahrnehmungsraum wird dabei mit dem *Sichtraum* identifiziert. Alles sinnlich Gegebene wird in diesem untergebracht: Sichtbares, Hörbares, Riechbares, Tastbares, etc. Im Rahmen der Alltagserfahrung ist das selbstverständlich, aber theoretisch ist es unhaltbar. Denn im Sichtraum kann nur Sichthaftes sein, also Farbiges von bestimmter Form und Größe. Gegebenheiten anderer Sinnesgebiete können im Sichtraum nicht selbst vorkommen, sondern darin nur durch etwas Sichthaftes repräsentiert sein, wie z.B. ein Geigenton durch die sichthaften Schwingungen der gestrichenen Saite.

Der Sichtraum als der die verschiedenen Sinnesgebiete umfassende Wahrnehmungsraum ist also eine vereinfachende Konstruktion. Grundlage dieser Konstruktion sind visuell vorliegende Farbflächen, die gedanklich zu dreidimensionalen Gegenständen umgedeutet werden. Das zeigt das Spiegelbild. Die Tiefenausdehnung ist somit das Ergebnis einer Deutung. Der Sichtraum ist keine objektive Realität, sondern er besteht nur für ein wahrnehmendes Subjekt. Im Alltag wird diese Bewußtseinsabhängigkeit freilich verdrängt. Hier gilt der Sichtraum als der alle außenwirklichen Gegenstände umfassende Wahrnehmungsraum. Im Unterschied zum Außenwirklichen gilt als *bewußtseinswirklich*, was einem erlebenden Subjekt gegenwärtig ist. Die Bewußtseinswirklichkeit eines bestimmten Moments bildet eine *Erlebniseinheit*. Die Erlebniseinheiten lösen einander ab, sie stehen in der Ordnung des Nacheinander. Der Zusammenhang der nacheinander auftretenden Erlebniseinheiten wird durch die *Erinnerung* gestiftet. Sich an etwas erinnern heißt: an das Betreffende denken und dabei der – zutreffenden – Überzeugung sein, es schon einmal erlebt zu haben. Das Nacheinander der Erlebniseinheiten ebenso wie diese selbst wird durch das zugehörige Subjekt konstituiert, von dem angenommen wird, daß seine Identität durch jenes Nacheinander nicht berührt wird.

Außenwirklichkeit und Bewußtseinswirklichkeit unterscheiden sich nicht hinsichtlich ihrer jeweiligen Inhalte, sondern hinsichtlich der Relationen, in denen diese Inhalte jeweils zueinander stehen. Infolgedessen können sich Außenwirklichkeit und Bewußtseinswirklichkeit überschneiden, daß heißt partiell dieselben Inhalte haben. Zu diesem Überschneidungbereich gehören nach landläufiger Auffassung die Wahrnehmungsgegenstände. Derselbe Gegenstand kann danach von verschiedenen Personen wahrgenommen werden. Die Intersubjektivität der Wahrnehmungsgegenstände ist eine der wichtigsten ontologischen Voraussetzungen der Alltagserfahrung. Nichtsdestoweniger ist es eine falsche Voraussetzung. Denn die Wahrnehmungsgegenstände sind nicht das, wofür sie im praktischen Leben gehalten werden. Hier zweifelt man nicht daran, daß das Wahrgenommene ein Teil der Außenwirklichkeit ist. Aber die psychologische Analyse zeigt, daß das Wahrgenommene ein komplexes Gebilde ist, nämlich das Resultat der Verschmelzung von sinnlich vorliegenden Eindrücken mit deren begrifflicher Deutung. Wird beispielsweise eine Braun-Weiß-Konfiguration inmitten eines Grün-Eindrucks für eine gescheckte Kuh auf einer grünen Wiese gehalten, so ist die vermeintlich außenwirkliche Kuh nur für das deutende Subjekt da.

Allgemein gilt, daß Wahrnehmungsgegenstände nicht zur Außenwirklichkeit, sondern nur zur Bewußtseinswirklichkeit gehören und insofern *Erscheinungen, Phänomene* sind. Daß sie im Alltag gleichwohl für außenwirklich gehalten werden, beruht darauf, daß sich jene Deutungen ohne unser Zutun, unwillkürlich vollziehen und daß wir uns der Eindrücke als solcher gar nicht bewußt werden. Die uns vorliegenden Eindrücke werden dementsprechend – fälschlicherweise – mit außenwirklichen Gegenständen identifiziert. Letztere sind aber ontologisch abwesend, sie sind bloß von uns gemeint. Die Richtigkeit dieser Überlegungen kann man sich auch folgendermaßen klarmachen. Wäre der wahrgenommene Gegenstand numerisch identisch mit dem außenwirklichen Gegenstand, so wäre das Zustandekommen der Wahrnehmung unerklärlich. Man müßte dann nämlich annehmen, daß etwa von einem gesehenen Gegenstand Lichtwellen ausgehen, die das Auge treffen, wodurch über den Sehnerv entsprechende Vorgänge im Gehirn ausgelöst werden, ohne die das Sehen nicht stattfinden kann, die aber hinreichend dafür sind, daß überhaupt etwas gesehen wird. Das, was man beim Sehen vor sich hat, wäre aber ganz genauso, wenn die betreffenden Gehirnvorgänge nicht durch Sinnesreize, sondern durch andere, direkte Einwirkungen auf das Gehirn zustande kämen. Diese Gehirnvorgänge finden im übrigen erst in der Zeit nach dem Auftreten der Sinnesreize statt. In dieser Hinsicht besteht kein Unterschied zwischen dem Sehen eines fernen, jetzt vielleicht gar nicht mehr existierenden Sternes und dem Sehen eines Tisches. So wie der gesehene Stern nicht mit dem außenwirklichen Stern identisch ist, so ist auch der gesehene Tisch nicht derselbe wie der außenwirkliche Tisch, den man zu sehen glaubt. Was in der Wahrnehmung vorliegt, steht am Ende eines vielgliedrigen, physische, physiologische und psychische Teilvorgänge umfassenden Prozesses. Das, wovon dieser Prozeß seinen Ausgang nimmt, kann aber nicht dasselbe sein wie das, was am Ende in Gestalt des Wahrnehmungsgegenstandes zustande kommt. Der Wahrnehmungsgegenstand ist folglich nicht der außenwirkliche Gegenstand, für den er gehalten wird. Er ist vielmehr ein subjektives Gebilde, das den entsprechenden außenwirklichen Gegenstand nur repräsentiert und insofern nur eine Erscheinung, ein Phänomen.

Der subjektiven Wahrnehmungswelt des einzelnen tritt damit die objektive Außenwirklichkeit gegenüber. Diese ist unerfahrbar, also transzendent, ist aber die reale Grundlage der sie repräsentierenden Wahrnehmungswelt. Der Grundfehler der Weltauffassung des Alltags besteht somit darin, daß Wahrnehmungsgegenstände, die durch Deutung der dem einzelnen vorliegenden Eindrücke zustande kommen, mit außenwirklichen Gegenständen identifiziert werden. In Wahrheit sind die außenwirklichen Gegenstände kausal bestimmten Gehirnprozessen zugeordnet, welche die Basis der Sinneseindrücke darstellen. An diese Eindrücke knüpfen unsere gegenständlichen Deutungen an. Die Eindrücke sind gewissermaßen der „Stoff", aus dem die Wahrnehmungsgegenstände bestehen. Es ist derselbe „Stoff", aus dem auch geträumte Gegenstände bestehen. Im Unterschied zu den Wahrnehmungsgegenständen ergeben sich Traumgegenstände durch Deutung von Eindrücken, denen Gehirnprozesse zugrunde liegen, die nicht äußere Reizung der Sinnesorgane ausgelöst werden. Sowohl Wahrnehmungsgegenstände als auch Traumgegenstände sind bewußtseinswirklich, aber nur Wahrnehmungsgegenstände sind Repräsentanten außenwirklicher Gegenstände. Die den Wahrnehmungsgegenständen zugrundeliegenden Deutungen stellen eine Art Rückübersetzung von Verhältnissen dar, die in der transzendenten Außenwirklichkeit bestehen.

An diese hier nur skizzenhaft angedeuteten Beziehungen zwischen Wahrnehmungswelt und transzendenter Außenwirklichkeit knüpfen die folgenden Erörterungen an.

2 Zeit und Gegenwart

Die für die Wahrnehmungswelt charakteristische Verschiedenheit von Raum und Zeit ist durch die Struktur des Bewußtseins bedingt. Was wir für den Weltraum halten, ist in Wahrheit nur der Sichtraum; und was wir für die Weltzeit halten, ist eine Extrapolation des subjektiven Nacheinander. Raum und Zeit bilden das Gefüge der phänomenalen Welt. In dieser ist jeder Punkt eindeutig bestimmt durch seine räumliche und zeitliche Lage. Der Raum ist anschaulich erfaßbar, die Zeit nicht. Wir erfassen sie nur indirekt durch Erinnerung und Voraussicht. Die phänomenale Zeit beruht auf dem Erleben der Gegenwart. Gegenwart ist das, was jetzt ist. Im Zentrum der phänomenalen Zeit steht immer die Gegenwart. Vergangenheit und Zukunft könnte es ohne Gegenwart nicht geben. Die Vergangenheit ist die Zeit vor der Gegenwart, die Zukunft die Zeit danach. In der jeweiligen Gegenwart erinnern wir uns an Vergangenes und antizipieren Künftiges. Jede Gegenwart ist subjektiv. Gegenwärtig ist nur, was *für jemanden* gegenwärtig ist. Subjektiv sind dementsprechend auch Vergangenheit und Zukunft. Unsere Orientierung in der Zeit ist somit egozentrisch im jeweiligen Jetzt verankert. Das „Jetzt" markiert zeitlich wie das „Hier" räumlich unsere Position in der phänomenalen Welt.

Versucht man, die Gegenwart genauer zu fixieren, so erkennt man, daß das erlebte Jetzt stets länger währt als der begrifflich intendierte Jetzt-Zeitpunkt. Dieser stellt eine Grenze dar, nämlich die Grenze zwischen Vergangenheit und Zukunft. In der so verstandenen Gegenwart grenzt die Vergangenheit an die Zukunft. Eine solche Grenze ist ohne zeitliche Ausdehnung, sie hat punktuellen Charakter, ist infinitesimal kurz.

Aber so wird die Gegenwart nicht erlebt. Dazu später mehr. Zunächst fassen wir die Gegenwart als jenes punktuelle Jetzt auf, das man bei einer genauen Datierung im Auge hat.

Nach landläufiger Auffassung umfaßt die Gegenwart den gesamten Raum, also das Weltall. Sie ist demgemäß eine zeitlich unausgedehnte Raumwelt, zeitlich infinitesimal kurz, aber räumlich unendlich groß. Diese gegenwärtige Raumwelt ist für den, der in ihr lebt, die alleinige Außenwirklichkeit, weil nur das gegenwärtig Vorhandene als wirklich gilt. Was vor der Gegenwart war, ist nicht mehr wirklich; und was nach der Gegenwart sein wird, ist noch nicht wirklich. Was aber nicht mehr oder noch nicht wirklich ist, ist nicht wirklich. Demnach ist nur Gegenwärtiges wirklich.

Wir stoßen hier auf einen Widerspruch innerhalb der landläufigen Wirklichkeitsauffassung. Wenn alles Außenwirkliche gegenwärtig, alles Gegenwärtige aber subjektiv ist, dann ist alles Außenwirkliche subjektiv. Dies widerspricht aber der begrifflich vorausgesetzten Objektivität der Außenwirklichkeit. Die Auflösung dieses Widerspruchs kann nur durch die Unterscheidung zwischen immanenter und transzendenter Außenwirklichkeit erfolgen.

Die Gegenwart ist das Fundament der Zeit. Im Zeitstrom lösen die einzelnen Gegenwarten einander kontinuierlich ab. Sofern wir davon absehen, wann eine Gegenwart in diesem Gegenwartskontinuum auftritt, können wir sie als eine *Phase* bezeichnen. Die Zeit ist das Ganze, mithin die kontinuierliche Schichtung sämtlicher Phasen. Ohne Gegenwarten gäbe es folglich keine Zeit. Und da jede Gegenwart subjektiv ist, ist auch die Zeit subjektiv, nicht an sich vorhanden, sondern nur für bewußte Wesen da. Auf eine kurze Formel gebracht könnte man sagen: jede Gegenwart ist ein Solipsismus in der Zeit. Es zeigt sich, daß unsere Zeitauffassung ein schwankendes Gebilde ist, das unvereinbare Komponenten enthält. Je nach dem, ob wir die Zeit in Relation setzen zu dem, was wir erleben oder zu dem, was wir theoretisch darüber denken, ergeben sich entgegengesetzte Resultate.

Von der Theorie her ist die Zeit etwas Wirkliches. Sie umfaßt alles, was irgendwann, früher oder später, wirklich ist. Die Gegenwart als bloß infinitesimale Grenze zwischen Vergangenheit und Zukunft teilt die Zeit in zwei einander ausschließende Bereiche, gehört aber selbst zu keinem von beiden. Grenzen sind Abstrakta, sie haben in dem, was sie begrenzen, keine selbständige Wirklichkeit. So wie eine Fläche als zweidimensionales Grenzgebilde ohne einen dreidimensionalen Körper, den sie begrenzt, keinen Bestand hat, so hat auch die Gegenwart ohne die Zeit keinen Bestand. Setzen wir daher, wie es die Theorie verlangt, die Wirklichkeit der Zeit voraus, so erweist sich die Gegenwart als ein nur gedanklich von der Zeit unterscheidbares, nicht aber von ihr real trennbares Abstraktum. Wir gelangen also zu folgender These:

(1) Wenn die Zeit wirklich ist, dann ist die Gegenwart ein Abstraktum.

Gehen wir hingegen von der Tatsache aus, daß unser Wahrnehmungshorizont auf Phasen beschränkt ist – und dies entspricht dem Denken der Lebenspraxis –, so gelangen wir in Bezug auf die Gegenwart zu einer anderen Konsequenz. Jede Phase ist für uns, sobald sie wirklich ist, alleinwirkliche Gegenwart. In dieser hat Vergangenes und Künftiges keinen Platz. Weder das, was nicht mehr wirklich ist, noch das, was noch nicht wirklich ist, ist wirklich. Vergangenheit und Zukunft sind also nicht wirklich. Wirklich ist nur die gegenwärtige Erinnerung an Vergangenes bzw. die gegenwärtige Antizipation von Künftigem. So wie wir die Raumwelt durch Sehen und Tasten aus sinnlich gegebenen Flächen erschließen, so erschließen wir auch die Zeit durch Erinnerung und Antizipation aus Gegenwärtigem. Die Zeit selbst ist aber keine gegebene Wirklichkeit. Die Alleinwirklichkeit der Gegenwart impliziert also die Unwirklichkeit der Zeit. Wenn aber die Gegenwart nicht abstrakte, sondern konkrete Wirklichkeit ist, dann ist sie auch alleinwirklich. Wir gelangen damit zu folgender These:

(2) Wenn die Gegenwart konkrete Wirklichkeit ist, dann ist die Zeit unwirklich.

Logisch gesehen ist die These (2) die Kontraposition von (1). Die beiden Thesen sind also miteinander äquivalent. Sie drücken dasselbe aus, aber jeweils von einem anderen Ausgangspunkt. Das jeweils Gemeinte kann man auch so ausdrücken: Zeit und Gegenwart können nicht gleichermaßen wirklich sein. Die Gegenwart ist nichts in der Zeit, und die Zeit ist nichts in der Gegenwart. Wegen der uns auferlegten Horizontenge erfassen wir nur Phasen, nicht das Phasenganze. Alles, was wir erleben, ist auf ein Jetzt beschränkt. Daher können wir uns das Phasenganze nur in Gestalt von Einzelphasen vorstellen. Jede Phase ist für uns alleinwirklich, aber jeweils nur relativ zu allen anderen Phasen. Sobald eine Phase wirklich wird, sind relativ zu ihr alle früheren und alle späteren Phasen unwirklich. Das Ganze aller Phasen können wir uns aufgrund unserer Horizontenge als solches nicht vorstellen, sondern wir können es nur denken. Da jede Phase an ihrer Stelle die ganze Wirklichkeit zu sein beansprucht, fassen wir das Phasenganze als ein Nacheinander der Phasen auf. Diese Auffassung ist der behelfsmäßige Versuch, unsere Beschränktheit auf die jeweilige Gegenwart mit den Alleinwirklichkeitsansprüchen der übrigen Phasen zu vereinbaren. Wir denken uns daher die Zeit als das Ganze aller nacheinander sich ablösenden Einzelphasen. Nur durch die Brille der Einzelphasen können wir die Zeit vorstellungsmäßig erfassen. Das Nacheinander der Phasen gibt es lediglich für ein in die jeweilige Gegenwartsphase eingesperrtes Bewußtsein von Lebewesen.

Wir können die Zeit nicht wie den Raum anschaulich erfassen. Daher halten wir sie für etwas vom Raum Verschiedenes, denken sie als eindimensional und fügen sie dem Raum als vierte Dimension hinzu. Die Wirklichkeit fassen wir dementsprechend als 3+1-dimensional auf. Bei Lichte gesehen ist aber die vorgebliche Verschiedenheit der vierten Dimension von den drei räumlichen nur durch die Struktur unseres Bewußtseins bedingt. Die Realwelt, d.h. die transzendente Außenwirklichkeit ist nicht 3+1-, sondern 4-dimensional.

Was uns räumlich aufgrund unserer Horizontenge als dreidimensionaler Gegenstand erscheint, ist an sich eine vierdimensionale, uns unvorstellbare Mannigfaltigkeit. So erscheint uns beispielsweise die Erde räumlich als Kugel. An sich, also in der Realwelt, ist sie aber keine Kugel, sondern ein vierdimensionaler Zylinder, den wir uns zwar nicht anschaulich vorstellen, wohl aber geometrisch denken können. Für uns nimmt die Erdkugel nacheinander verschiedene räumliche Positionen ein. In der Realwelt entspricht dem die Längserstreckung jenes vierdimensionalen Zylinders.

Was uns als zeitlich nacheinander erscheint, ist an sich nur eine von vier Dimensionen der Realwelt. Die Realwelt ist zeitfrei, d.h. ohne Nacheinander. Sie enthält daher auch keine nacheinander sich ablösenden dreidimensionalen Räume, so wenig wie ein dreidimensionaler Körper Flächen als selbständige Entitäten enthält. Von der Oberfläche einer Brotscheibe wird man nicht satt. Flächen sind, wie schon erwähnt, Grenzgebilde ohne selbständige Existenz. Die Grenze eines Gegenstandes x ist getrennt von allen, was im Inneren von x oder im Inneren des außerhalb von x Befindlichen ist. Eine Fläche, die einen Körper durchschneidet, bildet die Grenze der beiden Körperhälften; aber sie gehört weder der einen noch der anderen Hälfte an. Ein in seiner Wahrnehmungsfähigkeit auf zwei Dimensionen beschränktes Wesen, das den Körper durchdringen könnte, würde dabei nur Flächen wahrnehmen. Wegen seiner Horizontenge könnte es sich den Körper als solchen nicht vorstellen, sondern ihn bloß gedanklich als stetige Schichtung von Flächen auffassen. Nichtsdestoweniger besteht der Körper nicht aus Flächen. Jene Flächenschichtung ist nur ein geometrisches Konstruktionsprinzip. Im Rahmen des dreidimensionalen Raumes sind Flächen keine selbständig existierenden Entitäten, sondern nur zweidimensionale Grenzgebilde ohne Tiefenausdehnung. Analog dazu ist die vierdimensionale Realwelt für uns nichts Wahrnehmbares oder Vorstellbares. Wir können sie wegen unserer Horizontenge nur als stetige Schichtung dreidimensionaler Gegenwartsphasen erfassen. Die Realwelt ist in ihrer Existenz unabhängig von unserem Horizont und frei von Sinnesqualitäten. Wir erfassen sie, indem wir sie gedanklich in eine stetige Reihe nacheinander folgender Schnitte auflösen. Jeder dieser Schnitte ist für uns ein Gegenwartsraum. Da jeder solche Gegenwartsraum subjektiv ist, existiert er nicht an sich, sondern hat Erscheinungscharakter. In der Realwelt gibt es weder einen dreidimensionalen Raum noch Gegenwart. Die Realwelt ist in vier Dimensionen ebenso richtungsfrei wie der Weltraum in drei Dimensionen. Was in der Realwelt nur ein Nebeneinander ist, wird durch das unser Zeitbewußtsein konstituierende Nacheinander verdeckt und kommt als solches nicht zum Vorschein. Wir kennen und sehen alles nur in dreidimensionaler Gegenwartsform, also räumlich. Jede Phase, die in unserem dreidimensionalen Horizont auftritt, will die ganze Wirklichkeit sein. Dagegen ist die Realwelt raum-, zeit- und phasenfrei. In ihr gibt es keine Vergangenheit, Gegenwart oder Zukunft. Sie ist zeitfrei wie in drei Dimensionen jede Gegenwart. Die Ungleichheit von Vergangenheit und Zukunft gibt es nur für uns.

Da es objektiv keine Zeit gibt, gibt es auch keine Weltzeit. Dagegen gibt es objektiv als Nebeneinander den vierdimensionalen Raum der Realwelt. Zeit ist eine anthropozentrische Umdeutung der geometrischen Struktur der realen Welt. Diese Umdeutung ist an sich falsch, aber nur so für uns brauchbar. Das Nacheinander ist durch die Struktur unseres Bewußtseins bedingt. Ohne ein mit Erinnerung und Voraussicht ausgestattetes Bewußtsein gäbe es nur die vierdimensionale Realwelt. Das Nacheinander ist die Art, in der wir die vierte Dimension der Realwelt erleben. Was wir als ein Jetzt und Dann auffassen, ist in der Realwelt ein Hier und Dort.

Da es in der Realwelt kein Jetzt gibt, gibt es in ihr auch keine Gleichzeitigkeit und kein Nacheinander. In ihr ist keine Richtung ausgezeichnet. Sie ist weder statisch noch dynamisch, sondern nacheinanderlos. Der auf das phänomenale Nacheinander bezogenen Kinematik entspricht in der Realwelt vierdimensionale Geometrie. Unsere Gegenwart ist jeweils ein unendlicher, orthogonal durch die Realwelt gehender dreidimensionaler Schnitt.

Wir können uns Körper nicht anders vorstellen als so, wie sie sich uns in der Wahrnehmung darbieten, nämlich dreidimensional. Ein als dreidimensional wahrgenommener Gegenstand ist aber nur die jeweilige Gegenwartsphase eines in Wahrheit vierdimensionalen Körpers der Realwelt. Da jede Gegenwartsphase der ganze Gegenstand zu sein beansprucht, identifizieren wir die uns nacheinander vorliegenden Phasen miteinander, um so die konkurrierenden Alleinwirklichkeitsansprüche auszugleichen. Logisch gesehen kann das nicht gelingen, da verschiedene Phasen nicht miteinander identisch sind. Doch können wir uns dieser Identifikation nicht erwehren, weil wir unseren auf drei Dimensionen eingestellten Horizont vorstellungsmäßig nicht zu übersteigen vermögen. Dementsprechend fassen wir den an sich vierdimensionalen Gegenstand nacheinanderhaft auf. Wir glauben dabei, daß an jeder Stelle des Nacheinander der ganze Gegenstand, d.h. das Phasenganze da ist. Sehen wir z.B. einen Menschen, so glauben wir, diesen in seiner Ganzheit vor uns zu haben. Die Verschiedenheit der Einzelphasen vom Phasenganzen wird durch das wahrnehmende Bewußtsein überspielt. Was in Wahrheit nicht dasselbe ist, halten wir im Sinne der *Genidentität* der Phasen fälschlicherweise für identisch. Unsere gesamte praktische Wirklichkeitsauffassung baut sich auf diesem Irrglauben auf.

Wir erleben alles nur in der Gegenwartsform. Diese begleitet uns in dreidimensionaler Maske genidentisch durch die vierdimensionale Realwelt. Daß die Genidentität eine Täuschung ist, zeigt der Film. Die Struktur des wahrnehmenden Bewußtseins ist so geartet, daß bei der Vorführung eines Films der Schein der Genidentität gesehener Personen entsteht. Wir glauben, im Nacheinander dieselben Personen zu erblicken. Während uns pro Sekunde nacheinander 24 Einzelbilder dargeboten werden, sehen wir etwa ein und dieselbe Person durch ein Zimmer gehen. Aber das ist nur Illusion. Alles Wahrnehmen ist eine solche Illusion. Es trifft nicht zu, daß sich ein und derselbe Gegenstand mit all seinen Phasen von einem Ort zum anderen bewegt. Dieser Eindruck entsteht – psychologisch zwangsläufig – dadurch, daß wir die uns vorliegenden Einzelphasen eines Gegenstandes miteinander identifizieren. Diese Identifikation findet statt, wenn wir annehmen, daß im Nacheinander der Phasen jeweils der ganze Gegenstand anwesend ist. In der Realwelt gibt es keine Genidentität. Unsere Erfahrung ist somit, was die Zeit angeht, auf einem fundamentalen Irrtum aufgebaut. Die Erfahrung lügt immer. Sonst könnte sie ihren Beruf, uns Erscheinungen als die Wirklichkeit vorzuführen, nicht erfüllen.

Zum Begriff der Gegenwart sind noch einige ergänzende Bemerkungen zu machen. Bisher wurde dieser Begriff nur in ontologischer Hinsicht, also theoretisch bestimmt. Ontologisch gesehen hat die Gegenwart keine Dauer, sie ist als Grenze zwischen Vergangenheit und Zukunft punktuell, infinitesimal kurz. Aber die so verstandene Gegenwart erleben wir strenggenommen gar nicht, weil wir zeitlich wie räumlich nur endliche Gesamtheiten erfassen können. Unser Bewußtsein kann weder unendlich Kleines noch unendlich Großes registrieren. Alles was wir erleben, ist ganzheitlich strukturiert. In zeitlicher Hinsicht nehmen diese Ganzheiten den Charakter sogenannter *Präsenzzeiten* an. Eine Präsenzzeit ist eine endliche Zeitstrecke, in der das soeben Vergangene eine Einheit mit dem jetzt Erlebten bildet. Hören wir z.B. das „t" von „Zeit", so ist uns das „Zei" noch präsent, obwohl es bereits zur Vergangenheit gehört. Das meiste von dem, was wir erfahren, ist bereits weg, wenn wir es erfahren. Unsere Erfahrung ist auf Erinnerung aufgebaut, durch welche die Präsenzzeiten zusammengehalten werden. Es gibt längere und kürzere Präsenzzeiten. Unsere Bewußtsein ist so beschaffen, daß wir beim Film in einer Sekunde höchstens 24 Einzelbilder präsenzzeitlich erfassen. Es gibt also eine Schwelle, jenseits derer eine zu große Fülle von Daten nicht mehr als solche registriert wird. Wir erfassen nur soviel, wie wir brauchen. Das gilt für die ganze Erfahrung. Gewöhnlich erfahren wir nur das, was biologisch für uns wichtig und wertvoll ist. Wegen der auf Präsenzzeiten eingestellten Struktur unseres Bewußtseins erleben wir Gegenwart nicht im ontologischen, sondern nur im psychologischen Sinn, nämlich in der Gestalt ganzheitlicher Integration. Die zeitlich ausdehnungslose Gegenwart ist die begriffliche, die Präsenzzeit dagegen die erfahrene Grundlage unserer Zeitauffassung. Ontologisch beherbergt unser Horizont immer nur ein Zeitinfinitesimal. Dieses ist aber in unserer Erfahrung eingehüllt in Präsenzzeit und Genidentität.

Präsenzzeit ist eine durch den Bau unseres Bewußtseins bedingte Erscheinung. In der Realwelt gibt es sie nicht. Ist die phänomenale Zeit das subjektive, präsenzzeitlich erfaßte Nacheinander von Phasen, so besteht die wirkliche Zeit in der vierdimensionalen Struktur der Realwelt. Was sich uns als Nacheinander von Erlebniseinheiten darstellt, repräsentiert in Wahrheit das objektive Nebeneinander realweltlicher Verhältnisse. Die wirkliche Zeit ist nicht ein-, sondern vierdimensional. Um sie zu beschreiben, benötigt man vierdimensionale Geometrie.

3 Zeit und Physik

Das Verhältnis zwischen Erscheinung und Wirklichkeit, speziell das Verhältnis zwischen phänomenaler und wirklicher Zeit hat eine tiefgreifende Bedeutung für die Physik. Die phänomenale Welt ist das *Beobachtungsfeld* der Physik, aber ihr eigentlicher und legitimer *Gegenstandsbereich* ist die Realwelt. Das wird oft übersehen, ja sogar bestritten. Man glaubt, daß die Gegenstände der Physik phänomenalen Charakter haben müssen, weil sie zum Beobachtungsfeld der Physik gehören. Physik stellt sich dann als Phänomenphysik dar. Dies wird aber der Struktur der Realwelt nicht gerecht. Es kommt daher darauf an, die durch Beobachtungen gewonnenen Meßergebnisse der Physik im Hinblick auf die Verhältnisse der Realwelt adäquat zu interpretieren. Diese Interpretation tangiert weder den experimentellen noch den mathematischen Teil der Physik, sondern ihren philosophischen Unterbau. Es geht dabei vor allem um die Frage, worin die physikalische Wirklichkeit besteht. Dafür ist primär die Ontologie zuständig mit ihrer Unterscheidung zwischen phänomenaler Welt, (Erfahrungswelt) und transzendenter Wirklichkeit an sich (Realwelt).

Die bisherige Interpretation der Physik war vorwiegend empiristisch orientiert. Danach besteht der Gegenstandsbereich der Physik aus Phänomenen; was die experimentelle Physik mißt, sind Erscheinungen. Dieser Ansatz führt zur Phänomenphysik. Zur Realphysik führt jedoch nur der ontologische Ansatz. Letzterer würde freilich eine partielle Modifikation der Speziellen Relativitätstheorie beinhalten, da diese implizit auf problematischen ontologischen Annahmen beruht.

Die Physik hat sich seit ca. 100 Jahren mit epistemologischen Strömungen verbündet, die bei Descartes ansetzend und unter dem Einfluß von Kant zum Empirismus und Positivismus führten. Das ausgehende 19. Jh. stand unter dem Bann der Vokabel „Kritik". Niemand wollte „dogmatisch" sein, und „Metaphysik" galt vielfach als Schimpfwort. Diese Einstellung begünstigte die Vorherrschaft des Empirismus. Die erkenntnistheoretische Bewegung wurde zur Philosophie der Physik. Die meisten Physiker bis heute haben diese Tendenz akzeptiert. Die erkenntnistheoretischen Spekulationen über die Grundlagen der Physik waren daher überwiegend durch Subjektgebundenheit charakterisiert: nach der Wirklichkeit an sich wird nicht mehr gefragt. Vielmehr geht es um die Wirklichkeit, wie sie sich vom Standpunkt unseres Erkennens aus darstellt. Explizit oder implizit geht man von der Voraussetzung aus, das die Wirklichkeit an sich nicht erfahrbar und also physikalisch inexistent ist. Die Reduktion des physikalischen Gegenstandsbereichs auf das Erfahrbare führt dazu, daß Erscheinungen für die Wirklichkeit selbst gehalten werden. Das gilt z.B. für die Speziellen Relativitätstheorie, in der Zeitdilatation, Lorentztransformation und Wachstum der Masse als ontologische Rätsel ohne inneren Zusammenhang nebeneinander stehen. Manche Physiker gebärden sich so, als sei ihr Fach heilig, Einstein ihr Heiland und sie allein seine berechtigten Verkünder, die Gemeinde solle andächtig lauschen und glauben, nicht selbst denken. Angesichts dessen ist ein vertieftes

Nachdenken über die ontologischen Grundlagen der Physik eine wichtige Aufgabe. Es geht um die Beschreibung der Außenwirklichkeit, wie sie ohne uns, an sich ist. Im Mittelpunkt steht dabei die Bedeutung des Wirklichkeitsbegriffs.

Im folgenden soll an einigen Beispielen skizziert werden, zu welchen Konsequenzen ontologische Betrachtungen von Raum und Zeit führen.

4 Ontologie der Raumzeit

Bewegung und Ruhe sind relativ: Etwas bewegt sich oder ruht immer nur in bezug auf etwas anderes. Da Bewegung und Ruhe nur im Nacheinander vorkommen können, sind beide überdies subjektiv. Voraussetzung für Bewegung und Ruhe ist, das der bewegte oder ruhende Gegenstand an verschiedenen Zeitstellen derselbe ist, und zwar bei Bewegung an verschiedenen Orten, bei Ruhe am selben Ort. So werden Bewegungen und Ruhe aufgefaßt. Und doch handelt es sich nur um eine Illusion, da es keine Genidentität gibt. Derselbe Gegenstand kann nicht zur Gänze an verschiedenen Zeitstellen vorhanden sein.

Der Anschein der Bewegung und Ruhe ergibt sich für uns daraus, daß wir im Nacheinander die einzelnen Phasen des Gegenstandes mit dem Phasenganzen identifizieren. Das entspricht der praktischen Begriffsbildung, ist aber ontologisch unhaltbar. In der Realwelt gibt es weder Bewegung noch Ruhe. Was uns als bewegt oder ruhend erscheint, sind in der Realwelt nur bestimmt geartete geometrische Verhältnisse vierdimensionaler, uns unvorstellbarer Gegenstände. Unser Nacheinander repräsentiert im phänomenalen Bereich eine Dimension der vierdimensionalen Realwelt. In dieser gibt es nur das Nebeneinander vierdimensionaler Weltkörper, deren Längsachsen, die sog. *Weltlinien,* verschiedene Richtungen haben. Was uns als Bewegung und Ruhe erscheint, sind in Wahrheit nur gegeneinander geneigte Weltlinien. Je größer der Neigungswinkel gegen unsere eigene Weltlinie ist, desto größer ist die Geschwindigkeit der von uns wahrgenommenen Bewegung. Die Weltlinie unserer eigenen Ruhe und die Weltlinie dessen, was für uns gleichzeitig ist, stehen dabei orthogonal zueinander. Nimmt die Geschwindigkeit stetig ab, so nähert sie sich dem Zustand der Ruhe, und nimmt sie stetig zu, so nähert sie sich der Gleichzeitigkeit.

Was uns im Nacheinander als Ruhe und geradlinig gleichförmige Bewegung erscheint, sind in der Realwelt gerade Weltlinien, und was uns als Beschleunigung erscheint, sind in der Realwelt gekrümmte Weltlinien. Phänomenal dreidimensionale Weltkörper sind in Wahrheit vierdimensionale, uns nicht anschaulich vorstellbare Weltkörper. Die gesehene Erdkugel ist, worauf schon hingewiesen wurde, realweltlich ein vierdimensionaler Zylinder. Was zur Längsrichtung dieses Zylinders parallel ist, ruht für uns; und was dazu schräg ist, bewegt sich für uns mit einer Geschwindigkeit, die vom jeweiligen Neigungswinkel zur Längserstreckung abhängt.

Sterne mit verschiedener Geschwindigkeit sind in Wahrheit vierdimensionale Weltkörper mit gegeneinander geneigten Weltlinien. Gäbe es auf diesen Sternen Bewohner mit Zeitbewußtsein, so wäre deren jeweiliges Nacheinander nicht dasselbe. Was für den einen gleichzeitig wäre, wäre für den anderen nacheinander und umgekehrt. Jeder Gleichzeitigkeitsraum des einen hätte mit jedem Gleichzeitigkeitsraum des anderen eine Schnittfläche gemeinsam, und mit allen diesen Gleichzeitigkeitsräumen zusammen einen dreidimensionalen Raum. Dieser wäre für den einen ein Gleichzeitigkeitsraum, für den anderen ein dreidimensionaler Schnitt durch die für ihn als nacheinander erlebte vierdimensionale Schichtung von Gegenwartsräumen. Obwohl sie beide dieselbe Realwelt durchlebten, hätten sie verschiedenes Nacheinander.

Einem ruhenden Beobachter erscheinen relativ zu ihm bewegte Gegenstände gedehnt. So wie ein in seiner Wahrnehmung auf zwei Dimensionen beschränktes Wesen einen schräg zu seiner eigenen Weltlinie gerichteten Stift als eine mit dessen Neigungswinkel länger werdende Ellipse wahrnähme, so erscheint uns ein vierdimensionaler Weltkörper, dessen Weltlinie gegenüber der unseren geneigt ist, im dreidimensionalen Schrägschnitt als gedehnt, wobei diese Dehnung mit wachsendem Neigungswinkel zunimmt. Je größer dieser Neigungswinkel ist, desto größer erscheint uns im übrigen auch die Masse des bewegten Gegenstandes.

Die Länge der Weltlinie eines relativ zu uns bewegten Gegenstandes nimmt mit wachsender Geschwindigkeit, d.h. mit wachsendem Neigungswinkel der Weltlinien zu. Durchläuft also unsere Gegenwart einen bestimmten Abschnitt unserer Weltlinie, so durchläuft sie währenddessen im Orthogonalschnitt zu unserer Weltlinie einen längeren Abschnitt einer zu ihr schräg gerichteten Weltlinie. Für uns läuft daher das Nacheinander des bewegten Systems wie in einem schneller gedrehten Film schneller als unser eigenes Nacheinander ab. Daher laufen auch die Uhren jenes Systems für uns schneller, sie gehen gegenüber unseren eigenen Uhren vor. In der Realwelt messen Uhren die Längen der jeweiligen Weltlinien. Daher gehen gleiche Uhren in allen Eigenzeiten gleich schnell. Erfährt unser Ruhesystem eine positive oder negative Beschleunigung, so geraten wir objektiv in eine andere realweltliche Richtung, also in ein anderes Nacheinander.

Alle Geschwindigkeiten sind Erscheinungen, die von unseren Gegenwartslagen abhängen. Je nach diesen variieren die Geschwindigkeiten. Wachsender Geschwindigkeit entspricht eine zunehmende Drehung der Weltlinie eines gegen uns bewegten Körpers aus unserer Zeitrichtung in unsere Raum -, d.h. Gegenwartsrichtung. Das Nacheinander ist nur eine Bewußtseinserscheinung, ebenso Ruhe und Bewegung. Reale Grundlage der

Kinematik ist die Weltliniengeometrie. Aus dieser sind alle kinematischen Erscheinungen letztlich zu erklären. Zeit als eindimensionale Größe ist ebensowenig real wie Raum als dreidimensionale. In der Realwelt gibt es nur geometrische Relativitäten von Weltlinien, die zueinander in bestimmten Winkeln stehen. Nur für uns ist die Zeit anders als der Raum. Denn wir erfahren sie jeweils in anderer Weise. Aber das liegt an der Struktur unseres Bewußtseins, nicht an der Außenwirklichkeit. Unsere Ruhelinie ist die Längsrichtung des vierdimensionalen Erdweltkörpers. Liegt ein Weltkörper parallel zu dem des Erdweltkörpers, so hat er unsere Zeit- und unsere Raumrichtung. Liegt er quer zu ihm, so ist seine Zeitrichtung unsere Raumrichtung und seine Raumrichtung unsere Zeitrichtung. Und wenn er schief liegt, so hat er eine Geschwindigkeitsrichtung, die dem jeweiligen Neigungswinkel der Weltlinien entspricht.

Kinematik ist Phänomenphysik. Denn der dreidimensionale Raum, die eindimensionale Zeit, Ruhe, Bewegung und Geschwindigkeit haben Erscheinungscharakter, in der Realwelt gibt es sie nicht. Dort gibt es nur vierdimensionale Weltkörper. Deren gegenseitige Lage ist die reale Grundlage der Kinematik.

In der Realwelt gibt es dementsprechend keinen Unterschied zwischen räumlichen und zeitlichen Koordinaten. Daher ist unser Zeitmaß an sich ein Raummaß. Eine Sekunde entspricht einer bestimmten Zahl von Metern. Den Raum messen wir unmittelbar, weil er innerhalb unseres Wahrnehmungshorizonts liegt. Die Zeit dagegen, weil sie unseren Wahrnehmungshorizont übersteigt, messen wir nur mittelbar, indem wir gleichen Raumstrecken relativ zu bestimmten periodischen Bewegungen (z.B. Erddrehungen) gleiche Zeitstrecken zuordnen. Der Meterwert der Sekunde ist erheblich, er dürfte schätzungsweise bei 300.000 km liegen. Die Länge des Erdweltkörpers ist unter diesen Umständen von einer wesentlich höheren (wohl nach Lichtjahren bemessenen) Größenordnung als ihre Quere.

Alles in allem zeigt sich, daß eine bloß phänomenale Physik, mag sie auch noch so sehr mit der Erfahrung in Einklang stehen, aus ontologischen Gründen die Realwelt verfehlt.

DIE BEDEUTUNG DES ABDUKTIVEN SCHLIESSENS IN ERKENNTNIS- UND WISSENSCHAFTSTHEORIE

GERHARD SCHURZ (SALZBURG)

1 Nichtkreative versus kreative Abduktion

Die empiristische Erkenntnistheorie versucht, rationales Schließen auf Deduktion und Induktion zu reduzieren. Ausgehend vom unmittelbar Beobachtbaren soll allein durch Induktion und Deduktion das ganze Spektrum alltäglicher und wissenschaftlicher Erkenntnis rational begründet werden. Das Hauptproblem dabei ist, daß unsere Erkenntnis, gerade auch die naturwissenschaftliche, in hohem Maße Begriffe bzw. Konzepte enthält, die über das unmittelbar Beobachtbare hinausgehen, z.B. „Kraft", „Masse", „chemische Substanzart", usw. Weder durch Deduktion noch durch Induktion kann man aber auf Sätze schließen, die *neue Begriffe* in essentieller Weise enthalten (was weiter unten präzisiert wird). Daher auch immer wieder der – letztlich zum Scheitern verurteilte – Versuch der Empiristen, alle wissenschaftlichen Begriffe definitorisch oder analytisch auf Beobachtungsbegriffe zurückzuführen.

Analog geartet ist das erkenntnistheoretische *Realismusproblem*. Tatsächlich fängt unsere Erkenntnis nicht mit Beobachtungssätzen im Sinne von Beobachtungs*real*sätzen an, sondern mit Erscheinungssätzen bzw. *introspektiven Sätzen* – wie ich sie hier, ob ihrer essentiellen Ich-Bezogenheit wegen, nennen möchte. Der Schluß von „ich habe eine Maus-Erscheinung" auf „dort ist eine Maus" – der *Realschluß*, wie ich ihn im folgenden kurz nennen werde – führt ebenfalls neue Begriffe ein, sogar ein ganzes System von neuen Begriffen, das der *Realbegriffe*. Es scheint ganz unverständlich, wie man durch Deduktion und Induktion allein vom Scheinen zum Sein gelangen könnte. Viele Empiristen haben den Realismus daher als keiner rationalen Begründung fähig kurzerhand überbordet.

Verschiedene Erkenntnis- und Wissenschaftstheoretiker haben aus diesen Gründen nach Schluß- bzw. Argumentationsschemata gesucht, die über Deduktion und Induktion hinausgehen. Der meine Erachtens vielversprechenste diesbezügliche Ansatz ist Peirce' Schlußform der *Abduktion*. Peirce gibt aber zwei verschiedene Explikationen dieser Schlußform, eine *formelle* und eine *informelle*. Die formelle Explikation stellt die Abduktion der Deduktion und der Induktion – genauer, der *generalisierenden* Induktion[1] – wie folgt gegen-

---

1   Innerhalb der Theorie induktiven Schließens kennt man mehrere Arten induktiver Schlüsse; neben dem induktiven Generalisierungsschluß (vom Sample auf

über (s. Peirce 1868, Bd 5, § 270-274 und 1878b, Bd 2, § 619-625):

Beispiel: Alle Bären (F) halten Winterschlaf (G)

Deduktion:	*Induktion:*	*Abduktion:*
Gesetz:	Fall:	Gesetz:
Alle *F* sind *G*	Dies und dies ... ist ein *F*	Alle *F* sind *G*
Fall:	Resultat:	Resultat:
Dies ist ein *F*	Dies und dies ... ist ein *G*	Dies ist ein G
Resultat:	Gesetz:	Fall:
Dies ist ein *G*	Alle *F* sind *G*	Dies ist ein *F*

Abduktion ist hier also der Schluß entgegen die Pfeilrichtung vom instanziierten Gesetzeskonsequens auf das Gesetzesantecedens, in kausaler Terminologie von der Wirkung auf die Ursache, bei *bekanntem* Gesetz. Man hat diese Schlußart auch Retrodiktion genannt.[2] Peirce ist sich klar, daß diese Schlußschemata hinsichtlich ihrer Validität bzw. Sicherheit sehr verschieden zu beurteilen sind; er sagt: Deduktion verleiht der Konklusion Sicherheit, Induktion Wahrscheinlichkeit, Abduktion als schwächste Schlußart bloße Möglichkeit. Zunächst sei Abduktion Spekulation; die abduzierte Hypothese muß unter Anwendung von Deduktion und Induktion empirisch getestet werden (Peirce 1903, Bd 5, §§ 145, 171).

Informell charakterisiert Peirce Abduktion als das einizige logische Verfahren, daß eine neue Idee einführen kann (Peirce 1878b). „Jedes einzelne Stück wissenschaftlicher Theorie", so sagt er, „ist der Abduktion zu verdanken" (Peirce 1903, Bd 5, § 172). Die Abduktion ist es, mit der die Wissenschaftler theoretische Modelle entwickeln und neue theoretische Begriffe einführen. Ein einfaches und von Peirce immer wieder diskutiertes Beispiel ist das Ritzverhalten des Diamanten, der alle anderen Gegenstände ritzt, woraus wir abduktiv auf seine innere Eigenschaft oder Disposition der (maximalen) Härte schließen (Peirce 1905, Bd 5, § 453). Abduktion ist hier also der Schluß von beobachteten Regelmäßigkeiten auf eine nichtbeobachtbare zugrundeliegende innere Ursache. Abduktion ist nach Peirce auch jener Schluß, womit wir von unseren Sinneseindrücken auf eine objektive Realität (Realität „als Drittheit") schließen (1903, Bd 5, § 206-212).

Was den beiden Peirceschen Charakterisierungen gemeinsam ist: in beiden

---

die Gesamtheit) insbesondere noch den induktiven Voraussageschluß (vom Sample auf einen neuen Fall) und den „inversen" induktiven Spezialisierungsschluß (von der Gesamtheit auf ein Sample oder ein Individuum). S. z.B. Carnap (1959), S. 81. Wir sprechen im folgenden auch von „generalisierender", „prognostizierender" versus „spezialisierender" Induktion.

2 Chisholm (1979, S. 101) spricht von „inverser Induktion".

Fällen handelt es sich um den Schluß von der „Wirkung" auf die „Ursache".
Insofern handelt es sich hier um einen *Nachfahren* des traditionellen philosophischen *Prinzips vom zureichenden Grunde*.³ Peirce versteht das Abduktionsschema jedoch weder im Sinne des *Rationalismus* als Denknotwendigkeit, noch im Sinne der Transzendentalphilosophie als Bedingung der Möglichkeit von Erfahrung. Abduktion ist bei Peirce vielmehr als *heuristisches* Schema zu verstehen: grob gesprochen sollen wir nach zureichenden Gründen suchen; Sicherheit, daß wir sie immer finden, gibt es keine, aber nur so kommen wir weiter.⁴

Zwischen den beiden Peirceschen Charakterisierungen von Abduktion besteht aber eine offensichtliche Divergenz, ja ein Widerspruch. In der ersten, formellen Charakterisierung von Abduktion wird nämlich *kein* neuer Begriff in die Konklusion eingeführt, und kann es gar nicht werden, da der Antecedensbegriff auch im Gesetz enthalten sein muß, und dieses als *bekannt*, d.h. als Prämisse, angenommen wird. Umgekehrt, soll eine Abduktion wirklich einen *neuen* Begriff einführen, so müßte zugleich mit dem Antecedens bzw. dem Fall auch das Gesetz abduktiv erschlossen werden; die einzige Prämisse wäre dann das Konsequens bzw. Resultat. Ebendies ist beim Peirceschen Beispiel des Schlusses vom Ritzverhalten eines Gegenstandes auf seine Härte auch der Fall: vom regelmäßigen Ritzverhalten des Diamanten schließen wir *1.* darauf, daß er die innere Eigenschaft der Härte besitzt und *2.* daß jeder Gegenstand, der hart ist, dieses regelmäßige Ritzverhalten aufweist. Um den Unterschied terminologisch zum Ausdruck zu bringen, nenne ich Abduktion im ersten Sinn *nichtkreative* Abduktion, Abduktion im zweiten Sinn *kreative* Abduktion.

Nichtkreative Abduktion ist schon deshalb, weil sie keine neuen Begriffe einführt, weniger interessant und fundamental. Aber auch deshalb, weil man bei ihr plausibel argumentieren kann, daß sie sich auf eine Form des Wahrscheinlichkeitsschließens (also des im weiten Sinne induktiven Schließens) zurückführen läßt. Fumerton (1980) hat dies mit folgendem Beispiel zu zeigen versucht. An einem einsamen Strand sehen wir menschliche Fußspuren. Aufgrund des bekannten Gesetzes „Wenn jemand am Strand geht, hinterläßt er Fußspuren" schließen wir darauf, daß hier jemand am Strand entlang gegangen ist. Ebensogut, so Fumerton, könnten wir aber auch darauf schließen,

---

3   Leibniz hat dieses Prinzip axiomatisch ausformuliert; es ist jedoch wesentlich älter, ohne daß ich einen Urheber nennen könnte – jedenfalls haben es sowohl Descartes, Berkeley und Locke als selbstverständliche Grundlage ihrer Argumentation benutzt, und Hume war der erste, der dieses Prinzip (ebenso wie das Induktionsprinzip) grundsätzlich in Frage stellte.
4   S. Peirce 1892, Bd 6, § 40f; 1902/3, Bd 2, § 113. Eine Einführung in Peirce' Gesamtsystem gibt Schurz (1991a).

daß dort Jimmy Carter oder sagen wir Michael Jackson entlang gegangen ist; für die formale Korrektheit der Abduktion macht dies keine Unterschied. Warum würden wir aber diese zweite Abduktion als unsinnig ablehnen? Wohl darum, weil die Wahrscheinlichkeit, daß es gerade Jimmy Carter oder Michael Jackson und kein anderer war, der hier vorbei ging ist, sehr gering ist, während die Wahrscheinlichkeit, daß hier irgendein Mensch vorbei ging, und nicht etwa ein mit Menschenschuhen ausgestattetes zweibeiniges Tier, äußerst groß ist. Eine implizite Bedingung, um nichtkrative Abduktionen zu akzeptieren, ist daher, so Fumerton, daß die umgekehrte Wahrscheinlichkeit des Antecedens, gegeben das Konsequenz, hinreichend hoch ist. Wenn das aber so ist, so kann man jede nichtkreative Abduktion durch einen gewöhnlichen induktiv-probabilistischen Spezialisierungsschluß ersetzen. Aus dem Schluß von $\forall x(Fx \rightarrow Gx)$, Ga auf Fa unter der impliziten Annahme $p(F/G) = hoch$ wird der hoch-wahrscheinliche Schuß von $p(F/G) = hoch$, Ga auf Fa.

Bei der kreativen Abduktion kann man einen solchen Reduktionsversuch sicher nicht anwenden. Weil hier ein *neuer* Begriff in die Konklusion eingeführt wird, kann es auch kein bekanntes Wahrscheinlichkeitsgesetz über ihn geben, das als implizite Prämisse benutzt wird. Kreative Abduktion ist also sicher irreduzibel – ein zweiter Grund, diese Form der Abduktion als erkenntnistheoretisch fundamental anzusehen.

Kreative Abduktion, generalisierende Induktion und Deduktion lasen sich in folgender Weise schön kontrastieren, nämlich im Hinblick auf die Frage, welche neuen Terme diese Schlußformen in die Konklusion in essentieller Weise einzuführen vermögen. *Die Deduktion vermag gar keine neuen (nichtlogischen) Terme essentiell einzuführen. Die generalisierende Induktion (wie auch die prognostizierende Induktion, s. Fn. 1) vermag neue singuläre Terme in die Konklusion essentiell einzuführen. Die kreative Abduktion schließlich – und nur sie – vermag neue generelle Terme (i.e. Begriffe) essentiell einzuführen.* Die logische Präzisierung des Begriffs der „essentiellen Einführung" muß voralledem zwei Schwierigkeiten meistern. *Erstens* lassen sich auch durch deduktive Allspezialisierung $\forall x(Fx) \vdash Fa$ scheinbar neue Individuenkonstanten gewinnen; aber eben nur scheinbar, weil der Allquantor in der Prämisse implizit über *alle* Individuen und daher auch über *a* spricht. Dem läßt sich am einfachsten dadurch Rechnung tragen, daß man annimmt, alle Individuen des zugrundeliegenden Bereichs hätten Namen und der Allquantor sei durch eine infinite Konjunktion ersetzt. *Zweitens* vermag die Deduktion neue generelle oder singuläre Terme in *irrelevanter* Weise in die Konklusion einzuführen; etwa $Fa \vdash Fa \vee Gb$. Für Prädikate und für die Deduktion läßt sich dem durch die answerswo entwickelte Theorie der relevanten Deduktion (Schurz 1991b) gut Rechnung tragen, welche die Irrelevanz eines Prädikats in der Konklusion mit seiner Ersetzbarkeit salva validitate identifiziert. Allerdings ist diese Theorie auf Induktion über Individuen(konstanten) nicht anwendbar. Eine Lösungsmöglichkeit würde hier das Kriterium der *Eliminierbarkeit ohne Gehaltsverlust* liefern; es ist für Deduktionen mit dem Ersetzungskriterium äquivalent (Schurz 1996a), und hat den Vorteil, auch auf Induktion und Inviduenkonstanten besser anwendbar zu sein. Dies hier auszuführen würde den Rahmen dieses Aufsatzes allerdings sprengen, weshalb ich mich damit begnüge, die obigen Thesen für *atomare Konklusionen aus konsistenten Prämissen* zu begründen. Solche Konklusionen folgen nämlich, falls überhaupt, immer auch relevant. Angenommen, Quantoren seien durch infinite Konjunktionen bzw. Disjunktionen ersetzt, und auch die Identität sei auf übliche Weise eliminiert, so gilt aufgrund elementarer logischer Theoreme, daß wann immer *Prem* ⊢ *Fa* und der Atomsatz *Fa* kommt in *Prem* nicht vor (d.h. entweder *a* oder *F* oder beides kommt in *Prem* nicht vor), *Prem* inkonsistent sein muß. Der induktive Voraussageschluß $Fa_1,...Fa_n \Rightarrow Fa_{n+1}$ vermag uns atomare Konklusionen mit neuen Individuenkonstanten (aber niemals mit neuen Prädikaten) zu liefern. Kreative Abduktion schließlich – deren logische Form wir noch gar nicht bestimmt haben – liefert uns atomare Konklusionen mit neuen Prädikaten, z.B. „*a* hat die Disposition der *Härte*". Die Forderung, der eingeführte Dispositionsterm muß *neu* sein, bedeutet, daß dieser Term im bisherigen epistemischen Hintergrundsystem noch keine (auch nicht partielle) semantische Interpretation besitzen darf. Diese Forderung bedeutet wohlgemerkt eben *nicht*, daß der neue Term *beliebig* sein darf und daher durch beliebiges ersetzbar ist, denn sobald man den neuen Term durch einen *alten* ersetzen würde, wäre die Abduktion inkorrekt – beispielsweise wäre es unsinnig, abduktiv aus dem Ritzverhalten eines Gegenstandes zu schließen, er hätte die Disposition der Wasserlöslichkeit, und jeder wasserlösliche Gegenstand zeigt das typische Ritzverhalten.

2 Probleme der kreativen Abduktion

Ich wende mich nunmehr der kreativen Abduktion zu. In der Terminologie der Erklärung gesprochen handelt es sich dabei um den Schluß vom *Explanadum* auf das gesamte *Explanans*, also dem Antecedens inklusive dem Gesetz. Dies entspricht weitgehend dem, was im angelsächsischen Sprachraum – leider zumeist ohne Bezugnahme auf Peirce – unter dem Titel *inference to the best explanation* diskutiert wurde, initialgezündet durch Harmans ebenso betitelten Aufsatz (1965). Sobald man dies als Schlußform präzisieren will, kommt man in die größten Schwierigkeiten. So wie wir es bisher diskutierten, müßte das Schlußschema der kreativen Abduktion eigentlich folgendes sein:

Ga (daher:)   Beobachtetes Explanandum
Fa, und
$\forall x(Fx \to Gx)$ } Erschlossenes Explans; F ist der neue Begriff

So ist dieses Schema freilich ganz untauglich. Ich nenne es das *spekulative Abduktionsschema*, denn man kann damit Märchen und Spekulationen jeglicher Art rechtfertigen. Wann immer man etwas beobachtet, erfinde man gemäß diesem Schema eine Geschichte, die das Beobachtete erklärt. Ein Waldureinwohner etwa sieht das erste Mal in seinem Leben einen Berg und schließt abduktiv, dies sei deshalb so, weil einst ein großer Waldriese sich dort eine Sitzgelegenheit baute. Oder ein Selig-Gottvertrauender schließt aus allem, was er erlebt, abduktiv, daß Gott es so wollte, und daß was immer Gott will, auch geschieht. Hinter dem spekulativen Abduktionsschema steckt der angeborenen Deutungs- und Erklärungs*wille* der Menschen, sein „metaphysisches Bedürfnis". Die animistischen und spiritistischen Weltbilder der Frühkulturen benutzten durchgängig dieses Schema. Um ein wissenschaftliches bzw. ein aufgrund des Motivs der Wahrheitssuche allein rational gerechtfertigtes Schlußschema handelt es sich dabei freilich nicht.

Ein Weg, diese Schwierigkeit loszuwerden, ist von Harman seit Anbegin beschritten worden – indem man nämlich nur die *beste* Erklärung unter allen möglichen Erklärungen zuläßt. Auch Peirce hat dies, wie oben erläutert, bereits ähnlich gesehen.[5] Die Schwierigkeit, die man lösen muß, ist, *erstens* zu präzisieren, was überhaupt als eine *Erklärung* zählt[6], und *zweitens*, worin die Kriterien der *Güte* einer Erklärung bestehen. Im Falle des spekulativen Abduktionsschemas hilft die Forderung nach bester Erklärung jedenfalls *nichts*. Inwiefern sollte beispielsweise die Erklärung des Blühens einer Blume durch ihre innere Seele besser oder schlechter sein als die Erklärung durch den Willen Gottes? Wie wir weiter unten ausführen werden, sind beide Erklärungen, und alle Erklärungen dieser Art, gleich „leer" bzw. unfundiert.

In besonders auffallender Weise setzt sich die Erkenntnistheorie Mosers (1989) diesem Problem aus. Moser benutzt das inference-to-the-explanation Schema in äußerst unvorsichtiger Weise. Z.B. meint er, der Schluß vom Scheinen aufs Sein, in der simplen Form

(Explanandum:)   (Explanans:)
Mir erscheint, daß   Daher ist dort ein Baum; und: normalerweise, wann
dort ein Baum ist   immer dort ein F ist, scheint mir dort ein *F* zu sein

---

[5]   Denn das abduktiv erschlossene Explanans ist prima facie bloß „möglich" und muß sich durch Induktion und Deduktion erst bewähren.

[6]   Eine Schwierigkeit, der sich viele inference-to-the-best-explanation Theoretiker erst gar nicht unterziehen; so schon Harman (1965) ebensowenig wie Thagard (1989, 1992) oder Moser (1989, S. 91ff).

sei im Sinn der besten Erklärung zu rechtfertigen (Moser 1989, S. 107ff). Aber *warum* sollte obiges Explanans die beste Erklärung für meine Baum-Erscheinung sein? Z.B. könnte ich meine Baum-Erscheinung auch damit erklären, daß ich gerade einen Baum halluziniere. Moser wendet dagegen ein, daß diese Halluzinationserklärung eine unbeobachtbare Entität (mein Halluzinieren) einführe (1989, S.162f). Aber auch die Realerklärung bzw. jede kreative Abduktion führt eine neue Entität ein, weshalb Mosers sich durch das ganze Buch ziehende Versuch, schlechte von guten Erklärungen dadurch abzugrenzen, daß erstere unbeobachtbare Entitäten („gratituous entities") einführen, untauglich ist. Oder aber, wir könnten das Wahrnehmungsbild des Baumes damit erklären, daß sich dort statt eines Baumes bloß das *Hologramm* eines Baumes befindet; auch für diese Fälle werden Mosers Entgegnungsversuche (S. 160-65) den Schwierigkeiten kaum gerecht.

Aus diesem Grunde haben andere Autoren, allen voran van Fraassen (1980, S. 19-40; 1989, Kap. 6), das inference-to-the-best-explanation Schema radikal kritisiert. Warum *sollten* wir unsere empirischen Erscheinungen erklären? – was bringen uns über die empirische Erscheinungsebene hinausgehende Erklärungen *überhaupt*?, so würde van Fraassen zuallererst fragen. Andere Autoren, wie etwa Chisholm (1979) oder Pollock (1986), lehnen zwar den Realschluß nicht ab, wohl aber den Versuch, ihn durch Abduktion oder auch nur irgendwie zu begründen – es handle sich beim Realschluß einfach um eine grundlegende, in sich gerechtfertigte Schlußart.[7] Diese Lösung ist deshalb unbefriedigend, weil die bloße Einführung einer Schlußart als grundlegend noch keineswegs erklärt, *warum* die Anwendung dieser Schlußart Erkenntnisse liefert, die *reliabel* sind, die m.a.W. hohe Wahrheitschancen haben oder zumindest einen anderen aufweisbaren Erkenntnisgewinn liefern. In diesem Sinn hat etwa Goldman (1986, S. 106) argumentiert, reliable kognitive Schlußprozeduren müßten die Tendenz besitzen, auf lange Sicht zu überwiegend wahren Erkenntnissen zu führen.

Um solchen und ähnlichen Schwierigkeiten zu entkommen hat man insbesondere zwei weitere und durchaus verwandte Kriterien für die Güte einer abduktiv erschlossenen Erklärung entwickelt: die Forderung der *Kohärenz*, und die Forderung der *Vereinheitlichung*.

Gemäß der ersten Idee ist eine Erklärung umso besser, je mehr sie die Kohärenz unseres Wissenssystems erhöht. Ein Wissenssystem ist dabei, grob geprochen, umso kohärenter, je mehr seine Elemente (Sätze bzw. von solchen beschriebene Phänomene) durch Erklärungsrelationen untereinander verbunden sind. In jüngerer Zeit haben voralledem Lehrer (1974) und Thag-

---

7 Chisholm nennt es das *Prinzip der Evidenz* (1979, S. 115); Pollock (1986, S. 44) spricht von nichtinduktiven prima facie Gründen.

ard (1988, 1992) ihre Erkenntnis- bzw. Wissenschaftstheorie auf Kohärenz aufgebaut. Allerdings führt die Kohärenzidee in bekannte Schwierigkeiten. Denn warum sollte die Tatsache, daß ein Glaubenssystem intern kohärent ist, seine Wahrheitschancen erhöhen? Auch Märchen oder Spekulationen können intern sehr kohärent sein. Was der Kohärenzidee zu einem der empirischen Wissenschaft gerecht werdenden Evaluationskriterium fehlt, ist (voralledem) zweierlei.

Erstens: Zirkuläre Stützungen müssen ausgeschlossen sein. Wenn ich z.B. die Tatsache, daß es stürmt, damit erkläre, daß Zeus zorning ist, umgekehrt daß Zeus zornig ist, damit erkläre, daß es stürmt, so habe ich zwar Kohärenz geschaffen, aber zirkuläre Kohärenz. Wenn man von der Kohärenz alle Zirkularitäten abzieht, gelangt man zum Begriff der *Vereinheitlichung*. In Schurz/Lambert (1994, S. 72) wurde dies so formuliert: unification = coherence minus circularity. Eine abduktiv erschlossene Erklärung ist also umso besser, je mehr sie unser Wissenssystem *vereinheitlicht*. Dabei ist ein Wissenssystem, grob gesprochen, umso mehr vereinheitlicht, je mehr elementare Tatsachen darin auf je weniger elementare Prinzipien plus elementare Tatsachen *argumentativ* zurückführbar sind. Die Idee der Vereinheitlichung hat wissensschaftstheoretische Tradition; sie ist bereits in Machs Ökonomieprinzip (Mach 1883, S. 465) oder in Whewells Begriff der consilience (Whewell 1847) enthalten, wurde später von Feigl (1970) und in jüngerer Zeit von Friedman (1974), Kitcher (1981) und Schurz/Lambert (1994) verteidigt und ausgebaut.

Zweitens: Auch gegen das Vereinheitlichungskriterium gibt es ein einschlägiges Argument, das kürzlich und sehr stringent von Humphreys (1993) ausformuliert wurde: warum sollte von mehreren konkurrierenden Theoriensystemen dasjenige, welches einheitlicher ist, auch eher wahr sein? Vielleicht ist die Welt eben *nicht* einheitlich. Um diesem Einwand zu entgehen, muß die Vereinheitlichung primär auf die *empirischen Tasachen* bezogen werden, derart, daß von Vereinheitlichung eines Wissenssystems nur dann gesprochen werden kann, wenn am Ende der (nichtzirkulären) argumentativen Schlußkette die *Beobachtungssätze* vereinheitlicht werden. Dies hat zur Folge, daß eine größere Vereinheitlichung automatisch immer, sozusagen als Beiprodukt, eine größere oder zumindest keine geringere empirische Bewährung impliziert. Eine derartige Vereinheitlichungstheorie haben Karel Lambert und ich entwickelt (Schurz/Lambert 1994; s. auch Schurz 1996b), auf deren Details hier nicht eingegangen werden kann.[8]

---

8   Die Schwierigkeit des Vereinheitlichungskriteriums liegt weniger in der Grundidee als darin, eine funktionierende Theorie von Vereinheitlichung zu liefern. Die in Schurz/Lambert (1994) entwickelte Theorie enthält folgende Hauptbe-

Kreative Abduktion, so lautet mein erster und grundlegender Vorschlag, ist unter die Randbedingung der *Vereinheitlichungsfunktion* zu stellen. Daraus ergibt sich sofort eine wichtige Konsequenz. Bezieht man kreative Abduktion auf *singuläre* Tatsachen, so fällt sie mit dem obigem spekulativen Abduktionsschema zusammen. Man kann jedoch zeigen, daß das spekulative Abduktionsschema niemals Vereinheitlichung leisten kann (Schurz/Lambert 1994, S. 82ff). Kreative Abduktion kann nur dann Vereinheitlichung erbringen, und macht daher nur dann wissenschaftlichen Sinn, wenn sie sich auf *empirische Regelmäßigkeiten* bezieht – auf empirische Gesetze, die durch übergeordnete Theorien erklärt werden. Hier und nur hier hat kreative Abduktion ihren Platz.

Auch andere Autoren haben dies (mit z.T. anderer Begründung) betont (Alston 1971, Friedman 1974), und auch das Peircesche Beispiel von der Härte des Diamanten legt es nahe, denn das Ritzverhalten, das durch die dispositionelle Erklärung explanativ vereinheitlicht werden soll, ist ja eine empirische Regelmäßigkeit. Daraus ergibt sich eine wichtige Konsequenz für das Verhältnis von *Abduktion* zur *Induktion*. Mehrere inference-to-the-best-explanation Theoretiker – etwa Harman (1965) und Moser (1989, S. 113) – versuchen nämlich, Induktion auf Abduktion zurückzuführen. Da aber Abduktion nur funktioniert, wenn sie auf empirische Regelmäßigkeiten angewandt wird, letztere aber nur durch Induktion gewonnen werden können, ist ein solcher Reduktionsversuch nicht möglich; Induktion muß *unabhängig* begründet werden (s. dazu Schurz 1988, Kap. 4).[9]

Kreative Abduktion besteht beim bisherigen Stande unserer Überlegungen also darin, empirische Regelmäßigkeiten durch übergeordnete Theorien so zu erklären, daß unser Wissenssystem dabei möglichst vereinheitlicht wird, wobei diese Art der Vereinheitlichung immer auch empirischer Bewährung impliziert. Dagegen läßt sich zuguterletzt immer noch folgendes einwenden. Die Leistungen eines solchen Vereinheitlichungsansatzes mögen ja unter anderem darin bestehen, eine über Poppers Bewährungstheorie hinausgehende, wesentlich ausgefeiltere Theorie der Theorienevaluation zu entwickeln.

---

standteile: (1) eine Theorie der *Wissensrepräsentation* in Form minimaler relevanter Wissenselemente, (2) eine Klassifikation von *Argumenten* „im weiten Sinne", welche über traditionelle deduktive und induktive Argumentationsschemata weit hinausgeht, (3) eine Theorie der *Wissensrevision* und Wissensdynamik, und voralledem (4) ein *komparatives epistemisches Kosten-Nutzen-Konzept*, welches dem verwendeten Vereinheitlichungsbegriff zugrunde liegt. Die Theorie wird auf mehrere *Fallbeispiele* angewandt.

9 Neben diesem eher grundätzlichen Argument gibt es eine Reihe weiterer Einwände gegen den Versuch, Induktion als abduktive inference-to-the-best-explanation anzusehen.

Doch es fragt sich, warum hier denn von einer *eigenen Schlußart* gesprochen werden soll. Warum sollte man nicht besser bei der altvertrauten *Popperschen* Sichtweise verbleiben, derzufolge die Frage, *wie* wir erklärende Theorien generieren, gar nicht beantwortet zu werden braucht, weil sie nicht in den *Begründungs-*, sondern in den *Entdeckungszusammenhang* von Theorien fällt. Wie wir unsere Theorien entwickeln, ob durch ein Schema, im Traum oder durch Intuition, ist – wie Popper immer wieder betont hat (z.B. 1935, Kap. 1) – für die Wissenschaftstheorie belanglos: wichtig ist nur, daß wir unsere theroetischen Hypothesen hinterher einer strengen Prüfung unterziehen, worin sie sich als empirisch bewährt herausstellen. Kurz gesagt, existiert das Problem der kreativen Abduktion für den Popperianer gar nicht, denn es gehört in den Entdeckungszusammenhang.

In der Tat bedeutet mein folgender Versuch, ein abduktives Schlußschema auszumachen, so etwas wie eine *Logik des Entdeckungszusammenhangs* zu entwickeln. Natürlich nicht als Verfahren, daß per se auch Begründungen liefert und damit separate Bewährungsversuche überflüssig macht, sondern als ein Verfahren, das uns *Heuristiken* angibt, wie wir methodisch neue Konzepte bilden können, und welches auch sagt, wann und warum sie die Vereinheitlichungsfunktion erfüllen. Wie wichtig derartiges ist, wird unter anderem in der jüngeren Künstlichen Intelligenz-Forschung deutlich. Es erweist sich hier immer noch als ungemein schwierig, gewöhnliche „intuitive" Denkleistungen des Common Sense algorithmisch zu implementieren. Das Problem beim Popperschen trial-und-error Verfahren ist die sogenannte *kombinatorische Explosion*. Wie es Peirce bereits einmal gesagt hat, gäbe es Millionen rein syntaktischer Möglichkeiten, zu gegebenen vorliegenden empirischen Regelmäßigkeiten irgendwelche Theorien zu erfinden, die diese Regelmäßigkeiten deduktiv implizieren – und dennoch haben die Wissenschaftler, so Peirce, die „richtige" Theorie schon nach zwei oder drei Rateversuchen gefunden (1903, § 172). Peirce weiß keine wirkliche Erklärung hierfür und führt dies auf menschliche *Abduktionsinstinkte* zurück, die sich im Laufe der Evolution entwickelt haben (1903, § 47, § 212). Es ist daher ein lohnendes Unternehmen, nach Schemata zu suchen, die den kreativen Abduktionen unterliegen. Im folgenden unternehme ich einen (ersten) solchen Versuch. Dabei möchte ich kreative Abduktion keineswegs allein auf das von mir vorgeschlagene Schema reduzieren, es gibt noch andere kreative Abduktionsarten[10]; aber ich halte das vorgeschlagene Schema für das elementarste.

---

10 Z.B. der *Analogie*-Abduktionsschluß, wo der neu eingeführte theoretische Term und das mit ihm verbundene Gesetz per Analogie aus einem anderen Bereich übertragen wird (Beispiel: statistische Thermodynamik – Newtonsche Ballistik). Solche Analogie-Abduktionen setzen die Existenz theoretischer Begriffe

3 Ein Schema der kreativen Abduktion

Das Schema enthält zwei Komponenten:
Erstens, den (von mir sogenannten) *abduktiven Dispositionsschluß*, den Schluß von einer *lokalen temporalen Regelmäßigkeit* auf eine Disposition. *Zweitens*, die Vereinheitlichung, die dieser Schluß dann und nur dann leistet, wenn es sich um mehrere untereinander *korrelierte Regelmäßigkeiten* handelt, deren *gemeinsame Ursache* die abduktiv erschlossene Disposition ist.

Nur wenn beides vorhanden ist, ist kreative Abduktion rational gerechtfertigt. Der antreibende Motor dieser Art kreativen Abduktion ist eine bestimmte Version des Prinzips des zureichenden Grundes. Wir betrachten zuerst den Vorgang in der Wissenschaftstheorie, und zeigen dann, wie der erkennntistheoretische Realschluß ganz analog zu behandeln ist.

Gegeben eine temporale Regelmäßigkeit, die aber nur auf ein oder einige bestimmte Objekte zutrifft, eine sogenannte

Lokale temporale Regelmäßigkeit:
$\forall t(Uat \to Eat)$ (Uxt – Umstände, „Testbedingungen",
           Ext – beobachteter Effekt)
Beispiel: Dieses Objekt leitet, wann immer man eine Spannungsquelle anlegt, den Strom.

Frage: warum trifft diese Regelmäßigkeit nur auf dieses bzw. auf einige, aber nicht auf andere bzw. auf alle Objekte zu? Der Grund muß in einer inneren oder intrinsischen Eigenschaft liegen, die das Objekt a hat und die andere Objekte nicht haben. Hier wird somit folgende, als Heuristik anzusehende, Version vom Prinzip des zureichenden Grundes benutzt:

Temporale Regelmäßigkeiten, die an einigen Orten bzw. Individuen auftreten, haben ihre Ursache in intrinsischen Eigenschaften, die an diesen Orten bzw. an diesen Individuen instanziiert sind.

Wir vermuten in unserem Fall eine innere Eigenschaft bzw. Disposition als Ursache dieser Regelmäßigkeit und nenen sie *elektrische Leitfähigkeit*. Dies führt uns dazu, zwei theoretische Gesetze zu abduzieren. Das erste besagt, daß dies Disposition D die Ursache der Regelmäßigkeit ist:

$\forall x(Dx \to \forall t(Uxt \to Ext))$ äquivalent: $\forall x \forall t(Uxt \to (Dx \to Ext))$

Das zweite theoretische Gesetz besagt, daß wir die Disposition der elektrischen Leitfähigkeit an eben dieser Regelmäßigkeit erkennen können. Dies

---

in anderen Bereichen bereits voraus und sind daher Abduktionen „zweiter Stufe", während es uns um Abduktionen fundamentaler Art geht, worin theoretische Begriffe zuallererst eingeführt werden.

können wir mithilfe der wahrheitsfunktionalen materialen Implikation nicht mehr so einfach wiedergeben. Die Formulierung $\forall x(\forall t(Uxt \to Ext) \to Dx)$ wäre *falsch*. Denn dann müßten alle Objekte, an die nie eine Spannungsquelle angelegt wurde, automatisch als elektrisch leitfähig betrachtet werden. Diese Schwierigkeit ist aus der Diskusssion um die Definierbarkeit von Dispositionsprädikaten wohlbekannt (vgl. Tuomela 1978 oder Stegmüller 1970). Man kann vom empirischen Verhalten auf die zugrundeliegende Disposition nur dann schließen, wenn die Umstände bzw. Testbedingungen positiv realisiert sind. Wir nehmen einfachheitshalber an, es handle sich um eine Situation, wo wir wissen, daß Dispositionen entweder permanent auftritt oder nie: ein einziger Test genügt also, um herauszufinden, ob das Objekt leitfähig ist (so auch in Kailas Schema; s. Stegmüller 1970, S. 222). Dann lautet das zweite theoretische Gesetz:

$\forall x \forall t((Uxt \land Ext) \to Dx)$ äquivalent: $\forall x(\exists t(Uxt \land Ext) \to Dx)$

Die beiden theoretischen Gesetze lassen sich nun in der Form eines Carnapschen bilateralen Reduktionssatzes (s. Carnap 1936/37) zusammenfassen:

$\forall x \forall t(Uxt \to (Dx \leftrightarrow Ext))$

Bei dieser Explikation des abduktiven Dispositionsschlußes habe ich bewußt vereinfacht. Folgende Komplikationen möchte ich nur am Rande erwähnen. *Erstens*, wenn wir annehmen, daß nicht schon ein einziger positiver Test genügt, um auf das Vorliegen der permanenten Disposition zu schließen, muß der obige bilaterale Reduktionssatz komplizierter aussehen, nämlich: $\forall x(\exists t(Uxt \land Ext) \to (\forall t(Uxt \to Ext) \leftrightarrow Dx))$. Aber ich glaube, zeigen zu können, daß sich dadurch an den folgenden Überlegungen nichts Prinzipielles ändert. *Zweitens* läßt sich der abduktive Dispositionsschluß nicht nur auf permanente, sondern auch auf nur temporal, also in einem gewissen Zeitintervall, auftretende Dispositionen anwenden – ein Beispiel wäre die Dispositon, magnetisch zu sein, welches ein magnetisiertes Eisenstück eine Zeit lang besitzt. Auch hier treffen alle folgenden Betrachtungen grundätzlich zu. *Drittens* besteht bekanntlich die Möglichkeit, Dispositionsbegriffe mithilfe der kontrafaktischen Implikation $\Rightarrow$ zu definieren. Das kontrafaktische Konditional ist jedoch selbst als ein theoretischer Begriff anzusehen, welcher analoge Eigenschaften wie die oben eingeführte Disposition besitzt, weshalb sich ebenfalls nichts Grundsätzliches ändern würde.[11]

Zusammengefaßt hat der abduktive Dispositonsschluß folgende Form:

---

11 Z.B. interpoliert es, wie die Disposition, zwischen Konjunktion und materialer Implikation: $Uxt \land Ext \vdash Uxt \Rightarrow Fxt \vdash Uxt \to Fxt$.

$\forall t(Uat \rightarrow Eat)$ (für einige aber nicht alle a), *daher:*   Explanadum
Da, und $\forall x \forall t(Uxt \rightarrow (Dx \leftrightarrow Ext))$ Explanans

Für sich genommen ist der abduktive Dispositionsschluß zu wenig, um als rational bzw. wissenschaftlich gerechtfertigt zu gelten, denn bei Anwendung auf nur *eine* Regelmäßigkeit kommt noch keine Wissensvereinheitlichung zustande (Schurz/ Lambert 1994, S. 87). Dementsprechend läßt sich intuitiv einwenden, daß dieser Schluß keine wirklich neue Erkenntnis generiert, sondern die Dispositionsaussage bloß eine sprachliche *Abkürzung* dafür ist, daß eben eine entsprechende Regelmäßigkeit vorliegt. Hier kommt nun die zweite Bedingung zum Einsatz, derzufolge eine zu Recht eingeführte theoretische Entität die gemeinsame Ursache mehrerer korrelierter Regelmäßigkeiten sein muß. An unserem Beispiel: wir stellen nicht nur fest, daß einige Objekte immer dann, wenn wir eine Spannungsquelle anlegen, den Strom leiten, sondern auch, daß genau die Objekte, die diese Regelmäßigkeit aufweisen, zugleich eine Reihe anderer Regelmäßigkeiten aufweisen. Z.B. wenn man sie in heiße Umgebung bringt, leiten sie die Wärme (*Wärmeleitfähigkeit*), wenn man sie poliert und Bestrahlung aussetzt, glänzen sie (*Glanz*), wenn man sie starkem Druck aussetzt, dann biegen sie sich, ohne zu brechen oder zu reißen (*Biegsamkeit*), und weiteres mehr. Diese Korrelation von Regelmäßigkeiten kann nur so erklärt werden, daß eine tieferliegende intrinsische Qualität in diesen gewissen Substanzexemplaren vorhanden sein muß, die der gemeinsame Grund für alle diese Regelmäßigkeiten ist. Ansonsten wäre die Korrelation dieser Regelmäßigkeiten ein merwürdiger Zufall. Wir abduzieren also eine noch tiefliegendere Disposition; in der Chemie nennt man sie *Metallcharakter*. Die angeführten Eigenschaften sind nämlich genau die charakteristischen Eigenschaften von Metallen. Im Gegensatz zu einfachen Dispositionsbegriffen, die nur einer Regelmäßigkeit entsprechen, liegt jetzt ein echter *theoretischer* Begriff vor – das Unterscheidungskriterium besteht darin, daß theoretische Begriffe mehrere Regelmäßigkeiten vereinen. (Ich spreche auch von Dispositionsbegriffen erster versus zweiter Stufe.) Und jetzt leistet der abduktive Dispositionsschluß plötzlich eine ganz enorme Vereinheitlichung. Nehmen wir an, wir haben n verschiedene temporale Regelmäßigkeiten

$\forall t(U_i at \rightarrow E_i at)$ für $1 \leq i \leq n$

die alle untereinander korreliert sind. Aus dieser Korrelation ergeben sich $n.(n-1)$ Implikationsbeziehungen:

$\forall x \forall t((U_i xt \wedge E_i xt) \rightarrow (U_j xt \rightarrow E_j xt))$ für $1 \leq i \neq j \leq n$

Zusammen mit den obigen n temporalen Regelmäßigkeiten liefert dies

$n.(n-1)+n = n^2$ elementare empirische Gesetze. Von diesen abduzieren wir n bilaterale Reduktionssätze

$$\forall x \forall t(U_i xt \to (Dx \leftrightarrow E_i xt)) \qquad \text{für } 1 \leq i \leq n$$

welche $2n$ elementaren theoretischen Gesetzen entsprechen – $2n$, weil die Äquivalenz (gemäß der erwähnten Theorie relevanter Wissenselemente; s. Fn. 8) in zwei elementare Implikationsgesetze zerfällt. Aus diesen $2n$ theoretischen Gesetzen können alle n^2 empirische Gesetze deduktiv erklärt werden. Somit handelt es sich um eine Reduktion elementarer Gesetze von n^2 auf $2n$, bzw. allgemeiner gesprochen von quadratisch auf linear in der Anzahl der Umstands-Effekt-Paare, was eine beachtliche Vereinheitlichung darstellt.

Wie wir ausführten, geht in unsere zweite Bedingung ein Prinzip der *gemeinsamen Ursache* ein. Dieses Prinzip ist von seiner Idee her nicht neu. Reichenbach (1959, Kap. 3, 5) hat ein *common cause* Prinzip entwickelt, welches von Salmon (1978; 1984, S.206-227) ausgebaut und von van Fraassen (1980, S.25-31) kritisiert wurde. Reichenbachs common cause Prinzip besagt, daß wann immer zwei Ereignistypen *Fxt* und *Gxt* gleichzeitig (statistisch oder im klassischen Fall gar deterministisch) korrelieren, diese Korrelation auf eine gemeinsame zeitlich davorliegende Ursache zurückzuführen sein muß. Reichenbachs Prinzip setzt offenbar die relativistische Kausalitätstheorie voraus, derzufolge Kausalbeziehungen sich mit endlicher Geschwindigkeit zeitlich vorwärts gerichtet ausbreiten. Andernfalls wäre ja auch die wesentlich einfachere Erklärung möglich, daß entweder Fxt die zeitlich simultane Ursache für Gxt ist, oder umgekehrt. Genau in diesem Sinn wurde Reichenbachs common cause Prinzip auch von van Fraassen kritisiert, unter Bezugnahme auf simultane Korrelationen ohne „hidden variables" in der Quantenmechanik. In jedem Falle setzt Reichenbachs common cause Prinzip eine Menge Theorie und damit eine Menge abduzierter theoretischer Terme bereits voraus. Das ist der erste Unterschied zu dem hier vorgeschlagenen Prinzip: letzteres ist *elementar* und setzt keinerlei bereits vorhandenes theoretisches Vorwissen voraus (s. auch Fn. 10). Zweitens, und damit zusammenhängend, fehlt bei Reichenbach die Bedingung der Existenz mehrerer korrelierter Regelmäßigkeiten bzw. Korrelationen.

Ich zeige abschließend, wie der abduktive Dispositionsschluß in strukturell gleichartiger Weise den erkenntnistheoretischen Realschluß zu rechtfertigen vermag. Der Anfang unserer Erkenntnis sind introspektiven Sätze und introspektiven Begriffe, wie z.B. „Baumerscheinung". Beobachtungsrealbegriffe sind selbst Dispositionsbegriffe nullter Stufe, wie ich sie nenne. Wenn wir nun vom Erscheinen auf das Sein schließen, so liegen dem *introspektive Regelmäßigkeiten* zugrunde, z.B.: immer wenn ich dorthin sehe, habe ich eine dort lokalisierte Baumerscheinung. Wir beschränken uns hier wieder auf den Fall permanenter Dispositionen – d.h. der Baum ist immer dort. Introspektiv liegt also folgende Regelmäßigkeit vor:

$\forall t(S(i,s,t) \rightarrow F_S(i,s,t))$ $\qquad$ $S(i,s,t)$ – ich sehe zur Zeit t auf den Ort s
$\qquad\qquad\qquad\qquad\qquad\quad$ $F_S(i,s,t)$ – ich habe zur Zeit t eine am Ort
$\qquad\qquad\qquad\qquad\qquad\quad$ s lokalisierte F-Seherscheinung

In Worten, wannimmer ich auf den Ort s sehe, habe ich eine am Ort s lokalisierte F-Seherscheinung. Der Index S am F indiziert, daß es sich um eine visuelle Erscheinung handelt.[12] Auch das Prädikat S ist als Erscheinungsprädikat aufzufassen: wannimmer ich zum Ort hinzusehen scheine. Auch sprechen wir auf dieser Stufe noch nicht von Individuen, sondern bloß von Orten oder Lokalisationen s.

Gemäß dem Schema des Dispositionsschlusses muß die Tatsache, daß diese Regelmäßigkeit nur für diesen und nicht für andere Orte gilt, den Grund in einer intrinsischen Eigenschaft oder Disposition haben, die an diesem Ort angesiedelt ist – diese Dispositon nullter Stufe nennen wir Baum. Wir abduzieren also wie folgt:

$F(s)$, und: $\forall s \forall t(S(i,s,t) \rightarrow (F(s) \leftrightarrow F_S(i,s,t))$

In Worten: am Ort s ist ein F, und (der bilaterale Reduktionssatz) wenn ich auf einen beliebigen Ort sehe, dann befindet sich dort ein F genau dann wenn ich eine F-Erscheinung habe. *Allein* leistet dieser Schluß noch keine Vereinheitlichung. Der springende Punkt ist erneut, daß *viele korrelierte* Regelmäßigkeiten vorliegen. Voralledem gibt es die die Korrelation von Sehsinn und Tastsinn. D.h. genau dann, wenn ich regelmäßig nach Hinsehen dort eine Baumerscheinung erblicke, kann ich auch regelmäßig durch Abtasten dort eine Baumerscheinung ertasten. Ich spreche hier von *intersensueller Korrelation*. Aber es gibt auch Unmengen von korrelierten Regelmäßigkeiten innerhalb eines Sinnes – sogenannte *intrasensuelle Korrelationen*. Je nachdem, von welcher Richtung ich beispielsweise schaue, sehe ich den Baum etwas anders, aber die verschiedenen Sehbilder sind durch geometrische Transformationen eindeutig korreliert. Es sind maximal vier Richtungen nötig (von vorn, von hinten, von rechts, von links), um aus den zweidimensionalen Objektbildern das dreidimensionale Objekt und damit sein Bild aus allen anderen möglichen Blickwinkeln eindeutig rekonstruieren zu können (was im geometrischen Zeichnen, in der Architektur und in der KI der Bildidentifizierung eine bedeutende Rolle spielt; der Common Sense erledigt dies sozusagen „im Schlaf").

---

12 Man könnte dies auch anders formalisieren, z.B. in der modallogischen Form $S(i,Fst)$ mit S als „Sehoperator" – worauf ich hier nicht näher eingehe.

Allgemein gesprochen liegen nun n korrelierte introspektive Regelmäßigkeiten folgender Form vor. Dabei steht W_i für die Einsetzung eines Wahrnehmungssinnes in einer bestimmten Weise (z.b. Sehen von vorne, Ertasten von hinten, usw.).

$\forall t(W_k(i,s,t) \to F_{Wk}(i,s,t))$ $1 \leq k \leq n$

Die Korrelation dieser n introspektiven Regelmäßigkeiten drückt sich in folgenden $n.(n-1)$ introspektiven Implikationsgesetzen aus:

$\forall x \forall t((W_k(i,s,t) \land F_{Wk}(i,s,t)) \to (W_j(i,s,t) \to F_{Wj}(i,s,t))$ $1 \leq k \neq i \leq n$

Diese $n(n-1) + n = n^2$ introspektiven Beziehungen werden durch Abduktion erneut auf $2n$ elementaren Realgesetze (in der Form bilateraler Reduktionssätze) zurückgeführt:

$\forall s \forall t(W_k(i,s,t) \to (F(s) \leftrightarrow F_{Wk}(i,s,t))$ $1 \leq k \leq n$

Auch bei meiner Explikation des abduktiven Realschlusses habe ich äußerst vereinfacht und kann folgende Komplikationen nur noch am Rande erwähnen. *Erstens* gibt es auf nächster Ebene erneute Korrelationen, denn verschiedene elementare Eigenschaften treten immer gebündelt auf. Diese Korrelationen veranlassen zur Konzeptualisierung von Individuen bzw. Gegenständen, welche diesen Eigenschaftsbündeln entsprechen. *Zweitens,* wenn durch elementare Realabduktion einmal die objektive Existenz *anderer* Menschen eingeführt wurde, so läßt sich in obigem Schema auch der *Ichparameter „i"* in Form eines Realsubjektparameters variieren, und dadurch zwischen intersubjektiven *Beobachtungsmerkmalen* versus subjektiven *Geschmacksmerkmalen* unterscheiden. Das ist durchaus subtil, denn grob gesprochen ist Realabduktion prima facie auch bei Geschmacksmerkmalen gerechtfertigt, weil *ein* Grund, warum ich gerade dies regelmäßig als schön empfinde, und dies andere nicht, in den intrinsischen Eigenschaften des Objektes liegen muß. Der Unterschied zu Beobachtungsmerkmalen ist hier, daß im Geschmacksfall ein zweiter Grund auch in mir liegt – diesen kann ich aber erst herausfinden, wenn ich den Ichparameter variieren kann, also die intersubjektive Ebene betrete. Für Beobachtungsmerkmale ergeben sich dann *drittens* eine Unmenge weiterer Korrelationen, nämlich alle *intersubjektiven* Korrelationen.

Man kann in der hier vorgeschlagenen Rechtfertigung des erkenntnistheoretischen Realismus eine Einlösung des Quineschen Programmes einer *naturalisierten Erkenntnistheorie* erblicken (Quine 1975). Die Pointe unserer Rechtfertigung besteht ja darin, das dasselbe abduktive Vereinheitlichungsschema, welches die Einführung theoretischer Terme in der Wissenschaft zu modellieren vermag, auch die Einführung des Systems der Realbegriffe erklärt. Natürlich ist sich niemand bewußt, daß beim Schluß auf die Realität eine solch subtile Vereinheitlichung vor sich geht. Aber daß unbewußte oder angeborene kognitive Vorgänge sehr komplex sein können, ist kognitionspsychologisch unbestritten.

Ich glaube auch, daß die erläuterte Vereinheitlichungsfunktion auch ganz wesentlich ist für unser *Vertrauen in die Realität*. Um dies zu testen, können wir uns Szenarios vorstellen, in denen diese Korrelationen nicht mehr gegeben sind: wie schnell würde darin unser Vertrauen in die objektive Realität verschwinden! Was wäre etwa, wenn Seh- und Tastsinn nicht so schön korreliert wären? Diese Visionen sind uralt: es sind Gespenster- bzw. Geistesvisionen. Ein Gespenst ist, fast möchte man sagen „per definitionem", etwas, daß man sehen kann, ohne es ertasten zu können: man kann durch das Gespenst hindurchlaufen, bzw. das Gespenst kann durch beliebige Gegenstände hindurchlaufen. Für das Raumerlernen des Kleinstkindes ist die Korrelation von Seh- und Tastsinn bekanntlich essentiell; in einer Gespensterwelt könnte es sich wahrscheinlich erst gar nicht orientieren lernen. Auch der Erwachsene nimmt in jenen seltenen Situationen, wo er seinem Sehbild nicht mehr vertraut, sofort seinen Tastsinn zuhilfe: er versucht, Tastkontakt mit der fraglichen Sehrscheinung aufzunehmen; hat er sie ergriffen, so ist er sicher, daß es sich um ein wirkliches Objekt und keine Halluzination handelt. Gegen Solipsisten Berkeleyscher Prägung haben einige Philosophen spaßhalber eingewandt, man müsse ihnen den Prügel, der ihnen erscheint, bloß auf den Kopf schlagen, um sie vom Solipsismus abzubringen. Aber auch Gespensterweilten sind noch ziemlich wohlgeordnet. Stellen wir uns vor, auch die Korrelation der Sehbilder aus verschiedenen Richtungen sind nicht mehr vorhanden: aus der Teufelserscheinung wird, wenn wir uns leicht drehen, eine Engelserscheinung, und gehen wir 5 cm nach vor, eine Krokodilserscheinung. Man könnte dies beliebig fortsetzen, etwa indem man nun auch die Eigenschafts*bündel* zerfließen läßt: hier eine konturlose Röte, dort eine Kontur ohne Inhalt, da ein tastbarer aber unsichtbarer Widerstand, usw. Mit derlei Phantasieanregungen sei dieserAufsatz beschlossen.

Literatur
Alston, W. P. (1971): „The Place of the Explanation of Particular Facts in Science", *Philosophy of Science* 38, 13-34.
Chisholm, R.M. (1979): *Erkenntnistheorie*, dtv, München (Orig. 1966).
Carnap, R. (1936/7): „Testability and Meaning", *Philosophy of Science*, Part I: Vol. 3, 419 – 471; Part II: Vol. 4, 2 – 40. (Selbstständig erschienen: New Haven 1954).

Carnap, R. (1956): „The Methodological Character of Theoretical Concepts", in: Feigl, H./Scriven, M. (ed.), *Minnesota Studies in the Philosophy of Science Vol. I*, Univ. of Minnesota Press, Minneapolis, S. 38-76.
Carnap, R. (1959). *Induktive Logik und Wahrscheinlichkeit*, bearbeitet von W. Stegmüller, Springer, Wien.
Feigl, H.: 1970, „The Orthodox View of Theories: Remarks in Defense as well as Critique", in: *Minnesota Studies in the Philosophy of Science*, Vol IV, University of Minnesota Press, Minneaolis.
Friedman, M. (1974): „Explanation and Scientific Understanding", *Journal of Philosophy* 71, 5-19.
Fumerton, R.A.(1980): „Induction and Reasoning to the Best Explanation", *Philosophy of Science* 47, 589-600.
Goldman, A. (1986): *Epistemology and Cognition*, Harvard Univ. Press, Cambr./Mass.
Harman, G.H. (1965): „The Inference to the best Explanation", *Philosophical Review* 74, 88-95.
Hempel, C. G. (1950): „Problems and Changes in the Empiricist Criterion of Meaning", *Revue Internationale de Philosophie* 4, S. 41-63.
Humphreys, P. (1993): „Greater Unification equals greater Understanding?", *Analysis* 53.3, 183-188.
Kitcher, P. (1981): „Explanatory Unification", *Philosophy of Science* 48, 507-531.
Lehrer, K. (1974): *Knowledge*, Clarendon Press, Oxford.
Locke, J. (1690): *Über den menschlichen Verstand* (In vier Büchern), Übers. v. C. Winckler, 3. Aufl. Hamburg 1976.
Mach, E. (1883): *Die Mechanik*, Wiss. Buchgesellschaft, Darmstadt (1973).
Moser, P.K. (1989): *Knowledge and Evidence*, Cambridge Univ. Press.
Pollock, J. (1986): *Contemporary Theories of Knowledge*, Rowman & Littlefield, Maryland.
Peirce, C. S. (1868): „Some Consequences of Four Incapacities", *Collected Papers* Bd 5, §§ 264-317.
Peirce, C.S. (1878a): „How to Make Our Ideas Clear", *Collected Papers* Bd 5, §§ 388-410.
Peirce, C.S. (1878b): „Deduction, Induction, and Hypothesis", *Collected Papers* Bd 2,§§ 619-644.
Peirce, C.S. (1892): „The Doctrine of Necessity Examined", *Collected Papers* Bd 6, §§ 35-65,
Peirce, C.S. (1902-3b): „Objective Logic" (from „Minute Logic"), *Collected Papers* Bd 2, §§ 111-118.
Peirce, C.S. (1903): „Lectures on Pragmatism", *Collected Papers* Bd 5, §§ 14-212,

Peirce, C.S. (1905): „Issues of Pragmaticism" *Collected Papers* Bd 5, §§ 8-463.
Popper, Karl R. (1935): *Logik der Forschung*, Tübingen, Mohr (1994[10]).
Quine, W.v.O. (1975): „Naturalisierte Erkenntnistheorie", in ders., *Ontologische Relativität und andere Schriften*, reclam, Stuttgart, S. 97-126.
Reichenbach, H. (1959): *Modern Philosophy of Science*, Routledge and Kegan Paul, London.
Salmon, W. (1978): „Why ask 'Why?'?", *Proc. Adr. Amer. Phil. Assoc.* 51, 683-705.
Salmon, W. (1984): *Scientific Explanation and the Causal Structure of the World*, Princeton Univ. Press, Princeton.
Schurz, G. (1988): „Kontext, Erfahrung und Induktion: Antworten der pragmatischen Wissenschaftstheorie auf drei Herausforderungen", *Philosophia Naturalis* Band 25, Heft 3-4, 296-336.
Schurz, G. (1988, Hrsg): *Erklären und Verstehen in der Wissenschaft*, Oldenbourg, Scientia Nova, München, 2. Auflage Paperback 1990.
Schurz, G. (1991a): „Charles Sanders Peirce: Die pragmatische Theorie der Erkenntnis", in: Speck, J. (Hg.), Grundprobleme der großen Philosophen, Band Neuzeit V, Vandenhoeck und Ruprecht (UTB), Göttingen, 115 – 169.
Schurz, G. (1991b): „Relevant Deduction", *Erkenntnis* 35, 391 – 437.
Schurz, G. (1996a): „The Role of Relevance in Deductive Reasoning", *paper submitted*.
Schurz, G. (1996b): „Unification, Understanding, and Scientific Progress", in: G. Meggle, P. Steinacker (Hrsg.), *Proceedings of Analyomen II*, de Gruyter, Berlin.
Schurz, G. und Lambert, K. (1994): „Outline of a Theory of Scientific Understanding", *Synthese* 101, 65-120.
Stegmüller, W. (1970): *Probleme und Resultate der Wissenschaftstheorie und Analytischen Philosophie*, Band II, Studienausgabe Teil B, Springer, Berlin.
Thagard, P. (1989): „Explanatory Coherence", *Behavioral and Brain Sciences* 12, 435-469.
Thagard, P. (1992): *Conceptual Revolutions*, Princeton Univ. Press.
Tuomela, R. (1978, Hrsg.): *Dispositions*, Reidel, Dordrecht.
Van Fraassen, B. (1980): *The Scientific Image*, Clarendon Press, Oxford.
Van Fraassen, B. (1989): *Laws and Symmetries*, Clarendon, Oxford.
Whewell, W.: 1847, *The Philosophy of the Inductive Sciences*, 2nd edition, 2 Volumes, John W. Parker, London.

ZUR ÜBERWINDUNG DER „DIALEKTISCHEN VERIRRUNG DER VERNUNFT" IN DER MATHEMATISCHEN PHYSIK DES 20. JAHRHUNDERTS

NORBERT ADLER (WIEN)

Seit Beginn des 20. Jahrhunderts geht es in der Physik um nichtmechanistische Naturerkenntnis, die mit der Entdeckung der Konstanz der Lichtgeschwindigkeit und der Quantenerscheinung notwendig geworden ist. Es wurde einerseits die Relativitätstheorie nach dem speziellen bzw. allgemeinen Relativitätsprinzip und andererseits die Quantentheorie auf der Basis der Kopenhagener Deutung konstruiert. Naturobjekte dieser Theorien sind die mehrdimensionale Raumzeit als Struktur der Welt, Quantenfelder fundamentaler Wechselwirkungen als ihr Inhalt und der Urknall als ihr Anfang.

Es sind in jüngster Zeit an der Universität Innsbruck bei Prof. A. Zeilinger Experimente durchgeführt worden, die die Kopenhagener Deutung der Quantentheorie in Frage stellen und die Notwendigkeit eines Paradigmenwechsels, d. h. eines Austausches der Grundbegriffe aufzeigen.[1] Manche Physiker wollen sogar die aus der abendländischen Tradition stammenden Grundlagen für Naturerkenntnis überhaupt aufgeben und erwarten sich Lösungen von fernöstlichem Denken oder von der Einführung mystischer Kräfte.

Im folgenden wird ein anderer Vorschlag zur Diskussion gestellt: Die Entdeckungen der Physik im 20. Jahrhundert verlangen eine Vorstellung von dem ihnen zu Grunde liegenden Objekt, die nicht nur die mechanistischen Naturerscheinungen, sondern auch die Konstanz der Lichtgeschwindigkeit und die Quantenerscheinungen bis zur Umwandlung der Elementarteilchen und zum Aufbau der Kerne verstehen läßt. Ein solches Objekt muß es geben, denn sonst würde etwas erscheinen, das nicht existiert. Das allgemeine äußere Objekt der Physik ist Materie, auf das alle Wahrnehmungen zur Bestimmung ihrer Merkmale zu beziehen sind. Bekanntlich hat Kant in der *Kritik der reinen Vernunft* die einzige Erkenntnismethode dargelegt (B XXII)[2], die auf einer Tatsache, nämlich auf der Existenz synthetischer Urteile a priori in der griechischen Geometrie und in der klassischen Mechanik beruht; sie ist

---

1 Anton Zeilinger, *Interpretationsprobleme und Paradigmensuche in der Quantenmechanik*; Grazer Gespräche 1986, Hrsg M. Heindler und F. E. Moser TU-Graz 1987

2 Zitate aus der *Kritik der reinen Vernunft* werden im Text in Klammern angegeben: 1. bzw. 2. Ausgabe mit A bzw. B, Seitenanzahl in der Vorrede mit römischen, sonst mit arabischen Ziffern.

im menschlichen Erkenntnisvermögen und seiner inneren Funktionsstruktur und nicht in einem dogmatischen Prinzip wie z. B. dem Relativitätsprinzip, dem Prinzip fundamentaler Wechselwirkungen oder dem anthropischen Prinzip fundiert. Kants Methode ermöglicht Erkenntnis des der Erfahrung (als zur Anschauung gebrachte Wahrnehmung) zu Grunde liegenden Objektes nach Gesetzen, die aus den inneren Funktionen unseres Erkenntnisvermögens stammen. Es sind keine frei erfundenen Objekte wie die Raumzeit, das Quantenfeld oder der Urknall. Es ist Erkenntnis, die auch der allgemeine Mensch versteht, weil sie in unserem Selbstbewußtsein ihre synthetische Einheit findet. Nach dem damaligen philosophischen Wortgebrauch geht es Kant um Metaphysik aus Erfahrung als Wissenschaft, d. h. um die Bestimmung des der Erfahrung zu Grunde liegenden Objektes und um die Methode dazu. Das Ziel der mathematischen Physik ist Erkenntnis desselben Objektes; die Anwendung der Methode Kants müßte auch heute wieder zum Ziele führen und das Suchen nach einer neuen Erkenntnisgrundlage der Physik des 20. Jahrhunderts beenden können.

Kant hat auf seinem Weg auch die Ursachen aller Irrungen gefunden, die durch Fehler der inneren Funktionen von Sinnlichkeit, Verstand und Vernunft zu Stande kommen (A XII). Die heimtückischste Verirrung der Vernunft hinsichtlich Naturerkenntnis ist die dialektische. Sie hat Schein statt Wahrheit zur Folge. Die Vernunft hat die regulative Funktion, den Verstand bei der Anwendung seiner inneren Erkenntnisgrundsätze auf Erfahrung zur Totalität anzuhalten. Verirrte Vernunft sucht hingegen selbständig Erweiterung unseres Wissens durch Erkenntnis vom Unbedingten im erfahrungsfreien Gebiet: Es werden die inneren Funktionen von Sinnlichkeit und Verstand zu erfahrungsfreien äußeren Objekten verabsolutiert (B 350; Prolegomena § 55). Auch die mathematische Physik des 20. Jahrhunderts unterliegt dieser „dialektischen Verirrung" der Vernunft: Sie macht aus den inneren, zu unserem Erkenntnisvermögen gehörenden Bedingung für Objektserkenntnis aus Erfahrung, nämlich aus Raum und Zeit das äußere Objekt „Raumzeit". Sie macht weiters aus den in unserem Verstande als „Analogien der Erfahrung" liegenden Erkenntnisgrundsätzen der Substanz, Kausalität und Wechselwirkung (B 219ff) Allgemeinmerkmale der äußeren Objektswelt.

Um diese Verirrung zu korrigieren, muß man dorthin zurückgehen, wo die Physik die Methode Galileis und Newtons, die nach Kant auf der Anwendung der inneren Funktionen unseres Erkenntnisvermögens beruht, verlassen hat, d. h. man muß die Grundsätze der *Kr.d.r.V.* auf die Konstanz der Lichtgeschwindigkeit und auf die Quantenerscheinungen anwenden: Für Naturerkenntnis gilt ein doppelter Vernunftgebrauch (B 751), weil in jeder Erscheinung zwei Stücke sind: die Form und der materiale Gehalt. Die Form erkennen wir nach der mathematischen Methode der Konstruktion von (geometrischen) Begriffen in der reinen Anschauung; den materialen Gehalt erkennen wir nach philosophischer Methode aus Begriffen.

Wir beginnen mit den Ausführungen A. Einsteins[3] zum „Additionstheorem der Geschwindigkeiten der klassischen Mechanik" anhand eines mit konstanter Geschwindigkeit v fahrenden Eisenbahnwagens, den ein Mann in Längsrichtung mit der Geschwindigkeit w durchschreitet. Mit welcher Geschwindigkeit W kommt der Mann relativ zum Bahndamm vorwärts? Würde er eine Sekunde lang still stehen, so käme er relativ zum Bahndamm um eine der Wagengeschwindigkeit gleiche Strecke v vorwärts. Er durchmißt im Gehen außerdem relativ zum Wagen in dieser Sekunde die Strecke w. Er legt also in der betrachteten Sekunde relativ zum Bahndamm die Strecke $W = v + w$ zurück. Das ist das gesuchte Additionstheorem.

Diese Überlegung betrifft die Form der gegenständlichen Erscheinung nach mathematischer Methode der Konstruktion der Addition von Geschwindigkeitsbegriffen. Sie hat bloß logische Möglichkeit und muß erst zur realen Möglichkeit durch Erkenntnis des materialen Gehalts dieser Erscheinung ergänzt werden: Nur unter der materialen Bedingung, daß die beteiligten Körper eine Masse unveränderlicher Trägheit und Raumerfüllung im Sinne der klassischen Mechanik besitzen, hat die in Rede stehende Addition der Geschwindigkeiten reale Möglichkeit: Sie ist über das von Newton festgelegte Maß der äußeren Kraft durch den Widerstand, der bei Änderung des Bewegungszustandes einer trägen Masse unserem Muskelgefühl zur Empfindung kommt, in unserer Sinnesempfindung fundiert, geht von dort zum Verstand und endet bei der Vernunft (B 335). Wenn man in einem Experiment feststellt, daß das Additionstheorem (als Form der Erscheinung) nicht gilt, so folgt daraus zwingend, daß die materiale Bedingung seiner Gültigkeit nicht zutrifft. Man hat es in einem solchen Experiment mit materiellen Körpern eines anderen Massezustandes zu tun: Es ist Masse, deren Trägheit[4] als Widerstand gegen Änderung ihres Bewegungszustandes verschwindend gering ist, so daß sie auch einen anderen Raum erfüllt. Für die Konstanz der Lichtgeschwindigkeit heißt das, daß der Massenzustand der Lichtmaterie kaum noch Trägheit als Widerstand gegen Änderung ihres Bewegungszustandes besitzt. Daher ist die Lichtgeschwindigkeit konstant und mechanisch nicht beeinflußbar; aber der von ihr erfüllte Raum ist groß. Lichtmaterie tritt bekanntlich auch in einem Zustand auf, in dem ihre Masse einen kleinen Raum

---

3 A. Einstein, „Relativitätstheorie", gemeinverständlich; Braunschweig 1960, 18. Auflage, S. 9f.

4 „Trägheit" stammt aus dem menschlichen Erleben. Das physikrelevante Merkmal der Masse sind Anziehungs- und Abstoßungskräfte, weil Kraft die Kausalität der Substanz ist.

erfüllt und entsprechend große Trägheit besitzt.

An materiellen Elementarteilchen werden analoge Quantenerscheinungen beobachtet: Sie treten einerseits als Teilchen auf kleinem Raum mit entsprechend hoher Trägheit in Erscheinung. Andererseits treten sie als Feld auf großem Raum mit Welleneigenschaften durch Interferenz in Erscheinung, deren Ursache nach obigem periodisch in der Zeit vor sich gehende Intensitätsänderungen ihrer Trägheit sind.

Der in der mathematischen Physik nach Kants Methode erzielbare Erkenntnisfortschritt ist folgender: Korpuskel und Feld sind nicht zwei das Dasein der Elementarmaterie zugleich widersprüchlich bestimmende Merkmale, sondern Teilchen und Feld sind zwei in der Zeit voneinander getrennte Zustände der Trägheit und Raumerfüllung der Masse der Elementarmaterie. Zwischen diesen Zuständen vergeht Zeit, in der sich die Intensität ihrer Trägheit sowie der von ihr erfüllte Raum verändern. Der Materiebegriff der mechanistischen Raumerfüllung wird durch die Aggregation von Masseteilchen unveränderlicher Trägheit im leeren Raum als extensive Größe bestimmt. Die notwendige Erweiterung des Materiebegriffes führt zur dynamischen Raumerfüllung der Masse, deren Trägheit sich nach Art einer intensiven Größe kontinuierlich, bzw. periodisch verändert (relativistische Massenveränderlichkeit, Wellengleichung Schrödingers, de Broglie- Beziehung). Mit diesem nichtmechanistischen Materiebegriff können die grundlegenden mathematischen Beziehungen (Lorentz-Transformation, Masse-Energie Äquivalent, Unschärferelation, Riemannsche Geometrie)[5] und auch die Experimente „im Herzen der Quantenerscheinungen" neu interpretiert werden, ohne das Vorstellungsvermögen des allgemeinen Menschen zu überfordern. Es ist damit die Richtigkeit der Erkenntnismethode der *Kr.d.r.V.* und der fördernde Einfluß der dem moralischen Gesetz in uns verpflichteten praktischen Vernunft offenbar, die der spekulativen Vernunft übergeordnet ist und ihre Verirrung wieder auf ihren bestimmungsgemäßen Weg zurückführen kann, wenn wir nur wollen.

---

5   N. Adler, *Kant-Studien* 85. Jahrgang, S. 309-336.

THEORIEN ÜBER ALLES – EIN FALL FÜR GÖDEL?

THOMAS BREUER (WIEN)

Sind universell gültige Theorien angesichts von Gödels Unvollständigkeitssatz möglich? Das ist die Hauptfrage dieser Arbeit. Die Antwort ist ungefähr: Der Unvollständigkeitssatz macht universell gültige Theorien nicht unmöglich; aber Probleme der Selbstreferenz schränken die Nützlichkeit solcher Theorien ein – falls es sie überhaupt gibt und falls wir sie zufällig finden.

1 Einleitung

„Ist das Ende der theoretischen Physik in Sicht?" Dies war der Titel der Antrittsvorlesung, die Stephen Hawking 1980 als Lucasischer Professor in Cambridge hielt. Mit dem Ende der Physik ist die Entdeckung einer Theorie gemeint, der die gesamte Materie gehorcht: einer Theorie über alles. Mit dem Entwurf einer solchen Theorie hat für Hawking die theoretische Physik ihre Aufgabe erfüllt und alle Frage beantwortet, die ihr gestellt wurden. Was bleibt, sind komplizierte, aber langweilige Rechnungen. Physik ist dann nur noch eine Beschäftigung für Computer.

Auch in der Geschichte der Mathematik gab es einen Zeitpunkt, als viele glaubten, man könne die Mathematik bald den Computern überlassen: Hilbert und seine Schüler hofften, daß alles, was wahr ist, auch bewiesen werden kann, und daß alles, was bewiesen werden kann, nach Regeln bewiesen werden kann, sodaß die Beweisfindung zu einer rein mechanischen Angelegenheit wird. Diese Hoffnungen hat Gödel mit seinem Unvollständigkeitssatz ernüchtert.

Beendet der Gödelsche Unvollständigkeitssatz auch den Traum, daß wir die Physik eines Tages den Computern überlassen können? Ich bin nicht sicher. Hier frage ich, wie weit wir unsere Erwartungen an eine Theorie über alles zurückstutzen müssen angesichts des Unvollständigkeitssatzes. Das heißt nicht, daß es keine Theorie über alles gibt, oder daß wir sie nicht zufällig finden können; nur können wir damit nicht alle Fragen beantworten, die an die Physik jemals gestellt wurden. Der Gödelsche Unvollständigkeitssatz, oder genauer gesagt: Probleme der Selbstreferenz, setzen der experimentellen Untersuchbarkeit des Universums Grenzen, die die Beantwortung wichtiger Fragen unmöglich machen, auch wenn wir eine Theorie über alles hätten.

2 Selbstreferenz in universell gültigen Theorien

Statt den vollmundigen Slogan „Theorie über alles" zu verwenden, will ich lieber über universell gültige physikalische Theorien sprechen. Eine physikalische Theorie werde ich als *universell gültig* bezeichnen, wenn sie für die ganze materielle „Welt" gilt. Solch eine Theorie ist universell gültig in dem Sinn, daß kein Teil der materiellen Welt aus ihrem Gültigkeitsbereich ausgeschlossen ist. (Den Bereich des Mentalen muß eine solche Theorie nicht unbedingt beschreiben können. Falls aber Kausal- oder andere Relationen zwischen dem mentalen und dem materiellen Bereich bestehen, erlaubt die Theorie Rückschlüsse auf den mentalen Bereich.)

Der Meßapparat als Teil der Metatheorie und einer universell gültigen Objekt-Theorie. Ob die von einer Theorie und ihrer Interpretation behauptete Beziehung zwischen den Sätzen der Theorie und den Tatsachen besteht, ist letztendlich auch eine experimentelle Frage. Experimente spielen eine Rolle für den Wahrheitsbegriff in der Physik. In diesem Sinn begründen Experimente zumindest zum Teil die Semantik physikalischer Theorien. Deshalb ist Messung ein im weiten Sinn semantischer und also metatheoretischer Begriff. Aus diesem Grund gehört auch der Meßapparat zur metatheoretischen Ebene. Er wird dazu verwendet, gewisse Beziehungen herzustellen zwischen dem Formalismus und dem, was vom Formalismus bezeichnet wird, nämlich der Wirklichkeit. Andrerseits sind auch Meßapparate ein Teil der Welt und den physikalischen Gesetzen unterworfen; also sollte eine universell gültige Theorie auch Meßapparate beschreiben. Für eine universell gültige Theorie gehören Meßapparate deshalb nicht nur zur Metatheorie, sondern auch zur Objekt-Theorie.

Metatheoretische Konzepte, die in der Objekt-Theorie formuliert werden können, sind auf der Objekt-Ebene nicht universell anwendbar. Das ist der Inhalt von Tarskis Satz: Wenn ein metatheoretischer Wahrheitsbegriff in der Objekt-Theorie formuliert werden kann, dann ist dieser Wahrheitsbegriff nicht mehr universell anwendbar; es gibt dann Sätze der Objekt-Theorie, die gemäß diesem Wahrheitsbegriff weder wahr noch falsch sind. Folgende Vermutung liegt dann nahe: Wenn eine universell gültige Theorie Messungen beschreiben können muß, dann werden diese Messungen in irgendeinem Sinn unvollständig sein; in welchem, werden wir gleich sehen.

Selbstreferenz interner Beobachter. Selbstreferenz kommt ins Spiel, wenn der Apparat Teil des gemessenen Systems ist. Nach der Messung verweist der Zustand des Apparats auf den Zustand des gemessenen Systems; wenn der Zustand des gemessenen Systems zurückverweist auf den Zustand des Apparats, kommt es zu Selbstreferenz. Das ist der Fall, wenn das gemessene System den Apparat enthält; dann bestimmt der Zustand des gemessenen Systems den Zustand seiner Teilsysteme, also auch des Apparats.

Mit Hilfe der Bedingung, daß diese Selbstreferenz nicht paradox sein darf, läßt sich folgender Satz herleiten. Der Beweis ist in einem anderen Artikel (Breuer 1995) zu finden.

Satz 1: Nicht alle gegenwärtigen Zustände eines Systems können durch einen internen Beobachter genau gemessen werden.

Dieses Resultat steht in loser Analogie zu Gödels Satz: Ebenso, wie man nach den Beweisregeln eines formalen Systems nicht alle wahren Sätze beweisen kann, kann man von innen nicht alle Zustände eines physikalischen Systems genau messen. Beweisbarkeit von Aussagen ist ein metatheoretischer Begriff, dasselbe gilt für die Meßbarkeit von Zuständen: Zuständen (oder Mengen von Zuständen) entsprechen Aussagen über das physikalische System; die Messung von Zuständen ist eine Methode, Aussagen über das physikalische System zu prüfen. Wenn man metatheoretische Begriffe wie Beweisbarkeit oder Meßbarkeit in das untersuchte formale oder physikalische System einbezieht, dann verlieren diese Begriffe ihre universelle Anwendbarkeit. Dieses Phänomen ist auch der Inhalt von Tarskis Satz. Interne Prüfungsverfahren sind weniger effektiv als externe. Das ist aus der Rechnungprüfung bekannt.

(Allerdings ist die Analogie zwischen der formalen Beweisbarkeit von Aussagen und der eindeutigen Meßbarkeit von Zuständen wirklich nur lose. Wenn man sich die Sache genau überlegt, dann lassen sich isolierte Aussagen einer physikalischen Theorie nicht so leicht experimentell überprüfen. Quine (1953), Kuhn (1962) und Feyerabend (1958), sogar der Positivist Carnap (1956) argumentieren aus ganz verschiedenen Blickwinkeln, daß die Bedeutung von Begriffen in physikalischen Theorien auch durch den theoretischen Kontext bestimmt wird. Wenn einzelne Aussagen nicht Träger der Bedeutung sind, dann können sie auch nicht einzeln experimentell überprüft werden. Mit experimentellen Resultaten konfrontiert wird höchstens eine Theorie als ganze. Aber selbst diese Konfrontation ist nicht direkt, denn die Theorie selbst spielt auch eine Rolle bei der Übersetzung von Zeigerausschlägen in Erfahrungsaussagen; also wird die Theorie mit Erfahrungsaussagen konfrontiert, die sie selbst mitbestimmt hat.)

Eine andere Analogie zu Gödels Satz besteht darin, daß Selbstreferenz in beiden Argumenten eine zentrale Rolle spielt. Aber es wäre falsch, die Gödel-Formel *nur* als ein Beispiel paradoxer Selbstreferenz zu sehen, denn Gödel konnte paradoxe Selbstreferenz ausnützen, ohne anzunehmen, daß beweisbare Sätze wahr sind. Das ist nicht so selbstverständlich wie es klingt. Konsistenz impliziert die Wahrheit beweisbarer Sätze nur, wenn man auch Vollständigkeit annimmt. (Wenn ein Satz beweisbar ist, seine Negation aber wahr wäre, dann folgt aus der Vollständigkeit, daß die Negation auch beweisbar wäre, was im Widerspruch zur Konsistenz ist.) Vollständigkeit aber durfte Gödel wir nicht annehmen, denn er bewies einen Unvollständigkeitssatz. Also durfte er aus der Konsistenz des Systems nicht auf die Wahrheit beweisbarer Sätze schließen. Solch eine Subtilität findet man im physikalischen Argument nicht; dort schließt das Verbot paradoxer Selbstreferenz aus, daß eine Messung von innen alle Zustände unterscheiden kann.

3 Sind universell gültige Theorien möglich?

Wenden wir uns zum Schluß der Frage zu, was wir von universell gültigen Theorien erwarten können. Peres und Zurek (1982) präsentieren ein besonders einfaches Argument gegen universell gültige Theorien. Sie behaupten, daß keine Theorie gleichzeitig die drei Anforderungen der universellen Gültigkeit, des Determinismus und der experimentellen Verifizierbarkeit erfüllen kann.

Ihr Argument dafür läuft folgendermaßen: Experimentelle „Verifizierbarkeit" (das ist der Ausdruck, den Peres und Zurek verwenden) soll voraussetzen, daß der Beobachter die Wahl hat, welches Experiment er machen will. Determinismus soll bedeuten, daß der Zustand des Systems zu einem Zeitpunkt alle künftigen Zustände festlegt. Universelle Gültigkeit impliziert, daß auch der Experimentator ein System ist, das von der Theorie beschrieben wird. Wenn man die drei Begriffe universelle Gültigkeit, Determinismus und experimentelle Verifizierbarkeit so eingeführt hat, ist klar, daß sie einander ausschließen: Eine universell gültige Theorie, die auch deterministisch ist, läßt keinen Experimentator zu, der sein Experiment frei wählen kann, und schließt damit experimentelle Verifizierbarkeit aus. Die Annahme des Determinismus in dem Argument ist nur nötig, um zu verhindern, daß der Experimentator in einer universell gültigen Theorie sein Experiment frei wählen kann. Wenn der Determinismus freien Willen nicht ausschließt, dann scheitert das Argument mit und ohne Determinismus.

Mit Hilfe von Satz 1 kann man ein Argument gegen die experimentelle Verifizierbarkeit universell gültiger Theorien geben, das die Annahme des Determinismus nicht braucht: Wenn eine Theorie universell gültig ist, dann beschreibt sie das ganze Universum und damit auch jeden möglichen Beobachter. Das Universum hat keinen außenstehenden Beobachter. Für die innenstehenden Beobachter können wir Satz 1 anwenden. Somit erhalten wir: *(1) Kein Beobachter kann alle Zustände des Universums genau messen, (2) und auch alle Beobachter zusammen können das nicht.* Universell gültige Theorien sind experimentell nicht vollständig zugänglich. Selbstreferenzprobleme verhindern die vollständige experimentelle Zugänglichkeit einer universell gültigen Theorie.

(1) ist eine offensichtliche Konsequenz von Satz 1. *(2)* ist nicht ganz so offensichtlich, denn es scheint widerlegt werden zu können: Vielleicht könnten die verschiedenen Beobachter zusammenarbeiten, um den Zustand des Universums genau zu messen. Nehmen wir zwei getrennte Beobachter; jeder kann vielleicht alle Zustände seiner Außenwelt genau messen, und damit den

Zustand des anderen. Die Vereinigung der beiden Außenwelten ist das ganze Universum. Zusammen können die beiden Beobachter scheinbar jeden Zustand genau messen. Aber diese Widerlegung beruht auf einem Trugschluß: Das Wissen der beiden Beobachter muß bei einem der beiden oder bei einem dritten Beobachter zusammengeführt werden. Aber auch dieser ist Teil des Universums, und deshalb kann Satz 1 auf ihn angewandt werden: Er kann nicht alle Zustände des Universums unterscheiden. Somit ist der Versuch, *(2)* zu widerlegen, gescheitert. Der physikalische Grund für das Scheitern ist einfach: Die Zusammenführung des Wissens in einem System verändert den Zustand des Systems und damit des Universums. Damit wird die von den ersten zwei Beobachtern an den dritten gelieferte Information unbrauchbar.

Wir haben gesehen, daß eine universell gültige Theorie experimentell nicht vollständig zugänglich sein kann. Experimentelle Zugänglichkeit und universelle Gültigkeit stehen in einem Spannungsverhältnis, mit und ohne Determinismus. Aber auch wenn eine universell gültige Theorie für uns Weltenbürger nicht experimentell voll zugänglich sein kann, kann es sie doch geben.

Literatur
Breuer T. (1995), *Philosophy of Science*, **62**, 197
Carnap R. (1956), „The Methodological Character of Theoretical Concepts",
 pp. 38-76 in H. Feigl, M. Scriven (eds.): *The Foundations of Science and the Concepts of Psychology*, Mineapolis: University of Minnesota Press
Feyerabend P. (1958), „An attempt at a realistic interpretation of experience", *Proceedings of the Aristotelian Society*, abgedruckt in P. Feyerabend, *Realism, Rationalism, and Sientific Method. Philophical Papers*, Band 1, Cambridge University Press
Kuhn T. (1962), *The Structure of Scientific Revolutions,* Chicago: University Press
Peres A., Zurek W.H. (1982), „Is quantum mechanics universally valid?" *American Journal of Physics, 50,* 807
Quine W. V. O. (1953), „Two Dogmas of Empiricism", in *From a Logical Point of View*, Cambridge Mass.: Harvard University Press

DIE REFORMULIERUNG DES BEGRIFFS „WISSENSCHAFTLICHE RATIONALITÄT" IM PARADIGMENWECHSEL VON DER KLASSISCHEN PHYSIK ZU DEN THEORIEN DER SELBSTORGANISATION

EDMUND FRÖSE (HALLE/SAALE)

Um folgende Untersuchungen durchzuführen, unterscheiden wir verschiedene historische Rationalitätstypen entsprechend des jeweils herrschenden wissenschaftstheoretischen Paradigmas der aristotelischen Physik, der klassischen Physik und der Selbstorganisationstheorien. Durch den Rationalitätstyp wird festgelegt, was jeweils als wissenschaftlich gilt und welche Methoden zu benutzen sind. Darüber hinaus bestimmt der jeweilige Rationalitätstyp, welche wissenschaftlichen Fragestellungen relevant sind, und auf welche Art und Weise empirische Phänomene wahrgenommen und beschrieben werden. Unsere Beobachtungen sind durch das jeweilige Paradigma vorbestimmt. Die Rationalität der naturwissenschaftlichen Paradigmata als Weltbilder stellen auch die ontologischen Grundbegriffe zur Verfügung. Mit dem Wechsel des Rationalitätstyps werden immer auch andere Phänomene Gegenstand der Wissenschaft. Die bekannten Phänomene werden oft auf neue Weise erklärt, erscheinen in einem anderen Begründungszusammenhang und theoretischen Rahmen.

1 Der Rationalitätstyp der klassischen Wissenschaften

Eine erkenntnistheoretische Voraussetzung dieses Rationalitätstyps ist der Dualismus von res extensa und res cogitans, wodurch sichergestellt wird, daß jeder Beobachter an jedem Ort und zu jeder Zeit die gleichen Ordnungsstrukturen der Wirklichkeit vor sich hat. Zugleich ist die Welt durch diese Konstruktion von allen zufälligen und kontingenten Abhängigkeiten befreit.[1]

Die substantielle Wesenheit der res extensa besteht allein in der Ausdehnung.[2] Die Größen der Ausdehnung sind einleuchtende Wahrheiten, die zur Arithmetik oder Geometrie oder überhaupt zur reinen oder abstrakten Mathematik gehören. Mit seiner mathematisch-geometrischen Konzeption der res extensa begründete Descartes ein universelles, endliches und mechanisch-determiniertes Weltbild.

Auf der Grundlage dieser erkenntnistheoretisch-philosophischen Prämissen formulierte Newton die bis heute gültigen Prinzipien der Mechanik, in

---

1 A. N. Withehaed: *Wissenschaft und moderne Welt*, Frankfurt/M. 1984, S.61.
2 R. Descartes: „Meditationen über die Grundlagen der Philosophie", in: G. Irrlitz: *R. Descartes – Ausgewählte Schriften*, Leipzig 1980, S.206f.

dem er u.a. das Gravitationsgesetz als allgemeine Massenanziehung formulierte. Mit der Einführung der Kraft als dynamische Größe der Relation zwischen Körpern rückt die Untersuchung der Änderung der Bewegung ins Zentrum der Mechanik. Der Gegenstand der klassischen Mechanik ist die Untersuchung der mathematisch beschreibbaren Kräfterelationen zwischen den Objekten einer einheitlichen Natur.

Aus den Newtonschen Differentialgleichungen kann der Zustand eines Objektes zum Zeitpunkt t' eindeutig aus dem Ausgangszustand t abgeleitet werden; die Gleichungen sind streng deterministisch und reversibel. Die Eigenschaft der Reversibilität, verbunden mit dem Prinzip des mechanischen Determinismus, garantieren die Möglichkeit der unbeschränkten Voraussagbarkeit der Ereignisse und sind wesentliche Kennzeichen desselben.

Auf der Grundlage dieser Prämissen versteht man den Begriff Wahrheit als Korrespondenz zwischen den wissenschaftlichen Aussagen bzw. Gedankenzeichen und den äußeren Dingen und Sachzusammenhängen als Objekte.

2 Der Rationalitätstyp der Selbstorganisationstheorien

2.1 Die physikalisch-chemischen Selbstorganisationstheorien

Die entscheidenden wissenschaftstheoretischen Innovationen zur Entwicklung der Selbstorganisationstheorien bestehen:

1. in einer modifizierten Interpretation des II. Hauptsatzes der Thermodynamik.[3] Die Entropie in einem System kann sich verringern, wenn das System Entropie exportiert. Durch Energiezufuhr entstehen neue Ordnungsstrukturen.

2. in der Thematisierung offener Systeme. Diese befinden sich fern vom Gleichgewichtszustand und stehen in einem Stoff- und Energieaustausch mit der Umwelt. Für diese Systeme existieren keine Stabilitätskriterien, was die Möglichkeit zu interner Differenzierung und komplexem Verhalten der Systeme eröffnet. Mit der Offenheit wird die Umwelt des Systems prinzipiell thematisiert. Die Änderungen der Umweltbedingungen sind der Anlaß für Umstrukturierungsprozesse des Systems. Damit können Subjekt und Objekt nicht mehr substantiell voneinander separiert werden. Prigogine spricht in diesem Sinne auch von einer dialogisch verfaßten Subjekt/Objekt-Konzeption.[4]

3. im Übergang zum Phänomen der Nichtlinearität. Mathematisch bedeutet dies, daß die Differentialgleichungen zur Beschreibung ungleichgewichtiger nichtlinearer Systeme nicht mehr über ihren gesamten Wertebereich differenzierbar sind. Trägt man diese Lösungen über die Zeit auf, so verzweigen sie

---

3   G. Nicolis/I. Prigogine, *Die Erforschung des Komplexen*, München 1987, S.95.
4   I. Prigogine/I.Stengers, *Dialog mit der Natur*, München, Zürich 1981.

sich an den sogenannten Bifurkationspunkten. Physikalisch werden diese Bifurkationspunkte als Phasenübergänge von einem Ordnungszustand in einen anderen Ordnungszustand interpretiert. Ein wesentliches Element nichtlinearer Wechselwirkungen ist das Auftreten von Rückkopplungsmechanismen (Feedback).[5]

Am Bifurkationspunkt wird die Zeitsymmetrie gebrochen. Eine eindeutige Voraussage der Systementwicklung kann nicht getroffen werden.

Mit diesen theoretischen Überlegungen sind Entwicklungen eingeleitet, die zum Überdenken des traditionellen Verständnisses physikalischer Begriffe Anlaß geben. In den Selbstorganisationstheorien werden Prozesse, die irreversibel und zeitlich gerichtet sind, untersucht. Damit verlagert sich der Schwerpunkt physikalisch-chemischer Theorienbildung auf die Untersuchung von Strukturbildungsprozessen. Mit der Änderung der fundamentalen Begriffsbestimmungen ergibt sich eine Modifikation des Verständnisses des Begriffes wissenschaftliche Rationalität.

2.2 Theorien selbstreferentieller Systeme

Rückkopplungsprozesse können sich auch schließen und rekursiv werden. Systeme, die geschlossene Rückkopplungsprozesse aufweisen, werden als selbstreferentielle Systeme bezeichnet. Diese Systeme, die zwar für Inputs aus der Umwelt offen sind, sind operational geschlossene – strukturdeterminierte – Systeme.

Die Differenz zwischen der Theorie der Selbstorganisation und der Theorie selbstreferentieller Systeme besteht darin, daß die Selbstorganisationstheorien den Ursprung von Ordnungsstrukturen jenseits eines kritischen Nichtgleichgewichtszustandes erforschen. In den Theorien selbstreferentieller Systeme wird die Reproduktionsdynamik solcher Systeme zu erklären versucht, die sich in einem stationären Fleißgleichgewicht befinden.[6]

Nicht jedes selbstreferentielle System ist zugleich auch selbsterhaltend. Ein System, welches die Eigenschaften der Selbstherstellung sowie der Selbsterhaltung besitzt und selbstreferentiell operiert, wird als ein autopoietisches System bezeichnet. Autopoietische Systeme erzeugen durch ihr Operieren fortwährend ihre eigene Organisation[7], und zwar als ein System der

---

5   U.a. G. Nicolis/I. Prigogine a.a.O., S.107; I. Prigogine/I. Stengers a.a.O., S.159; auch H. Haken, Synergetik – Eine interdisziplinäre Theorie der Selbstorganisation in: *Philosophie der Naturwissenschaften*, Weingartner, P./Schurz, G. (Hg.) Wien 1989.

6   M.-L. Heuser, „Zur Kritik gegenwärtiger Selbstorganisationstheorien", in: *Philosophie und Naturwissenschaften*, Weingartner, P./Schurz, G., Wien 1989, S.246.

7   H. Maturana: *Erkennen: Die Organisation und Verkörperung von Wirklichkeit*,

Produktion ihrer eigenen Bestandteile. Alle Lebewesen sind nach Maturana und Varela autopoietische Systeme, denn es sind die einzigen Systeme, die sich dauernd selbst erhalten und erzeugen.[8]

Auf der Grundlage der biologischen Theorie der Autopoiese entwickelte Maturana eine Erkenntnistheorie, die vom Aspekt des selbstreferentiellen Operierens des Nervensystems ausgeht. Das Nervensystem aber ist kein autopoietisches System. Das Wahrnehmungsproblem wird nicht vom Aspekt der Sinnesorgane, sondern vom Standpunkt des Nervensystems problematisiert. Wahrnehmung ist aus dieser Sicht Bedeutungszuweisung des Nervensystems zu an sich bedeutungsfreien neuronalen Prozessen.[9] Das Nervensystem entwickelt alle Bewertungs- und Deutungskriterien aus sich selbst heraus. Unser Gedächtnis, das ältere Erfahrungen mit neueren vergleichen kann, ist das wichtigste Sinnesorgan. Das Nervensystem als offenes System erhält aus seiner Umwelt laufend Reize, wodurch es einen Zugang zur Realität besitzt. Nur, der energetische Kontext einer Reizeinwirkung im Nervensystem aus der Realität kann nicht eindeutig dem semantischen Charakter der vom Nervensystem erzeugten Wirklichkeit zugeordnet werden. Für die Generierung von Eigenwerten (als Verkörperung von relationalen Gebilden wie Objekt, Tatsache und Ereignis) des Nervensystems, die das Verhalten des Organismus stabilisieren, ist die Kopplung von Sensorium und Motorium von Wichtigkeit.[10] Von einem Abbild einer objektiven Realität kann in dieser Theorie nicht gesprochen werden. Von Interesse ist, daß diese wissenschaftstheoretischen. Überlegungen mit Putnams sprachphilosophischen Untersuchungen zum Problem des Internalismus und Externalismus korrespondieren.

Braunschweig 1982, S.184f.
8   Maturana H./Varela F., *Der Baum der Erkenntnis*, Bern, München, Wien 1987, S.50f.
9   S. J. Schmidt, „Der Radikale Konstruktivismus: Ein neues Paradigma im interdisziplinären Diskurs" in: Ders. (Hg.) *Der Diskurs der Radikalen Konstruktivismus*, Frankfurt/M. 1991 S.15.
10 H. von Foerster: *Sicht und Einsicht, Versuch einer operationalen Erkenntnistheorie*. Braunschweig, Wiesbaden 1985.

DIE VERSCHIEDENEN REGELN ZUR FALSIFIKATION UND IHRE EIGNUNG FÜR DIE WISSENSCHAFTEN[*]

VOLKER GADENNE (LINZ)

Die Untersuchung methodologischer Regeln hat ergeben, daß es kaum möglich sein dürfte, methodologische Regeln zu finden, von denen sich zeigen ließe, daß sie immer befolgt werden sollten und daß ihre Anwendung stets zielführend wäre. Überzeugender erscheint es, solche Regeln in Analogie zu heuristischen Prinzipien zu interpretieren: Sie empfehlen, zur Lösung eines Problems in einer bestimmten Richtung vorzugehen; sie lenken die Phantasie in diese Richtung, legen aber nicht bis in jede Einzelheit fest, was zu tun ist, sie lassen vielmehr einen Spielraum für das Vorgehen in der einzelnen Problemsituation. Auch geben solche Regeln keine Erfolgsgarantie. Insofern sind sie weniger den Schlußregeln der deduktiven Logik vergleichbar, eher dagegen den bekannten Faustregeln zum Problemlösen, wie etwa: Untersuche, worin das Problem genau besteht. Zerlege das gegebene Problem in Teilprobleme. Halte Ausschau nach einem analogen Problem, für das eine Lösung leichter gefunden werden kann. Wenn man dieses Verständnis von Methodologie akzeptiert, so erscheint es interessant, die methodologischen Regeln des *kritischen Rationalismus* erneut zu diskutieren, wie man sie bereits in Poppers frühem Werk „Logik der Forschung" aus dem Jahr 1935 findet. Kann man sie als *nützliche heuristische Prinzipien* auffassen? Und sollte man manche dieser Regeln modifizieren oder durch andere ersetzen?

(1) Eine zentrale Rolle spielt im kritischen Rationalismus die *Fehlbarkeitsannahme*, der *Fallibilismus*, wonach in der Erkenntnis keine Sicherheit erreichbar ist. Daraus ergibt sich die Forderung, alle Ergebnisse von Erkenntnisversuchen als *fehlbar* und *revidierbar* anzusehen. Fehlbarkeit ist selbstverständlich vereinbar ist mit höchster Bewährung. Selbst wenn zu einer Theorie keine Alternative bekannt ist, ja selbst wenn es so erscheint, als ob eine Alternative überhaupt nicht denkbar wäre (was man zu früherer Zeit z. B. von der euklidischen Geometrie annahm), besteht kein Grund, diese Theorie als nicht mehr revidierbar zu erklären. Die Wissenschaftsgeschichte lehrt, daß solche Evidenzerlebnisse keine Garantie dafür sind, daß die betreffende Theorie nicht doch eines Tages durch eine andere überholt wird.

Wer an der Wahrheit wissenschaftlicher Aussagen interessiert ist, kann die

---

[*] Eine ausführliche Fassung dieser Analyse erscheint in Kürze in einem von mir mitherausgegebenen Sammelband mit dem Titel „Rationalität und Kritik" beim Mohr-Verlag, Tübingen.

fallibilistische Einstellung nur befürworten. Dies macht man sich am besten dadurch klar, daß man die Wirkungen bedenkt, die zu erwarten sind, wenn man bestimmte Theorien als endgültig gesichert betrachten würde. Man hätte in diesem Falle keinen Grund mehr, auf widersprechende Hinweise zu achten, geschweige denn, sie zu suchen. Weiterhin wäre es überflüssig, sich alternative Auffassungen auszudenken, denn zur Wahrheit kann es nur falsche konkurrierende Alternativen geben. Der Fallibilismus regt zu *pluralistischem* Denken an. Wenn man immer mit einem Irrtum rechnen muß, ist es ratsam, versuchsweise alles anders zu erklären; dadurch entdeckt man am besten die Schwächen des eigenen Denkansatzes. Die fallibilistische Regel ist also *zielführend*, wenn man zu zutreffenden Aussagen gelangen will. Wer letzteres will, muß Irrtümer entdecken und korrigieren, und dies wird durch diese Regel gefördert. Es wird allerdings *nicht garantiert*. Darin liegt der *heuristische* Charakter der Regel. Sie ist auch heuristisch in dem Sinne, daß sie kein konkretes Vorgehen fordert, sondern lediglich nahelegt, auf endgültige Gewißheiten zu verzichten. Man könnte einwenden, daß dies auch Kosten habe, denn unter Umständen zweifelt man aufgrund dieser Regel an einer wahren Auffassung. Es ist jedoch nicht einzusehen, daß hierin wirklich ein Nachteil liegt, denn die Möglichkeit, eine Theorie als die bestbewährte oder derzeit einzig verfügbare auszuzeichnen, bleibt ja unbenommen.

(2) Poppers *Abgrenzungskriterium* verlangt von einer empirischwissenschaftlichen Theorie, daß es potentielle Beobachtungsergebnisse geben muß, die ihr widersprechen. Der Abgrenzung war mit der Idee verbunden, daß empirische Theorien rational diskutiert werden könnten, nicht jedoch metaphysische und pseudowissenschaftliche. Diese Ausgrenzung der Metaphysik erwies sich jedoch als nicht haltbar. Popper selbst diskutierte und kritisierte methodologische und sozialphilosophische Theorien. Er entwickelte denn auch in den fünfziger Jahren die Auffassung, daß man auch philosophische oder metaphysische Hypothesen *rational diskutieren* könne: Sie geben Antworten auf Probleme, und man kann prüfen, wie gut sie diese Probleme lösen. Außerdem kann eine Theorie, die zu einem bestimmten Zeitpunkt als metaphysisch gilt, zu einem späteren Zeitpunkt empirisch prüfbar werden (z. B. der Atomismus sowie Newtons Annahmen eines absoluten Raumes und einer absoluten Zeit). Die Unterscheidung zwischen empirischen Theorien und Metaphysik stellt sich als unscharf heraus: Auch gute wissenschaftliche Theorien haben allein, d. h. ohne Hilfshypothesen, in einem gewissen Sinne keinen empirischen Gehalt, da sie nur zusammen mit letzteren Folgerungen über (relativ gut) beobachtbare Sachverhalte zulassen. Daher sind neue theoretische Entwürfe manchmal schwer prüfbar. Ihre Prüfung erfordert neue Hilfshypothesen, Methoden und Instrumente, die erst noch (zusammen mit der Theorie) entwickelt werden müssen. In gewissem Sinne

müssen also umfassende Theorien im Anfangsstadium ihrer Entwicklung stets ein wenig metaphysisch erscheinen. Weiterhin ist aufgezeigt worden, daß metaphysische Fragen Forschungsprogramme begründen können, indem sie der Wissenschaft ungelöste Probleme aufgeben. Poppers Abgrenzungskriterium hat sich damit als ein unnötiger und eher problematischer Bestandteil seiner Falsifikationstheorie herausgestellt.

(3) Zur Falsifikationstheorie gehört weiterhin die Forderung nach *strengen Prüfversuchen*. Hierzu muß man aus der zu prüfenden Theorie eine Vorhersage abzuleiten versuchen, die aus dem bereits akzeptierten Wissen und aus den konkurrierenden Theorien nicht ableitbar ist, die eventuell sogar einer konkurrierenden Theorie widerspricht. So etwas geschah z. B. am 29. Mai 1919, als man Einsteins allgemeine Relativitätstheorie überprüfte: Zwei britische Expeditionen fotografierten während einer Sonnenfinsternis (eine günstige Situation für diesen Test) die Sterne in der Nähe der Sonne, und man kam zu dem Ergebnis, daß das Licht dieser Sterne durch die Gravitation der Sonne um einen bestimmten Winkel abgelenkt wurde – wie es mit Hilfe von Einsteins Theorie vorhergesagt worden war. Es handelte sich um eine kühne, für die Theorie riskante Vorhersage, denn nach herkömmlichem Wissen, nach der Theorie Newtons, hätte diese Vorhersage nicht eintreten dürfen.

Befunde aus strengen Prüfversuchen sind besonders informativ; man lernt auf jeden Fall dazu: Entweder entdeckt man einen Fehler im bisher akzeptierten Wissen, oder man wird frühzeitig auf Probleme der neuen Theorie aufmerksam. Wenn man das Ziel hat, die Irrtümer in alten wie neuen Theorien zu finden und korrigieren zu wollen, so kann man das methodologische Prinzip, strenge Prüfversuche durchzuführen, nur befürworten. Es ist klar, daß es sich hierbei um ein *heuristisches Prinzip* handelt: Es werden keine sehr genauen Handlungsanweisungen gegeben, und es wird auch nicht garantiert, daß man falsche Annahmen wirklich entdeckt.

(4) In Abgrenzung vom Konventionalismus gab Popper eine Regel für den Fall an, daß ein empirischer Befund einem System von theoretischen Annahmen und Hilfsannahmen widerspricht. Nur solche Änderungen des Systems sollen zugelassen werden, durch die dessen *Informationsgehalt nicht vermindert* wird. Diese Regel ist adäquat im Hinblick auf das Ziel, Theorien mit hohem Informationsgehalt zu erlangen. Allerdings gibt es ein Problem: Es ist nicht einzusehen, daß man die Regel immer befolgen soll. Manchmal mag es überzeugend sein, eine Theorie oder eine einzelne Gesetzeshypothese einzuschränken. G sei die Gesetzeshypothese, daß unter der Anfangsbedingung A_1 der Zusammenhang B besteht. Angenommen, G wurde

geprüft und es stellt sich nach zahlreichen Untersuchungen als stabiles Ergebnis heraus, daß B nur besteht, wenn zusätzlich zu A_1 noch A_2 erfüllt ist. Darf man in diesem Falle sagen, das Resultat dieser Untersuchungen sei das Gesetz G': „Wenn A_1 und A_2, dann B"? Häufig verfährt man so, und dies ist auch nicht unbegründet, denn G' könnte das einzige wahre Gesetz sein, das sich in dem betreffenden Realitätsbereich finden läßt. Wie man Theorien oder einzelne Hypothesen verändert, ist nicht nur eine Frage des Informationsgehalts, sondern auch eine Frage weiterer Kriterien. Manche Einschränkungen erscheinen aus inhaltlich-theoretischen Gründen plausibel, andere nicht. Auch Umfang und Systematik der empirischen Befunde spielen eine Rolle. Eine empfohlene Einschränkung eines Gesetzes kann das Resultat mehrerer, sytematisch geplanter Untersuchungen sein: Man hat z. B. systematisch geprüft, ob A_2 zu A_1 hinzukommen muß, damit B eintritt, und es zeigte sich wiederholt, daß A_2 tatsächlich notwendig ist. In diesem Fall wird man die Einschränkung weit eher akzeptieren, als wenn sie lediglich durch einen einzigen Befund motiviert ist, dem ad hoc Rechnung getragen werden soll.

Obwohl es also kaum möglich erscheint, eventuelle Einschränkungen von Gesetzen allein vom Gehalt abhängig zu machen, kann man dennoch folgendes feststellen: Ein systematisches, fortgesetztes Einschränken kann nicht erstrebenswert sein, denn dies würde einem fundamentalen Ziel der Theorienbildung zuwider laufen. Eine Strategie der systematischen Gehaltsverminderung muß durch ein *heuristisches Prinzip* ausgeschlossen werden, ein Prinzip, das Ausnahmen zuläßt, wenn besondere Gründe vorgebracht werden können.

(5) Im Kapitel X von „Logik der Forschung" hat Popper mehrfach bemerkt, daß er *endgültige* Falsifikationen für möglich halte. Diese Auffassung ist vielfach kritisiert worden. Man hat darauf verwiesen, daß in der Wissenschaftsgeschichte häufig anders verfahren wurde. Beispielsweise hätte Newtons Theorie als endgültig falsifiziert gelten müssen, noch bevor sie ihre großen Triumphe feierte. Die Endgültigkeit verträgt sich auch nicht mit der von Popper selbst aufgezeigten Theorieabhängigkeit der Beobachtungssätze und der grundsätzlichen Fehlbarkeitsannahme, die auch auf Beobachtungssätze zu beziehen ist. Später hat er denn auch explizit zugestanden, daß Falsifikationen nicht endgültig sein können.

Die Regel von der Endgültigkeit der Falsifikation hatte allerdings eine bestimmte Funktion innerhalb der Falsifikationstheorie, und sie verlangt einen Ersatz in Form einer abgeschwächten Regel. Trotz der Fehlbarkeit der Beobachtung muß den Beobachtungsergebnissen eine besondere erkenntnistheoretische Stellung gegenüber den Produkten des reinen Denkens eingeräumt werden. Ansonsten würde eine Methodologie resultieren, die nurmehr die logische Konsistenz innerhalb der gesamten theoretischen und empirischen Aussagen verlangt und es dabei erlaubt, Aussagen nach Belieben zu verändern. Der kritische Rationalismus bringt zwar Einwände gegen den Empirismus in seiner klassischen Form vor, er behält aber dennoch ein Grundelement des Empirismus bei: Unter all den Annahmen, die in den Erfahrungswissenschaften formuliert, geprüft und diskutiert werden, haben diejenigen Annahmen, die *Erfahrungstatsachen* beschreiben, ein besonderes Gewicht. Zwar können auch sie in Frage gestellt und gegebenenfalls verworfen werden. Wer dies tut, muß aber Gründe für die Annahme liefern können, daß die Erfahrung in dem gegebenen Falle getäuscht hat. Ansonsten akzeptiert man die Beobachtungsaussagen vorläufig als wahr. Wenn es um Fragen über die reale Welt geht, so ist die deutliche und wiederholte Erfahrung zuverlässiger als das reine Denken. Dies bedeutet nicht, daß es keine Täuschungen in der Erfahrung gäbe. Und eventuell wird man einen Widerspruch zwischen einer hochbewährten Theorie und einem Beobachtungsergebnis zum Anlaß nehmen, der Möglichkeit einer Täuschung nachzugehen. Wenn wir aber keine bereits bewährte Theorie haben, sondern über eine Tatsachenfrage erstmals eine Hypothese bilden, so würden wir allein den Umstand, daß uns diese Hypothese eingefallen ist, nicht als Grund dafür ansehen, daß sie wahr ist. Wenn wir einfach *hypothetisch annehmen*, daß der Sachverhalt S besteht, ohne dies beobachtet zu haben (und ohne dies aus bereits bewährten Annahmen ableiten zu können), so haben wir noch keinen Grund zu der Annahme, daß S tatsächlich besteht. Wenn wir dagegen S *beobachtet* haben, so *haben* wir einen Grund (wenn auch keine Gewißheit) zu der Annahme, daß S besteht. In diesem Unterschied liegt das empiristische Element, das man meines Erachtens akzeptieren muß, sofern man die Erfahrung in der Erkenntnis überhaupt für relevant hält. Nur über die Beobachtung kann sich der „Widerstand der Realität" geltend machen.

Natürlich garantiert diese Regel nicht, daß keine Beobachtungsirrtümer in die Wissenschaft einfließen. Und da nicht sehr scharf bestimmt werden kann, was „Hinweise auf mögliche Täuschungen" sind und was gute Gründe dafür sind, eine Täuschung zu vermuten, hat auch diese Regel *heuristischen* Charakter.

SUPERINDUKTION UND SUPERCONSILIENCE, ZWEI NEUE BEGRIFFE UND IHRE BEDEUTUNG FÜR DIE ERKENNTNISLOGIK

RAINER GOTTLOB (WIEN)

Als *Superinduktion* bezeichne ich Induktionsschlüsse, die (ohne Gegenbeispiel) auf Fakten beruhen, die wir in jeder Sekunde unseres wachen Lebens beobachten können. (z.B. alle materielle Gegenstände unterliegen der Gravitation). Solche Schlüsse müssen mehr Sicherheit bringen als etwa „Alle Raben sind schwarz", Die Fehlerwahrscheinlichkeit ist gegen 0 nicht sicher abgrenzbar.

Consilience (nach Whewell) „findet statt, wenn eine aus einer Klasse von Fakten gewonnene Induktion mit einer aus einer anderen Klasse gewonnenen Induktion übereinstimmt".

Als *Superconsilience* bezeichne ich die Bestätigung von Hypothesen, deren Fehlerwahrscheinlichkeit von 0 nicht sicher abgrenzbar ist (Superinduktion) durch eine oder mehrere andere solcher Hypothesen. Wenn die der Superinduktionen zugrundeliegenden Beobachtungen aus semantisch unterschiedlichen Klassen stammen, multiplizieren sich die Fehlerwahrscheinlichkeiten (etwa $10^{-9} \times 10^{-9} = 10^{-18}$), das heißt, sie werden bedeutungslos. Durch Superconsilience zweier oder mehrerer Superinduktionen gelangen wir zu

Apriorischen Prinzipien. Diese sind allgemein und notwendig, müssen aber nicht „vor jeder Erfahrung" gewußt werden. Etwas willkürlich sehen wir als *essentielle* apriorische Prinzipien das *Kausalgesetz* (1), die *Uniformität der Natur* (2), die vereinigten *Erhaltungssätze* für Materie und Energie (3) sowie das *Fehlen eines freien Willens* in der unbelebten Natur (4) an.

Ad (1): Nur in Bereichen in denen unsere Erkenntnisfähigkeit behindert ist (z.B.Quantenbereich, Zeit des „Urknalls", große Entfernungen oder hohe Komplexität, die die Leistungsfähigkeit unserer Gehirne oder Computer übersteigt) können wir keine Kausalität nachweisen. -Entgegen Hume, können wir nicht nur „Post hoc" sondern auch „Propter hoc" Aussagen treffen, etwa wenn eine Uhr nur dann geht, wenn sie aufgezogen wurde.

Ad (2): Ausnahmen von der Uniformität der Natur wurden niemals beobachtet, sofern die „Relevanten Randbedingungen" konstant waren,- ein im Laboratorium leicht herstellbarer Zustand.

Ad (3): Von den vereinigten Erhaltungssätzen wurde noch nie eine Ausnahme gesehen.

Ad (4): Freier Wille, wenn er überhaupt existiert, ist an ein hochkomplexes Gehirn gebunden. Unbelebten Substanzen einen freien Willen zuzuschreiben wäre absurd.

Alle apriorischen Prinzipien (1) bis (4) unterstützen einander, sodaß ihre

Gültigkeit jeweils durch dreifache Superconsilience gesichert ist. Kausalität und Uniformität erlauben zusammen die Abklärung von Kausalketten.
Weitere durch Superinduktion gewonnene Prinzipien:
Alle materiellen Gegenstände nehmen einen *Raum* ein (5), sie unterliegen der *Gravitation* (6) und der *Trägheit* (7). Die Grundrechenarten der *Mathematik* (8) können jederzeit überprüft werden (8 + 5 Äpfel etc.), die *Euklidische Geometrie* (9) ist im mesokosmischen Raum z.b. durch Zeichnen überprüfbar (Nachweis des Pythagoräischen Lehrsatzes). Daß Dinge, die die elementare *Logik* (10) verbietet, in der Natur nicht vorkommen (Kein Gegenstand kann jemals zugleich gasförmig und nicht gasförmig, etwa fest, sein) können wir schließen, aber auch jederzeit beobachten. – Diese Beobachtbarkeit und ein Schließen, etwa auf Grund eines Vermögens unseres Verstandes, stehen in keinem Widerspruch zueinender. Die Prinzipien (5) - (10) superconsiliieren, meist sogar mehrfach, mit essentiellen apriorischen Prinzipien (1) bis (4), sodaß ein dichtes Netz entsteht, das nicht nur sie selbst, sondern gleichzeitig auch die essentiellen Prinzipien zusätzlich absichert.

Absicherung von Allsätzen bzw. von Naturgesetzen ist möglich, wenn eine Hypothese drei Stufen von hierarchischen Kontrollinstanzen passiert :zwei heuristische Stufen und eine Stufe des Notwendigkeitsnachweises:

1. (heuristische) Stufe: Es dürfen keine ungeklärten Gegenbeispiele vorkommen. In dieser Phase wird intuitiv eine Hypothese aufgestellt.

2. (heuristische) Stufe: Die Hypothese muß eines oder mehrere von 10 „Sieben" passieren: Durch passieren dieser Siebe wird wissenschaftlich meist ausreichende, aber noch keine absolute Sicherheit (Notwendigkeit) gewonnen.

Die *3.Stufe (Stufe der Notwendigkeit):* wird durch Consilience mit apriorischen Prinzipien oder mit eindeutig abgeklärten Kausalketten gebildet. – Bei richtigem Vorgehen kann der Mensch auch wissen, daß seine Schlüsse richtig sind. – Im folgenden jetzt einige

Beispiele für die Gewinnung von Allsätzen oder Naturgesetzen:

Die *I. Kontrollinstanz* ist für alle Hypothesen gleich (Keine ungeklärten Gegenbeispiele).

II. Kontrollinstanz: Die Hypothese muß eines oder mehrere der „Siebe" A - J passieren:

SIEB A: CONSILIENCE: Zwei Gelehrte entziffern eine Schrift und kommen zum gleichen Resultat (von Whewell, ist nicht beweisend, da beide den gleichen Fehler begehen können).

SIEB B: HOLISMUS: (etwa nach Duhem-Quine), ein hochselektives Sieb. Als Konsistenzkriterium ist es als zur absoluten Sicherheit notwendig, aber allein nicht hinreichend.

SIEB C: MULTIPLE METHODEN: Eine Infektionskrankheit wird durch

Nachweis und Züchten eines Keimes, außerdem immunologisch nachgewiesen: Die Methode ergibt hochgradige Sicherheit.

SIEB D: DEDUKTION VON VORAUSSAGEN AUS DER HYPOTHESE UND EXPERIMENTELLE PRÜFUNG: Klassisches Vorgehen der Wissenschaftler, aber grundsätzlich mit den Bedenken gegen Consilience behaftet. – Die Siebe A - D sind Formen der Consilience mit unterschiedlichem Sicherheitsgrad.

SIEB E: GROSSE ZAHLEN: Millionen, Milliarden bieten allein noch keine absolute Sicherheit. z.B. Die Sonne ist bisher viele Milliarden mal aufgegangen. Trotzdem ist die Lebensdauer der Sonne begrenzt (Energieverbrauch) und Nachweis der Notwendigkeit (etwa durch Superconsilience) kann nicht erbracht werden.

SIEB F: SUPERINDUKTION: Trotz der extrem geringen Fehlerwahrscheinlichkeit der gleiche Vorbehalt wie bei großen Zahlen.

SIEB G: MATHEMATISCHE RELATIONEN: Ein schönes Beispiel sind Mendels Vererbungsgesetze (nach Kreuzen weiß und rot blühender Pflanzen die Zahl der rosa, weiß und rot blühenden Nachkommen nach strengen mathematischen Regeln, z.B. in der 2. Generation 1/2,1/4,1/4). Bestätigt durch Aufklären der bei der Befruchtung wirksamen Kausalkette.

SIEB H: INDUKTION NACH ARTEN: Hier muß zwischen unbelebten und belebten Systemen differenziert werden. Unbelebte Systeme gehorchen dem Uniformitätsgesetz. (Werden Natronlauge und Salzsäurelösung gemischt, muß Kochsalz entstehen). Bei lebenden Systemen muß dagegen mit der Möglichkeit von Mutationen und bei den höchsten Tieren mit der Möglichkeit eines freien Willens gerechnet werden. Gesichert sind hier daher nur Hypothesen, für die Lebensnotwendigkeit nachgewiesen werden kann. („Alle Menschen haben zwei Nieren": Notwendigkeit besteht nicht, da auch mit einer Niere lebensfähig. „Alle Menschen haben eine Lunge": Notwendigkeit gesichert, da sonst nur ungenügend O_2 Aufnahme und Energiegewinnung möglich. Quantengesetze und Genom bilden die von J. Locke postulierten, damals aber nicht erkennbaren „Real Essences", die über das Verhalten entscheiden.

SIEB I: KONTRAFAKTISCHE AUSSAGEN: Ihnen kommt hohe Sicherheit zu: „Alle Menschen und höheren Tiere benötigen Sauerstoff" bestätigt durch Eintreten des Todes bei Sauerstoffentzug.

SIEB J: SPEZIFISCHE REVERSIBILITÄT: „Ein Volumen Sauerstoffgas und zwei Volumina Wasserstoffgas verbrennen zu Wasser ohne Rückstand (Cavendish).- Wasser elektrolytisch aufgetrennt, ergibt wieder 2 Teile H, einen Teil O (Lavoisier). (das obige Beispiel kann gleichzeitig auch Sieb G passieren). – Jede chemische Analyse ist gesichert, wenn mit entsprechender Synthese der gleiche Stoff erhalten wird.

Die *III. Kontrollinstanz* bringt Sicherheit durch Consilience der Hypothese mit den apriorischen Prinzipien (1) - (10) oder mit eindeutig aufgeklärten Kausalketten. Da diese Prinzipien ubiquitär und wir an sie gewöhnt sind, geschieht das oft unbewußt. Hierzu drei Beispiele:

1.) „Alle Menschen und höheren Tiere haben einen Blutkreislauf" (W.Harvey, 1628, zugleich der Beginn der wissenschaftlichen Medizin). Ein wichtiger Bestandteil des Kreislaufes, die Kapillaren, waren damals noch nicht bekannt. Harvey sah aber, daß die Venenklappen Ventile bildeten, die einen retrograden Blutfluß verhinderten. Wo sollte bei Nichtzirkulation das Blut herkommen, wo gelagert werden ? Harvey konnte durch unbewußte Anwendung der Erhaltungssätze sicher auf Zirkulation schließen.

2.) „Weißes Licht läßt sich immer spektroskopisch in farbige Lichter verschiedener Wellenlängen zerlegen". Der Satz passiert das Sieb J (Spezifische Reversibilität), da Sammeln der farbigen Lichter wieder weißes Licht ergibt. Die Sicherheit beruht auf der Prüfung des schmalen Bandes aller sichtbaren elektromagnetischen Wellen (ca. 350 - 800 nm). Monochromatisches weißes Licht wurde nicht gefunden. Weißes Licht kann daher „nicht nicht" polychromatisch sein: Doppelte Verneinung, das apriorische Prinzip der Logik, unbewußt angewendet.-

3.) Das apriorische Prinzip der Logik ist auch bei anderen Notwendigkeitsnachweisen im Spiel: „Wenn ein Mensch geköpft wird, muß er sterben" (Modus tollens): Der Kopf enthält lebensnotwendige Gehirnfunktionen, daher kein Leben ohne Kopf möglich – zugleich Unterbrechung einer abgeklärten Kausalkette.

Es sei abschließend betont, daß nur ein Teil aller Hypothesen durch den hier beschriebenen Algorithmus abgesichert werden kann, und daß die hier beschriebenen Methoden nicht vollständig sein dürften. Auch ungesicherte Hypothesen können von wissenschaftlichem Wert sein, sofern der Vermutungsstatus einbekannt wird. Die Zahl der gesicherten Hypothesen und Naturgesetze nimmt laufend zu, ihre Zahl beträgt, einschließlich der Strukturformeln chemischer Verbindungen und deren Materialkonstanten heute bereits mehr als 10^6. Ohne diese Sicherheit wären etwa bemannte Mondlandungen undenkbar gewesen. – Alle Formen der fundamentalistischen Skepsis und des modernen Relativismus (Konstruktivismus etc.) werden durch die Widerlegung von Humes Skepsis fraglich. – Das Überleben der Menschheit in einer lebenswerten Umwelt ist heute mehrfach bedroht. Es bedarf verantwortlicher Maßnahmen und großer Opfer, um diese Gefahren abzuwenden. Wie kann man aber einem Menschen Verantwortung zumuten, wenn seine Fähigkeit sicherer Erkenntnis und das Kausalgesetz geleugnet werden?

QUANTENMECHANIK UND „SCHULPHILOSOPHIE"

MICHAEL STÖLTZNER (WIEN)

In den Arbeiten von Proponenten alternativer Interpretationen der Quantenmechanik findet sich häufig die Dichotomie zwischen 'Positivisten', welche die Kopenhagener Deutung für eine ausreichende Erklärung halten, und 'Realisten', die Veränderungen an der Quantenmechanik vornehmen, um von beobachterunabhängigen Objekten ('beables') sprechen zu können. John Bell macht hieraus geradezu ein Wortverbot: „we will exclude the notion of 'observable' in favour of that of '*be*able'. The beables of the theory are those elements which might correspond to elements of reality, to things which exist. Their existence does not depend on 'observation'. Indeed observation and observers must be made out of beables."[1] „The terminology, *be*-able as against *observ*-able, is not designed to frighten with metaphysics those dedicated to realphysic...It is the aim of the theory of local beables to bring these 'classical terms' [die unsere Meßgeräte beschreiben] into the equation, and not relegate them entirely to the surrounding talk."[2] 'Quantenrealisten' halten insbesondere den 'Kollaps der Wellenfunktion' für derlei Geschwätz, da er ein der Schrödingergleichung widersprechendes Ereignis darstellt. Dieser komme lediglich durch die Verbindung zwischen einem nur probabilistisch beschreibbaren Quantenteilchen und dem faktischen, einzelnen Meßresultat über dasselbe ins Spiel. Der Quantenrealist setzt dem Vorschläge entgegen, die von Teilchen als Entitäten ('beables' oder 'things' in David Bohms[3] Terminologie) mit fest definierten Positionen sprechen. Dabei wird häufig explizit unterstrichen, daß eine solche Auffassung dem 'common sense' der Physiker nahestehe. 'Philosophisches' produzierten demgegenüber die 'orthodoxen' Kopenhagener Positivisten.[4]

Diese Zwei-Lager Theorie scheint gar einem Paar alternativer Historien zu entsprechen. James T. Cushing zufolge ist die Kopenhagener Interpretation durch Bohrs „Komplementarität, die Vollständigkeit der Beschreibung (durch Zustandsvektor oder Wahrscheinlichkeitsamplitude), ein Verbot alternativer kausaler Beschreibungen auf raum-zeitlichem Hintergrund sowie

---

1 John S. Bell: *Speakable and unspeakable in quantum mechanics*, Cambridge: University Press, 1989, S. 174.
2 Ebd. S. 52.
3 David Bohm: *Causality and Chance in Modern Physics*, London: Routledge & Kegan Paul, 1984.
4 Siehe z.B. den Titel des Aufsatzes von Jean Bricmont: „Contre la philosophie de la mechanique quantique", in: *Les sciences et la philosophie. Quatorze essais de rapprochement*, Paris: Vrin, 1995.

eine positivistische Grundhaltung"[5] bestimmt. Sie dominiere heute das Verständnis der Physiker schlicht deshalb, weil sie die erste auf dem Markt war. Dagegen setzt Cushing *kontrafaktisch* eine 'realistische' Alternativgeschichte, die mit deBroglies Arbeiten von 1927 hätte einsetzen können, spätestens aber mit David Bohms alternativer Formulierung der Quantentheorie von 1952 hätte einsetzen müssen. Aus dieser Geschichte hätte uns kein Weg wieder zurück in unsere heutige, von der Kopenhagener Deutung bestimmte Vorstellungswelt zurückgeführt.

Je mehr 'realistische' Interpreten für historische Gerechtigkeit streiten, desto offensichtlicher wird, daß die Dichotomie Positivismus-Realismus einige Jahrzehnte der *faktischen* Debatte um das Verhältnis beider Begriffe schlichtweg ignoriert. Diese Debatte begann nicht zuletzt unter dem Einfluß der Diskussionen um die Interpretation der Quantenmechanik. Und sie ereignete sich an zumindest einem Ort, der in engem Kontakt mit den entsprechenden Physikern stand, nämlich im Wiener Kreis. Auch stellen die dort geäußerten Thesen keinesfalls ein bloßes Abbild der Ansichten Bohrs dar. Zweifelnde Töne sind gerade bei Philipp Frank unüberhörbar. Gerade darum sind sie geeignet, die vereinfachende Dichotomie zurückzuweisen. Daß der Gedanke eines 'empirischen Realismus', wie ihn später Rudolf Carnap[6] weiter entwickelte, auch positiv einiges zum Verständnis der Quantentheorie zu bieten hat, habe ich an anderer Stelle gezeigt.[7]

Moritz Schlick hat 1932 dem Verhältnis von „Positivismus und Realismus" einen eigenen Aufsatz gewidmet. Verstehe man den Positivismus in der Weise des Wiener Kreises, so gebe es gar keinen Widerspruch: „Logischer Positivismus und Realismus sind…gar keine Gegensätze; wer unser Grundprinzip [Verifikationismus] anerkennt, muß sogar empirischer Realist sein." Denn: „Den Gegenstand der Physik bilden *nicht* Empfindungen, sondern Gesetze. Die von einigen Positivisten gebrauchte Formulierung, Körper 'seien nur Komplexe von Empfindungen' ist daher abzulehnen."[8] Letzteres ist natürlich wider Machs Sensualismus gerichtet. Weit mehr aber noch gegen *das Gegebene* der traditionellen 'Schulphilosophie'; denn schon Kants 'empirischer Realismus' besage, daß, wenn wir die Realität eines Gegenstandes anerkennen, damit nur gesagt sei, „daß er einem gesetzmäßigen Wahr-

---

5   James T. Cushing: *Quantum Mechanics - Historical Contingency and the Copenhagen Hegemony*, Chicago & London: University of Chicago Press, 1994, S. 31.
6   Rudolf Carnap: „Empiricism, Semantics, and Ontology", in: *Meaning and Necessity*, Chicago, Ill.: Chicago UP, 1958.
7   Michael Stöltzner: „Bohmian Mechanics without Bohmian Philosophy?", submitted to *Synthese*.
8   Moritz Schlick: „Positivismus und Realismus", *Erkenntnis 3* (1932), S.30.

nehmungszusammenhang angehöre"[9]. Die Verirrungen einer transzendenten Außenweltfrage rührten indes her „von der früher von den meisten Philosophen geteilten Meinung, es sei zur Erkenntnis eines Gegenstandes notwendig, daß er unmittelbar gegeben, direkt erlebt werde; Erkenntnis sei eine Art von Anschauung und erst dann vollkommen, wenn das Erkannte dem Erkennenden direkt gegenwärtig sei..."[10] Für Kant und noch viel mehr für Schlick kommt es aber vor allem auf die *gesetzmäßigen Relationen* an. Behauptet man daher die Existenz eines Objekts, welches überhaupt keine äußeren Wechselwirkungen hat, nicht einmal in der Form, daß deren Messung durch andere Effekte verhindert wird, so sagt man etwas *Sinnloses*. Wer von einem nie verifizierbaren Kern im Inneren des Elektrons spreche, behaupte nicht einmal Falsches, sondern er begehe einen logischen Widerspruch.

Der Bannspruch „sinnlos", jenes verifikationistische Dogma des logischen Empirisimus hat viel Kritik auf sich gezogen. Insbesondere deshalb, weil man gar nicht (im Sinne seines anderen Dogmas) streng zwischen rein logischen und empirischen Sätzen unterscheiden könne. Auch wenn man Quine (und Neurath) beide Punkte zugibt, so bleibt meiner Ansicht nach noch ein empirisch-pragmatischer Kern von Schlicks Einsicht über. Insbesondere da die Physik des zwanzigsten Jahrhunderts den Bereich direkter sinnlicher Erfahrbarkeit verlassen hat, und sämtliche experimentelle Evidenzen durch ausgeklügelte Meßgeräte vermittelt werden. Daher ist Schlicks unmeßbarer „Kern des Elektrons" ein sehr treffendes Beispiel für die Grenze der Sinnlosigkeit eines physikalischen Begriffs. Gerade sie erklärt das Ungemach vieler Physiker mit ad hoc Hypothesen, welche nur einem theoretischen Zweck dienen und nur an einer Wechselwirkung teilhaben, z.B. mit dem ominösen Higgs-Teilchen. Andererseits gilt die Existenz eines instabilen Elementarteilchens dann als besonders gut abgesichert, wenn es in verschiedenen Zerfallsreihen auftaucht. Ich kann an dieser Stelle leider nicht vorführen, wie man einen solchen graduellen Verifikationismus, der tief im 'common sense' der Physiker verankert ist, gegen Bohms Quantenpotential in Felde führen kann. Wie Bernard d'Espagnats jüngstes Buch[11] zeigt, kann man sehr wohl über Metaphysik reden, die Physik jedoch auf die empirische Realität beschränken.

Die beiden Physiker im Wiener Kreis, Moritz Schlick und Philipp Frank, haben ihre Positionen zur Quantenmechanik auf dem Kopenhagener Kongreß für die Einheit der Wissenschaften 1936 am deutlichsten vertreten. Im Jahr zuvor hatte die berühmte Arbeit von Einstein, Podolsky und Rosen die Frage

---

9   Ebd. S. 18.
10 Ebd. S. 24.
11 Bernard d'Espagnat: *Veiled Reality*, Reading, MA: Addison-Wesley, 1995.

nach der Vollständigkeit der Quantenmechanik gestellt. Die auf dem Kongreß wiederholte Antwort Bohrs bestand vor allem im *Komplementaritätsbegriff*. Neben der Vollständigkeit hat insbesondere in den späteren Diskussionen um EPR-Korrelationen auch das Realitätskriterium der EPR-Arbeit eine zentrale Rolle gespielt.

Der Realist Schlick erscheint in seinem Kopenhagener Vortrag dort, wo Cushing den Positivisten sieht. Insbesondere vertritt Schlick die dem Quantenrealisten so suspekte These, daß es hinter der Grenze, welche die Quantenmechanik der Kausalerkenntnis setzt, gar nichts Sinnvolles mehr zu erkennen gibt. Allerdings muß man zu Schlicks Verteidigung darauf hinweisen, wie er diese Grenze versteht: „Die Grenze der Erkennbarkeit ist nur dort, wo nichts mehr da ist, worauf eine Erkenntnis sich richten könnte."[12] Schlicks Finalitätsthese geht also mit dem grundsätzlichen Optimismus des Wiener Kreises über die Erkennbarkeit der Natur sehr wohl zusammen. Allerdings scheiden in dem oben angedeuteten Sinne relational isolierte Objekte (das 'bloße Dahinter', das zwar deterministisch agiert, jedoch ohne unabhängige Wechselwirkungen) als sinnlos aus.

Der Boltzmannschüler Philipp Frank hat innerhalb des Wiener Kreises Machs Andenken besonders in Ehren gehalten. Dennoch ist gerade Frank bezüglich der Vollständigkeit der Quantenmechanik bedeutend vorsichtiger als Schlick und hält sich enger an Bohrs Komplementaritätsgedanken. Die Quantenmechanik spreche „von Versuchsanordungen, bei denen die Ausdrücke 'Lage eines Teilchens' und 'Geschwindigkeit eines Teilchens' nicht zugleich verwendet werden können."[13] Natürlich wäre es kein Problem eine Wissenschaftsprache zu definieren, die das Komplementaritätsproblem umgeht. Andererseits sei es aber im Hinblick auf eine zu findende Universalsprache der Wissenschaft durchaus von Vorteil, wenn „trotzdem Teile der Sprache des täglichen Lebens für gewisse Versuchsanordnungen auf dem Gebiet der atomaren Vorgänge beibehalten werden können, aber für verschiedene Versuchsanordnungen verschiedene Teile."[14] Franks sprachorientierter Standpunkt schließt somit keinesfalls aus, daß man in einer reicheren Sprache beide Ausdrücke, Lage wie Geschwindigkeit zugleich, verwenden könnte – möglicherweise mit Verweis auf eine tiefer liegende Komplementarität.

Eine ähnlich offene Haltung findet sich vier Jahre zuvor in Franks Buch

---

12 Moritz Schlick: „Quantentheorie und Erkennbarkeit der Natur", *Erkenntnis 6* (1937), S. 326.
13 Philipp Frank: „Philosophische Deutungen und Mißdeutungen der Quantentheorie", *Erkenntnis 6* (1937), S. 308.
14 Ebd., S. 316.

Das Kausalgesetz und seine Grenzen. Mit Bezug auf die Tatsache, daß die Quantenmechanik lediglich Voraussagen über kollektive Experimente macht, bemerkt er: „Hier liegt in einem gewissen Sinne eine Lücke vor. Sie könnte nur ausgefüllt werden, wenn man Gesetze fände, die das Schicksal des einzelnen Teilchens bestimmen. Behauptungen wie: die Zukunft des Einzelteilchens ist wohl nicht durch Gesetze der Physik, aber doch irgendwie bestimmt, sind entweder tautologische..., wenn man 'bestimmt' in dem Sinne versteht, daß die Wirklichkeit immer ein bestimmtes Verhalten zeigen muß, oder theologische..."[15] (S. 234). Im Hinblick auf die Quantentheorie möchte ich Frank etwas präzisieren. Die Gefahr der Tautologie wird natürlich nicht dadurch umgangen, daß man das 'irgendwie bestimmt' statt in philosophische Worte in physikalische Formeln faßt. Wichtig bleibt für alles als 'gesetzlich' Postulierte die zuvor diskutierte unabhängige Verifizierbarkeit.

Die Hauptintention von Philipp Franks Buch ist es, solche Tautologien im Kausalbegriff zu vermeiden, indem er im jeweiligen Zusammenhang genauer spezifiziert wird. So enthält der berühmte Laplacesche Dämon mehrere implizite Annahmen: Erstens, daß alle Gesetze durch Differentialgleichungen zweiter Ordnung beschrieben werden, die eine Kraftfunktion von beschränkter Komplexität beinhalten. Zweitens bedarf der Dämon einer Meßgenauigkeit, die jede Grenze übersteigt. Und drittens bedarf es ausreichender Rechenkapazität. Allerdings bekommt auch Franks empiristische Analyse des Kausalbegriffs vermittels Gesetzlichkeiten am Ende ein Problem. Wenn „jede Formulierung des Kausalgesetzes die 'Interpretation' als einen wesentlichen Teil"[16] enthält, dann könnte uns die moderne Physik eines Tages lehren, daß das allgemeine Kausalgesetz unverifizierbar und damit sinnlos wird. Doch andererseits beruht letztlich unsere ganzes alltägliches Leben auf der Annahme der Gültigkeit spezieller Formen des Kausalgesetzes. An dieser Stelle findet mithin der konsequente Empirist Frank eine a priori Bedeutung von Kausalität. Allerdings ist er überzeugt, daß Nichtverifizierbarkeit und praktische Relevanz nicht miteinander in Konflikt stehen, solange man es unterläßt, von der 'wirklichen Welt' zu sprechen. Genau dies tut der Quantenrealist aus Franks Perspektive, und verabsolutiert damit jenes pragmatische Apriori der Kausalität.

---

15 Philipp Frank: *Das Kausalgesetz und seine Grenzen*, Frankfurt am Main: Suhrkamp, 1988, S. 234.
16 Ebd. S. 283.

Philosophie der Mathematik

WIE KÖNNTE/SOLLTE DIE REZENTE ENTWICKLUNG DER MATHEMATIK DEREN PHILOSOPHIE BEEINFLUSSEN?

HANS-CHRISTIAN REICHEL (WIEN)

Mathematik und Philosophie haben nicht nur gemeinsame Wurzeln, sie zeigen seit rund 2500 Jahren Wechselwirkungen und enge Verbindungen. An wesentlichen Punkten der Philosophiegeschichte waren *mathematische* Erkenntnisse und Entwicklungen propädeutisch und beispielgebend für Entwicklungen der Philosophie. Denken Sie etwa an Plato, an Pascal, Descartes, Wittgenstein und andere. [Siehe z.B. Reichel (1990).]

Das Thema des heutigen Tages ist aber etwas anderes. Es geht um Philosophie *der* Mathematik. Hier stehen *ontologische* und *epistemologische* Fragen der Mathematik im Vordergrund: Wovon handelt Mathematik? Was ist die Natur ihrer Gegenstände? Welche Art von Sein, von Existenz kommt den mathematischen Entitäten zu?

Werden ihre Begriffe und Methoden *entdeckt* oder *konstruiert*? Und worin liegt der *erkenntnistheoretische Wert* der Mathematik? Mit welcher Art von Wahrheiten hat man es zu tun?

Viele andere Fragen zählen zur Philosophie der Mathematik, ohne Zweifel aber bildet die Frage nach den sogenannten *Grundlagen* der Mathematik einen zentralen Punkt. Tatsächlich bildete dieses Thema nach der Begründung der Mengenlehre durch Georg Cantor und deren Paradoxa (denken Sie etwa an Bertrand Russell) ein Hauptthema der Philosophie der Mathematik. Fast noch wesentlicher hiefür war die Entwicklung der Logik in der zweiten Hälfte des 19. Jahrhunderts: Bolzano, Husserl, Boole, Frege vor allem und andere wären hier zu nennen.

Es ist vor allem die Befreiung der Logik von psychologischen Komponenten, ihre Formalisierung, die schließlich zur Axiomatisierung der Arithmetik und der Geometrie führen. Neue Gebiete entstehen durch axiomatische Sicht- und Denkweisen. Der sogenannte Formalismus scheint die gesamte Mathematik zu beherrschen (denken Sie etwa an einige der Hilbertschen Probleme von 1900 und anderes).

Als ein wesentliches Resultat der Entwicklung der Mathematik in der zweiten Hälfte des 19. Jahrhunderts meint man schließlich (denken Sie an Whitehead und Russells Principia Mathematica), die *gesamte Mathematik* auf die *Logik* rückführen zu können.

Dem allen steht bekanntlich entgegen, was wir unter Intuitionismus und Konstruktivismus zusammenfassen [Brouwer, H. Weyl, an Heyting, van Dalen, Bishop/Bridges (1985), Beeson (1985) und viele andere].

Rückblickend stellen wir tatsächlich fest, daß sich die Philosophie der

Mathematik bis spät in unser Jahrhundert in der Grundlagendebatte zwischen Platonismus, Formalismus, Logizismus, Intuitionismus und Konstruktivismus erschöpfte. Und wenn dies auch in der vielfältigsten Weise geschah, so hat es sich doch ein wenig totgelaufen, vor allem auch weil es bisher kaum nennenswerte Antworten der Philosophie auf Kurt Gödel und auf neuere Entwicklungen der Mathematik gegeben hat. [Vergleiche z.B. Reichel (1992).]

In der zweiten Hälfte dieses Jahrhunderts gibt es keine wirklich großen Auseinandersetzungen und Entwürfe der Philosophie der Mathematik. Natürlich gibt es wichtige Ansatzpunkte: Lorenzen, Stegmüller, Lakatos und andere in Europa, Mc Lane, Davis, Hersh, Tymoczko und andere in den USA, wie z.B. die beiden erst jüngst erschienenen Sammelbände von White, sowie von Kac, Rota und Schwartz zeigen. (Siehe die Bibliographie!)

Dennoch aber: The present impass in mathematical philosophy is the aftermath of the great period of foundationist controversies from Frege and Russell through Brouwer, Hilbert and Gödel. What is needed now is a new beginning, wie es Reuben Hersh jüngst einmal formuliert hat.

Lassen Sie mich in wenigen Worten sagen, welche Probleme die Philosophie der Mathematik meines Erachtens sich heute stellen sollte, und lassen Sie mich nur einige Meilensteine der Mathematik und neue Strömungen nennen, von denen völlig neue Impulse für die Philosophie ausgehen müßten. Eine der Fragen der Philosophie der Mathematik, die man neu stellen müßte, ist die Frage nach der *Bedeutung mathematischer Sätze* und *Theorien*, und ich werde das gleich mit einigen Beispielen belegen:

1. Erstens nenne ich die sogenannten *Unabhängigkeitsresultate der Mengentheorie* mit ihren tiefen und vielfältigen Auswirkungen auf andere Teile der Mathematik und ihre Grundlagen. Gödel hat 1938 mit Hilfe seines Konstruktibilitätsaxiomes $V = L$ gezeigt, daß die Kontinuumshypothese und das Auswahlaxiom konsistent sind mit den klassischen Axiomen der Mengentheorie.

Aber 1963 hat Paul Cohen bekanntlich gezeigt, daß auch die Negation der Kontinuumshypothese mit den Zermelo-Fraenkel-Axiomen konsistent ist. Seine Methode des forcing (und die Boolesche Algebra übrigens) hat seither noch viele andere Unabhängigkeitsresultate geliefert (denken Sie etwa an das Martin-Axiom, an das Axiom club etwa und an andere der *unendlichen Kombinatorik*, ein Gebiet mit vielen Auswirkungen und Überraschungen).

Vor allem auch ist an die von ZF unabhängige Existenz großer Kardinalzahlen und anderer Existenzaussagen mit all ihren Folgerungen für Sätze der Topologie, der Algebra oder der Maßtheorie zu denken. So gibt es bekanntlich Modelle der Mengenlehre, wo die Mächtigkeit der reellen Zahlen fast jede beliebig große Kardinalzahl annehmen kann.

Alles Resultate, deren Auswirkungen im vorgenannten Sinn philosophische Relevanz haben müßten, wenn sie vielleicht auch keine unmittelbare Bedeutung für konkrete Anwendungen haben, so aber doch für die Analysis und deren Anwendung und ihren Einfluß auf praktisch die gesamte Mathematik.

Vor allem eben ist auch die Tatsache, daß für die Mengenlehre Gödels Konstruktibilitätsaxiom eben doch nicht völlig ausreichend ist und größere Rahmen höchst sinnvoll und nötig sein können, anzuführen. Ferner kann nach seinem Unvollständigkeitssatz von 1931 nicht nur die Arithmetik, sondern auch die Mengentheorie durch ein Axiomensystem nicht vollständig beschrieben werden, noch kann sie ihre Widerspruchsfreiheit aus sich selbst beschreiben. Allgemeiner ist das gesamte Gebäude der Mathematik in formaler Weise nicht vollständig erfaßbar.

Darin liegt aber sicherlich eine der Herausforderungen an eine moderne Philosophie der Mathematik; insofern sie nämlich neben der Mengentheorie auch die Rolle der Symbole und Sprache und die Bedeutung der Ausdrucksmittel der Mathematik neu behandeln müßte. Dies natürlich auch im Zusammenhang mit der neueren Computermathematik. Doch dazu später.

Übrigens stammt ja das erste *Unabhängigkeitsresultat* bereits aus dem vorigem Jahrhundert: ich meine natürlich das Parallelenaxiom der Euklidischen Geometrie. Tatsächlich flammen bis heute da und dort Diskussionen philosophisch-mathematischer Art darüber auf, wiewohl sich das Problem der Unabhängigkeit gewisser mathematischer Resultate von herkömmlich klassischen Ausgangspunkten im philosophischen Sinn und in seiner ganzen Breite natürlich erst jetzt, nach den Sechziger- und Siebzigerjahren dieses Jahrhunderts stellt.

2. Eine andere Herausforderung für die Philosophie der Mathematik ergibt sich aus einem Stichwort, das eben gefallen ist: die heute fast unübersehbaren *Anwendungen der Mathematik* in der konkreten Welt, besser: in fast allen Wissenschaften und Bereichen. Die Mittel, mit denen da gearbeitet wird, sind durchgehend sogenannte *mathematische Modelle* mit all deren inner- und außermathematischen Problematik [Reichel (1992)].

Ein Beispiel nur: so wissen Sie, daß etwa bei der *kontinuierlichen* Beschreibung von Prozessen durch ein oder zwei Differentialgleichungen mit z.B. zwei Parametern *keine* chaotischen Lösungen (also Situationen) auftreten können, bei *diskreten* Modellen für dieselbe Situation durch Differenzengleichungen aber schon! – Die rein mathematische Erklärung, die z.B. aus dem Satz von Poincaré-Bendixon folgt und andererseits etwa aus dem Feigenbaum-Szenario, bietet keine technischen Schwierigkeiten, solche mathematisch-philosophischer Natur bestehen aber wohl!

So z.B. die Frage, ob mathematische Modelle irgendeinen *erkenntnistheoretischen Erklärungswert* besitzen. Haben mathematische Modelle auch hermeneutisch und epistemologisch Bedeutung und Aussagekraft für den jeweils zugrundeliegenden Prozeß oder für die Natur als solche (was immer mit diesem Wort im Augenblick gemeint sein mag)? Oder sind mathematische Modelle einfach nur unter Wittgensteins Tractatus-Forderung zu sehen, wo es heißt: Alle *Erklärung* muß fort und der *Beschreibung* weichen? [Vergleiche z.B. Reichel (1990).]

(Denken Sie in dem Zusammenhang z.B. an die Modelle der Katastrophentheorie der Sechziger- und Siebzigerjahre; und vieles andere mehr!)

Was wir also brauchen ist – meine ich – eine *Philosophie der Metaphern*, besser: der *mathematischen Modelle* (und das natürlich nicht im Sinne der logischen Modelltheorie). Oder plakativer formuliert: eine *Philosophie* der modernen *Angewandten* und *anwenderungsorientierten Mathematik*!

Zu den mathematischen Modellen und ihren Anwendungen passend wäre übrigens natürlich auch die in den letzten Jahrzehnten wieder neu bedeutungsvoll gewordene *Non-Standard Analysis* zu nennen mit ihren unendlich kleinen und unendlich großen Objekten; ausgehend von den hyperreellen Zahlen und mit ihren Anwendungen in allen Zweigen der Analysis und Physik! Doch kommen wir zum nächsten Punkt:

3. Was wir über mathematische Modelle sagten, gilt – vielleicht sogar noch dringender, wie die höchst kontroversiellen Auseinandersetzungen – gerade der letzten Zeit – zeigen – für den gesamten Bereich der sogenannten *Chaostheorie*, besser: für die Theorie der Dynamischen Systeme und ihre Anwendungen.

Ihre – wenn Sie so wollen – philosophische Aufbereitung ist im Prinzip offen, obwohl sich viele derartige Probleme stellen, wie z.B. die Frage der *lokalen* und *globalen Kausalität*. [Vergleiche Davies (1988), Bigalke (1993) und die Bibliographie dort.]

Gilt doch wegen der unter Umständen starken Empfindlichkeit gegen Änderungen von Anfangsbedingungen *nicht* mehr allgemein, daß *ähnliche* Ursachen immer *ähnliche* Wirkungen haben! Das *schwache Kausalitätsgesetz* steht also zur Debatte!

Die kleinsten Rundungsfehler, die kleinsten Veränderungen der Anfangsbedingungen eines Vorganges können zu dramatischen und rechnerisch kaum erfaßbaren Änderungen des Langzeitverhaltens führen. Das *Laplacesche Weltbild* ist in diesem Sinn also zumindest zu ergänzen. Streng *determinierte* Prozesse zeigen – global betrachtet – *statistisches* Verhalten, und ähnlich überraschendes.

Überdies folgt daraus auch, daß *Experimente* – etwa in den Naturwissenschaften – prinzipiell *nicht* beliebig wiederholbar sein müssen, weil ja nie die völlig gleichen Anfangswerte hergestellt werden können und eventuell ein chaotischer Parameterbereich vorliegt. U.a.m.

Ganz allgemein zu Chaos und Fraktalen denken Sie etwa an Namen wie Peitgen und die sogenannte Bremer Schule als solche, und andererseits an die umfangreichen Diskussionen, die der bekannte und äußerst ausführliche Contra-Artikel von Klaus Steffen in den Berichten der Deutschen Mathematiker Vereinigung jüngst (1994) ausgelöst hat. Die mathematisch-philosophischen Probleme rund um nicht-lineare – mehr noch: chaotische – Prozesse bedürfen einer profunden philosophischen Bearbeitung.

Chaotische Systeme, seltsame Attraktoren und andere an sich *rein mathematische Begriffe* mit all ihren echten, aber durchaus auch möglichen Trivialauslegungen und Scheinanwendungen in Natur- und Wirtschaftswissenschaften, Biologie, Medizin und anderen Bereichen sind in aller Munde, doch leider oft viel zu vordergründig. (Stichwort: Nicht allem, was ein wenig ruckt und zuckt, liegt ein chaotisches System zugrunde.)

Andererseits haben wir bekanntlich – rein mathematisch gesehen – nicht einmal eine einheitliche und sozusagen kanonisierte *Definition* des Begriffes Chaos, wenn man von der natürlich stets involvierten starken Abhängigkeit chaotischer Bahnen von deren Anfangswerten absieht.

4. Und mit diesen Bemerkungen lande ich – viertens – auch schon bei meinem vorletzten Punkt: dem Vordringen der sogenannten *Experimentiellen Mathematik*, die – wenngleich ich sie nicht überschätzen will – viele *Veränderungen* für das klassische Bild von Mathematik und ihres Selbstverständnisses bringen könnte und bringt. Versteht man unter einem Experiment – nach einer Definition von Braun und Rademacher – das systematische Vorgehen zur Gewinnung reproduzierbarer/empirischer Daten, so ist das für die Mathematik relativ neu. Experimentiert – im weitesten Sinn – haben die Mathematiker natürlich immer schon; Gedankenexperimente waren von jeher ein wesentlicher Bestandteil der mathematischen Aktivitäten und Ausgangspunkt mathematischer Theorien. Allein, in den letzten beiden Jahrzehnten überschreiten mathematische (Computer-)Experimente den *context of discovery* und müssen teilweise vielleicht bereits den *context of justification* zugerechnet werden (um Wortprägungen Reichenbachs zu verwenden). Denken Sie z.B. an die Theorie der Mannigfaltigkeiten, die Topologie des R^n, an gewisse Ergebnisse der Zahlentheorie, u.a.m. Chaitin (1992) zitiert einschlägige konkrete Beispiele und er beruft sich auf Boltzmann, wenn er dazu aufruft, Mathematik ein wenig wie Physik zu betreiben. In den Naturwissenschaften ist es ja durchaus lege artis, Experimente im context of justification einzusetzen. In der klassischen Mathematik werden hiefür ausschließlich *Beweise* eingesetzt. Der zentrale Punkt mathematischer Theorien war seit jeher nicht das Begriffssystem, sondern das *Argumentieren*: die *Beweise*.

Ein *Beweis im klassischen Sinn* hat vor allem *drei* Merkmale:
1. Er ist überzeugend,

2. überblickbar und
3. formalisierbar.
Bezüglich dieser Punkte bringt die großteils vollzogene Aufnahme des Computers in die Mathematik Veränderungen: wie Sie wissen, gibt es in letzter Zeit – nach lange bereits angestrebten Versuchen, Computer für Beweise von Vermutungen einzusetzen – viele mathematische Aussagen, für die nur (unter Anführungszeichen) *Computerbeweise* vorhanden sind. Der Vierfarbensatz von 1976 ist eines der bekanntesten Beispiele (sowohl Punkt 1 wie 2 stehen hier zur Debatte).

Andere Sätze und Theorien wieder können aus anderen Gründen prinzipiell nicht mehr von einem einzigen Menschen überschaut werden, weil sie etwa zu verzweigt sind (denken Sie etwa an die Klassifikation der endlichen einfachen Gruppen, die außer dem jüngst verstorbenen Mathematiker Gorenstein mit ihren zahlreichen Bausteinen vielleicht niemand selbst nachvollzogen hat).

Die Frage der *Komplexität* mathematischer Theorien und ihrer dennoch allseits akzeptierten Gültigkeit sollte – nicht zuletzt wegen der heute umfangreichen, bisweilen nicht *völlig* durchschaubaren *Computerergebnisse* – profunde mathematisch-philosophische Konsequenzen haben [vgl. z.B. Davies (1988)].

Wenn es nun also heute rechentechnisch und inhaltlich so *komplexe mathematische Aussagen* gibt, die ein einzelner Mensch – geschweige denn man selbst – nicht völlig durchschauen kann, stellt sich das Problem: Kann akzeptiert werden, und kann man arbeiten mit Dingen, die nicht einer von uns vollständig wiederholen kann? Das persönliche Verhältnis zwischen *Mensch und Mathematik* steht sozusagen hier zur Debatte! [Vergleiche z.B. Fischer/Malle (1985) und Otte (1994).]

Ganz ähnlich sind in dem Zusammenhang natürlich auch Ergebnisse neu zu bewerten, denen – ebenfalls nach und durch *Computereinsatz* – nur (wieder unter Anführungszeichen) ein wenn auch sehr hoher *Wahrscheinlichkeitswert* statt *Wahrheit* im klassischen Sinn zukommt. Ich meine *probabilistische Beweise* und Methoden etwa bei der Zerlegung großer Zahlen in Primfaktoren (oder Pseudoprimzahlen), wie sie z.B. in der Codierungstheorie heute verwendet werden.

Codierungs- und Informationstheorie als solche sind natürlich auch spezielle Kandidaten für die Entwicklung einer neuen mathematischen Philosophie.

Mit *experimenteller Mathematik* als solcher meinen wir den ungeheuren Einsatz von *Computergraphik* oder der Einsatz von Parallelrechnern bei umfangreicher Problematik zur Gewinnung neuer Vermutungen, vielleicht sogar von *Resultaten* in der Topologie, in der höherdimensionalen Geometrie, Zahlentheorie und vielen anderen Gebieten. Vor allem aber, wie gesagt, ist eine mögliche Verschiebung vom context of discovery zum context of justification gemeint. (Um aber hiebei zu tieferen mathematisch-philosophischen Aussagen zu kommen, muß noch mehr als sonst die mathematische Praxis als Grundlage dienen!)

Sätze zu *beweisen* ist ja nur *eine* Art, Mathematik zu betreiben, wissenschaftliches Rechnen, kommentiertes Versuchen und Skizzieren, Beschreiben von Algorithmen, Arbeiten mit Computergraphik und das phantasievoll intuitive Vorgehen beim Lösen von Problemen, Heuristik u.s.w. sind mindestens ebenso wichtige Beispiele mathematischer Aktivitäten! Ihr Einbezug in die Philosophie der Mathematik steht letztlich – grob gesprochen – noch aus!

Jede Art *mathematischer Praxis* hat ihre eigenen Gesetze der *Rigorosität*, die aber – im Gegenteil zur sogenannten klassischen Beweis- und Grundlagenproblematik – bisher philosophisch bloß kaum zur Debatte standen.

Bei der Arbeit mit Computern tritt noch ein weiteres für die Philosopohie relevantes Thema auf: die *innere Arithmetik* involvierter Maschinen bzw. Programme und die damit verbundene Verläßlichkeit und Aussagekraft der Ergebnisse.

Das bedeutet: wenn man eine gewisse Rechenvorschrift, z.B. eine Iteration, auf verschiedenen Maschinen laufen läßt, oder sie mit verschiedenen Programmen abarbeitet, so kann jedesmal etwas anderes herauskommen. Die Ergebnisse können stark differieren, vor allem dann, wenn die involvierte Iteration oder Differenzengleichung in einem chaotischen Bereich liegt und während des Abarbeitens kleinste Rundungs- oder Approximationsfehler gemacht werden. Derartige Fehler sind aber bekanntlich prinzipiell unumgänglich, aber auch typisch für die sogenannte innere Arithmetik der Maschine oder des Programms, und das alles muß nicht immer offenkundig sein!

Wir alle kennen vermutlich das Beispiel, wo bei gegebenem x_0 und der Iteration $x_{n+1} = 3{,}95 \cdot x_n \cdot (1 - x_n)$ bei der Berechnung von x_{100} z.B. deutlich verschiedene Werte herauskommen, je nachdem mit welcher Maschine und mit welchem Programm man rechnet. (Wie man hier nämlich erkennt, liegt diesem Beispiel die Verhulst-Dynamik im chaotischen Parameterbereich zugrunde!)

Ein ähnliches Beispiel ergibt sich, wenn man mit ein und der selben Maschine die folgende *arithmetisch äquivalenten* Iterationen abarbeitet:

$$x_{n+1} = 4 \cdot x_n \cdot (1-x_n) \quad \text{und} \quad x_{n+1} = 4x_n - 4x_n^2 \ .$$

Schon x_{65} z.B. unterscheidet sich, mit *Artarist* gerechnet, bereits in der ersten Dezimale bei $x_0 = 0{,}1$; $x_{65} = 0{,}981299\ldots$ bzw. $x_{65} = 1{,}006784\ldots$

Trotz aller solcher Beispiele aber – und es gibt viele davon – verlieren Computereinsätze natürlich nicht prinzipiell ihre Glaubwürdigkeit und Bedeutung. *Computerbeweise* also, *Computergraphik*, Fraktale Geometrie, natürlich auch *Künstliche Intelligenz*, *virtuelle Welten*, und rein numerisch: die sogenannte *innere Arithmetik* verschiedener Arbeitsweisen am Computer, ja *Computereinsatz* als solcher und – damit verbunden – *experimentielle Mathematik* mit all ihren neuen Methoden und Problemen bedingen unter anderem auch *neue Antworten der Philosophie* der Mathematik und der Logik.

5. Ein fünfter – und hier jetzt letzter – Punkt, wieder eine Neuentwicklung der Mathematik, die m.E. philosophische Relevanz haben sollte, ist die *Algorithmische Informationstheorie*, wie sie im letzten Jahrzehnt von Gregory Chaitin entwickelt und beschrieben wurde. Es geht hier u.a. um die Definition und Berechnung des Komplexitätsgrades von 0-1-Folgen und – allgemeiner: um die Komplexität von Axiomensystemen und durch Zahlen verschlüsselten Systemen überhaupt. Eine 0-1-Folge heißt *Zufallsfolge*, wenn sie algorithmisch nicht verkürzbar ist, d.h.: wenn man für die kürzeste Art sie zu beschreiben, genau so viele Bits benötigt wie für ihre explizite Niederschrift, sie also Glied für Glied anzuschreiben [Chaitin (1987[1]), (1992), u.a.].

Und damit ist – aufbauend auf Kolmogoroff, Martin-Löf und anderen – ein entscheidender Schritt getan, den *Zufallsbegriff* mathematisch zu kodifizieren und ihn – in sogar berechenbarer Weise – arbeitsfähig zu machen.

Dementsprechend ist die *Komplexität* eines Satzes, der durch eine 0-1-Folge codiert sein möge, die Länge des kleinsten Computerprogrammes, welches es erlaubt, diesen Satz zu generieren. Und in diesem Sinne haben dann natürlich auch ganze Axiomensysteme eine numerische Komplexität m.

Auf dieser Definition aufbauend hat nun Chaitin den Gödelschen Unvollständigkeitssatz in einem algorithmischen Kleid dargestellt, indem er schon 1974 bewies:

Mit den Mitteln eines gegebenen formalen Systems H – sagen wir mit der Komplexität k – läßt sich prinzipiell nicht beweisen, daß die Komplexität irgendeiner vorgegebenen 0-1-Folge größer ist als eine bestimmte Zahl m, die letztlich durch k festgelegt ist – also durch das System, mit dem gearbeitet wird.

Und daraus folgt u.a., daß sich die *Zufälligkeit* hinreichend langer Zahlenfolgen *prinzipiell nicht beweisen* läßt. Insbesondere eben solche nicht, deren Länge größer ist als die durch das in Rede stehende Arbeitssystem H bestimmte Konstante m.

Das aber hat entscheidende Auswirkungen auf die *Philosophie der Naturwissenschaften*. Hiezu ein Beispiel aus der Biologie:

Bildet man einen genetischen Bauplan ab, z.B. den des Virus MS2, die Nucleotidsequenz des Replikase-Gens (β-Untereinheit) [vgl. Küppers (1983)], so stellt sich die Frage, ob die dargestellte Null-Eins-Folge eine

Zufallsfolge ist, oder ob ein (möglicherweise bisher verborgenes) Bau- bzw. Bildungsgesetz darinsteckt.

Nun, derartige Fragen führen auf die für unser Weltbild naturgemäß wichtige Frage: Steckt im Bauplan bzw. der Entstehung des Lebens *Zufall oder Notwendigkeit* (Jaques Monod versus Teilhard de Chardin sozusagen)? Und die Antwort, die die Mathematik zu geben imstande ist, ist eben angedeutet worden: die *Zufallshypothese* ist prinzipiell *nicht beweisbar* und, umgekehrt, die *teleologische These nicht widerlegbar!*

Wenn derartige Aussagen keine Relevanz für die Philosophie der Mathematik und der Naturwissenschaften haben, dann weiß ich nicht!

Im weiteren Sinn gilt dies für den Zufallsbegriff der Mathematik überhaupt, oder besser: dem Auftreten von Zufallsfolgen in der Mathematik. So kann man nun zeigen, daß viele in der Arithmetik in natürlicher Weise auftretenden Folgen von Zufallsfolgen im obigen Sinn nicht unterschieden werden können.

Eines der berühmtesten *Beispiele* entstammt dem Dunstkreis des 10. Hilbertschen Problems, das 1970 bekanntlich duch Matijasevic gelöst wurde. Er zeigte damals im wesentlichen die Äquivalenz des Problems zu dem von Turing bereits als *unentscheidbar* erkannten sogenannten Halteproblems von Turingmaschinen – wie wir heute sagen [siehe z.B. Chaitin (1992), (1987^2)].

Durch eine gewisse Modifikation dessen hat nun Chaitin bekanntlich zeigen können, daß bei einem geschickt gebauten System diophantischer Gleichungen die Frage, ob sie *endlich* oder *unendlich* viele Lösungen haben – eine scheinbar völlig determinierte Frage also – grob gesprochen eine *zufällige* Antwort hat.

Nun ich will das hier natürlich nicht ausbauen, jedenfalls aber soll auch damit ein neues Feld von Problemen für die Philosophie der Mathematik aufgezeigt sein. Jüngst erst fand an der University von Maine, USA, ein 5-Tage-Kurs über derartige Fragen statt, der die Algorithmische Informationstheorie mit den – wörtlich – *limits of mathematics* in Zusammenhang brachte.

Nun beende ich diese nur skizzenhafte Einführung mit einer Art Zusammenfassung:

1. Die anfangs gestellte Aufgabe, neu nach der *Bedeutung mathematischer Sätze* zu fragen, erscheint nun vielleicht etwas verständlicher.

Welchen *Sinn* haben mathematische Aussagen? – Auch hier sollten wir uns an Wittgensteins Dictum halten: Die Philosophie beschreibt, welche Aussagen einen Sinn haben.

Und im Hinblick auf *Anwendungen* können wir fragen: Was sagen uns mathematische Aussagen, haben mathematische Modelle auch einen epistemologischen Wert?

(Was *wir* aus der Mathematik lernen, kann man zunächst genausowenig beantworten wie „Was lernen wir aus Tolstojs ‚Krieg und Frieden'?" !)

2. Welche Aussagen können wir – nach all dem Gesagten – über die *Genauigkeit* von Experminenten und Ergebnissen machen; ist der *Begriff der Genauigkeit* neu zu problematisieren?

3. Mathematik ist die durch Jahrhunderte verfeinerte Technik, Probleme zu lösen. – Welche Fragen aber ergeben sich durch die nötige *Verschriftung* dessen, etwa durch Formalisierung bei Theorienbildung, ferner bei neu entdeckten nicht-linearen Phänomenen (sprich z.B. Chaos)? – Welche Probleme ergeben sich aus Computereinsatz, aus experimentieller Mathematik usw.?

4. Im Zusammenhang mit all dem stellt sich die Frage nach der *Bedeutung,* dem Verständnis und dem *Selbstverständnis der Mathematik* wieder neu. Durch Computerbeweise, probabilistische Beweise und experimentelle Mathematik stellt sich die Frage nach dem *Wahrheitswert* einer Aussage, die unter Umständen durch ein Experiment, eine *Simulation* entschieden werden kann. Was wird heute von der mathematical community als *Beweis* anerkannt und was nicht?

5. Die eigentümliche *Aktivität des working mathematician* muß stärker einbezogen werden, neben der Bewertung der *Resultate,* die ja im klassischen Sinn von den *Methoden ihrer Gewinnung* i.a. unabhängig sein sollen.

6. Apropos Beweismethoden (eine nur kurze Bemerkung): nach Gödels Beweis seines Unentscheidbarkeitssatzes ist auch die Frage der *Selbstreferenz* in der Mathematik wieder gesellschaftsfähig geworden. Inwiefern können Kalküle über sich selbst etwas aussagen, inwiefern nicht?[1]

7. Siebentens (und für heute letztens) ist Imre Lakatos zu diskutieren, wenn er die Mathematik heute als *quasiempirische Wissenschaft* bezeichnet [Lakatos (1982)]. Auch das ist im Zuge des hier Gesagten vielleicht besser zu verstehen. Quasiempirisch bezeichnet – in erster Annäherung und meines Erachtens – die in der Mathematik in eigentümlicherweise vorhandene *Balance* zwischen empirisch-experimentellem Vorgehen (das ja für viele mathematische Aktivitäten typisch ist) und transzendentaler Gewißheit. (Transzendental bedeutet: jede Empirie, jede persönliche Erfahrung, beispielhafte Verifizierung etc. übersteigend.) Dieses Gleichgewicht wäre ein Thema für die Philosophie der rezenten Mathematik!

Doch damit schließe ich meine Anregungen. Ich hatte mir hier die Aufgabe gestellt, Ihnen durch einige *Beispiele* aus der neueren Mathematik einen Rahmen zu eröffnen, innerhalb dessen sich neue Probleme für die Philoso-

---

[1] Gödel brachte ja u.a. durch seine – wie man heute sagt – Gödelnummern den Peano-Kalkül sozusagen dazu, über sich selbst etwas auszusagen.

phie der Mathematik ergeben und die foundational debate erweitert werden müßte. Das alles war natürlich in keiner Weise erschöpfend.

So müßte z.b. das ganze sogenannte *gesellschaftliche Feld*, in dem die Mathematik heute steht, philosophisch beleuchtet werden, denn ohne Zweifel steht das Thema *Mathematik und Öffentlichkeit* in einem ganz anderen Blickwinkel als noch vor ein paar Jahrzehnten. [Denken Sie z.B. daran, daß durch Anwendungen der Codierungstheorie Bereiche – ja das Sicherheitssystem der Welt (der Atomsperrvertrag z.B.) – von Methoden der Zahlentheorie abhängen können. Und es gibt zahlreiche andere Beispiele, wo Mathematik direkt oder indirekt auf die Öffentlichkeit wirkt.] Das gleiche gilt für das Thema *Mathematik und Schule*, für die *Mathematikdidaktik* also und viele andere Themenbereiche, die gegenüber den – sagen wir – ersten Jahrzehnten dieses Jahrhunderts sich prinzipiell verändert haben [Otte (1994), Fischer/Malle (1985), u.a.].

Nur eines ist ein absoluter Fixpunkt: Ausgangspunkt, vielleicht sogar Zentrum der mathematischen Philosophie muß die *mathematische Praxis* sein, die Arbeit des working mathematician, the mathematical experience.

It is the practice of mathematics that provides philosophy with its data, its problems and solutions. At the turn of century it seemed if foundationalism could capture the essence of mathematical practice. But in the last half of century foundational research and ordinary mathematical practice have evolved quite different lines. To revive the philosophy of mathematics we must return to the *present work* and *mainstreams* and from there continue the threads that always begin in the historical depth of our science.[2]

Literatur

Augarten, S. (1984): *Bit by Bit, an Illustrated History of Computers*. Ticknor and Fields, New York.

Beeson, M.J. (1985): *Foundations of constructive mathematics: metamathematical studies*. Springer, Berlin (u.a.).

Benacerraf, P. and Putnam, H. (1984): *Philosophy of Mathematics*, selected readings. 2. ed., Cambridge University Press, Cambridge.

Bigalke, H.-G. (1993): „Chaostheorie: Eine neue Herausforderung für die Mathematikdidaktik". *Zentralblatt für Didaktik der Mathematik* 1993/6, 197 - 208. (Gute Übersicht und Bibliographie).

Bishop, E. and Bridges, D. (1985): *Constructive analysis*. Springer, Berlin (u.a.).

---

2   Ein leicht verändertes Zitat aus Tymoczko (1986).

Chaitin, G. (1987[1]): *Algorithmic Information Theory.* Cambridge University Press, Cambridge.
Chaitin, G. (1987[2]): *Information, Randomness and Incompletness*; Papers on Algorithmic Information Theory. World Scient. Publ. Comp.
Chaitin, G. (1992): *Zahlen und Zufall – Algorithmische Informationstheorie.* Neueste Resultate über die Grundlagen der Mathematik. In Prat/Reichel (1992), 30 - 44.
Davies, P. (1988): *Prinzip Chaos.* Goldmann, München. (Wesentlich philosophischen Problemen gewidmet).
Davis, P.J. and Hersh, R. (1981): *The Mathematical Experience.* Birkhäuser, Boston. (Deutsche Übersetzung bei Birkhäuser, Basel).
Fischer, R. und Malle, G. (1985): *Mensch und Mathematik.* Bibliographisches Institut Mannheim/Wien/Zürich.
Fritsch, R. (1993): *Der Vierfarbensatz.* Bibliographisches Institut Mannheim/Wien/Zürich.
Gödel, K. (1931): „Über formal unentscheidbare Sätze der Principia Mathematica und verwandter Systeme I." *Monatshefte Mathematik-Physik 38*, 173 - 198.
Heijenoort, J. van (1967): *From Frege to Gödel.* Havard University Press, Cambridge MA.
Hintikka, J. (1969): *The Philosophy of Mathematics.* Oxford University Press, Oxford.
Kac, M., Rota, G.-C. and Schwartz, J.T. (1992): *Discrete Thoughts. Essays on mathematics, science and philosophy.* Birkhäuser, Boston-Basel-Berlin.
Küppers, B.O. (1983): „Zufall oder Planmäßigkeit; erkenntnistheoretische Aspekte der biologischen Informationsentstehung". *Biologie in unserer Zeit 13*, 109 - 119.
Lakatos, I. (1982): *Mathematik, empirische Wissenschaft und Erkenntnistheorie.* Vieweg, Braunschweig.
Lambert J. (1994): Are the Traditional Philosophies of Mathematics Really Incompatible? *Mathematical Intelligencer 16* (1), 56 - 62.
Lorenzen, P. (1974): *Konstruktive Wissenschaftstheorie.* Suhrkamp tbw, Frankfurt/Main.
McLane, S. (1986): *Mathematics, Form and Function.* Springer, New York.
Oeser, E. und Bonet, E. (1988), Hgb.: *Das Realismusproblem.* Edition S, Österreichische Staatsdruckerei, Wien.
Otte, M. (1994): *Das Formale, das Soziale und das Subjektive.* Suhrkamp tbw, Frankfurt/Main.
Peitgen, H.-O., Jürgens, H. und Saupe, D. (1992): *Fractals for the classroom.* Springer, Heidelberg-Berlin.

Peitgen, H.-O. und Richter, P.H. (1986): *The Beauty of Fractals*. Springer, Berlin-Heidelberg.

Prat, E. und Reichel, H.-C. (1992), Hgb.: *Naturwissenschaft und Weltbild*. Verlag Hölder-Pichler-Tempsky, Wien.

Putnam, H. (1987): *Philosophical Papers*. Vol. 5 (2. ed., 3. reprint), Cambridge University Press, Cambridge.

Radbruch, K. (1989): *Die Mathematik in den Geisteswissenschaften*. Vandenhoeck und Rupprecht, Göttingen.

Reichel, H.-C. (1988): „Zum Realismusproblem mathematischer Begriffe". In Oeser/Bonet (1988), 95 - 158.

Reichel, H.-C. (1990): „Mathematik als Paradigma und Propädeutik der Philosophie". *Mathematische Semesterberichte 37*, 180 - 215.

Reichel, H.-C. (1992): „Mathematik und Weltbild seit Kurt Gödel". In Prat/ Reichel (1992), 9 - 29.

Reichel, H.-C. (1993): „Bildung durch Mathematik"; in H. Köhler und K. Röttel (Hgb.): *Mehr Allgemeinbildung im Mathematikunterricht. Bildungsraum Schule 2*, Polygon-Verlag, Buxheim-Eichstätt, 113 - 126.

Reichel, H.-C. (1995): „How can or should the recent developments in mathematics influence the Philosophy of Mathematics"; in W. De Pavli-Schimanovich et al. (eds.): *The Foundational Debate*, Kluwer Publ. 259 - 268.

Steffen, K. (1994): „Chaos, Fraktale und das Bild der Mathematik in der Öffentlichkeit." *DMV-Mitteilungen 1/94*, 25 - 46.

Stegmüller, W. (1969): *Hauptströmungen der Gegenwartsphilosophie*. Kröner, Stuttgart.

Tymoczko, T. (1986): *New Directions in the Philosophy of Mathematics*. Birkhäuser, Boston.

White, A.M. (1993), Ed.: *Essays in Humanistic Mathematics*. Mathematical Association of America, Washington.

Ziegler, R. (1992): *Mathematik und Geisteswissenschaft*. Philosophischer Antroposophischer Verlag, Dornach.

PHILOSOPHIE ODER WISSENSCHAFTSTHEORIE DER MATHEMATIK?

ERHARD OESER (WIEN)

Wenn man im Sinn einer Neuorientierung des Verhälnisses von Philosophie und Mathematik sowohl die festgefahrene Tretmühle der metamathematischen Grundlagendiskussion als auch die begründungsphilosophische Aporien vermeiden will, dann muß man einerseits zu der ursprüngliche Grundidee der Metamathematik zurückgehen und andererseits durch einen wissenschaftstheoretischen Zugang einen Rückfall in eine „vorsintflutliche Philosophie der Mathematik" (Stegmüller) zu vermeiden versuchen.

Was nun die ursprüngliche Idee der Metamathematik betrifft, sei zunächst daran erinnert, daß Hilbert selbst im Unterschied zu den sog. „strengen" Formalisten mit Kant (B 745) darin übereinstimmt, „daß die Mathematik über einen unabhängig von aller Logik gesicherten Inhalt verfügt und daher nie und nimmer allein durch Logik begründet werden kann." (Über das Unendliche 1925, S.171). Die Metamathematik befaßt sich mit „außer-logischen konkreten Objekten, die sich vollkommen in allen Teilen überblicken lassen und deren Aufweisung, Unterscheidung, Aufeinanderfolge oder Nebeneinandergereihtsein mit den Objekten zugleich unmittelbar anschaulich gegeben ist als etwas, das sich nicht noch auf etwas anderes reduzieren läßt oder einer Reduktion bedarf". In diesem Sinn ist die Metamathematik selbst eine finitäre Theorie der konkreten finiten Mathematik, die aus konkreten Zeichen besteht, welche die individuellen Dinge der wahrnehmungsmäßig erfaßbaren Wirklichkeit repräsentieren.

Damit ist jedoch nicht die empirische Begründung der Mathematik schlechthin gemeint, zu der als wesentlicher Bestandteil und als „Höhepunkt menschlicher geistiger Schöpferkraft" der Bereich der abstrakten transfiniten Mathematik hinzukommt. Das Axiomensystem der Mathematik läßt sich daher auch unabhängig von der empirischen Erfahrung erweitern, „aber immer ist zu zeigen, daß dabei die Widerspruchsfreiheit erhalten bleibt" (Weyl 1927,48) Das Hilfsmittel zum Aufbau dieses transfiniten Axiomenbestandteils, welcher der Mathematik insgesamt ihr Gepräge aufdrückt, ist die symbolische Konstruktion, für die der Begriff des (aktual) Unendlichen von zentraler Bedeutung ist: „Will man" sagt H.Weyl „ein kurzes Schlagwort, welches den lebendigen Mittelpunkt der Mathematik trifft, so darf man wohl sagen: sie ist die Wissenschaft vom Unendlichen" (53) Das klingt sehr nach metaphysischer Letztbegründung und war ja auch von Hilbert so gemeint – allerdings nicht im Sinn des klassischen Dogmatismus, sondern wie Hilbert ausdrücklich feststellt im Sinn des Kantschen Kritizismus: „Die Rolle, die dem Unendlichen bleibt, ist .... lediglich die einer Idee – wenn man, nach den

Worten Kants, unter einer Idee einen Vernunftbegriff versteht, der alle Erfahrung übersteigt und durch den das Konkrete im Sinne der Totalität ergänzt wird." (Über das Unendliche, 1925, S. 190)

Diese für die Mathematik als Wissenschaft wesentliche und charakteristische Erweiterung, die einen Sprung ins Jenseits der Erfahrung bedeutet, erhält zwar ihre Rechtfertigung nach Hilbert nur durch den ständigen bei jedem Schritt durchgeführten Beweis der Widerspruchsfreiheit. Aber ihre eigentliche Grundlage, sozusagen die Absprungbasis liegt auf der Ebene der konkreten finiten Mathematik, deren symbolischer Apparat aus Zeichen besteht, in die man die Dinge der Realität einsetzen kann. In den eigenen Worten Hilberts ausgedrückt: „Man muß jederzeit an Stelle von 'Punkten', 'Geraden', 'Ebenen' 'Tische', 'Stühle', 'Bierseidel' sagen können (Hilbert, 1935 S.403). Auch der abstrakte Bereich der transfiniten Mathematik, das Operieren mit dem Unendlichen, ist nur durch das Endliche gesichert. Denn die Konstruktion dieser nur noch in Symbolen darzustellenden objektiven Welt aus dem in der Anschauung unmittelbar Gegebenen vollzieht sich in mehreren Stufen, wobei der Fortgang von Stufe zu Stufe dadurch erzwungen wird, daß sich jeweils das auf einer Stufe Erreichte als Erscheinung einer „höheren Wirklichkeit, der Wirklichkeit nächster Stufe" (Weyl, 1927, S.80) erweist. Die Frage, was im Bereich der abstrakten Mathematik außer der Widerspruchsfreiheit als Kriterium der Wahrheit hinzukommen muß, findet daher, wie Hermann Weyl fast poetisch sagt, „eine vollständige Antwort nur durch den Hinweis auf das in der Geschichte an uns sich vollziehende Leben des Geistes, von dem sich die symbolische Konstruktion der Welt niemals als ein endgültiges Resultat abheben lässt." (Weyl,1927 S.49 f.) Damit sind jedoch zwei Grundzüge der abstrakten „höheren" Mathematik angesprochen, die der formallogischen Begründung der Mathematik fernliegen: die pragmatische Auffassung von der symbolischen Konstruktion als Erweiterung der menschlichen Handlungsmöglichkeiten und eine systematisch nicht hintergehbare oder besser nicht einholbare Historizität. Denn jede genauere historische Analyse zeigt, daß Mathematik zu keinem Zeitpunkt ihrer Geschichte ein abgeschlossenes hierarchisch gegliedertes Gesamtsystem war, sondern daß vielmehr immer wieder neue Strukturen entwickelt worden sind, um die Fülle empirischer Erkenntnisse in eine beherrschbare Ordnung zu bringen.

Auf diese Weise enthält die Mathematik in ihrem Entstehungsprozeß ihre eigene notwendige und hinreichende Begründung, die in dem schrittweise argumentativ nachvollziehbaren konstruktiven Aufbau besteht, der immer, wie bereits Hermann Weyl festgestellt hat, auch ein Abbau von nicht brauchbaren Strukturen ist. Daraus ergibt sich auch für den Bereich der Mathematik die Idee einer angewandten Wissenschaftstheorie, die im Unterschied zu den klassischen begründungsphilosophischen Vorurteilen nicht mehr auf einer progressiven sondern auf einer regressiven Argumentationsstruktur beruht. Das heißt: die historisch faktische Existenz der Mathematik wird nicht nur als Gegenstand der wissenschaftstheoretischen Analyse vorausgesetzt und nach vorweggenommenen logischen oder erkenntnistheoretischen Prinzipien untersucht, sondern es muß auch nach Hilberts Auffassung von der „erkenntnistheoretischen Abgeschlossenheit der Mathematik" die Existenz von immanenten, in der realen Entwicklung der Mathematik durch einzelne konstruktive Schritte zustandegekommenen methodischen Prinzipien vorausgesetzt werden, die wissenschaftstheoretisch nur rekonstruiert werden können, wobei zwischen Konstruktion und Anwendung nicht streng unterschieden werden kann. Im Sinn einer diachronen Kohärenztheorie der Wahrheit geht es dann primär um die Anschlußfähigkeit an das, was sich in der historische Entwicklung der Mathematik als funktionstüchtig erwiesen hat.

Wenn man unter den „Gegenständen" der Mathematik nicht mehr vorgefundene oder erfundene Objekte, sondern Operation oder Handlungen bzw. deren Formen und Formtypen versteht, wird nicht nur die ontologische sondern auch die erkenntnistheoretische Fragestellung in eine Frage nach der deskriptiven Leistung der Mathematik umgewandelt. Die eigentliche mathematische Leistung besteht dann in der Auszeichnung eines Formtypus einer im Grunde genommen alltäglichen Handlung und ihrer Präzisierung, aus der sich dann ein ganzes Gebiet entwickelt: So führt die Form des Zählens zu den Objekten der elementaren Arithmetik, Gestalterkennen zur Geometrie, Schätzen zur Wahrscheinlichkeitstheorie usw. Einen Katalog dieser ursprünglichen Formtypen mathematischer Grundoperationen findet man sowohl bei Reichel (1988, S. 118 f.) als auch bei Radbruch (1993, S. 33). Damit wird Mathematik zwar nicht als empirische aber doch als eine „quasi-empirische" Wissenschaft charakterisiert.

Dieser Quasi-Empirismus ist nach Lakatos eine Konsequenz aus den Gödelschen Resultaten, wie er an einer Reihe von Zitaten u.a. von Carnap, Quine, von Neumann, Weyl und schließlich auch von Gödel selbst zu zeigen versucht (Lakatos 1982, S. 23 ff.). Er kann aber noch tiefergehend begründet werden. Und zwar durch die sog. „naturalisierten Erkenntnistheorien", die den genetischen Entstehungszusammenhang mit einem operational-pragmatischen Begründungszusammenhang verbinden im Sinn einer funktionalen Korrespondenz- und Kohärenztheorie der Wahrheit, die besagt: „Wahr ist das, was funktioniert" und somit die eigentliche Grundlage für die diachrone Kohärenztheorie der Wahrheit darstellt. Faßt man nun im Sinn eines Quasi-Empirismus die mathematischen Gegenstände als Leistungen bzw. Formtypen von Leistungen auf, dann kann man im Rahmen dieser naturalisierten Erkenntnistheorien im Sinn sowohl einer phylo- wie ontogenetischen Regression nach den Entstehungsbedingungen dieser mathematischen Leistungen wie Gestaltenwahrnehmen, Zählen, Abschätzen usw. fragen, was ja auch schon längst geschehen ist. Es waren gerade auch Mathematiker und Physiker, wie Mach und Boltzmann, die sich damit beschäftigt haben und nicht nur Biologen und Verhaltensforscher die den elementaren mathematischen Leistungen bei Insekten, Tauben und Affen nachgegangen sind. Aber was soll die Taubenarithmetik und Affengeometrie zur Erklärung des menschlichen Kulturphänomens Mathematik beitragen? Die Antwort darauf ist, daß die grundlegenden mathematischen Leistungen und Fähigkeiten tief in der Geschichte lebender Wesen verwurzelt sind – das heißt, daß sie elementare Ordnungsleistungen zur Bewältigung der Realität sind. Die weitere Entwicklung der Mathematik bzw. ihrer einzelnen Gebiete aus den elementaren Formtypen menschlichen alltäglichen Handelns erfolgt dann in konstruktiven Begründungsschritten, die sich immer mehr von der ontologischen Basis bzw. erkenntnistheoretisch ausgedrückt von der Sinneswahrnehmung entfernen. Was nun die ontogenetische Erkenntnistheorie (Piaget) betrifft, so läßt sich von dort her eine Idee aufgreifen, die mit dem Prinzip der Anschlußfähigkeit alles mathematischen Denkens an die mathematische Tradition zusammenhängt und eine nicht zu unterschätzende Bedeutung für die Didaktik der Mathematik hat. Nämlich das, was man in einer Abwandlung des mehr entwicklungspsychologisch verstandenen psychogenetischen Rekapitulationsgesetzes von Piaget als ein epistemogenetisches Rekapitulationsgesetz bezeichnen kann. Es besagt, daß jedes individuelle Erkenntnissubjekt nicht nur die Stammes- sondern auch die Kulturgeschichte des menschlichen Geistes in der eigenen Entwicklung wiederholt, was zu der vor allem für die abstrakte Mathematik grundlegenden Einsicht führt, daß nur derjenige eine wissenschaftliche Idee oder Entdeckung wirklich verstanden hat, der in groben Zügen ihre historische Entwicklung nachvollzogen hat.

Literatur
Hilbert, D.: *Über das Unendliche*, Math. Annalen 95 (1925)
Hilbert, D.: *Gesammelte Abhandlungen Bd.3.* Berlin 1935
Radbruch, K.: Philosophische Spuren in der Geschichte und Didaktik der Mathematik, in: *Math. Semesterberichte 40* (1993), 1-27
Reichel,H.-Chr.: Zum Realitätsproblem mathematischer Begriffe, in: E. Oeser, E.M. Bonet: *Das Realismusproblem* (Wiener Stud. z. Wissenschaftstheorie Bd.2 1988) S.95-158
Stegmüller, W.: *Probleme und Resultate der Wissenschaftstheorie und Analytischen Philosophie Bd.2, Theorie u. Erfahrung 2. Halbb*, Berlin Heidelberg New York 1973.
Weyl, H.: *Philosophie der Mathematik und Naturwissenschaft* (Handbuch der Philosophie Abt.II) München und Berlin 1927

DIE UNLÖSBARE WAHLVERWANDTSCHAFT VON MATHEMATIK UND PHILOSOPHIE

KNUT RADBRUCH (KAISERSLAUTERN)

Wissenschaften entfalten sich keineswegs nur nach internen Bedingungen und Kriterien. Die Architektur einer jeden Wissenschaft wird durch ein dynamisches Mosaik externer Einflüsse mitbestimmt. Aus dem verschlungenen Geflecht wechselseitiger Beziehungen und Abhängigkeiten aller Disziplinen soll hier der Blick auf zwei spezielle Disziplinen focussiert werden, nämlich auf Mathematik und Philosophie. Das Ziel besteht dabei im Nachweis einer Wahlverwandtschaft der beiden genannten Wissenschaften, und zwar einer Wahlverwandtschaft ganz im Sinne von Goethes gleichnamigem Roman. Darin erläutert der Hauptmann im Hinblick auf eine chemische Bindung, es sei „berechtigt, sogar das Wort Wahlverwandtschaft anzuwenden, weil es wirklich aussieht als wenn ein Verhältnis dem andern vorgezogen, eins vor dem andern erwählt würde." Es ist in der Tat so, daß in den zurückliegenden zweieinhalb Jahrtausenden die Philosophie von keiner anderen Disziplin so viele Impulse empfangen hat wie gerade von der Mathematik. Umgekehrt hat keine Wissenschaft das Selbstverständnis der Mathematik so nachhaltig beeinflußt wie die Philosophie. Und diese Wahlverwandtschaft von Mathematik ist offensichtlich in doppeltem Sinne unlösbar. Sie ist zunächst einmal unlösbar im Sinne von *unkündbar*; Mathematik und Philosophie lassen sich nicht voneinander lösen bzw. trennen, ohne daß wesentliche Aspekte für jeweils beide Disziplinen verlorengehen. Sie ist zum anderen in der Weise unlösbar, daß die Beziehung zwischen Mathematik und Philosophie *nicht abschließend beantwortbar* ist; jede Einsicht in das Verhältnis der beiden Disziplinen ist situationsabhängig und keineswegs frei von Alternativen.

Wir werden einige für diese Wahlverwandtschaft charakteristischen Stationen von der Antike bis in die Gegenwart schildern. Dabei wird sich auch zeigen, daß und wie sowohl die Mathematik auch die Philosophie von dieser Wahlverwandtschaft profitiert haben.

Die Wahlverwandtschaft von Mathematik und Philosophie wurde erstmals von Platon erkannt. Sowohl seine Dialoge als auch seine ungeschriebene Lehre enthalten Einsichten und Aufschlüsse über die Wechselbeziehungen von Mathematik und Philosophie, welche deutlich zeigen, wie Mathematik und Philosophie aneinander gebunden sind. Diese Platonische Denkleistung war Reaktion auf eine Problemlage. Jene entstand durch den Übergang von vorgriechischer zu griechischer Mathematik. In der babylonischen Geometrie waren durchaus anspruchsvolle, jedoch stets konkrete und praxisorientierte Aufgaben zusammen mit einer als Rechen- bzw. Handlungsanweisung deklarierten Lösung präsentiert worden. Da war von Kanälen, Leitern und Wagenrädern die Rede. Die Sätze des Thales bedeuteten einen Paradigmenwechsel: In jedem gleichschenkligen Dreieck sind die Basiswinkel gleich groß. Oder: Jeder Kreis wird durch jeden Durchmesser halbiert. Hier werden Aussagen über Dreiecke, Winkel, Kreise usw. gemacht. An genau dieser Stelle setzt Platons philosophische Kritik an, indem er radikal nachfragt, von welchen Objekten die thaletische Geometrie handelt. Und er selbst ist es, welcher eine originelle Antwort auf diese Frage nachreicht. Sein genialer Einfall besteht darin, daß er mit den mathematischen Ideen einen Bereich intelligiblen Seins postuliert und diesen zum Schauplatz der Geometrie macht. Die Sätze der thaletischen Geometrie, so sagt er, gelten für die Idee des Dreiecks, die Idee des Winkels, die Idee des Kreises usw. Diese Platonische Antwort auf eine wissenschaftsgeschichtliche Problemlage ist zwar überzeugend, jedoch nicht zwingend. Die Überzeugungskraft resultiert aus der Konsistenz des Ideenmodells; aber zwingend und somit ohne Alternative ist es keineswegs. Denn es beschreibt mathematische Sachverhalte in einem System, welches selbst in dieser Welt gerade nicht vorzufinden ist. Hier handelt es sich also um ein theoretisches Erklärungsmodell. Und darin ist von Begriffen und Objekten die Rede, deren einzige Legitimation in ihrer Bewährung innerhalb des Modells besteht. Die Idee des Kreises ist ein Begriff, dem ausschließlich im Rahmen dieses Erklärungsmodells Gehalt zukommt. Platons intelligible Welt der mathematischen Ideen teilt das Schicksal aller Nachfolgemodelle, daß nämlich die Objekte der Mathematik nicht von dieser Welt sind. Es handelt sich stets um Konzeptionen, die der Erfahrung und Beobachtung zwar angepaßt sind, aber nicht zwingend daraus abgeleitet werden können.

Angeregt durch diese erfolgreiche Interpretation mathematischer Aussagen mittels mathematischer Ideen hat Platon offensichtlich seine umfassende philosophische Ideenlehre entfaltet. Mittelstraß spricht explizit von der „Orientierungsfunktion, die die Konzeption zumal geometrischer Ideen im Rahmen der Genese der Ideenlehre hat." Und Patzig meint, „daß Platon am Beispiel der Geometrie etwas aufgegangen ist, das er in der Ideenlehre festhielt." Diese globale Ideenlehre, deren Ursprung in der Mathematik lokalisiert ist, verschafft nun ihrerseits wieder der mathematischen Forschung Impulse. Dikaiarch berichtet über die Blütezeit der Platonischen Akademie: „Wirklich zu erkennen war in jener Zeit auch ein großer Fortschritt der mathematischen Wissenschaften, wobei Platon die baumeisterliche Leitung hatte und Aufgaben stellte, die dann die Mathematiker mit Eifer erforschten." Durch Platon wurde die Wahlverwandtschaft von Mathematik und Philosophie mit einer solchen Überzeugungskraft fundiert, daß eine Analyse der Korrespondenz dieser beiden Disziplinen für mehr als zweitausend Jahre bis auf den heutigen Tag eine der faszinierendsten Aufgaben interdisziplinärer

Wissenschaftsforschung geblieben ist.

Nach Jaspers gehört Platon zu den *fortzeugenden Gründern des Philosophierens*. Dies trifft insbesondere zu für die Wahlverwandtschaft von Mathematik und Philosophie, deren Ursprung bei Platon soeben geschildert wurde und welche seither durch nahezu alle Philosophen von Rang fortgeschrieben wurde. Genannt seien hier nur Aristoteles, Augustinus, Nikolaus von Kues, Descartes, Leibniz, Hegel, Schopenhauer, Husserl, Heidegger und Jaspers. Wer in dieser knappen Aufzählung Kant vermißt, den bitten wir für einen Augenblick um Geduld. Denn es soll jetzt auf eine besonders facettenreiche Phase dieser Wahlverwandtschaft, die von der Mitte des 17. Jahrhunderts bis in das 19. Jahrhundert hinein dauerte, etwas ausführlicher eingegangen werden. Den Anlaß bildete eine didaktische Innovation im Hinblick auf Argumentationsstil und Begründungspflicht bei der Vermittlung von Wissen. Der Reformpädagoge Comenius forderte in seiner *Pampaedia* einen neuen Typ von Schulbüchern, und zwar sollten diese „nach mathematischer Methode geschrieben sein, nichts soll mit Worten ausgehandelt, alles soll bewiesen werden." Das erste Buch, welches konsequent im Sinne des Comenius nach mathematischer Methode geschrieben wurde, dürfte die 1677 erschienene *Ethica ordine geometrico demonstrata* von Spinoza sein. Der Anspruch des Comenius, alle künftigen Bücher sollten nach der mathematischen Methode geschrieben sein, und dessen nahezu perfekte Einlösung durch Spinoza erwiesen sich als Initialzündung. Insbesondere Christian Wolff nahm sich der Sache an und erklärte, „daß auch ausser der Mathematick die Beweise am allerbesten auf eben solche Art, wie man in der Geometrie verfähret, eingerichtet werden können." Diese Argumentationsweise war für Wolff auch in der Philosophie zu etablieren, so daß er konsequenterweise forderte: „Ehe man die Welt=Weißheit [Philosophie] zu studiren beginnt, soll man vorher die Arithmetick und Geometrie studiren." Es war dann Immanuel Kant, der als Gegenreaktion die Philosophie vom Joch der mathematischen Methode befreite und zugleich sowohl eine neuartige Auffassung von Mathematik entwarf als auch die Wahlverwandtschaft von Mathematik und Philosophie aktualisierte. Axiome und Demonstrationen seien, so argumentiert Kant, in der Mathematik in der Tat angebracht, nicht jedoch in der Philosophie. Er bestimmt Tragweite und Grenzen der Mathematik neu, wobei er zugleich die Beziehung zur Philosophie im Blick hat. Laut Kant untersucht die Mathematik das Allgemeine im Besonderen, die Philosophie hingegen gerade umgekehrt das Besondere im Allgemeinen. Dies wiederum hängt eng damit zusammen, daß die Philosophie von Begriffen und die Mathematik von der Konstruktion der Begriffe handelt.

Als Alternative zu dieser dualistischen Deutung mit der klaren Trennung von Besonderem und Allgemeinem entwirft der junge Schelling ein monistisches Modell als Einstieg in seine Identitätsphilosophie. Er sagt: „Philosophie und Mathematik sind sich darin gleich, daß beide in der absoluten Identität des Allgemeinen und Besonderen gegründet sind." Daraus wiederum folgt für Schelling, daß der Konstruktion nicht nur in der Mathematik, sondern auch in der Philosophie eine zentrale Rolle zukommt.

Diese wenigen Beispiele illustrieren die Dynamik, mit welcher die Wahlverwandtschaft von Mathematik und Philosophie durch alle Epochen in Bewegung gehalten wurde. Und wie steht es um diese Wahlverwandtschaft in unserem Jahrhundert? In den ersten Jahrzehnten des 20. Jahrhunderts stand diese Wahlverwandtschaft unter keinem glücklichen Stern. Als Reaktion auf die innermathematischen Antinomien bemühten sich Logizismus, Formalismus, Platonismus, Intuitionismus und weitere „ismen" um eine neue philosophische Begründung der Mathematik. Doch alle Versuche scheiterten. Man sprach von einer Krise in der Philosophie der Mathematik. Heute stellt man die im Anspruch bescheidenere, was eine Lösung betrifft jedoch keineswegs einfachere Aufgabe einer philosophischen Beschreibung von Mathematik. Was nun diese Beschreibung betrifft, so gewinnt sowohl bei Mathematikern als auch bei Philosophen jene These immer mehr Anhänger, welche besagt, daß Mathematik gar nicht von primär verfügbaren oder geschaffenen Gegenständen handelt, sondern daß Mathematiker vielmehr nur Formen von Gegenständen, Handlungen und Situationen zusammen mit den möglichen Weisen der Verständigung über diese Formen untersuchen. In der kommunikativen Ebene werden diese Formen in der Tat wie Gegenstände behandelt und gehandelt, und zwar heute meist in der begrifflichen Gestalt von Strukturen, doch die genuine mathematische Leistung besteht in der Auszeichnung des Formtyps. Dabei handelt es sich um differenzierte menschliche Handlungs- und Sichtweisen, affektive und kognitive Aktivitäten, die sich im Lebensalltag sowohl ständig wiederholen als auch bewähren und deren invarianter Kern begrifflich präzisiert wird. So führt die Form des Zählens zu den Objekten der elementaren Arithmetik, die typisch menschliche Aktivität des Ordnens gibt Anlaß für eine mathematische Theorie der Ordnungen, eine Analyse des Schätzens führt zur Stochastik, die kognitive Leistung des Zusammenfassens steht Pate für Mengentheorie, das natürliche Argumentieren bringt die mathematische Logik auf den Weg, aus dem Messen resultiert die Theorie metrischer Räume, das Zusammensetzen und Arrangieren initiiert die Kombinatorik, der Blick für Symmetrie motiviert die Gruppentheorie. Der entscheidende Aspekt dieser Sichtweise besteht darin, daß soziale Grundverhaltensweisen des Menschen Anlaß für mathematische Begriffsbildungen und Theorien sind. Damit wird zugleich eine völlig neuartige Deutung der Wahlverwandtschaft von Mathematik und Philosophie induziert.

Philosophie des Geistes

KANN MAN WISSEN, WER MAN IST?

PETER STRASSER (GRAZ)

(1) Auf einer oberflächlichen Ebene scheint nichts leichter zu sein, als zu sagen, wer man ist. Ich zum Beispiel heiße Peter Strasser, bin am 28. Mai 1950 in Graz geboren, und mein Paß, ausgestellt von der österreichischen Behörde, trägt die Nummer T 0229394. Auf einer tieferen Ebene aber ist es ein Rätsel, wer ich bin. Die eben genannten Merkmale erlauben es, mich eindeutig zu identifizieren. Doch sie alle sind für mich nicht wesentlich. Ich könnte auch Hans Meier heißen. Sollte sich herausstellen, daß ich ein halbes Jahr jünger bin als bisher angenommen, würde das mein Selbstbild kaum berühren. Und was schließlich meinen Paß betrifft: Hätte Hitler den Krieg gewonnen, wäre ich vielleicht ein Bürger des großdeutschen Reiches und meine Paßnummer wäre eine ganz andere.

Eine naheliegende Antwort auf die Frage „Kann man wissen, wer man ist?" lautet also: „Nur unter der Voraussetzung, daß man zumindest einige der Eigenschaften kennt, die für einen selbst, die eigene Person oder Identität, wesentlich sind." Es ist der Unterschied zwischen identifizierenden und wesentlichen Eigenschaften, der Schwierigkeiten bereitet. Die Beschreibunstheorie der Namen – auch Theorie der singulären Kennzeichnung genannt – ging davon aus, daß man die Bedeutung eines Namens durch die Angabe identifizierender Mermale festlegen kann.[1] Beispielsweise kann man mit Bertrand Russell sagen, daß der Name „Aristoteles" genau jene Person bezeichnet, die der Erzieher des späteren Alexander des Großen war. Das hat freilich zur Folge, daß der Name nicht mehr notwendigerweise die Person bezeichnet, die wir meinen, wenn wir von Aristoteles sprechen, sondern bloß noch die Person, die der Erzieher Alexanders des Großen war. Angenommen, eines Tages stellt sich heraus, daß Aristoteles gar nicht der Erzieher Alexanders des Großen war. Nach Russells Theorie bleibt nur eine Antwort: Man muß zugeben, daß Aristoteles (also die Person, die wir im Auge hatten, wenn wir von Aristoteles sprachen) tatsächlich *nicht* Aristoteles war (das heißt nicht die Person, die Alexander den Großen erzog).

Das ist selbstverständlich kein akzeptables Ergebnis. Daher mag man versuchen, die Theorie der singulären Kennzeichnung zu retten, indem man die

---

1 Die klassische Quelle ist Bertrand Russell: „Über das Kennzeichen" [1905], in: ders.: *Philosophische und politische Aufsätze*, hrsg. v. Ulrich Steinvorth, Stuttgart 1971, S. 3-22. Russell seinerseits beruft sich auf Gottlob Frege: „Über Sinn und Bedeutung" [1892], in: ders.: *Funktion, Begriff, Bedeutung. Fünf logische Studien*, hrsg. v. Günther Patzig, Göttingen 1969 (3., durchgesehene Aufl.), S. 40-65.

Angabe nicht bloß eines einzigen, sondern eines möglichst großen Bündels identifizierender Merkmale verlangt. Das war bekanntlich John R. Searles Vorschlag.[2] Stellt sich heraus, daß ein Bedeutungsfaden reißt, dann werden eben die anderen halten! Schließlich war Aristoteles nicht nur der Lehrer Alexanders des Großen. Er war außerdem der Mann, der von 384-322 v. Chr. lebte, an Platons Akademie studierte, nach Alexanders Thronbesteigung in Athen eine eigene Schule, das Lykeion, gründete, eine Familie hatte, 323 nach Chalkis auf Euböa floh, als Vater der modernen Logik gilt, usw.

Gegen alle Varianten der Beschreibungstheorie der Namen hat schließlich Saul Kripke einen Einwand vorgebracht, der von ihm selber als prinzipiell bezeichnet wurde. Namen, so sagt Kripke, sind „starre Designatoren" (*rigid designators*).[3] Das bedeutet, daß sie eine und nur eine Person bezeichnen, und zwar in allen möglichen Welten, nicht nur in der Welt, die tatsächlich die unsere ist. Am Ende meines Lebens wird man meine Biographie von meiner Geburt bis zu meinem Tod angeben können. Da wird eine einzige raumzeitliche Erstreckung sein, die ausschließlich die meine ist; mein Weg durch die Welt. Dennoch wird sich auch dann nicht leugnen lassen, daß der Mensch, der einst auf Peter Strasser getauft wurde, einen ganz anderen Lebensweg hätte nehmen können. Und das gleiche gilt für den Menschen, den wir unter dem Namen „Aristoteles" kennen: er hätte weder ein Philosoph noch der Lehrer Alexanders des Großen werden müssen, und er wäre dabei doch immer er, nämlich Aristoteles, geblieben. Es ist, ohne daß dagegen irgendein zwingender Grund spräche, eine Welt vorstellbar, in der Aristoteles nichts Außergewöhnliches getan hätte. Indem Kripke das Problem der Bedeutung von Namen vor dem Hintergrund des Konzepts möglicher Welten erörtert, arbeitet er den Unterschied zwischen identifizierenden und wesentlichen Eigenschaften eindringlich heraus. Alle Theorien der singulären Kennzeichnung leiden darunter, von sich aus diesem Unterschied nicht Rechnung tragen zu können. Daher sind sie nach Kripke als Theorien der Bedeutung von Namen unbrauchbar.

Aber auch Kripke kommt am Problem der wesentlichen Eigenschaften nicht vorbei.

Tatsächlich erwähnt er eine seiner Meinung nach typische Wesenseigenschaft von Personen (wie übrigens auch von Dingen): den Ursprung, die

---

2   John R. Searle: „Eigennamen" [1958], in: *Philosophie und normale Sprache. Texte der Ordinary-Language-Philosophie*, hrsg. v. Eike von Savigny, München 1969, S. 180-90.
3   Saul Kripke: *Name und Notwendigkeit* [1972], Frankfurt am Main 1981, S. 11: „Schließlich kam ich zu der Erkenntnis, [...] daß man vielmehr die natürliche Intuition, wonach die Namen der gewöhnlichen Sprache starre Beziehungsausdrücke [*rigid designators*] sind, in der Tat aufrechterhalten könne."

Herkunft. Kripke stellt folgende Frage: Hätte die Queen, das heißt jene ganz bestimmte Frau, die wir heute als die Königin von England kennen, von anderen Eltern abstammen können als von denen, die wir als ihre tatsächlichen Eltern kennen. Wäre es möglich anzunehmen, daß die Queen aufgrund einer abenteuerlichen Verwechslung das Kind, sagen wir, von Mr. und Mrs. Truman wäre? Darauf erwidert Kripke: Auch wenn sonst keine empirischen Beschränkungen einen solchen Fall als unmöglich erscheinen ließen, so wäre doch der Umstand, daß Mr. und Mrs. Truman *tatsächlich nicht* die leiblichen Eltern der Queen sind, Grund genug, die Möglichkeit, *daß* sie es sind, auszuschließen. „Sie hätten ein Kind haben können, daß ihr in vielen Eigenschaften ähnlich ist. Vielleicht hatten in einer bestimmten möglichen anderen Welt Mr. und Mrs. Truman sogar ein Kind, welches tatsächlich Queen von England wurde und sogar als das Kind anderer Eltern ausgegeben wurde. Doch wäre das immer noch nicht eine Situation, in der *diese Frau selbst [this very woman]*, die wir 'Elisabeth II.' nennen, das Kind von Mr. und Mrs. Truman wäre, so scheint es mir jedenfalls."[4] Nach Kripke stammt die Frau, die wir „Elisabeth II." nennen, entweder von der Königinmutter und/oder ihrem Gemahl ab, oder sie existiert nicht. „Wie könnte eine Person, die von anderen Eltern abstammt, die aus einer ganz anderen Samen- und Eizelle entstanden ist, *diese selbe Frau [this very woman]* sein?"[5]

Im Gegensatz zu Kripke denke ich, daß das gut möglich wäre. Denn für *this very woman* namens Elisabeth II. mag es eine Fülle von Charakteristika geben, die sich uns nachhaltig eingeprägt haben. Sie können für uns ein kompaktes und dauerhaftes Bild der Person ergeben, angefangen von den Tagen, als von ihr die ersten Photos in der Zeitung erschienen, bis heute, da sie schon seit Jahrzehnten zu den hochprominenten und viel beschriebenen Gestalten des öffentlichen Lebens zählt. Dagegen wird dann der Mangel des rechten Ursprungs sehr wohl als zweitrangig empfunden werden. Ob die Königinmutter und ihr Gemahl tatsächlich die leiblichen Eltern der Queen sind oder nicht, ist zwar eine Frage, die den Nerv der monarchischen Erbfolge berührt. Doch die Frage nach der Existenz von Elisabeth II. ist durch Feststellungen zu ihrer Herkunft nicht ohne weiteres zu entscheiden. Mein Freund Hans Meier wurde im Krieg geboren. Es konnte nie geklärt werden, ob er das Kind der Meiers ist (wie diese behaupteten, bevor sie von einer Bombe getötet wurden), oder das Kind der jüdischen Schmidts. Letztere waren mit den Meiers gut befreundet, und verschwanden kurz nach Hansens Geburt unter ungeklärten Umständen. Vielleicht hatten die Meiers das Kind bei sich aufgenommen und ihm dadurch das Leben gerettet. Wie auch immer,

---

4   Kripke, a.a.O., S. 129 f.
5   Kripke, a.a.O., S. 130.

für diese bestimmte Person, auf die sich der Name „Hans Meier" bezieht, kann es nicht wesentlich sein, ob sie das leibliche Kind der Meiers oder der Schmidts ist.

Aber das Kriterium des Ursprungs wird kein Philosoph missen wollen, der wie Kripke davon überzeugt ist, daß letzten Endes die Naturwissenschaft entdeckt, was die wesentlichen Eigenschaften von Dingen, also auch von Personen, sind. Wodurch wird, wissenschaftlich gesehen, die Identität einer Person festgelegt? Natürlich durch den Chromosomenbestand der mütterlichen Ei- und der väterlichen Samenzelle. Demnach ist der genetische Code einer Person der Schlüssel zu ihrer Identität – er gibt an, wer man *ist* –, so wie etwa die chemische Struktur von Wasser angibt, was Wasser *ist*: H_2O. Das bedeutet, daß man in den vergangenen Zeiten nicht wissen konnte, was Wasser ist (obwohl man natürlich in der Lage war, Wasser zu identifizieren). Und das bedeutet außerdem, daß man nicht wissen kann, wer man ist, wenn man seine eigene DNA nicht kennt. Zumindest aber muß man etwas kennen, was mit ihr kausal eng verknüpft ist, zum Beispiel die eigenen leiblichen Eltern als Träger jener beiden unverwechselbaren Genpools, denen sich meine Zeugung verdankt. So gesehen wäre es tatsächlich nicht statthaft, eine Welt für möglich zu halten, in der meine Eltern nicht meine Eltern wären. Denn in einer solchen Welt würde ich aufgehört haben, zu *sein*.

Mich überzeugt dieser Standpunkt keineswegs. Zur Identität von Personen gehört, daß sie sich selber als individuiert erfahren. Sie haben Ich-Bewußtsein. Und das ergibt, wie ich nun zeigen will, eine Situation, in der das Konzept des Personennamens als eines „starren Designators" weitgehend leerläuft.

(2) Ich liege am Diwan und versuche mir auszumalen, ich welch abenteuerliche Zustände ich geraten und welche Metamorphosen mir widerfahren könnten, ohne daß ich deswegen ein anderer würde als der, der ich bin. Einem verbreiteten (dem Infantilismus unserer Kultur entsprechenden) Traum gemäß beginne ich mich dahin und dorthin, in der Zeit nach vorwärts und nach rückwärts zu „beamen". Das ist leicht, aber es ist kein sehr interessantes Spiel. Denn da ich es bin, der sich durch die Gegenden und Zeiten beamt, bin es eben ich und kein anderer, der einmal die Gestalt eines Steinzeitmenschen, dann die eines mittelalterlichen Mönchs, dann wieder die eines Besatzungsmitglieds von Raumschiff Enterprise annimmt, usw. Es ist unmöglich, aus solchen Gedankenexperimenten Limitierungen für mögliche Welten zu gewinnen.

Um das klar zu zeigen, nehmen wir folgenden Fall: Ich stelle mir vor, der Empfänger eines Gehirntransplantats zu sein. Mein eigenes Gehirn ist von einem schrecklichen Tumor befallen und so bekomme ich ein neues. Stop, sage ich zu mir selber, das geht nicht! Wenn mein Gehirn stirbt, sterbe ich auch. Hier liegt tatsächlich eine klare Grenze des Überdauerns meiner Identität. Wie uns die Wissenschaft zeigt, hängt mein Bewußtsein, und damit auch mein Ich-Bewußtsein, vom Funktionieren meines Gehirns ab. Doch was bedeutet das? Eigentlich nur, daß ich bei meinen Phantastereien am Diwan nicht so weit gehen darf, Bedingungen herzustellen, unter denen ich notwendigerweise aufhöre zu existieren. Einige solcher Bedingungen kenne ich genau, über andere mag ich mich täuschen, so etwa wenn ich es für möglich halte, mich in eine längst vergangene Zeit zurückzubeamen. Was mir jedoch grundsätzlich nicht gelingen kann, das sind Umbauarbeiten an mir selbst, die mich sozusagen dabei zuschauen lassen, wie ich ein anderer werde. Was immer mir passiert, entweder bin ich es, dem es passiert, oder ich höre durch das, was mir passiert, überhaupt auf zu existieren. Daß mein Ich sich in das Ich eines anderen verwandelt, ist eine ebenso unsinnige Vorstellung wie die, daß mein Zahnschmerz sich in den Zahnschmerz eines anderen verwandelt. Denn es gehört zum Wesen meines Schmerzes, meiner zu sein oder aufzuhören. In der gleichen Weise gehört es zum Wesen meines Ich-Bewußtseins, meines zu sein oder gar nicht zu existieren.

Natürlich ist es hier notwendig, zwischen meinem Ich und mir als Persönlichkeit zu unterscheiden. Ich kann mir ausmalen, daß ich großen psychischen Änderungen unterliege. Angenommen, ich bin depressiv und dauernd selbstmordgefährdet. Durch einen operativen Eingriff in meinem Gehirn werde ich, wie man sagt, zu einem ganz anderen Menschen. Ich werde dumm, aber lustig. Meine alten Interessen und Vorlieben schwinden. Ich wechsle die Umgebung und beginne ein neues Leben mit neuen Bekannten und neuen Hobbies. Einen großen Teil meines alten Lebens habe ich vergessen, ich kann mich kaum noch an mein altes Leben und mein altes Selbst erinnern. Die Leute sagen: „Das ist nicht mehr Peter Strasser." Muß ich das zugeben? Ganz und gar nicht. Ich weiß doch, daß ich ein anderer geworden bin, das heißt eine andere Persönlichkeit mit einem anderen Lebensstil. Und selbst wenn ich mich an den, der ich vor der Operation war, kaum noch erinnern kann, so weiß ich doch gleichzeitig, daß *ich* dieser andere war. Durch alle Veränderungen hindurch ist an mir dasjenige existent geblieben, wodurch ich erst existiere: Ich bin in der Lage, verständig „ich" zu sagen, und daher auch zu sagen, wer ich war und wer ich bin. Ich bin in der Lage, mir eine Biographie zuzuschreiben, wie fragmentiert sie auch sein mag. Ich habe Ich-Bewußtsein.

Die Unterscheidung zwischen Person und Persönlichkeit ist umgangssprachlich nicht besonders deutlich. Das Gefühl für sie kann aber philosophisch geschärft werden, und damit auch der Sinn für die Frage: Worauf bezieht sich der Name einer Person? Die Antwort lautet: Er bezieht sich auf die Person. Die Person jedoch ist in einem ontologisch erheblichen Sinne mehr als die Summe ihrer körperlichen und psychischen Merkmale. Für die Person ist maßgebend, daß sie ein Ich-Bewußtsein hat. Dieses kann über alle möglichen Änderungen körperlicher und psychischer Merkmale hinweg bestehen bleiben, und auch so grundlegende Beziehungen zur Umwelt wie die biologische Herkunft verhalten sich zur Kontinuität des Ich-Bewußtseins einer Person marginal.

Selbstbewußtheit schließt die Kennntnis einer Reihe empirischer Merkmale ein. Ich kann mir meiner nur dann bewußt sein, wenn ich in der Lage bin, mir verschiedene Merkmale als die meinen zuzuschreiben, sie also als vergangene oder gegenwärtige (oder zukünftige) Bestandteile meines In-der-Welt-Seins zu identifizieren. Daraus folgt jedoch nicht, daß eines der Merkmale, die ich mir als die meinen zuschreibe, mir wesentlich sein muß. Im Gegenteil: der Umstand, daß ich durch den Wandel meiner Eigenschaften hindurch über Ich-Bewußtsein verfüge, ist entscheidend dafür, daß meine Existenz als *this very human being* zwar von meiner Fähigkeit, mir Eigenschaften zuzuschreiben, abhängt, nicht aber von den Eigenschaften, die ich mir zuschreibe. Personen sind Identitäten ohne Identitätskriterium, jedoch mit Ich-Bewußtsein. Deswegen hat man auch das Gefühl, daß jede noch so tiefschürfende psychologische Untersuchung das tiefere Wesen des eigenen Selbst nicht erfaßt. Gewiß, man hat eine bestimmte Persönlichkeit, die man nicht auswechseln kann. Gleichzeitig spürt man aber, daß man frei ist. Diese Freiheitsevidenz, die sich nicht beseitigen läßt, rührt unter anderem von dem eigenartigen Charakter des Ich-Bewußtseins her. Es begreift sich intuitiv und unabdingbar als hinter den empirischen Merkmalen der Person angesiedelt. Selbstbewußtheit erfährt sich durch den Wechsel der empirischen Merkmale der Person hindurch als „transzendent" (oder „transzendental").

(3) Ich-Bewußtsein ist tatsächlich nichts, was bestehen könnte ohne eine mehr oder minder komplexe und kontinuierliche Reihe von Merkmalen, die sich eine Person zuschreibt. Aber wenn sich eine Person ein Merkmal zuschreibt, dann tut sie etwas, was sich nicht in impersonaler Ausdrucksweise darstellen läßt. Sie erzeugt durch den Akt der Selbstzuschreibung nicht einfach ein weiteres empirisches Merkmal, sondern einen Sachverhalt, in dem „ich" als fundamentaler Term in Erscheinung tritt. Autoren wie Derek Parfit meinen, „ich" könnte ersetzt werden „in a way that uses the self-referring use of 'this'"[6]. Das halte ich, soweit ich dem Gedanken überhaupt folgen kann, für ausgeschlossen. Parfit selbst verweigert uns hier jedes Beispiel. Er verdeutlicht bloß den selbstbezüglichen Gebrauch des Demonstrativpronomens,

---

6 Derek Parfit: *Reasons and Persons*, Oxford u. New York 1986, S. 252.

indem er sagt: „A particular thought may be *self-referring*. It may be the thought that this particular thought, even if exactly similar to other thoughts that are thought, is still *this* particular thought – or this particular thinking of this thought."[7]

Weil Pronomen Wörter sind, die jedenfalls zusammen mit anderen Wörtern Bedeutung haben, kann sich ihr selbstbezüglicher Gebrauch logischerweise wiederum nur auf „Dinge" beziehen, die aus Wörtern oder Bedeutungen bestehen, also zum Beispiel auf Sätze, Propositionen, Gedanken. Hier einige Möglichkeiten des selbstbezüglichen Gebrauchs von „dieser, diese, dieses": „Dieser Satz ist in deutscher Sprache geschrieben." „Diese Aussage ist weder wahr noch falsch." „Dieses 'dieses' ist das zweite Wort dieses Gedankens." Personen sind aber weder Gebilde aus Wörtern noch aus Bedeutungen. Man kann natürlich sagen: „Dieser spricht", und dabei auf sich selber deuten. Dann bezieht sich das Demonstrativpronomen zwar auf den, der spricht, es wird aber nicht selbstbezüglich verwendet. Und dann ist jedenfalls die Frage zulässig, ob der, der sagt „Dieser spricht", und dabei auf sich selber deutet, auch zu Recht sagen dürfte „Ich spreche". Vielleicht ist derjenige, der auf sich selber deutet und sagt „Dieser spricht" bloß ein sprechender Computer, der kein Bewußtsein und daher a fortiori auch kein Ich-Bewußtsein hat. Es bleibt also ein Mysterium, wie der selbstbezügliche Gebrauch des Demonstrativpronomens jemals dazu dienlich sein könnte, das Wörtchen „ich" durch impersonale Wendungen zu ersetzen.

Das Wörtchen „ich" ist fundamental. Man kann das exemplarisch zeigen: Angenommen, ich streite mit meinem Freund darüber, ob zwei mal zwei gleich vier ist, und ich habe bis jetzt immer Adam Rieses Position vertreten. Plötzlich jedoch sage ich, indem ich auf meine Brust deute: „Dieser, der jetzt spricht, behauptet, daß zwei mal zwei gleich fünf ist." In einem solchen Augenblick wird mein Freund wahrscheinlich nicht wissen, auf wen oder was ich deute. Er wird sich unsicher sein. Denn der, den er gut kennt und der anscheinend noch immer vor ihm steht, sagt im Moment etwas ganz und gar Absonderliches. Redet da aus dem Mund desjenigen, der bisher „ich" zu sich sagte und zwei mal zwei gleich vier sein ließ, plötzlich ein anderer? Mein irritierter Freund wird mich daher vielleicht fragen: „Was meinst du mit 'dieser, der jetzt spricht...'? Meinst du damit etwa dich?" Und er wird vermutlich erst beruhigt sein, wenn ich ihm sage: „Ich habe soeben nur Spaß gemacht." Daraus können wir lernen, daß es zwar möglich ist, in bestimmten Situationen auf das Wörtchen „ich" zu verzichten. In bestimmten Situationen reicht das Demonstrativpronomen, um die gemeinte Person eindeutig zu identifizieren. Aber das heißt nicht, daß sich das Wörtchen „ich" ersetzen

---

7   Ebd.

ließe, im Gegenteil. Wir brauchen es, um fragwürdige Situationen der Identifikation aufzuhellen, zum Beispiel wenn wir nicht wissen, ob ich mit meinem Finger auf mich oder bloß auf meinen Körper deute, oder ob jemand, der aus mir spricht, sich meiner bedient, um auf sich zu deuten.[8]

Reduktionisten neigen dazu, die Tatsache des Ich-Bewußtseins für nebensächlich, jedenfalls aber für ein empirisches Faktum wie jedes andere zu halten. Als ein solches Faktum wäre es seiner Art nach psychisch und daher gehirnphysiologisch „rekonstruierbar". Ich wähle diesen vagen Ausdruck, um anzudeuten, daß man oft nicht genau weiß, was die Reduktionisten im Schilde führen, wenn sie sich tarzangleich von der Ebene des Psychischen auf die der Gehirne schwingen. Nicht immer ist alles so klar wie bei Thomas Nagel. Er sagt, er möchte – „mit einer gewissen Übertreibung" – die These, wonach ich mein Gehirn *bin*, als Hypothese vorschlagen.[9] Dahinter steckt erstens die Auffassung, daß das, was ich bin, abhängig scheint von den Ergebnissen der Wissenschaft, insbesondere von denen der Gehirnforschung. Zweitens, und damit zusammenhängend, die Meinung, daß meine ganze Persönlichkeit durch mein Gehirn festgelegt wird: ohne mein Gehirn bin ich buchstäblich nichts. Was kann ein Antireduktionist darauf schon erwidern?

Ich kann erwidern, daß meine Persönlichkeit nicht nur durch mein Gehirn festgelegt ist, sondern mein Gehirn auch durch die Gene meiner Eltern, und diese letzten Endes durch den Urknall. Zugegeben, die Verbindung zwischen mir und meinem Gehirn ist wesentlich enger als die zwischen mir und dem Urknall. Aber wenn es sich dabei um eine kausale Verbindung handelt, dann scheint die Überlegung, daß ich ohne den Urknall genauso nichts wäre wie ohne mein Gehirn, durchaus angebracht. Und genausowenig, wie ich der Urknall bin, bin ich mein Gehirn. Ich bin nicht alles, wodurch ich verursacht werde. Streng genommen bin ich überhaupt nichts von all dem, wodurch ich *verursacht* werde. Wenn schon, dann bin ich die psychische *Wirkung* meiner physischen Ursachen. Doch, wie man weiß, neigen Reduktionisten dazu, den Zusammenhang zwischen Gehirn und Psyche enger als bloß kausal zu sehen, zum Beispiel als zwei Seiten ein- und derselben ontologischen Medaille. Für unser Problem tut das freilich wenig zur Sache: Wenn mein Gehirn nicht „ich" ist, das heißt, nicht einmal reduzierbar auf das Insgesamt meiner psychischen Merkmale, dann bin ich nicht mein Gehirn. Und ich wäre es selbst dann nicht, wenn eine solche Reduktion diskutierbär wäre. Der Grund dafür liegt in der Nichtreduzierbarkeit meines Ich-Bewußtseins auf das Insgesamt

---

8   Vgl. dazu auch die Arbeiten in dem Band *Analytische Theorien des Selbstbewußtseins*, hrsg. v. Manfred Frank, Frankfurt am Main 1994.
9   Thomas Nagel: Der Blick von nirgendwo [1986], Frankfurt am Main 1992, S. 74.

meiner psychischen Merkmale, also jener Merkmale, die ich mir als die meinen prinzipiell zuschreiben kann.

Im Gegensatz zu Nagel ist Parfit ein psychologischer Reduktionist. Das führt bei ihm zu überraschenden Ergebnissen. Was die Existenz einer Person betrifft, so zählt nicht ihre personale Identität als ein genuines Faktum (wie die Antireduktionisten meinen), sondern der innere Zusammenhang und/oder die Kontinuität ihrer Bewußtseinsdaten, gleichgültig, wie es dazu kommt. Parfit konstruiert dramatische Beispiele, die zeigen sollen, daß meine personale Identität vernichtet werden kann, aber der psychologische Nachfolgezustand trotzdem so gut ist, als ob ich überlebt hätte. Denken wir uns den utopischen Fall, daß von mir eine Blaupause gemacht wird, die es gestattet, mich in Biomaterial exakt zu replizieren. Dann gibt es mich, und es gibt eine zweite Person, die so gut wie ich ist – oder ich bin so gut wie sie. Wir beide sind genetisch und psychisch ident. Wir haben das gleiche Aussehen, den gleichen Charakter, die gleichen Erinnerungen, die gleichen Interessen und Absichten, usw. Angenommen nun, ich sterbe. Muß ich mich angesichts meines Replikats sehr darum bekümmern? Parfit sagt nein. Denn ich lebe als mein Replikat weiter. Die Existenz meiner Person ist durch den Zusammenhang und/oder die Kontinuität meiner Bewußtseinsdaten gewährleistet. Und diese Bedingung wird durch mein Replikat erfüllt. Die personale Identität hingegen zählt für den Reduktionisten nicht. „Ordinary survival is about as bad as being destroyed and replicated."[10] Das ist eine typisch Parfitsche Pointe, und ich denke, sie ist abwegig. Solange ich lebe, werde ich keinen Zweifel daran hegen, daß ich ich bin und nicht mein Replikat. Es mag zwar gespenstisch sein, daß mein Replikat denselben physischen und psychischen Status hat wie ich, aber durch *ein* Phänomen bin ich von meinem Replikat wohlunterschieden: Meine Gedanken sind nicht seine Gedanken, und wenn sich meine und seine Erinnerungen zunächst auch bis aufs i-Tüpfchen gleichen, so sind meine Erinnerungen doch nicht seine. Kurz gesagt: Mein Ich-Bewußtsein kann unmöglich das meines Replikats sein, denn mein Ich-Bewußtsein gründet in meiner Fähigkeit, mir physische und psychische Merkmale als die meinen zuzuschreiben. Wenn es die meinen sind, dann sind es eben nicht die seinen. Was nun die Frage meines Fortlebens betrifft, so ist für mich die Übertragbarkeit meines Ich-Bewußtseins von größter Bedeutung. Solange ich lebe, kann von einer solchen Übertragung auf mein Replikat gar nicht die Rede sein. Wieso dann aber nach meinem Ableben? Würde sich da nicht auch mein Replikat zurecht empören? Wieso sollte es nach meinem Ableben aufhören, es selbst zu sein, und dafür ich werden?

Parfits hartnäckige Entgegnung lautet, daß es, *entgegen der üblichen Auf-*

---

10 Parfit, a.a.O., S. 280.

fassung, für das Überleben einer Person gar nicht auf ihre personale Identität ankomme. Verändern wir das obige Beispiel so, daß ich in meine Replikate vollständig „übergehe". Betrachten wir den grotesken, aber immerhin denkbaren Fall einer amöboiden Teilung beim Menschen. Plötzlich beginne ich, mich in zwei Personen zu teilen, die mir genetisch und psychisch vollkommen gleichen. Jede Nachfolgerperson hat dann laut Parfit *das gleiche Recht* zu behaupten, sie sei ich, nämlich Peter Strasser. Deshalb kann uns in einem solchen Fall das Kriterium der personalen Identität nicht helfen. Da sind nun zwei und nicht bloß einer (ein- und derselbe), und für mich ist es genauso gut, als der eine wie als der andere zu überleben... Zugegeben, das ist eine sehr suggestive Sicht der Dinge. Dennoch ist sie falsch. Ob ich nämlich in der einen oder anderen Nachfolgerperson weiterlebe, hängt davon ab, ob mein Ich-Bewußtsein transportabel und spaltbar ist. Das ist es aber nicht. Solange meine Existenz daran hängt, daß ich über ein Bewußtsein verfüge, welches hinlänglich große Strecken meiner *Existenz* als *meine* Existenz konstituiert, bin ich nicht teilbar. Daher höre ich auf zu existieren, wenn ich mich teile, auch wenn meine Nachfolger das Gefühl haben sollten, sie seien, jeder für sich, Peter Strasser. Entsprechende Aufklärung wird sie damit vertraut machen, daß sie gar nicht ich sein können, *weil* sie aus mir entstanden sind. Wenn Parfit sagt, daß es auf den Zusammenhang und/oder die Kontinuität der Bewußtseinsdaten ankomme, nicht aber auf die personale Identität, dann unterstellt er eine Alternative, die niemals besteht: Eine reflexive Einheit der Bewußtseinsdaten kann es ohne Ich-Bewußtsein nicht geben; dieses aber ist unteilbar.

Ein weiteres utopisches Beispiel von Parfit behandelt chirurgische Eingriffe in mein Gehirn, die bewirken, daß meine psychische Kontinuität schrittweise aufgelöst wird und an deren Stelle schrittweise eine andere Persönlichkeit mit einer anderen Biographie tritt.[11] Ein Reduktionist wie Parfit muß hier folgendermaßen argumentieren: Am Anfang des Substitutionsprozesses bin ich klarerweise noch immer ich, am Ende des Prozesses bin ich jedoch eindeutig ein anderer; und dazwischen gibt es Phasen, wo einfach niemand sagen kann, ob ich noch ich bin oder schon ein anderer. Parfit gesteht an einer Stelle, daß ihn eine derartige Konsequenz tröstlich berührt. Denn sie bedeutet, daß es zwischen ihm und anderen Personen keine eindeutige Grenze gibt, und daß folglich die Trennung zwischen den Menschen nicht so grundsätzlich ist, wie der Antireduktionist, vor allem der Cartesianer, annehmen muß. Auch der Tod verliert, schenken wir Parfit Glauben, seinen absoluten Schrecken. Denn wir oder Teile von uns können in anderen mehr

---

11 Parfit, a.a.O., S. 229 f.

oder weniger weiterleben.¹² Nun schenke ich dem Reduktionisten nur wenig Glauben. Denn solange ich überhaupt in der Lage bin, die Ergebnisse des chirurgischen Eingriffs als an mir Platz greifend zu registrieren, gibt es keinen Grund zu behaupten, daß ich dabei sei, ein anderer zu werden – ein anderer *in dem Sinne*, daß mein Ich-Bewußtsein sukzessive aufhörte zu existieren. Es ist keineswegs *notwendig* der Fall, daß ich am entfernten Ende der chirurgischen Prozedur so gut wie gestorben bin. Aber ich werde in den Zwischenphasen des Umbaus meiner selbst in eine andere Persönlichkeit wahrscheinlich Zustände krasser Bewußtseinszerrüttung durchmachen. Es wird Phasen geben, in denen mein Ich zerfällt und ich nicht mehr unbestreitbar weiß, ob ich ich bin. Ich werde vielleicht temporär wahnsinnig werden. Die Zerstörung einer Person ist jedoch ganz und gar nicht dasselbe wie das Enstehen einer neuen.

Zum Abschluß ein Beispiel aus der Praxis des modernen Dr. Mabuse: Die Verbindung zwischen meinen Gehirnhälften, der sogenannte Balken, wird chirurgisch gekappt. Das hat, wenn die vorliegenden medizinischen Befunde stimmen, dramatische Auswirkungen auf meine Art und Weise, die Welt zu erfahren. Zwar kann meine jeweils eine Gehirnhälfte angeblich viele der Funktionen der jeweils anderen mehr oder minder substituieren; aber meine beiden Geirnhälften wissen nichts mehr voneinander. Folglich werden in mir zwei „Bewußtseinsströme" fließen, von denen ich abwechselnd immer nur einen bewußt erlebe.¹³ Was bleibt dem Antireduktionisten hier übrig, als zu unterstellen, daß nach erfolgter Durchtrennung der Gehirnhälften in einem Körper zwei Personen vorhanden seien, zu denen je einer der beiden Bewußtseinsströme gehöre? Das hat damit zu tun, daß für den Antireduktionisten ein und derselbe Bewußtseinsstrom jeweils nur zu einer Person gehören kann, nämlich zu der, die sich die in ihm auftretenden Daten als die ihren zuschreibt. Genau das versteht man unter der Einheit des Bewußtseins. Dazu Parfit: „We cannot explain this unity by claiming that the various different experiences in each stream are being had by the same person, or subject of experiences. This describes the two streams as if they were one."¹⁴ Ich halte dieses Argument nicht für unrichtig; dennoch ist es im vorliegenden Zusammenhang irreführend. Tatsächlich liegen nicht zwei Ströme von Daten vor, die simultan *bewußt* wären, wie der Ausdruck „zwei Bewußtseinsströme" suggeriert. In Wahrheit stoßen wir bei einem Patienten mit durchgetrennten Gehirnhälften auf einen Menschen, den wir uns zwar bemühen, weiterhin als Person zu verstehen, von dem wir aber auch wissen, daß er zum Teil außer-

---

12 Parfit, a.a.O., S. 281.
13 Parfit, a.a.O., S. 245 ff.
14 Parfit, a.a.O., S. 276.

stande ist, die ihm zugänglichen Daten wie eine Person zu organisieren. In dem Augenblick, wo ihm die Daten aus dem Kanal „linke Gehirnhälfte" bewußt sind, sind ihm die Daten aus dem Kanal „rechte Gehirnhälfte" unbewußt. Am Anfang mag es scheinen, als ob ein solcher Mensch in bizarrer Weise geistig gespalten sei. Wenn sich dieser Eindruck nicht verliert, dann werden wir in der Tat zu dem Ergebnis kommen, daß hier in einem Körper zwei, wie auch immer fragmentierte, Personen leben. Ist die eine Person bei Bewußtsein, agiert die jeweils andere in einer Art *sleeping mode*. Es ist nicht zu sehen, wie uns der philosophische Reduktionist in einer derart gespenstischen Situation hilfreich sein könnte. Sein Standardargument, wonach es bei der Frage, was eine Person sei, gar nicht auf ihr Ich, ihre „personale Identität", ankomme – was hilft es uns? Wir erleben drastisch, wie zwei Personfragmente in einem Menschen hausen und werken. Aber mit der Zeit wird sich die Situation vielleicht bessern. Die „gespaltene" Person wird ihre kognitiven und sprachlichen Fähigkeiten dominant in einer Gehirnhälfte reorganisieren. Sie wird darüber hinaus lernen, wie es um sie steht: daß sie alternierend Zugang zu zwei Datenströmen hat, aber in jedem Datenstrom von ihrer Existenz im jeweils anderen nur vom Hörensagen wissen kann. Ich will nicht leugnen, daß so ein Fall (immer vorausgesetzt, es ist wirklich einer) für den Antireduktionisten schwierige Fragen aufwirft. Es geht mir darum zu zeigen, daß solche Fragen nicht beantwortet werden können, indem man Reduktionist wird. Denn selbst Parfit wird zugeben, daß es einen Unterschied macht, ob eine Person sich an zwei verschiedene Bewußtseinsströme ankoppeln kann, oder ob in einem Körper zwei verschiedene Personen mit jeweils einem Bewußtseinsstrom lokalisiert sind. Wenn der Reduktionismus dazu führt, daß diese Unterscheidung verschwindet, dann ist er keine Position, die uns bei der Frage nach dem Wesen von Personen leiten sollte.

Für einen Reduktionisten ist es, denke ich, eine minder ernsthafte Frage, ob man wissen kann, wer man ist. Schau dir deine Blaupause an. Schau dir an, was deine wesentlichen Eigenschaften sind (und was deine wesentlichen Eigenschaften sind, darüber gibt dir das wissenschaftliche Konzept der Identität von Personen Auskunft). Schau dir an, was die Bedeutung deines Namens vor dem Hintergrund möglicher Welten ist... Ich habe zu zeigen versucht, daß alle diese Vorschläge nichts fruchten, wenn man davon ausgeht, daß das Ich-Bewußtsein von Personen *das* fundamentale Merkmal ihrer Identität ist – jenes Merkmal, das die Identität einer Person über alle Veränderungen ihrer empirischen, physischen wie psychischen, Merkmale hinweg sicherstellt. In einer traditionellen Terminologie würden wir jenes Merkmal eher „transzendent" (oder „transzendental") als „empirisch" nennen. Darauf kommt es jedoch nicht an. Wichtig ist die damit verbundene Konsequenz. Sie lautet, daß wir durch Bezugnahme auf empirische Daten die Frage, wer wir sind, nicht beantworten können. Die Welt gibt uns hier keine Antwort, und wir, als Teile der Welt, können daher auch keine Antwort wissen. Unser Wesen scheint es zu sein, keines zu haben.

DETERMINISMUSPROBLEM UND „FREIHEITSWETTE"

NIKOLAUS KNOEPFFLER (MÜNCHEN)

1 Einführung

Sind wir in unserem Tun vollständig bestimmt oder können wir frei handeln? In den folgenden Ausführungen erläutere ich, worin das Determinismusproblem besteht und warum theoretische Lösungen in Aporien geraten. Anschließend entwerfe ich eine Freiheitswette als entscheidungstheoretische Lösung und stelle einige ihrer Stärken und Schwächen dar.[1]

2 Das Determinismusproblem (DP)

Ein junger Mann hat am Vorabend gefeiert und liegt müde im Bett. Der Wecker klingelt. Der Mann steht auf und geht in die Arbeit. Hat er sich dazu frei entschlossen, hat er freiwillig darauf verzichtet, seinem Arbeitgeber eine Krankheit vorzuspielen, oder steht er aufgrund bestimmter neurophysiologischer Prozesse auf, die sich, determiniert durch universell gültige Kausalgesetze, in seinem Körper abspielen? Es wäre aber auch noch die Antwort möglich: Er steht auf, weil es so Gottes Wille prädestiniert hat.

Das DP, die Frage also, ob wir frei handeln können oder durchgängig bestimmt sind, besteht also im Widerstreit von folgenden Prinzipien:
1. Freiheit
2. Universelle Gültigkeit der Naturgesetze
3. Ein allmächtiger Gott

Wenn wir das theologische Problem eines allmächtigen Gottes beiseite lassen, läßt sich das DP auf folgende Antinomie reduzieren: Entweder es gilt: Wenn in einer Welt W die physikalischen Eigenschaften einer Person A mit den physikalischen Eigenschaften einer Person B in W oder W' identisch sind, dann ist A nicht dazu determiniert, wie B zu handeln, selbst wenn ihre Situationen identisch wären. Freiheit als originäre Determination des eigenen Willens ist möglich. Oder aber es gilt: Für jedes beliebige Ereignis E gibt es einen vorausgehenden Naturzustand Z und ein Naturgesetz G, so daß, wenn G gegeben ist, E auf Z notwendigerweise folgen muß. Bildlich gesprochen: Entweder könnte unser jeweiliger Zwilling auf einer Zwillingserde, auf der alles Physische mit unserer Welt identisch ist, anders handeln als wir oder er könnte es wegen der universellen Gültigkeit der Naturgesetze eben nicht.[2]

---

[1] Für kritische Kommentare zu einer früheren Fassung dieses Textes danke ich Andreas Kemmerling, Wilhelm Vossenkuhl und Gerhard Zecha.

[2] Nimmt man eine bestimmte Interpretation der Quantenmechanik an, so ist der Determinismus probabilistisch aufzufassen. An der universellen Gültigkeit der Naturgesetze ändert dies jedoch nichts.

Freiheit in diesem Sinn ist mit dem Determinismus nicht vereinbar, denn jede kompatibilistische Lösung muß eliminieren, was als entscheidendes Kennzeichen von Freiheit angenommen wurde, die originäre Bestimmung des eigenen Willens. Wenn jemand glaubt, frei zu handeln, letztlich aber alles durch die Naturgesetze bestimmt ist, ist auch sein Wille vollständig bestimmt. Freiheit erweist sich dann als Illusion.[3]

Auch andere theoretische Lösungen dieses Problems scheitern, wenn sie einerseits versuchen, die universelle Gültigkeit der Naturgesetze zu behaupten, andererseits aber beanspruchen, Freiheit zu retten. Davidsons anomaler Monismus ist dafür ein prominentes Beispiel. Sein klares Bekenntnis zum Physikalismus[4] führt ihn dazu, Freiheit als originäre, persönliche Bestimmung des eigenen Willens preiszugeben. Sie löst sich auf, weil in Wirklichkeit kausales Geschehen nomologisch, also in strikter Naturgesetzlichkeit, auf der physischen Ebene vollständig (ontologischer Monismus) aussagbar ist.[5]

Warum wird aber überhaupt eine universellen Gültigkeit der Naturgesetze angenommen? Diese Annahme erlaubt einen transzendentalen Realismus, heute meist metaphysischer Realismus genannt[6]. Dieser Realismus geht davon aus, daß Kausalität als reale Notwendigkeit in die Welt eingebaut ist. Die physische Welt selbst hat eine kausale Struktur und ist kausal geschlossen. Das verbürgt die Universalität der Naturgesetze. Andernfalls ginge das realistische Weltbild verloren, nach dem die Welt geistunabhängig und durch eine wahre Theorie beschreibbar wäre. Es gäbe immer Platz für magische Interventionen.

Doch bereits Hume und Kant haben auf die Schwierigkeit des Kausalbegriffs hingewiesen und bestritten, daß Kausalität eine Eigenschaft der Welt an sich ist. Putnam hat sich in jüngster Zeit mit Berufung auf sprachanalytische und modelltheoretische Argumente gegen eine realistische Deutung der Kausalität ausgesprochen. So bestimmt unsere Interpretation, welche Be-

---

3   Vgl. Seebaß, G., Freiheit und Determinismus, in: *Zeitschrift für philosophische Forschung* 47 (1993), 1-22 und 223-245.

4   Vgl. Davidson, D., Mental Events, in: ders., *Essays on Actions and Events*, Oxford 1980, 207-224 und ders., Thinking Causes, in: Heil, J. / Mele, A. (Hg.), *Mental Causation*, Oxford 1993, 3-17.

5   Vgl. zur Kritik an Davidson Brüntrup, G., *Mentale Verursachung. Eine Theorie aus der Perspektive des semantischen Anti-Realismus*, Stuttgart 1994, 57-68 und Runggaldier, E., *Was sind Handlungen? Eine philosophische Auseinandersetzung mit dem Naturalismus*, Stuttgart 1996, 122-128.

6   Vgl. Putnam, H., *Reason, Truth and History*, Cambridge 1981, 49, Moulines, C. U., Wer bestimmt, was es gibt?, in: *Zeitschrift für philosophische Forschung* 48 (1994), 179-182.

deutung wir einem Kippbild geben. Dies läßt sich auch auf den Begriff „Kausalität" anwenden. Eine Unterscheidung von Hintergrundbedingungen und „echten" Ursachen kann nur interpretativ gelingen, es sei denn man begründet diese Unterscheidung mit Wesensmerkmalen von Dingen, was eine sehr spekulative Metaphysik erfordert.[7] Ich schließe mich deshalb Kim an: „it just seems wrong-headed to think, that there are 'true' answers, answers that are true because they correctly depict some pre-existing metaphysical order of the world."[8]

3 Eine Freiheitswette als entscheidungstheoretische Lösung

Nach dem bisher Gesagten halte ich es nicht für möglich, die Antinomie von Freiheit und Universalität der Naturgesetze theoretisch lösen zu können. Ich möchte deshalb eine entscheidungstheoretische Lösung vorschlagen, die ich in Abwandlung von Pascals Wette „Freiheitswette" nenne. Was unser Leben angeht, haben wir zu wählen, ob wir Freiheit als Wirklichkeit oder als Illusion annehmen. Im ersten Fall gewinnt unser Leben Reichhaltigkeit und Spannung. Praxis und Sollensansprüche machen Sinn. Im anderen Fall verbirgt sich hinter der Illusion von Freiheit und Verantwortung ein sinn-loser Mechanismus. Nimmt man Freiheit als unendlichen Wert an, haben wir sich selbst unter der Voraussetzung einer sehr geringen Wahrscheinlichkeit für ihre Wirklichkeit (z. B. $1/10^6$) folgende Wahlsituation:

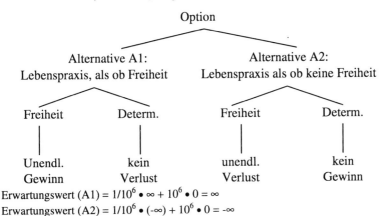

Erwartungswert (A1) = $1/10^6 \cdot \infty + 10^6 \cdot 0 = \infty$
Erwartungswert (A2) = $1/10^6 \cdot (-\infty) + 10^6 \cdot 0 = -\infty$

Wenn wir mit dem Einsatz unserer Lebenspraxis darauf wetten, daß es

---

7 Vgl. Putnam, H., Is the Causal Structure of the Physical Itself Something Physical, in: ders., *Realism with a Human Face* (hg. von J. Conant), Cambridge 1990, 80-95.

8 Kim, J., *Supervenience and Mind. Selected Philosophical Essays*, Cambridge 1993, ix.

Freiheit gibt, dann steht zu erwarten, daß wir unendlich viel gewinnen. Bei erfolgreichem Ausgang der Wette gewinnen wir ein Leben voller Spannung und Reichhaltigkeit. Zumindest in gewissen Grenzen verfügen wir damit tatsächlich über unser Leben. War Freiheit dagegen eine Illusion, so machen wir keinen Verlust. Da alles sowieso determiniert ist, war auch unsere Option determiniert. Wir konnten also gar nicht anders optieren. Im umgekehrten Fall jedoch, also wenn wir in unserer Lebenspraxis so tun, als ob wir vollständig determiniert sind, können wir nur unendlich viel verlieren. Ist Freiheit nämlich real, so haben wir durch unsere Praxis davon keinen Gebrauch gemacht und den Freiraum verspielt, unser Leben selbst zu gestalten. Im anderen Fall jedoch gewinnen wir nichts, weil dann unsere Option sowieso vollständig determiniert war, wir also gar nicht selbst gewählt haben.[9] Aufgrund dieser Erwartungswerte der beiden Alternativen erweist es sich also als höchst sinnvoll, so zu leben, als ob man frei sei.

Allerdings lassen sich gegen diese Wette entscheidungstheoretische Argumente im strengen Sinn ins Feld führen. Es läßt sich fragen, ob es überhaupt sinnvoll ist, mit einem unendlichen Wert in einer Entscheidungsmatrix zu operieren. Läßt man die Endlichkeitsbedingung üblicher entscheidungstheoretischer Systeme außer acht, belastet man sich mit Paradoxien des Unendlichen, da die unendliche Größe alle endlichen Größen „ausschaltet". Dadurch lassen sich Verstöße gegen bestimmte Rationalitätsbedingungen konstruieren.

Aber nicht nur die Wette insgesamt läßt sich in Frage stellen. Auch gegen die Annahme, Freiheit sei unendlich wertvoll, wäre es möglich einzuwenden: Könnte ein Leben ohne Sollensansprüche und ohne Verantwortung nicht sogar manchen Menschen leichter erscheinen? Unter diesen Voraussetzungen bekommen wir einen völlig anderen Erwartungswert der Alternativen. Zudem war die Wahrscheinlichkeit für den Wert von Freiheit gegenüber der Determiniertheit willkürlich gewählt. Das spielte solange keine Rolle als der Wert von Freiheit als unendlich festgesetzt war. Jetzt aber, im Rahmen einer finiten Entscheidungstheorie, haben wir das Problem, nach welchen Kriterien sowohl die Wahrscheinlichkeit für die Realität von Freiheit als auch der Freiheitswert festzulegen sind.

Die Freiheitswette ist folglich nicht perfekt. Doch trotz dieser Einwände weist sie die Richtung für eine rationale Rechtfertigung unserer Lebenspraxis. Sie verdeutlicht auf entscheidungstheoretische Weise, warum wir in unserem Tun und Wollen letztlich davon ausgehen, mehr zu sein als funktionierende biologische Maschinen.

---

9 Allerdings ließe sich fragen, ob wir dadurch nicht theoret. Kohärenz gewinnen.

REDUKTIONISMUS UND DIE ERSTE PERSON[*]

KLAUS PUHL (GRAZ)

Personen sind zu selbstbewußten Gedanken fähige Lebewesen, die sie mit Hilfe der ersten Person ausdrücken. Zum Inhalt unseres bewußten Lebens gehört dabei die Vorstellung eines *dauerhaften*, Vergangenheit, Gegenwart und Zukunft umspannenden Selbst, das verschiedene Erfahrungen als die eigenen erlebt und erinnert.

Auffallendes Merkmal selbstbewußter Gedanken ist außerdem die Mühelosigkeit, Unmittelbarkeit und Irrtumsimmunität, mit der wir uns als Einheit wissen, was sich etwa in der Abwegigkeit einer Frage wie: „Bist Du sicher, daß Du es bist, der Zahnschmerzen hat?", zeigt. Selbstbewußtsein verlangt nicht, daß das Bewußtsein sich sein Subjekt erst sucht, um es dann ja nicht „aus den Augen zu verlieren". Im Unterschied dazu hängt unser Bezug auf andere Personen, Gegenstände und Orte von Identitäts- und Identifikationskriterien ab, weshalb er auch fehlgehen kann. Fassen wir diese beiden Merkmale des Selbstbewußtseins zusammen:

1. Selbstbewußtsein ist das Bewußtsein einer dauerhaften, Vergangenheit, Gegenwart und Zukunft umspannenden Identität.
2. Dieses Bewußtsein verlangt von mir keine kognitive Leistung, d. h., ich bin mir meiner selbst unmittelbar und irrtumsimmun als einheitliches Subjekt meiner Erfahrungen und Handlungen bewußt, ohne mich als solches identifizieren oder wiedererkennen zu müssen.

Aus diesen beiden Merkmalen ergibt sich folgende Frage:

Wie ist es möglich, daß zum Inhalt des Selbstbewußtseins die Vorstellung eines dauerhaften Selbst gehört, ohne daß ein derartiges Selbst identifiziert und wiedererkannt werden muß? Worin besteht dieses Selbst?

Die verschiedenen Subjekttheorien, aber auch der Reduktionismus in seinen unterschiedlichen Spielarten versuchen, in ihren Antworten den beiden erwähnten Merkmalen des Selbstbewußtseins gerecht zu werden.

Der Reduktionismus leugnet jedoch, daß das Wort „ich" einen von meinen Erfahrungen getrennten Besitzer oder Bezugspunkt dieser Erfahrungen bezeichnet. Gerne und oft wird von reduktionistisch gestimmten Philosophen Georg Christoph Lichtenberg zitiert. Lichtenberg bemerkte bekanntlich, daß Descartes bestenfalls zu der Behauptung berechtigt sei, *es* denke, da wir nur von der Existenz unserer Empfindungen, Vorstellungen und Gedanken wüß-

---

[*] Ich danke dem Österreichischen Fonds zur Förderung der wissenschaftlichen Forschung für die Finanzierung eines Forschungsprojekts, aus dem vorliegender Vortrag hervorgegangen ist.

ten, aber kein von diesen getrenntes Ich anträfen.

In seinem einflußreichen Buch *Reason und Persons* (Oxford 1984) vertritt Derek Parfit in Bezug auf den Begriff der personalen Identität eine ausgeklügelte Version des psychologischen Reduktionismus. Er formuliert folgende Thesen, die eine reduktionistische Position bezüglich der ersten Person auszeichnen:

Die Identität einer Person oder eines Subjekts ist kein eigenes, gegenüber seinen Bewußtseinsvorgängen selbstständiges Faktum.

Bewußtseinsvorgänge und Erfahrungen können *unpersönlich* beschrieben werden, d. h., ohne die Identität einer Person oder eines Subjekts vorauszusetzen und ohne zu behaupten, daß diese Person existiert.

Obwohl Personen existieren, können wir eine *vollständige* Beschreibung der Welt geben, die keine Personen erwähnt.

Auch die Einheit des Bewußtseins zu einer bestimmten Zeit und zu verschiedenen Zeiten läßt sich nach Parfit unpersönlich erklären. Es genüge, Beziehungen zwischen Erfahrungen und ihre Verbindung mit dem Gehirn zu beschreiben. (Parfit, S. 225) Nach Parfit korrigiert der Reduktionismus den weitverbreiteten Irrglauben, wonach die raum-zeitliche Identität einer Person eine unabhängige und eigenständige Tatsache ist, „distinct from a brain and body, and a series of physical and mental events". (Parfit, S. 223).

Die Idee einer unpersönlichen Beschreibung mentaler Ereignisse sieht sich den verschiedensten Einwänden gegenüber, auf die ich wegen der gebotenen Kürze nicht eingehen kann. Stattdessen möchte ich eine Voraussetzung aufweisen und kritisieren, die Parfit paradoxerweise mit Descartes teilt und die verhindert, daß das Subjekt mit der empirischen Person identifiziert werden kann. Ich möchte sie die *internalistische* Auffassung des Selbstbewußtseins nennen und wie folgt zusammenfassen:

Für die Beantwortung der Frage, worin die subjektive Einheit oder Kontinuität des Selbstbewußtseins besteht, ist nur der Bewußtseinsinhalt, *isoliert von jedem externen Kontext*, relevant. Die gesuchte Kontinuität muß die des Bewußtseins sein.

Diese Annahme verhindert, daß es sich bei der Kontinuität des Subjekts um die der empirischen Person handeln kann. Hält man nämlich daran fest, bei der Identität, die zu sein man sich identifikationsunabhängig bewußt ist, handele es sich um etwas Substanzielles, ein beharrliches Etwas und beschränkt man sich internalistisch auf den Inhalt des Bewußtseins, – ignoriert also die Beharrlichkeit der körperlichen Person, die man ja auch ist, die aber Identitätskriterien unterliegt – kann es sich bei der gesuchten Einheit nur um etwas merkwürdig Einfaches handeln: die einfache, unteilbare Seele der rationalen Psychologie, Descartes *res cogitans*, oder Kants formales „Ich denke". Nur unter der Voraussetzung der internalistischen Bewußtseinsauffassung folgt aus der bewußtseinsimmanenten Tatsache, daß sich das Selbstbewußtsein sein Selbst nicht suchen muß, seine Spiritualität, weshalb der psychologische Reduktionismus die vernünftigste Option zu sein scheint, will man nicht Dualist oder Idealist sein. Gibt man dagegen die internalistische Voraussetzung auf, eröffnet man sich die Möglichkeit, die Kontinuität des Selbstbewußtseins mit der empirischen Person zu identifizieren. Selbstbewußtsein wäre die subjektive Seite von etwas, das aus mehr besteht, als Selbstbewußtsein beinhaltet: die dauerhafte Person.

An Parfits Reduktionsversuch des Erinnerungsbegriffs möchte ich die Wirkung der internalistischen Auffassung des Selbstbewußtseins illustrieren. Wie erwähnt, möchte Parfit Selbstbewußtsein beschreiben, ohne daß die verschiedenen Inhalte eines Bewußtseins als auf eine bestimmte Person bezogene repräsentiert werden. Bewußtseinszustände sind nach Parfit vielmehr durch die begrifflich einfachere Relation des „seriellen Kobewußtseins" miteinander verbunden, eine Relation, mit deren Hilfe dann *nachträglich* der Begriff eines dauernden Subjekts konstruiert werden kann.

Die Erinnerungsfähigkeit spielt für das Bewußtsein unserer zeitlichen Identität eine zentrale Rolle. Parfit muß also zeigen, wie sich die Erinnerung auf serielles Kobewußtein reduzieren läßt, also auf die Fähigkeit, die Vergangenheit zu erinnern, ohne sie als zu einem bestimmten Bewußtsein, nämlich dem jeweils eigenen gehörig, zu repräsentieren. Erinnerung wird deshalb von Parfit mit Quasi-Erinnerung identifiziert. (Parfit, S. 220ff.) Der Begriff der Quasi-Erinnerung stammt von Sydney Shoemaker und ist wie folgt definiert. Eine Q-Erinnerungen ist, wie eine normale Erinnerung, die Fähigkeit, vergangene Erfahrungen und Handlungen vom Standpunkt der ersten Person, also aus der Innenperspektive „festzuhalten". Im Unterschied zur gewöhnlichen Erinnerung brauchen Quasi-Erinnerungen jedoch nicht die Bedingung zu erfüllen, daß das erinnernde Subjekt mit jenem Subjekt *identisch* ist, das die erinnerten Erfahrungen gemacht hat. Es können also auch Ereignisse und Handlungen quasi-erinnert werden, die zur Vergangenheit eines anderen Subjekts als dem sich erinnernden gehören. Normale Erinnerungen sind also Quasi-Erinnerungen, die zusätzlich diese Identitätsbedingung erfüllen.

Parfit glaubt nun, daß sich Quasi-Erinnerungen für die Reduzierung des Subjekts eignen, weil für sie die Identitätsbedingung, also die Bedingung, daß es sich um die *eigenen* Erinnerungen handeln muß, nicht gilt. Parfit möchte dadurch zeigen, daß auch der Inhalt unserer gewöhnlichen Erinnerung, die ja nach Definition stets auch Quasi-Erinnerung ist, eine *eigenständige* und – *identitäts-neutrale* Komponente enthält, die man sich vermutlich etwa so vorstellen muß. Ich erinnere mich in der Innenperspektive, daß jemand vor einem Baum gestanden hat, ohne daß ich mich erinnere, um wen es sich dabei handelte. Unsere üblichen, identitäts-involvierenden Überzeugungen, wonach es unsere *eigene* Vergangenheit ist, die wir erinnern, wäre zwar gerechtfertigt; sie verdankte sich aber einer *zusätzlichen* Überzeugung, die aber nicht zum eigentlichen Inhalt der Erinnerung gehört. (Parfit S. 222)

Parfit scheint mir jedoch bei seinem Versuch, den Begriff der Q-Erinnerung reduktionistisch zu interpretieren, folgenden Irrtum zu begehen. Q-Erinnerungen wurden ganz legitim dadurch definiert, daß eine wesentliche Bedingung für gewöhnliche Erinnerungen – die Identität des sich erinnernden mit dem erinnerten Subjekt – fallen gelassen wurde. Da die gewöhnliche Erinnerung sich ihr Subjekt nicht zu suchen braucht, setzt Parfit sie mit Q-Erinnerung gleich und meint so fälschlicherweise, aufgrund seiner internalistischen Beschränkung auf den Erinnerungsinhalt, die fallengelassene Identitätsbedingung würde ganz verschwinden. Die in gewöhnlichen Erinnerungen zwar automatisch beinhaltete, aber nicht ausdrücklich thematisierte Identität wäre so eine abtrennbare, zusätzliche Überzeugung und die Q-Erinnerungen eine selbstständige Methode der Kenntnis der Vergangenheit wäre.

Q-Erinnerungen sind aber nur einsichtig als Eindruck oder Illusion, daß die fallengelassene Identitätsbedingung erfüllt ist, d. h., als die Erscheinung *echter* Erinnerungen. Ein quasi-erinnertes Erlebnis erscheint dem Subjekt als sein eigenes, an seine Identität gebundenes Erlebnis, ist also die Illusion einer echten Erinnerung. Die Illusion bezieht sich also auf das vermeintliche Subjekt des erinnerten Erlebnisses. Dagegen ergibt die reduktionistische Konzeption keinen Sinn, ich würde (mich) zwar „von innen" z. B. daran erinnern, daß jemand vor einem Haus gestanden hat, ohne mich aber zu erinnern, daß ich dieser jemand war.

Zweitens unterscheidet sich die Q-Erinnerung in einem entscheidenden Punkt von echten Erinnerungen. Damit Q-Erinnerungen ein Wissen über die Vergangenheit liefern, muß das Subjekt über *Zusatzinformationen* verfügen, die nicht zum Erinnerungsinhalt gehören. Es muß verifizieren, ob es sich um die eigenen oder um fremde Erinnerungen handelt. Gewöhnliche Erinnerungen speichern dagegen Wissen über unsere Vergangenheit, ohne daß wir uns zusätzlich informieren müssen, wie sie zustande gekommen sind. Wie kann das sein? Wie kann ein Erinnerungseindruck diesen kognitiven Status haben? Diese Frage ist m. E. jener ähnlich, die wir uns zu Beginn gestellt haben, nämlich wie es möglich ist, daß Selbstbewußtsein eine dauerhafte Einheit repräsentiert, ohne dabei Identitätskriterien anzuwenden. Es ist der objektive Kontext, die Tatsache, daß unser Bewußtsein an unsere Existenz als empirische und dauerhafte Personen gebunden ist, die die Kontinuität unseres Selbstbewußtseins erklärt, und die zugleich erklärt, daß dieser Kontext bei der Selbstzuschreibung von Gedanken nicht reflektiert oder thematisiert werden muß.

BERUHT DAS LEIB-SEELE-PROBLEM AUF DER INKOMMENSURABILITÄT VERSCHIEDENER ERKLÄRUNGSSYSTEME?

JOSEF QUITTERER (INNSBRUCK)

Paul M.Churchland definiert den eliminativen Materialismus folgendermaßen:

„Eliminative materialism is the thesis that our common-sense conception of psychological phenomena constitutes a radically false theory, a theory so fundamentally defective that both the principles and the ontology of that theory will eventually be displaced, rather than smoothly reduced, by completed neuroscience."[1]

Der eliminative Materialismus behauptet also sowohl den Theorienstatus mentaler Erklärungen als auch ihre Ersetzbarkeit durch ein physikalisches Begriffssystem. Churchland lehnt die Existenz der von der Alltagspsychologie (*folk-psychology*) angenommenen Entitäten (Überzeugungen, Wünsche, Absichten, Handlungen) ab. Da diese Entitäten nur im Gesamtsystem der falschen alltagspsychologischen Erklärungen einen Sinn hätten, müßten beide zugunsten eines physikalischen Erklärungssystems eliminiert werden.

Der Eliminativismus Churchlands stellt eine Koppelung von zwei wissenschaftstheoretischen Überzeugungen dar: Da ist zum einen die Überzeugung, daß es sich bei der Alltagspsychologie um ein eigenständiges Erklärungssystem handelt, welches mit dem physikalischen Erklärungssystem z.B. der Neurophysiologie unvereinbar ist und daher nicht auf es reduziert werden kann; Churchland deutet diese Unvereinbarkeit als Inkommensurabilitätsbeziehung. Dieser Inkommensurabilitätsstandpunkt wird gekoppelt mit dem Standpunkt eines wissenschaftstheoretischen Realismus: Es wird nämlich behauptet, daß eines der inkommensurablen Erklärungssysteme eine adäquate Beschreibung der Wirklichkeit ermöglicht, während das andere nicht mit den Tatsachen übereinstimmt. Ich werde im Folgenden zu zeigen versuchen, daß diese beiden Standpunkte nicht so ohne weiteres miteinander vereinbart werden können.

Churchland schreibt bei der inhaltlichen Charakterisierung und Verteidigung des Theorienstatus der Alltagspsychologie sowohl dieser als auch der Neurophysiologie all jene Merkmale zu, die nach Kuhn gegeben sein müssen, damit von einem Verhältnis der Inkommensurabilität gesprochen werden kann. So charakterisiert Churchland den Theorienstatus alltagspsychologischer Erklärungen durch den Begriff des Paradigmas: Obwohl alltagspsychologische Erklärungen nicht deduktiv-nomologisch strukturiert sind,

---

1 Churchland 1990, 206.

könnten sie in ihrem Theorienstatus durchaus mit naturwissenschaftlichen Erklärungen verglichen werden. Er verweist in diesem Zusammenhang auf Kuhn, der im Kern einer wissenschaftlichen Theorie ebenfalls keine deduktiv-nomologischen Prinzipien ortet, sondern Paradigmata (exemplarische Problemlösungen).[2] Da der Kern naturwissenschaftlicher Theorien eher aus exemplarischen Problemlösungen und Musterbeispielen besteht, seien sie durchaus mit den ebenfalls nicht deduktiv-nomologisch strukturierten alltagspsychologischen Erklärungen zu vergleichen.[3]

Churchland folgt Kuhn noch in einem weiteren Punkt: Er lehnt die empirische Evidenz – wie z. B. die nur durch Introspektion zugänglichen Eigenschaften mentaler Zustände –, auf die sich die Alltagspsychologie bei ihren Erklärungen beruft, mit dem Hinweis auf die Theoriebeladenheit der Sinnesdaten ab: Die vermeintlich evidenten Einsichten, auf die in alltagspsychologischen Erklärungen Bezug genommen wird, dürften schon deshalb nicht überbewertet werden, da sie bereits „theoretisch verseucht" sind durch die alltagspsychologischen Grundannahmen.[4] Churchland beruft sich auch explizit auf die entsprechenden wissenschaftstheoretischen Thesen Hansons und Kuhns.[5] Darüber hinaus sieht Churchland in neuesten Ergebnissen der Gehirnphysiologie eine Bestätigung für Hansons bzw. Kuhns These von der Theoriebeladenheit der Sinnesdaten.[6] Ebenso wendet sich Churchland gegen Fodors Versuch, der Gefahr der Inkommensurabilität verschiedener Theoriensysteme durch einen Rekurs auf stabile, theoretisch neutrale Sinnesdaten zu entgehen.[7] Damit ist eine weitere Bedingung erfüllt, um die Unvereinbarkeit von Alltagspsychologie und Neurophysiologie bei Churchland als Inkommensurabilität verschiedener Erklärungssysteme zu bezeichnen. Allerdings wird dadurch aber auch eine objektive Bewertung bzw. ein Vergleich der Adäquatheit verschiedener inkommensurabler Theoriensysteme praktisch unmöglich.

Mit seiner These der radikalen Inkommensurabilität von Alltagspsychologie und Neurophysiologie verbaut sich Churchland die Möglichkeit, im Sinne seiner zweiten Grundüberzeugung des wissenschaftstheoretischen Realismus für die empirische Adäquatheit der Neurophysiologie bzw. für die Nicht-Adäquatheit der Alltagspsychologie zu argumentieren. Churchland will nämlich Alltagspsychologie und Neurophysiologie sehr wohl hinsichtlich ihrer

---

2   Churchland 1991, 62.
3   Churchland 1991, 64f.
4   Churchland 1979, 95-100.
5   Churchland 1991, 58 und 1979, 38.
6   Churchland 1989, 188ff.
7   Churchland 1989, 255-279.

empirischen Adäquatheit und Leistungsfähigkeit miteinander vergleichen.[8] Daß dieser Vergleich zuungunsten der Alltagspsychologie ausfällt, liefert die Voraussetzung für seine Forderung nach einer vollständigen Ersetzung dieses „veralteten" Begriffssystems durch die Neurophysiologie.

Ausgehend von der durch Churchland vorgenommenen inhaltlichen Bestimmung des Inkommensurabilitätsbegriffs ergeben sich jedoch Konsequenzen, die seiner Argumentation für die Elimination der Alltagspsychologie zuwiderlaufen: Es gibt keine empirische Basis bzw. kein neutrales Bewertungssystem mehr, von dem aus die Höher- oder Minderwertigkeit eines bestimmten theoretischen Systems festgestellt werden könnte. Ein sogenanntes Paradigma konstituiert sich nämlich durch als selbstverständlich geltende Annahmen in bezug auf die zu beschreibende Wirklichkeit. Die paradigmatischen Elemente eines Theoriensystems unterstehen selbst nicht den diversen Methoden der Verifizierung bzw. Falsifizierung. Einer der Hauptgründe für diese Stabilität des Paradigmas ist nach Kuhn die Tatsache, daß die Sinnesdaten keine theoretisch neutrale Basis bilden, von der aus das den theoretischen Aussagen zugrundeliegende Paradigma auf seine Wahrheit oder Falschheit hin überprüft werden könnte. Sie sind bereits mit der theoretischen Last desselben Paradigmas versehen, zu dessen Überprüfung sie herangezogen werden. Prinzipiell kann von jedem Paradigma auch angesichts zahlreicher anomaler Sachverhalte eine adäquate Erklärung des zu untersuchenden Phänomenbereichs erwartet werden. Deshalb können auch aus einem Vergleich verschiedener zur Wahl stehender Theoriensysteme nach Kuhn keine eindeutigen Kriterien gewonnen werden, um daraus eine Entscheidung zugunsten des einen oder des anderen paradigmatischen Systems als zwingend notwendig abzuleiten.[9]

Es gibt zwar auch nach Kuhn bestimmte allgemeine Kriterien, welche die Entscheidung für oder gegen ein neues Theoriensystem mitbestimmen: Es handelt sich dabei um Eigenschaften wie Genauigkeit, Widerspruchsfreiheit, Reichweite, Einfachheit und Fruchtbarkeit.[10] Diese Maßstäbe für die Beurteilung neuartiger Theoriensysteme sind aber so un(ter)bestimmt, daß sie gleichermaßen auf einander widersprechende Theoriensysteme zutreffen können.[11] Zur vollständigen Begründung der Entscheidung für oder gegen die Anerkennung eines bestimmten Theoriensystems müssen noch weitere Faktoren berücksichtigt werden. Dabei handelt es sich allerdings um Faktoren, die von Wissenschaftler zu Wissenschaftler variieren: z. B. religiöse

---

8   Churchland 1979, 144ff.
9   Kuhn 1979 , 416.
10 Kuhn 1977, 423.
11 Hoyningen-Huene 1989, 152.

oder weltanschauliche Überzeugungen, persönliche Wünsche, Absichten etc.[12] Somit läßt sich die Entscheidung für oder gegen ein bestimmtes Theoriensystem letztlich erst durch Faktoren zureichend begründen, die Churchland als zum Erklärungssystem der Alltagspsychologie gehörend ablehnen müßte.

Zusammenfassung: Churchland bestimmt das Verhältnis von Alltagspsychologie und Neurophysiologie als Inkommensurabilitätsbeziehung. Er rechtfertigt dadurch die Notwendigkeit einer vollständigen Elimination der Alltagspsychologie anstelle ihrer allmählichen Reduktion. Durch die Bestimmung des Verhältnisses der beiden Theoriensysteme als Inkommensurabilitätsbeziehung beraubt sich Churchland allerdings der klassischen Kriterien für die Bewertung der Überlegenheit eines der beiden Erklärungssysteme. Anstelle dieser Kriterien müßte er eigentlich Bewertungsfaktoren zulassen, die eher in den Bereich der Alltagspsychologie als in den der physikalischen Wissenschaften fallen. Der Versuch Churchlands einer Elimination alltagspsychologischer Beschreibungen erweist sich somit als kontraproduktiv.

Literatur

Churchland, P.M. (1979): *Scientific realism and the plasticity of mind*; Cambridge/Mass. 1979.

Churchland, P.M. (1989): *A Neurocomputational Perspective. The Nature of Mind and the Structure of Science;* Cambridge/Mass. 1989.

Churchland, P.M. (1990): *Eliminative Materialism and the Propositional Attitudes;* in: W.G. Lycan (Hrsg.): *Mind and Cognition. A Reader*; Cambridge/Mass. 1990, 206-223.

Churchland, P.M. (1991): *Folk psychology and the explanation of human behavior*; in: J.D. Greenwood (Hrsg.)*: The future of folk psychology. Intentionality and cognitive science*; Cambridge/Mass. 1991, 51-69.

Hoyningen-Huene, Paul (1989): *Die Wissenschaftsphilosophie Thomas S. Kuhns. Rekonstruktion und Grundlagenprobleme*; Braunschweig 1989.

Kuhn, Thomas S. (1970): *Die Struktur wissenschaftlicher Revolutionen. Zweite revidierte und um das Postskriptum von 1969 ergänzte Auflage*; Frankfurt a. M. 1988 (engl. 1970).

Kuhn, Thomas S. (1977): *Die Entstehung des Neuen. Studien zur Struktur der Wissenschaftsgeschichte*; Frankfurt a.M. 1977.

Kuhn, Thomas S. (1979): *Metaphor in Science*; in: A. Ortony (Hrsg.): *Metaphor and Thought;* Cambridge 1979, 409-419.

---

12 Kuhn 1962, 163f., 168f. und 1977, 426f.

Sprachphilosophie

INTRINSISCHE UND ABGELEITETE INTENTIONALITÄT

JOHANNES L. BRANDL

Die Unterscheidung zwischen intrinsischer und abgeleiteter Intentionalität ist in der gegenwärtigen Philosophie des Geistes heftig umstritten. Zwei Leitfiguren dieser Auseinandersetzung sind John Searle und Daniel Dennett. Während Searle die genannte Unterscheidung für unverzichtbar und selbstverständlich hält, ist sie für Dennett unnötig und mysteriös.[1] Ich werde in diesem Aufsatz gegen beide Seiten argumentieren, indem ich zeige, daß beide Parteien die fragliche Unterscheidung unter falschen Voraussetzungen diskutieren. Erstens werde ich mich dagegen aussprechen, die Diskussion um die intrinsische Intentionalität zu vermischen mit der Frage, wie weit sich ein realistisches Verständnis intentionaler Zustände rechtfertigen läßt. Zweitens werde ich die Voraussetzung angreifen, daß nur mentale Zustände intrinsisch intentional sein können. Gibt man diese Voraussetzungen auf, dann stellt sich heraus, daß die Unterscheidung zwischen intrinsischer und abgeleiteter Intentionalität zwar nicht selbstverständlich, aber doch relativ harmlos und keinesfalls mysteriös ist.

1 Zum Hintergrund der Searle-Dennett Kontroverse

Lange Zeit hindurch war der Begriff der Intentionalität so etwas wie ein Markenzeichen für die Tradition von Brentano und Husserl. Deshalb kam auch die Theorie der Intentionalität unter Beschuß, als man begann, die Cartesischen Wurzeln dieser Tradition zu hinterfragen. Wer den Cartesischen Dualismus als unwissenschaftlich ablehnte, für den schien die Zeit gekommen, intentionale Zustände aus der Ontologie der Wissenschaft zu eliminieren.[2]

Diese Situation hat sich in den letzten Jahren grundlegend geändert. Der Begriff der Intentionalität ist heute nicht mehr gebunden an ein Bekenntnis zur deskriptiven Psychologie Brentanos oder zur Phänomenologie Husserls, und daher auch nicht an ihre Cartesischen Voraussetzungen. Stattdessen dominiert die Einstellung, daß intentionale Zustände einer natürlichen Erklärung durchaus zugänglich sind.

Setzt man diese naturalistische Einstellung einmal voraus, und setzt man

---

1   Die wichtigsten Beiträge von Searle und Dennett zu dieser Kontroverse sind [Searle, 1980/1986]; [Searle, 1983/1987]; [Searle, 1984] und [Searle, 1992/1993] bzw. [Dennett, 1980]; [Dennett, 1987] und [Dennett, 1990]. Für gegenseitige Rezensionen und weitere Diskussionsbeiträge siehe die Bibliographien in [Lepore, 1991] und [Dahlbom, 1993].

2   Dies ist die Stoßrichtung von Quines Brentano-Kritik in [Quine, 1960], §45.

auch voraus, daß eine Theorie der Intentionalität mit dieser Einstellung grundsätzlich verträglich ist, was bleibt dann noch an Konfliktpotential bestehen? Offenbar eine ganze Menge. Wie die Kontroverse zwischen Searle und Dennett zeigt, braucht der Konsens zwischen zwei, sich als Naturalisten verstehende Philosophen nicht größer zu sein als der Konsens zwischen einem Dualisten und einem Monisten. Der Konfliktstoff ist ein etwas anderer geworden, aber er hat nichts von seiner Härte eingebüßt.

Was ist nun an die Stelle des traditionellen Dualismus/Monismus-Streites getreten? Daniel Dennett konstrastiert eine neue ‚Große Wasserscheide'[3] zwischen jenen Philosophen, die bereit sind, Bewußtseinszuständen mehr als nur Intentionalität, nämlich *intrinsische* Intentionalität zuzuschreiben, und jenen Philosophen, die ‚intrinsische Eigenschaften' grundsätzlich ablehnen. Dennett ordnet diesen zwei Lagern jeweils eine bunt gemischte Liste von Namen zu. Auf der einen Seite stehen für ihn Fodor, Searle, Dretske, Burge, Kripke, Chisholm, Nagel, Popper und Eccles; auf der anderen Seite steht Dennett selbst neben Quine, Sellars, den Churchlands, Davidson, Haugeland, Millikan, Rorty und Stalnaker. Angesichts dieser Frontenbildung kann man mit Rorty auch von einer „Schlacht ums Intrinsische" sprechen.[4] Werfen wir uns also ins Schlachtgetümmel.

2 Searles Unterscheidungen

Die Kontroverse zwischen Searle und Dennett entzündete sich an der These, daß die Realisierung eines Programms, etwa durch einen Computer, nicht ausreicht, um der jeweiligen Maschine intentionale Zustände zu verleihen.[5] Zur Stützung dieser These entwarf Searle sein legendäres Gedankenexperiment vom Chinesisch-Zimmer. Ich möchte dieses, inzwischen schon überstrapazierte Beispiel hier nicht nochmals bemühen und werde daher einen anderen Einstieg in die Diskussion wählen.

Searles Ausgangsfrage war, ob man durch das Programmieren eines Computers Intentionalität ‚erzeugen' kann. Ich möchte dagegen von folgender Frage ausgehen: Läßt sich ein sinnvoller Vergleich anstellen zwischen dem Programmieren eines Computers und dem Evolutionsprozeß, der unsere Intelligenz hervorgebracht hat? Das ist zugegebenermaßen keine sehr präzise Frage, da nicht klar ist, was es für zwei Vorgänge heißt, ‚sinnvoll vergleichbar' zu sein. Gerade diese Ungenauigkeit spielt aber, wie wir noch sehen werden, im Konflikt zwischen Searle und Dennett eine nicht unerhebliche

---

3 [Dennett, 1987], 288.
4 [Rorty, 1993], 184.
5 Siehe [Searle, 1980/1986], 356: „Was immer das Gehirn tut, um Intentionalität hervorzubringen, sein Tun kann nicht in der Verkörperung eines Programms aufgehen, da kein Programm, für sich genommen, für Intentionalität ausreicht."

Rolle.

Was würden Searle und Dennett auf die von mir gestellte Frage antworten? Stark vereinfacht lassen sich ihre Antworten so zusammenfassen:

Searle behauptet, daß zwischen dem Programmieren eines Computers und dem Evolutionsprozeß eine ganz entscheidende *Disanalogie* besteht. Während nämlich der Evolutionsprozeß in Form unseres Geistes *echte* und *intrinsische* Intentionalität hervorgebracht hat, erzeuge ein Programmierer nur ‚als ob'-Intentionalität. Seine Arbeit bestehe ja nur darin, eine Maschine mit Symbolen zu füttern, die alle keine intrinsische, sondern nur *abgeleitete* Intentionalität besitzen.

Dennett versucht im Gegensatz dazu, die Analogie zwischen dem Evolutionsprozeß und dem Programmieren eines Computers zu verteidigen. Beides sind für ihn Vorgänge, die man unter dem Begriff des ‚Gestaltens' (*design*) subsumieren kann, wobei jedoch zu beachten ist, daß die Evolution ohne einen ‚Gestalter' auskommt, der die Rolle des Programmierers spielt.

Betrachten wir zunächst die von Searle behauptete Disanalogie. Hier ist zu beachten, daß Searle von zweierlei Unterscheidungen Gebrauch macht. Erstens unterscheidet er zwischen ‚echter' und ‚als ob'-Intentionalität, und zweitens zwischen ‚abgeleiteter' und ‚intrinsischer' Intentionalität. Die erste Unterscheidung illustriert er mit den beiden Aussagen:

(1) Ich habe jetzt Durst, richtigen Durst, weil ich heute den ganzen Tag noch nichts getrunken habe.

(2) Mein Rasen hat Durst, richtigen Durst, weil er eine Woche lang nicht gewässert worden ist.[6]

Der Unterschied ist hier nach Searle folgender:

Der erste Satz wird wörtlich verwendet, um sich selbst einen wirklichen intentionalen Geisteszustand zuzuschreiben. [...] Mit dem zweiten Satz wird überhaupt keine Intentionalität zugeschrieben; er wird nur dazu verwendet, figurativ oder metaphorisch zu reden.[7]

Der ausgetrocknete Zustand meines Rasens wird so beschrieben, als handle es sich dabei um einen intentionalen Zustand. In Wirklichkeit ist es ein rein physischer Zustand, der nur in intentionalen Begriffen beschrieben wird. Das nennt Searle ‚als ob'-Intentionalität.

Von ganz anderer Art ist Searles zweite Unterscheidung. Dazu müssen wir

---

6 [Searle, 1992/1993], 97. Es geht hier nicht darum, ob Pflanzen empfindungsfähige Lebewesen sind. Man könnte daher Satz (2) auch ersetzen durch: „Meine Schuhe dürsten nach Schuhcreme."
7 Ibid.

Satz (1) mit folgender Aussage vergleichen:

(3) Im Französischen bedeutet ‚J'ai grand soif': ‚Ich habe großen Durst'.

Auch in Satz (3) ist, so Searle, von Intentionalität die Rede, und zwar im wörtlichen Sinne, da ‚etwas bedeuten' eine intentionale Eigenschaft ist. Obwohl hier jedoch von ‚echter' Intentionalität die Rede ist, gehe es doch um eine ganz andere *Art* von Intentionalität: Der Unterschied zwischen den Sätzen (1) und (3) bestehe nämlich darin, daß in (1) von echter und *intrinsischer*, in (3) hingegen von echter und *abgeleiteter* Intentionalität die Rede ist:

> Der dritte Satz gleicht dem ersten insofern, als er in wörtlicher Verwendung Intentionalität zuschreibt; jedoch gleicht er dem zweiten (und unterscheidet sich vom ersten), insofern die zugeschriebene Intentionalität dem System nicht intrinsisch ist.[8]

Gemäß dieser Erklärung ist also ‚abgeleitete' Intentionalität ein Fall von ‚echter' Intentionalität, ohne aber ‚intrinsisch' zu sein. Das ist ein ganz entscheidender Punkt. Denn Searle stiftet einige Verwirrung, wenn er von nichtintrinsischer Intentionalität auch in einem weiten Sinne spricht. Im engeren Sinne ist damit nur die abgeleitete (also echte) Intentionalität gemeint; im weiteren Sinne bezeichnet Searle aber auch die bloße ‚als ob'-Intentionalität als ‚nicht-intrinsisch'. Das hat zur Folge, daß die Begriffe ‚echte' und ‚intrinsische Intentionalität' miteinander verschwimmen:

> Ich setze hier also einfach fest, daß ich mit ‚intrinsischer Intentionalität' echte Intentionalität meine – und zwar im Gegensatz zum bloßen Anschein von Intentionalität (‚*Als-ob*-Intentionalität') und im Gegensatz zu abgeleiteten Formen von Intentionalität wie z.B. Sätzen, Bildern, und so weiter.[9]

Der größeren Klarheit willen werde ich dieser Festsetzung *nicht* folgen. Ich halte mich vielmehr an Searles Beispiele, denen zufolge echte Intentionalität *nicht* intrinsisch sein muß. Das folgende Diagramm verdeutlicht die begrifflichen Verhältnisse hier:

---

8   Ibid.
9   Ibid., 99.

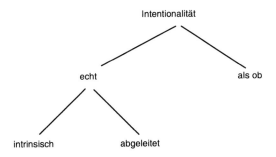

Ordnet man die Begriffe in dieser Weise, so springt sofort ins Auge, daß kein erkennbarer Zusammenhang besteht zwischen dem Vorliegen von ‚abgeleiteter' Intentionalität und dem Vorliegen von ‚als ob'-Intentionalität. Das ist für die Analyse von Searles Argument gegen die Computer-Analogie ganz entscheidend. Selbst wenn man Searle zugesteht, daß den Symbolen der Programm-Sprache nur ‚abgeleitete' Intentionalität zukommt, ist das noch lange kein Grund zu behaupten, die programmierte Maschine besäße nur ‚als ob'-Intentionalität. Es drängt sich der Verdacht auf, daß Searle hier stillschweigend von der These „Symbole haben nur ‚abgeleitete' Intentionalität" übergeht zu der stärkeren These „Computer-Programme erzeugen nur ‚als ob'-Intentionalität".

Searle ist allerdings nicht der einzige, der es verabsäumt, die Selbständigkeit dieser beiden Thesen klar zu machen. Diesen Vorwurf kann man auch gegen Searles schärfsten Kritiker, Daniel Dennett, erheben.

3 Dennetts Angriff auf Searles Unterscheidungen

Daß Searles Unterscheidungen grundverschieden sind und daher einer jeweils eigenständigen Begründung bedürfen, bietet den besten Ansatzpunkt für ihre Kritik. Es überrascht daher, daß Dennett diesem Umstand wenig Gewicht beimißt. Zwar bemerkt er die Eigentümlichkeit beider Unterscheidungen, doch will er sie sozusagen mit einem Schlag zu Fall bringen:

> So now we have, tentatively, two distinctions: the distinction between original and derived intentionality, and the distinction between real and as if intentionality. ... Both distinctions are widely popular and have a long history of exploitation in the literature, in spite of the boundary disputes and other quandaries that are occasioned by their use. ... Instead of pausing to adjudicate these quandaries, I will present a thought experiment designed

to shake our faith in both distinctions simultaneously.[10]

Das Gedankenexperiment, welches Dennett daraufhin präsentiert, stützt sich auf Dawkins Hypothese vom Überlebensplan der egoistischen Gene. Gemäß dieser Hypothese ist der menschliche Körper samt seinem Gehirn nur eine Art Überlebensmaschine gewisser Gene, die seine Entwicklung und Fortpflanzung steuern. Dennetts Schlußfolgerung daraus lautet:

> ... even if we are, as Dawkins says, the product of a design process that has our genes as the primary beneficiaries, it is a design process that utterly lacks a conscious, deliberate, foresighted engineer. The chief beauty of the theory of natural selection is that it shows us how to eliminate this intelligent Artificer from our account of origins.[11]

Betrachten wir also die von Searle getroffenen Unterscheidungen im Lichte dieser Hypothese. Dann stellen wir fest, daß Dawkins Hypothese diese Unterscheidungen zunächst durchaus bestätigt. Man kann ja kaum bestreiten, und Dennett tut dies auch nicht, daß die Rede von einem Überlebensplan der Gene metaphorisch zu nehmen ist und daher einen typischen Fall von ‚als ob'-Intentionalität darstellt. Gene planen nicht wirklich ihr Fortkommen, so wie es ein intelligenter Mensch tun würde. Genau das besagt aber Searles erste Unterscheidung.

Wie steht es mit der zweiten Unterscheidung, der zwischen intrinsischer und abgeleiteter Intentionalität? Auch hier gesteht Dennett die Plausibilität der Unterscheidung zu:

> The intentionality of an encyclopedia or a road sign or a photograph of the Eiffel Tower is only derived or secondary intentionality. This is certainly an intuitive and appealing first move towards a general theory of intentionality. Some of our artefacts exhibit intentionality of a sort, but only because we have decided to use these artefacts in certain ways, as our tools, our ploys, our devices.[12]

Dennett stimmt also, was diese Intuitionen betrifft, mit Searle durchaus überein. Trotzdem will er die Unterscheidungen erschüttern, die ein Aus-

---

10 [Dennett, 1990], 56. In früheren Arbeiten dürfte Dennett noch nicht so klar gesehen haben, daß es Searle um zweierlei Unterscheidungen geht. Daher beschränkt sich seine Kritik zunächst auf die ‚intrinsisch/abgeleitet' Unterscheidung, wie die folgende Stelle zeigt: „The doctrine of original intentionality is the claim that whereas some of our artefacts may have intentionality derived from us, we have original (or intrinsic) intentionality, utterly underived. Aristotle said that God is the unmoved Mover, and this doctrine announces that we are Unmeant Meaners." [Dennett, 1987], 288.
11 [Dennett, 1990], 60.
12 Ibid., 52f.

druck dieser Intuitionen sind. Wie soll das möglich sein? Der entscheidende Punkt dabei ist eine kleine Einschränkung, die Dennett ganz nebenbei einfließen läßt, nämlich die Einschränkung, daß die Rede von ‚abgeleiteter' Intentionalität nur ein *erster Schritt* auf dem Weg zu einer allgemeinen Theorie der Intentionalität ist. Dennett deutet damit an, daß er die Intuitionen, auf die sich Searle stützt, zwar nicht leugnet, daß er ihnen aber nur eine *beschränkte Reichweite* zugesteht. Sein Punkt ist, daß Searle diesen Intuitionen einen viel zu hohen Stellenwert beimißt, d.h. zuviel Theorie auf diese Intuitionen gründet.

Dennett erhebt diesen Einwand gegen beide von Searle benutzten Unterscheidungen. Die Berechtigung seiner Kritik ist jedoch für jede von beiden getrennt zu erwägen.

Was den Unterschied zwischen ‚echter' und ‚als ob'-Intentionalität betrifft, werde ich mich kurz fassen. Ich sagte schon, daß diese Unterscheidung auf der Trennung zwischen wörtlicher und metaphorischer Redeweise beruht. Diese Trennung ist ein fester Bestandteil eines realistischen Verständnisses von intentionalen Zuständen. Für einen Realisten vollziehen wir damit die Unterscheidung zwischen einer echten Tatsache und einer bloßen Meinung, die man aus irgendwelchen pragmatischen Gründen als nützlich zu akzeptieren gelernt hat. Nichts in der Welt könnte für ihn ein größerer Unterschied sein. Wenn Dennett also meint, diesem Unterschied sollte nicht zu viel Gewicht beigemessen werden, so fordert er uns einfach auf, den realistischen Standpunkt bezüglich intentionaler Zustände aufzugeben oder wesentlich einzuschränken.

Nun will ich nicht ausschließen, daß es einen Punkt gibt, an dem wir Dennetts Aufforderung nachkommen müssen. Ich möchte jedoch strategisch vorschlagen, daß wir so lange als möglich an einem realistischen Verständnis intentionaler Zustände festhalten. Das heißt, daß wir auch Dennetts Argumente gegen Searle zunächst aus einer realistischen Warte betrachten sollten. Anstatt sogleich einen Angriff auf die ‚echt'/‚als ob'-Unterscheidung, und damit auf ein realistisches Verständnis intentionaler Zustände zu starten, sollten wir die ‚intrinsisch'/‚abgeleitet'-Unterscheidung noch genauer untersuchen.

4 Eine neue Deutung von ‚intrinsischer Intentionalität'

Wie ich einleitend schon bemerkte, hat der Begriff der Intentionalität eine gehörige Bedeutungserweiterung erfahren. Ursprünglich wurde er von Brentano so verwendet, daß nur von psychischen Phänomenen gesagt werden kann, sie besäßen Intentionalität. Im gegenwärtigen Sprachgebrauch wird der Begriff der Intentionalität jedoch praktisch synonym mit dem Begriff der ‚Repräsentation' verwendet, so daß er auf jegliche Art von Zeichen anwendbar ist.

Von diesem Bedeutungswandel unberührt blieb bisher der Begriff der intrinsischen Intentionalität. Dieser Begriff wird so gebraucht, als wäre *a priori* klar, daß nur mentale Zustände intrinsisch intentional sein können. Diese Annahme scheint mir jedoch mindestens ebenso fragwürdig wie die ursprüngliche These von Brentano, daß nur mentale Zustände intentional sind.

Ich werde stattdessen einen Vorschlag machen, wie der Begriff der ‚intrinsischen Intentionalität' auch außerhalb des Bereichs des Mentalen Anwendung finden kann. Um diesen Schritt vorzubereiten, möchte ich anhand von Searles Theorie auf die Schwierigkeiten hinweisen, die mit einem zu engen Gebrauch dieses Begriffs verbunden sind. Daraus wird sich die gewünschte Begriffserweiterung von selbst ergeben.

4.1 Die metaphysische Erklärung intrinsischer Intentionalität

In seinem Buch von 1983 gibt Searle zwei verschiedene Erklärungen für den Begriff der ‚intrinsischen Intentionalität', ohne ihre Verschiedenheit als solche kenntlich zu machen. Die erste Erklärung, ich nenne sie die *metaphysische* Erklärung, besagt, daß es zum *Wesen* eines mentalen Zustandes gehört, Intentionalität zu besitzen. Searle beschreibt dieses Wesensmerkmal auf folgende Weise:

> Nach meiner Theorie ist der intentionale Gehalt, der die Erfüllungsbedingung festlegt, dem intentionalen Zustand intern: jemand kann unmöglich einen Wunsch oder eine Überzeugung haben, ohne daß diese Überzeugung oder dieser Wunsch die dazugehörigen Erfüllungsbedingungen hat.[13]

Nun kann man durchaus diskutieren, ob es so etwas wie ‚interne' Eigenschaften überhaupt gibt, und wenn es sie gibt, ob der intentionale Gehalt eines Wunsches oder einer Überzeugung eine solche Eigenschaft ist. Wenn man dies um des Arguments willen jedoch einmal zugesteht, dann sind wir noch immer weit davon entfernt, ein metaphysisches Spezifikum mentaler Zustände gefunden zu haben. Denn was vorhin über die intentionalen Zustände gesagt wurde, das läßt sich auch über jeden Sprechakt sagen:

> Man beachte ..., daß die Erfüllungsbedingungen des intentionalen Zustands dem intentionalen Zustand genauso intern sind, wie es die Erfüllungsbedingungen des Sprechakts im Hinblick auf den Sprechakt sind.[14]

Wie kann also Searle überhaupt auf die Idee kommen, daß nur mentale Zustände intrinsisch intentional sind? Wir müssen dazu noch einen anderen Aspekt seiner Theorie berücksichtigen, nämlich die Verbindung von Inten-

---

13 [Searle, 1983/1987], 40f.
14 Ibid., 27.

tionalität und Bewußtsein. Searle behauptet, daß sich der Begriff der Intentionalität und alle anderen Begriffe zur Beschreibung des Mentalen „nur durch ihre Beziehung zum Bewußtsein als etwas *Geistiges* verstehen" lassen.[15] Daraus gewinnt er das sogenannte ‚Verbindungsprinzip':

> Nur ein Lebewesen, das *bewußte* intentionale Zustände haben könnte, könnte überhaupt intentionale Zustände haben, und jeder unbewußte intentionale Zustand ist zumindest potentiell bewußt.[16]

Ausgehend von diesem Prinzip kann Searle ein neues Argument gegen die Computer-Analogie schmieden. Dieses Argument könnte folgendermaßen laufen: Die Evolution hat, wie jeder weiß, unser Bewußtsein hervorgebracht. Das Programmieren eines Computers erzeugt jedoch, jedenfalls bis heute, keinerlei Bewußtsein. Ist nun Intentionalität ohne Bewußtsein aufgrund des Verbindungsprinzips nicht möglich, dann ist es auch unzulässig, von beiden Prozessen anzunehmen, sie könnten Intentionalität erzeugen. Jeder Vergleich zwischen beiden Prozessen ist daher von Grund auf verfehlt.

Bei der Beurteilung dieses Argumentes müssen wir sehr genau darauf achten, was dabei auf dem Spiel steht. Die naheliegende Interpretation des Argumentes scheint mir zu sein, daß man von einem Lebewesen oder Artefakt nur dann im *wörtlichen* Sinne sagen kann, es sei in einem intentionalen Zustand, wenn dieses Lebewesen oder Artefakt Bewußtsein besitzt. Ist dies nicht möglich, dann reden wir nur von ‚als ob'-Intentionalität, wenn wir die Zustände eines solchen Lebewesens oder Artefakts intentional beschreiben. Der Punkt von Searle wäre also, daß das Programmieren eines Computers, wenn es kein Bewußtsein hervorbringt, auch keine ‚echte' Intentionalität erzeugen kann.

Was folgt daraus für den Begriff der ‚intrinsischen Intentionalität'? Zeigt dieses Argument, daß nur bewußte (oder potentiell bewußte) Zustände intrinsisch intentional sein können? Keineswegs. Denn es gilt ja immer noch, daß jeder Sprechakt ‚interne' Erfüllungsbedingungen und somit ‚intrinsische Intentionalität' besitzt. Daran ändert auch das umstrittene Verbindungsprinzip nichts. Dieses Prinzip könnte höchstens implizieren, daß ein Sprechakt nur dann intrinsisch intentional ist, wenn er von einem Lebewesen mit Bewußtsein ausgeführt wird. Was damit nicht erreicht wird, ist jedoch, daß der Begriff der ‚intrinsischen Intentionalität' auf mentale Zustände eingeschränkt wird.

Die Analyse dieses Argumentes bestätigt damit den früher geäußerten Verdacht: So wie Searle stillschweigend von der Behauptung „Symbole haben nur ‚abgeleitete' Intentionalität" übergeht zu der These „Programme

---

15 [Searle, 1992/1993], 103.
16 [Searle, 1992/1993], 152.

erzeugen nur ‚als ob'-Intentionalität", so verwandelt sich hier ebenso stillschweigend die These „Maschinen ohne Bewußtsein haben nur ‚als ob'-Intentionalität" zu der These „Nur (potentiell) bewußte Zustände sind intrinsisch intentional".

Nun gibt es allerdings noch einen anderen Weg, auf dem Searle versucht, die letztere These zu gewinnen. Diesem Zweck dient auch seine *sprachphilosophische* Erklärung der ‚intrinsisch/abgeleitet'-Unterscheidung.

4.2 Die sprachphilosophische Erklärung intrinsischer Intentionalität

Nach Searle sind mentale Zustände unter allen repräsentierenden Entitäten dadurch ausgezeichnet, daß sie nicht *benutzt* werden müssen, um etwas zu repräsentieren:

> Eine Überzeugung ist an sich eine Repräsentation. ... Es bedarf keiner Intentionalität von außen, um eine Repräsentation zu werden, denn wenn es eine Überzeugung ist, dann ist es bereits an sich – intrinsisch – eine Repräsentation. .... daß es eine Person geben muß, die irgendeine Entität als Repräsentation benützt, damit es überhaupt eine Repräsentation gibt [,] das stimmt für Bilder und Sätze, d.h. für abgeleitete Intentionalität, aber nicht für intentionale Zustände.[17]

Läßt man die etwas umständlichen Erklärungen beiseite, so bleibt die Tatsache übrig, daß man von Bewußtseinszuständen gewöhnlich nicht sagen kann, sie würden zu einem bestimmten Zweck ‚benutzt', so wie Bilder, Sätze und andere Zeichen und Symbole. Was folgt aus dieser korrekten sprachlichen Beobachtung? Läßt sich damit begründen, daß Bewußtseinszustände eine andere Art von Intentionalität besitzen als sprachliche Zeichen?

Das ist die gleiche Art von Frage, zu der uns auch Dennetts Kritik an Searle geführt hat. Searle stützt sich hier auf einen intuitiven Begriff des ‚Zeichengebrauchs', von dem nicht geklärt ist, welche Rolle er innerhalb einer Theorie der Intentionalität spielen kann. Es könnte durchaus sein, daß unser Alltagsbegriff für diesen Zweck einfach nicht allgemein genug ist. Das hieße, wie Dennett mutmaßt, daß Searles begriffliche Unterscheidungen zwar unseren Intuitionen entsprechen, in einer allgemeinen Theorie der Intentionalität aber dennoch übergangen werden können.

Was könnte jener allgemeinere Begriff sein, der den gebräuchlichen Begriff des ‚Gebrauchs' abzulösen vermag? Der Kandidat, der sich dafür anbietet, ist der Begriff der *funktionalen Rolle*. Während von einem ‚Gebrauch' im herkömmlichen Sinne nur bei konventionellen Zeichen, wie z.B. sprachlichen Ausdrücken, die Rede sein kann, läßt sich der Begriff der funktionalen Rolle auch auf mentale Zustände anwenden. Die Verallgemeinerung besteht

---

17 [Searle, 1983/1987], 40f.

darin, daß Sätze und mentale Zustände jeweils als Bestandteile von Systemen aufzufassen sind, in denen gewisse *inputs* auf geregelte Weise gewisse *outputs* erzeugen. Diese zwei Systeme können sich verbinden, sodaß die Äußerung eines Satzes als *output* nicht nur weitere Äußerungen, sondern auch mentale Zustände haben kann; umgekehrt kann ein mentaler Zustand als *output* andere mentale Zustände oder sprachliche Äußerungen (oder beides) nach sich ziehen. Geregelt ist diese kausale Abfolge durch die syntaktischen, semantischen und pragmatischen Regeln der betreffenden Sprache.

Der Begriff der ‚funktionalen Rolle‘ eröffnet also die Möglichkeit, eine Gebrauchstheorie sprachlicher Bedeutung auf den Bereich mentaler Zustände zu übertragen. Damit verschwindet auf theoretischer Ebene die Kluft zwischen Bewußtseinszuständen und Sprachzeichen, wie sie Searle durch seine ‚intrinsisch/abgeleitet‘-Unterscheidung auf intuitiver Basis zieht. Es ist daher nicht verwunderlich, daß der Funktionalismus jene Theorie ist, die Searle am heftigsten bekämpft.

Hier muß man jedoch zwei Dinge auseinanderhalten. Mein Vorschlag ist, Dennetts Kritik in den Rahmen einer funktionalistischen Theorie der *Intentionalität* einzubetten. Das verlangt nicht, daß man auch eine funktionalistische Theorie des *Bewußtseins* vertreten muß. Der Funktionalismus wird von Searle vor allem deshalb kritisiert, weil er dem *Bewußtseinsaspekt* mentaler Zustände nicht Rechnung zu tragen vermag. Damit ist noch lange nicht gesagt, daß eine funktionalistische Theorie auch unfähig ist, den *intentionalen* Aspekt dieser Zustände zu erklären. Freilich, setzt man Searles Verbindungsprinzip voraus, wonach kein Begriff zur Beschreibung mentaler Zustände ohne Beziehung zum Bewußtseinsaspekt dieser Zustände erklärt werden kann, dann treffen die Einwände gegen eine funktionalistische Theorie auch ihren Erklärungswert bezüglich der Intentionalität dieser Zustände. Das bedeutet für einen Vertreter einer funktionalistischen Theorie aber nur, daß er Searles Verbindungsprinzip ablehnen muß.

4.3 ‚Intrinsische Intentionalität‘ als eine Type-Eigenschaft

Ich habe soeben vorgeschlagen, eine Kritik der Unterscheidung zwischen intrinsischer und abgeleiteter Intentionalität mit einer funktionalistischen Theorie der Intentionalität zu verknüpfen. Eine solche Theorie versucht, den Begriff des Gebrauchs sprachlicher Zeichen so zu erweitern, daß er zur Explikation der Intentionalität mentaler Zustände verwendet werden kann. Dieser erweiterte ‚Gebrauchs‘-Begriff ist der Begriff der ‚funktionalen Rolle‘. Damit droht der Begriff der ‚intrinsischen Intentionalität‘ überhaupt leer zu werden. Wenn nämlich der Gebrauch einem sprachlichen Zeichen keine intrinsische Intentionalität verleihen kann, dann kann dies auch nicht die funktionale Rolle im Fall eines mentalen Zustandes leisten. Mentale Zustände besäßen ebenso wie sprachliche Zeichen nur abgeleitete Intentionalität, was nichts anderes heißt, als daß dieser Unterschied jede Anwendung verliert.

Diese Schlußfolgerung ist jedoch nicht zwingend. Wir können den Begriff der ‚intrinsischen Intentionalität' auf einem anderen Weg wieder einführen, indem wir bei Searles metaphysischer Erklärung von ‚intrinsischer Intentionalität' anknüpfen. Gemäß dieser Erklärung sind sowohl mentale Zustände als auch Sprechakte intrinsisch intentional, weil beiden ein intentionaler Gehalt ‚intern' ist. Diese Erklärung läßt sich mit einer funktionalistischen Theorie der Intentionalität auf folgende Weise vereinbaren: Diese Theorie ordnet einzelnen *Tokens* innerhalb eines Systems eine gewisse funktionale Rolle zu. Ein solches *Token* kann die Äußerung eines Satzes durch einen bestimmten Sprecher zu einem bestimmten Zeitpunkt sein oder ein mentaler Zustand, in dem sich der Sprecher zu diesem Zeitpunkt befindet. Daß ein solches *Token* diese funktionale Rolle besitzt, ist eine kontingente Tatsache, denn die Äußerung, die ein Sprecher macht, könnte als Teil eines anderen Sprachsystems genausogut eine andere Bedeutung als tatsächlich haben. In diesem Sinne ist die Bedeutung der Äußerung nicht ‚intrinsisch'.

Anders verhält es sich bei Aussagen auf der *Type*-Ebene. Betrachten wir einen Sprechakt als einen bestimmten *Typ* von sprachlicher Äußerung, dann können wir weiterhin sagen, daß jedem Sprechakt ein bestimmter intentionaler Gehalt ‚intern' ist. Obwohl z.B. die *Worte* „Es wird regnen" eine andere Bedeutung erhalten können, wenn sich die deutsche Sprache ändert, wäre die *Behauptung*, daß es regnen wird, immer noch dieselbe; nur könnte sie unter diesen Umständen nicht mit denselben Worten gemacht werden.

Eine solche Unterscheidung zwischen Aussagen auf der *Token*-Ebene und auf der *Type*-Ebene läßt sich genauso bei mentalen Zuständen treffen. Die funktionale Rolle ist einem mentalen *Token* nicht wesentlich, weil dasselbe *Token* in einem anderen System eine andere Rolle haben würde. Mentale Zustände als *Types* haben dagegen einen Inhalt, der ihnen wesentlich ist. Aus diesem Grund wäre eben eine Überzeugung oder ein Wunsch nicht mehr dieselbe Überzeugung oder derselbe Wunsch, wenn sie einen anderen Inhalt hätte.

Auf diese Weise läßt sich die Unterscheidung zwischen intrinsischer und abgeleiteter Intentionalität aus der Sicht einer funktionalistischen Theorie aufrecht erhalten. Allerdings ist diese Unterscheidung nun ganz und gar unspektakulär. Sie ergibt sich einfach daraus, daß wir Intentionalität sowohl *Tokens* als auch *Types* zuschreiben.

5 Schluß

Die vorangehenden Überlegungen führten zu einem positiven und zu einem negativen Ergebnis. Das negative Ergebnis war, daß es keinen Grund gibt, einen prinzipiellen Unterschied zwischen der Intentionalität mentaler Zustände und der Intentionalität sprachlicher Äußerungen zu machen. Das positive Ergebnis war, daß es trotzdem möglich ist, den Unterschied zwischen intrinsischer und abgeleiteter Intentionalität in geänderter Form aufrecht zu erhalten, nämlich als Unterscheidung zwischen einer *Token*- und einer *Type*-Intentionalität. Das erste Ergebnis widerspricht der Auffassung von Searle, daß mentale Zustände die einzigen Träger echter Intentionalität sind. Das zweite Ergebnis widerspricht der Überzeugung von Dennett, daß ‚intrinsische Intentionalität' etwas metaphysisch Dunkles ist. Wenn damit nur gemeint ist, daß zu jedem intentionalen Zustand ein bestimmter Inhalt dazugehört so wie zu jedem Sprechakt etwas gehört, was darin ausgesagt wird, so sehe ich keinen Anlaß, die ‚Schlacht ums Intrinsische' fortzusetzen.

Literatur

Dahlbom, Bo. ed. 1993. *Dennett and His Critics*. Oxford: Blackwell.

Dennett, Daniel. 1980. „The Milk of Human Intentionality (commentary on Searle)", *The Behavioral and Brain Sciences* 3: 428-30.

―― 1987. *The Intentional Stance*. Cambridge, Mass.: MIT Press.

―― 1990. „The Myth of Intrinsic Intentionality", in [Said, 1990], 43-62.

Hofstadter, D.R.; Dennett, D.C., eds. 1986. *Einsicht ins Ich. Fantasien und Reflexionen über Selbst und Seele*. Stuttgart: Klett-Cotta.

Lepore, E.; van Gulick, R. eds. 1991. *John Searle and His Critics*. Oxford: Blackwell.

Quine, W.V.O. 1960. *Word and Object*. Cambridge: MIT Press.

Rorty, Richard. 1993. „Holism, Intrinsicality, and the Ambition of Transcendence", in [Dahlbom, 1993], 184-235.

Said, Mohyeldin K.A., et. al. eds. 1990. *Modelling the Mind*. Oxford: Clarendon Press.

Searle, John. 1980/1986. „Geist, Gehirn, Programm", in [Hofstadter, 1986], 337-356. (Dt. Übersetzung von „Minds, Brains, and Programs", *The Behavioral and Brain Sciences* 3: 417-457).

―― 1983/1987. *Intentionalität. Eine Abhandlung zur Philosophie des Geistes*. Frankfurt: Suhrkamp. (Dt. Übersetzung von *Intentionality: An Essay in the Philosophy of Mind*. Cambridge: Cambridge University Press).

―― 1984. „Intentionality, and Its Place in Nature", *Synthese* 61: 3-16.

―― 1992/1993. *Die Wiederentdeckung des Geistes*. München: Artemis. (Dt. Übersetzung von *The Rediscovery of the Mind*. Cambridge: The MIT Press).

KONTEXTUALISMUS – DAS EINDRINGEN DER LEBENSWELT IN DIE ERKENNTNISTHEORIE

EVELYN GRÖBL-STEINBACH (LINZ)

Kontextualismus wird eine – im übrigen keineswegs einheitliche – Strömung der Gegenwartsphilosophie genannt, die die Auffassung vertritt, daß die Geltung von Aussagen über die empirisch vorfindliche Realität von bestimmten Umständen abhängig ist, etwa einer sozial eingespielten Rechtfertigungspraxis, subkulturellen Traditionen, lokalen Sprachspielen. Der Kontextualismus verdankt sich einer Konvergenz der angelsächsischen und kontintentaleuropäischen Philosophie: der hermeneutischen Wende der Phänomenologie und der pragmatischen Wende der sprachanalytischen Philosophie, für die der späte Wittgenstein, die amerikanischen Pragmatisten, aber auch Heidegger und Gadamer mit ihrer These von der totalen Geschichtsabhängigkeit des Logos von Bedeutung sind.

Indem er sich mit Fragen der Bedingungen der Möglichkeit von Erkenntnis befaßt, tritt der Kontextualismus einerseits die Nachfolge der klassischen philosophischen Erkenntnistheorie an, andererseits eliminiert er diese, weil er die Lösung der erkenntnistheoretischen Probleme entweder an andere, wissenschaftliche Disziplinen delegiert bzw. als falsch gestellt und nicht sinnvoll zurückweist. Der Kontextualismus argumentiert nicht mehr im Rahmen der Bewußtseins-, sondern der Sprachphilosophie, er unternimmt eine Detranszendentalisierung der traditionellen Erkenntnistheorie und ihrer Grundbegriffe; er lehnt den Status von Philosophie als Metadisziplin ab und er stellt mit dem Verweis auf die Handlungsbezogenheit von Erkenntnisleistungen den traditionellen Primat der Theorie vor der Praxis in Frage.

Was Probleme der Erkenntnistheorie angeht, so ist Richard Rorty wohl der bekannteste Vertreter des Kontextualismus, den man neben Thomas Kuhn nennen könnte, wenn man dessen Paradigmenkonzept rein erkenntnistheoretisch interpretiert, während man Hilary Putnam m.E. nicht zu den Kontextualisten zählen kann, da er an einem irreduziblen Rationalitäts- sowie einem gewissen normativen Anspruch der Philosophie festhält, den ein strikter Kontextualist ablehnt.

Ich meine, daß der Kontextualismus wohl als die gegenwärtig radikalste Strömung eines metaphysikkritischen Denkens gelten kann, obwohl die Metaphysikkritik in der Sprachphilosophie ja Tradition hat, wenn man sich an die Funktion des Sinnkriteriums des logischen Empirismus erinnert. Der Kontextualismus geht in seiner Metaphysikkritik allerdings noch weiter, weil er auch die Basis der Beobachtung zur Funktion eines Konsensus von Kommunikationspartnern erklärt und die Lebenswelt bzw. konkret-geschichtliche

Lebenspraxis als jene intersubjektiv geteilte, stets unvermeidlich präsente Wirklichkeit auszeichnet, von der sowohl der Sinn einzelner Äußerungen als auch ihre Wahrheitsgeltung abhängen.

Ich werde im folgenden drei Thesen zu belegen versuchen:

1. daß der Kontextualismus die Erkenntnistheorie empiriesiert und soziologisiert. Theorien der Erkenntnis können aus kontextualistischer Sicht einzig von Kultur- und Sozialwissenschaften formuliert werden, etwa der Wissenschaftsgeschichte und der Wissens- bzw. Wissenschaftssoziologie;

2. daß Philosophie selbst zum Common Sense wird und als eigene, von der Ebene der Alltagssprache abgehobene Metadisziplin nicht mehr existiert. Die konkrete, historisch-soziale Lebenswelt als kultureller Hintergrund, Tradition oder lokale Gepflogenheit bringt sich damit im Medium der ehemals philosophischen Argumentation derart zur Geltung, daß diese mit Alltagswissen identisch wird.

3. Jedoch läßt sich auch in der kontextualistischen Argumentation ein Rest an philosophischem Fundamentalismus und damit an Metaphysik nachweisen. Der Common-Sense-Begriff der konkreten historisch-sozialen Lebenswelt erlangt nämlich – als notwendige (alternativlose) Bedingung jeder möglichen Wirklichkeitserkenntnis – im Rahmen eines kontextualistischen Ansatzes einen quasi transzendentallogischen Status, obwohl er ja eigentlich dazu dienen soll, die epistemologischen Grundbegriffe zu dekonstruieren. Das Konzept der Lebenswelt bzw. der konkreten Sprachspiele übernimmt *pragmatisch,* d.h. im Zuge der argumentativen Zurückweisung aller Erkenntnisfundamente, eine Funktion, die im Prinzip jener einer transzendentalen Begründung gleichkommt, was die kontextualistische Verabschiedung der Philosophie illusorisch macht.

Eine kontextualistische Auffassung besteht zunächst einmal vor allem anderen darin, daß die Geltung von Aussagen als unvermeidlich kontextgebunden erklärt wird[1] bzw. andersherum, in der Auffassung, daß keine kontextunabhängige Geltung möglich ist. Als Kontext gilt der Nexus von Alltagspraxis und Alltagskommunikation in kulturellen Traditionen und konkreten Lebensformen. Jenseits dieser partikularen Lebens- und Praxisformen gibt es also keine relevanten Beurteilungskriterien für Erkenntnisansprüche. Begründungs- und Rechtfertigungsfragen können nur mit Hinweis auf die jeweilige Lebensform beantwortet werden. Rechtfertigung wird nicht als eine Ableitung von Aussagen aus Aussagen verstanden, sondern pragmatisch als

---

1 Vgl. R. Rorty, *Der Spiegel der Natur*, (im folgenden zit. als SpN), Frankfurt 1987; ders., Sind Aussagen allgemeine Geltungsansprüche? in: *Deutsche Zeitschrift für Philosophie* 6/1994, S. 987.

eine Form sozialer Praxis.² Damit ist Erkenntnis bestimmt als Meinung, die in einem spezifischen Kontext ausreichend gerechtfertigt ist.³ Der Kontextualismus bestreitet damit auch die Legitimität von Philosophie, die kontextunabhängig z.B. über alle mögliche Erkenntnis Behauptungen macht. Da er seine Position primär in Abgrenzung zur traditionellen Erkenntnistheorie der bewußtseinsphilosophischen Tradition entwickelt, möchte ich diese in Grundzügen darstellen, um klarzumachen, wo seine Angriffspunkte liegen.

Seit Descartes wird Erste Philosophie als Bewußtseinsphilosophie betrieben. Das Selbstbewußtsein ist der Schlüssel zur Sphäre der inneren und absolut gewissen Vorstellungen, die wir von Gegenständen haben. „Ideen" nennt Descartes jene unmittelbar erfaßten Bewußtseinsinhalte, die im Bewußtsein dessen vorhanden sind, wenn er etwas denkt.⁴ Mit der Gewißheit des „Ich denke" als unerschütterlichem und unbezweifelbarem Fundament ist nicht mehr das Sein des Seienden das zentrale Thema der Philosophie, sondern dessen Erkenntnis. Dadurch wird aber die Außenwelt zum zentralen Problem der Erkenntnistheorie. Sie muß, wenn sie mit dem Bewußtsein beginnt, zeigen, daß dessen Vorstellungen und Begriffe einen Bezug auf wirkliche Gegenstände haben. Für Descartes ist denn auch nur mit Hilfe eines Gottesbeweises zu garantieren, daß die Vorstellung des Gegenstandes dem bewußtseinsunabhängigen Gegenstand entspricht.

Versagt man sich bestimmte Grundannahmen, die die Erfahrung überschreiten – wie etwa die angeborenen Ideen des Descartes-, dann hat man nur mehr zu erklären, wie der menschliche Denkapparat funktioniert. Man erklärt etwa, wie Begriffe hier entstehen, ehe man sich überhaupt mit Fragen wie ihres Gehalts oder ihrer Bedeutung beschäftigt. Derart genetisch verfährt John Locke. Er legt den Grundstein zu einer „Physiologie des menschlichen Verstandes" (Kant), indem er die psychischen Phänomene beobachtet und zergliedert.⁵ Er beobachtet nun zwei Klassen von Wahrnehmungen, Sensations und Reflections, mit denen alle Erkenntnis beginnt. Die einfachen Ideen bilden bei Locke den Halt und das letzte Fundament, auf das Erkenntnis sich gründet. Locke setzt voraus, daß in der Empfindung Bewußtsein und objektive Realität unmittelbar korrespondieren, aber da es sich hier nur um die ungeordnete Flut von unmittelbar gegenwärtigen Einzelempfindungen geht, kann Locke das Problem nicht lösen, wie eine Übereinstimmung zwischen unseren Ideen und der Realität der Dinge festgestellt werden kann.

---

2   *SpN* S. 200.
3   *SpN* S. 160.
4   R. Descartes, *Meditationen*, Hamburg 1965, S. 145.
5   J. Locke, *Über den menschlichen Verstand*, Hamburg 1962, Band I, 2. Buch, S. 108ff.

Dem Problem, wie der Geist, der ja nichts anderes als seine eigenen Ideen erfassen kann, Gewißheit darüber erlangen kann, daß sie mit den Dingen selbst übereinstimmen, kann er nur mit der Lehre von den primären Qualitäten begegnen. Nur dann gelangt er zu einem Erkenntnisbegriff, der mehr enthält als bloß den Wechsel subjektiver, variabler und unendlich vieldeutiger Eindrücke. Aber diese Überzeugung transzendiert eben auch wiederum den Rahmen der Erfahrung. Der Anspruch auf objektive Erkenntnis wird denn auch konsequenterweise von Hume, der den Rahmen des Empirismus nicht überschreiten will, zurückgewiesen, weil Erfahrung auf Voraussetzungen beruht wie etwa dem Kausalitätsprinzip, welches empiristisch nur aus der gewohnheitsmäßigen Verknüpfung von Ereignissen erklärt werden kann.

Zentral für die Erkenntnistheorie in der bewußtseinsphilosophischen Tradition ist die okularen Metaphorik. Wissen wird als ein *Sehen* von etwas aufgefaßt.[6] Diese okulare Metaphorik ist alt und hatte ihren Platz in der Theoria-Tradition des griechischen Denkens der Antike. Theoria ist die Schau des Seienden als solchem. Der Philosoph beschäftigte sich mit der Kontemplation der allgemeinen Begriffe und Wahrheiten.[7] Schon Platon hat den Nous als ein Auge des Geistes beschrieben, mit dem die Seele vor ihrer Verbannung in den Körper die Ideen schauen konnte und Noein als Erfassen von Bildern. Die Bewußtseinsphilosophie übernahm diesen *kontemplativen* Erkenntnisbegriff. Bei Descartes wird der Intellekt mit einer Art Auge ausgestattet, das die Vorstellungen beobachtet, die sich im Bewußtsein bilden. Auch Locke beschreibt die Sensations und Reflections in der okularen Metaphorik. Sensations sind *Abbilder* der äußeren Dinge, Reflections *Spiegelungen* der Vorgänge des inneren Zustandes.[8]

Die Spiegelmetapher ist auch noch bei Kant lebendig, obwohl dieser es war, der Erkenntnistheorie ausschließlich mit der Frage nach dem Rechtsgrund von Erkenntnis beschäftigen wollte und nicht mit Fragen über deren Entstehung. So will Kant in seiner ersten Kritik zwar die objektive Gültigkeit von Erfahrungs*urteilen* a priori nachweisen[9], bestimmt im Zuge dieses Nachweises aber zuvor in seinem Affektionsschema die Sinnlichkeit, welche unter das Begriffsvermögen des Verstandes gebracht wird, rein rezeptiv: sie *empfängt* die *Eindrücke* einer noch nicht vergegenständlichten Außenwelt. Darüber hinaus traut Kant der Transzendentalphilosophie selbst einen privilegierten Zugang zur synthetisierenden Aktivität des Verstandes zu – genauso

---

6 Vgl. *SpN* S. 51ff. Jedoch hat bereits John Dewey auf die am Sehen orientierte Erkenntnistheorie hingewiesen, vgl. *The Quest for Certainty*, New York 1960, S. 23.
7 Vgl. B. Snell, *Die Entdeckung des Geistes*, Hamburg 1955, S. 406.
8 Vgl. J. Locke, a.a.O., S. 126.
9 Vgl. I. Kant, *Prolegomena*, Hamburg 1993, § 18.

wie ihn Descartes in bezug auf die Ideen beansprucht hatte.

Diese Spiegelvorstellung hält der Kontextualismus für einen Überrest der Metaphysik, die nur im Zusammenhang mit einem mythologischen Weltbild einsichtig ist, wo es den Philosophen darum gegangen war, den Intellekt, die Seele oder das Pneuma als von besonderer Beschaffenheit nachzuweisen, als unstofflich, oder – wie bei Anaxagoras – aus besonders feinem Material bestehend. Lehnt man die Spiegelvorstellung und damit die Idee eines das Objekt abbildenden Bewußtseins ab, dann fallen damit eine Reihe anderer Probleme des metaphysischen Denkens weg.

Zur Metaphysik zählen für den Kontextualismus folgende Merkmale der bewußtseinsphilosophischen Erkenntnistheorie:

Der *Transzendentalismus* eines Bewußtseins überhaupt. Ein überempirisches Bewußtsein überhaupt als konstituierende Aktivität widerspricht dem heutigen Selbstverständnis der Philosophie, die keine transmundanen Fundamente der Erkenntnis mehr postulieren kann. Was dann aber übrig bleibt, ist ein empirisches Bewußtsein, das aber dann wiederum nur mehr Gegenstand der Einzelwissenschaften sein kann. Für den Kontextualismus gibt es nur mehr empirische Erkenntnissubjekte.

Der *Fundamentalismus* der bewußtseinphilosophischen Erkenntnistheorie: ihre Annahme, daß Erkenntnis nur möglich ist, wenn ein sicherer Grund, ein Fundament vorhanden ist, das nicht selbst ein Teil dieser Erkenntnis ist und das die Erkenntnistheorie aufzuklären habe. So erhält etwa das transzendentale Subjekt in der Architektonik von Kants Erkenntnistheorie diese fundamentale Stellung – obwohl es Kant nicht um Letztbegründung gegangen ist. Er bezeichnet das transzendentale Subjekt als spontane *Quelle*[10] von Vermögen, das transzendentale „Ich denke" fungiert als *Ursprung* aller Kategorien und ist folglich selbst nicht kategorial bestimmbar. Zudem ist es außerhalb der Welt und jenseits der Zeit angesiedelt und bildet einen archimedischer Punkt jeder möglichen Erkenntnis. Der Kontextualismus, der nur empirische Erkenntnissubjekte zuläßt, zeichnet diese als *situierte* Subjekte aus.

Der *Absolutismus* der Erkenntnistheorie, nämlich daß sie sich als ein normatives Unternehmen versteht und als Urteilsinstanz darüber entscheiden zu können vorgibt, ob die Ansprüche dieser oder jener Erkenntnis auch berechtigt sind – was wiederum voraussetzt, daß Erkenntnistheorie sich zutraut, die Bedingungen möglicher Erkenntnis überhaupt darlegen zu können und damit selbst über eine *ausgezeichnete* Form von Erkenntnis zu verfügen. Die Kriterien legitimer Erkenntnis, die sie zu begründen versucht, müssen absolut gelten, da sie ja als Maßstab für alle zu prüfenden Erkenntnisse dienen. Dieses Mißtrauen gegenüber der systematischen Philosophie liegt in der Traditi-

---

10 Vgl. I. Kant, *Kritik der reinen Vernunft*, B 129 Anm.

on des Pragmatismus, der alles als metaphysisch zurückweist, was über die üblichen, anerkannten Verfahren der Forschungsgemeinschaft hinauszugehen beansprucht.[11]

Ein weiterer Punkt ist die Alternative von *Idealismus* oder *Realismus,* die sich aus der Innen-Außen-Spaltung von erkennendem Bewußtsein und erkanntem Gegenstand ergibt. Die Erkenntnistheorie geht davon aus daß aller Erkenntnis eine Subjekt-Objekt-Relation zugrundeliegt. Unter „Objekt" versteht die Bewußtseinsphilosophie alles, was als seiend vorgestellt werden kann, unter „Subjekt" die Fähigkeit eines denkenden Bewußtseins, sich in objektivierender Einstellung darauf zu beziehen. Das Bewußtsein wird dabei als Spiegel verstanden, der die Gegenstände der Welt oder auch die Vorgänge des eigenen Bewußtseins abbildet. Um die Problematik der Subjekt-Objekt-Spaltung kreisen auch Idealismus und Realismus.

Der *Idealismus* der Bewußtseinsphilosophie begreift das transzendentale Subjekt als welterzeugendes, so daß die Welt der Objekte in ihrem Dasein von ihm abhängig ist. Es ist der kategoriale Rahmen als apriorische Vorleistung des Subjekts, der die Erfahrungsgegenstände hervorbringt. Der *Realismus* enthält zwei Thesen 1) daß es eine vom Bewußtsein unabhängige Welt gibt und 2) daß das menschliche Bewußtsein grundsätzlich in der Lage ist, diese im Sinne einer Repräsentation oder Abbildung zu erfassen. Nur die zweite These ist erkenntnistheoretisch relevant. Beide Positionen, Idealismus wie Realismus, hält der Kontextualismus für metaphysisch. Im Idealismus tritt das transzendentale Subjekt an die Stelle Gottes[12], da nun ihm die Rolle zukommt, die „objektive Gültigkeit" (Kant) von Erfahrungsurteilen zu garantieren. In der apriorischen Verstandeshandlung durch seine Anschauungs- und Denkformen erzeugt es selbst die Übereinstimmung zwischen Urteilen und erkannten Gegenständen. Es formt den Wahrnehmungsinhalt zu „strenger verstandesmäßiger Einheit" und *macht* ihn damit allererst zu einem Objekt. Im Fall des Realismus müßte ein Standpunkt vorausgesetzt werden, der absolut kontextunabhängig die Korrespondenz zwischen Bewußtsein und objektiver Welt festzustellen in der Lage wäre.

Dieses Problem hält der Kontextualismus mit der Wende zur Sprachphilosophie für überwunden. Der linguistic turn, paradigmatisch ausgesprochen in Wittgensteins berühmtem Topos: „Der Gedanke ist der sinnvolle Satz", begreift Bewußtsein – im philosophischen Sinn: als Inbegriff der Gedanken – als Sprache und setzt Sprache und Bewußtsein nicht mehr in ein bloßes Repräsentationsverhältnis. Philosophie erhält damit die *Sprache* als ihren genuinen Gegenstand. Die traditionellen Innen-Außen-Differenzierungen der

---

11 Vgl. etwa J. Dewey, *The Quest for Certainty*, a.a.O., Kapitel 2.
12 Vgl. H. Albert, *Realität und menschliche Erfahrung*, Ms. S.15.

Bewußtseinsphilosophie entfallen nun, weil sich Philosophie mit Sprache auf einen intersubjektiv zugänglichen Gegenstandsbereich beziehen kann.[13]

Damit entfällt auch das Problem der *Objektivität* von Erkenntnis, weil Objektivität nur unter der Voraussetzung anstrebenswert ist, daß Erkenntnis eine akkurate Darstellung bzw. Abbildung des Gegenstandes zu sein hätte, also im Rahmen der Spiegel-Metaphorik.

Eine bedeutsame Konsequenz hat der linguistic turn bekanntlich: Erkenntniskritik wird zu Sinnkritik, d.h. daß, noch bevor Erkenntnisprobleme thematisiert werden, die Frage behandelt werden kann, ob entsprechende Fragestellungen oder Behauptungen überhaupt *sinnvoll* sind. Zunächst ist die linguistische Wende ja in den Grenzen des Semantizismus vollzogen worden. Die semantische Analyse bleibt im wesentlichen eine Analyse der Satzform. Sie legt einen Schnitt zwischen die syntaktisch-semantische Ebene der Sprache und die pragmatische, trennt also zwischen Sprache als Struktur und Sprechen als Prozeß. Die Sprachpragmatik des späten Wittgenstein bezieht auch die Sprachverwendung und ihre Kontexte in die philosophische Sinnklärung ein. Der Sprachgebrauch wird zum Maßstab hinsichtlich aller Fragen über Sinn und Geltung von Sätzen.

Die Lebenswelt findet nun im Kontextualismus insofern Eingang in die erkenntnistheoretische Fragestellung, als für den Kontextualismus das Konzept der *Lebensform* bzw. der *konkreten Lebenswelt,* das sich sowohl an Husserl wie auch an Wittgensteins Sprachspiel-Modell orientiert, zentral ist.

Husserl hatte ja bekanntlich den Begriff der Lebenswelt im Zusammenhang mit einer fundamentalen Kritik am Objektivismus der modernen Wissenschaften eingeführt. Die „Krisis der europäischen Wissenschaften", von der Husserl spricht, ist der Verlust an Lebensbedeutsamkeit vor allem der Naturwissenschaften, die die Welt mathematisch idealisieren und schon grundbegrifflich auf technische Verwendbarkeit hin zurichten. Dem Anspruch der modernen Wissenschaften, vermittels mathematischer Abstraktionen „die Welt" zu beschreiben und zu erklären, setzt Husserl die Vorstruktur der menschlichen Welterfahrung und der natürlichen Lebenspraxis entgegen. Die Lebenswelt als die einzig wirklich erfahrbare und tatsächlich konkret erfahrene Welt ist für ihn das Sinnesfundament aller menschlichen Lebensäußerungen und damit auch der Wissenschaft, der „Urboden alles theoretischen und praktischen Lebens".[14]

Husserl vertritt aber einen streng egologischen Ansatz in der bewußtseinsphilosophischen Tradition. Phänomenologie soll ja eine „Endform" der

---

13 Vgl. H. Schnädelbach, *Reflexion und Diskurs*, Frankfurt 1977, S. 50 ff.
14 E. Husserl, *Die Krisis der europäischen Wissenschaften und die transzendentale Phänomenologie*, Husserliana Bd.VI, 2. Aufl., Haag 1976, S.49.

Transzendentalphilosophie[15] sein. Die Klärung des „philosophischen Universalproblems"[16] der Lebenswelt ist also nur möglich in einer Reflexion auf das transzendentale Ego. Für den Kontextualismus ist dieser Ansatz folglich nicht unmittelbar anwendbar. Er wird es erst in Assimilation an Wittgensteins Konzept des *Sprachspiels*.

Ein Sprachspiel, bekanntlich „das Ganze der Sprache und der Tätigkeiten, mit denen sie verwoben ist"[17], ist die Einheit von Sprachgebrauch, Lebensform und Welterfahrung. Erfahrungen der Welt sind damit nur möglich innerhalb eines konkreten Handlungskontextes, in dem der einzelne als Mitglied einer Kultur oder Gruppe steht. Eine Lebensform umfaßt die Gesamtheit der verschiedenen tradierten Praktiken, mit denen eine Sprachgemeinschaft die Welt zum Gegenstand ihrer Erkenntnis macht. Das Verhältnis zwischen Sprache und Praxis ist damit als ein inneres, „logisches" Verhältnis bestimmt. Gegenüber der Bewußtseinsphilosophie, die ein Subjekt als solus ipse einer Welt der Gegenstände gegenüberstellt, hebt das Sprachspiel-Modell die *Intersubjektivität* als konstitutiv für Sinn und Geltung hervor. Es stützt sich darauf, daß nicht ein einziges Mal nur ein Mensch einer Regel gefolgt sein kann, nicht einer allein einen Befehl (als Befehl) aussprechen kann, eine Bitte erheben oder eine Gratulation ausdrücken kann etc. Eine Sprache gemeinsam zu haben, heißt eine Lebensform zu teilen.

Das Konzept des Sprachspiels als je konkreter Lebensform fungiert ebenso wie Husserls Lebenswelt als Urboden der Welterfahrung. In den Arbeiten „Über Gewißheit" weist Wittgenstein auf Hintergrundannahmen hin, die so unmittelbar in soziale Praxis eingelassen sind, daß sie ein „Fundament von Unbezweifelbarem (bilden), das solchermaßen in allen meinen Fragen und Antworten verankert ist"[18], daß man nicht daran rühren kann. Allerdings ist dieses Fundament nun nicht mehr als das je-meinige, sondern als ein je-unseres bestimmt, nämlich als der Fundus lebensweltlichen Hintergrundwissens, der den Teilnehmern an einer konkreten Lebensform gemeinsam ist und im Erlernen einer konkreten Praxis so unvermeidlich, ohne jemals thematisch zu werden, miterworben wird, daß er eine Tiefenschicht impliziten Wissens bildet, das weder bewußt wahrgenommen wird noch kritisierbar ist.

Der Kontextualismus gibt dem institutionalistischen Sprachspielmodell zusätzlich eine hermeneutische Wendung. Äußerungen und Handlungen können dann nur insoweit verstanden, kritisiert oder gerechtfertigt werden, als die Beteiligten das Vorverständnis über das zugehörige Sprachspiel als Sinnho-

---

15 Vgl. ebd., S. 71.
16 Vgl. ebd., S. 135.
17 L. Wittgenstein, *Philosophische Untersuchungen*, Frankfurt 1971, §7.
18 L. Wittgenstein, *Über Gewißheit*, Frankfurt 1970, § 103.

rizont teilen. Die konkrete Lebensform bzw. Lebenswelt stellt also für die soziale Praxis der an ihr teilnehmenden Personen einen horizontbildenden Kontext dar, der Erfahrung als je konkrete, inhaltlich interpretierte Erfahrung ermöglicht, indem er in jedem Einzelfall situationsbezogen ausgelegt und angewendet wird.[19] Was erkenntnistheoretische Fragen angeht, werden auch Argumente aus dem Umkreis des Pragmatismus einbezogen. Das einzige Fundament von Erkenntnis besteht danach in der sozialen Praxis der Rechtfertigung. (Rorty nennt diese Art Pragmatismus „erkenntnistheoretischen Behaviorismus".) An die Stelle eines Subjekts, das die Wahrheit seiner Urteile über die Welt auf seine Gewißheit zurückführt, daß seine Vorstellungen dem Gegenstand korrespondieren, setzt der Kontextualismus die realkommunizierenden Akteure, die in diese Welt als Handelnde und Teilnehmer an lebensformspezifischen Argumentationen einbezogen sind.

Theorien über das Erkennen sind damit nur mehr möglich als erfahrungswissenschaftliche Theorien über die variablen Kontextbedingungen, die verschiedene Argumentationsteilnehmer dazu bringen, Übereinstimmung über die Interpretation bestimmter Wahrnehmungen zu erzielen. Diese Bedingungen sind kulturelle, soziale und historische Bedingungen. Daß eine bestimmte Erkenntnis über die Welt als *adäquate* Interpretation anerkannt wird, dazu bedarf es der intersubjektiven Übereinstimmung von Personen im Rahmen einer gemeinsamen Sprache bzw. Kultur. Dieser Kontext stellt einen begrenzten Pool für mögliche Argumente zur Verfügung, die nur unter der Voraussetzung eines gemeinsamen Hintergrundwissens als plausibel anerkannt werden und somit als legitime Kandidaten für anerkennungswürdige Gründe ins Sprachspiel der Argumentation eintreten dürfen. Mit anderen Worten, Wissenschaftsgeschichte und Wissenschaftssoziologie[20], aber auch eine Wissenssoziologie des Alltagswissens treten an die Stelle der traditionellen Erkenntnistheorie.

Damit ist aber gleichzeitig eine Verabschiedung der gesamten Philosophie verbunden, sofern sie sich als systematische Philosophie, als Metadisziplin versteht. Wenn alle Kriterien für die Geltung von Aussagen nur den sozialen Praktiken in der alltäglichen Lebenswelt entnommen werden können, vermag auch die Philosophie die Ebene des Alltagswissens grundsätzlich nicht zu überschreiten. Auch als Formen eines ausdifferenzierten Spezialwissens können sie an nichts anderem als am Maßstab der gegenwärtig vorherrschenden Überzeugungen der entsprechenden Subkulturen gemessen werden.

---

19 Vgl. etwa H.-G. Gadamer, *Wahrheit und Methode*, 4. Aufl., Tübingen 1975, S. 277.
20 Vgl. *SpN* S. 250.

Philosophie ist nichts weiter als Common Sense[21], vielleicht ein etwas elaborierter Common Sense.

Der Anspruch des Kontextualismus ist ja der, daß er selbst keine neue Philosophie darstellt, keine neue Erkenntnistheorie vertritt, auch keine pragmatistische und daß ihn deshalb z.B. auch der Vorwurf, der von ihm vertretene Relativismus sei eine selbstwidersprüchliche Position, da sie ja Geltung für jede mögliche Erkenntnis beansprucht und folglich nicht nur kontextrelativ gelte, auch gar nicht treffen könnte. Der Kontextualismus will seine Position nur aus der „ethnozentrischen" Perspektive des Teilnehmers an einer konkreten Lebensform vertreten[22], d.h. in der Einstellung der ersten Person singular verharren und nicht in die Einstellung der dritten Person des Beobachters oder Theoretikers wechseln. Damit wäre der Kontextualismus gar keine Form theoretischer Philosophie. Tritt sein Vertreter als Theoretiker auf, dann nur als Wissenschaftler: als Alltagssoziologe, als Wissenschaftshistoriker oder als Kulturwissenschaftler, der die Geschichte des philosophischen Denkens untersucht wie das schwer verständliche Verhalten einer exotischen Kultur.

Eine Erkenntniskritik ist mit diesem Konzept aus ersichtlichen Gründen nicht möglich. Erkenntniskritik ist ja grundsätzlich ein normatives Unternehmen, das die Kriterien für gültige Erkenntnis rechtfertigt. Wenn aber diese Kriterien der alltäglichen Lebenswelt selbst entnommen sind, kann auch ein erkenntniskritisches Unternehmen prinzipiell nicht hinter die Ebene des lebensweltlichen Alltagswissens zurückgehen. Der Erkenntniskritiker, der dieses Konzept verwendet, ist ja dann selber notwendig an jenen lebensweltlichen Hintergrund rückgebunden. Nun läßt sich der Kontextualismus aber gerade auf ein solches Unternehmen ein. Rorty unternimmt eine metaphilosophische Kritik an der bewußtseinsphilosophischen Tradition der Erkenntnistheorie und deren Spiegelmodell, und er unternimmt sie nicht bloß zufällig im Rahmen eines pragmatisch-linguistisch-hermeneutischen Sprachspiels, das er für ebenso akzeptabel hält wie ein anderes. Zweifellos stellt dieses den Pool zur Verfügung, aus dem er seine inhaltlichen Argumente schöpft, aber seine Kritik an der traditionellen Philosophie ist eine *begründete Kritik*, die mit Argumenten arbeitet (und zwar jenen der philosophischen Tradition) und es im Prinzip auch einem Anhänger der Gegenposition ermöglicht, sich den kritischen Standpunkt anzueignen.

Wenn der Kontextualismus nichts weiter zu sein beanspruchte als der Bericht in der Einstellung der ersten Person über die Gepflogenheiten seiner

---

21 Vgl. *SpN* S. 254.
22 Vgl. R. Rorty, *Solidarität oder Objektivität? Drei philosophische Essays*, Stuttgart 1988, S. 15 ff.

eigenen Kultur oder eine historische Kulturwissenschaft über das Entstehen und Vergehen verschiedener Denkformen, dann behauptet er also entscheidend zuviel über Lebensformen oder konkrete Kontexte. Er sagt nämlich tatsächlich mehr darüber, als er in der Einstellung des Teilnehmers an einer Lebensform oder auch als empirischer Wissenschaftler in der Lage wäre. Aus der Perspektive der ersten Person des Teilnehmers ist der Boden der Selbstverständlichkeiten „unserer" Kultur, das implizite Hintergrundwissen, gar nicht zugänglich, da es unlösbar eingelassen ist in die selbstverständlichen Routinen des Alltags und insofern nur a tergo wirksam wird. *Als* implizites Hintergrundwissen ist es ein theoretisches Konstrukt, das einzig über den Umweg der Erforschung kulturspezifisch erworbener Verhaltensweisen – etwa einen Weberknoten zu knüpfen – in seinen kognitiven Bestandteilen rekonstruiert werden kann. Aber auch hier kommt es nur in Teilausschnitten ins Blickfeld des Alltagspsychologen oder -soziologen. Daraus folgt: Als Teilnehmer kann man nichts weiter als die Praktiken seiner eigenen Lebensform beschreiben, als Wissenschaftler nicht Behauptungen aufstellen wie Rorty, daß „das Gespräch der *unhintergehbare Kontext* ist, in dem Erkenntnis verstanden werden muß".[23]

Ruft man sich in Erinnerung, als was die geschichtlich-konkrete Lebenswelt im Kontextualismus beschrieben wird, nämlich als unvermeidliche und notwendige Bedingung, unter der jede mögliche Beschreibung der Welt zwangsläufig steht, dann wird klar, daß hier der Begriff „Lebenswelt" nicht im Sinn des Teilnehmers an einer Lebenswelt, nicht als Alltagsbegriff der Umgangssprache verwendet wird. Der Kontext der alltäglichen Lebenswelt besitzt im Kontextualismus vielmehr einen Doppelstatus: einerseits als harmloser Alltagsbegriff oder als empirischer Begriff eines Alltagssoziologen. So wird er aber nicht verwendet, wenn der Kontextualismus sich gegenüber der bewußtseinsphilosophischen Erkenntnistheorie abgrenzt. Hier erlangt der Begriff der Lebenswelt einen *epistemologischen Stellenwert*: er soll die Sinnlosigkeit des Redens über Fundamente und die Unmöglichkeit einer nichtmetaphysischen bewußtseinsphilosophischen Erkenntnistheorie argumentativ begründen. Die weltkonstituierenden Leistungen, die Kant seinem transzendentalen Subjekt zugeschrieben hatte, werden nun auf den lebensweltlichen Kontext übertragen. Dies ist nun aber jener Rest an Fundamentalismus, der für jede Auffassung, die über prinzipielle „Bedingungen der Möglichkeit" redet, unvermeidlich ist – auch für den Kontextualismus. Nichthintergehbare Bedingungen der Möglichkeit von Erkenntnis kommen nämlich nicht einfach so – intentione recta – in Gesichtsfeld; sie können weder aus der Position des Teilnehmers noch aus der eines empirischen Wis-

---

23 *SpN* S. 422.

senschaftler identifiziert werden. Bedingungen der Möglichkeit haben es nun einmal an sich, daß sie jede einzelne Erkenntnis bzw. jede einzelne Behauptung darüber erst ermöglichen – sie gelten ja ex definitione als konstitutiv für Erkenntnisse oder Behauptungen. Die Überwindung der systematische Philosophie, die der Kontextualismus vollbracht zu haben meint, trifft deshalb nicht zu, wenn man seine eigenen Kriterien an ihn anlegt. Er kann vielmehr gar nicht anders als ein Nachfolger der systematischen Philosophie zu sein und ist folglich gezwungen, selbst zumindest mit einen Rest an Fundamentalismus bzw. Metaphysik zu arbeiten.

In der kontextualistischen Argumentation fungiert der lebensweltliche Kontext als Apriori, selbst wenn die Absicht des Kontextualisten dahin geht, mit seiner Hilfe alle Behauptungen über Fundamente als ungerechtfertigt zurückzuweisen. Der Trick des Kontextualisten besteht darin, daß er vorgeben kann, daß die Lebenswelt als konkrete Lebensform oder Kultur ja der Erfahrung zugänglich ist: sie entsteht historisch und ist lokal identifizierbar, sie hat empirisch erforschbare Wirkungen auf die Ansichten der in dieser Lebensform sozialisierten Menschen. Also ist er kein philosophischer Fundamentalist. Ich meine, er ist es doch. Die Theorien über die sozialen und kulturellen, mithin historisch veränderlichen Bedingungen der Möglichkeit, Erkenntnis über die Welt zu haben, thematisieren Prozesse der Rechtfertigung zwar als soziale Prozesse in konkreten historischen Kontexten, aber eben zugleich als Bedingungen gültiger Erkenntnisse. *Und dies ist eine andere Redeweise.* Das kontextualistische Sprachspiel funktioniert nur dann – d.h., es stellt nur dann für den erkenntnistheoretischen Realisten oder den transzendentalen Idealisten einen Skandal dar –, wenn der Begriff des Kontextes fundamentalistisch, d.h. in einem prinzipiellen Sinn zu begründungstheoretischen Zwecken verwendet wird. Dies findet dann statt, wenn Stellenwert und Funktion des Kontextes in einer Weise beschrieben werden, die weder Bestandteil des Alltagssprachspiels praktisch handelnder Personen noch Bestandteil des Sprachspiels des empirischen Erkenntnissoziologen ist. Daß etwas nicht hintergehbar ist und damit das *erste,* womit das Nachdenken über Erkenntnis zu beginnen hat, ist nur für jemanden verständlich und pointenreich, der mit dem philosophischen Sprachspiel, dessen Regeln und Problemen vertraut ist und dem klar ist, daß dieses den Zweck hat, grundsätzliche Einsichten zu formulieren, die immer und unvermeidlich gelten sollen. Dies heißt nicht, daß diese Einsichten nicht widerlegbar wären und es heißt auch nicht, daß sie Anspruch auf absolute Geltung erheben, wenn unter „absolut" ein Standpunkt verstanden werden soll, der nicht Teil der menschlichen Lebensform ist. Allerdings muß der Kontextualist als Philosoph sprechen, wenn er das Gespräch, also Kommunikation zum nichthintergehbaren Kontext von Erkenntnis überhaupt erklärt. Er muß, ganz wie die Bewußtseinsphilosophie, die die Handlung des „Ich denke" als den Grund der Verbindung der Erscheinungswelt rekonstruiert hatte, eine Art transzendentale Reflexion darauf vornehmen, was jeder Erkenntnisanspruch immer schon voraussetzt. Und er muß dabei die lebensweltlich verwurzelte Kommunikation im ganzen thematisieren, so wie der Ontologe das Sein des Seienden thematisiert hat und nicht dieses oder jenes Ding, d.h. er muß sich die Berechtigung zuerkennen, in diesem Moment über den Kontext als solchen sprechen zu können. Dies aber ist Philosophie im genuinen Sinn: eine *Weise der Thematisierung*, die bei Inanspruchnahme der Einstellung des empirischen Wissenschaftlers gar nicht möglich ist. Hat der Kontextualist also mit dem Verweis auf die Unvermeidlichkeit des lebensweltlichen Kontextes die traditionelle Philosophie als Metaphysik verabschiedet, so kehrt ein Rest eben dieser Metaphysik unvermeidlich in seiner eigenen Argumentationsweise wieder.

INNEN UND AUSSEN
WITTGENSTEINS SPÄTE AUFLÖSUNG DER LEIB-SEELE-PROBLEMATIK

WILHELM LÜTTERFELDS (PASSAU)

In seinen „Letzten Schriften über die Philosophie der Psychologie" (Frankfurt/Main 1993) hat Wittgenstein eine These über das Verhältnis von Innerem und Äußerem, von Mentalem und Leiblichem vertreten, die sich nicht harmonisch mit vielen seiner früheren Äußerungen etwa zur Privatsprachenproblematik verbinden läßt. Denn diese These besagt, daß zwischen Innerem und Äußerem eine begriffliche Verbindung besteht. Damit vertritt Wittgenstein von vorneherein einen Dualismus der Begriffe von Innerem und Äußerem (S. 87 f), wobei dieser Dualismus eine kategoriale Trennung dieser Begriffe impliziert. Der Begriff des Äußeren bezieht sich dabei auf das Verhalten im umfassendsten Sinn, unabhängig davon, ob es sprachlich oder nichtsprachlich ist. Demgegenüber haben die Begriffe vom Inneren das Seelische zum Inhalt, unabhängig davon, ob es sich dabei um Empfindungen und Überlegungen, Wünsche und Gedanken, Entscheidungen oder auch Erlebnisse handelt. So sehr nun auch die jenen Begriffen entsprechenden „Tatsachen" des Inneren und die des Äußeren zwei unterschiedliche Wirklichkeitsbereiche ausmachen, die in ihrer Phänomenalität ebenso differieren wie in ihrer „Logik", die folglich weder behavioristisch noch idealistisch aufeinander zurückgeführt werden können (vgl.z.B. S. 86ff) –, so sehr sind dennoch die Begriffe des Inneren und des Äußeren im Sinne eines internen Dualismus miteinander verknüpft. Eine solche Verknüpfung gehört zu jedem der beiden Begriffe selber logisch dazu, so daß die „Grammatik des Seelischen" immer auch eine Grammatik des Äußeren ist und umgekehrt.

Nun ist sich Wittgenstein allerdings auch darüber im klaren, daß seine Absage an den Cartesianismus und dessen introspektiver Methode der Reflexion notwendig den Behaviorismus-Vorwurf zur Folge hat. Denn wenn Sinn und Bedeutung der Begriffe des Inneren sprachanalytisch zu klären sind und nicht aufgrund interner cartesianischer Selbsterfahrung und Selbstanalyse, dann scheint Wittgensteins Untersuchung von vorneherein den Bereich des Mentalen oder Inneren auf dessen vornehmlich sprachlichen Ausdruck im Verhalten zu reduzieren. Insofern weiß Wittgenstein selber, daß seine Analysen häufig den Eindruck hervorrufen, „ *als ob* " sie das „Innere durchs Äußere erklären" wollten (S. 87). Im Sprachspiel des Mentalen ist dieses in der Tat „etwas Äußeres" (ebd.). Dennoch soll darin das Innere keineswegs weggezaubert werden (vgl. ebd.).

In diese Schwierigkeit gerät Wittgenstein vor allem deshalb, weil er bisweilen entschieden einen radikalen Paradigmenwechsel vorschlägt; nämlich anstelle des Bewußtseinsparadigmas des eigenen Erlebens das Paradigma des externen Sprachgebrauches der Beschreibung von Seelischem im Ausdruck zu setzen. Dies bedeutet zugleich, daß Wittgenstein verlangt, „Beispiele, die Philosophen in der 1. Person geben..., in der 3. zu untersuchen" (S. 61). Denn in der 3. Person bezieht man sich in der Tat sprachlich so auf das Fremdseelische, daß es nur in seinem leiblichen Ausdruck des Verhaltens greifbar wird, d. h. als Paradigma öffentlicher Kommunikation.

Doch andererseits ist sich Wittgenstein auch darüber im klaren, daß die Perspektive der 3. Person mit ihrer Beziehung auf das Innere als etwas Seelisches, das nur im leiblichen Ausdruck vorliegt, ein ganzes Phänomenfeld ausblendet; nämlich das Phänomenfeld des Eigen-Seelischen, der eigenen Erlebnisse und Empfindungen, Überlegungen und Gedanken, Wünsche und Entscheidungen usw. Natürlich ist letzteres immer auch für andere sprachlich in der Außenperspektive als leiblicher Ausdruck wirklich und greifbar. Doch die Frage ist, ob die Perspektive der 3. Person in der sprachanalytischen Untersuchung des Inneren nicht durch die Perspektive der 1. Person ergänzt werden muß, um das Phänomenfeld des Inneren nicht radikal zu beschneiden. Und in der Tat findet sich in Wittgensteins späten Äußerungen auch die Forderung, daß man Begriffe des Inneren wie etwa den des Schmerzes in der Perspektive beider Personen betrachten müsse (vgl. S. 53). Und diese Forderung ist auch sprachanalytisch gerechtfertigt. Denn wie Wittgenstein feststellt, habe ich „zu meinen eigenen Worten eine ganz andre Einstellung als die Andern" (S. 21).

Für die Sprache des Eigen-Seelischen in der 1. Person bedeutet dies, daß in ihr das von einem selber erlebte Innere in einer anderen sprachlichen Weise zum Ausdruck kommt, als es bei einer Beschreibung des Fremdseelischen und seiner sprachlichen Artikulation der Fall ist. Und die Frage ist, ob sich in der Ich-Perspektive der 1. Person und des sprachlichen Ausdrucks des Eigen-Seelischen nicht ein modifizierter sprachlicher Cartesianismus wiederum einstellt. Und zwar derart, daß das von einem selber Erlebte und sprachlich geäußerte Innere eine andere kategoriale wie auch grammatische Struktur hat als jenes Innere, das als Fremdseelisches im sprachlichen und nichtsprachlichen Ausdruck einer anderen Person beschrieben wird. Denn selbst wenn auch in der 1. Person-Perspektive das eigene innere Erleben notwendig ein sprachliches Verhalten ist, also nicht in einer cartesianisch-privaten Bewußtseinsmonade existiert, so ist doch der sprachliche Erlebnisvollzug des Ausdrucks von Innerem im Äußeren im eigenen Fall der 1. Person von besonderer Qualität: Zur Äußerung des Fremdseelischen hat man lediglich eine beschreibende „Einstellung" und nicht auch eine solche der erlebenden sprachlichen Expression.

Daraus resultiert die generelle These, daß die „Verbindung von Innen und

Außen" für die 1. und 3. Person kategorial nicht gleich ist, sofern es sich um unterschiedliche Typen des Ausdrucks von Seelischem im eigenen und fremden Verhalten handelt. Damit ist in der Tat ein vorsprachlicher Cartesianismus zwar von vornehrein negiert und der These des internen Dualismus von Innen und Außen Rechnung getragen. Aber gleichzeitig ist das antibehavioristische, cartesianische Erbe dadurch gewahrt, daß die interne Verbindung der Begriffe von Innerem und Äußerem im Falle der 1. Person eine andere Struktur hat als im Falle der 3. Person.

Daß man auf das Innere wegen seiner internen Verbindung mit dem Äußeren nur derart Bezug nehmen kann, daß man es durch den leiblichen Ausdruck und das sprachliche Verhalten tut (wie auch umgekehrt), kennzeichnet Wittgenstein auch als das „Durcheinander" von Innerem und Äußerem, wobei er dieses von einem cartesianischen „Nebeneinander" unterscheidet (vgl. S. 13, 88). Daß dieses „Durcheinander" jedoch in der Ich-Perspektive von anderer Struktur ist als in der Er-Perspektive und in der Bezugnahme auf einen fremdseelischen Ausdruck, geht aus folgendem Beispiel der Handlungsbeschreibungen hervor. Man kann in der Tat von seinen eigenen Handlungen sowie von seinem eigenen Leben „im allgemeinen ein klareres zusamenhängenderes Bild... als der Andre" entwerfen (S. 50). Cartesianisch wird dies dadurch begründet, daß der Andere ja das eigene Innere nicht kennt, dieses jedoch für das Bild vom eigenen Leben und seinen Handlungen wesentlich ist, so daß man eigentlich nur selber ein angemessenes „Bild" davon geben kann. Es ist die Privatheit des eigenen Inneren, die die mangelnde Kohärenz der Fremdbeschreibung der eigenen Handlungen und des eigenen Lebens begründet.

Interessant ist nun, daß Wittgenstein keineswegs die Wirklichkeit des mentalen Inneren, d. h. der Willensentschlüsse und Wertungen, der Zwecksetzungen und Absichten bestreiten möchte. Doch die cartesianische Konsequenz der Privatheit sucht er gleichfalls zu umgehen. Deswegen vertritt er die Auffassung, daß im Falle eines Berichtes über Handlungen das „Innere die Rolle der Theorie oder Konstruktion" spielt (S. 50). Erst mit seiner Hilfe soll es möglich sein, einzelne Handlungen eines Lebens zu einem „verständlichen Ganzen" zu ergänzen (ebd.). Das Innere hat insofern die öffentliche Funktion einer systematischen Anordnung menschlicher Handlungen und einer umfassenden Lebensbeschreibung. Und diese Funktionen können in der Tat fremde Beschreibungen ebenso erfüllen wie eigene, auch wenn letztere in der Regel „kohärenter[...]" sind (ebd.) – etwa weil man selbst über seine Handlungen und den eigenen Lebenshintergrund normalerweise mehr Informationen hat als der Andere.

Doch offensichtlich gerät Wittgenstein mit dieser Reduktion des Inneren auf die öffentliche Funktion einer systematischen Ordnung menschlicher

Handlungen zu einem verständlichen Lebens-Ganzen in den Behaviorismus-Verdacht, den er immer wieder entkräften muß, sofern er das Innere der eigenen Erlebnisse ja gerade nicht leugnen möchte. Bezeichnenderweise stellt Wittgenstein deswegen fest, daß die eigenen „Gedanken... ihm [dem Anderen in dessen Konstruktion des fremden Handlungszusammenhanges] nicht verborgen, sondern nur auf eine andre *Weise* offenbar [sind], als sie's mir sind" (ebd.). Denn diese „Weise" besagt ja im Fall der Ich-Perspektive, daß eine andere Person jene Gedanken und Absichten, die meinen Handlungen zugrunde liegen, selber nicht praktizieren bzw. verwirklichen kann, sondern nur als Handlungszusammenhang und innerhalb eines solchen Ausdrucksgefüges beschreiben kann. Dadurch gerät jedoch in die zweifache, intern-eigene und extern-fremde Handlungskonstruktion und Lebensbeschreibung wieder jene Asymmetrie, in der die Ich-Perspektive ihre cartesianische Dominanz zurückgewinnt; freilich nicht, weil das eigene Innere nicht begrifflich mit dem eigenen Äußeren verknüpft und also privat wäre; so aber doch derart, daß die interne Verbindung von Innen und Außen im eigenen Fall eine andere kategoriale Struktur hat als im fremden Fall. Rehabilitiert Wittgenstein demnach auf diese „Weise" einen sprachlich modifizierten Cartesianismus des Innern?

WIESO IST DAS PRÄDIKAT „WAHR" AUF DER SEITE DER ANFÜHRUNGSZEICHEN?

JESÚS PADILLA-GÁLVEZ (LINZ)

Wenn zu Beginn dieser Darlegung das Prädikat „wahr" als „semantisch" gekennzeichnet wird, so ist das nur als eine zusammenfassende, kurze, fachwissenschaftliche Formel gemeint. Um die ganze Problematik des heutigen semantischen Wahrheitsprädikates, der ihm zugehörigen formalen Darstellung und der aus der Geschichte überlieferten Sichtweise richtig zu verstehen, bedarf es formal-semantischer Begriffsbestimmungen.

Der Grundgedanke ist, alle semantischen Prädikate von Ausdrücken einer formalisierten Sprache in einer anderen Sprache zu definieren, *in der man über* die formalisierte Sprache sprechen und deren Ausdrücke deuten kann. In der Diskussion ist es üblich geworden, auf das Verhältnis zwischen *Objektsprache* und *Metasprache* einzugehen. Die Absicht dieser Arbeit ist es, ausführlicher auf der Zwischenstufe der Argumentation zu verbleiben. Da dieser Argumentationsgang einen wichtigen *Passus* in der Einführung der Hierarchien der Sprachen dargestellt, wollen wir eingehend auf die Metasprache eingehen.

1 Problemlage

Das Wort „Metasprache" wird von A. Tarski in einem engeren Sinne gebraucht als üblich: unter Metasprache werden „...die Gesamtheit der Betrachtungen verstanden, die sich auf diejenigen Begriffe beziehen, in denen gewisse Zusammenhänge zwischen Ausdrücken einer Sprache und den durch sie angegebenen Gegenständen und Sachverhalten ihren Ausdruck finden."[1] Die Metasprache legt die Bedingungen des Begriffs „wahr", relativ zu einer Sprache fest. Somit haben sie einen „relativen Charakter". Folglich deckt sich nicht die Metasprache mit der Sprache, in der man spricht. Die Ausdrücke der Sprache, von der wir sprechen und die zwischen ihnen bestehenden Relationen gehören zur Metasprache. Die Aufgabe der Metaebene ist es, diese Ausdrücke zu beschreiben, die komplizierteren Begriffe zu definieren und die Eigenschaften zu bestimmen.[2] In der Rezeption sind diese Anforderungen nicht immer deutlich dargelegt worden. Deswegen soll hier das Objekt-Metasprache-Problem durch einige Beispiele und deren Erläuterungen verdeutlicht werden.

---

1 A. Tarski, Grundlegung der Wissenschaftlichen Semantik. *Act. Congr. Phil. Sci.* (Paris) Vol. III, ASI 390, 1936, 1-8, Siehe: S. 1.

2 A. Tarski, Der Wahrheitsbegriff in den Formalisierten Sprachen. *Stud. Philo.*, Vol. 1, 1935, 261-405, Siehe: S. 282f. (21f.).

R. Carnap verstand unter Metalogik eine „Theorie der Formen, die in einer Sprache auftreten, also die Darstellung der Syntax der Sprache."[3] Sie behandelt die empirisch vorliegenden Gebilde die durch diskrete Stellenschemata betrachtet werden. Er fragt, welche Änderungen in der Sprache zweckmäßig sein sollen und welche Form die Metalogik aufnehmen solle. Dabei soll weiter überlegt werden, ob sich eine Hierarchie der Sprache ergibt, also ob es Sätze über Sätze gibt und welchen Sinn sie haben: sind sie empirische Sätze oder Tautologien?

Für W. Stegmüller ist die Bildung einer Sprachenhierarchie ein „Ausweg" um uns vor der „wissenschaftlichen Katastrophe" zu bewahren. Er unterscheidet wie folgt zwei Bereiche: „Wir müssen also die ursprünglich einheitliche Sprache in zwei Teilsprachen aufsplittern. Die erste Sprache ist jene in welcher Aussagen über bestimmte Gegenstandsbereiche möglich sind, dagegen nicht Aussagen semantischen Charakters über diese Sprache selbst. Man nennt diese Sprache die *Objektsprache*. [...] Die zweite Sprache ist jene, in welcher Aussagen *über* die Sätze und anderen sprachlichen Ausdrücke der Objektsprache formuliert werden können. Diese Sprache soll *Metasprache* heißen."[4] Die Frage bleibt offen, ob die Beschreibungen über die Objektsprache selbst zu dieser Sprache gehören.

W. C. Salmon stellt die Unterscheidung wie folgt dar: „Wenn wir über eine Sprache -zum Beispiel Französisch- sprechen, dann gebrauchen wir dabei häufig eine andere Sprache – zum Beispiel Englisch. Die Sprache, die erwähnt wird, ist die *Objektsprache* [...], während die Sprache, die gebraucht wird, um über die Objektsprache zu sprechen, die *Metasprache* ist."[5] Hier wird eine interlingual konstante Objekt-Metasprache-Beziehung betont. Wenn eine solche Beziehung für alle Sprachen definiert werden kann, ist aber nicht klar, worin das allen Sprachen unterschiedliche Niveau der Objekt-Metasprache-Beziehung besteht. K. Gödel zeigt, daß – wenn die Metasprache nicht reicher ist als die untersuchte Sprache, sich eine negative Lösung ergibt.[6]

Hinter der inflationären Diskussion über das Objekt-Metasprache-Problem stecken mindestens drei Vorstellungen von Sprachhierarchien, auf deren Unterschied in der obengenannten Strategie kurz hingewiesen werden soll. Man kann hier (i) von Gebrauch-Erwähnung-Unterscheidung ausgehen und dabei hat man immer das Übersetzungsproblem vor Augen, oder es kann (ii)

---

3   R. Carnap, Metalogik. *Mathesis, 11*, 1995, 137-192. Siehe: S. 139.
4   W. Stegmüller, *Das Wahrheitsproblem und die Idee der Semantik*. Wien, 1968, S. 39.
5   W. C. Salmon, *Logik*. Stuttgart, 1983, S. 245.
6   K. Gödel, *Collected Works. Bd. I, Publications 1929-1936*. (Ed. S. Fefermann et al.). New York, 1986, 174-175 und 187-190.

auf die logischen Formen innerhalb der Sprache hingewiesen werden. Man kann auch (iii) philosophische Ansichten mit logischen Problemen vermengen. Sehr viele der aufschlußreichsten Bemerkungen von Tarski zum Verhältnis zwischen Objekt- und Metasprache betreffen nur den (ii) Problembereich. Die erste Frage wird nur als Zugang benutzt. In den dreißiger Jahren bleibt die Frage offen, wie Tarski die daraus resultierenden philosophischen Probleme versteht.[7] Wir können uns fragen, inwieweit sich eine favorisierte Verständigung der Objekt-Metasprache-Beziehung gegen die Einwände an Tarski rechtfertigen lassen?

2 Strategie I

Bereits zu Anfang der semantischen Überlegung werden einige Einschränkungen vorgenommen, die die Umgangssprache betreffen, da sie weder formal korrekt, noch ihre Ausdrücke klar und eindeutig sind. Gemäß dieser Argumentation sind Sätze wie z.B.:

(1) *Schnee ist weiß*,

immer auf Außersprachliches bezogen und stimmen entweder mit der tatsächlichen Wahrnehmung die wir vom Schnee haben überein, oder nicht. Der Satz (1) beansprucht für sich keine richtiger Erklärung der Wahrheit dieses Satzes. Wenn wir von den Wahrheitsbedingungen von (1) sprechen wollen, nehme ich notgedrungen eine bestimmte *Lesart* für (1) an. Wenn wir die konkrete Redewendung registrieren vom Typ:

(2) „*Schnee ist weiß*" ist wahr,

dann verlangen wir eine Erklärung, was wir unter einem wahren Satz verstehen. In (2) kommt (1) in Form einer Kategorie von Namen, nämlich der *Anführungsnamen* vor. A. Tarski bezeichnet die Anführungsnamen als „Namen einer Aussage ..., welche aus Anführungszeichen ... und dem Ausdruck besteht, der zwischen den Anführungszeichen steht und der eben das durch den betrachteten Namen Bezeichnete ist."[8] Durch den Rekurs der Anführungsnamen in (2) dehnt sich unser Sprachbegriff so aus, daß die Logik der Sprache in den Vordergrund tritt. Die Frage, ob und in welchem Sinne die in Satz (2) eingeführten Anführungsnamen sprachlich oder metasprachlich sind, ist in der Rezeption offen geblieben. Tarskis Überlegungen führen hier zu der irreführenden Annahme, daß für jeden Satz der Objektsprache, eine Übersetzung in die Metasprache bekannt sein soll. Dadurch überspringt er den genannten *Passus* der Einführung der Anführungsnamen in Satz (2)

---

7 Siehe: M. White, *A Philosophical Letter of Alfred Tarski*. Jour. Phil., 84, 1987, 5-10.
8 Tarski 1935, S. 268f. (8f.).

und die Konsequenzen, die eine solche Einführung mit sich bringt. Die Einführung der Anführungsnamen erinnern an die Argumentation des *pons asinorum*: Sind die auftretenden Begriffe der Umgangssprache weder korrekt, klar noch eindeutig, sind semantische Begriffe grundsätzlich problematisch, dann bietet sich eine Unterscheidung in Objekt- und Metasprache an. Um diese Unterscheidung einzuführen, brauchen wir einen logisch nachvollziehbaren Übergang von einem Argument auf das andere, ohne einem Irrtum zu verfallen. Durch einen Vergleich der Begriffspaare „Gebrauch-Erwähnung" / „Objektsprache-Metasprache" kann der Beweis geliefert werden, daß die semantischen Untersuchungen ihre Legitimität haben. Somit ist die Einführung eines solchen *inventio medii* zum Beweis der Hierarchien der Sprachen relevant.

3 Strategie II

Es soll eine Bedingung für die Einführung der Anführungsnamen bestimmt werden, um nicht in eine *semantische Antinomie* verstrickt zu werden.[9] Die ungewollte Antinomie könnte wie folgt entstehen: Nehmen wir an, daß „c" eine typographische Abkürzung des Ausdrucks „die auf dieser Seite gedruckte Aussage" sei. Wir erwägen folgende Aussage:

(α) Für ein beliebiges p – ist c mit der Aussage „p" identisch, so nicht p.

Empirisch kann Folgendes festgestellt werden:

(β) Die Aussage „für beliebiges p – ist c mit der Aussage „p" identisch, so nicht p" ist mit c identisch.

Wenn wir die ergänzende Voraussetzung in bezug auf die Anführungsfunktion machen können, dann läßt sich Folgendes behaupten:

(γ) Für beliebige p und q – ist die Aussage „p" mit der Aussage „q" identisch, so p dann und nur dann, wenn q.

Aus den Prämissen (β) und (γ) kann mit Hilfe elementarer Gesetze der Logik ein Widerspruch abgeleitet werden. Gewisse Ausdrücke in bestimmten Situationen können als Funktionen mit veränderlichem Argument betrachtet werden, in anderen Situationen dagegen ist der Ausdruck ein konstanter Name, welcher einen Buchstaben des Alphabets bezeichnet. Die Anführungsnamen werden als syntaktisch zusammengesetzte Ausdrücke behandelt, deren syntaktische Bestandteile sowohl die Anführungszeichen wie auch die darin stehenden Ausdrücke sind. Somit werden vom *semantischen Standpunkt* aus nicht alle Ausdrücke in Anführungszeichen als Namen angesehen

---

9 Siehe: Tarski 1935, 275 (15) und J. Padilla-Gálvez, Wahrheit und Selbstrückbezüglichkeit. *Jour. G. Phil. S.*, 22, 1991, 111-132.

und vom *syntaktischen Standpunkt* aus nicht alle Ausdrücke als Prädikate angesehen. Dabei ist die Anwendung der Extensionalität auf die Anführungszeichen und somit auf namenbildende Prädikate ungewöhnlich, da sie meistens die Bildung der Ausdrücke bezeichnet.

4 *Schluß*

Wir wollten eine Antwort auf die einfache Frage finden: wieso ist das Prädikat „wahr" auf der Seite der Anführungszeichen? Die Antwort sollte auf mehreren Ebenen gesucht werden, da sich aus dem zentralen Prädikat der „Wahrheit" eine aporetische Erkenntnissituation ergibt. So gesehen haben wir in dieser Arbeit folgende Argumentationsmethode verfolgt: Durch die Präsentation mehrerer konträrer Positionen, ließen sich in der gegenwärtigen Erkenntnisphase verschiedene wohlbegründete Lösungsansätze desselben Problems vorstellen. Danach haben wir die einzelnen Lösungsansätze ausführlich erklärt. Letztendlich haben wir die Entscheidung für jene Lösung getroffen, die die umfangreichste Erklärung liefert.

EINE TARSKI-SEMANTIK FÜR DEN NAMENKALKÜL VON LEŚNIEWSKI[*]

ANGELIKA SCHLEGEL (SALZBURG)

Tarski hat die Entwicklung einer Semantik für das System von Leśniewski in seinem Aufsatz „Der Wahrheitsbegriff in den formalisierten Sprachen" (1935) (*Collected Papers*, 1986, Vol. 2, S. 122) angekündigt. Bei dieser Ankündigung ist es jedoch geblieben.

Das System von St. Leśniewski besitzt eine Sprache, die nicht als etwas „fertiges" anzusehen ist, sondern gleichsam als „wachsend" aufzufassen sei. Kann eine Tarski-Semantik für ein derartiges System angeboten werden? Kann eine Tarski-Semantik konstruiert werden, die keinerlei Mittel verwendet, die von Leśniewski selbst abzulehnen gewesen wären?

1 Der Namenkalkül von Leśniewski

Der Namenkalkül ist ein System, welches auf zwei syntaktisch primitiven Kategorien aufgebaut ist: der Satzkategorie und der Namenkategorie. Dies gründet auf dem einzigen erlaubten Grundterminus dieses Systems der Konstante „∈" (est), einem aussagenbildenden Funktor von zwei Namenargumenten. Die syntaktische Kategorie der Namen umfaßt leere Namen, Eigennamen, Kennzeichnungen, sowie generelle Namen. Die durch den eingeführten Funktor gebildeten Ausdrücke gehören der Satzkategorie an.

Als atomarer Ausdruck des Namenkalküls wird ein Ausdruck der Form „A∈b" angesehen. Die Wahrheitsbedingung für Aussagen der Form „A∈b" lautet: Die Aussage „A∈b" ist wahr genau dann, wenn (1) „A" bezeichnet genau einen Gegenstand und (2) „b" bezeichnet mindestens einen Gegenstand, darunter den Gegenstand, den „A" bezeichnet. Also, selbst wenn vor dem Funktor „∈" ein allgemeiner oder ein leerer Name steht, ist diese Aussage grammatikalisch richtig, also sinnvoll, aber die Wahrheitsbedingung des Funktors ist nicht erfüllt. Die Aussage ist falsch.

Im Axiom des Namenkalküles werden die Wahrheitsbedingungen für den aussagenbildenden Funktor „∈" exemplarisch eingeführt:

$$[A,a] :: A \in a . \equiv \therefore [\exists B] . B \in A . B \in a . [C,D] : C \in A . D \in A . \supset . C \in D^1 \quad (1)$$

Aufbauend auf diesem einzigen Axiom seines Systems führt Leśniewski Theoreme und Definitionen ein.

Die Definitionen stellen das konstruktive Moment im System von Leś-

---

[*] Diese Arbeit wurde mit einem Stipendium des DAAD unterstützt.
[1] *S. Leśniewski's Lecture Notes in Logic*, p.33, B

niewski dar. Durch sie kann das System erweitert werden. Leśniewski formuliert Regeln, aufgrund welcher Definitionen dem System zugefügt werden können. Im Namenkalkül gibt es zwei unterschiedene Arten von Definitionen: aussagenlogische Definitionen und nominale Definitionen. Beiden Arten ist gemein, daß sie durch den Funktor „≡" gebildet werden, einen aussagenbildenden Funktor von zwei Satzargumenten.

Die aussagenlogische Definition führt in das System konstante Propositionen oder konstante Funktoren, die Propositionen bilden, ein. Als Beispiele dienen

$$[a]:ex(a).\equiv.[\exists A].A\in a \qquad \text{(„es existiert wenigstens ein a")}^2 \quad (2)$$

$$[a,b]:a\triangle b.\equiv.[\exists A].A\in a.A\in b \qquad \text{(„einige a's sind b's")}^3. \quad (3)$$

Die nominale Definition führt in das System konstante Namen oder konstante Funktoren, die Namen bilden, ein. Als Beispiele dienen

$$[A]:A\in V.\equiv.A\in A \qquad \text{(Definition des Allnamens)}^4 \quad (4)$$

$$[A,a,b]:A\in a\cap b.\equiv.A\in A.A\in a.A\in b \qquad \text{(nominale Konjunktion)}^5. \quad (5)$$

Über die Definitionen dieses Systems läßt sich sagen:
– Definitionen sind echte Thesen (keine Abkürzungen).
– Definitionen sind nicht metasprachlich.
– Definitionen haben immer die Form einer Äquivalenz.
Die Definitionen in diesem System sind ergo insoweit als schöpferisch aufzufassen, als mit Hilfe der Definitionen Theoreme im System bewiesen werden können, die ohne Hilfe der Definitionen in diesem System nicht beweisbar sind.

1.1 Der Ausdruck „semantische Kategorie"

Durch den Ausdruck „semantische Kategorie" wird eine Einteilung der benützten Sprache in Klassen vorgenommen. Im Namenkalkül werden nur zwei „semantische Grundkategorien" benötigt. Die semantische Kategorie des aussagenbildenden Funktors „≡" von zwei Satzargumenten ist s(s,s), die des aussagenbildenden Funktors „∈" von zwei Namenargumenten s(n,n). Dies sind die zwei Grundkategorien des Systems.

Die semantische Kategorie des aussagenbildenden Funktors „prpr", der

---

2 ebenda, p. 46, D10
3 ebenda, p. 34, D2
4 ebenda, p. 41, D5
5 ebenda, p. 41, D7

nicht zum Namenkalkül gehört, und über folgende Definition eingeführt wird

$$[\varphi] \therefore \text{prpr}\{\varphi\} . \equiv [A] : \varphi(A) . \supset . A \in A^6 \qquad (6)$$

(„prpr {φ} sei zu verstehen als [die Eigenschaft] φ ist individuumzukommend") ist s(s(n)).

Diese semantische Kategorie ist keine semantische Kategorie des Namenkalküls, sondern eine semantische Kategorie der Ontologie. Also gilt darüber hinaus für Definitionen im Rahmen der Ontologie:
– Definitionen führen neue semantische Kategorien ein.[7]
Somit besitzt dieses System eine Sprache, die als erweiterbar angesehen werden muß.

1.2 Syntax und Semantik bei Leśniewski

Leśniewski sah es als grundsätzlich falsche Vorgehensweise an, zuerst eine rein formale Sprache syntaktisch anzugeben, und diese dann mit einer Interpretation „nachträglich" zu versehen: Jede formale Sprache ist bereits eine interpretierte Sprache.

Somit ist Leśniewski befähigt, eine wahre (und daher konsistente), wenn auch sehr allgemeine Beschreibung der Welt anzugeben. Dies geschieht durch die Analyse des singulären Satzes der Ontologie, welcher die Form „A∈b" hat.

Dieser Satz ist wahr, wenn A nicht leer und genau einen Gegenstand bezeichnet. Desweiteren ist dieser Satz wahr, wenn „A ein b ist".

Durch diese zweite Möglichkeit der Interpretation des singulären Satzes „A∈b" wird ersichtlich, daß die korrespondenztheoretische Definition, welcher nur die erste Interpretation entspricht, nicht vertreten wird. Leśniewski vertritt zwar die klassische Definition der Wahrheit, aber die Aristotelische Auffassung. Diese klassische Auffassung als Korrespondenztheorie zu bezeichnen, ist m.E. zu stark.

2 Die Tarski-Semantik

Im folgenden werden nur die Vorstellungen von Tarski betrachtet, welche er besaß als er wesentlich von Leśniewski beeinflußt wurde. Die wichtigste Schrift in diesem Zusammenhang ist der Aufsatz „Der Wahrheitsbegriff in den formalisierten Sprachen".

Der Ausdruck „formalisierte Sprache" wird von Tarski so verstanden, daß eine Definition der Wahrheit nur im Rahmen interpretierter Sprachen möglich ist. (Tarski, Collected Papers, Vol 2, p.74) Tarski vertritt hier eine Auf-

---

6 ebenda, p. 49, D17.
7 siehe weitergehend hierzu: *S. Leśniewski's Lecture Notes in Logic*, pp.15

fassung, der die Theorie der semantischen Kategorien von Leśniewski zugrunde liegt. Die Definition der Wahrheit gründet natürlich auf einer klassischen und keinesfalls einer korrespondenztheoretischen Auffassung von Wahrheit.[8] Wichtig ist, daß Tarski die pragmatische Theorie der Wahrheit ablehnte. Deshalb soll besser von einer „realistischen" Theorie der Wahrheit gesprochen werden.

Unter den Voraussetzungen der Theorie der semantischen Kategorien und der „realistischen" Theorie der Wahrheit gelangt Tarski u.a. zu dem Ergebnis:

„B. Für formalisierte Sprachen unendlicher Ordnung ist die Konstruktion einer solchen Definition unmöglich."(Tarski, Collected Paper, Vol 2, pp. 183)

Die Termini „unendliche Ordnung" und „endliche Ordnung" einer formalisierten Sprache führt Tarski aufgrund der Theorie der semantischen Kategorien ein, als Klassifikation der semantischen Kategorien. Ausgangspunkt dieser Klassifikation ist das Vorkommen der Argumente in den semantischen Kategorien einer gegebenen Sprache. (Tarski, Collected Papers, Vol. 2, pp.133)

Welcher Ordnung gehört die Sprache des Systems von Leśniewski an?

3 Kann es eine Tarski-Semantik für das System von Leśniewski geben?

Die in dem Aufsatz „Der Wahrheitsbegriff in den formalisierten Sprachen" von Tarski durchgeführten Untersuchungen beruhen auf denselben Grundvoraussetzungen hinsichtlich der Auffassung des Wahrheitsbegriffes, wie das System von Leśniewski. Deshalb können die Ergebnisse von Tarski auf das System von Leśniewski angewandt werden. Von Bedeutung wird somit die Fragestellung nach der Ordnung der Sprache des Systems von Leśniewski.

Diese Fragestellung muß folgendermaßen modifiziert werden:
1. Welcher Ordnung gehört die Sprache der Ontologie von Leśniewski an?
2. Welcher Ordnung gehört die Sprache des Namenkalküls von Leśniewski an?

Der Namenkalkül von Leśniewski zählt zu den Sprachen, in denen alle Variablen zu einer semantischen Kategorie gehören. Somit handelt es sich um eine Sprache endlicher Ordnung.

---

8 Ich möchte nur erwähnen, dass es sich in der ganzen Arbeit ausschliesslich darum handelt, die Intentionen zu erfassen, welche in der sog. 'klassischen' Auffassung der Wahrheit enthalten sind." (Tarski, *Collected Papers*, Vol 2, p. 58)

Die Ontologie von Leśniewski stellt ein System dar, in welches aufgrund von Definitionen semantische Kategorien höherer Stufe eingeführt werden können, ergo ein ständig erweiterbares System. An diesem System können jederzeit zwei Zustände unterschieden werden, einerseits der Zustand, welchen das System im Moment einnimmt: Dieses System, als aktuales System bezeichnet, umfaßt alle semantischen Kategorien, die aufgrund von Definitionen in das System bereits eingeführt wurden. Andererseits besteht dieses System in einem Zustand, als potentielles System bezeichnet: Jederzeit können aufgrund von Definitionen weitere neue semantische Kategorien eingeführt werden.

Die Ontologie als aktuales System ist eine Sprache, deren Variablen zu unendlich vielen verschiedenen semantischen Kategorien gehören; jedoch gilt: die Ordnung dieser Variablen überschreitet eine gegebene natürliche Zahl n nicht. Somit handelt es sich um eine Sprache, die eine endliche Ordnung besitzt: die Ordnung n.

Wird die Ontologie als potentielles System aufgefaßt, handelt es sich um eine Sprache, die Variable beliebig hoher Ordnung enthält, folglich um eine Sprache mit unendlicher Ordnung. Tarski hatte jedoch festgestellt, daß für derart Sprachen in der Metasprache keine formal korrekte und sachlich zutreffende Definition der wahren Aussage konstruiert werden kann.

Zusammenfassung:

Eine Berücksichtigung des momentanen spezifischen Zustandes des Systems ist unbedingt erforderlich. Das Gesamtsystem der Ontologie als solches kann nicht mit einer Tarski-Semantik versehen werden, jedoch ihr jeweiliges aktuales System.

Eine Ausnahme bildet der Namenkalkül, zu welchem aufgrund seiner Beschaffenheit uneingeschränkt eine Tarski-Semantik konstruiert werden kann.

Weshalb analytische Urteile kontingent und a posteriori sind

Daniel v. Wachter (München)

Im folgenden werde ich die Auffassung vertreten, daß es analytische Urteile gibt, daß sie aber, entgegen der üblichen Auffasssung, kontingent und a posteriori sind.

Die Intuition, die uns zur Einteilung aller Urteile in synthetische und analytische Urteile führt, ist die, daß in Urteilen wie „Alle Junggesellen sind ledig" nur etwas völlig Triviales und Selbstverständliches gesagt wird, und daß, wenn man „Junggeselle" sagt, man das Ledigsein sowieso schon irgendwie mitmeint, so daß man mit dem analytischen Urteil „Alle Junggesellen sind ledig" gleichsam Eulen nach Athen trägt. Folgende Charakteristika analytischer Urteile sind festzuhalten:

1. Der Prädikatbegriff ist im Subjektbegriff enthalten, d.h. im Prädikat ist nichts gesagt, was nicht schon im Subjektbegriff mitgedacht war. Wer z.B. „Junggeselle" sagt, denkt das Ledigsein immer schon mit. Dieses Mitgedachtwerden beruht auf begrifflichen Gründen, und nicht etwa auf dem Wissen um sachliche Zusammenhänge. Wer der deutschen Sprache mächtig ist, der ist auch imstande, die zum Deutschen gehörigen analytischen Urteile zu fällen.

2. Der Subjektbegriff ist solcher Art, daß er in Bestandteile zerlegt werden kann, er ist also ein zusammengesetzter Begriff. Ein Begriff, der im Subjektbegriff als Teilbegriff im Verbund mit anderen Teilbegriffen auftritt, tritt einzeln als Prädikatbegriff auf.

3. Analytische Urteile sind uninformativ. Insbesondere sagen uns analytische Urteile nichts Neues über die unter den Subjektbegriff fallenden Gegenstände.

1 Wovon handeln analytische Urteile?

Um mehr über analytische Urteile herauszufinden, müssen wir nach dem in der Welt suchen, was für die Wahrheit analytischer Urteile verantwortlich ist. Da analytische Urteile in einer bestimmten Weise uninformativ sind, müssen wir damit rechnen, daß sie gar keine oder sehr anders geartete Wahrmacher als gewöhnliche (synthetische) Urteile haben. Ich ziehe nun drei Bereiche von Gegenständlichkeiten in Betracht, in denen die Gegenstände analytischer Urteile vielleicht beheimatet sind.

1. Die Wahrmacher analytischer Urteile liegen vielleicht in dem Bereich, der auch der Forschungsbereich solcher Wissenschaften wie Mathematik, Logik und Philosophie ist. Analytische Urteile handeln vielleicht von Ge-

setzmäßigkeiten wie „Eine Eigenschaft kann nicht einem Gegenstand zugleich zukommen und nicht zukommen", „Wenn a ein Teil von b ist und b ein Teil von c, dann ist a ein Teil von c" oder „Ein Gegenstand kann nicht zur Gänze grün und rot sein". Gemeinhin werden solche Urteile „notwendige Wahrheiten" genannt, ich nenne sie jetzt vorübergehend „logische Urteile".

Entgegen der üblichen Meinung glaube ich nicht, daß diese logischen Urteile analytisch sind. Logische Urteile sagen uns etwas über die allgemeinsten Strukturen der Welt und der Dinge, und es sind unter anderem Steine, Mäuse und Äpfel, von denen das Nichtwiderspruchsprinzip und andere logische Prinzipien gelten. Es gilt von den Dingen um uns herum, daß sie nicht zur Gänze zugleich grün *und* rot sein können, obwohl sie zugleich grün *und* 2 kg schwer sein können. Ich glaube nicht, daß diese Unmöglichkeit irgendwie in Begriffen enthalten ist, so wie das Ledigsein im Begriff „Junggeselle" enthalten ist, denn es fehlt das für die Begriffsenthaltung typische Moment des Mitgedachtwerdens. Es findet kein Zerlegen in Teilbegriffe statt. Weiters ist es durchaus möglich, einen Begriff zu kennen, ohne alle logischen Prinzipien auch nur unbewußt zu kennen, die von den unter den Subjektbegriff fallenden Gegenständen gelten. Logische Urteile zeichnen sich auch gar nicht alle durch jene für Analytizität typische Trivialität aus. Vielmehr ist das Entdecken notwendiger Wahrheiten harte wissenschaftliche Arbeit. Damit habe ich behauptet, daß weder das Charakteristikum der Begriffsenthaltung, noch das der Begriffszergliederung, noch das der Uninformativität bei logischen Urteilen vorliegt. Obwohl ich mir nicht sicher bin, worin logische Prinzipien gründen, halte ich es für ausgeschlossen, daß sie ihre Wurzeln in unseren Begriffen haben.

2. Die Wahrmacher analytischer Urteile sind vielleicht die unter den Subjektbegriff fallenden Gegenstände bzw. die in ihnen gründenden Sachverhalte. Ich habe aber bereits angedeutet, daß analytische Urteile uninformativ sind und uns nichts Neues über diese Gegenstände sagen. Das liegt daran, daß man, um einen zusammengesetzten Begriff zu zergliedern, nicht die unter den Begriff fallenden Gegenstände im einzelnen untersuchen muß, sondern daß man nur den Aufbau des Begriffes kennen muß. Analytische Urteile sind immunisiert gegen Veränderung ihres Wahrheitswertes durch Veränderung der unter den Subjektbegriff fallenden Gegenstände, und somit liegen auch ihre Wahrmacher nicht im Bereich dieser Gegenstände.

3. Die Wahrmacher analytischer Urteile gehören vielleicht zur Sprache. Sprache gründet auf gewissen Regeln, die kraft Konventionen innerhalb einer Sprachgemeinschaft gelten. Zum Beispiel beruht es auf Konvention, welche bestimmte Bedeutung ein bestimmtes Wort hat. Es beruht auf Sprachkonvention, daß Kaninchen „Kaninchen" genannt werden, daß „Oheim" bedeutet „Bruder des Vaters oder der Mutter" oder daß „Junggeselle" bedeutet

"lediger Mann". Ich behaupte, daß genau solche sprachlichen Begebenheiten die Wahrmacher analytischer Urteile sind.

Demnach ist ein Urteil *analytisch* genau dann, wenn ein Sachverhalt der Art 'Ausdruck a hat die Bedeutung b' für seine Wahrheit entscheidend ist (d.h. sein Wahrmacher ist). Ein Urteil ist *synthetisch* genau dann, wenn es nicht analytisch ist.

(Anzumerken ist, daß diese Definition auch Urteile wie „'Junggeselle' bedeutet 'lediger Mann'" die also explizit eine Bedeutungszuordnung behaupten, als analytisch auszeichnet. Sie definiert also Analytizität im weiteren Sinne. Man könnte Analytizität auf die Urteile einschränken, die *versteckt* analytisch sind, d.h. auf solche, deren Prädikat nicht „_ bedeutet _" ist.)

2 Notwendigkeit und Apriorizität

Während der Begriff der Apriorizität ein Begriff der Erkenntnistheorie ist, ist der Begriff der Notwendigkeit ein Begriff der Metaphysik. Ein Sachverhalt besteht notwendigerweise gdw er bestehen muß und es prinzipiell nicht anders sein könnte. Ein Sachverhalt besteht kontingenterweise gdw er nicht notwendigerweise besteht. In einem laxeren Sinne kann man davon sprechen, daß ein Urteil notwendig sei, womit man dann meint, der dem Urteil entsprechende Sachverhalt bestehe notwendigerweise.

Jemand erkennt etwas *a priori* gdw er bei der Urteilsbildung keine sensorischen Daten heranzieht. Jemand erkennt etwas *a posteriori* gdw er es nicht a priori erkennt.

3 Analytische Urteile sind kontingent und a priori

Der Sachverhalt, der zu einem analytischen Urteil gehört, hat die Form „Ausdruck a hat die Bedeutung b". Entscheidend für die Wahrheit eines analytischen Urteils ist das Bestehen der Verbindung zwischen einem bestimmten Ausdruck und einer bestimmten Bedeutung. So eine Verbindung besteht in einer Sprachgemeinschaft kraft Konvention. Es hätten in einer Sprachgemeinschaft auch andere Konventionen entstehen können, d.h. einem bestimmten Ausdruck hätte auch eine andere Bedeutung angehängt werden können. „Junggeselle" könnte auch bedeuten „verheirateter Mann" oder „häßlicher Mann". Die Verbindung Ausdruck-Bedeutung ist kontingent, also sind die Wahrmacher analytischer Urteile kontingent, also sind analytische Urteile kontingent. Es ist nur eine Sprachregel, dem das Urteil „Alle Junggesellen sind ledig" seine Wahrheit verdankt. Wäre dieses Urteil notwendig, hieße das, es wäre Junggesellen schlechterdings unmöglich zu heiraten. Tatsächlich steht ihrer Heirat jedoch prinzipiell nichts entgegen.

Zu fragen, ob ein Urteil *a priori* ist, heißt zu fragen, wie man Kenntnis erlangt, ob der entsprechende Sachverhalt besteht. Wie findet man heraus, welchem sprachlichen Ausdruck welche Bedeutung zukommt? Indem man Augen und Ohren aufmacht, und sich über die Konventionen in der Sprechergemeinschaft kundig macht. So erfährt man, welchem Ausdruck welche Bedeutung zukommt. Daher sind analytische Urteile a posteriori.

4 Ist Notwendigkeit ein leerer Begriff?

Es mag sich nun der Verdacht aufdrängen, daß alle Urteile, die von Metaphysikern für notwendig gehalten wurden, in Wirklichkeit analytische Urteile sind, daß also der Anschein jenes So-sein-Müssens seinen Grund nur in unserer Begriffsbildung und in unseren Sprachregeln hat. Folgendes Gedankenexperiment scheint mir aber nahezulegen, daß es Urteile gibt, die synthetisch und notwendig sind:

Gesetzt den Fall, wir wären zusammen mit jemandem, der des Deutschen zwar mächtig ist, dessen Muttersprache es aber nicht ist und der gelegentlich noch Sprachfehler begeht. Nun kommt das Gespräch auf einen Mann, über den garantiert jedermann weiß, daß er verheiratet ist. Nun nennt unser Gesprächspartner im gleichen Atemzug, in dem er feststellt, daß jener Mann ledig ist, diesen Mann einen Junggesellen. Unmittelbar wäre uns klar, daß unser Gesprächspartner der Verwendung des deutschen Wortes „Junggeselle" nicht mächtig ist, und wir klärten ihn darüber auf, daß „Junggeselle" bedeutet „lediger Mann". – Nun kommt das Gespräch auf einen Fall, bei dem es in Frage steht, ob in einer bestimmten Situation Schuld vorliegt oder nicht. Es entwickelt sich nun eine Einigkeit darüber, daß in der betreffenden Situation *keine Freiheit* vorlag. Jetzt behauptet unser Gesprächspartner, der Mensch, um den es sich handelt, sei sehr wohl schuldig. Kämen wir auf die Idee, dieser Urteilende sei des deutschen Wortes „Schuld" nicht mächtig, so wie er vorhin des Wortes „Junggeselle" nicht mächtig war? Kämen wir auf die Idee, unser Gesprächspartner habe gegen eine Sprachkonvention verstoßen? Nach meinem Dafürhalten wüßten wir, daß es hier gar nicht um Sprachliches geht, sondern daß eine *inhaltliche* Uneinigkeit besteht. Unser Gesprächspartner hält es nämlich, vielleicht in fatalistischer Manier, für nicht ausgeschlossen, daß jemand schuldig ist, obwohl er nicht frei war in der in Frage stehenden Situation. Ich hingegen halte das für ausgeschlossen, meine also, *daß Schuld notwendig Freiheit voraussetzt*. Demnach gibt es außer den Scheinnotwendigkeiten, die sich als analytisch, als begrifflich begründet also, entlarven lassen, Urteile, die synthetisch und notwendig sind.

Ontologie

DIE ESOTERISCHE UND HERMETISCHE ONTOLOGIE ALS HERAUSFORDERUNG

EDMUND RUNGGALDIER (INNSBRUCK)

1 Einleitung

Weit verbreitet sind heute physikalistische oder ganz allgemein naturalistische Ontologien. Sie entsprechen einer wissenschaftlichen Weltdeutung und sind Ausdruck des Glaubens an die kausale Geschlossenheit der Welt. Vor diesem weltanschaulichen Hintergrund sind Naturalisierungsprogramme der alltäglichen Rede über den Menschen, seine Handlungen sowie seine Gedanken und Emotionen selbstverständlich. Viele Menschen geben sich aber faktisch nicht mit einer rein naturalistischen Ontologie zufrieden. Das Wiederaufblühen esoterischer Praktiken und Lebenseinstellungen in den letzten Jahren in Mitteleuropa wurde für mich zu einem greifbaren Zeichen, daß – zumindest für ihren privaten Lebensbereich – viele Menschen ganz andere ontologische Grundannahmen voraussetzen.

Von der philosophischen Fachwelt werden zwar esoterische Positionen aus verschiedenen Gründen nicht beachtet, u.a. auch deshalb, weil sie in den seltensten Fällen explizit als philosophische Thesen vertreten und systematisiert werden. Sie haben aber unter Nicht-Philosophen wider Erwarten viele Anhänger gefunden, und das veranlaßt mich, sie zumindest unter dieser Rücksicht ernst zu nehmen. Trotz der Gefahr, mich im Kreise der Kollegen als Fachphilosoph zu diskreditieren, versuche ich hier, einige dieser ontologischen Annahmen und Voraussetzungen herauszuarbeiten und zu umreißen. Ich sehe sie als faktische Herausforderung an die naturalistischen Ereignisontologien in der etablierten Philosophie. Für den heutigen Naturalismus und die entsprechende Kausalitätsauffassung besonders herausfordernd scheint mir das sogenannte Analogie- oder Ähnlichkeitsprinzip der esoterischen Ontologie.

Ihre historischen Wurzeln haben die ontologischen Annahmen der Esoterik in der hermetischen Tradition (Hermes Trismegistos), in den alchemistischen Lehren und in der jüdischen Kabbala. Die ontologischen Grundgesetze mit der Lehre der Entsprechung zwischen Mikro- und Makrokosmos finden sich bereits in der „tabula smaragdina". Unter mancherlei Rücksicht haben sie Ähnlichkeiten mit neuplatonischen und gnostischen Positionen, die von der Fachwelt in philosophiehistorischen Studien sehr wohl untersucht werden, aber als geistesgeschichtlich überholt und daher nicht als Herausforderung erlebt und eingestuft werden.

Die von der Esoterik vorausgesetzte Ontologie erweist sich als eine typische monistische Ereignisontologie: Sie erkennt nur eine Grundkategorie der

Wirklichkeit an, und diese ist ereignishaft.

2 „Alles ist Energie"

Alles, was uns begegnet, alles, womit wir zu tun haben, auch die vielen verschiedenen Dinge des Alltags, sind letztlich Ausfaltung und Manifestation von Energie. Der Kosmos besteht also nicht aus voneinander klar getrennten Dingen und Organismen. Die Welt ist keine Summe von Dingen und Ereignissen, sondern lediglich vielfältige Ausfaltung der einen energetischen und dynamischen Grundwirklichkeit. Die Urenergie ist zudem nicht etwas Statisches, sie fließt ohne Unterlaß.

Wenn in der Esoterik von Energie in diesem Sinne gesprochen wird, dürfen wir nicht an die physikalisch meßbare Energie denken. Das ist nur eine der vielen Formen oder Ausprägungen der Urenergie, die allerdings von den Wissenschaftlern festgestellt werden kann. Die meisten Formen und Aspekte von Energie entziehen sich unserem Zugriff, es sei denn, daß wir unsere Sinne schulen und soweit entwickeln, daß sie bis zu den verborgenen Schichten der Wirklichkeit vordringen. Esoterische Praktiken zielen u.a. auch darauf ab.

Alles, was es gibt – von den Steinen über die Lebewesen bis hin zu unseren Gedanken und Sehnsüchten –, ist lediglich Äußerung ein und desselben Prinzips, allerdings auf verschiedenen Ebenen und auf verschiedene Art. Daraus folgt, daß es *keine* prinzipiellen *Trennungen* gibt, die es verhindern könnten, daß man Verbindungen zwischen weit Auseinanderliegendem und scheinbar Heterogenem herstellt.

Zunächst wollen wir festhalten, daß sich das scheinbar Leblose nicht prinzipiell vom offenkundig Lebendigen unterscheidet: Letztlich *lebt* alles. Selbst die als tot erscheinende Materie, die Steine und Berge sind lebendig. Die Unterscheidung zwischen dem, was lebt, und dem, was tot ist, trifft nur die Oberfläche der Dinge. So ist es auch nicht möglich, prinzipiell zwischen den einzelnen Menschen und dem Kosmos zu trennen. Jeder Mensch ist nämlich eine Art *Mikrokosmos*. Gewisse esoterische Ansichten und Praktiken scheinen zu insinuieren, daß in jedem Menschen, insofern er ein Mikrokosmos ist, letztlich alles zu finden ist, was es sonst im Makrokosmos gibt. Selbst die Gesetze, die im Mikrokosmos gelten und die so mein Unbewußtes bestimmen, gelten auch im Makrokosmos und umgekehrt: Die Gesetze, die im Kosmos wirken, wirken auch in mir.

3 Vielfalt durch Schwingungsunterschiede

Die Energie, aus der alles besteht und auf die alles zurückgeführt werden muß, ist zwar einheitlich, aber die Wellenlängen ihrer Schwingungen sind unterschiedlich. Die Analogie mit den Farben könnte hier hilfreich sein. Die vielen veschiedenen Farben stammen alle aus dem einen Sonnenlicht, ja, sie sind unterschiedliche Manifestationen von Licht. In Entsprechung dazu sind die vielen Facetten der Wirklichkeit auf verschiedene Schwingungsarten oder Wellenlängen der Urenergie zurückzuführen. Wenn nun die Wellenlängen sehr kurz sind, oszilliert die Energie schneller und wird als *feiner* erlebt. Sie ist so auch intensiver.

Die unterschiedlichen Formen, in denen sich die eine Wirklichkeit präsentiert, sind letztlich unterschiedliche Präsentationsweisen der Energie: Es gibt Feineres, das intensiver und geistiger ist, und es gibt Gröberes, das oberflächlicher ist. Der uns allen bekannte Unterschied zwischen Geist und Materie ist lediglich darauf zurückzuführen.

Die Übergänge von Materiellem zu Geistigem und umgekehrt sind also lediglich graduell. Je nach Schwingungsart läßt sich weiter differenzieren und von grobstofflichen Dingen in immer feinstofflichere übergehen zu völlig immateriellen Wirklichkeiten. Der *Mensch* befindet sich zwischen den zwei Extremen und partizipiert an den feineren sowie an den gröberen Energien. Der Mensch kennt sowohl die roheren Energien, die in ihrer Verdichtung den Körper ergeben sowie die feineren, aus denen die jeweilige Seele mit ihrem Bewußtsein besteht. Die feineren oder geistigeren Energien lenken die roheren und stellen so gleichsam Funken des Geistigen im Menschen dar. Als energetische Verdichtungsstellen erleichtern sie die Verbindung mit dem Kosmos, mit dem Ganzen.

Für den platonisierenden Unterschied ausschlaggebend ist aber die Überwindung von *Raum und Zeit*. Der grobstoffliche Bereich ist bestimmt von Raum und Zeit, nicht aber der feinstoffliche. In diesem Bereich gibt es keine Zeit und keinen Raum mehr. Der Esoteriker strebt durch Meditation und sonstige Praktiken danach, seine Energie dahingehend zu verfeinern, daß er dem geistigen Bereich näher kommt und so Raum und Zeit überwindet. Die Aussagen, die er über entsprechende Erfahrungen macht, ergeben nur dann einen Sinn, wenn sie vor diesem Hintergrund gesehen werden.

Über Bereiche zu sprechen, die räumlich nicht bestimmt sind, ist weder für Christen noch für Esoteriker einfach. Wir können uns nämlich nur dann etwas vorstellen, wenn es auch räumlich ausgedehnt und bestimmt ist. Die Redewendungen, durch die sich Esoteriker auf die entsprechenden raumlosen Bereiche beziehen, dürfen somit nicht wörtlich genommen werden, sondern metaphorisch: Der feinstoffliche Bereich ist überall und nirgends, wer ihn erfährt, stellt fest, daß sich die räumlichen Dimensionen auflösen.

Wenn die feinstoffliche Energie Raum und Zeit übersteigt, wenn ihr ferner die gängigen Bestimmungen unserer oberflächlichen materiellen Wirklichkeit abhanden kommen, so erübrigen sich auch all jene Fragen, die für diese grobstoffliche Wirklichkeit eigentümlich sind. Dazu ist vornehmlich die

Frage nach dem Ursprung des Kosmos zu rechnen. Die Energie ist im Grunde insofern ewig, als sie in ihrer feinstofflichen oder geistigen Dimension keine Zeit kennt. Die Wirklichkeit, in der wir leben, ist zwar evolutionär und entwickelt sich dementsprechend. Die Frage, wie und wann die Evolution begonnen habe und wohin sie führe, ist aber für die Esoterik obsolet.

Viele esoterische Redewendungen erinnern an die neuplatonische Emanation aus dem „Hen", der Ureins; sie erinnern an ein Urprinzip, aus dem die gesamte Energie strömt oder ausfließt. Ein Mißverständnis wäre es aber, wollte man diese Emanation wörtlich nehmen und folglich nach der ontologischen Realität des Urprinzips fragen. Vom Urprinzip kann man nur in Bildern oder Chiffren sprechen. Diese dürfen niemals wörtlich verstanden werden. So spricht man in bestimmten Kreisen von der ursprünglichen Leere, von der Null, Eins oder von der göttlichen Einheit.

Diese Rede bezieht sich nicht auf einen göttlichen Ursprung im Sinne einer theistischen Deutung der Wirklichkeit. Sie insinuiert keinesfalls die Existenz eines göttlichen Wesens, auch nicht lediglich im platonischen oder neuplatonischen Sinne. Es sei an dieser Stelle klar hervorgehoben, daß der Esoterik die Vorstellung eines göttlichen und personalen Wesens, das die Welt erschaffen hat, fremd ist: Neben und außerhalb der ewig fließenden Energie gibt es kein göttliches, allmächtiges Wesen, das den Kosmos im Dasein erhält. Überlegungen, die zur Postulierung Gottes führen, versagen besonders vor dem geschilderten ontologischen Hintergrund: Fragen nach dem Anfang, nach dem Grund oder der letzten Ursache, nach der Erhaltung im Dasein oder schlichtweg nach dem Absoluten erübrigen sich.

4 *Ontologische Grundgesetze/Prinzipien*

Wenn in der Esoterik von Gesetzen die Rede ist, so dürfen wir nicht an ausformulierte Gesetze im naturwissenschaftlichen Sinne denken: Sie sind von den Schwankungen menschlicher Ansichten unabhängig. Die esoterischen Grundgesetze der Wirklichkeit sind nicht revisionsbedürftig: Sie können weder verbessert noch korrigiert werden. Esoterisches Wissen, das sie verkörpern, ist nicht mit empirischem Wissen vergleichbar, das aufgrund der Forschung und des Fortschritts der Menschheit ständig neu angepaßt wird.

Für die westliche Esoterik sind die sogenannten *hermetischen* Thesen von zentraler Bedeutung. Sie sollen nach esoterischer Tradition trotz ihrer verschlüsselten Formulierungen das esoterische Wissen zusammenfassen – also auch die ontologischen Gesetze enthalten. Sie sind in der sogenannten „tabula smaragdina" der hermetischen Texte, im Corpus hermeticum zu finden. Esoteriker führen diese Texte zurück auf eine legendäre Figur: auf Hermes Trismegistos. Die hermetischen Schriften waren in der italienischen Renaissance im Mittelpunkt des damaligen esoterischen Interesses, sie spielten im Neuplatonismus in Florenz eine wichtige Rolle und wurden über Ficino weitergereicht. Sie hatten später auch auf Giordano Bruno einen großen Einfluß. Durch die Vertreibung der Juden von der iberischen Halbinsel verbreiteten sich die darin enthaltenen ontologischen Grundgesetze in ganz Europa und wirkten speziell in der kabbalistischen Magie weiter. Sie wurden im 19. und 20. Jahrhundert von den neu erwachten esoterischen Bewegungen als Grundpfeiler ihres Wissens übernommen und nicht zuletzt durch die Bewegung des Golden Dawn weitertradiert.

Die hermetischen Schriften, besonders die Formulierungen der Thesen der tabula smaragdina, sind schwer zu entschlüsseln. Die Übersetzungen variieren ganz erheblich untereinander. Sie sind aber in den verschiedenen Ausfaltungen auch für den interessierten Laien und Philosophen aufschlußreich. So verweisen sie auf das Prinzip der *Veredelung*, der Emporentwicklung und Verfeinerung der Wirklichkeit bzw. Energie. Sie wollen Einsicht in die großen *Zusammenhänge* verschaffen und damit den Weg zur *Erleuchtung* freilegen.

Der Inhalt der Thesen wird in der Regel auf 4 bis 7 Prinzipien zusammengefaßt. Ich verweise auf 5 davon:

1) Alles, was auf einer Ebene vorhanden ist, ist Abbild dessen, was auf den anderen Ebenen ist und wirkt: „Quod est inferius, est sicut id quod est superius, et quod est superius, est sicut id quod est inferius..."[1] In der Kurzformel lautet das Prinzip: „Wie oben, so unten" und wird auch Prinzip der Entsprechungen, der Korrespondenzen, der Analogie oder der Ähnlichkeit genannt.

2) Alles, was ist, hat zwei Seiten oder Pole, die zueinander in einem Spannungsverhältnis stehen wie etwa männlich – weiblich, positiv – negativ, hell – dunkel usw. Das ist das Prinzip der Polarität oder des Gegensatzes.

3) Jedes Phänomen, jedes Ding, jedes Wesen in der Welt und im Kosmos hat seine eigene Schwingung: Energie schwingt, vibriert eben. Alles hat seine Eigenart, die durch die Frequenz seiner Schwingung gegeben ist. Dieses Prinzip wird zuweilen Prinzip der Schwingung genannt.

4) Alles fließt zyklisch oder rhythmisch hin und her, auf und ab, vor und zurück. Alles bewegt sich wie ein ewiges Pendel. Das entsprechende Prinzip wird auch Gesetz der Balance oder Ausgewogenheit genannt. Typische Beispiele dafür sind der Pulsschlag und der Atem.

5) Jede Wirkung hat ihre Ursache, und jede Ursache ihre Wirkung. Dieses Prinzip besagt, daß es keine Zufälle gibt. Wenn ich jemandem auf der Straße begegne, ist das kein Zufall: es hat einen ganz bestimmten Sinn.

Ich möchte nun das erste, zweite und vierte Prinzip kurz umreißen. Uns

---

1 Bohnke Ben A.: *Stichwort Esoterik*. München 1993, 87.

Menschen ist im Alltag und in unserem Normalzustand immer nur ein sehr enger Ausschnitt der Wirklichkeit zugänglich. Es gibt ganze Bereiche der Wirklichkeit, die für unser Vorstellungsvermögen entweder zu klein oder zu groß sind und sich somit unserer Wahrnehmung entziehen. Das Prinzip der Entsprechungen ermöglicht es nun, die in einem Bereich gemachten Erfahrungen auf andere Bereiche, die uns nicht zugänglich sind, zu übertragen: „Dieses Analogiedenken gestattet es dem Menschen, das gesamte Universum ohne Grenzen begreifen zu lernen." [2]

Ist von Entsprechungen die Rede, so dürfen wir nicht an Abbilder oder Spiegelungen von Gestalten oder Arten denken, sondern vornehmlich an solche von Energieformen und -vibrationen. Derartige Entsprechungen können zwischen oberflächlich äußerst heterogen erscheinenden Gebilden bestehen wie zwischen Mars, 'Widder-Mensch', Tiger, Brennessel, Rubin und Eisen.[3] Dem oberflächlich betrachtenden Auge erscheint vieles heterogen, das aber in Wirklichkeit durch dieselben Vibrationsformen der Energie oder – wie auch immer geartete – Energiekorrespondenzen zusammengehört.

Deutlich wird das am Baum des Lebens der Kabbala. Die Unterschiede zwischen seinen verschiedenen Energiezentren oder *Zephiroth* sind lediglich darauf zurückzuführen, daß in ihnen bestimmte Aspekte dominieren und andere verdeckt sind. Aufgrund der Korrespondenzen können wir diese anderen Aspekte freilegen, die durch den dominierenden Aspekt zurückgedrängt werden. Die kabbalistischen Transmutationen sollen Einseitigkeiten aufheben zugunsten eines harmonischen Ausgleichs.

Das zweite ontologische Gesetz besagt, daß alles zwei Pole besitzt: Alles taucht mit zwei verschiedenen Seiten oder Aspekten auf, alles zeigt sich in zweifacher Form, positiv und negativ, hell und dunkel, groß und klein. So sind Geräusche laut und leise, Charaktere gut und böse, die Temperatur heiß und kalt usw. Von der Polarität gibt es unzählige Abstufungen und Nuancen. Das Gesetz besagt aber zunächst ganz allgemein: Wenn wir es mit irgendeinem Phänomen zu tun haben, so gibt es dafür auch irgendein Entgegengesetztes.

Vor dem Hintergrund der alltäglichen und der aristotelischen Ontologie verursacht das aber Verständnisschwierigkeiten, weil es für Dinge und Ereignisse, Tiere und Menschen keine Gegensätze gibt. Entgegengesetztes gibt es nur unter den Eigenschaften. Eine weitere Schwierigkeit ergibt sich daraus, daß das Prinzip für konkrete Dinge und Ereignisse, für solche Entitäten also, die an einem ganz bestimmten Ort und zu einer bestimmten Zeit existieren, nicht gelten kann. Konkretes hat eine bestimmte Eigenschaft oder nicht.

---

2 Dethlefsen Thorwald: *Schicksal als Chance*. München 1979, 32.
3 Bohnke Ben A.: *Stichwort Esoterik*. München 1993.

Das Nicht-Widerspruchsprinzip schließt aus, daß etwas zur selben Zeit unter derselben Rücksicht auch das Komplement der Eigenschaft oder ihr Gegenteil hat.

Das Prinzip der Polarität müssen wir aber vor dem Hintergrund der monistischen Ereignisontologie der Esoterik sehen. Hier gibt es eben keine Dinge und Ereignisse im alltäglichen Sinne: Alles ist letztlich nur Erscheinungsform der fließenden Energie. Das Prinzip ist also so anzuwenden wie in der aristotelischen Ontologie für Erscheinungen oder Entitäten, die immer wieder auftreten. Nichts hindert sie daran, das eine Mal die eine energetische Schwingungsqualität und das andere Mal eine ganz andere anzunehmen. Unter dieser Rücksicht kann metaphorisch auch von Gegensätzen zu bestimmten Menschen, Tieren und Dingen gesprochen werden.

Der grundlegende Gegensatz, aus dem sich die anderen ergeben, ist der zwischen weiblich und männlich, zwischen *Yin* und *Yang*. Alles, was vorkommt, hat Yin- und Yang-Qualität. Das gilt nicht nur für den als körperlich erscheinenden Bereich, sondern auch für den feinstofflichen. Auch im geistigen Bereich sind die Phänomene, die Gedanken inbegriffen, männlich und weiblich. Beide ergänzen einander.

Das Prinzip der Polarität besagt in der Regel nicht nur, daß sich alles mit zwei entgegengesetzten Seiten oder Aspekten zeigt, sondern mehr: Wenn es den einen Pol gibt, muß es real auch den anderen geben. Wenn es Leises gibt, gibt es auch Lautes; wenn es Heißes gibt, gibt es auch Kaltes; wenn es Böses gibt, gibt es auch Gutes. Das Umgekehrte gilt natürlich auch: Wenn es Gutes gibt, muß es auch Böses geben. Gerade in dieser Anwendung ist das Prinzip vor dem Hintergrund der aristotelischen und christlichen Ontologie äußerst bedenklich.

Dethlefsen sieht ein, daß es für Außenstehende schwer ist, das Gesetz der Polarität in seiner letzten Konsequenz anzunehmen. Er betont aber: „Wer das Gesetz der Polarität verstanden hat, weiß, daß man jedes Ziel nur über den Gegenpol erreichen kann und nicht auf dem direkten Weg, wie die meisten Menschen es erfolglos versuchen."[4] Die Rosen werden nicht mit duftendem Parfüm, sondern mit stinkender Jauche gedüngt. Wenn ein Pol negiert oder nicht zur Kenntnis genommen wird, wendet man sich gegen die Wirklichkeit. Diese hat immer zwei Pole: „Nehme ich den negativen Pol des elektrischen Stromes weg, so verschwindet auch der positive Pol. Genauso bedingt der Friede den Krieg, das Gute erzwingt das Böse, und das Böse ist der Dünger des Guten."[5]

Der natürliche oder gesunde Zustand der fließenden Energie besagt für die

---

4   Dethlefsen Thorwald: *Schicksal als Chance*. München 1979, 70.
5   ebd. 73.

Esoterik immer einen Ausgleich zwischen entgegengesetzten Polen. Die Natur selber vermeidet gestörte Gleichgewichte. Der Mensch kann aber die natürliche Harmonie und den natürlichen Ausgleich zwischen den Polen stören. Die meisten Esoteriker sind in der Tat heute davon überzeugt, daß die westliche Kultur zu sehr vom Yang-Element durchdrungen ist. Viele Übel der modernen Gesellschaft sind für sie darauf zurückzuführen. Esoterische Praktiken im allgemeinen, aber speziell in der alchemistischen und kabbalistischen Tradition peilen die Wiederherstellung des Gleichgewichts an.

Das vierte ontologische Gesetz besagt, daß alles *zyklisch* verläuft! Auch unsere Gefühle und Gedanken – so abstrus sie auch sein mögen – kehren wieder. Wenn alles wiederkehrt, kann nichts einmalig sein: Es gibt keine einmaligen Dinge, Wesen und Ereignisse. In der technischen Sprache der Ontologie besagt das, daß die Esoterik keine expliziten „particulars", d.h. keine partikulären Einzeldinge und -ereignisse kennt. Was es gibt, rückt eher in die Nähe jener Entitäten, die „Universalien" genannt werden, die also insofern *allgemein* sind, als sie immer wiederkehren oder immer wieder in Raum und Zeit verwirklicht werden. Die typischen Beispiele hierfür sind die Ideen.

Das bestätigt wiederum die These, daß die von der Esoterik vorausgesetzte Ontologie starke *platonische* Tendenzen hat. Für den Platonismus sind nämlich die grundlegenden Entitäten nicht die raum-zeitlich bestimmten Dinge und Ereignisse, sondern die Ideen, speziell jene des Guten und Schönen. Wir haben zwar die esoterische Ontologie als eine monistische Ereignisontologie eingeordnet, wir müssen aber jetzt hinzufügen, daß sie auch als platonistisch zu charakterisieren ist. In ihr gibt es keine einmaligen Dinge, und die Ereignisse bzw. die darin vorkommenden Bewegungen kehren zyklisch wieder. Daß sie ewig sind, wird besonders in den Bereichen der feinstofflichen Energie manifest, da dort die Wirklichkeit Raum und Zeit übersteigt. Und dieser Bereich stellt die eigentliche Wirklichkeit dar. Nach ihm streben Esoteriker durch Meditation und sonstige Übungen und Praktiken. Der grobstoffliche Bereich ist lediglich Abklatsch des anderen, ist letztlich eine Art Illusion.

5 *Esoterischer Dualismus und Vielfalt der menschlichen Körper*

Der ontologische Monismus der Esoterik schließt nicht aus, daß der Mensch *dualistisch* gedeutet werden kann. Die Unterscheidung zwischen seinem Körper und seinem Geist, d.h. zwischen seinen feinstofflichen und grobstofflichen Energie, ist in der esoterischen Tradition berechtigt und angebracht.

Die dualistischen Tendenzen in esoterischen Kreisen wenden sich ganz besonders gegen die heute weit verbreitete Identsetzung des Menschen mit seinem Körper, gegen die identitätstheoretischen Lösungsversuche des Leib-

Seele-Problems: Was der Mensch *fühlt,* was er denkt, all das ist mehr oder zumindest etwas anderes als das, was sich in seinem Gehirn und Körper tut und neurobiologisch abläuft. Und sollte es Korrespondenzen zwischen den beiden Bereichen geben, so darf man daraus keine Identitäten machen.

Was sich im Körper tut, ist nach dualistisch esoterischer Auffassung Ausdruck des Geistig-Seelischen. Es ist also gerade das Gegenteil von dem, was der Materialist und in der Regel auch der naturwissenschaftlich geprägte Neurobiologe behauptet, daß nämlich das Seelisch-Geistige oder das ausdrückliche Bewußtsein Epiphänomen des neurobiologischen Organismus ist. Besonders darin kommt die allgemeine antimaterialistische und antiszientistische Tendenz der Esoterik zur Geltung: „Unter Esoterik verstehe ich in der allgemeinsten Bedeutung einen weltanschaulichen Gegenpol zu dem Denkgebäude, das sich Naturwissenschaft nennt."[6]

Genaue Begriffsbestimmungen von Geist, Seele und Körper sind in esoterischen Kreisen zwar schwer zu finden, sind aber auch nicht notwendig. Eindeutige kategoriale Unterschiede werden von der Esoterik nicht vorausgesetzt, da ja alles Energie ist und die Unterschiede zwischen den Arten von Entitäten lediglich auf Unterschiede in den energetischen Intensitätsgraden und in der energetischen Qualität zurückzuführen sind. Die Esoterik nimmt nun in der Tat eine Vielzahl von Stufen zwischen den Extremen von grob- und feinstofflicher Energie auch explizit an und setzt so einen besonderen Typ von Dualismus voraus. Die Seele des Menschen z. B. ist für die Esoterik insofern etwas Drittes als sie zwischen den Extremen von Geist und physischem Körper anzusiedeln ist. Statt von Dreiteilung wird aber in der Esoterik auch von *Vier-* oder sogar *Siebenteilung* gesprochen, je nachdem, wieviele Stufen explizit aus den graduellen Übergängen zwischen den Extremen herausgegriffen werden. Die jeweilige Einteilung ist von den Interessen und den Anliegen des jeweiligen Esoterikers abhängig.

Unabhängig davon, welche Einteilung vor esoterischem Hintergrund vorgenommen wird, bleibt sie insofern dualistisch und platonisierend, als sie faktisch mit der Ansicht gekoppelt ist, daß für die Identität des Menschen die feinstofflichen Energien bzw. der Geist grundlegender sind als die grobstofflichen bzw. der physikalische Körper.

In bestimmten Terminologien werden die verschiedenen Zwischenstufen zwischen der feinstofflichen und der grobstofflichen Energie sogar „*Körper*" genannt als konsequente Folge davon, daß auch der uns bekannte physische Körper letztlich nichts anderes als Energie ist, wenn auch nur grobe Energie. So werden häufig auch der Geist oder die Seele eines Menschen „Körper" genannt. Die Rede von Körpern insinuiert, daß es sich um quasi materielle

---

6   Dethlefsen Thorwald: *Das Erlebnis der Wiedergeburt.* München 1976, 184.

Körper handelt; das ist aber vor esoterischem Hintergrund eine eindeutige Fehlvorstellung.

Typisch für die esoterische Postulierung von verschiedenen Körpern ein und desselben Menschen ist nun, daß Esoteriker diese mit verschiedenen *Identitätsbedingungen* koppeln. In ihren Augen müssen sie raum-zeitlich nicht koinzidieren, um ein und demselben Menschen anzugehören oder einen solchen auszumachen. Durch die Identitätsbedingungen ist festgelegt, wann und wie eine Entität, ob Person, Ding oder Ereignis, in Raum und Zeit entsteht und vergeht, wann und wie sie also anfängt und aufhört. Gäbe es keine derartigen Bedingungen, könnten wir die Dinge oder Ereignisse ein und derselben Sorte nicht voneinander abheben und *zählen*. In unserem Alltag gehen wir zunächst davon aus, daß höhere Tiere z.B. spätestens bei der Geburt ihr Leben beginnen und es spätestens mit ihrem Tod beenden.

Wenn nun die Identitätsbedingungen der Körper ein und desselben Menschen verschieden sind, so wird man sie auch anders zählen: Sie fangen nicht alle zur selben Zeit an zu existieren und hören nicht alle zur selben Zeit auf. Daß sie weder räumlich noch zeitlich koinzidieren, ist wiederum typisch dualistisch, ist aber in der Esoterik auffallender und von größerer Relevanz als in den dualistischen Philosophien des Abendlandes. Die „geistigen" Körper eines Menschen existieren schon lange vor der Zeugung seines physischen Körpers und leben über den Tod hinaus. Ein und derselbe Mensch nimmt als derselbe im Laufe der Zeit durch Reinkarnation verschiedene physische Körper an. Der physische Körper ändert sich auch numerisch von Leben zu Leben. Es müssen auch keine Kontinuitäten in Ähnlichkeit und Konstitution zwischen ihnen bestehen. Ein und derselbe Mensch kann in einem Leben z.B. einen weiblichen und schon im nächsten einen männlichen physischen Körper haben.

Typisch für die esoterische Lehre der verschiedenen Körper eines Menschen ist ferner der *platonisierende Primat* der höheren oder feineren Körper. Selbst die Geschichte und das Schicksal eines Menschen sind zum Großteil von der Information oder dem sogenannten *Plan* der höheren Körper abhängig. Besonders der physische Körper ist in der Verteilung und Konkretisierung seiner Funktionen sowie im Ablauf seiner biologisch-physiologischen Vorgänge dadurch bestimmt. Extrem esoterische Formulierungen insinuieren sogar, daß die mentalen bzw. seelischen Körper sich für das jeweils neue Leben einen ihnen entsprechenden physischen Körper aussuchen.

Zentral für jegliche philosophische Anthropologie ist die Frage nach den Kriterien für die Feststellung der Identität eines Menschen durch die Zeit: Was ist ausschlaggebend dafür, daß jemand im Laufe der Zeit mit sich selbst identisch bleibt? Für physikalistisch eingestellte Denker kann es evidentermaßen nur der physische Körper sein. Philosophen, die sich vom krassen und undifferenzierten Physikalismus distanzieren, neigen dazu, als Kriterium der Identität durch die Zeit eines Menschen sein *Bewußtsein* anzusehen: Ich bleibe im Laufe des Lebens deshalb derselbe Mensch, d.h. mit mir selbst identisch, weil ich immer dasselbe Ich bin, das denkt, fühlt und strebt.

Aber auch das Bewußtseins- bzw. Gedächtniskriterium wird von der Esoterik relativiert. Das normale Ich-Bewußtsein ist nur Teil eines größeren, umfassenderen Bewußtseins. Für einen Außenstehenden wird es zwar auf diesem Gebiet der Esoterik schwierig, einen klaren Überblick zu gewinnen, weil auch das sogenannte Unter- und Überbewußtsein Teil des Bewußtseins eines Menschen ist. Die Unklarheit ist zudem Folge der Auflösung der üblichen Identitätskriterien in den Bereichen der höheren Körper, Daseinssphären oder Energiestufen. Darin werden nämlich nicht nur Raum und Zeit überwunden, sondern auch die Abgrenzung zwischen meinem normalen Bewußtsein und meinem höheren bzw. niedrigeren Bewußtsein sowie zwischen meinem Bewußtsein und dem der anderen und letztlich dem alles umfassenden kosmischen oder göttlichen Bewußtsein.

Auch das Phänomen der durch viele esoterische Übungen und Praktiken angestrebten *Bewußtseinserweiterung* ist Indiz der Auflösung der üblichen Identitätsabgrenzungen für Menschen. Die Erweiterung soll Grenzen und Dichotomien zugunsten von „Ganzheitserfahrung" überwinden, es soll zu einem holotrophen, d.h. dem Ganzen zugewandten Bewußtsein werden. „Die damit verbundenen Erfahrungen bedeuten eine Bewußtseinserweiterung über die normalen Grenzen des Körper-Ichs und die Beschränkungen von Raum und Zeit hinaus. Das hier angestrebte Bewußtsein zielt auf Ganzheit der Existenz ab. In diesem Bewußtseinszustand hat man Zugang zu Vergangenheit, Zukunft, Gegenwart."[7]

Die Überschreitung der Grenzen von Raum und Zeit im Sinne der Esoterik besagt mehr als das, was in der klassischen westlichen Philosophie darunter verstanden wurde, daß nämlich der Mensch fähig ist, räumlich und zeitlich Entferntes zu erkennen und sich darauf zu beziehen. Sie besagt vielmehr, daß der Mensch mit seinen höheren Körpern sich auch realiter in räumlich und zeitlich weit entfernte Regionen begeben kann. „Die Person erinnert sich nicht nur, sondern wird direkt in die räumlichen und zeitlichen Umstände des Geschehens zurückversetzt."[8] Er kann den physischen Körper gleichsam verlassen, um mit den höheren Körpern Vergangenes, Zukünftiges oder geographisch weit Entlegenes anzuschauen und zu erleben.

---

7 Venediger Bozenka: *Einweihung in die esoterischen Lehren*. Freiburg i.Br. 1994, 45.
8 ebd.

Relativ zu den ontologischen Voraussetzungen der physikalischen Ontologie ist so etwas wie eine *Eksomatose* unmöglich. Wir dürfen aber nicht übersehen, daß sich vor esoterischem Hintergrund in den Bereichen der höheren Körper Raum und Zeit auflösen, daß somit auch die zeitliche Einteilung in Vergangenheit und Zukunft nicht mehr zutrifft. Ähnliches gilt ja auch für die Gottesauffassung oder -vorstellung in der klassischen christlichen Philosophie: In Gott sind alle Zeitpunkte gleich, weil er ewig ist: Er untersteht nicht dem Ablauf der Zeit. Alle Zeitpunkte sind ihm gleichsam als gegenwärtig gegeben. Vergangenes und Zukünftiges entzieht sich ihm nicht.

Die Relativierung der üblichen Identitätskriterien durch die Zeit hebt vor esoterischem Hintergrund die Sinnhaftigkeit einer vorläufigen Angabe sowie Gegenüberstellung verschiedener Körper ein und desselben Menschen nicht auf. Wir haben gesehen, daß es viele verschiedene Möglichkeiten gibt, Zwischenstufen zwischen den extremen Energieformen eines Menschen herauszugreifen und sie zu benennen. Für die Esoterik grundlegend ist auf alle Fälle die Annahme, daß der physische Körper *nicht isoliert* betrachtet werden soll: Er ist umgeben und durchdrungen von einer zusätzlichen strahlenförmigen Wirklichkeit, für die es verschiedene Namen gibt.

6 Nicht-kausale Wirkweise

Als eine Folge der besonderen esoterischen Ontologie sei beispielhaft die Rolle homöopathischer Medikamente erwähnt. Im Unterschied zur Schulmedizin werden in esoterischen Kreisen die entsprechenden Heilmethoden großgeschrieben. Die Wirkweise eines homöopathischen Präparats ist kausal nicht faßbar, wohl aber aufgrund des esoterischen Prinzips der analogen Entsprechungen. Versucht man sie anhand des kausalen Denkschemas zu verstehen, kann man nicht umhin, an Irreführung und Betrug der Hersteller zu denken. Die Substanzen homöopathischer Mittel sind nämlich so verdünnt, daß sie rein chemisch gar nicht wirken können. Es wäre so, als ließe man einen Tropfen eines Wirkstoffs auf der einen Seite des Bodensees ins Wasser fallen, um dann zu untersuchen, was seine Auswirkungen auf der anderen Seite des Sees seien. Aus der Tatsache, daß es keine chemisch kausal faßbaren Wirkzusammenhänge gibt, folgt aber nicht, daß es überhaupt keine gibt.

Für den Esoteriker wirkt das Mittel auf andere Weise: Was für ihn trotz Verdünnung (Potenzierung) bleibt und für die analoge Wirkweise verantwortlich ist, ist die sogenannte *Information*, die der ursprünglichen Substanz anhaftet. Durch die Potenzierung wird die Information einer Pflanze, eines Tieres oder Minerals von der korporalen Erscheinungsform gelöst, um sie so dem kranken Menschen weiterzuvermitteln. Die jeweilige Information wird dabei an einen geeigneten neutralen Informationsträger gekoppelt, d.h. an

Alkohol, Milchzucker oder sonst ein Lösungsmittel. „Je länger man das macht, um so höher die Potenz wird, um so mehr erlöst man sie aus ihrer materiellen Gefangenheit und um so stärker kann sich ihre Information im nichtmateriellen Raume entfalten."[9]

Daß es in der Überreichung des homöopathischen Mittels nicht auf die chemische Zusammensetzung ankommt und ankommen darf, erläutert Dethlefsen anhand anderer Informationsträger, wie Kassetten oder Bücher. Das Interessante an einem Buch ist nicht das Material, aus dem es besteht, sondern sein Inhalt, den wir beim Lesen aufnehmen. Der Informationsträger, die Art des Papiers oder der Typ des Drucks usw., ist für den Inhalt des Buches irrelevant. Um dementsprechend das Prinzip der Homöopathie zu verstehen, müssen wir unterscheiden zwischen *Information* und *Informationsträger*. Dieselben Informationsträger können nun ganz verschiedene Inhalte vermitteln, und derselbe Inhalt kann durch ganz verschiedene Informationsträger konserviert oder weitergegeben werden. Denken wir dabei an eine Symphonie, die aufgenommen und von einem Träger auf einen anderen übertragen und vielleicht sogar digitalisiert wird.

Durch den Vergleich mit einem Buch wird auch verständlich, weshalb die Wirkung homöopathischer Mittel nicht von der Häufigkeit der Verabreichung von Tropfen oder Kügelchen abhängig ist. Je höher die Potenz, um so seltener die Einnahme. Wer ein Buch lesen will, muß nicht mehrere Exemplare desselben Buches besitzen. Es genügt, wenn man eines hat. Die Frage ist lediglich, wie man seinen Inhalt rezipiert. In Entsprechung dazu gilt, daß die Wirkung eines homöopathischen Mittels von der Aufnahme der Information abhängig ist und nicht von der Häufigkeit der Vermittlung von Informationsträgern.

Eine Voraussetzung für die Nachvollziehbarkeit der esoterischen Auffassung von Homöopathie und ihrer Wirkung ist, daß Krankheit auf etwas *Geistig-Seelischem* fußt und daß Heilung Selbsterkenntnis und Selbstannahme voraussetzt. „Will man heilen, so muß dies immer... mit einer Bewußtseinserweiterung einhergehen. Bewußtseinserweiterung ist aber Informationsfluß. Erhebt ein Medikament den Anspruch 'Heilmittel' (= Heilvermittler) zu sein, so muß dieses Heilmittel die dem Menschen fehlende Information übertragen."[10] Wir dürfen auch nicht übersehen, daß die Trennung zwischen dem, was wir im Alltag als rein körperlich und als rein geistig charakterisieren, vor esoterischem Hintergrund – wie wir mehrmals gesehen haben – keine prinzipielle ist. Es handelt sich um einen graduellen Übergang. Auch Pflanzen und Tieren, ja selbst der leblosen Natur kommt daher in einem

---

9   Dethlefsen Thorwald: *Schicksal als Chance*. München 1979, 160.
10 ebd. 159.

übertragenen Sinne Geistiges zu. Daher ist es verständlich, wenn homöopathische Mittel nach esoterischer Überzeugung auch bei Tieren heilend wirken.

Der Prozeß der Potenzierung ist chemisch gesehen nichts anderes als Verdünnung, esoterisch gesehen allerdings gleichsam ein *Vergeistigungsprozeß*. Wir können ihn in Analogie zu dem Transformationsprozeß in der alchemistischen Tradition sehen. Auch hier geht es nicht primär darum, höhere Substanzen chemisch herzustellen, sondern durch symbolische Transformationen den Menschen als Mikrokosmos zu vergeistigen und seine Energie zu verfeinern. Das für diesen Prozeß grundlegende Prinzip ist jenes der Entsprechung oder der Analogie: Es sei dabei auch an Paracelsus erinnert, für den der Mensch an erster Stelle mit Hilfe des „suo simile" und nicht irgendeiner kausalen Wirksamkeit geheilt wird.

Über Homöopathie gibt es zahllose Schriften und zahllose kompetente Fachleute. Hier wurde von ihr lediglich ein Aspekt herausgegriffen, der für die philosophische Betrachtung von Relevanz ist. Die Ontologie und Anthropologie, die von der Esoterik auch in bezug auf die Heilkraft von Heilmitteln vorausgesetzt wird, ist *anti-materialistisch*. Somit versagt darin das Schema der nomologischen Kausalität, welches für die positiven Wissenschaften das einzig brauchbare ist. Die entsprechende philosophische Position ist stark *platonisierend*.

7 Schluß

Ich habe hier einige ontologische Positionen umrissen, die von esoterischen Praktiken und Anschauungen vorausgesetzt werden. Wie man sieht, sind sie nicht neu: Sie entsprechen alten philosophischen Strömungen. Im Unterschied zu ihren philosophiegeschichtlichen Vorläufern werden sie in ihrer aktuellen Variante von der philosophischen Fachwelt nicht beachtet. Ein Grund dafür ist auch der, daß sie in den seltensten Fällen explizit als philosophische Thesen vertreten und systematisiert werden. Sie werden aber dennoch von vielen Menschen in ihren privaten Weltanschauungen faktisch geglaubt. Unter dieser Rücksicht ordne ich sie so ein, daß sie für die Fachontologen, vornehmlich für jene analytischer Prägung, eine klare Herausforderung darstellen. Wer Ontologie betreibt und sich dabei nach den gängigen naturalistischen Ereignisontologien richtet und die Naturalisierungsanliegen teilt, soll sich fragen, wieso faktisch viele Menschen davon abweichen und für ihr privates Leben andere Positionen bevorzugen.

ARE THINGS STATE OF AFFAIRS?

BOJAN BORSTNER (MARIBOR)

We'll try to find out a solution to the question what are things? The primary danger of this approach is to fall into such a technical and complex way of philosophising that in the end nobody knows what the things are.

It is well known from Quine that a metaphysical theory has two parts, namely, 1. Ontology, 2. Ideology.

The ontology consists of the entities which theory says exist. The ideology consists of the ideas that are expressed within the theory using predicates. The sorting of the entities into ontological categories is a matter of ideology.

The next point of our analysis is intellectual economy – sometimes it is labelled under Ockham's razor – and it means that in the case when there are different philosophical theories about the same topic they may be compared concerning (ontological) economy – the theory that explains the phenomena by means of at least number of entities and principles (I mean by the least number of sorts of entities and principles) is to be preferred.

On the ground of Quinean division between ontology and ideology there is also a distinction between ontological and ideological economy (see Oliver 1996, 3): We do have a theory that has only three kinds of entities but it is not so elegant and understandable as another theory with five kinds of entities. Could we improve ideological economy on the cost of ontological economy and if we would have done this what could be a justification for this decision. Or, if we have improved ideological economy by increase in aesthetic elegance and perhaps in understanding why should we believe that these entities do exist. The very similar question comes up if we do the same but in the reverse order (to increase ontological economy with the help of introducing more primitive predicates, ...) Are we justified in claiming that there is not five but three kinds of entities just in the case we have a reason to believe this – or is explanatory goal of the theory worth to pursue just in the case it has less (kinds of) entities than the competitive theory. If we accept the idea of ontological economy there is a further open question: is there just one ontological economy or we have at least two (qualitative and quantitative – compare Bacon 1995, p. 87). It seems that this distinction does not oppose to the spirit of Ockam's razor. In both cases (quantitative/qualitative ontological economy) to believe in the existence of something we ought to have a reason and the advantage of one ontology over the another in the respect of either qualitative or quantitative ontological economy is just the matter of comparison of the same aspects of the theories.

We'll give now the further step in our analysis. From the problem of economy we should move to the problem of the categories of entities as Grossmann tells us: "Ontology asks what the categories of the world are . ... Categories are kinds of entities and categorised are only those entities which have beings." (1983, 5) Then, we can say with G. Bergmann that ontologists do not just catalogue or classify what exists. Rather they search for "simples" of which everything that exists "consists". These simples, and nothing else, they hold to 'exist', or to be the only existent. (Bergmann 1964, 57)

But what are these 'simples'? Bergmann suggests the following: There is a red spot before us on the table. We try to analyse only this red spot. [The spot is red / spot being red] is the fact. Facts are complex entities (ordinary things). Therefore, this particular fact has constituents which are ontological "things" (or more commonsensical – bare particulars, properties, relations and nexus that "combine" properties/relations with bare particulars).

The second answer to the same question is given by D. Armstrong. In what follows we'll just summarise his position (1978, 1989).

Armstrong has at the begining in his ontology two categories of entities: particulars and universals. Particulars instantiate first order universals and first-order universals instantiate second-order universals – in this case first-order universals which instantiate second-order universals are called second-order particulars. It is not possible to decide which universals there are apriori – what universals there are is an aposterior matter – as it is in the case of particulars. Armstrong's theory of universals is Aristotelian. That means that universals are present in their instances. He defends a principle of instantiation to rule out uninstantiated universals. He introduces also the third category of entities – states of affairs (SOA). Particulars and universals are united in states of affairs so that a state of affairs exists if and only if a particular has a property, or a relation holds between two or more particulars. For him the concept of SOA is very similar to fact because for him states of affairs are all existents. For Armstrong the SOA 'a instantiates F' has two constituents – particular a and universal F. What is worth mentioned is that the relation between constituents and SOAs is not mereological part-whole relation. Therefore, the existence of a and F is not enough (sufficient) for the existence of SOA 'a instantiating F'. Armstrong also defends the thesis that SOAs are particulars. However, it could be heard very strange, but he distinguishes between two conceptions of particulars: the thin and the thick. The thin particulars instantiates universals. The thick particular is a SOA with two constituents: the thin particulars and the conjunction of the intrinsic properties that the thin particulars instantiates – this conjunction is the "nature" of the thick particular. Thick particular is what is commonsensical called ordinary thing and if thick particular is a SOA that is constructed out of two constituents (thin particular and the "nature") then an ordinary thing is also a

SOA.

If we apply the result of the investigation what does it mean for Aristotle to be "in" (Borstner 1996) to Armstrong's position then there is a plausible interpretation for the fact that universals are "in" SOA. 'Intrinsic universal F is in its instance a' (a is not a thin particular but thick – or SOA) means that F is a constituent of the "nature" of SOA 'a's instantiating N'.

Therefore, if we accept this position there are two Bergmann's "simples" (thin particular and universal (monadic, dyadic, ...)) and SOA which is a "complex" construes out of two simples. There is no category of "thing" that should be added to particular, universal and SOA. It can be said that Armstrong defends fact ontology and not thing ontology.

Grossmann attacks this position in his (1992, 29-30). If we use previous case 'a's instantiating F' and translate it into Grossmann's language we get: Fact (a is F at some time t). If Armstrong really was a naturalist then this fact should be somewhere in space-time system. For Grossmann Fact could be only there where the a is. (and the same is for the universal.) Therefore, at the place where a is is also the universal and fact. Grossmann would say that at this place in space there are three different things: a, F, Fact.

For Grossmann a, F, Fact are abstract entities and they are not in the universe of space-time (so called great particular) but in the world (world = universe + abstracta). That means that Armstrong's thin particular is also abstracta (it is not in universe).

1. $A = a$ is N. (A is Thick and a Thin particular)
2. N contains whiteness (universal F is contained in conjunction of intrinsic universals of A/a)
3. A is white

Grossmann accuses Armstrong that his third step is invalid, because when we say that something is white we speak about this thing and saying that it has certain colour. But on the other side – Armstrong should have been spoken about the thin particular which is "in" fact (SOA) that has N and about the fact that has a specific colour (white). It seems that for Armstrong "the fact is white." But: "When we talk about individual things, we do not talk about facts, and conversely. The fact that a has the properties it has, this fact, has no colour. Only individual things are coloured." (Grossmann 1992, 29)

Grossmann admits in his ontology not only particulars as nominalists do but also abstracta – properties, relations, facts. The main reason for this double -ontology is that abstracta could not be located (in the universe – space-time system). Grossmann says that even if we accept the thesis that facts are located where thick particulars are located there are many facts, as the fact 'red is colour' is, which do not contain individual (thick particular) and they cannot be located where the individuals are.

The question, which seems for me methodologically important, for Grossmann is: If it is true that all that there is in the universe are particulars why should we accept additional entities – abstracta as an categorial inventory of the world / or why are we not satisfied with universe only?

His answer is: "What we perceive are not individual things by themselves, but states of affairs. The eye of the senses sees states of affairs rather than an isolated individual. States of affairs, of course, have many kinds of ingredients. They contain individual things; but they also contain properties and relations. They even contain, ..., sets and numbers. Thus there really is only one eye, the eye of perception; and it aquaints us with temporal ("concrete") as well as atemporal ("abstract") things, for both are conjoined in states of affairs." (1990, 131)

In the replay we can paraphrase Quine that our ordinary language shows a tiresome bias in its treatment of time because relations of date are exalted grammatically as relations of position, weight, and colour are not. But this does not tell against the thesis that SOAs are in the universe. Therefore, when "we say that the world is a world of states of affairs, and when we say that it is a spatiotemporal system, we are describing the one world in two different ways, ways that are linguistically and conceptually to a degree orthogonal to each other but which describe the one realm, a realm which is truthmaker for the true statements in both vocabularies. (Armstrong 1995, 163)

We conclude with a thesis which combines Grossmann and Armstrong: If it is true that there is only one "eye" which acquaints us with all things that there are and SOAs are between them then is it not ontological economically preferable to have between categories both "ordinary thing" and SOA. If we (Armstrong and Grossmann) did accept SOA then why should we not be sparse enough and exclude "ordinary thing" from our ontological inventory.

References
Armstrong, D. M. (1978) *Universals and Scientific Realism*, I-II, Cambridge: CUP.
Armstrong, D. M. (1989) *Universals. An Opinionated Introduction*, Boulder/Col.
Armstrong, D. M. (1993) A World of States of Affairs, *Philosophical Perspectives 7*, 429 – 440.
Armstrong, D. (1995) *A World of States of Affairs*, preprint.
Bacon, J. (1995) *Universals and Property Instances*, Oxford.
Bergmann, G. (1964) *Logic and Reality*, Madison.
Bergmann, G. (1979) Sketch of an Ontological Inventory, *Journal of the British Society for Phenomenology*, vol. 10, 3 – 8.
Borstner, B. (1996) "Metaphysical predication".
Grossmann, R. (1983) *The Categorial Structure of The World*, Bloomington.
Grossmann, R, (1992) *The Existence of the World*, London.
Oliver, A. (1996) The Metaphysics of Properties, *Mind*, vol. 105, 1 – 80.

DINGE UND EREIGNISSE

CHRISTIAN KANZIAN (INNSBRUCK)

In meinem Beitrag möchte ich einen wichtigen Streitpunkt der modernen Ontologie aufgreifen: die Frage nach Berechtigung und Deutung der kategorialen Unterscheidung zwischen Dingen und Ereignissen.

Quine betont, daß die Differenz zwischen Dingen und Ereignissen ontologisch letztlich ohne Relevanz sei. Es genüge, eine einzige Kategorie Entitäten zu akzeptieren. Dinge seien ebenso wie Ereignisse „physical objects". Denn: Dinge sind ebenso wie Ereignisse in einem vier-dimensionalen Raum-Zeit-System darstellbar. Dinge bestehen ebenso wie Ereignisse aus raum-zeitlichen Teilen.[1] Dinge unterscheiden sich in ihrer ontologischen Konstitution von Ereignissen nicht.

Während Quine die ontologische Eigenart von Dingen gegenüber Ereignissen leugnet, gibt es Autoren, welche gerade Dinge als grundlegend, Ereignisse hingegen als von ihnen abhängige Entitäten erachten. So geht Strawson davon aus, daß „... eine große Klasse ... Ereignisse ... von uns in der Weise aufgefaßt [wird], daß es sich notwendig um ... Ereignisse an ... materiellen Körpern oder an Dingen [handelt]."[2] Daraus folgert er, daß Ereignisse von Dingen, als deren Veränderungen sie gelten, eben abhängig sind. Ereignisse sind, im Vergleich zu Dingen, ontologisch „zweitrangig".

Im folgenden möchte ich, gegen Quine, für die ontologische Relevanz der Unterscheidung zwischen Dingen und Ereignissen plädieren und, gegen Strawson, für die Gleichrangigkeit der Kategorien argumentieren.

Ich gehe davon aus, daß sowohl Dinge als auch Ereignisse etwas sind, Entitäten sind, die in Raum und Zeit vorkommen. Ich möchte allerdings zeigen, daß sich das raum-zeitliche Vorkommen von Ereignissen wesentlich von dem von Dingen unterscheidet. Dies rechtfertigt die Annahme einer kategorialen Unterscheidung zwischen Dingen und Ereignissen.

Ferner möchte ich darauf hinweisen, daß uns die Annahme einer kategorialen Unterscheidung zwischen Dingen und Ereignissen nicht daran hindert, die Berechtigung vier-dimensionaler Darstellungen von Dingen wie Ereignissen anzuerkennen.

Die Räumlichkeit und Zeitlichkeit von Dingen ist grundlegend von der Räumlichkeit und Zeitlichkeit von Ereignissen zu unterscheiden. Meine Argumentation für diese These beruht auf Überlegungen bezüglich der Frage, wie Dingen bzw. Ereignissen räumliche bzw. zeitliche Eigenschaften zu-

---

1 Quine, *Word and Object*. Cambr./Mass. 1960, 171.
2 Strawson, *Einzelding und logisches Subjekt*. (Engl. Orig.: Individuals) Stuttgart 1972, 66.

kommen.

Wir können zunächst feststellen, daß unsere Alltagssprache durchaus Unterschiede der Weisen kennt, wie Dingen und Ereignissen zeitliche Eigenschaften zugesprochen werden. Während wir davon sprechen, daß Ereignisse eine bestimmte Zeit lang dauern, finden wir es normalerweise seltsam, in derselben Weise von der Zeitlichkeit von Dingen zu reden.

Weniger banal ist die Feststellung, daß wir von Ereignissen zeitliche Teile bestimmen können. Zeitliche Teile sind numerisch verschiedene Abschnitte dieser Ereignisse. Zur Illustration: Fußballspiele sind besonders interessante Beispiele für Ereignisse. Ihre zeitlichen Teile: Zwei Halbzeiten, eine Pause, gegebenenfalls Verlängerung und Elfmeterschießen. Niemand wird bezweifeln, daß diese zeitlichen Teile voneinander verschiedene Abschnitte sind.

Es treten schwerwiegende Probleme auf, wenn wir Dinge gleich Ereignissen als Summen numerisch verschiedener zeitlicher Abschnitte erachten.[3] Zahlreiche alltägliche aber auch philosophische Intuitionen bezüglich Dingen setzen nämlich voraus, daß Dinge durch die Zeit, trotz qualitativer Änderungen, numerisch dieselben bleiben. Abschnitt-Summen aber haben keine Identität durch die Zeit.

Ereignisse dauern, Dinge nicht. Ereignisse haben zeitliche Teile, Dinge nicht.

Natürlich gehen wir intuitiv davon aus, daß Dinge in der Zeit vorkommen. Dinge existieren eine Zeit lang. Desgleichen sind wir es gewohnt, diese Zeit in Perioden zu unterteilen. Namhafte Autoren[4] weisen darauf hin, daß wir, sprechen wir im Alltag von der „Dauer eines Dinges" oder seinen „zeitlichen Abschnitten" genau genommen nicht auf das Ding selbst, sondern auf seine Geschichte Bezug nehmen. Seine Geschichte aber kann, im Unterschied zum Ding selbst, durchaus als ereignishafter Prozess, als Summe numerisch verschiedener Episoden, verstanden werden.

Ähnliches gilt übrigens auch von anderen zeitlichen Eigenschaften von Dingen, wie ihrem zeitlichen Anfang oder ihrem zeitlichen Ende. Auch hier beziehen wir uns letztlich auf Ereignisse, deren Träger die fraglichen Dinge oder der Stoff, aus dem sie bestehen, sind.

Wir stellen fest: Wenn wir von Dingen (manche, für ihr Vorkommen durchaus maßgebliche) zeitliche Eigenschaften aussagen, beziehen wir uns auf Ereignisse oder auf Summen von Ereignissen.

Desgleichen ist festzustellen, daß wir bei der Prädikation von räumlichen Eigenschaften signifikante Unterschiede zwischen Dingen und Ereignissen

---

3   U.a. Simons, *Parts*. Oxford 1987, 121-127.
4   U.a. Chisholm, Events Without Times An Essay On Ontology. In: *Nous* 24 (1990), 421.

machen. Von Dingen sagen wir aus, daß sie an einem bestimmten Ort sind. Dinge haben räumliche Teile. Keineswegs so selbstverständlich ist es, von Ereignissen einen Ort oder gar räumliche Bestandteile anzugeben.

Bei genauerer Betrachtung stellen wir nämlich fest, daß wir uns, wenn wir uns auf den Ort eines Ereignisses beziehen, für gewöhnlich auf den Ort von Dingen beziehen, die am Ereignis beteiligt sind.[5] Der Vortrag, den ich am 28.2.1996 in Graz gehalten habe, ist wohl ein Ereignis. Wo aber hat es stattgefunden? Dort, wo der Vortragende war, sein Auditorium, in einem Hörsaal usw. Der Vortragende, das Auditorium, der Hörsaal: Vorkommnisse, die wohl nicht als Ereignisse zu bestimmen sind.

Dingen und Ereignissen kommen räumliche und zeitliche Eigenschaften auf grundlegend unterschiedliche Weise zu. Die Räumlichkeit und Zeitlichkeit von Dingen und Ereignissen ist grundlegend verschieden. Die Räumlichkeit und Zeitlichkeit von Dingen und Ereignissen ist aber maßgeblich für ihre ontologische Konstitution.[6] Die kategoriale Einheit von Vorkommnissen, deren ontologische Konstitution grundlegend verschieden ist, kann aber wohl in Frage gestellt werden.

Wenn wir die oben angeführte Deutung der wechselseitigen Abhängigkeit von Dingen und Ereignissen in der Zuschreibung von räumlichen und zeitlichen Eigenschaften akzeptieren, können wir auch das Verhältnis der Kategorien bestimmen: im Sinne eines wechselseitigen Bezugsverhältnisses. Räumliche und zeitliche Eigenschaften sind maßgeblich für die ontologische Konstitution von Dingen und Ereignissen. Damit haben wir ontologisch maßgebliche Eigenschaften von Dingen sowie von Ereignissen als Eigenschaften von Vorkommnissen der jeweils anderen Kategorie zu bestimmen. Die ontologische Konstitution von Vorkommnissen der einen Kategorie hängt daher auch von Vorkommnissen der anderen ab.

---

5   Der Hinweis auf Dinge als „Träger" von Ereignissen ist in einem umfassenderen Sinn zu verstehen. Es sind damit nicht nur materielle Dinge gemeint, sondern sämtliche an Ereignissen beteiligte Vorkommnisse, von denen man sinnvollerweise räumliche Eigenschaften aussagen kann.
    Die Feststellung, daß man von manchen Ereignissen schwerlich „Träger" ausfindig machen kann, widerspricht dieser Überlegung nicht: Denn gerade für diese Ereignisse wird es auch schwer sein, exakt räumliche Eigenschaften zu bestimmen.
6   Unter ontologischer Konstitution verstehe ich das, was etwas zu einem Individuum, einer Entität, macht. Ontologisch konstitutiv sein besagt, daß etwas maßgeblich dafür ist, daß etwas ein Individuum, eine Entität ist. Für Dinge wie für Ereignisse ist ihre Räumlichkeit/Zeitlichkeit ontologisch konstitutiv, da ja Dinge und Ereignisse raum-zeitliche Vorkommnisse sind.

Vierdimensionale Darstellungen von Dingen und Ereignissen

Die vorangehenden Überlegungen zwingen uns freilich nicht, die Berechtigung vierdimensionaler Darstellungen von Dingen und Ereignissen zu negieren.

Wir müssen nur eine Deutung von Darstellungen im vierdimensionalen Schema vornehmen, die der angesprochenen Unterschiedlichkeit der Räumlichkeit und Zeitlichkeit von Dingen wie von Ereignissen Rechnung trägt. Dazu ein Vorschlag: Stellt man ein Ereignis dar, muß man eben die Eintragung für „seine" räumliche Ausdehnung als auf Eigenschaften von Dingen bezogen deuten. Stellt man ein Ding dar, hat man die Eintragung, welche die „Dauer" des Dinges markiert, als auf Ereignisse/Ereignissummen bezogen zu interpretieren. Grafisch könnte man sich hier mit unterschiedlicher Linienführung behelfen. Eigenschaften, die dem Vorkommnis selbst zukommen, wären durch eine ununterbrochene Linie zu kennzeichnen, Eigenschaften, die letztlich Eigenschaften eines Vorkommnisses einer anderen Kategorie sind, durch eine unterbrochene Linie. Vereinfacht dargestellt, sehen wir hier links ein Ding, rechts ein Ereignis.

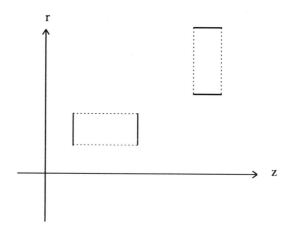

In meinem Vortrag habe ich weitergehende Probleme derartiger Darstellungen, vor allem die Frage nach Verlaufsregeln, erörtert.

DAS PROBLEM DER KOMBINIERBARKEIT DER KATEGORIEN IN HEGELS LOGIK

ANDREAS ROSER (PASSAU)

1 Das Problem, sich über Hegel zu verständigen

Wer heute über Hegel spricht, der tut dies in der Regel dort, wo man sich dieses speziellen Sprachspiels als einer gleichsam esoterischen Verständigungsform längst untereinander versichert hat.

Dies ist zum einen bedauerlich, weil hier der naheliegende Verdacht auftritt, es könnten philosophische Rituale an die Stelle rationaler Argumente treten. Zum anderen fördert ein solcher Prozeß der Pflege hermetischer Sprachspiele die allgemeine Sprachverwirrung innerhalb einer Philosophie, deren Kommunizierbarkeit ohnehin unter der Vielfalt ihrer Sprachen leidet.

Nicht nur die hermetische Sprache Hegels ist es, die eine Verständigung über Ziele und Methoden seiner Philosophie so schwer macht. Es ist vor allem der Verlust eines vielen Philosophen heute als naiv anmutenden philosophischen Systemgedankens, der in radikaler Opposition zur allgemeinen Tendenz der Wissenschaften steht, nämlich zur Tendenz der Ausdifferenzierung und weitgehenden Spezialisierung. Dies schon macht eine Verständigung über Hegel noch schwieriger als eine Verständigung über fast alle anderen philosophischen Konzeptionen der letzten 150 Jahre.

So häufig und nachhaltig bis heute auf die Probleme aufmerksam gemacht worden ist, die zu den unterschiedlichsten Verständigungsschwierigkeiten über Hegel geführt haben, so wenig scheint doch auch beachtet worden zu sein, daß die Frage, wie man mit den methodischen Mitteln Hegels in Hegels System hinein- oder aus demselben herauskommen könne, auf grundlegende Weise mit dem Problem der Kombinierbarkeit der Kategorien verbunden ist. Die Logik kann nur dann – nach Hegel-immanenten Kriterien – als ein sowohl geschlossenes als auch vollständiges System bezeichnet werden, wenn es keine alternativen Kombinationsmöglichkeiten für Hegels Kategoriensystem gäbe[1].

2 Das Problem der Kombinierbarkeit der Kategorien

Untersucht man, um diesem Problemkreis näher zu kommen, den Aufbau

---

[1] Zu diesem Problemkreis bemerkt Henrich: „Das Problem der Kombinierbarkeit der in der Logik entwickelten Begriffe ist von Hegel nirgends behandelt worden. [...] Dies Problem ist übrigens nur das vielleicht wichtigste unter vielen [...]" Vgl. Henrich, Dieter (1971) Hegels Logik der Reflexion; in: *Hegel im Kontext*, p. 140; Frankfurt a.M.

der Logik bzw. verschiedene Logik-Konzeptionen Hegels, so fällt auf, daß Hegel die alte – auf Leibniz zurückgehende – Frage nach der Kombinierbarkeit von Begriffen nicht thematisiert.

Zwar erhebt Hegel in seiner Logik den Anspruch, ein absolutes Wissen, d.h. das Wissen Gottes von der Welt noch vor deren Erschaffung philosophisch zu beschreiben (ein nicht gerade bescheidener Anspruch). Doch die damit verbundene Frage nach der Vollständigkeit und Geschlossenheit dieser Logik läßt Hegel weitgehend unbeantwortet.

So stellt Hegel:

1. nicht die Frage nach der Möglichkeit der alternativen Kombinierbarkeit der Kategorien, obwohl er selbst etliche unterschiedliche Kombinationsangebote in den verschiedenen Fassung seiner Logik anbietet.
2. Geht Hegel nicht – oder korrekter – doch nur ironisch der Frage nach, ob die in der Logik beschriebenen kategorialen Wissensformen alle überhaupt begriffslogisch möglichen kategorialen Formen sind.

Hier jedoch soll die These vertreten werden, daß gerade dieses von Hegel nicht beantwortete Komplexitäts-Problem der Logik einige immanente Bruchstellen und Systemgrenzen seiner Dialektik aufzuzeigen geeignet ist.

Betrachten wir die Geschichte der Hegel-Interpretation so finden wir sie als eine Geschichte vieler Kontroversen, die in ihrer Gesamtheit bis heute nicht dargestellt worden sind.

Die Kontroversen zwischen Schelling und Hegel oder die kaum bekannte Hegelkritik früher Hegelrezipienten wie C. Fortlage, K.E. Schubarth, K.A. Carganico, oder O.F. Gruppe mögen für diese hegelkritischen und kontroversen Interpretationen ein früher Beleg sein. Gerade die Dialektik Hegels bot Anlaß zu umdeutenden Auslegungsversuchen, die Basis und paradigmatischer Ausgangspunkt mehrerer philosophischer Strömungen geworden sind. Von der anthropologischen Wende in Feuerbachs Hegelkritik und der Marxschen Logikinterpretation Hegels, von Lenins Verteidigung der Hegelschen Philosophie bei gleichzeitiger Uminterpretation derselben, bis hin zur sprachkritisch-logischen Wende, etwa durch Trendelenburg oder Hermann oder den rechts- und linkshegelschen Positionen, in den divergierenden religionsphilosophischen Auslegungen Hegels bei C.F. Göschel und D.F. Strauss, lassen sich Beispiele für diese kontroversen, teils widersprüchlichen, teils uminterpretierenden Hegel-Deutungen anführen. Positionen wie diejenige Kierkegaards, Heideggers und Adornos und die daran anschließenden existentialistischen, phänomenologischen und negativ-dialektischen Interpretationsvarianten der Philosophie Hegels ließen sich dieser Liste hinzufügen.

Diese sich teils überschneidenden, primär aber untereinander weniger kompatiblen als vielmehr kontroversiellen Deutungen der Philosophie Hegels können bis in die jüngste Zeit verfolgt werden. Fuldas und Horstmanns Kritik an Theunissens Logik-Interpretation, Schmitz' phänomenologische Kritik an Hegels dialektischem Wahrheitsverständnis, oder Stekeler-Weithofers und Wandschneiders analytischer Kritik an einer Dialektik des eingeschlossenen Widerspruchs zeigen Bruchlinien und potentiell konfliktäre Ansätze solcher Interpretationsströmungen.

Das hieraus resultierende Problem ebenso wie die dadurch bedingte Forschunglücke läßt sich in zwei Fragen fassen:

I.) In welchem Verhältnis steht dieser Pluralismus der Logik-Interpretationen zu dem immanenten Systemanspruch der Philosophie Hegels?

II.) Läßt sich der Pluralismus der Logik-Interpretationen schon in den Logik-Konzeptionen Hegels finden?

Die Beantwortung der ersten Frage setzt die der zweiten voraus. Wenn es schon in Hegels System Phänomene der Theorie-Kontingenz und damit eine Pluralität der Interpretationsansätze gibt, dann wäre ein Pluralismus der Hegelinterpretationen – schon aus Hegel-immanenten Gründen – die logische Konsequenz.

Hegel selbst verweist auf das Unvollständige und Fragmentarische seiner Logik:

„Sieben und siebenzig Mal" sagt Hegel, wäre die Logik durchzuarbeiten gewesen, wenn hierfür die „freie Muße" vorhanden gewesen wäre. Mindestens sieben unterschiedliche Fassungen der Logik finden sich bei Hegel –, nicht mitgerechnet die Varianten, die sich aus den unterschiedlichen Mitschriften ergeben.

Eine grobe tabellarische Übersicht[2] zu den Varianten der objektiven Logik von 1804/5, 1808; 1808/1809; 1810/1811; 1812/13, 1830; 1832 zeigt diese Vielfalt unterschiedlicher Kategorienordnungen der objektiven Logik. Eine graphische und statistische Analyse des Aufbaues und der Gliederung verschiedener Logik-Konzeptionen Hegels zeigt ferner deutlich:

- Viele Kategorientitel sind in verschiedenen Logik-Varianten nicht enthalten;
- Zahlreiche Kategorienübergänge wurden von Hegel offensichtlich nicht immer als notwendig betrachtet (sie würden sonst in einzelnen Varianten nicht fehlen);
- Notwendigerweise unterschiedliche Kategorienübergänge in den einzelnen Logikvarianten entstehen durch das Fehlen unterschiedlichster Kategorien in den einzelnen Varianten.

---

2 In dieser Kurzfassung des Vortrages konnte – aus Raumgründen – weder die Graphik zur vergleichenden Kategorienordnung der verschiedenen Logikfassungen Hegels, noch deren Detailanalyse abgedruckt werden.

Diese Umstände lassen vermuten, daß jede Behauptung der Vollständigkeit und systematischen Abgeschlossenheit der objektiven Logik günstigstenfalls nur relativ, d.h. in bezug auf eine jeweils gegebene Fassung, verstanden werden kann. Genetische Vergleiche nach dem angeführten Schema lassen Vollständigkeits- und Geschlossenheits-Hypothesen in bezug auf die Logik als etwas erscheinen, das auf schwankendem Boden steht[3].

Diese These ergibt sich nicht nur aus der Gegenüberstellung der in keiner der Logik-Konzeptionen untereinander vergleichbaren Anzahl der Kategorientitel. Auch ihre interne systematische Ordnung ist in den verschiedenen Fassungen uneinheitlich. Geht man zudem von der These aus, die Kategorien der Logik ließen sich auch in der Phänomenologie, der Enzyklopädie oder etwa auch in der Geschichtsphilosophie finden, dann wird die logische Rekonstruktion dieser Varianten eine noch komplexere Gliederung aufweisen als die hier gegenübergestellten Grundtypen der Logikvarianten.

Dies mag ein erster, gleichsam nur statistischer Beleg für die These sein, Hegels Systematisierungsleistung der objektiven Logik habe keineswegs jene monolithische Organisation, die systemimmanent von ihr als absoluter Wissenschaft gefordert wäre. (Eine Forderung, die heute ohnehin nur noch von orthodoxen Hegelianer geteilt wird.)

Doch die Frage ist, ob nicht auch der Anspruch des Systems erhalten bleiben kann, wenn die Logik ihrem Aufbau nach als kontingent geordnetes Begriffssystem interpretiert wird. – Hegel scheint – entgegen seinen Intentionen – der einzige Philosoph zu sein, für den sich auch die absolute Notwendigkeit der Kontingenz seines eigenen Systemanspruches mit diesem System konsistent verbinden läßt.

Diese These ließe sich jedoch nur dann überprüfen, wenn einmal der Versuch gemacht würde, die dialektischen Begriffsübergänge für eine kontingente Anordnung der Kategorien der Logik zu rekonstruieren. Damit ist jedoch schon die zweite Forschungslücke angesprochen. Denn die Frage, mit Hilfe welcher Methoden man eine solche kontingente Kategorienordnung rekonstruieren bzw. beschreiben könnte, ist eine bisher unbeantwortete. Auch 165 Jahre nach Hegels Tod wurde dieser Versuch noch nicht unternommen.

---

3 A. Schmid (1858) zusammen mit R. Haym (1857) waren vermutlich nach Schelling (1827) die ersten, die nachhaltig auf das Problem einer alternativen Kategoriensystematik mit Nachdruck aufmerksam gemacht haben. Vgl. Schmid, Aloys (1858) *Entwicklungsgeschichte der Hegelschen Logik*; Regensburg; Reprint 1976, p. 245ff; Hildesheim. Vgl. auch: Haym, R. (1857) *Hegel und seine Zeit. Vorlesungen über Entstehung und Entwicklung, Wesen und Werth der Hegel'schen Philosophie*; Berlin; Reprint 1962, p. 329f; Hildesheim.

Phänomenologie

ZU DEN SACHEN SELBST! – ZUR BEDEUTUNG DER PHÄNOMENOLOGISCHEN GRUNDMAXIME BEI HUSSERL UND HEIDEGGER

RAINER THURNHER (INNSBRUCK)

In ‚Sein und Zeit' kennzeichnet Heidegger die Phänomenologie, indem er explizit auf jene Losung zurückgreift, die am Beginn der Phänomenologischen Bewegung steht: ‚Zu den Sachen selbst!'. Damit ist ausgedrückt, daß man sich im Bemühen um philosophische Ursprünglichkeit nicht von gängigen Begriffen und Auffassungen leiten lassen darf; daß man sich bemühen soll um „eine solche Erfassung der Gegenstände, daß alles, was über sie zur Erörterung steht, in direkter Aufweisung und direkter Ausweisung abgehandelt [wird]." (SZ p.35; GA 2, p.46)[1]. So gilt die Devise: „... zuerst die Phänomene, dann die Begriffe!" (GA 20, p.342) bzw. „... die Augen aufzumachen und die Theorie nach den Phänomenen zu richten und nicht umgekehrt, die Phänomene durch eine vorgefaßte Theorie zu vergewaltigen." (GA 24, p.87). Zusammenfassend heißt es in ‚Sein und Zeit':

> Der Titel ‚Phänomenologie' drückt eine Maxime aus, die also formuliert werden kann: ‚zu den Sachen selbst!' – entgegen allen freischwebenden Konstruktionen, zufälligen Funden, entgegen der Übernahme von nur scheinbar ausgewiesenen Begriffen, entgegen den Scheinfragen, die sich oft Generationen hindurch als ‚Probleme' breitmachen. (SZ p.27 f.; GA 2, p.37).

Der Ruf ‚zu den Sachen selbst!' hatte gewiß von Anfang an, also auch schon bei Husserl, diesen positiven, von Heidegger erneut aufgegriffenen Sinn. Er hatte aber als ‚Schlachtruf' auch einen polemischen, abwehrenden Sinn, der sowohl gegen den *Neukantianismus* als auch gegen den *Szientismus* gerichtet war.

Um die Phänomenologie von ihren historischen Ursprüngen her als eine solche Gegenbewegung zu verstehen, müssen wir mit dem Szientismus beginnen, da der Neukantianismus diesen voraussetzt und auf ihn aufbaut.

Der Szientismus ist nicht so sehr eine philosophische Lehre als vielmehr eine diffuse Geisteshaltung, die mit dem Siegeszug des Positivismus um die Mitte des vorigen Jahrhunderts sich festsetzen konnte und die bis heute

---

1   Heidegger wird hier und im folgenden so weit als möglich nach der *Heidegger-Gesamtausgabe*, Frankfurt a.M. 1975ff. zitiert (abgekürzt GA; die nachfolgenden Ziffern bezeichnen Bandzahl). Lediglich bei Zitaten aus ‚Sein und Zeit' wird unter der Sigle SZ zunächst auf die Einzelausgabe, Tübingen, 16. Aufl. 1976, Bezug genommen.

nachwirkt. Der Szientismus besagt, daß nur die Einzelwissenschaften, wie sie sich im Lauf der Jahrhunderte aus der Philosophie emanzipiert haben, wirkliche Erkenntnis liefern können. Einzelwissenschaftliche Erkenntnis gilt ihm als die einzig legitime Erkenntnisform. Die Gesamtheit des zu einer Zeit Erkennbaren deckt sich somit mit den Gegenständen der etablierten Wissenschaften.

Für die Philosophie bedeutete der Siegeszug des Szientismus die schwerste Legitimationskrise seit ihrem Bestehen. Sie schien als Mutter der Einzelwissenschaften ihre Mission erfüllt zu haben und somit überflüssig geworden zu sein. Ihre Situation zu jener Zeit hat Windleband in einem sehr treffenden Vergleich veranschaulicht: es ergehe ihr wie König Lear, der es sich gefallen lassen mußte, als Bettler auf die Straße geworfen zu werden, nachdem er sein ganzes Vermögen an seine Kinder verteilt hatte.[2]

In dieser Situation suchten die Repräsentanten des Faches naturgemäß nach Auswegen.

Einige suchten ihr Heil gewissermaßen in der Flucht nach vorn, indem sie die experimentelle Psychologie, die sich eben erst als empirische Disziplin hatte etablieren können, zur Grundlage der Philosophie erhoben. Deren tradierte Fragestellungen, so auch die der Logik und Erkenntnistheorie, sollten damit einer empirischen Behandlung zugänglich gemacht werden. So bildete sich der Psychologismus aus, dessen leidenschaftliche Bekämpfung durch Husserl den Anstoß zur Entstehung der Phänomenologie geben sollte.

Andere sahen die Aufgabe der Philosophie darin, die einzelwissenschaftlichen Ergebnisse zu sammeln und zu einer wissenschaftlichen Weltanschauung zu vereinigen.

Andere wiederum gingen von der Überlegung aus, daß die Einzelwissenschaften nicht in der Lage sind, mit den ihnen zur Verfügung stehenden methodischen Mitteln ihren Erkenntnisanspruch zu begründen. So läßt sich z.B. nicht mit den Methoden der Physik Klarheit über den Erkenntnischarakter der Physik gewinnen. Die Reflexion auf die Bedingungen der Möglichkeit empirisch-wissenschaftlicher Erkenntnis erwies sich somit als eine der Philosophie vorbehaltene Aufgabe. Und sie war zu lösen im Rückgriff auf Kant. Der auf diese Weise entstandene Neukantianismus gibt somit einerseits dem Szientismus recht im Hinblick auf die Objekterkenntnis, im Hinblick auf die Erkenntnis in der Geradehin-Einstellung. Andererseits aber weist er der Philosophie die Aufgabe zu, *in reflexiver Einstellung* diese Erkenntnis zu untersuchen und zu rechtfertigen.

Philosophie bleibt daher für die Neukantianer im wesentlichen beschränkt

---

2 Vgl. Wilhelm Windelband, *Was ist Philosophie?*, in: Präludien I, Freiburg i.Br./Tübingen 1884, p. 18.

auf Erkenntnis in reflexiver Einstellung: sie ist Theorie der (einzelwissenschaftlichen) Erfahrung, Erkenntnistheorie resp. Wissenschafts-Wissenschaft.³

Husserls Ruf: ‚zu den Sachen selbst!' läßt sich dementsprechend als Forderung verstehen, sich aus dieser Begrenzung zu lösen. Er bedeutet dann: heraus aus der reflexiven Einstellung und hinein in die Geradehin-Einstellung zu den Dingen selbst! In eben diesem Sinne wurde der Ruf, nachdem er ausgegeben war, von einer ganzen Generation von jungen Philosophierenden aufgegriffen und weitergetragen. Er wurde dadurch in gewisser Weise auch zu einer revolutionären, gegen das neukantianisch-akademische Establishment gerichteten Parole der Befreiung.

Aber geriet die Phänomenologie damit, daß sie Erkenntnis in der Geradehin-Einstellung erstrebte, nicht in einen Konflikt mit den Einzelwissenschaften? Beanspruchte sie nicht illegitimerweise deren Domäne?

Vom phänomenologischen Standpunkt aus konnte dieser Einwand abgewiesen werden. Husserl hatte nämlich zugleich gezeigt, daß der szientistische Anspruch, allein den Wissenschaften Realitätserkenntis zuzusprechen, fragwürdig war. Er machte geltend, daß wissenschaftliche Erfahrung nicht ein voraussetzungsfreies Erfassen bloßer Tatsachen, sondern in erster Linie das Ergebnis einer arbiträr gewählten Einstellung ist. In bewußter Abstraktion von bestimmten Zusammenhängen wendet sich die einzelwissenschaftliche Erkenntnis zunächst einem spezifischen Ausschnitt der Wirklichkeit zu und faßt auch diesen nur unter ganz bestimmten Aspekten ins Auge. Des weiteren organisiert sie vorweg ihren Erkenntnisbereich durch vorgegebene Begriffe, Theorien und Denkmuster. Und schließlich liegt in ihren Zugangsweisen, insbesondere in ihren experimentellen Anordnungen ein erkenntnispragmatischer Vorgriff. Was daher auf dieser Basis sich zeigt, ist niemals Wirklichkeit schlechthin. Die Gegenstände der empirischen Wissenschaften sind Wirklichkeiten, die grundsätzlich als relativ auf diese Voraussetzungen anzusehen sind.⁴

Man kann, mit anderen Worten, nicht für die Wissenschaften in Anspruch nehmen, daß sie die Sphäre der Phänomenalität in irgend einer Weise transzendieren. Was sich in ihnen als Objekt darstellt, hat keine ontologisch höhe-

---

3 Zu dieser These und ihrer Diskussion vgl. Herbert Schnädelbach, *Philosophie in Deutschland 1831 – 1933*, Frankfurt a. M. 1983, pp. 131 – 135; sowie Klaus Christian Köhnke, *Entstehung und Aufstieg des Neukantianismus*, Frankfurt a. M. 1986, insb. pp. 140 – 211.
4 Vgl. dazu insb. Hua III, pp. 127 – 129; Hua IV, p. 2. Edmund Husserl wird hier und im folgenden zitiert nach: *Husserliana – Edmund Husserl. Gesammelte Werke*, Den Haag 1950 ff (abgekürzt Hua; römische Ziffern bezeichnen die Bandzahl).

re Dignität als die Gegebenheiten der Lebenswelt. Der Unterschied zwischen den Objekten der Wissenschaft und den Dingen der Lebenswelt ist kein solcher der Wirklichkeitsnähe, sondern ein solcher der habituellen Einstellung, in der wir auf sie bezogen sind. So etwa hält Husserl in ‚Ideen zu einer reinen Phänomenologie und phänomenologischen Philosophie' fest:

> Nach alledem ist klar, daß auch die höhere Transzendenz des physikalischen Dinges kein Hinausreichen über die Welt für das Bewußtsein ... bedeutet.
> Die Sachlage ist ... die, daß sich auf dem Untergrunde des natürlichen Erfahrens (bzw. der natürlichen Thesen, die es vollzieht) das physikalische Denken etabliert, welches den Vernunftmotiven folgend, die ihm die Zusammenhänge der Erfahrung darbieten, genötigt ist, gewisse Auffassungsweisen, gewisse intentionale Konstruktionen als vernünftig geforderte zu vollziehen zur theoretischen Bestimmung der sinnlich erfahrenen Dinge. Eben dadurch entspringt der Gegensatz zwischen dem Ding der schlichten sinnlichen imaginatio und dem Ding der physikalischen intellectio, und für die letztere Seite erwachsen all die ideellen ontologischen Denkgebilde, die sich in den physikalischen Begriffen ausdrücken und ihren Sinn ausschließlich aus der physikalischen Methode schöpfen dürfen.
> Arbeitet so die erfahrungslogische Vernunft unter dem Titel Physik ein intentionales Korrelat höherer Stufe heraus – aus der schlicht erscheinenden Natur die physikalische Natur – so heißt es Mythologie treiben, wenn man diese einsichtige Vernunftgegebenheit ... wie eine unbekannte Welt von Dingrealitäten an sich hinstellt ... (Hua III, p.127f.; vgl. Hua IV, p.207 f.).

Den Begriff der Wirklichkeit unabhängig von der Einstellung, in der sie zur Gegebenheit gelangt, zu definieren, ergibt keinen Sinn. In der Einstellung einer spezifischen Wissenschaft sind wir auf Untersuchungsobjekte bezogen und glauben an ihre Realität. Es gibt aber ebenso zahllose Entitäten, die wir in unserer natürlichen, mundanen, lebensweltlichen Einstellung als real erfahren. Sie wollen im Detail erfaßt, beschrieben und in ihren Zusammenhängen verstanden werden. In eben dieser Absicht wendet die Phänomenologie sich ihnen zu. Sie steht damit zu den Wissenschaften keineswegs in einem Konkurrenz- oder Gegensatzverhältnis. Vielmehr verkörpert sie diesen gegenüber eine komplementäre Rationalitätskultur, auf die wir nicht verzichten können, wenn wir uns selbst als Menschen verstehen und in unserer Welt zurechtfinden wollen.

Nicht die Wissenschaften gelten der Phänomenologie als problematisch, wohl aber deren Monokultur und das ontologische Diktat, das die szientistische Ideologie damit verknüpft. So heißt es in der Fortsetzung des obigen Husserlzitats:

> Widersinnigerweise verknüpft man also Sinnendinge und physikalische Dinge durch Kausalität ... dabei unterschiebt man dem physikalischen Sein eine mythische absolute Realität ... Man merkt also nicht die Absurdität,

die darin liegt, daß man die physikalische Natur, dieses intentionale Korrelat des logisch bestimmenden Denkens, verabsolutiert. (Hua III, p.128).

Und so richtet sich Husserls Ruf auch dagegen. Er bedeutet dann: Wenden wir uns dem zu, was vom Szientismus als bloßes Phänomen diffamiert wird! Schenken wir unsere Aufmerksamkeit diesen Gegebenheiten! Gehen wir nicht dahinter zurück, suchen wir nichts hinter den Phänomenen der alltäglichen Erfahrungswelt als deren vermeintliches An-Sich, das erst die Wissenschaften zu entdecken vermöchten! Diese Phänomene selbst sind die Wirklichkeit! Sie verdienen unser Interesse, da sie jene Realität repräsentieren, mit der wir es Tag für Tag zu tun haben. Über sie wollen wir Aufklärung! So z.B. interessieren uns dieses Pult hier oder dieser Bleistift, etwa in ihrer Bedeutung als Gebrauchsdinge. Daß sie aus Atomen bestehen, soll nicht bestritten werden, aber um diese zu betrachten, müßten wir eine Einstellung einnehmen, mit der wir jene Gegebenheiten als Gebrauchsdinge aus den Augen verlören! Uns interessieren Liebe und Haß so, wie wir sie erfahren, als Weisen des Weltverhältnisses. Der Chemismus und die neuroelektrischen Vorgänge, die damit verbunden sein mögen, sind nicht die Essenz dieser Phänomene! In diesem Sinne schreibt Heidegger in ‚Sein und Zeit': „‚Hinter' den Phänomenen der Phänomenologie steht wesenhaft nichts anderes ..." (SZ p.36; GA 2, p.48).

Ist dieser Entschluß zur phänomenologischen Betrachtungsweise einmal gefaßt, so wird zugleich deutlich, daß der Bestand der Einzelwissenschaften als historisch-kontingent zu gelten hat. Dies bedeutet, daß sehr viele Gegebenheiten in Betracht zu ziehen sind, die in den Einzelwissenschaften gar nicht oder nur beiläufig behandelt werden. Auch in dieser Hinsicht wurde die Phänomenologie als Befreiung erfahren: buchstäblich alles, was als belangvoll empfunden wurde, konnte damit Thema philosophischer Betrachtung werden.

Von der Erleichterung und dem Triumphgefühl, das diese Befreiung auslöste, zeugt etwa, um ein Beispiel anzuführen, die folgende Bemerkung Albert Camus':

> Husserls Methode leugnet ganz einfach das klassische Verfahren der Vernunft. Um es zu wiederholen: denken heißt nicht zusammenfassen, unter dem Gesichtspunkt eines großen Prinzips die Erscheinung vertraut machen; denken heißt wieder sehen lernen, heißt sein Bewußtsein lenken und aus jeder Vorstellung etwas Besonderes, Bevorzugtes machen. Oder anders ausgedrückt: die Phänomenologie weigert sich, die Welt zu erklären, sie will nur Erlebtes beschreiben. [...] Diese offensichtliche Bescheidenheit des Denkens, das nur beschreiben will, was es zu erklären ablehnt, diese freiwillige Selbstzucht, von [ihr geht] ... die tiefe Bereicherung der Erfah-

rung und eine Wiedergeburt der Welt in all ihrer Weite aus ...[5]

In einem ähnlichen Sinne heißt es bei Sartre:

> Die Erscheinungen ... sind einander alle gleichwertig, sie verweisen alle auf andere Erscheinungen, und keine von ihnen ist privilegiert.[6]

Sich den Dingen zuwenden heißt, wie es in der eben angeführten Stelle aus Sartre zum Ausdruck kommt, sie in den Zusammenhägen zu sehen, in denen sie stehen und von welchen her sie gemeinhin verstanden werden. Husserl prägte dafür den Begriff der *Verweisung*. Die Dinge phänomenologisch betrachten heißt vor allem, sie in ihren Verweisungen zur Darstellung zu bringen.

Husserl faßt zunächst die Verweisung auf den *Außenhorizont*, auf den ‚Hof', wie er auch sagt, ins Auge. Jedes Ding begegnet im Horizont seiner Umgebung. Der Bleistift verweist auf das Papier, auf die Schreibunterlage, auf das Buch, das ich bearbeite; diese verweisen ihrerseits auf weitere Zusammenhänge, so daß letztlich jedes Ding auf die Welt (im Sinne der Lebenswelt) verweist, der es zugehört. Husserl drückt dies auch so aus: indem mir etwas präsent ist, weil es im Mittelpunkt meiner Aufmerksamkeit steht, ist sein ‚Hof', ist die entsprechende Welt, zu der es gehört, mitpräsent, appräsentiert. Und es ist dieser stets mitgegebene Horizont, von dem her das Ding seine Bedeutung hat, in der es von vornherein aufgefaßt wird. Aus einer Welt her begegnen uns die Dinge immer in ihrer *Als*-Bestimmtheit: *als* Baum, *als* Straßenbahn, *als* Brunnen usw. Rückblickend läßt sich sagen, daß diese Thematisierung des Welthorizontes bzw. des Phänomens der Lebenswelt eine der größten Entdeckungen Husserls war, was sich u.a. darin zeigt, daß der Begriff der Lebenswelt – darin vergleichbar mit Wittgensteins Begriff des Sprachspiels oder der Lebensform – mittlerweile nicht nur zum analytischen Instrumentarium zahlreicher Wissenschaften gehört, sondern auch in unsere Alltagssprache Eingang gefunden hat.

Jede Gegebenheit hat für Husserl auch einen *Innenhorizont*. Ich fasse jedes Ding von vornherein als ein Ganzes, als Gestalt auf, wenngleich ich es im

---

5 Albert Camus, *Der Mythos von Sisyphos*, Hamburg 1995, pp. 40 f.; vgl. ebd. p.28. Zum Übergang von der Erklärung zur Beschreibung vgl. Husserl, *Logische Untersuchungen, Bd. II*, Hua XIX, 1, p. 28, wo die Rede ist von der „Phänomenologie, die es auf rein deskriptive Analyse, in keiner Weise aber auf ihre genetische Analyse nach ihrem kausalen Zusammenhange abgesehen hat." Hier wird auch die Nähe des späten Wittgenstein zur Phänomenologie ersichtlich, insofern auch dieser für sich die Maxime aufstellt: „Wir dürfen keinerlei Theorie aufstellen ... Alle Erklärung muß fort, und nur Beschreibung an ihre Stelle treten." (Ludwig Wittgenstein, *Philosophische Untersuchungen*, § 109)

6 Jean-Paul Sartre, *Das Sein und das Nichts*, Reinbek bei Hamburg 1991, p. 9.

gegenwärtigen Augenblick nur teilweise, nur in einer Abschattung wahrnehmen kann. Präsent ist mir immer nur *eine* Ansicht, appräsentiert aber sind die anderen möglichen Ansichten. Die mir abgewandten Seiten einer Sache laden mich gewissermaßen ein, sie zu aktueller Präsenz zu bringen, meinen Standort zu wechseln und mich um das Ding herumzubewegen, um es so, Synthesen vollziehend, in zunehmender Vollständigkeit zu erfassen.

Nicht zuletzt verweist für Husserl das Ding auch auf die intentionalen Akte, in welchen es vermeint wird, sei es in der Weise der Leerintention, der Vorstellung, oder der aktualen Evidenz und Selbstgebung. Wir werden auf diesen Punkt noch zurückkommen.

Husserls Ziel war es, die Phänomenologie als strenge, zu apodiktischen Einsichten befähigte Wissenschaft zu etablieren. Die Erreichung dieses ehrgeizigen Zieles sollte nach Husserl durch die in einzelne Schritte gegliederte *Methodik der Reduktion* erreicht werden.

Der erste Schritt, die erste Einklammerung oder Epoché, die wir vollziehen müssen, ist die historische Reduktion: wir müssen alles einklammern und beiseitelassen, was wir bisher über die Sache gelernt und erfahren haben. Wir dürfen die überkommenen Theorien und Betrachtungsweisen nicht an das Ding herantragen, sondern müssen es unvoreingenommen betrachten. So sind insbesondere alle theologischen, werttheoretischen, philosophischen und wissenschaftlichen Auffassungen auszuschalten. Was sich dann der vorurteilslosen Hinblicknahme darbietet, gilt es zu beschreiben.[7]

Es ist nicht zu bestreiten, daß dieses Postulat Husserls sich als äußerst fruchtbar erwiesen hat. Man kam damit gleichsam neu Welt, man sah die Dinge mit erfrischender Naivität an und entdeckte Phänomene und Phänomenzusammenhänge, die bislang der Beachtung entgangen waren. Im Verabschieden reduzierender und die Gegebenheiten auf ein Prinzip hin ausrichtender Denkweisen wurde man mit einem Schlag der Mannigfaltigkeit und des Reichtums der Wirklichkeit inne. Damit sei nochmals auf die oben angeführten Passagen aus Sartre und Camus verwiesen.

Gleichwohl setzt Heideggers Auseinandersetzung mit Husserl bereits an diesem Reduktionsschritt an. Heidegger meint, daß man Vorurteilsfreiheit nicht erreichen kann, wenn man die Geschichte nur einklammert. Wie Heidegger betont, genügt dies nicht, um die Macht überlieferter Vorurteile und Denkzwänge wirklich zu brechen. Wenn die Phänomenologie auf Deskription angewiesen ist, so muß sie Begriffe gebrauchen. Aber bereits diese Begriffe sind mit Tradition gesättigt und mit Theorien aufgeladen, so daß die beiseite gesetzten Vorurteile durch die Hintertür wieder hereinkommen. Der

---

7   Vgl. dazu insb. ‚Logische Untersuchungen', Bd. II, §7, Hua XIX, 1, pp. 24 – 29.

Macht der Tradition kann man sich nicht entziehen, indem man sie willentlich ignoriert. Nur im Wege einer kritischen Zuwendung und einer produktiven Auseinandersetzung wird es uns möglich, der Geschichte gegenüber ein freies Verhältnis zu gewinnen. Phänomenologische Ursprünglichkeit ist daher für Heidegger nur durch das zu erreichen, was er als ‚phänomenologische Destruktion' bzw. als ‚Destruktion der Ontologie' bezeichnet.[8] In ihr geht es nicht darum, etwas zu zerstören, sondern darum, im Rückstieg in die geschichtliche Herkunft unseres Denkens einerseits negative, verdeckende Tendenzen aufzuspüren und abzubauen und andererseits positive, erhellende Möglichkeiten und Perspektiven, die im früheren Denken angelegt sind, aufzufinden. Diese positiven Möglichkeiten können dann im Hinblick auf eine Erschließung der Phänomene im Sinne der ‚Wiederholung' hermeneutisch erprobt und nutzbar gemacht werden.[9] Dies führt uns zum nächsten Punkt.

Husserl ging davon aus, daß die Phänomenologie strenge Wissenschaft sein kann, weil sie befähigt ist, Wesenseinsichten zu gewinnen. Der methodische Schritt, der dies gewährleisten soll, ist die eidetische Reduktion. Wir führen uns eine Gegebenheit zunächst in ihren möglichen Abwandlungen vor Augen. Sodann sehen wir zu, was daran zufällig und variabel ist. Dieses klammern wir ein und gelangen so zum Eidos als dem invarianten Kern der Sache.

Dieser hohe Anspruch, das Wesen der Dinge erkennen zu können, wurde sehr bald durch die Praxis in Frage gestellt. Sehr früh bereits findet sich bei Heidegger eine ironische Anspielung auf die „Freigebigkeit mit Weseneinsichten" bei einzelnen Phänomenologen (GA 9, p.5; vgl. GA 58, p.19). Er sah auch, woran die Sache krankt, nämlich daran, daß sie eine *unmittelbare* Evidenz voraussetzt.

Für Heidegger hingegen gibt es keine Unmittelbarkeit. Die Erschließung eines Phänomens ist immer nur möglich auf der Basis eines Vorverständnisses. Ist das Vorverständnis inadäquat, so kommt es zu Verstellungen und Verdeckungen. Die Kritik einzelner Momente des inadäquaten Vorverständnisses kann uns zu einem adäquateren Vorverständnis führen. Alleiniges Kriterium der Adäquatheit des Vorverständnisses ist seine hermeneutische Fruchtbarkeit, seine erschließende Kraft im Hinblick auf das Phänomen. Dies bedeutet, daß ein absolutes Kriterium der Evidenz nicht zur Verfügung steht

---

8   Diese Einsicht ist für Heidegger von Anfang an bestimmend und bereits in den frühesten Texten mit aller Deutlichkeit ausgesprochen. Vgl. insbes. GA 9, pp. 3, 5, 34. Die Bezugnahme auf Husserl tritt besonders deutlich zutage in GA 24, p. 31.

9   Vgl. SZ pp. 394f., 385f., GA 2, pp. 520f., 509f.

und daher der Anspruch der Phänomenologie, zu letzten Wesenseinsichten zu führen, preiszugeben ist. An seine Stelle tritt bei Heidegger die Einsicht in die radikale Endlichkeit und Geschichtlichkeit aller Erkenntnisbemühung.

Die Phänomenologie muß sich also nach Heidegger mit der *Hermeneutik* verbinden und ist nur in der daraus resultierenden Einheit als *hermeneutische Phänomenologie* durchführbar.

Husserl kennt nun noch zwei weitere Reduktionen, die für sein Verständnis von Phänomenologie zunehmend von Bedeutung wurden: die *transzendental-psychologische* Reduktion und die *transzendental-phänomenologische* Reduktion.

In der *transzendental-psychologischen* Reduktion wird von der realen Existenz der Gegenstände abgesehen. Unser naiver Seinsglaube, der die Dinge als zugehörig zum Zusammenhang einer unabhängig von unserem Bewußtsein existierenden Welt betrachtet, muß eingeklammert werden. Durch diesen Schritt kommen die Gegebenheiten als bewußtseinsmäßig vermeinte in den Blick. So erschließt die transzendental-psychologische Reduktion die Sphäre des Bewußtseins als ein weites Betätigungsfeld der phänomenologischen Beschreibung. Was in dieser Einstellung untersucht werden kann und muß, sind die intentionalen, auf Gegebenheiten gerichteten, mannigfachen Akte des Vorstellens, des Wahrnehmens, des Fühlens, des Wollens usw. Diese Aktgruppen müssen in ihrer artmäßigen Differenzierung erfaßt werden. Auch sind viele Akte, z.B. ein Akt der Dingwahrnehmung, nur auf den ersten Blick einfach. Bei näherem Hinsehen erweisen sie sich als komplex, als aufgebaut aus einer Mannigfaltigkeit einzelner Akte. Wie dieser Aufbau aussieht, wie die einzelnen Akte aufeinander bezogen sind und welche Aktgesetzlichkeiten dabei sich abzeichnen, dies alles gilt es in der Immanenz des Bewußtseins zur Evidenz zu bringen und darzustellen. Die Psychologie als Einzeldisziplin kann so nach Husserl durch die Phänomenologie auf einen ursprünglichen Evidenzboden gestellt und als Wissenschaft im eigentlichen Sinne begründet werden.

Darüber hinaus sah Husserl aber vor allem die Möglichkeit, das in der transzendentalen Einstellung zugänglich Gewordene zum Fundament der Philosophie zu machen und diese so zur Strenge einer Wissenschaft zu erheben. Damit jedoch die Evidenzen des Bewußtseins diese Funktion erfüllen können, muß man die bereis erwähnte *transzendental-phänomenologische* Reduktion vollziehen: In dieser wird das faktische, in einen kontingenten Weltzusammenhang eingebundene Ich eingeklammert, um so die intentionalen Akte als *Akte eines Bewußtseins überhaupt* im Kantischen Sinne in den Blick zu bringen.[10] Ist dies geschehen, so kann man die Phänomenologie

---

10   Vgl. insb. Hua III, pp. 71 – 73.

insbesondere für die Ontologie fruchtbar machen, indem man die Korrelation zwischen Gegenständen einer bestimmten Region und den Akten, in welchen diese Gegenstände zur Darstellung gelangen, untersucht.

Damit ist bereits angesprochen, was allgemein als die Entwicklung Husserls von der deskriptiven zur transzendentalen Phänomenologie bezeichnet wird. Für die Zeitgenossen literarisch faßbar war diese Entwicklung im Übergang von den ‚Logischen Untersuchungen' (1900/1901) zu den ‚Ideen zu einer reinen Phänomenologie und Phänomenologischen Philosophie' (1913). Husserl machte darin deutlich, daß als die eigentlichen Gegebenheiten der Phänomenologie die Akte des Bewußtseins überhaupt in ihrer transzendental-konstitutiven Funktion für jede Art von Gegenständlichkeit zu gelten hätten.

Die meisten der Schüler Husserls wollten ihrem Lehrer jedoch auf dem nunmehr eingeschlagenen Weg nicht folgen. Sie waren der Auffassung, daß sich die Struktur seines Denkens damit dem Neukantianismus in bedenklicher Weise wiederum angenähert habe. Sie sahen in seiner transzendentaltheoretischen Position einen Verrat an der ursprünglichen Maxime der Phänomenologie, insofern diese ja nicht zuletzt auch gegen die reflexive Einstellung des Neukantianismus gerichtet war.

Auch Heidegger gehörte zu jenen, die Husserls Entwicklung skeptisch beurteilten und nicht bereit waren, sie im Detail mitzuvollziehen. Allerdings teilte Heidegger, was für das Verständnis von ‚Sein und Zeit' sehr wichtig[11] ist, auch den naiven Realismus vieler Husserl-Schüler nicht. Es ist nicht zu übersehen, daß ‚Sein und Zeit' bis zu einem gewissen Grade ebenfalls eine transzendentale Grundorientierung verkörpert.

Heidegger ist durchaus der Auffassung, daß man, so wie Husserl es getan hat, jener Verweisung nachgehen muß, die von den Sachen bzw. von der Welt zurück zum Ich führt. Nur ist es dabei notwendig, der Strenge der phänomenologischen Forderung zu genügen, die Phänomene nicht zugunsten vorgefaßter Theorien zu vergewaltigen. Husserls Fehler war es, wie Heidegger meint, in Bezug auf das Ich (resp. in Bezug auf den Ort der Erschlossenheit der Dinge und der Welt) die phänomenologische Maxime offenbar vergessen zu haben. So wie bei den Dingen ist es auch hier nicht erlaubt, den phänomenalen Befund durch eine tradierte theoretische Konstruktion und Begrifflichkeit zu verdunkeln.[12]

So findet sich beim frühen Heidegger Husserls transzendentale Konzepti-

---

11 Vgl. dazu die Arbeit des Autors ‚Husserls *Ideen* und Heideggers *Sein und Zeit*', in: A. Bäumer/M. Benedikt (Hg.), *Gelehrtenrepublik und Lebenswelt. Edmund Husserl und Alfred Schütz*, Wien 1993, insb. p. 160.
12 Vgl. a.a.O. pp. 162ff.

on in gewissem Sinne wieder, aber insofern in einer radikalen Verwandlung, als er auf das konkrete Dasein zurückgeht, auf das Dasein in seiner Alltäglichkeit, Endlichkeit und Geworfenheit.

In ‚Sein und Zeit' macht Heidegger gleich zu Beginn deutlich, daß sein Bekenntnis zur Phänomenologie nicht als Anknüpfung an bestehende Standpunkte mißverstanden werden darf. In diesem Sinne hält er fest: „Der Ausdruck ‚Phänomenologie' bedeutet primär einen Methodenbegriff. Er charakterisiert nicht das sachhaltige Was der Gegenstände der phänomenologischen Forschung, sondern das Wie dieser." (SZ p.27; GA 2, p.37). Auch in den Sätzen: „Höher als die Wirklichkeit steht die Möglichkeit. Das Verständnis der Phänomenologie liegt einzig im Ergreifen ihrer als Möglichkeit" (SZ p.38; Ga 2, p. 51f.) ist die Absage an Husserl und die Betonung der Eigenständigkeit ihm gegenüber deutlich ausgesprochen.

Während in ‚Sein und Zeit' allerdings die Kritik an Husserl nur verdeckt durchgeführt ist, nämlich als Kritik an Descartes, bieten diesbezüglich die Vorlesungen ein anderes Bild. Hier ist die Kritik offen ausgesprochen. In den zwischen 1919 und 1924 gehaltenen Vorlesungen kann man verfolgen, wie Heideggers fundamentalontologisches Denken in der Auseinandersetzung mit seinem Lehrer allmählich Kontur gewinnt. Schonungslos werden Schwächen der Husserlschen Position aufgedeckt und wird zugleich versucht, die Überlegenheit der eigenen Ansätze zu demonstrieren.

Trotz der scharfen Polemik gibt es dabei natürlich auch in vielen Punkten eine Anknüpfung an Husserl und eine fruchtbringende, lineare Fortführung von Gedanken, die er von ihm übernimmt.

Rückblickend hat Heidegger später vor allem betont, daß er Husserl die Methode des phänomenologischen Sehens verdanke. „... die Augen hat mir Husserl eingesetzt", so hat er es bereits 1923 (GA 63, p.5) auf den Punkt gebracht.

Zu diesem phänomenologischen Sehen gehört ohne Zweifel auch die Praxis, stets den Verweisungen nachzugehen und den Begriff der Verweisung in der Deskription entsprechend zum Einsatz zu bringen. Zunächst ist es die Verweisung auf den Außenhorizont und die Achtsamkeit auf das Weltphänomen, die Heidegger aufgreift.

Aber auch hierin geht Heidegger alsbald über Husserl hinaus und bringt damit dessen Entdeckung philosophisch erst voll zur Geltung. Heidegger verlagert nämlich gewissermaßen den Schwerpunkt von den Dingen auf die Welt. Wir sind nach Heidegger nicht primär bei den Dingen, wir sind nicht primär auf die Dinge bezogen, die uns auf die zugehörige Welt erst verweisen. Vielmehr sind wir primär bei der Welt. Dasein ist In-der-Welt-Sein, ist ursprüngliche Vertrautheit mit den Bedeutsamkeitsbezügen der Welt. Dasein bedeutet Transzendenz in dem Sinne, daß es die Dinge immer schon überstiegen hat auf das Ganze der Welt hin, um von da her auf die Dinge zurückzukommen. Das Dasein ist primär bei der Welt, es ist von der Welt eingenommen, es ist den Verweisungsbzügen der Welt ekstatisch hingegeben. Erst aus dieser Ekstatik heraus sind ihm die einzelnen Gegebenheiten in ihrer Als-Bestimmtheit, in ihrer Bedeutsamkeit vertraut.

Damit erfüllen sich bei Heidegger auch die Husserlschen Termini der Präsenz und der Appräsentation mit einem neuen Sinn. Sie bekommen einen ungleich reicheren Gehalt, indem Heidegger sie im Sinne der Temporalität des Daseins deutet. Die Präsenz einer Gegebenheit, sei diese ein Gebrauchsding, ein bloß Vorhandenes, ein wissenschaftlich betrachteter Gegenstand, das Dasein selbst oder ein Mitmensch – die Präsenz einer Gegebenheit ist nur möglich, weil das Dasein ekstatisch-horizontal außer sich ist. Es erstreckt sich in die Ekstase der Zukunft und ist so bei seinem Entwurf des Umwillen und bei den Verweisungen des Um-zu; und das Dasein erstreckt sich zugleich in seine Gewesenheit, mit der es die erinnerte Bewandtnis der Dinge resp. die Geschichte des daseinsmäßig Seienden behält. So ist die Welt nicht ein zur Präsenz der Gegebenheiten bloß Mitvorgestelltes, sondern die primäre, durch die zeitliche Ekstatik des Daseins ermöglichte Offenheit. Erst auf dieser Bühne der Offenheit, auf der Bühne der Welt kann das einzelne erscheinen und präsent werden. Seine Präsenz ist stets eine „gehaltene Präsenz", eine von der zeitlichen Ekstatik und ihrer Welteröffnung nicht zu isolierende Präsenz (Vgl. GA 24, pp. 429 – 445).

Seit 1906 gehört die Gewinnung eines „natürlichen Weltbegriffs" zu den erklärten Anliegen Husserls. Heidegger teilte dieses Bemühen mit Husserl durchaus und er hat seine außerordentliche Bedeutung für eine Erneuerung und Umorientierung der gesamten Philosophie frühzeitig erkannt.

Allerdings sah Heidegger auch sehr bald, daß der Weg, den Husserl mit seiner transzendentalen Phänomenologie eingeschlagen hatte, ein Hindernis darstellte, in diesem Bemühen wirklich voranzukommen.

Heidegger sah, wie bereits angedeutet, daß die Gewinnung eines natürlichen Weltbegriffs nur möglich ist, wenn man auch zu einem natürlichen ‚Subjekt'-Begriff gelangt. Nur ausgehend vom ‚Subjekt', wie es faktisch ist und sich versteht, darf man hoffen, die Welt und ihre Gegebenheiten phänomenologisch angemessen in den Blick zu bringen. Die Maxime ‚zu den Sachen selbst!' verweist, so gesehen, auf eine gleich ursprüngliche, von ihr nicht ablösbare Maxime, die in etwa lauten müßte: Zum faktischen Ort oder Geschehen der Erschlossenheit selbst und zu den ursprünglichen Bezügen, in welchen die Sachen selbst uns zugänglich sind!

Gemessen an dieser Forderung wird die Problematik, die in Husserls Rückgang auf ein ‚Bewußtsein überhaupt' und auf dessen intentionale Akte liegt, sofort ersichtlich. Husserls Ansatz eines ‚Bewußtseins überhaupt' entstammt nicht der phänomenologischen Grundintention möglichster Sachnähe, sondern der aus der Tradition der Philosophie übernommenen Norm der Gewißheit und Sicherheit aus ersten Evidenzen.[13]

Betrachten wir die Dinge, mit denen wir es im Alltag zu tun haben, unvoreingenommen, so sehen wir, daß sie uns keineswegs primär auf intentionale, gegenstandsgebende Akte verweisen. Ein isoliertes theoretisches Betrachten der Dinge kommt im Alltag kaum vor. Die Dinge verweisen uns vielmehr auf die Art und Weise, wie wir sorgend mit ihnen umgehen.

Heidegger spricht in diesem Zusammenhang von einer „Phänomenologischen Grundtäuschung" (GA 20, p. 254), der nicht nur Husserl, sondern auch andere Phänomenologen erlegen sind. Weil die Phänomenologie ein theoretisches Betrachten ist, fällt sie sehr leicht der Versuchung anheim, die Theorie überall in den Vordergrund zu stellen und sie als den primären Zugang zu den Dingen anzusehen.

Dem hält Heidegger entgegen, daß uns die Sachen selbst, mit denen wir es gemeinhin zu tun haben, nicht primär auf die intentionalen Akte verweisen, in denen sie vorgestellt oder wahrgenommen werden. Die Gegebenheiten verweisen nicht auf ein theoretisch-betrachtendes Subjekt. Sie verweisen vielmehr auf das Dasein und seine Weisen des sorgenden Umgangs. Es ist dieses sorgende Zu-tun-Haben mit den Gegebenheiten, der praktische Umgang mit ihnen, aus dem heraus sie uns zunächst erschlossen und vertraut sind.

Und hier hat Heidegger herausgearbeitet, daß dieser sorgende Umgang jeweils eine andere Struktur hat, daß unser Umgang ein anderer ist, je nachdem, ob er sich auf Mitmenschen, auf Tiere, auf Gebrauchsdinge, auf bloß Vorhandenes, auf naturwissenschaftliche Objekte oder mathematische Gegenstände bezieht. Je nach der Seinsweise, die darin vorgängig verstanden und erschlossen ist, hat der sorgende Umgang einen anderen Charakter. Je nach der Seinsweise, die im sorgenden Umgang vorgängig verstanden ist, hat auch die daseinsmäßige, ekstatische Zeitlichkeit, die ihn ermöglicht, eine andere Struktur.

So wie Husserl die Korrelation untersuchte zwischen einzelnen Gegenstandsregionen und den intentionalen Akten, die bei deren originärer Selbstgebung im Spiel sind, so nahm sich Heidegger vor, die Korrelation zwischen einzelnen Seinsweisen und der je spezifischen Zeitlichkeitsstruktur des sorgenden Umgangs aufzuweisen. Damit sind wir, ausgehend von Husserl, zuletzt auch zur zentralen Thematik der Fundamentalontologie Heideggers geführt worden: Zur Zeit als dem Auslegungshorizont der mannigfaltigen Seinsweisen.

---

13 Vgl. dazu insbes. GA 20, p. 147 sowie SZ p. 229, GA 2, p. 303.

DIE DASEINSANALYTISCHE PHÄNOMENOLOGIE DES TRAUMS

KARL BAIER (WIEN)

(1) Die daseinsanalytische Traumauslegung wurde v.a. von Medard Boss in den Büchern „Der Traum und seine Auslegung" (1.Aufl. 1953) und „«Es träumte mir vergangene Nacht, ...» Sehübungen im Bereich der Träume und Beispiele für die praktische Anwendung eines neuen Traumverständnisses" (1. Aufl. 1975) entwickelt. Beide Werke bilden zusammen die erste großangelegte Phänomenologie des Träumens. Sie stellen einen Neuansatz der Traumauslegung dar, der kritisch an die bisherige Geschichte der Traumdeutung anknüpft, insbesondere an die beiden für Boss „überragensten Traumpsychologen der Neuzeit", Freud und Jung.

Ziel der boss'schen Traumlehre ist es „die Traumereignisse aus der psychologistischen und anthropologistischen Sicht der bisherigen Traumlehren herauszuheben und gleichsam in ihr eigenes Licht zu stellen". Um zu seiner Auffassung des Traums hinzuführen, gehe ich von seiner Auseinandersetzung mit Freud und Jung aus.

Wie die anderen hermeneutischen Traumlehren des 20. Jahrhunderts ist auch die daseinsanalytische zunächst einmal Freud verpflichtet. Boss bekennt sich zu seiner Anknüpfung an Freud, wenn er meint nach dem Sinn eines Traumgeschehens zu fragen, könne nur heißen, „nach dessen Ort zu forschen, der ihm innerhalb der Entfaltung einer menschlichen Lebensgeschichte zukommt. Mit solchem Fragen greifen wir in vollem Wissen gleichsam auf den Ur-Freud zurück." Mit „Urfreud" meint er die der Traumdeutung Freuds zugrundliegende Einsicht, daß sich durch eine sachgemäße Traumdeutung jeder Traum als ein sinnvolles psychisches Gebilde aufweisen läßt, welches an angebbarer Stelle in das seelische Treiben des Wachens einzureihen ist.

Dieser neue Zugang zum Traumleben ist für Boss ein zu Freuds Zeit „unerhörtes Wagnis" gewesen, da die Traumforschung damals von der naturwissenschaftlich eingestellten Psychologie beherrscht worden sei. Mit dieser Sicht des Traumlebens verwandle sich der Naturwissenschaftler Freud in einen Geschichtsforscher, der erkennt, daß die Geschehnisse in den Traumwelten zur Lebensgeschichte des Träumenden gehören. Demzufolge darf das Traumleben nicht ausgeklammert werden, wenn man die Biographie eines Menschen, ihre Konflikte, Stagnationen und Neuaufbrüche verstehen will. Das Leben, das wir in unseren Träumen leben, wird zu einem ernstzunehmenden, unsere Existenz mitgestaltenden Teil unserer Geschichte.

Die Differenzen zwischen Freud und Boss fangen allerdings schon da an, wo Freud den Traum ganz selbstverständlich als ein psychisches Gebilde bezeichnet. Der Traum als für sich bestehendes, faktisch vorhandenes psychisches Etwas stellt für Boss eine nicht ausweisbare Abstraktion vom Traumgeschehen dar. Er selbst geht nicht mehr vom Traum als innerpsychischem Vorgang aus, sondern vom Traum als einer Weise des In-der-Weltseins. Diese Auffassung berücksichtigt, „daß wir träumend nicht weniger existieren, als wenn wir wachen; in dem Sinne existieren nämlich, daß wir auch im Traume immer in einer Welt sind, der wir eine eigene Wirklichkeit besser nicht voreilig absprechen."

Boss kritisiert desweiteren Freuds Theorie der Traumarbeit. Mit ihr habe er seine ursprüngliche Intention einer Hermeneutik des Traums verlassen und versuche die Traumerscheinungen als Wirkungen eines Kräftespiels zu erklären, wobei die konkreten Phänomene, der sogenannte manifeste Trauminhalt, hinter nur angenommenen, allgemeingültigen Trieb-Kräften zurücktreten müssen. Boss sieht darin eine hypothetische, kausal-genetische Reduktion des Traums, die die Traumphänomene, wie sie sich von ihnen selbst her zeigen, zuwenig berücksichtigt und dem Interpreten das Recht gibt, ziemlich willkürlich einen vom manifesten Trauminhalt abweichenden Sinn des Traums zu konstruieren.

(2) Gegen die Auffassung des manifesten Trauminhalts als bloßer Fassade hat bereits C.G. Jung Einspruch erhoben. Er geht davon aus, daß das manifeste Traumbild den ganzen Sinn des Traums enthält. Also müsse sich der Interpret, um den Traumsinn zu verstehen, möglichst eng an die Traumbilder halten, anstatt von ihnen zu einem ganz anderen Traumsinn abzuspringen. Doch auch für Jung ist es ausgemacht, daß der Traum eine Äußerung der unbewußten Psyche, ein Stück unwillkürlicher psychischer Tätigkeit ist. Was im Traum erscheint, sind demnach von der Psyche produzierte Bilder, die entweder Abbilder der in der Aussenwelt vorhandenen Objekte darstellen, oder Sinnbilder, die für bestimmte psychische Inhalte und Funktionen des Träumers stehen.

Je nachdem, als welche Art von Bild ein Traumbild aufgefaßt wird, unterscheidet Jung dann die Deutung auf der Objektstufe (Traumbild meint ein Objekt aus der Wachwelt des Träumers und der Traum spiegelt die Beziehung zu ihm wieder) und die Deutung auf der Subjektstufe (Traumbild symbolisiert einen Wesenszug der Psyche des Träumers).

Dagegen hält Boss daran fest, daß Träumende „die Traumerscheinungen in ihrer ... Gegebenheit weder als Abbilder, noch als Sinnbilder wahrnehmen. Sie erfahren sie vielmehr träumend als wirkliche, physische Gegebenheiten: ein Ding als ein wirkliches Ding, ein Tier als ein wirkliches Tier, einen Menschen als wirklichen Menschen, ein Gespenst als wirkliches Gespenst."

Die wirklichen Traumdinge als Sinnbilder, Symbole zu deuten, ist nur dann notwendig, wenn positivistisch von ihrer bloßen, sinnlosen Faktizität als primärer Gegebenheit ausgegangen wird, der dann von Gnaden der menschlichen Psyche noch ein symbolischer Gehalt übergestülpt werden kann. Wenn der Trauminterpret die im Traum erscheinenden Dinge aber nicht reduktionistisch versteht, sondern die Verweisungs- und Bewandtniszusammenhänge berücksichtigt, die zu ihrem Sein gehören, dann erübrigt sich die Theorie vom subjektiven Sinnbildcharakter der Traumdinge.

Besonders wichtig sind bei Jung die Träume, die seiner Meinung nach Sinnbilder aufweisen, in denen sogenannte Archetypen dargestellt werden. Darunter versteht er apriorische Vorstellungsformen, die als regulative Prinzipien im Prozeß der Individuation (Selbstwerdung) wirken und die Weltauffassung eines jeden Menschen regeln.

Boss lehnt auch die Vorstellung, in den Traumphänomenen verkörperten sich Archetypen, ab. Die Annahme von Archetypen löse aus der Einheit des im Wachen und im Traum dominierenden Lebensbezuges, die diesem wesensgemäßen „intentionalen Gegenstände" (z.B. die Mutter aus dem kindhaften Dasein) heraus und abstrahiere aus ihnen einen allgemeingültigen Gattungsbegriff. Diese Abstraktion werde dann zu einem ursächlich wirkenden Ding hypostasiert und für ein „autonomes Wesen mit eigener Schöpferkraft"(z.B. den Mutterarchetypus) gehalten.

(3) Auch wenn man, wie Boss es tut, die Traumdeutung auf der Subjektstufe ablehnt, so ist doch das besondere Verhältnis der Traumgegebenheiten zum Sein des Träumers nicht zu übersehen. Boss selber spricht von der „untrennbare[n] Zugehörigkeit aller begegnenden Traumdinge, Traumtiere und Traummenschen zum gesamten Weltbezug, in dem ein Mensch sich gerade bewegt". Hierin liegt ein Unterschied zum Wachleben, wo uns vieles begegnet, das nicht in einer Entsprechung zu unserer Gesamtverfassung steht.

Boss versucht auf verschiedene Weise diese Analogie zwischen den Traumgegebenheiten und der Existenzweise des Träumers zu ergründen, ohne auf die oben skizzierten subjektivistischen Symbolisierungstheorien zurückzugreifen.

Oft führt er in diesem Zusammenhang den Umstand an, daß in den Träumen eine besondere Grundstimmung dominiert, die auch das Wachen bestimmt, aber dort oft verdeckt ist. Die gesammelte Grundstimmung des Traumes führe dazu, daß nur jene Dinge und Menschen in die jeweiligen Traumwelten eingelassen werden, „deren Wesen und Seinsart, deren Verhaltensweisen genau derjenigen entsprechen, in der sich der Träumer aus seiner Stimmung heraus gerade bewegt. Denn nur in die Bereiche dieser Dingstrukturen und Gebärden, dieser Verhaltensweisen hinein ist seine Welt offen."

V.a. in der Erkenntnis der dem Wach- und Traumleben gemeinsamen Gestimmtheit liegt für ihn auch die therapeutische Brauchbarkeit des Träumens. Dadurch, daß die geträumte Welt ganz der Gestimmtheit des Träumers entspricht, zeigt sie eindringlich, wie er sich in der Welt befindet. Durch das Traumgeschehen, und besonders, wenn es in der Therapiestunde oder bei anderer Gelegenheit zur Sprache kommt, kann dem Träumer seine bisher übersehene stimmungsmäßige Verfassung aufgehen. Dadurch, daß derselbe gestimmte Weltbezug in je anderer Weise sowohl im Wachen, wie im Traum vorliegt, verweisen beide aufeinander und ermöglichen in einem hermeneutischen Zirkel, das für die eigene Existenz Bedeutsame zu erkennen.

Die Gestimmtheit konstituiert zwar den Spielraum der Traumwelt, aber daß in diesem Spielraum überhaupt etwas zu ihm Passendes erscheint, und was im Einzelnen in ihm sich zeigt, läßt sich aus der Stimmung allein nicht erklären. Die Traumerscheinungen sind für Boss vielmehr unableitbare, eigenständige „Offenbarungen des Wesensgrundes aller Dinge." Diesen Wesensgrund erblickt er im Sein selbst, das als die große Verborgenheit waltet und alles, was ist, aus sich in die Unverborgenheit zu entlassen vermag. „Das «es» im «es träumte mir...», das Gebende also, das mir die Gegebenheiten meiner Traumwelten in deren Offenheit hinein in ihr Anwesen zuschickt,..., sie mir jeweils als diese oder jene seienden Bedeutsamkeiten vor- und gegenüberstellt, ist das allem einzelnen Seienden vorauswaltende Ereignis des Seins als solchen."

DAS PHÄNOMEN DES ANFANGS DES MENSCHLICHEN DASEINS
ONTOLOGISCHE IMPLIKATIONEN DER REDE VOM LEBENSSCHUTZ

GÜNTHER PÖLTNER (WIEN)

(1) Im folgenden geht es um die Rückfrage nach den ontologischen Voraussetzungen der gängigen Rede vom Lebensschutz. Dazu (aus Platzgründen) nur zwei Beispiele : (1) Für Hoerster z.B. folgt aus dem „generell hohen Wert menschlichen Lebens keineswegs ..., daß jedes menschliche Individuum ein eigenständiges Recht auf sein Leben erhalten müßte". Wer sich deshalb „für das menschliche Wesen M 1 anstatt für das menschliche Wesen M 2 entscheidet, verletzt keinerlei individuelles Recht auf Leben", (Hoerster 1993, 68). Weil hier bloß das menschliche Leben im allgemeinen als schützenswert gilt, folgt daraus nicht nur eine Beliebigkeit und Austauschbarkeit der Individuen, in denen es sich verkörpert, sondern es läßt sich sogar eine „Unterklasse menschlicher Individuen" aussondern, denen kein Lebensrecht einzuräumen ist (Hoerster 1993, 69). (2) Es wird von der Entstehung von Kindern und erwachsenen Menschen aus heranreifendem menschlichem Leben (!!) gesprochen. Schwangere hätten die „Pflicht, auf die Gesundheit des in ihnen heranreifenden Lebens zu achten, weil daraus mit einiger Wahrscheinlichkeit Kinder und erwachsene Menschen entstehen werden" (Koller 1993, 81 f). Nach dieser Ontologie bin nicht ich selbst von meinen Eltern gezeugt worden, sondern ein Vorgänger meiner selbst namens 'heranreifendes Leben', aus dem dann – keiner weiß wie – ich selbst entstanden sein soll. In welchem Bezug dieses heranreifende Leben zu meinem Leben steht, wie der Übergang zu mir selbst vonstatten gehen soll – dergleichen Fragen werden bezeichnenderweise nicht mehr gestellt.

(2) Gegenüber solchen Gedankenkonstruktionen wäre auf das Phänomen unseres Daseinsanfanges zurückzugehen. Der gelichtete Bezug zu unserem eigenen Daseinsanfang spricht sich in dem Satz aus: Ich bin einmal nicht dagewesen. (1) Ich bin mir selbst erschlossen – nicht als 'ein Ich' oder ein neutrales 'Dasein', sondern als Sohn, also in wesentlicher Bezogenheit auf andere, die meine Eltern sind. Mensch zu sein heißt immer schon, Kind – entweder Sohn oder Tochter – zu sein. 'Kind' ist in erster Linie nicht eine Lebensphase, die Menschen normalerweise durchlaufen, sondern die ursprünglich-relationale Seinsweise eines jeden von uns. (2) Das Wissen um das eigene Nicht-dagewesensein – die uranfängliche Erschlossenheit unseres eigenen Daseinsanfangs – bildet ein konstitutives Moment unserer Selbstgegenwart. An ihm entscheidet sich, was 'Beginn menschlichen Lebens' rechtens heißen kann und was nicht. Der ursprüngliche Charakter dieser Er-

schlossenheit ist vor nachträglichen Verfälschungen zu bewahren: Das Wissen um das eigene Nichtdagewesensein entstammt weder einer Information durch andere über eine zeitlich zurückliegende Tatsache noch ist es das Resultat einer Schlußfolgerung, die sich ausrechnet, daß ich deshalb einmal nicht dagewesen sein muß, weil jeder Mensch irgendwann einmal zu existieren angefangen hat, und auch ich ein Mensch bin.

Daraus folgt methodisch, daß die sachlich erste Frage niemals die nach 'einem' Anfang, sondern immer nur nach dem je eigenen Anfang sein kann. Jeder/jede muß sich der Frage nach seinem/ihrem Anfang stellen. Es geht jeweils um meinen, um deinen Anfang, wie er sich für mich, für dich zeigt.
(3) Die Zeitlichkeit (a) und Ursprünglichkeit (b) des Daseinsanfangs.

Zu (a): Ich habe einmal, d.h. zu einer bestimmten Zeit, angefangen zu sein. Mein Dasein hat einen zeitlichen Anfang. Diese Zeit ist zwar datierbar, nicht aber ist die Zeit meßbar, die es gab, da ich nicht gewesen bin. Man kann sinnvollerweise nicht fragen, wieviel Zeit vergangen ist, bis ich zu sein angefangen habe. Als *mein* Anfang in der Zeit – und nur so ist er mein *Anfang*! – ist er freilich nichts, was ich mir auf welche Weise auch immer vergegenwärtigen könnte. Vielmehr ist er mir auf eigentümliche Weise entzogen. Diese Entzogenheit – die sich mir zeigt! – verbietet es mir, mich selbst als Folge eines Übergangs von etwas, was nicht ich selbst gewesen bin, zu mir selbst zu verstehen. Daß ich selbst einmal nicht dagewesen bin, darf nicht unter der Hand zur Annahme verfälscht werden, ich selbst bin das Resultat einer Veränderung, d.h. es hat vor mir etwas gegeben, das nicht ich gewesen bin, und im Laufe der Zeit ich selbst geworden ist. Dieses Modell macht mir niemals meinen Anfang zugänglich, sondern immer nur einen *vorgestellten* Anfang, der jedoch als von mir vorgestellter niemals mehr *mein* Anfang ist. Ich erreiche meinen Anfang auch nicht dadurch, daß ich mir z.B. die Verkleinerung meines Körpers vorstelle, d.h. die Anzahl seiner Zellen bis auf eine verringern lasse. Abgesehen von der Willkür, die Vorstellung gerade hier enden zu lassen und nicht weiter zurückzu – denn schließlich ist ja auch diese eine Zelle aus etwas anderem geworden – wäre bei einer solchen Rekonstruktion vergessen, daß es ja allemal bereits ich selbst bin, der den Übergang von etwas Vorgestelltem – das nicht ich selbst bin – zu mir selbst geschehen läßt. Die These, mein Anfang sei nichts als ein erfolgter Übergang von etwas zu etwas (von einem 'nicht-ich-selbst' zu einem 'ich selbst') läßt sich nicht ausweisen.

Die Entzogenheit meines Daseinsanfangs darf demnach auch nicht mit einem Mich-nicht-Erinnern-können verwechselt werden, weil mein Anfang gar kein Ereignis in meiner Vergangenheit ist. Erinnern kann ich nur, was mir gegenwärtig gewesen ist. Die Entzogenheit meines Daseinsanfangs ist nicht die Folge meiner Gedächtnisschwäche, die durch ein besseres Erinnerungsvermögen anderer kompensiert werden könnte, sondern Grundzug seiner Phänomenalität. Mein Anfang zeigt sich im Entzug – und nur so. Deshalb muß ich sagen: Es ist mir mein Dasein eröffnet worden. Gewiß verliert sich meine Erinnerung im Dunkel der Zeit meiner Kindheit. Aber hier ist phänomenal zu unterscheiden zwischen dem Dunkel, in welches Phasen meines Daseins gehüllt sind – ich selbst bin schon gewesen, als ich noch im Mutterleib war, nicht aber hat da ein Vorgänger meiner selbst existiert, der sich zu mir hin entwickelt hat, oder der von mir abgelöst worden ist – also zwischen der Entzogenheit, die mein Schon-Dagewesensein betrifft, und der Entzogenheit, welche die Eröffnung meines sich zeitigenden Daseins betrifft.

An dieser Stelle drängt sich der Einwand einer bloß subjektiven Unmöglichkeit auf: Daß sich mein Anfang mir selbst entziehe, gelte nur für mich selbst, nicht aber für die anderen – z.B. meine Eltern. Es liege auf der Hand, daß ich selbst über meinen Daseinsanfang nichts aussagen könne. Denn um den Übergang von Nicht-Existenz zu meiner Existenz *feststellen* zu können, müßte ich existieren, um jedoch den *Übergang* feststellen zu können, dürfte ich nicht existieren. Dergleichen Einsicht sei ebenso trivial wie die in die Unmöglichkeit einer Selbstverursachung, und das Insistieren auf der Entzogenheit meines Anfangs entstamme einer borniertén Verabsolutierung des subjektiven Standpunkts und infolge davon einer Blindheit für den objektiven Zugang zum Daseinsanfang, wie er den Humanwissenschaften offenstehe.

Nun ist gewiß nicht zu bestreiten, daß mein Anfang anderen in anderer Weise zugänglich gewesen ist. Der Einwand müßte sich freilich fragen lassen, ob er das unverkürzte Phänomen meines Daseinsanfangs, d.i. auch die Dimension seiner Ursprünglichkeit im Blick hat, oder in Wahrheit bloß von Zustandsänderungen redet.

Ad (b) Die Ursprünglichkeit meines Anfangs liegt darin, daß er zwar ein Ereignis in der Zeit ist, aber eines, in welchem mein Selbstsein gestiftet wird. Die Identität meiner selbst ist nicht die Identität meines Bewußtseins. Mein Gewesensein deckt sich nicht mit dem Erinnertsein durch mich. Insofern mit meinem Anfang die *sich zeitigende Ganzheit* meines Daseins eröffnet wird, gibt es zu ihm keinen Übergang aus einem zeitlichen Davor, welches er noch nicht ist.

Es gilt hier zu bedenken: Ich bin da, indem ich der Möglichkeit meines Nichtseins enthoben bin. Angesichts dieser Enthobenheit ist zu sagen: Mein Dasein kommt mir zu. Woher es mir gegeben ist dazusein – und das heißt ja immer auch: woher sich mir ständig Möglichkeiten auftun, dem mich in Anspruch nehmenden Guten Raum zu geben, woher ich gewürdigt bin, solches zu vermögen – woher ich also zu mir selbst freigegeben bin, entzieht sich in eine Verborgenheit. Mein Dasein ereignet sich so gesehen aus dem Nichts.

Ihm verdankt der zeitliche Anfang die Dimension seiner Ursprünglichkeit: die Eröffnung sich zeitigenden Seins. Weil mein Dasein dem Nichts entspringt, hat es seinen Anfang.

Das Nichts, von woher es mir gegeben ist zu sein, ist weder ein zeitliches Nicht noch ein leeres Nicht. Es ist hier weder von einer Leerintention noch von einem asylum ignorantiae die Rede. Es wird hier nicht die Existenz von etwas verneint. Ich nehme nicht ein Prädikat A vorweg und gestehe mir dann ein, daß unter den existierenden Gegenständen bis jetzt keiner gefunden worden ist, von dem gilt: ist A. Die Verborgenheit des Nichts ist weder mit einem Noch-nicht-Sein noch mit einem Nicht-Mehr-Sein von etwas zu verwechseln. Als Woher der Freigegebenheit zu mir selbst ist das Nichts auch kein nichtiges nicht. Deshalb kann rechtens von 'dem' Nichts gesprochen werden.

Aufgrund seiner Ursprünglichkeit entzieht sich der Daseinsanfang auch einer chronometrischen Bestimmbarkeit durch Dritte in dem Sinn, daß sich zwar ein terminus ante quem non angeben, nicht aber ein terminus a quo fixieren läßt.

(3) Die gängigen Problemformulierungen bewegen sich von vornherein in einer vorstellenden Haltung und sind dem Anfangsphänomen bereits ausgewichen. Sie reduzieren es auf den Aspekt der Veränderung. Werden heißt bloß Anderswerden. (Dies ist insofern verständlich, als jeder Ursprung von Neuem zwar im Zuge einer Veränderung geschieht – als Aufbruch von *Neuem* jedoch aus dem *Nichts* erfolgt.)

(1) Die übliche Rede von einer 'Entwicklung des werdenden menschlichen Lebens' ist unangebracht. Entwicklung setzt einen Reifezustand voraus, auf den hin sie erfolgt und mit dessen Erreichung sie abgeschlossen ist. In der gängigen Sicht schließt Sein Werden aus. Etwas ist, weil es geworden ist. Sein heißt hier: sich in einem Zustand befinden. Werdendes menschliches Leben ist so gesehen auf dem Wege zu einem Zustand. Hier bleibt unklar, woraufhin die Entwicklung 'werdenden menschlichen Lebens' erfolgen soll. Selbst unter der Annahme, sie erfolge auf einen Menschen hin, ist kritisch anzumerken, daß Mensch zu sein kein Zustand ist. Der Entwicklungsbegriff macht nicht nur Daseinsphasen zum Subjekt und Ziel des Werdens, sondern läßt darüberhinaus unbeachtet, daß in jeder Daseinsphase die Zeitigung des ganzen Daseins geschieht. Anderenfalls kommt es zu jener Ungereimtheit, kraft der es zuerst menschliches Leben gibt, welches dann in den Entwicklungszustand eines Menschenwesens übergeht. (Oder in anderer Version: aus heranreifendem menschlichen Leben entsteht ein Kind oder erwachsener Mensch.)

(2) Die gängige Vorstellung des Werdens von etwas aus etwas versteht

Zeit als Übergang eines Noch-nicht über ein Jetzt in ein Nicht-Mehr. Sie kennt das Phänomen des Nicht nur als Noch-nicht oder Nicht-Mehr. Das ist mit ein Grund, weshalb sie das Anfangsphänomen in seiner Ursprünglichkeit aus dem Blick verliert. Sie interpretiert die Erschlossenheit meines eigenen Nichtdagewesenseins insgeheim als ein Noch-nicht für andere. Was noch nicht ist, verweist auf etwas Vorliegendes, aus dem es werden kann. Auf diese Weise wird das Werden mit Veränderung und Sein mit Zuständlichkeit gleichgesetzt und der Aufbruch des Neuen ausgeblendet. Werden besagt nicht mehr Neuwerden, sondern bloß Anderswerden.

Literatur

Hoerster, N. (1993), Zur rechtsethischen Begründung des Lebensrechts in: Bernat, E. (Hg.) *Ethik und Recht an der Grenze zwischen Leben und Tod*, Graz, S. 61 – 70.

Koller, P. (1993), Personen, Rechte und Entscheidungen über Leben und Tod, in: Bernat, E. (Hg.) *Ethik und Recht an der Grenze zwischen Leben und Tod*, Graz, S. 71 – 95.

ZU EINER PHÄNOMENOLOGIE DES EMOTIONALEN VON HUSSERL HER

HELMUTH VETTER (WIEN)

(1) Mit „Emotion", „emotional" bezeichne ich einen Oberbegriff, der Gefühle, Affekte, Leidenschaften und – mit Einschränkungen – Stimmungen umfaßt. Eine Phänomenologie des Emotionalen soll im folgenden im Anschluß an Husserl angerissen werden. Dabei fungiert als Ausgangstext die fünfte der *Cartesianischen Meditationen*. Sie gilt als Husserls grundlegende Veröffentlichung zum Thema „Fremderfahrung", freilich auch als ein Text, der die Grenzen der husserlschen Phänomenologie mit Bezug auf sein Thema, die Intersubjektivität, deutlich offenlegt. Gleichwohl wurde dieses Konzept immer wieder zum Anstoß für eine Thematisierung des Komplexes Andersheit, Leiblichkeit, Gefühl und sexuelle Differenz (so bei Merleau-Ponty, Lévinas, Irigaray oder Waldenfels).

(2) Im ganzen der *Meditationen* ragt die fünfte nicht zuletzt in methodischer Hinsicht heraus. Husserls *Cartesianische Meditationen* setzen – wie Descartes – einen radikalen Neuanfang; so beginnt „jeder für sich und in sich" (I 48)[1]. Sie intendieren dabei „das allgemeine Ziel absoluter Wissenschaftsbegründung" (I 49); Wissenschaft jedoch wird ihrem eigensten Sinn nach intersubjektiv vollzogen. Damit widerstreiten das „für sich und in sich" des radikalen wissenschaftlichen Neuanfangs mit der für Wissenschaftlichkeit geforderten Intersubjektivität, weshalb die fünfte Meditation beim Einwand des Solipsismus ansetzt: „Wenn ich, das meditierende Ich, mich durch die phänomenologische ἐποχή auf mein absolutes transzendentales ego reduziere, bin ich dann nicht zum *solus ipse* geworden, und bleibe ich es nicht, solange ich unter dem Titel Phänomenologie konsequente Selbstauslegung betreibe?" (I 121) Husserl muß sich dem Problem der „anderen ego's" stellen, „die doch nicht bloße Vorstellung und Vorgestelltes in mir [sind], sondern sinngemäß eben A n d e r e".

(3) Dies ist aber nur die „naive" Fassung des Problems. Phänomenologisch geht es darum, die Fremderfahrung innerhalb der „phänomenologischen Sphäre" zu befragen, was den Vollzug der transzendentalen ἐποχή voraussetzt. Für die Explikation (die „Erschließung der typischen Mannigfaltigkeit von cogitationes") übernimmt das cogitatum die Rolle des transzendentalen Leitfadens (I 87, 123). Für die Frage nach der Andersheit be-

---

1 Husserls Werke werden nach den „Husserliana" mit Band- und Seitenzahl zitiert.

deutet dies: die Eigenart der Zugangsweisen zum Anderen geschieht am Leitfaden der transzendentalen Eigenart des Anderen, sein noematisch-ontischer Gehalt ist der transzendentale Leitfaden dieser Untersuchung. Innerhalb der Grunderfahrung der transzendentalen ἐποχή wird „eine eigentümliche Art thematischer ἐποχή" vollzogen (I 124), „thematisch" deshalb, weil ein Thema ausgegrenzt wird: alles was sich auf Leistungen fremder Subjektivitäten bezieht. Man wird zu diesem Vorhaben mit Elisabeth Ströker sagen können: „Wir wollen hier mit Husserl annehmen, daß das möglich sei."[2] Unter dieser Annahme kommt es zur Scheidung in das Mir-Eigene als das Nicht-Fremde und in ein fragliches Fremdes, das in seiner Andersheit „mehr" als eine bloße Spiegelung meiner selbst ist, vielmehr „Analogon meiner selbst, und doch wieder nicht Analogon im gewöhnlichen Sinne." (I 125) Das Problem zeigt sich nun dergestalt, daß der Andere nicht ohne meine Konstitutionsleistung gedacht werden kann, gleichzeitig aber diese Leistung verschieden sein muß von der bezüglich des „eigenheitlichen Wesens", der Originalsphäre der originalen Selbstauslegung bzw. der primordinalen Welt. Sehe ich von allem „Für-jedermann" ab, so bleibt mein Leib übrig, als „das einzige Objekt innerhalb meiner abstraktiven Weltschicht, dem ich erfahrungsgemäß Empfindungsfelder zurechne, obschon in verschiedenen Zugehörigkeitsweisen (Tastempfindungsfeld, Wärme-Kälte-Feld usw.)..." (I 128)

(4) Um das Problem der objektiven Transzendenz zu exponieren – einer sekundären Transzendenz gegenüber der immanenten der primordinalen Sphäre –, beginnt Husserl mit der Konstitutionsstufe des Anderen. Die Merkmale intentionaler Fremderfahrung sind Appräsentation, apperzeptive Übertragung bzw. Analogie und Paarung. Originäre Erfahrung eines anderen Menschen bedeutet: er steht „selbst *leibhaftig* vor uns da" (I 139). Diese leibhafte Anwesenheit unterscheidet sich von der eines Körpers dadurch, daß dieser rein in meinen Erfahrungen konstituiert wird, während der leibhaft anwesende Andere nicht in seinem Ichcharakter, in seinen Erlebnissen, seinem Eigenwesen in Erscheinung tritt, sondern vermittelt durch die leibliche Präsenz. Der Andere ist nicht selbst präsent, sondern lediglich mitgegenwärtig, in Appräsentation, so aber, daß diese (im Unterschied zur Appräsentation der äußeren Erfahrung) nie zur Präsenz werden kann. Der andere Leib wiederum wird aufgrund einer analogisierenden Auffassung (jedoch nicht durch Analogieschluß) als solcher vermeint. Analogie ist ihrem Ursprung nach Vergleichung von Ungleichem, wobei dieses die Gleichheit übertrifft[3].

---

2   Elisabeth Ströker: *Das Problem der* ἐποχή *in der Philosophie Edmund Husserls*, in: Analecta Husserliana I (1971) 170-185, 180. Zum Problem der thematischen ἐποχή sei besonders auf diesen Aufsatz hingewiesen.
3   Ursprünglich, d. h. in theologischer Formulierung: „inter creatorem et creatu-

Überträgt man diesen Sachverhalt – auf den Husserl offenbar nicht weiter eingeht – auf den vorliegenden Fall, liegt die Ähnlichkeit darin, daß aufgrund einer Urstiftung, „in der sich ein Gegenstand ähnlichen Sinnes erstmalig konstituiert hatte", die uns unbekannten Dinge ihrem Typus nach bekannt sind. Dabei sind Apperzeptionen im Bereich der Primordinalität und solche mit dem Sinn *alter ego* grundlegend zu trennen. Die „Einheit der Ähnlichkeit" heißt „Paarung", Urform der passiven Synthesis der Assoziation (XI 117 ff). „Paarung" hebt aber die Gleichheit in der Analogie hervor, die denn auch den Grenzfall darstellt. Damit nun kommt die Bestimmung des Leibes, der Andersheit indizieren soll, in Schwierigkeiten. Es entspricht dem immer wieder durchschlagenden idealistischen Ansatz, daß Husserl die Andersheit an Momente der Ähnlichkeit bis hin zur Gleichheit festmacht, obgleich von ihm selbst her ein anderer Weg möglich wäre.

(5) Ein zentrales Stück der Thematisierung des Anderen ist mit dem Stichwort „Empfindung" angezeigt. Das Auszeichnende der Eigenleiberfahrung liegt darin, daß er nicht nur der „Weltschicht" angehört, d. h. als von mir konstituiertes Objekt erfahren wird, sondern dem als einzigem dieser Objekte Empfindungen zukommen. Die Frage nach der Auszeichnung der Eigenleiberfahrung hängt also an der Beantwortung der Frage nach dem Wesen der Empfindung. Als wesentliches Resultat auch für eine nähere Bestimmung des Emotionalen zeigt sich, daß Husserl damit die Intentionalität sprengt. Über die aktuellen und potentiellen cogitationes hinaus gibt es „reelle" Momente im Bewußtseinsstrom, nicht-intentionale Momente, die ins Bewußtsein gehören, ohne von ihm konstituiert zu sein. Das trifft auf alle Empfindungsdaten und die sogenannten sinnlichen Gefühle zu. Schon in der *Fünften Logischen Untersuchung* wird die Frage gestellt, „ob es nichtintentionale Gefühle gibt". So ist die Freude über ein glückliches Ereignis ein Akt sowohl intentional als auch nicht-intentional-emotional („das Ereignis erscheint als wie von einem rosigen Schimmer umflossen" XIX/1 408). Der nicht-intentionale Untergrund bleibt auch dann, wenn die (intentionale) Deutung dieser „Färbung" wegfällt bzw. eine andere Deutung an ihre Stelle tritt (XIX/1 394).

(6) Die *Ideen* verfolgen diesen Ansatz weiter. Empfindungsdaten und sinnliche Gefühle sind sensuelle Momente, die der „beseelenden", intentionalen Schicht zugrundeliegen, zwar „reell" dem Bewußtseinsstrom angehören, doch ohne selbst intentional zu sein. Wenn Husserl hier zwischen intentionaler μορφή und sensueller ὕλη unterscheidet, bedient er sich nicht nur

---

ram non potest similitudo notari, quin inter eos maior sit dissimilitudo notanda." Denzinger/Schönmetzer: Enchiridion. Barcinone et al. [35]1973, Nr. 806.

aristotelischer Termini, sondern greift auch implizit das von Aristoteles gestellte Problem der πρώτη ὕλη auf. Eigens wird in Aussicht gestellt, neben den „noetisch-phänomenologischen Analysen" eigene „hyletisch-phänomenologische" durchzuführen, doch unterschätzt Husserl dann offensichtlich deren Rang.

(7) Exemplarisch hat Lévinas Husserls Anstoß bezüglich Empfindungen und Andersheit weitergedacht. Die Empfindung ist zwar Grund der sinnlichen Erfahrung und Anschauung, doch zugleich mehr. Indem sie in eine Schicht vor aller Intentionalität zurückreicht, ist sie zwar auch auf diese bezogen, kann sie, wie Lévinas sagt, „in das Abenteuer der Erkenntnis eintreten"[4]. Doch gibt es noch anderes, das Lévinas in einer verschärfenden Deutung der Empfindung als „Empfindlichkeit" evoziert: die *sensation* wird zur *sensibilité*. Empfindung – und von ihr ausgehend Emotionalität – gibt die Möglichkeit, Andersheit zu denken, ohne einem naiven Realismus zu unterliegen und ohne sie idealistisch aufzulösen – „eingenommen vom Nicht-Ich, vom Anderen, von der ‚Faktizität'"[5]. Daraus ergibt sich, weitergedacht, die Aufgabe, zu zeigen, auf welche Weise der emotionale Untergrund in die synthetischen Leistungen der Intentionalität eingreift, d. h. das, was Lévinas als „sensibilité" klassifiziert, hyletisch-phänomenologisch zu analysieren.

---

4   Emmanuel Lévinas: *Jenseits des Seins oder anders als Sein geschieht*. Freiburg/München 1992, 147.
5   Ders.: *Die Spur des Anderen. Untersuchungen zur Phänomenologie und Sozialphilosophie*. Freiburg/München 1983, 184.

ZUR PHÄNOMENOLOGIE DER ZEITLICHKEIT
ZUR BEDEUTUNG VON HEIDEGGERS ANALYTIK DER ZEITLICHKEIT[1] FÜR DIE PHILOSOPHISCHE ANTHROPOLOGIE, ETHIK UND RELIGIONSPHILOSOPHIE

AUGUSTINUS KARL WUCHERER-HULDENFELD (WIEN)

„Jemand, der im 20. Jahrhundert den Versuch unternimmt zu philosophieren, kann nicht umhin, die Philosophie Heideggers zu durchqueren, und sei es nur, um sich von ihr zu entfernen. Dieses Denken ist ein großes Ereignis unseres Jahrhunderts." Dieses Wort von E. Lévinas[2] ist noch immer aktuell, da es für Heideggers phänomenologische Analysen der Zeitlichkeit in der Geschichte der Philosophie kaum Vergleichbares gibt.

Im abgekürzten Durchqueren der Grundgedanken dieser Phänomenologie der Zeitlichkeit soll an ihre grundlegende und noch ungenügend gewürdigte Bedeutung für einige Hauptdisziplinen der Philosophie erinnert werden. Gegen ein Denken *aus* verfestigten Schuldisziplinen verlegte sich Heidegger auf die Freilegung ihrer ontologischen Fundamente, der „Wahrheit" (als Unverborgenheit) des Seins im „Da" (Da-sein). „Das Da meint die Offenheit, in der für den Menschen Seiendes anwesend sein kann, auch er selbst für sich selbst."[3] Da-sein ist zwar auch Offenheit für ein raumhaftes Hiersein, aber nie ohne Dortsein, ein immer schon bei Begegnendem Anwesen: Etwa dies dort sehen, sich dort aufhalten, sich zu ihm verhalten, d.h. ein Anwesenlassen dessen, was sich zeigt.

Das Seiende, das jede(r) von uns ist, verhält sich nicht nur zu den uns ansprechenden Gegebenheiten seiner Welt, zu Anderen oder zu sich als einem Seienden (bzw. als Subjekt intentionaler Akte zu Objekten oder als Beobachter zu Vorhandenem), sondern in all diesen Vollzügen verhalten wir uns selbst (meist unthematisch) aus dem vorgegebenen Sein zum Sein.

Das Verbalsubstantiv „Sein" meint hierbei nicht Seiendes, Sichzeigendes, Anwesendes, auch nicht das Anwesen als Geschehen des Existierens, des Bestehens, des Vorkommens von Seienden, also nicht etwas, das „es gibt", insofern es bloß anwesend, uns gegenüber (als Vorhandenes) feststellbar wäre, und schon gar nicht ein zeitlos-abstraktes Allerallgemeinstes im Sinne des Platonismus bzw. Skotismus. Sein besagt als Anwesen auch Anwesenlassen, dessen Offenbarkeit es immer nur als Anwesenlassen (Freigeben ins

---

1 Vgl. dazu ausführlicher: A.K. Wucherer-Huldenfeld, Zum Verständnis der Zeitlichkeit in Psychoanalyse und Daseinsanalytik, in: *Daseinsanalyse. Zeitschrift für phänomenologische Anthropologie und Psychotherapie* 12 (1995) 63-85.
2 *Ethik und Unendliches*, Graz 1986, 31.
3 M. Heidegger, *Zollikoner Seminare*, Frankfurt/M. 1987, 156f.

Offene) von Seiendem gibt. Aber dieses Anwesenlassen ist nur möglich, weil Sein selbst im Sich-ereignen (im Er-eignis) zuge*lassen*, geschickt, gegeben ist. Damit Seiendes anwesen kann und es mithin überhaupt Sein, Offenbarkeit des Seins geben kann, braucht es das Innestehen des Menschen im „Da", das Sichverhalten aus seinem Anwesen (immer schon in der Zugehörigkeit zu Anderen und im Vertrautsein mit Welt) zu eben diesem Anwesen(lassen).

Dieses Stehen in der Offenheit des Seins nennt Heidegger auch „Seinsverständnis", insofern nicht nur dies und jenes (Seiendes, Anwesendes, Sichzeigendes) verstanden bzw. erklärt wird, sondern wir uns selber vielmehr immer schon vortheoretisch *auf* unser ureigenstes Anwesenkönnen, wozu wir imstande sind und um das es uns mit- und füreinander geht, verstehen.

Sein als Anwesen (Währen, Gewähren, Weilen, Verweilen) ist so das Wort für die Zeitlichkeit, in der uns Seiendes (Anwesendes) und wir uns selbst in der Spannweite der Welt unmittelbar erschlossen (offenbar) sind. Heidegger unterläuft schon durch seinen Ausgang vom zeitlichen Sich-Verstehen auf das Sein als Anwesen die nachträglichen Unterscheidungen von Ichzeit und Weltzeit, von erlebter und gemessener Zeit, von subjektiver und objektiver Zeit.

Die Zeit, die wir zu sein haben und auf die wir uns weltweit verstehen, setzt als berechenbare Zeit immer die uns gegebene ursprüngliche Zeitlichkeit voraus. Als Anwesende (Seiende) verhalten wir uns immer *in* der Zeit zum Sein, erfahren wir uns und alles innerhalb der Zeit (*innerzeitig*), erscheint uns Zeit als Lebens- und Rahmenbedingung für *alles*, was geschieht (als Weltzeit), als meßbare Zeit, innerhalb derer etwas entsteht, dauert und vergeht. Die Grundzüge dieser Innerzeitigkeit werden phänomenologisch erschlossen als Dauer, Zeithaben für etwas, Datierbarkeit, gemeinsame und öffentliche Verständ-lichkeit unseres Jetzt-Sagens, die erst die rechnerische Fest-stellung der gegebenen Zeit möglich macht.

Die Weltzeit ist vulgär bekannt als Nacheinander der Jetzt-punkte, wenn z.B. in unseren Besorgungen zuerst (jetzt) das, dann jenes an die Reihe kommt usw. Die als Maß- und Ordnungsform vorgestellt und zur bloßen Abfolge leerer, gleichgültiger Jetzt-punkte nivellierte Weltzeit ist eine wesensmäßige Zeitigungsmöglichkeit, welche auch die Technik der Zeitmessung im Blick auf das Naturgeschehen umfaßt, doch ist diese Zeitdeutung nicht exklusiv zu totalisieren. Eine Vorherrschaft dieses Zeitverständnisses als *bloß* gegenwärtige Anwesenheit von Jetzt zu Jetzt ist aus dem „Verfallen" zu verstehen, aus dem Aufgehen in das, was wir besorgen, aus der Flucht vor der eigentlichen Möglichkeit des Selbst-seins, aus dem Vergessen der Wahrheit des Seins zugunsten des Andrangs des im Wesen unbedachten Seienden (Anwesenden).

Das aus dem Verfallen geschöpfte Zeitverständnis verdeckt und verstellt, daß sich die Weltzeit der ursprünglichen Zeit verdankt, die uns zu sein gegeben ist. Die Grundzüge der Welt-zeit sind selber Zeitliches, die das Wesen der Zeit, die Zeit *als* Zeit, die ursprüngliche Zeit nicht bestimmen. Diese läßt sich nicht auf die unmittelbare Gegenwart (auf das, was jetzt ist) reduzieren, von wo aus man das Gewesen-sein und Zukünftig-sein des Menschen als bloß imaginäre Schatten (noch *nicht* und *nicht* mehr) gegenwärtiger Wirklichkeit abtut.

Die ursprüngliche Zeit ist vielmehr aus der zeitlichen Verfassung unseres Erfahrens und Verhaltens zu erheben, und zwar insofern wir uns *aus* der uns (vor)gegebenen Zeit *zur* Zeit verhalten. Wir kennen sie daher nicht deshalb, weil wir uns zur Zeit verhalten (sie als apriorische Form der Wahrnehmung vorstrecken oder uns in der Zeit vorkommend vorfinden), sondern „weil die Zeit eigens zum Sein des Menschen sich verhält": Die Zeit „bestimmt die Weise, wie das Menschsein 'vor-sich-geht'. Es 'geht vor-sich', indem es in seinen Möglichkeiten sich vorweg geht und in diesen Möglichkeiten auf sich zu-kommt. So ist das Menschsein *in sich* zu-künftig und kommt dabei auf sein Gewesenes zurück und nimmt es in die Zu-kunft hinein und versammelt in all dem stets Zukunft und Gewesenheit in eine Gegenwart."[4]

Gegenwart besagt hier soviel wie Anwesenheit (Weilen, Verweilen) im unmittelbaren Sein im Gegenüber. Was diese An-wesenheit steigert ist die Abwesenheit. Das noch nicht und nicht mehr Gegenwärtige *ist*, gibt es: es geht uns als das auf uns Zukommende und Gewesene an; es west in seinem Abwesen unmittelbar an, so *verschiedenartig* und entzogen es auch erscheinen mag. So kann mir z.B. ein schmerzlicher Verlust ungleich mehr nachgehen als gerade Gegenwärtiges. Jenen erfahre ich nicht als subjektive Erlebniswirklichkeit oder als jetzt Unwirkliches bloß in Gedanken, vielmehr halte ich mich (phänomenologisch gesehen) vergegenwärtigend bei Gewesenem auf als etwas zu bestimmter Zeit von mir Erfahrenes, das mich nun in Anspruch nimmt.

Halten wir uns bei etwas Kommendem oder Gewesenem auf, dann reichen wir in das Kommende und Gewesene hinein, erwarten, behalten, erinnern usw. etwas. Das aber könnten wir gar nicht, wenn uns das Gewesensein und Zukünftigsein nicht schon *gleich ursprünglich* wie das Gegenwärtige offen stünde. Sein ist uns in diesen *drei Erstreckungen der Zeit* (Gegenwärtigsein, Gewesensein, Zukünftigsein) ursprünglich gegeben und zugänglich. Das Sein im Sinne des Anwesens ist daher nicht vergänglich, nicht weil es ewig dauert, sondern weil es kein Vorhandenes ist, das jetzt nicht mehr vorhanden sein

---

4 M. Heidegger, *Die Metaphysik des deutschen Idealismus* (Schelling), Gesamtausgabe, Bd. 49, Frankfurt/M. 1991, 49f.

könnte. Die drei Zeitdimensionen sind eben nicht im Nacheinander der Jetzte, sondern in *gleicher* Weise zeitig, gegeben.

Das Innestehen im Angang von Anwesenheit (des Seins) in den drei Weisen der weltweiten Erstreckung ist die Weise, wie uns zu sein gegeben ist, wie wir zu sein haben, wie wir zeitlich Sein empfangen und wie das Sein im Da sich lichtet. Mit dieser Analytik der Zeitlichkeit legt Heidegger das ontologische Fundament philosophischer Disziplinen frei. Hervorgehoben sei hier nur die Bedeutung für die philosophische Anthropologie (1), Ethik (2) und Religionsphilosophie (3).

1. Das Wesen des Menschen (das Menschliche des Menschen) ist nicht nivellierend vom Lebewesen her zu bestimmen, sondern vielmehr aus dem Seinsverständnis, das den Menschen vor allen Seienden auszeichnet, bzw. aus der (leiblich ausgetragenen) vernehmenden Offenständigkeit zur Welt im Angang des Anwesens – nicht nur des Gegenwärtigen, sondern auch des gleich ursprünglichen Zukünftigen und Gewesenen. Im Inne-stehen des Angangs von Anwesenheit (d.h. des Seins) besteht so der Mensch in der weltweiten Spannweite der „Zeitdimensionen" von Zukunft, Gegenwart und Gewesenem.

2. Wir erfahren, daß wir jeweils unumgänglich *zu sein haben* und es um das Frei- und Offensein für diesen Anspruch geht. Wir stehen so immer unter dem Anspruch der Anwesenheit und insoweit ist uns zu sein aufgegeben. Das alles liegt vor jeder Entzweiung in faktisch jetzt Vorhandenes und in ein Sollen (im Sinne sittlicher Ideale oder überzeitlich geltender Werte). Besagt Ek-sistenz das offenständige Ausstehen, Durchstehen und sorgende Übernehmen der Wahrheit des Seins als und im Anwesen mit- und füreinander, so läßt sich schon hier das fundamentalethisch-praktische Existenzverständnis heraushören, da es im Dasein jeweils um ein so oder so Zusammenbringen und Verfügen des Vergangenen, Gegenwärtigen und Bevorstehenden geht: um ein verantwortliches Einverwandeln des Gewesenen in das Kommende.

3. Daß wir überhaupt Zeit zur Verfügung haben, weil wir aus einem schon Waltenden die Zeit zu sein entgegennehmen, empfangen und nicht primär die Geber der Zeit sind, kann auch für die Grundlegung einer Religionsphilosophie oder philosophischen Theologie bedeutsam sein. Wir haben die Zeit in unserer „alltäglichen, humanen und geschichtlichen Existenz, die uns im Mit- und Füreinandersein geschenkt ist"[5], weil *es* die Zeit als Zeit-Gabe gibt. Heißt nicht solche Anwesenheit als Gabe empfangen, sie einem sich zurückhaltenden Geben zu verdanken?

---

5 M. Heidegger, *Zollikoner Seminare*, a.a.O., 65.

Philosophie der Informations- und
Kognitionswissenschaften

NETZ-EUPHORIEN. ZUR KRITIK DIGITALER UND SOZIALER NETZ(WERK)METAPHERN

GERHARD FRÖHLICH (LINZ)

1 Das Netz als Symbol des Fangens und Sammelns

Netz „(1) ein aus weiten Maschen bestehendes Gestrick ... Synonym Garn ... (2) Fangnetz..." Grimm, Deutsches Wörterbuch, 1889

Netz-Metaphern („Netz", „Netzwerk", „Vernetzung", „vernetzen") finden seit geraumer Zeit in vielfältigsten Diskursen und Kontexten fast inflationäre Verwendung. Angesichts der Karriere dieser Textil- bzw. Handwerksmetaphern, dieser technomorphen (Ernst Topitsch) Modelle in zahlreichen gesellschaftlichen Feldern stellt sich die Frage nach den Wurzeln ihrer Attraktivität: Ist dieses Netz-Gerede ideologisch im Sinne des Verhüllens der Wirklichkeit, des Nutzens für bestimmte Gruppeninteressen? Welche emotionalen Bedürfnisse und Sehnsüchte werden hier befriedigt? Sind die mit der Netzmetaphorik verbundenen Vorstellungen realitätshaltig oder illusionär? Ist das „Netz"-Gerede euphemistisch, oder hat dieser Wortgebrauch auch einen gewissen Realitätsgehalt in gesellschaftlichen Entwicklungstendenzen?

Netze haben als Symbole in verschiedenen Kulturen eine lange Tradition, vor allem als Symbole des Einfangens und Sammelns:[1]

Orientalische Gottheiten werden des öfteren mit Netzen dargestellt, mit denen sie die Menschen unterwerfen oder an sich ziehen. Der griechische Schmiedegott Hephaistos umfing seine untreue Gattin Aphrodite und ihren Liebhaber Ares während des Liebesaktes mit einem Netz aus unzerreißbarem Draht, um beide dem Spott der Götter preiszugeben. Die nordische Meeresgöttin Ran fischt mit einem Netz die Ertrunkenen auf und führt sie in ihr Totenreich. Der Heros Maui der polynesischen Mythen fing in einem Netz die Sonne. Das Spinnennetz symbolisiert in Indien die kosmische Ordnung. Im Neuen Testament steht das Netz für Gottes Einsammeln und Auslesen der Menschen für das Reich Gottes. Frühe christliche Darstellungen zeigen das „Menschenfischen" der Apostel mit dem Netz. Das Netz mit kleinen Fischen kann für die Kirche stehen.

In Indien wird die trügerische Sinnenwelt vom Spinnennetz symbolisiert, das schwache Menschen umfangen hält, von Weisen aber zerrissen werden kann. Im Himalaja finden sich Dämonenfangnetze. In europäischen Darstellungen sind Tod und Teufel mit Netzen unterwegs, um Menschen aller Stän-

---

1 vgl. Herder-Lexikon 1978, 117; Biedermann 1989, 306; Heinz-Mohr 1991, 237f.; Grimm 1991

de und Berufe einzufangen. In Altpersien symbolisiert das Netz den Mystiker, welcher mit einem Netz die Erleuchtung „einfangen" möchte. Tiefenpsychologen deuten den Fischfang mit dem Netz auch als Ausdruck einer aktiven Auseinandersetzung mit dem Unbewußten. Im Alten Testament drückt das Netz mitunter Angst (Enge, Beklommenheit) aus. Seltener wird das Netz als Symbol weitläufigen Verknüpftseins verwendet.

Am neueren Metapherngebrauch interessiert, daß die negativen bzw. ambivalenten Netz-Bedeutungen bzw. -Konnotationen (Gefangensein im Spinnen-, Fangnetz) zurückgedrängt wurden, zugunsten neuer, positiver (Geborgenheit, Sicherheit, Vielfalt an Kontakt- bzw. Auswahlmöglichkeiten, Dazugehören, „In"-sein, über „Sozialkapital" (Bourdieu) zu verfügen). Dies soll im folgenden exemplarisch untersucht werden, anhand der Vorstellungen, die mit Computernetzen und sozialen Netzwerken verbunden werden.[2]

2 Verheißungen: Computernetze als elektronische Schlaraffenländer

Mit neuen technologischen Entwicklungen sind in der Regel sowohl Hoffnungen als auch Befürchtungen verbunden. Kaum eine neuere technologische Entwicklung hat jedoch so uneingeschränkte Akzeptanz, ja positive psychische und soziale Besetzung erfahren wie die Entwicklung der Computernetze. Unter Computernetzen versteht man (in Kontrast zu Großrechnern mit sternförmig angebundenen unselbständigen Terminals) unabhängige Computer[3], die miteinander verbunden sind und mittels einschlägiger Software wechselseitig Dateien inkl. Programme übertragen, übernehmen, nutzen können.

Computernetzen werden in wissenschaftlicher Literatur, Medienberichten, Internet-Diskussionslisten fast ausschließlich positive Effekte, vor allem

---

2   Aus Platzgründen ausgespart bleiben hier u.a. Netzwerkkonzepte in den Wirtschaftswissenschaften (strategische Netzwerke, vernetztes Management), Netzwerkkonzepte von Wissenschaft (Wissenschaften als Knotenpunkte von Verkehrsnetzen des Transports von Konzepten (Michel Serres), Netzwerkanalysen in der Wissenschaftsforschung, Suchnetze im Information Retrieval), Vilém Flussers Netz-Anthropologie und -Kommunikologie sowie die Betrachtung menschlicher Symbolsysteme (Sprachen, Wissensbestände) als lückenhafte Netze – als Seetangnetze mehr oder minder zuverlässigen Wissens im Ozean menschlichen Nichtwissens.

3   Diese „Emanzipation" der PCs scheint aber kein irreversibler Trend zu sein. Zur Zeit befinden sich neben internettauglichen TV-Apparaten neue Generationen von Billigcomputern („Netzwerk-" bzw. „Interpersonal" Computern) in Entwicklung, welche – ohne Festplatte und Programme ausgestattet – die jeweils benötigte Software aus dem Netz beziehen; die Abhängigkeit einzelner Computer von übergreifenden oder organisationsinternen („Intranets") Netzen bzw. Zentralen ist demnach unterschiedlich abgestuft.

folgende „segensreiche" Auswirkungen zugeschrieben: Die Computernetze würden alle geographischen Entfernungen überwinden, mithin alle Disparitäten zwischen Zentrum und Peripherie, Metropolen und Provinzen, Stadt und Land, Erster und Dritter Welt, Männern und Frauen auflösen; ja das Materielle an sich zum Verschwinden bringen, insbesondere die Macht von Kapital und Waffengewalt und verschiedenster materieller Unterschiede zugunsten des universellen Prinzips der Information; allen „Computervernetzten" mühelosen Wissenserwerb bzw. voraussetzungslose, sofortige Teilhabe am Wissen, ja an der „kollektiven Intelligenz" der Menschheit ermöglichen. Der freie Fluß der Information bewirke allumfassende, tiefgreifende Dezentralisierung[4] und Demokratisierung verschiedenster gesellschaftlicher Bereiche oder gar der gesamten Gesellschaft und eine bisher einmalige Entfaltung und Vertiefung der menschlichen Kooperation.

Ähnliche und darüber hinausgehende positive Effekte werden auch einzelnen Komponenten bzw. Diensten der Computernetze zugeschrieben, v.a. Online-Datenbanken und (noch in Entwicklung befindlichen) Expertensystemen: Demokratisierung der Information, Transformation der repräsentativen in eine partizipatorische Demokratie, Reduzierung unbegründeter materieller Vorteile einzelner Personen, Eindämmung der Überbevölkerung in den und forcierten Wissenstransfer in die Länder der sog. Dritten Welt.[5]

Häufig werden Computernetzwerke auch mit Körpermetaphern beschrieben: als Nervensystem künftiger Gesellschaften (vgl. z.B. Gould 1989, 1), als globale Extension des menschlichen Nervensystems (Vilém Flusser), ja als lebendiges Wesen.[6]

Als für die beschriebenen vielfach verbreiteten optimistischen Positionen durchaus typisch sei hier auszugsweise der Call for Papers zum Symposium „Theories and Metaphors of Cyberspace" (Wien 1996) zitiert:

„Soon, the whole of human knowledge will directly available to any person with access to a networked computer. Moreover, communication between individuals will become much easier, faster and more transparent. ..These changes will affect and deeply transform all aspects of society: education (distance learning, electronic universities), work (telework, groupware), commerce (electronic cash and banking), the media, government (electronic democracy), health, science and technology... It seems as though society's collective intelligence will increase manifold, perhaps producing an evolutionary transition of a higher level of intelligence" (futurec@uafsysb.uark.edu)

---

4   Auch Hermann Lübbe (1996) sieht kulturelle und politische Dezentralisierung als einen Effekt des von ihm konstatierten zivilisatorischen Trends der „Netzverdichtung" an.
5   Vgl. dazu und zu Quellen und Originalzitaten Fröhlich 1995.
6   Konrad Becker, Ars Electronica 1995, Künstlerforum.

3 Exemplarische Kritik der Computernetz-Utopien

Die (wenigen) kritischen Stimmen in wissenschaftlicher Literatur, Medienberichten und Internet thematisieren u.a. folgende Aspekte: Das Internet fördere die weitere Verbreitung der englischen Sprache und bewirke die Zurückdrängung aller übrigen (anglophoner „Kulturimperialismus"); dies führte v.a. auf frankophoner Seite zu verschiedenen Gegeninitiativen zur Förderung französischsprachiger news groups und WWW-homepages. Manche konventionelle Buchverleger äußern die Sorge, das Internet würde das Verlagswesen zerstören und sohin das Niveau der Veröffentlichungen senken. Einige Autoren befürchten einen „Kontrollverlust", d.h. die Erosion des traditionellen formalen Systems der Wissenschaftskommunikation mit ihrem Kontrollsystem von Herausgebern und anonymen Gutachtern (Beniger 1988). Gewisse kritische Szenarios, die mittlere Zukunft der wissenschaftlichen Produktion und Kommunikation betreffend, prognostizieren eine Verdrängung des traditionellen wissenschaftlichen Autors durch Computernetze als kollektive Erkenntnissubjekte.[7] In der Sensationsberichterstattung der Medien werden in jüngerer Zeit (Einzel)Fälle von Computerkriminalität und -spionage, (Kinder-)Pornographie, rechtsradikaler Propaganda in den Netzen hervorgehoben. Ein fundamentalkritischer Autor (Clifford Stoll 1996) bezeichnet das Internet als Wüste, als „hochgejubelte, inhaltsleere Welt" (ebd., 336) und kontrastiert die zahlreichen Versprechungen der Netz-Protagonisten mit der banalen, mühsam-zeitraubenden Alltagsrealität und dem geringen Nutzen der Computernetze für den wissenschaftlichen und sonstigen beruflichen Alltag.

Betrachten wir exemplarisch einige der oben angeführten Verheißungen näher: die Auflösung räumlicher Ungleichheiten, den freien Fluß der Information, die Mühelosigkeit des Wissenserwerbs. Sie alle weisen eine egalitäre und harmonistische Grundtendenz auf.

3.1 Auflösung räumlicher Ungleichheiten?

Die Aufhebung der Ungleichheiten zwischen Zentrum und Peripherie, Metropolen und Provinzen, Stadt und Land, Erster und Dritter Welt wird den Computernetzen als positive Effekte zugeschrieben.

Bereits die Fokussierung der Anwendung von Informationstechnologien auf Neue Medien bzw. auf öffentlich zugängliche Netze bzw. Netzsektoren ist ideologisch: Sie lenkt davon ab, daß mittels Informationstechnologien –

---

7 „If the computer is capable of generating proofs, what will be the role of the theoretical scientist? If a computer can prove the four-color theorem, why not suppose that a supercomputer network could generate such monumental works as that of Bertrand Russell and Alfred N. Whitehead?" (Boesch 1989, 158)

als primär (militärische, wirtschaftliche) Kontrolltechnologien – Macht nicht dezentralisiert wird, sondern im Gegenteil die immer effizientere Fernkontrolle und -steuerung von militärischen bzw. wirtschaftlichen Operationen von wenigen Zentren aus möglich wird. Schätzungen der Ökonomin Saskia Sassen zufolge finden ca. 80% aller die Weltwirtschaft betreffenden Computernetz-Transaktionen innerhalb Manhattans statt.[8] Sassen (1994) hat anhand ihrer Analysen zur Macht- und Kapitalkonzentration in den „Weltstädten", d.h. den für die Weltwirtschaft relevanten Großstädten (v.a. Tokio, New York, London) die weiterhin, ja verstärkt wirkenden kumulativen Vorteile verdichteter Räume herausgearbeitet: Vom vielerorts proklamierten Ende der Städte, von der Auflösung des Raumes, der breiten Streuung von ökonomischer Potenz könne keine Rede sein. Die Entwicklung und Verbreitung von Telekommunikation und Computertechnologien habe im Gegenteil eine weitere Verdichtung und Konzentration von Macht und Kapital in den Weltstädten mit sich gebracht.[9]

3.2 Freier Fluß der Information?

Viele Netz-Protagonisten behaupten (manche fordern) den freien Fluß der Information in den Computernetzen. Auf dem Hintergrund sozialwissenschaftlicher Theorien, etwa der Figurationstheorie von Norbert Elias (1982, 1984) oder der Feld- und Distinktionstheorie Pierre Bourdieus (1987, 1990), erscheint es jedoch als wesentlich realitätsgerechter, Computernetze als soziale Felder wie andere, mithin auch als vertikal geschichtete Konkurrenzfelder zu sehen: Auch in Computernetzen verfügen Akteure über mehr oder weniger Handlungsressourcen, verfolgen Ziele, möchten Ansehen erringen, Gruppen bilden, andere ausschließen etc.[10] Macht ist eine Struktureigentümlichkeit aller sozialen Beziehungen (Elias). Die Quelle von Macht ist die Kontrolle über (Handlungs-)Ressourcen, die andere benötigen. In den verschiedenen sozialen Konkurrenzfeldern sind daher weiterhin Informationsvorenthaltung, -blockierung, -verzögerung effektive Strategien. Handlungsrelevante (d.h. immer auch: zum richtigen Zeitpunkt vorliegende) Informa-

---

8 Vortrag „Power and Marginality in Cyberspace" bei der Ars Electronica 1995.
9 Zu ähnlichen Resultaten zum Konnex von Geld, Macht und Raum kommen auch die Untersuchungen der Ökonomen Stuart Corbridge et al. 1994.
10 So erfolgt im sog. World Wide Web (WWW), dem bekanntesten Internet-Dienst, über das Einrichten von links (zwecks automatischem Verbindungsaufbau zu anderen Anbietern) die Zuteilung von sozialem bzw. symbolischem Kapital, können sich Seilschaften (ähnlich den Zitationskartellen in der Wissenschaftskommunikation) gegenseitig fördern und andere benachteiligen, ausgrenzen. Zu „Hahnenkämpfen" (Clifford Geertz), d.h. Auseinandersetzungen um Prestige im Internet vgl. Helmers 1996.

tionen,[11] sowohl strukturelle als auch praktische Detailinformationen, sind weiterhin wertvolle, knapp gehaltene Güter. Für sie gilt (wie generell für Bildungs- bzw. Kulturkapital, vgl. Bourdieu), daß ihre allgemeine Verbreitung ihren Handlungs- und Distinktionswert sinken läßt. Relevante Informationen werden daher zurückgehalten oder als Geschenk und Belohnung eingesetzt, als Beratungsleistung teuer verkauft. Viele Professionen und sonstige mächtige Gruppen unserer Gesellschaft leben von Zurückhaltung von Information. Es ist mehr als fraglich, warum – wie viele euphorische Berichte und Szenarios unterstellen – im Internet eine neue Freigiebigkeit, einer neuer Altruismus, ein Kommunismus des Wissens walten sollte.[12]

Die über das Internet öffentlich und kostenlos zugänglichen Informationen sind (vor allem im World Wide Web) großteils unter Public Relations und „Infotainment" einzuordnen; sonstige unter Umständen nützliche Informationen sind (unter anderem aufgrund von Sperrfristen) oft veraltet bzw. von geringer Relevanz für die alltägliche, auch für die alltägliche wissenschaftliche Arbeit. Im Gegensatz zur oft wiederholten Behauptung, das Internet sei öffentlich und kostenfrei, ist nur ein Teil der Netzsektoren tatsächlich frei (das heißt ohne Zugangsbeschränkungen, etwa mittels geheimer Paßwörter), und – abgesehen von den ohnehin anfallenden Übertragungskosten – ein noch kleinerer Teil kostenlos zugänglich. Der freie Fluß der Information ist eher eine (realitätsferne) Utopie, allenfalls eine regulative Idee.

3.3 *Mühelosigkeit des Wissenserwerbs?*

Der augenblickliche und mühelose Zugriff zum Wissen „der Welt", „der Menschheit" mittels Computernetzen wird wiederholt behauptet. Welche Art von Wissen bzw. Information ist tatsächlich im Internet bzw. in Online-Datenbanken gespeichert und daher abrufbar? In den news groups bzw. listservern dominieren persönliche Meinungsäußerungen und Geschwätz. Wie bereits betont, ist der Großteil der ansonsten öffentlich und kostenlos abrufbaren Informationen, insbesondere im WWW, als P.R.-Informationen bzw. Werbung zu charakterisieren. In kostenpflichtigen Online-Datenbanken

---

11   Mit Rainer Kuhlen (1995, 42) wird hier unter Information „der Teil aktivierten erarbeiteten Wissens" verstanden, „der in konkreten, in der Regel professionellen Problemsituationen zur Lösung dieser Probleme zum Einsatz kommt... Information ist aus informationswissenschaftlicher Sicht Wissen in Aktion."

12   Die verbreiteten harmonistischen Computernetz-Darstellungen lassen allerdings auch (ähnlich wie bei diversen Gruppendynamik- und Psychotrainings) gewisse kompensatorische Funktion zu den realen Konkurrenzverhältnissen vermuten – Konkurrenz in der Nähe, Solidarität in der Ferne: Man sendet der Kollegin nach Australien per e-mail, was man dem Kollegen im Nebenzimmer nicht gönnt.

finden sich vornehmlich Abstracts wissenschaftlicher und sonstiger Zeitschriftenaufsätze (im Umfang von einer halben bis ganzen Seite DIN A4), sowie immer mehr Tages- und Wochenpresse im Volltext. Die angeblichen virtuellen Bibliotheken stellen sich bei näherer Betrachtung (über telnet, gopher, WWW) als bloße elektronische Zettelkataloge (OPACs) heraus, mit Bestandsnachweisen von Büchern, manchmal auch von anderen Materialien, dies allerdings kostenfrei.

In der Regel ist mithin weiterhin (insbes. aufgrund von Urheberrechtsproblemen) die Beschaffung der Originaltexte über Bibliotheken bzw. Buchhandlungen erforderlich. Elektronische wissenschaftliche Zeitschriften und elektronische (insbes. Sach-) Bücher im Volltext werden im Internet erst in geringer Anzahl angeboten, erstere immer öfter kostenpflichtig und v.a. auf dem Gebiet der computerunterstützten Kommunikation, Virtual Culture, Informationswissenschaft. Über ftp-server, gopher und WWW sind zahlreiche Texte unterschiedlicher Qualität abrufbar, die als „Graue Literatur" eingestuft werden können.

Nur selten enthalten Datenbanken bzw. Internet-Dokumente für einen Laien-Endnutzer aufbereitetes propositionales Wissen. Die geistige Verarbeitung und Integration der angebotenen Informationen bleibt – wie bei der gewohnten Rezeption in Papierform – den Rezipienten weiterhin nicht erspart. Die Überzeugung vieler Online- und insbes. Hypertext-Jünger, durch das Herumhüpfen zwischen elektronischen Karteizetteln mit jeweils einigen kurzen Sätzen Zugang zum „Wissen der Welt" zu erhalten, verkennt die Komplexität handlungs- oder theorierelevanten Wissens. Die Rede vom „Wissen der Menschheit" bzw. „Weltwissen" übersieht überdies die disziplinäre, paradigmatische, organisatorische Zersplitterung der Wissensbestände.

Ist „Instant-Wissen" auf Knopfdruck bzw. Mausklick möglich? Selbst wenn der freie Fluß der Information gelänge: die Nutzung von Informationen erfordert (einverleibtes) Bildungs- bzw. Kulturkapital, zu seiner optimalen Verwertung überdies ökonomisches, soziales, symbolisches Kapital (Bourdieu). Bei der Proklamierung egalitärer Freiheit und Demokratisierung über Computernetze wird von den (eher weißen, männlichen, überdurchschnittlich gebildeten, logozentristischen) Internet-Nutzern gerne übersehen, daß sie sich in einem Feld befinden, in dem ihre eigenen Kompetenzen Trümpfe im Spiel sind, sohin diese Kompetenzen gesellschaftlich und global höchst ungleich verteilt sind: In ihren egalitären Szenarios schwingt die „Illusion des sprachlichen Kommunismus" (Bourdieu) mit. De facto kämpfen die Online- bzw. Netz-Jünger für den Wert ihrer Chips im sozialen Spiel – für den Wert ihres akkumulierten (Kultur-)Kapitals – ihres Know-hows im

Umgang mit Computern,[13] ihrer sprachlichen Originalität etc.

Ist die Rede von der Aufhebung aller materiellen Unterschiede, vom freien Fluß der Information und vom mühelosen Wissenserwerb und den damit verbundenen sozialutopischen egalitären Verheißungen mithin bloß ein „trojanisches Pferd", eine Legitimationsideologie zur Durchsetzung von digitalen Technologien diversester Art?[14] Geweckte Erwartungen können sich allerdings auch verselbständigen: Techno-Utopien müssen nicht in ihren legitimatorischen Funktionen aufgehen, sondern sie können auch dazu motivieren, ihre Versprechungen ernst zu nehmen und zu verwirklichen zu suchen und so (in Grenzen) Technologien umzugestalten und neue Verwendungsfelder zu erschließen – denn Technologien bestehen nicht nur aus Geräten und technischem Wissen im engeren Sinne, sondern auch aus Werten, Normen und dem prozeduralen Wissen, der abweichenden Kreativität ihrer Verwender.[15]

4 BIG MOTHER: *Soziale Netz(werk)-Metaphern*

Netz-Metaphern haben nicht nur im Computersektor weite Verbreitung gefunden, sondern auch in verschiedensten sozialen bzw. sozialwissenschaftlichen Kontexten. Diese sollen im folgenden exemplarisch anhand der Netz-Metaphoriken aus Alternativbewegung und sozialer Netzwerk-Forschung betrachtet werden.

4.1 *Die Netz(werk)e der Alternativ- bzw. Selbsthilfebewegungen*

Bereits in den verschiedenen Strömungen der sog. Alternativbewegung der 70er- bzw. 80er-Jahre (später Neue Soziale Bewegungen genannt), deren „harter Kern" aus sogenannten alternativen Projekten (selbstverwalteten Betrieben, Sozial-, Bildungs- und Kulturprojekten, Wissenschaftsläden, Öko-Instituten) bestand, fungierten „vernetzen" bzw. „Netzwerk" als Schlüsselbegriffe: die zwanglose, vorsichtige Koordination und Außenvertretung der zahlreichen zersplitterten, nach dem Prinzip von „small is beautiful" organi-

---

13 Dies zeigt auch die Häme erfahrener Internet-Jünger gegenüber den Fehlern von Netz-Novizen.
14 Der tagtägliche Neuigkeitshunger der Massenmedien ist unersättlich. Neues ist Deviantes, vom Gewohnten Abweichendes. Doch Katastrophen, Hungersnöte, Raub und Mord sind nicht unbedingt das optimale Werbeumfeld für die Hard- und Softwarebranche: Jubelbotschaften aus der Welt der Computernetze lindern den medialen Mangel an positiven aufregenden Neuigkeiten.
15 Angeblich ist das Internet selbst ebenfalls aus der devianten Kreativität verschiedener Nutzer entstanden, welche das ursprünglich für Zwecke der militärischen und dann allgemein universitären Forschung geplante Netz „umfunktionierten".

sierten und (groß-) organisationsfeindlichen Initiativen, Projekte und Gruppen sollte in losen regionalen, überregionalen und/oder branchenspezifischen Zusammenschlüssen („Netzwerken"), gefördert werden.

Welche großen Erwartungen bereits Ende der 70er-Jahre in Netzwerke gelegt wurden, sei am Beispiel von Marilyn Ferguson (1982, USA c1980), einer Protagonistin der mystischen Fraktion der Alternativbewegung illustriert: „Ein führerloses, aber dennoch kraftvolles Netzwerk arbeitet, um in dieser Welt eine radikale Veränderung herbeizuführen. Seine Mitglieder haben sich von Grundkonzeptionen westlichen Denkens losgesagt und dabei die Kontinuität der Geschichte möglicherweise unterbrochen. Dieses Netzwerk ist die sanfte Verschwörung im Zeichen des Wassermanns." (ebd., 25)

Welche Funktionen hat dieses Netzwerk (von dem Ferguson abwechselnd im Singular und Plural spricht)? „Schritt für Schritt nehmen jene, welche die transformative Entwicklung durchlaufen, das Vorhandensein eines großen unterstützenden Netzwerkes wahr. .. Das Netzwerk .. bietet moralische Unterstützung, Rückkoppelung, eine Möglichkeit zur gegenseitigen Entdeckung und Bekräftigung, Ungezwungenheit, Innigkeit..." (ebd., 129) Netzwerke seien ein Werkzeug der Transformation und Revolution: „Jeder, der die schnelle Ausbreitung der Netzwerke entdeckt und ihre Stärke begreift, kann den Impetus zu einer weltweiten Transformation erkennen. Das Netzwerk ist die unserer Zeit gemäße Institution: Ein offenes System, eine dissipative Struktur .. in einem dauernden Fließen .. , bereit zur Neuordnung und zu einer endlosen Transformation fähig." (ebd., 247) Nach Fergusons Überzeugung dienen die Netzwerke „der gegenseitigen Unterstützung und Bereicherung, der Stärkung des einzelnen" und bieten „schier unerschöpfliche Möglichkeiten zu gegenseitiger Hilfe und Unterstützung." (ebd., 248f.) Ferguson verkündet offensichtlich die Harmonie zwischen den Interessen des einzelnen und der Kollektive. Ein Netzwerk sei ein kollektiver Körper-Geist (Argüelles): „Das Netzwerk ist ungeheuer befreiend. Das Individuum steht im Mittelpunkt." (ebd., 249)

Woraus besteht dieses, was ist dieses so verheißungsvolle Netzwerk? Nähere Lektüre zeigt, daß die Autorin Selbsthilfegruppen[16], welche sich mit den Problemen von „Pensionierung, Witwenschaft, Übergewicht, Scheidung, Kindesmißhandlung, Drogenmißbrauch, Spielleidenschaft, emotionelle Störungen, Behinderungen,.. Tod eines Kindes" (ebd., 254) befassen, Nahrungsmittelkooperativen, gemeinsame Autobenützung, Nachbarschaftshilfe und gemeinsame Kinderpflege (sohin frühere Familienfunktionen substituie-

---

16 Gruppen dieser Art werden in der Sozial- und Wirtschaftsforschung weniger prätentiös u.a. unter Begriffen wie „Selbstorganisation" (Badelt 1980) oder „Freiwilligenarbeit" gefaßt.

rende Alltagsbetätigungen bzw. – beziehungen) als dieses die Welt revolutionierende Netzwerk auffaßt. Die Struktur der Netzwerke zeichnet Ferguson als geknüpfte Fischernetze mit einer Vielzahl von Knoten unterschiedlicher Größe, von denen jeder mit allen anderen direkt oder indirekt verbunden sei. Die Ausführungen der Autorin kulminieren in der Prognose: „Die Explosion der Netzwerke in den letzten fünf Jahren ähnelt einer Feuersbrunst in einer Feuerwerksfabrik. Diese spiralförmige Verbindungskette – der einzelnen Menschen untereinander, der Gruppen mit anderen Gruppen – ähnelt einer großen Widerstandsbewegung, einem Untergrund in einem besetzten Land am Vorabend der Befreiung. Die Macht geht von sterbenden Hierarchien in die Hände der lebendigen Netzwerke über." (ebd., 251)

4.2 Soziale Netzwerk-Forschung

Heiner Keupp, obzwar selbst Mitherausgeber eines Sammelbandes zur sozialwissenschaftlichen Forschung über soziale Netzwerke (vgl. Keupp/Röhrle 1987), bezeichnet das Netzwerkkonzept als „von bemerkenswerter Schlichtheit". Es betone die Tatsache, daß Menschen mit anderen sozial verknüpft seien und vermittle für dieses Faktum eine bildhafte Darstellungsmöglichkeit: „Menschen werden als Knoten dargestellt, von denen Verbindungsbänder zu anderen Menschen laufen, die wiederum als Knoten symbolisiert werden." (Keupp 1987, 11f.) Das Netzwerkkonzept gehöre zu jener Art sozialwissenschaftlichen Wissens, bei dem sich der Laie frage, „warum Wissenschaftler von trivialen Alltagsphänomenen so viel Aufhebens machen." (ebd., 12). Das Netzwerkkonzept erschließe keine umwälzenden neuen Erkenntnisse, es sei „ein dürres Konzept mit der Last der großen Hoffnungen" (ebd., 11)

Keupp erklärt sich die erstaunliche Konjunktur des Netzwerkkonzeptes in den Sozialwissenschaften mit außerwissenschaftlichen Erwartungen, einem Messianismus der New-Age-Weltanschauung, dem Mitschwingen normativer bis utopischer Akzente, der Sehnsucht nach Lebensformen, welche wechselseitige Unterstützung, Vertrautheit und ein Gefühl von Zugehörigkeit bieten könnten, als Reaktion auf die Klage nach der „verlorenen Gemeinschaft" in den Gemeinden.[17]

Das Netzwerkkonzept werde häufig mit einer einzigen der vielen Funktionen sozialer Netzwerke gleichgesetzt, nämlich mit jener der sozialen Unterstützung. Insbesondere im gesundheitsbezogenen Zweig der Netzwerkforschung werde fast nur noch vom „Unterstützungswerk" gesprochen," als

---

17 Es handelt sich hier offensichtlich um eine der vielen Neuauflagen des Gegensatzes zwischen „Gemeinschaft" und „Gesellschaft" (Tönnies), wobei die neuen Gemeinschaften allerdings nicht mehr unbedingt örtlich gebunden sind.

Puffer gegen erfahrene Belastungen oder als Schutzschild gegenüber drohenden Krisen und Problemen." (ebd., 29)

Netze bzw. Netzwerke werden also – in der Gemütsruhe des Wohlfahrtsstaates – weithin für die großen Unterstützer, die großen Mütter gehalten. Netze entsprechen demnach dem traditionellen Klischee von Mütterlichkeit: bloß gewährend und fördernd, kaum fordernd, das Individuum unterstützend, ohne allzu große Gegenleistungen zu erwarten – Symbol für eine gewünschte lose Vergesellschaftung, die dem Individuum fast nur Nutzen bringt und nur geringe Kosten verursacht.

5 Zur Kritik sozialer Netz-Metaphern

5.1 Netze als Projektionsfelder von Hoffnung

Warum wurden und werden so große Hoffnungen in die Netzmetaphorik gesetzt? Oppositionelle soziale Bewegungen, so auch die Protest- und Alternativbewegungen der letzten Jahrzehnte, benötigen zur Motivierung ihrer Aktivisten und zur Rekrutierung neuer Anhänger reale oder fiktive Orte, an denen die angestrebten Veränderungen entweder bereits durchgesetzt oder zumindest im Gang seien, d.h. Projektionsfelder von Hoffnungen: seien es mehr oder weniger ferne Länder (UdSSR, China, Vietnam, Kuba..), bestimmte Menschengruppen („das Proletariat", Randgruppen), Organisationsstrukturen (die Gesellschaft an sich – nach ihrer Umwälzung, die (Kader-) Partei, die Gruppe[18], das Projekt), das Individuum (der Körper, die Psyche). Alle diese Hoffnungsfelder haben sich als enttäuschungs- und modeanfällig erwiesen, als Medium der Distinktion, der Voneinanderabhebung von anderen oder nachfolgenden Gruppen bzw. Bewegungen. Nunmehr fungieren Netze, sowohl soziale als auch technische, als neue politische bzw. soziale Projektionsfelder von Hoffnung.

Im Zuge „alternativer" Technik- und Wissenschaftsverdrossenheit[19] haben technisch-naturwissenschaftliche Begriffe (z.B. System, synthetisch, mechanisch) an Attraktivität verloren oder sich gar in Feindbilder verwandelt. Die Dominanz von Textil- und (Kunst-)Handwerks- bzw. Handarbeitsmetaphern (z.B. Knoten, verknüpfen, weben) kann als Konzession an den Öko-Zeitgeist interpretiert werden. Sie vermitteln zudem – angesichts immer stärkerer Funktionendifferenzierung in einer Welt anonymer Großorganisationen und

---

18 Vgl. den früheren gleichnamigen Bestseller von Horst Eberhard Richter (1972) mit dem Untertitel „Hoffnung auf einen Weg, sich selbst und andere zu befreien"

19 Vgl. dazu Schneeberger et al. 1985. Als ein wichtiger Auslöser bzw. Verstärker fungierte dabei sicherlich Frederic Vesters (1978) internationale Wanderausstellung „Unsere Welt – ein vernetztes System."

großtechnischer Systeme und sohin der objektiv verstärkten Abhängigkeit der Gruppen bzw. Individuen von unüberschaubar vielen und langen Handlungsketten – die Illusion eigener Aktivitätsmöglichkeit, Kontrollerwartung, Gestaltbarkeit: das „Netz" ist ein „softer", euphemistischer Systembegriff.[20]

5.2 „Vernetzung": Vergesellschaftung light

Wir befinden uns in einem gesellschaftlichen Entwicklungsstadium, welches bereits in einem offiziellen Bericht der deutschen Bundesregierung als „Single-Gesellschaft" betitelt wurde, mit einem steigend hohen Anteil an „postmodernen", hoch individualisierten und mobilen Mittelschicht-Aufsteigern mit maßlos überhöhten Kontrollerwartungen[21]. Diese bevorzugen für ihre Alltagsdiskurse bildhafte Repräsentationen, Metaphern für mühelose Vergesellschaftung, haben starke Distinktionsbedürfnisse (Bourdieu), d.h. Bedürfnisse nach sozialer Abhebung, insbes. von traditionellen Kleinbürgern und ihren Vergesellschaftungsformen, etwa in Form des klassischen Vereinswesens; sie präferieren eher egalitäre bzw. sozial durchlässige, d.h. sozialen Aufstieg ermöglichende Vorstellungen von Gesellschaft, zumindest von jenen Feldern, in denen sie selbst tätig sind. Die neuen Netzbegriffe (welche die Bedeutung des Fangnetzes weitgehend verloren haben) unterstellen Flachheit, gleich starke Fäden, gleichmäßig gestrickte Maschen, Egalität der Knoten, vermitteln zugleich auch ein Gefühl der (nicht allzu einengenden) Zusammengehörigkeit. Das Netz ist auch eine Metapher für (mühe-)lose, jederzeit reversible Vergesellschaftung; „Vernetzung" steht für Vergesellschaftung „light". Im Lichte etwa der Zivilisations- und Figurationstheorie von Norbert Elias und der Feldtheorie Pierre Bourdieus handelt es sich hier sicherlich um äußerst ideologische, illusionäre Vorstellungen, welche die Kosten der Vergesellschaftung[22] und ihren Zwangscharakter leugnen. Hinter der Idee der „Vernetzung" steht zudem die realitätsinkongruente Vorstellung, gesellschaftslose Individuen würden sich zu einer Gesellschaft zusammenschließen: die nachträgliche Vergesellschaftung vereinzelter einzelner.[23]

---

20 Technikforscher wie Braun/Joerges 1994 zählen auch Telefon- bzw. Computernetze zu den „großen technischen Systemen". Netzwerke bezeichnen in der Elektrotechnik aus elektrischen Schaltelementen (z.B. Widerständen, Kondensatoren) aufgebaute Schaltungen. Interessant ist hier der re-anthropomorphisierende Gebrauch (elektro-)technischer bzw. mathematischer (Graphentheorie) Fachausdrücke.
21 Unter Kontrollerwartung (locus of control) untersucht man in der Psychologie das Ausmaß, in dem ein Individuum seine Umgebung von seinen eigenen Handlungen erfolgreich beeinflußt sieht.
22 Vgl. zu den Kosten der Vergesellschaftung Dieter Claessens 1995.
23 Dies erinnert auch an frühere Vertragstheorien der Gesellschaft und an manche

Gleichwohl kann der Netzmetaphorik ein gewisser Realitätsgehalt nicht völlig abgesprochen werden. Typisch für Netze sind ihre (meist großen) Lücken. Nach der „natürlichen" Lebensweise der Menschen als Nomaden lebten sie in der seßhaften Phase in konzentrischen Lebens-, d.h. Erfahrungswelten: je näher ein Ereignis, ein Phänomen, zum Lebenszentrum (ihrer Abstammungsgruppe, ihrem Dorf), desto eher hatten sie davon Kenntnis. Heute leben wir hingegen in weitgehend disparaten, d.h. mit immer größeren (geographischen etc.) Lücken versehen (Er-)Lebenswelten: Aufgrund der Entwicklung des Transportwesens (der Menschen, Waren, Informationen) und damit zusammenhängender weitflächiger, tendenziell globaler Funktionenteilung (inkl. Tourismus, Geschäftstourismus, medialer Fernberichterstattung, Telefon etc.) befassen wir uns in Gedanken und Phantasien mit weit entfernten Orten bzw. Ereignissen. Wir kennen/wissen vieles über viele weit auseinanderliegende Einzelorte; zwischen diesen befinden sich große, uns unbekannte Gebiete. Wir wissen heute oft nur mehr wenig über unsere nächste Nachbarschaft, ihre Menschen und Wege. Fernbeziehungen (berufliche wie private) und das Leben an mehreren Orten, in mehreren „Teilzeit-Heimaten" zugleich, nehmen zu. Unsere heutigen disparaten Erfahrungswelten gleichen mithin sehr weitmaschigen Netzen. Im Gegensatz zur Überschaubarkeit und starken sozialen Kontrolle in traditionellen Dorfstrukturen (ein wichtiges Motiv für die sog. „Landflucht") überlagern sich in einer durchschnittlichen modernen Großstadt zahllose lückenhafte Beziehungsnetze, die im Normalfall kaum in Kontakt kommen. Diese „losen" Netzstrukturen charakterisieren jedoch nur die Oberfläche der subjektiven Erfahrungs- bzw. Erlebniswelten immer mehr (insbes. Mittelschicht-)Angehöriger (post-)moderner Gesellschaften, ändern allerdings wenig an den grundlegenden festen, engmaschigen Verwebungen der wirtschaftlichen, technischen, staatlichen und sonstigen großorganisatorischen Tiefenstrukturen, an den objektiven Verkettungen der Gruppen und Individuen in Geflechten von immer längeren Handlungsketten.[24]

Vorstellungen im Rahmen des methodologischen Individualismus.

24 Aufgrund des (heute stärkeren) gesellschaftlichen Zwangs zum Selbstzwang (Elias), d.h. einer Verhaltenssteuerung mittels – im Vergleich zu früheren gesellschaftlichen Entwicklungsstufen – stärkerer automatischer Selbstzwänge (z.B. verinnerlichter Leistungszwänge, Pünktlichkeit, Hygienestandards, Zwänge zu Individualismus und Distinktion) und einer gewissen Informalisierung mag dies subjektiv als Zunahme an Freiheit erlebt werden.

Literatur

Badelt, C. (1990): *Soziöokonomie der Selbstorganisation.* Ffm./N.Y.
Beniger, J.R. (1988): Information Society and Global Science. *The Annals of the American Academy of Political and Social Science 495*, 14-28
Biedermann, H. 1989): *Knaurs Lexikon der Symbole.* München
Boesch, F.T. (1989): *Ethics in Scientific Research via Networking,* in: Gould 1989, 147-160
Bourdieu, P. (1987): *Die feinen Unterschiede.* Kritik der gesellschaftlichen Urteilskraft. Ffm.
ders. (1990): *Was heißt sprechen? Die Ökonomie des sprachlichen Tauschs.* Wien
Braun, I./Joerges, B. (Hg., 1994): *Technik ohne Grenzen.* Ffm.
Corbridge, S. et al. (Eds., 1994): *Money, Power and Space.* Oxford, Cambridge
Claessens, D. (1995): *Gruppen und Gruppenverbände. Über die Kosten der Vergesellschaftung.* Darmstadt
Elias, N. (1982): Scientific Establishments and Hierarchies, in: ders. et al. (Eds.): *Sociology of Science.* Dordrecht etc.
ders. (1984): Knowledge and Power (Interview mit Peter Ludes), in: Stehr, N./Meja, V. (Eds.): *Society and Knowledge.* New Brunswick/London, 251-291
Ferguson, M. (1982): *Die sanfte Verschwörung. Persönliche und Gesellschaftliche Transformation im Zeitalter des Wassermanns.* Basel
Fröhlich, G. (1995): Demokratisierung durch Datenbanken und Computernetze? in: Becker, T. et al. (Hg.): *Informationsspezialisten zwischen Technik und gesellschaftlicher Verantwortung.* Stuttgart; http://www.uni-stuttgart.de/UNIuser/ hbi/publikat/hbipubl/guides/froehlic.htm
Gould, C.C. (Ed., 1989): *The Information Web. Ethical and Social Implications of Computer Networking.* Boulder etc.
Grimm, J.W. (1991): *Deutsches Wörterbuch.* München, Bd. 13 (1889)
Heinz-Mohr, G. (1991): *Lexikon der Symbole. Bilder und Zeichen der christlichen Kunst.* Freiburg etc.
Helmers, S. (1996): Hahnenkämpfe im Internet, in: Fröhlich, G., Mörth, I. (Hg.): *Symbolische Anthropologie der Moderne?* Ffm./N.Y. (in Vorbereitung)
Herder-Lexikon Symbole. Freiburg etc. 1978
Keupp, H. (1987): *Soziale Netzwerke. Eine Metapher des gesellschaftlichen Umbruchs?,* in: Keupp/Röhrle 1987, 11-53
Keupp, H./Röhrle, B. (Hg., 1987): *Soziale Netzwerke.* Frankfurt/N.Y.
Kuhlen, R. (1995): *Informationsmarkt.* Konstanz

Lübbe, H. (1996): Netzverdichtung. *Zeitschrift für philosophische Forschung 50* (1/2), 133-150

Pfaffenberger, B. (1990): *Democratizing Information*. Boston

Richter, H.E. (1972): *Die Gruppe. Hoffnung auf einen Weg, sich selbst und andere zu befreien*. Reinbek b.H.

Sassen, S. (1994): *Cities in a World Economy*. Thousands Oaks, Cal., etc.

Schneeberger, A. et al. (1985): *Formen der Verdrossenheit und Kritik an Wissenschaft und Technik in der Gegenwartskultur*. Wien/Hannover

Stoll, C. (1996): *Die Wüste Internet*. Ffm.

Vester, F. (1978): *Unsere Welt – ein vernetztes System*. Stuttgart

INFORMATIONSETHIK NACH KANT UND HABERMAS

RAFAEL CAPURRO (STUTTGART)

1 Einleitung

Es sieht zunächst so aus, als ob zweihundert Jahre nach Kants Aufforderung, uns mutig dazu zu entschließen, den eigenen Verstand öffentlich zu gebrauchen, die besten Aussichten hätte, verwirklicht zu werden, nämlich im Internet. Wie stellte sich aber Kant die Aussöhnung zwischen der aufklärerischen autonomen Mitteilungsfreiheit und den vielfältigen sozialen Zwängen vor? In der Schrift *Beantwortung der Frage: Was ist Aufklärung?* (Kant 1923, AA VIII) schlug er ein duales System vor. Auf der einen Seite sind wir als Bürger beim Gebrauch unseres Verstandes eingeschränkt, und zwar durch unterschiedliche militärische, religiöse und politische Systeme. Wir unterstehen im Falle eines bürgerlichen Postens oder Amtes einem Mechanism und sind Teil der Maschine, während auf der anderen Seite, als Gelehrte, sprechen oder, genauer, schreiben wir vor dem ganzen Publikum der *Leserwelt* und dürfen dabei in allen Stücken von unserer Vernunft öffentlichen Gebrauch machen. Dieses duale System ist so konzipiert, daß der Privatgebrauch den öffentlichen Gebrauch zwar einschränken aber nicht hindern darf. Denn die bürgerlichen Systeme sind nicht autark, sondern Glied eines ganzen gemeinen Wesens, das wiederum von der Weltbürgergesellschaft umfaßt wird. Diese Weltbürgergesellschaft ist das Forum, vor dem wir als Gelehrte den Mut haben sollten, uns im eigenen Namen zu äußern. Kants duales System kehrt nicht nur die Hierarchie um, so daß die Staatsräson der Welträson unterstellt wird, sondern es billigt der Staatsräson sowie auch der Glaubensräson einen eigenen autonomen Machtbereich zu, unter der Voraussetzung, daß die Möglichkeit sich öffentlich zu äußern, nicht sonderlich behindert wird. Diese Kantische Konstruktion, seine Reform der Denkungsart, die durch keine Revolution zustande gebracht werden kann, da diese 'nur' den persönlichen Despotism abschafft, bringt zunächst mit sich, daß die übliche Bedeutung der Ausdrücke 'privat' und 'öffentlich' umgedreht wird. Öffentlicher Gebrauch heißt der Gebrauch des eigenen Verstandes ohne Einschränkung durch ein im gewöhnlichen Sinne öffentliches Amt. Wie aber soll konkret dieses Neben- und Ineinander von öffentlichem und privatem Vernunftgebrauch funktionieren? Kants Antwort: durch Schriften für die Leserwelt. Wir sollten den Mut haben, uns als Privatpersonen frei und öffentlich auf diese Art und Weise zu äußern und dies sollte durch keine Amtspflicht eingeschränkt sein. In der Schrift *Was heisst: Sich im denken orientieren?* (Kant 1923, AA: VIII) betont Kant, daß die Gedankenfreiheit unlösbar mit der

Freiheit seine Gedanken öffentlich *mitzutheilen* verbunden ist. Kants Öffentlichkeit ist die wissenschaftliche Öffentlichkeit, die universale Gelehrtenrepublik. Ihr Medium sind die gedruckten Schriften. Ist dieses Kantische duale Konstrukt, Gelehrtenfreiheit auf der einen, Bürgerpflicht auf der anderen Seite, heute, im Informationszeitalter, zeitgemäß? Ich möchte zunächst einige Gedanken in Anschluß an Jürgen Habermas' Kritik von Kants Idee des Ewigen Friedens aus dem historischen Abstand von 200 Jahren vorausschicken (Habermas 1995), bevor ich im zweiten Teil einige Thesen zu informationsethischen Fragen zur Diskussion stelle.

2 Von Kant zu Habermas

Kant sah die Möglichkeit einer öffentlichen freien Diskussion über das Verhältnis zwischen den Verfassungsprinzipien und den lichtscheuen Absichten der Regierungen, wobei er, so Habermas, natürlich noch mit der Transparenz einer überschaubaren, literarisch geprägten, Argumenten zugänglichen Öffentlichkeit, die vom Publikum einer vergleichsweise kleinen Schicht gebildeter Bürger getragen wird, rechnete. Was er nicht voraussehen konnte, war den Strukturwandel dieser bürgerlichen Öffentlichkeit zu einer „von elektronischen Massenmedien beherrschten, semantisch degenierten (sic!), von Bildern und virtuellen Realitäten besetzten Öffentlichkeit." Kant konnte also nicht, kurz gesagt, mit der Informationsgesellschaft rechnen. Habermas beachtet aber dabei nicht, daß für Kant die Aufklärung eine 'schreibende' sein sollte und zwar gerade aufgrund der von ihm hellsichtig (Habermas) antizipierten weltweiten Öffentlichkeit. Habermas schlägt u.a. vor, das Problem einer stratifizierten Weltgesellschaft, oder, anders gesagt, das Problem der Spannungen zwischen der 'ersten' und der 'dritten' Welt, mit Hilfe eines umspannenden Grundkonsenses im Rahmen der Vereinten Nationen zu lösen. Er ist offenbar mit der medialen Verunreinigung seiner rationalen Kommunikationsgemeinschaft ganz und gar unzufrieden. Anstelle des Kantischen Dualismus zwischen Bürgerpflicht und Gelehrtenfreiheit, gilt jetzt der Dualismus zwischen der Pseudo-Öffentlichkeit der sprachlosen und/oder Irrealitäten verbreitenden Massenmedien versus einem in der UN institutionalisierten Weltdialog. Er gesteht immerhin den nichtstaatlichen Organisationen (den NGOs = Non-Governmental Organizations), eine gewisse Rolle bei der Herstellung und Mobilisierung übernationaler Öffentlichkeiten zu und er würdigt sogar die Möglichkeiten der elektronischen Massenmedien für die NGOs bei der Schaffung einer solchen international vernetzten Zivilgesellschaft. Zugleich aber belegt er, gleichsam mit Affekt, die Umfunktionierung der 'sprechenden' Aufklärung (in Wahrheit sollte sie ja eine 'schreibende' sein) sowohl für eine sprachlose Indoktrination wie für eine Täuschung mit der Sprache! Um mit Kant gegen Habermas zu argumentieren: *Auch und gerade über Weltinstitutionen mit ihren Prinzipien und Erklärungen ist eine medial hergestellte Weltöffentlichkeit anzusetzen, wo jeder universaler Konsens dem autonomen Vernunftgebrauch unterstellt werden kann.* Ob hierfür eine Weltvernetzung, wozu das heutige Internet nur eine bescheidene Vorstufe sein mag, ganz andere von Kant und Habermas nicht geahnte Möglichkeiten von Kritik und Dissens – aber auch, wie im Falle von Schriften, von Kolonialisierung und Gleichschaltung – als die gedruckten Schriften bietet, ist die Frage.

3 Informationsethik nach Kant und Habermas

Die globale elektronisch-vernetzte und multimediale Kommunikation ist in der Tat weder Kants Leserwelt der Gelehrten noch Habermas' transparente Gesellschaft der rational face-to-face Argumentierenden, aber sie könnte vielleicht eher stratifizierte Grenzen der Weltöffentlichkeit auflockern als eine womöglich scheinbar konsensuelle Prinzipienvereinbarung, bei deren Anwendung die lichtscheuen Absichten der Regierungen verdeckt bleiben, wenn man sie nicht in Kantischen Sinne öffentlich kritisiert. Ich will nicht bestreiten, daß die heutige Vernetzung der Weltöffentlichkeit, sowohl was Massenmedien als auch, was Internet anbelangt, weit entfernt von einer Chancengleichheit zwischen der 'ersten' und der 'dritten' Welt ist. Die Kluft zwischen den Informationsreichen und den Informationsarmen wird sich womöglich verschärfen. Aber aus dem historischen Abstand von zweihundert Jahren können wir uns fragen, ob die Art von Weltöffentlichkeit, die sich Kant mit Hilfe der Schriften erträumt hat, nur im entferntesten mit dem vergleichbar ist, was die Massenmedien und die elektronische Weltvernetzung bieten. *Aus der UN eine Art Weltgewissen konstruieren zu wollen und dieses einer unübersichtlichen, sprachlosen, indoktrinierenden und täuschenden medialen Öffentlichkeit gegenüberzustellen, läuft den eigentlichen Intentionen Kants zuwider.* Wenn aber nach einem informationsethischen Weltkonsens auf der Grundlage der Menschenrechte heute gesucht wird, dann sollte dieser in Form einer *UN-Informationsagentur* konkretisiert werden. Es würde aber bedeuten, Kant auf den Kopf zu stellen, würde man aus dieser institutionalisierten Weltöffentlichkeit in Sachen Informationsfreiheit den nicht mehr hinterfragbaren Horizont des Vernunftgebrauchs zu machen. Auch und gerade eine universale Institution bleibt eine Instanz, wodurch die Partikularinteressen der Teilnehmerstaaten sich artikulieren können. Nicht nur diese Artikulation bedarf der Möglichkeit einer kritischen Überprüfung, sondern auch ihre Grundlage, die Menschenrechte selbst also, bedürfen einer ständigen öffentlichen Revision. Die Spannweite gegenwärtiger nationaler Bemühungen um die Kontrolle des 'free flow of information' reichen von Bill Clintons *Global Information Infrastructure* (GII), über die bayerischen Pornographieparagraphen bis hin zu protektionistischen und fundamentalistischen Hemmnissen aller Art. Was dabei zum Vorschein kommt, ist, *daß das allgemeine Menschenrecht auf freie Meinungsäußerung und auf informationelle Selbstbestimmung nicht losgelöst von staatlichen Verfassungen sowie von kulturellen Traditionen aufgefaßt werden kann.* Kant konnte die heute im Entstehen sich befindende 'GOLEM-Galaxis' nicht erahnen (Capurro 1995a). Für ihn bestand das Problem des freien Mitteilungsraums des Gedruckten darin, die Macht von Politik und Kirche 'in theoreticis' einzuschränken. Heute hat sich die Situation teilweise umgedreht: Die Regierungen stehen vor der Frage, wie sie, angesichts der weltweiten Vernetzung, ihre relative informationelle Autonomie aufrechterhalten können. Die Spannungen zwischen individueller und kollektiver informationeller Selbstbestimmung wachsen. Die Probleme einer Informationsethik nach Kant und Habermas zeigen sich bereits umrißhaft (Capurro u.a. 1995b).

Literatur

Capurro, R.: *Leben im Informationszeitalter*, Berlin 1995a.

Capurro, R., Wiegerling, K., Brellochs, A. Hrsg.: *Informationsethik*, Konstanz 1995b.

Habermas, J.: Kants Idee des Ewigen Friedens. Aus dem historischen Abstand von 200 Jahren. In: *Information Philosophie* 5, Dezember 1995, S. 5-19.

Kant, I.: *Gesammelte Schriften*. Hrsg. Preuß. Akademie der Wissenschaften, Berlin 1910 ff.

VOM GLOBALEN DORF ZUM GLOBALEN DOUBLE-BIND?

MARIE H. HEGEDÜS (WIEN)

Bekanntlich wurde Voltaire in jungen Jahren von zwei Polizisten auf der Straße geohrfeigt und in die Bastille eingesperrt. Angesichts der ungerechten Schläge ist ihm wahrscheinlich die Lehre der „prästabilierten Harmonie" von Leibniz schlagartig fragwürdig geworden und er begann vermutlich darüber nachzudenken, ob wirklich „Tout est póur le mieux dans le meilleur des mondes possible".

So widmete er dann sein ganzes Leben der Aufklärung der zeitgenössischen Täuschungskünste und schuf den optimistischen Romanheld Candide als deren Opfer.

Die Aufklärung nennt sich heute Informationsgesellschaft und Candide könnte neuerlich seinen Glauben über „die beste aller möglichen Welten" eventuell als blauäugiger Cyberpunk auf die Probe stellen.

Würde Candide demnach in einem elektronischen Dorf durch Wirklichkeitsgeneratoren auferstehen, könnte er sich seine mühsame Jagd nach Liebe und Güte bequemer machen. Er müßte nicht mehr weite und anstrengende Reisen unternehmen, um endlich seine große Liebe Kunigunde alt und häßlich wiederfinden zu können. Er würde nicht einmal seine beiden vertrauten Philosophenfreunde, Pangloss und Martin, brauchen, um mit ihnen über Täuschung und Enttäuschung, Wirklichkeit und Schein zu sinnieren. Es würde ihm offen stehen, an Ort und Stelle all seine Sehnsüchte „synthetisch" zu befriedigen. Somit könnte Candide das eigentliche Wesen des Computers überzeugend vor Auge führen und zeigen, was sie sind: Generatoren von Wirklichkeit um die unterschiedlichsten Realitäten zu erschaffen. Das heißt, es scheint, als wäre es da, aber es ist nicht, hat keine konkrete Gegenständlichkeit.

Sich im Nichts zu verlieren, um sich wieder finden zu können, war immer schon der ersehnte, schwer erlangbare Wunsch vieler Metaphysiker. An die Stelle von Metaphysik tritt nun Digitalität. Diese eigentümliche Wirklichkeit, die sich der Antizipationskraft und Zirkularität von Modellen verdankt und sich deshalb nicht mehr sinnvoll von Imaginärem unterscheiden läßt, nennt Baudrillard Hyperrealität.

Die Hyperrealität der Simulation absorbiert das Reale und macht die Fragen nach wahr und falsch, Wirklichkeit und Schein gegenstandlos. Geschichte entleert sich zum reinen als ob, zum Simulakrum. Ob es sich nun um philosophische Debatten oder Nachrichten handelt, alles geschieht nur noch als ob. Unsere Weltbilder werden zu „Bildwelten", freilich zu digitalisierten Bildwelten. Wirklichkeit ist das Integral ihrer Simulationen: Welt verstehen heißt heute, sie in Computerdarstellungen simulieren zu können – resümiert der Philosoph Norbert Bolz in seinem Buch: „Eine kurze Geschichte des Scheins" und fügt hinzu: „Das Bildsein gewinnt ontologischen Vorrang vor dem Sein."

Ein anderer Beobachter der technologischen Entwicklung, Kenneth J. Gergin, betrachtet die Risiken der Kommunikationstechnologien und deren Wirkung auf die Selbst- und Fremdwahrnehmung allgemeiner. Er verwendet den Begriff „Technologien der sozialen Übersättigung", um die von den Medien vorangetriebene Hektik in unseren zwischenmenschlichen Beziehungen zu kennzeichnen. In seinem Buch „Das übersättigte Ich: Identitätsdilemmas der Gegenwart" argumentiert er, daß viele von uns täglich per Telefon, Fax, und EMail mit mehr Menschen kommunizieren, als dies unsere Urgroßeltern in einem Monat, Jahr oder gar Leben getan haben. Soziale Übersättigung entsteht also, wenn die Tage mit einer ständig wachsenden großen Zahl verschiedener intensiver Beziehungen überfüllt sind. Die Vielzahl technologischer Innovationen hat jedoch zu einer enormen Inflation der Beziehungen geführt – behauptet Gergin.

Während die soziale Übersättigung voranschreitet, werden wir im wahrsten Sinne des Wortes zu Karikaturen, zu Imitationen voneinander.

Dieses Phänomen wird ebenfalls von Richard Münch in seinem Buch : „Dynamik der Kommunikationsgesellschaft" analysiert, wie folgt: „ Wenn Kommunikation zum Selbstläufer ohne Rückbezug zur inneren Realität des Subjekts und zur äußeren Realität der Welt wird, dann wird der Kommunikationskreislauf durch Kommunikationen aufgepumpt, denen keine Verständigung folgt. Unaufrichtigkeit, Täuschung, Selbsttäuschung und Enttäuschung durch vorausgegangene Täuschung sind die Folgen einer aufgeblähten Kommunikation ohne Selbst- und Realitätsbezug. Wir begegnen immer mehr Menschen, die eine perfekte Darstellung ihres Selbst bieten, die sich im weiteren Verlauf jedoch als leere Form ohne Inhalt herausstellt."

„Man darf seinen Augen nicht mehr trauen" – lautet ein Zitat aus dem Buch „Ästhetik des Verschwindens" von Paul Virilio – darüber könnten sich heutzutage Candide und der Kaiser interaktiv unterhalten.

Folgen wir den Erkenntnisspuren des Kaisers zwischen Wirklichkeit und Schein.

Was geschah eigentlich mit dem Kaiser? Ihm wurde versprochen, das schönste Zeug, das man sich denken könne, zu weben. Die Kleider, die von dem Zeug genäht würden, sollten die wunderbaren Eigenschaften besitzen, daß sie für jeden Menschen unsichtbar seien, der nicht für sein Amt tauge oder der dumm sei.

In Verlauf der Geschichte entwickeln sich vor unseren Augen sowohl die Mechanismen der Wirklichkeit des Scheins als auch die charakteristische

Beziehungstruktur der Doppelbindung – auf englisch double-bind: „Was!" dachte der Kaiser, „ich sehe gar nicht! Bin ich dumm? Tauge ich nicht dazu, Kaiser zu sein?" Er wollte nicht sagen, daß er nichts sehen könne. Nach dem berühmt-berüchtigten Aufzug des entblößten Kaisers wird die Enthüllung der Wirklichkeit des Scheins und somit die Entbindung der Doppelbindung durch ein „unverbildetes" Kind herbeigeführt.

Aus dieser Geschichte läßt sich herauskristallisieren, welche wesentlichen Elemente die Doppelbindung prägen:

1. In einem Kontext wird eine Mitteilung gegeben, die a) etwas aussagt, b) etwas über ihre eigene Aussage aussagt und c) so zusammengesetzt ist, daß diese beiden Aussagen einander negieren bzw. unvereinbar sind. Wenn also die Mitteilung eine Handlungsaufforderung ist, so wird sie durch Befolgung mißachtet und durch Mißachtung befolgt; handelt es sich um eine Ich- oder Du-Definition, so ist die damit definierte Person es nur, wenn sie es nicht ist, und ist es nicht, wenn sie es ist.

In der Geschichte „Des Kaisers neue Kleider" sieht es folgendermaßen aus:

a) Des Kaisers ungenähte neue Kleider sind da.
b) Sie sind in Wirklichkeit für die Dummen und Amtsunfähigen unsichtbar.
c) Wenn ich und meine Beamten die neuen Kleider nicht sehen, dann wären wir dumm und amtsunfähig. Fazit: die Klugen sehen die Dinge falsch.

Eine in einer Doppelbindung gefangene Person läuft also Gefahr, für richtige Wahrnehmungen bestraft und darüber hinaus als böswillig oder verrückt bezeichnet zu werden, wenn sie es wagen sollte, zu behaupten, daß zwischen ihren tatsächlichen Wahrnehmungen und dem, was sie wahrnehmen „sollte", ein wesentlicher Unterschied besteht. Dies ist das Wesen der Doppelbindung.

Über die Vernichtung der Wirklichkeit sowie die Verbreitung der Wirklichkeit des Scheins durch die elektronischen Massenmedien berichtete die Zeitschrift „Psychologie Heute" in der Juni-Ausgabe 1995:

8 bis 15 Millionen Menschen beobachten allsonntäglich die TV-Serie „Lindenstraße", Nachbarschaft der künstlichen Realität. Viele identifizieren sich mit den Helden, die Grenzen zwischen Fiktion und Wirklichkeit verschwimmen. Ein Beispiel zur Illustration: Zieht jemand um in der Handlung, rufen darauf regelmäßig über hundert Wohnungssuchende an und wollen die freigewordenen Räume beziehen. Ein Team von Mitarbeitern betreut die Zuschauerfragen, die in Mengen per Telefon, Telefax und Post eintreffen.

Die paradoxe Beziehungsfalle, d.h. das double-bind, hat bisher als familiäre Beziehungs- und Kommunikationsstörung gegolten und wurde von den Mitarbeitern des Mental Research Institut: Paul Watzlawick, Janer H. Beavin, Don D. Jackson, weiters von Bateson und Weakland untersucht. Dieses Phänomen wird durch die elektronischen Massenmedien und die neuen

Technologien sozusagen großfamiliär, genauer gesagt, läuft Gefahr, globales double-bind zu erzeugen.

Horst D. Scheel, TV-Besetzungschef bei der Serie „Lindenstraße", legitimiert die paradoxe Wirklichkeit, wie folgt: „Unsere Aufgabe ist es, den Zuschauer von der tatsächlichen Realität abzulenken und eine andere Art von Realität zu schaffen. Das sehe ich auch sehr stark als Zukunftsperspektive für das Fernsehen."

Und wie es in der Informationsgesellschaft mit dem Realitäts- und Wahrheitsgehalt vor sich geht, können wir von dem Fernsehjournalisten Wolfgang Korruhn – ebenfalls in der Juni-Ausgabe der „Psychologie Heute" erfahren: „Die elektronischen Medien zählen für mich zu den größten, weil nicht erkannten Bedrohungen unseres Bewußtseins. Und die sehe ich darin, daß die Wirklichkeit der Welt und unseres Lebens hinter Illusion und Inszenierung zu verschwinden droht... Die Realität verschwindet langsam hinter dem düsteren Schleier, während die Zuschauer in die Glotzen starren, hypnotisierte Opfer einer leichtfertig verabreichten Droge"...

Rufen wir uns jetzt McLuhan in Erinnerung: ... „Die neue elektronische Interdependenz formt die Welt zu einem globalen Dorf. Mit dem Fernsehen und Folk-Singing kommen sich Denken und Handeln wieder näher, und das gesellschaftliche Engagement wird größer" – so müssen wir wahrnehmen, daß durch die elektronischen Täuschungskünste die Welt statt „zu einem globalen Dorf" zu einem globalen double-bind wird.

Die neuen Medien- und Computertechnologien haben uns in die Indifferenz von Sein und Schein, Wirklichkeit und Bild katapultiert. In der elektronisierten Welt gibt es die Spannungen zwischen Oberfläche und Tiefe, Schein und Wahrheit nicht mehr. Die Bilderwelt unter Computerbedingungen konstruiert – resümiert Norbert Bolz – „ästhetische Labyrinthe", in denen wir uns spielerisch einüben in die Wirklichkeit des Scheins.

Paul Watzlawick, ebenfalls Experte der Frage „Wie wirklich ist die Wirklichkeit?" und der Doppelbindung in der Kommunikation, würde dagegen wahrscheinlich nach „Lösung zweiter Ordnung" Ausschau halten und sich eher auf den Schmetterlingseffekt oder auf unverbildete Kinder verlassen.

Literatur
Bolz, N., 1991: München; W. Fink.
McLuhan. M., 1984: Frankfurt/M- Berlin-Wien; Ullstein.
Münch, R., 1995: Frankfurt/M; Suhrkamp.
Virilio, P., 1989: München/Wien; C. Hanser.
Watzlawick, P., 1982: Bern; H. Huber.

NETZWELTEN: PARERGA ZU EINEM ELEKTRONISCHEN PASSAGENWERK

JOSEF WALLMANNSBERGER (INNSBRUCK)

1 Materialität philosophischer Kommunikation

Der linguistic turn in der Philosophie hätte schon den Dreh heraus, bloß dürfte die Bewegung durch eigentümliche Verkrampfungen ins Stocken geraten sein. Philosophieren ist sprachliche Kommunikation, und zwar außerordentlich konkret. Das Phantom einer bloß *ordinary language* mag derweil *opera abstracta* unentwegt heimsuchen, wobei zugestanden werden muß, daß auch die von Amts wegen berufene Wissenschaft der Linguistik erst in jüngerer Vergangenheit sich der pragmatischen Komplexität sprachlichen Handelns geöffnet hat. Philosophische Texte steigern sprachliche Komplexität, bisweilen bis zur Unverständlichkeit. Dies kann aus sophistischer Absicht geschehen, denn *obscurum per obscurius* werden glänzende Karrieren gemacht: Die Taschenspielertricks in der Nacholgeinstitution der Artistenfakultät werden uns hier nicht weiter beschäftigen. Im folgenden soll es um so etwas wie Unverständlichkeiten im außermoralischen Sinn gehen: Komplexitäten, die sich ohne bewußte Steuerung aus den semiotischen Praktiken philosophischer Diskurse ergeben.

Die *pathologia docet physiologiam* kann einen Hintergrund bieten, wenn der Zusammenbruch kommunikativer Kontexte durch informative Überfrachtung rekonstruiert wird. Philosophie als „a kind of writing" (Rorty) oder „mythologie blanche" (Derrida) kann als Genre begriffen werden, das in seiner historischen Entwicklung sprachliche Elaborationsstrategien zu maximieren trachtet, und dabei ein Optimum nicht nur asymptotisch verfehlt. Dieser Verlauf ist für dichte semiotische Systeme nicht untypisch: Der realistische Roman führt sich als Typus ebenso an eine Grenze wie die romantischen Symphonie. Ohne geistesgeschichtlichen Pauschalierungen das Wort reden zu wollen, kann man Linien wie Hegel-Wittgenstein, Brahms-Berg, Makart-Picasso in koordinierte Perspektiven bringen.

Die Schrift erweist sich als spezifisches Moment philosophischer Kommunikation. Die platonischen Dialoge sind zuvorderst nicht Aufzeichnungen gesprochenen Wortes, sondern Inszenierungen semiotischer Praxis, die ihrer Verortung in konkreten kommunikativen Kontexten nicht mehr bedarf. Die Abstraktion des Denkens markiert im Übergang von Oralität zu Literalität ein entscheidendes Moment: Eine Rückbindung an unmittelbare Evidenzen wird es nur mehr als obsessives Begehren des skripturalen Diskurses geben. Im Angesicht dieses Bruchs wird die Frage brisant, Was tun?

2 Potentiale philosophischer Rede

Den Komplexitäten philosophischer Rede erwächst vor dem Hintergrund eines Bewußtseins der Materialität der Kommunikation ein zweifaches Pharmakon: Die hermitische Strategie grenzt den Diskursraum des Sagbaren radikal ein, im Wüstenrückzug entwickeln die Anachoreten eine Praxis des Protokollsatzes. Die Konzentration auf den eigentlichen Kern des Logos inszeniert ein Regime der Demarkation. In diesem Sinn die Linie von Evagrios zu Kurt Gödel. Nicht im Gegensatz dazu, viel eher transversal die Wege stetig kreuzend, kann die agoratische Strategie sich entfalten. Dies meint den Versuch einer Wiedereinschreibung philosophischer Semiotiken in die sozialen Netze einer Konstruktion von Bedeutungen.

Ein *pas de deux* elektronisch medialisierter philosophischer Rede und der Benjaminschen Virtualpassage ereignet sich in einer solchen Netzwelt. Eine Rekonstruktion der Möglichkeiten der Neuen Medien für philosophische Diskurse geschieht mit steter Rücksicht auf die Einsicht des austriakischen Urphilosophen Johann Nepomuk Nestrui – so in seiner bohemisierten Originalphase, als Dramatiker legte er sich mit „Nestroy" eleganter an – daß „es der Fortschritt so an sich habe". Das Moment der „implementierten Theorie" verweist auf Innovationen, die einen beträchtlichen Weg avant la lettre hinter sich gebracht haben. Das ungeschriebene Hauptwerk Walter Benjamins, in dieser Eigenschaft somit zugespitztestes Esotericum, bringt Archaisches und Modernstes ins Spiel: Topos als Grenze der Rede auf der Agora, Rede als Grenze des Topos in den virtuellen Realitäten panmedialisierter Gesellschaften.

2.1 Texte über/unter Texten

Die Nachtseite von Benjamins „Passagenwerk" (Buck-Morss, 1989) zeigt sich als „Zettels Traum," eine Melange ungleichzeitiger Gleichzeitigkeiten, der Versuch einer Bilderschrift für die philosophische Erkenntnis. Die alchemische Qualität der Benjaminschen Paratextualität hat Anlaß für ein weites Spektrum metaphysikoider Interpretationsarabesken gegeben, befördert durch die „virtual (non)existence" des Werks: Fragment in radikaler Form, Cage of silence. Metaphysiken im Hintertreffen, im Vordergrund stehen hier die Metatexte.

Das „Passagenwerk" erscheint im Licht elektronische medialisierter Textualität als eigentlicher Hypertext (Wallmannsberger, 1994), als Texte über Texten. Die Analogie versteht sich dabei nicht als interpretatorische Hilfskonstruktion, sondern erfaßt den eigentlichen Plan der „Passagen". Das „Werk" besteht aus einer Anfangskarte, auf der sich etwa die folgenden „Menüpunkte" finden:

A Passagen, magasins de nouveauté<s>, calicots
B Mode
D die Langeweile, ewige Wiederkehr
M der Flaneur   (Benjamin: 1991: p. 81)

Von hier aus lassen sich Trajektorien verfolgen, die sich über ein Double der Pariser Biliothèque Nationale legen, die Netzwelt Benjaminscher Zettelkästen und Exzerpthefte. „M – der Flaneur" führt etwa zu einer Passage wie:

> So geht der Flaneur im Zimmer spazieren: „Wenn Johannes zuweilen um die Erlaubnis ausgehen zu dürfen bat, wurde es ihm meistens abgeschlagen; hingegen schlug ihm der Vater als Ersatz zuweilen vor, an seiner Hand auf dem Fußboden auf und ab zu spazieren. Beim ersten Hinsehen war dies ein ärmlicher Ersatz, und doch ... etwas ganz anderes war darin verborgen. Der Vorschlag wurde angenommen, und es wurde Johannes ganz überlassen zu bestimmen, wo sie hingehen wollten. [...] Ein früher Text von Kierkegaard nach Eduard Geismar: Sören Kierkegaard Göttingen 1929 p12/13. Dies ist der Schlüssel für das Schema des „voyage autour de ma chambre".   (Benjamin: 1991, p. 530)

Die Frage nach dem Status dieser Netzwelten hat die Benjaminforschung (Agamben, 1982) einigermaßen aufgewühlt: Handelt es sich um Vorarbeiten, die allesamt in einem vollendeten „Passagenwerk" aufgegangen wären? Oder wirkt hier eine zynische List der Idee, die dem genuin Unvollendbarem die Tragik des von der Gestapo in den Selbstmord getriebenen Philosophen nur zusätzlich einschrieb? Die Benjaminphilologie hat zu den Autorintentionen umfängliches Material zusammengetragen, die eigentlichen Fragen bleiben dabei wohltuend unentschieden. Entscheidend bleibt: Wie lassen sich die „Passagen" – des öfteren mit Benjamin gegen Benjamin – als komplexe Zeichenwelt weiterverfolgen.

2.2 Rhetoriken philosophischer Medien

Das Benjaminsche Philosophieren zeichnet sich durch Momente der begrifflichen Dunkelheit und Unverständlichkeit aus. Zum einen inszenieren sich damit traditionelle rhetorische Motive, da sich in philosophischen Habitaten ein bestimmtes Maß an semantischer Opazität als persuasiv erfolgreiche Strategie etabliert hatte. Zum anderen, und dieses Andere der „Passagen" erregt hier unsere Aufmerksamkeit, motiviert sich die interpretatorische Widerständigkeit aus dem Versuch, Disparates und Gegenläufiges in eine Denkbewegung aufzunehmen. In den „Passagen" findet sich Banales und Sublimes nicht etwa zu dramatischem Effekt, sondern als wesentliche Parameter einer Philosophie *in actu*. Die fetischistischen Tendenzen abstrakter Rede werden nicht eigentlich behauptet, sondern vorgeführt – wobei die begriffliche Ambivalenz von Gericht und Theater in Bewegung bleibt. Warenförmigkeit des Denkens wird nicht zum Gegenstand, sondern zu einer

Leitfigur des „Passagenwerks". Diese Figur scheitert in zumindest zwiefacher Hinsicht und bleibt somit gebrochen.

Benjamin als „Monsieur Tête" sitzt in der Bibliothèque Nationale und rekonstruiert die virtuellen Passagen. Die Tragfähigkeit der Netzkonstruktion aus Papier wird dabei überlastet, kein Buch vermag Pläne dieser Größe zu fassen. (Problem des Maßstabs: Lewis Carrolls „Professor" in „Sylvie und Bruno" *quo vide*.) Das Scheitern an medialen Bedingtheiten wird im Kontext elektronisch medialisierter Philosophie aufgehoben; Ein global vernetzter Hypertext, wie er im World Wide Web in schemenhaften Umrissen sich andeutet, wird das eigentliche „Passagenwerk" sein. „Zettels Traum" im Zeitalter seiner technischen Reproduzierbarkeit. Die semantisch angereicherten Parasyllogismen der Topik werden durch die elektronisch medialisierten Assoziationsgeneratoren zu einem praktikablen Komplement formallogischer Analytik. Die technischen Probleme der Benjaminschen Philosemiose sind im wesentlichen gelöst, doch bleibt das andere Scheitern.

Der textuelle Fetischismus philosophischen Diskurses findet sich eingeschrieben in die Matrix des aus Subjekt-Objekt-Apparaturen destillierten Denkindividuums. (Der Philosoph als „Doppelt Gebrannter", im „Passagenwerk" zu ergänzen „Rausch" und „Markierung – Brandzeichen".) Philosophie als Ort der sozialen Manufaktur von Erkenntnis bleibt der Fluchtpunkt der Passagenkonstruktion, doch können auch die elektronischen Netzwelten dieses Problem lediglich neu stellen.

3 Virtuelle Werkstätten

Industrielle und philosophische Systemproduktion haben die kleinen Werkstätten des Machens und Denkens vom Markt verdrängt. Es führt kein Weg hinter diese Verdrängung, doch bleibt das zentrale Benjaminsche Motiv der „Rettung". Die elektronisch medialisierten Netzwelten bieten Orte für virtuelle Werkstätten, in denen an Komponenten des „Passagenwerks" kooperativ gearbeitet werden kann. Palo Alto als Hauptstadt des Zwanzigsten Jahrhunderts? Warum nicht: Kein Ort nirgends.

Literatur

Agamben, Giorgio. Un importante ritrovamento di manoscritti di Walter Benjamin. *Aut/Aut 189*/90, 1982. p. 4-6.

Benjamin, Walter. *Das Passagen-Werk. Gesammelte Schriften. Band V* (1). Ed. Rolf Tiedemann. Frankfurt: Suhrkamp, 1991.

Buck-Morss, Susan. *The Dialectics of Seeing. Walter Benjamin and the Arcades Project*. Cambridge, Mass.: MIT Press, 1989.

Wallmannsberger, Josef. *Virtuelle Textwelten*. Heidelberg: Winter, 1994.

Praktische Philosophie

IST ES VERNÜNFTIG, DAS WERTVOLLE DEM WERTLOSEN VORZUZIEHEN?

CHRISTIAN PILLER (YORK)

Im ersten Abschnitt dieses Vortrags versuche ich zu zeigen, daß ich hier keine bloß rhetorische Frage stelle. Verschiedene philosophische Positionen versuchen die Wahrheit der These, daß es vernünftig ist, das Wertvolle dem Wertlosen vorzuziehen, in verschiedener Weise zu begründen. Die Bestreitbarkeit dieser Positionen soll die Bestreitbarkeit der These verdeutlichen. Im Anschluß daran wende ich mich einem Argument zu, das zu zeigen beansprucht, daß es keine Bedingung praktischer Vernünftigkeit ist, Wertvolles Wertlosem vorzuziehen. Ich werde zu zeigen versuchen, daß uns dieses von David Lewis stammende Argument nicht dazu zwingt, unsere ursprüngliche Intuition – natürlich ist es vernünftig, das Wertvolle dem Wertlosen vorzuziehen – aufzugeben. Der Umstand, daß ein Gegenargument scheitert, zeigt natürlich nicht, daß die These wahr ist. Am Ende bleibt also die von mir gestellte Frage offen. In manchen Fällen, so hoffe ich, ist es von ausreichendem philosphischen Interesse zu zeigen, daß eine Frage nicht so einfach beantwortet werden kann, als es zunächst erscheint.

(1) Ich möchte damit beginnen, eine bestimmte Zweideutigkeit der These von der vernünftigen Vorziehbarkeit des Wertvollen ans Licht zu bringen. Die Zweideutigkeit, die ich meine, hat nichts mit unterschiedlichen Auffassungen bezüglich des Wertvollseins von Dingen zu tun. Es sind eher die unterschiedlichen Gegenstände von Vernünftigkeitsbewertungen, die für diese Zweideutigkeit verantwortlich sind.

Betrachten wir folgenden Einwand: Streng genommen ist es nicht wahr, daß es immer vernünftig ist, das Wertvolle dem Wertlosen vorzuziehen. Was allein vernünftig sein kann, ist das, was jemand für wertvoll hält, dem vorzuziehen, das diese Person für weniger wertvoll oder für wertlos hält. Nicht der tatsächliche Wert von Dingen oder Sachverhalten, sondern unser Fürwertvollhalten, d.h. unsere Einschätzung des aktuellen Wertes, bestimmt rationale Vorziehbarkeit. Die Möglichkeit des Auseinanderfallens von Werteinschätzung und aktuellem Wert zeigt, daß es sich hier um zwei verschiedene Vernünftigkeitsstandards handelt. Wenn eine rationale Person etwas Wertvolles für wertlos hält, dann ist es gemäß diesem Einwand für diese Person vernünftig, das Wertlose dem Wertvollen vorzuziehen.

Dieser Einwand besteht in gewissem Sinne zurecht. Betrachten wir folgendes Beispiel. Hans will sich eine rote Hose kaufen. Das ist sein Ziel. Was soll er tun? Er soll jene Hose kaufen, von der er glaubt, daß sie rot ist. Das ist der vernünftige Weg, sein Ziel zu erreichen. Natürlich wäre es möglich, daß Hans sein Ziel auch dann erreicht, wenn er jene Hose kauft, von der er glaubt, daß sie grün ist. Unter diesen Umständen erreicht Hans sein Ziel dann, wenn er irrtümlicherweise eine rote Hose für grün hält. Obwohl Hans in diesem Fall erfolgreich gehandelt hat, hat er sein Ziel auf unvernünftigem Wege erreicht. Ich glaube, wir stimmen alle überein, daß es eine Minimalbedingung praktischer Vernünftigkeit ist, sein Handeln nach seinem Glauben bezüglich der Zielerreichung auszurichten.

Analoges läßt sich in unserem Fall sagen. Wir sollen das Wertvolle dem Wertlosen vorziehen. Das ist ein Ideal. Der einzig vernünftige Weg, dieses Ideal zu erreichen, besteht darin, das vorzuziehen, von dem man glaubt, daß es wertvoller ist als seine Alternativen. In diesem Sinne besteht obiger Einwand zurecht.

Wenn wir aber nicht über Wege der Idealerreichung, sondern über Ideale selbst sprechen, dann ist obiger Einwand irreführend. Wir sollen das Ideal, das Wertvollere vorzuziehen, nicht durch das Ideal, das Fürwertvollergehaltene vorzuziehen, ersetzen. (Hans wäre auch nicht zufrieden, wenn er herausfände, daß er eine Hose gekauft hat, von der er bloß glaubte, daß sie rot sei, die aber in Wahrheit grün ist.) Die These, daß es vernünftig ist, das Wertvolle dem Wertlosen vorzuziehen, kann also in zweierlei Weise verstanden werden. Als eine These, über das, was wir anstreben sollen, drückt sie ein Ideal der Vernünftigkeit aus. Als eine These, über das, was wir tun sollen, muß sie unserem Minimalverständnis praktischer Vernünftigkeit entsprechend modifiziert werden. Das Fürwertvollgehaltene vorzuziehen, ist der vernünftige Weg das Vernünftigkeitsideal, Wertvolles Wertlosem vorzuziehen, zu erreichen. Der Kontext wird klarmachen, ob es um die Vorziehbarkeit des Wertvollen oder um die Vorziehbarkeit des Fürwertvollgehaltenen geht. Ich werde im folgenden unsere These einfach „die These" nennen.

Ich habe gesagt, daß die These von unterschiedlichen philosophischen Perspektiven aus in unterschiedlicher Weise begründet wird, und daß die Bestreitbarkeit dieser philosophischen Perspektiven die Bestreitbarkeit der These verdeutlicht. Beginnen wir mit einem Beispiel, in dem eine philosophische Position gleichsam durch die Bestreitbarkeit der These charakterisiert wird. Um diese Art von Zweifel zu veranschaulichen, möchte ich zunächst eine andere These über vernünftige Vorziehbarkeit betrachten.

Wir sollen das vorziehen, was Gott uns vorzuziehen empfehlen würde. Gott weiß alles, und er liebt uns. Daher wäre es wohl zweifellos zu unserem Besten, Gottes Ratschlag zu folgen. An der Richtigkeit dieser Überlegung kann wohl kein Zweifel bestehen. Der Zweifel kommt aus einer anderen Ecke. Manche Leute sagen, es gibt keinen Gott. Daher ist es auch nicht wirklich korrekt, die Empfehlungen Gottes zu einem Standard vernünftiger Vorziehbarkeit zu machen. Andere Leute sagen, es gibt keine Werte. Der Wertskeptiker behauptet, daß nichts wirklich wertvoll oder wertlos ist. In analoger Weise wäre es auch in diesem Fall inkorrekt, das Wertvollsein zu einem Standard vernünftiger Vorziehbarkeit zu machen. Die Kritik an unserer These ist nicht, daß manche Verletzungen des vorgeschlagenen Vernünftigkeitsstandards nicht wirklich unverünftig zu sein scheinen, sondern daß dieser Vernünftigkeitsstandard auf einer unerfüllten Voraussetzung beruht.

Ist diese Kritik an der These überzeugend? Wohl kaum. Zumindest nicht in dieser Allgemeinheit. Jeder vernünftige Mensch weiß z.B., daß ein Bild von Picasso wertvoller ist als ein Bild von mir. Es geht wohl zu weit, die Rede von Werten und vom Wertvollsein von Gegenständen immer als ontologisch obskur zu betrachten. Oft bieten sich naturalistische Analysen von Wertaussagen an. Der Wertskeptiker wendet sich bloß gegen ein bestimmtes Verständnis von Werten. Es ist die folgende These, die dem Wertskeptiker suspekt erscheint. Es gibt Eigenschaften, die, wenn ein Sachverhalt eine solche Eigenschaft hat, einen Anspruch auf Verwirklichung des Sachverhalts begründen. Bestimmte Sachverhalte wie z.B., daß du morgen Schmerzen hast, haben die Eigenschaft des Nicht-Bestehen-Sollens. Zu sagen, daß es gut ist, wenn du morgen keine Schmerzen hast, käme nach einem solchen Verständnis des Gutseins der Aussage gleich, daß dein morgiges Schmerzfreisein die Eigenschaft hat, nicht existieren zu sollen. Der Wertskeptiker glaubt, daß hier Annahmen über das, was wir tun sollen, als Eigenschaften von Sachverhalten gleichsam in die Welt projiziert werden. Doch die Welt, so der Skeptiker, enthält keine solchen Eigenschaften.

Ich sehe die Situation, die sich ergibt, wie folgt. Einerseits scheinen die erklärten Zweifel des Wertskeptikers angebracht zu sein. Zu sagen, daß du heute etwas gegen eine drohende Erkältung tun sollst, weil dein morgiges Unwohlsein die Eigenschaft hätte, nicht existieren zu sollen, ist wohl kaum eine Begründung, die unseren Alltagsverstand für sich gewinnen könnte. Doch andererseits scheint unser Vertrauen in die Richtigkeit der These genau auf einem solchen Verständnis von Werteigenschaften zu beruhen. Wenn wir uns fragen, warum wir das Wertvolle vorziehen sollen, dann scheint es schwer, eine Antwort zu geben, die nicht einfach auf die Natur des Wertvollseins Bezug nimmt. Die Einsicht, daß eine Alternative mehr Wert besitzt oder verwirklicht als eine andere ist normalerweise ein Endpunkt praktischen Überlegens. Warum geben wir uns mit einer solchen Einsicht zufrieden? Weil wir glauben, daß die Überzeugung, daß das eine wertvoller ist als das andere, ein ausreichender Grund ist, in entsprechender Weise zu handeln. Aber sind wir damit nicht auf die philosophische Perspektive festgelegt, nach der Werteigenschaften genuin normativ sind, und öffnet das nicht einem philosophischen Skeptizismus das Tor, der uns als durchaus angebracht vorkommt?

Ich will denselben Punkt auf einer etwas anderen Ebene wiederholen. Beginnen wir mit einer common-sense Theorie praktischer Vernunft. Es ist vernünftig, die unseren Zielen angemessenen Mittel zu wählen. Doch instrumentelle Rationalität allein reicht nicht aus. Auch unsere Ziele müssen gewissen Vernünftigkeitsstandards entsprechen. Es ist unvernünftig, das Triviale oder gar das Schlechte dem Guten vorzuziehen. Das Streben des vernünftigen Menschen ist auf die Verwirklichung des Wertvollen gerichtet. Demgemäß ist unsere These ein selbständiger und substantieller Teil einer Theorie praktischer Rationalität. Während instrumentelle Handlungsgründe auf gegebene Ziele einer Person bezogen sind, wird das Erkennen des Wertvollseins eines Gegenstandes als ein epistemischer Akt vorgestellt, der unsere Ziele bestimmen soll. Wenn ein solches Erkennen des Wertvollseins ein Endpunkt praktischen Überlegens ist, dann muß die handlungsleitende Fähigkeit einer solchen Erkenntnis wohl in der Natur des Erkannten liegen. Was ich damit plausibel machen will, ist der folgende Punkt. Der Status, den Wertüberzeugungen gemäß unserer Alltagstheorie in handlungsbezogenen Überlegungen haben, drängt uns ein Verständnis von Werteigenschaften auf, das diese als philosophisch suspekt erscheinen läßt. Wertüberzeugungen sind Endpunkte praktischer Überlegungen, wenn das Wertvollsein in direkter Weise Handlungsgründe repräsentiert. Das heißt aber, daß das Wertvollsein eine Eigenschaft ist, die Ansprüche an vernünftige Wesen richten kann.

Ich habe die Vermutung vorgebracht, daß die unseren alltäglichen Begründungen zugrundeliegende Theorie praktischer Rationalität ein philosophisch problematisches Verständnis von Werten verwendet. Natürlich ist dies nicht die einzige Theorie, dergemäß unsere These wahr ist. Eine rationalistische Theorie von Werten kann die These bewahren, ohne den Zweifeln des Wertskeptikers ausgesetzt zu sein. Nehmen wir an, daß eine Welt, in der niemand Schmerzen hat, besser ist als eine Welt, in der jemand Schmerzen hat. Der rationalistischen Werttheorie zufolge heißt das nicht, daß Schmerzen die Eigenschaft haben, nicht existieren zu sollen, und daß das Erkennen dieser Eigenschaft dann ein Grund wäre, das Zufügen von Schmerzen zu unterlassen. Alles was damit ausgedrückt wird, wenn wir das Erleiden von Schmerzen als schlecht bezeichnen, ist, daß es einen Grund gibt, das Zufügen von Schmerzen zu unterlassen. Wertaussagen sind demnach Aussagen über das, was vernünftigerweise zu tun ist. Der rationalistische Werttheoretiker reduziert Wertaussagen auf Aussagen über Handlungsgründe und ist demnach nicht mit ontologischen Problemen, die die Natur von Werteigenschaften betreffen, konfrontiert. Das folgende Zitat aus Thomas Nagels Buch „The View from Nowhere" [Oxford University Press, 1986, S.144, meine Übersetzung] beschreibt diesen Standpunkt wie folgt:

Die objektive Schlechtheit von Schmerzen zum Beispiel ist keine geheimnisvolle Eigenschaft, die allen Schmerzen gemeinsam ist, sondern besteht allein in der Tatsache, daß jeder Mensch, der in der Lage ist, die Welt von einem objektiven Standpunkt aus zu betrachten, einen Grund hat, Schmerzen beenden zu wollen. Die Ansicht, daß Werte wirklich sind, ist nicht mit der Ansicht gleichzusetzen, daß geheimnisvolle Entitäten oder Eigenschaften existieren, sondern daß es wirklich Werte gibt. Das heißt, daß unsere Aussagen über Werte und über das, was Menschen Grund haben zu tun, unabhängig von unseren Überzeugungen und Wünschen wahr sein können.

Welchen Status hat unsere These im Rahmen einer solchen Auffassung von Werten? Wenn Werte auf Handlungsgründe reduziert werden, dann sagt die These, daß es vernünftig ist, das Wertvolle dem Wertlosen vorzuziehen, nicht mehr, als daß wir vernünftigerweise das vorziehen sollen, das vernünftigerweise vorzuziehen ist. Unsere These wird zu einer Trivialität. Obwohl die These in diesem Rahmen wahr ist, entspricht es doch nicht unserer anfänglichen Vorstellung, daß unsere These nun keine substantielle Wahrheit über vernünftige Vorziehbarkeit ausdrückt, sondern bloß in einem tautologischen Sinne wahr ist.

Im Unterschied zur ersten philosophischen Perspektive, die unsere These begründen kann, kehrt der rationalistische Werttheoretiker das Verhältnis zwischen Werten und Handlungsgründen gleichsam um. Während vorher Überzeugungen bezüglich des Wertvollseins von Dingen als substantielle Gründe, in bestimmter Weise zu handeln, fungierten, werden nun Werte aus von Werten unabhängigen Handlungsgründen konstituiert. Das Wertvollsein eines Sachverhaltes gibt mir selbst keinen Grund mehr, seine Existenz zu bewirken, sondern die Tatsache, daß ein Grund vorliegt, einen bestimmten Sachverhalt zu verwirklichen, konstituiert dessen Wertvollsein. Natürlich muß in einem solchen Rahmen für das Vorliegen von Handlungsgründen unabhängig vom Wertvollsein von Sachverhalten argumentiert werden. Betrachten wir ein Beispiel: Schmerzen zu haben ist etwas Schlechtes, d.h. jeder vernünftige Mensch hat einen Grund, das Zufügen von Schmerzen zu unterlassen. Was ist das für ein Grund?

Hier ist eine Antwort, zugegeben in stark verkürzter Form: Weil der menschliche Wille eine Form von Kausalität ist, muß er einem Gesetz unterworfen sein. Doch der menschliche Wille ist frei. Daher muß er sich selbst sein Gesetz geben. Schmerz ist schlecht, weil kein vernünftiger Wille, dessen Gesetz alle Menschen betrifft, wollen kann, daß Schmerz existiert. Was will ich mit diesem Beispiel sagen? Der rationalistische Werttheoretiker zeigt uns, warum die These wahr ist. Doch unsere These wird damit mit all den Schwierigkeiten belastet, die mit der Begründung einer rationalistischen Werttheorie einhergehen.

Ich habe behauptet, daß ein natürliches Verständnis unserer These uns eine philosophisch problematische Auffassung von Werten nahelegt. Dieses natürliche Verständnis der These faßt diese als eigenständiges und substantielles Rationalitätspostulat auf. Im Rahmen der rationalistischen Werttheorie verliert die These ihre Substanz. Im Rahmen einer instrumentellen Theorie praktischer Rationalität – und darauf will ich nun eingehen – verliert die These ihre Eigenständigkeit. Wie ist das zu verstehen?

Beginnen wir mit einigen Dingen, die wir im allgemeinen als wertvoll oder als gut betrachten. Gesundheit ist etwas Wertvolles, und so ist Freundschaft und die Fähigkeit, sein Leben selbst zu bestimmen. Nehmen wir des weiteren an, daß die Förderung und planmäßige Verfolgung der gegebenen Ziele einer Person das alleinige das menschliche Handeln betreffende Vernunftgebot ist. In anderen Worten, praktische Vernunft besteht allein in der richtigen Wahl der Mittel in der Verfolgung gegebener Ziele. Nun wird es im allgemeinen einen Grund geben, so zu handeln, daß Gesundheit erhalten und Krankheit vermieden wird. Was auch immer deine Ziele sein mögen, du wirst diese besser erreichen, wenn du gesund und in Besitz deiner Fähigkeiten bist. Die universelle Nützlichkeit von Gesundheit garantiert, daß jeder Mensch im allgemeinen Grund hat, gesund sein zu wollen. Gesund zu sein ist kein Sachverhalt, der eine Eigenschaft hat, die von uns dessen Verwirklichung verlangt, sondern wir wollen gesund sein, weil dies im allgemeinen unseren Zielen und Plänen, was immer diese sein mögen, dienlich ist. Neben universellen Mitteln wie Gesundheit und Selbstbestimmung kann es natürlich auch universelle Ziele geben. Der Mensch als soziales Wesen wird sich im allgemeinen Verbundenheit mit anderen Menschen wünschen. Nicht das Wertvollsein, sondern das Gewünschtsein von freundschaftlichen Verbindungen gibt uns Grund, diese zu suchen. Demnach ist es vernünftig, vieles von dem zu verfolgen, das wir im allgemeinen für wertvoll erachten, doch das Wertvollsein spielt für die Vernünftigkeit dieser Handlungen keine eigenständige Rolle.

Schließlich möchte ich noch kurz auf naturalistische Werttheorien hinweisen. Ein Picasso ist ein wertvolles Bild. Was das unter anderem bedeutet, ist, daß ein solches Bild einen hohen Preis auf dem Kunstmarkt einbringt. Der instrumentelle Wert, den Geld besitzt, wird es daher für viele Menschen vernünftig machen, in einer entsprechenden Wahlsituation einen Picasso einem weniger wertvollen Bild vorzuziehen. Doch man kann sich leicht andere Interessen ausmalen, die im Rahmen einer instrumentellen Auffassung praktischer Rationalität eine Entscheidung gegen das Wertvolle vernünftig machen. Ein Bild kann besser ins Wohnzimmer passsen, ein bestimmtes sentimentales Bedürfnis befriedigen u.ä.m. Was für ein Verständis des Wertvollseins als Marktwert gilt, gilt natürlich auch für andere naturalistische Charakterisierungen des Wertvollen. Ein so verstandenes Wertvollsein ist, wenn überhaupt, nur in kontingenterweise mit den Wünschen von Personen und so mit der Vernünftigkeit eines danach gerichteten Strebens verbunden. Im Rahmen einer instrumentellen Rationalitätstheorie ist es in all diesen Fällen vorstellbar, daß das weniger Wertvolle vernünftigerweise vorgezogen werden kann.

Ich habe zu zeigen versucht, daß verschiedene philosophische Perspektiven unserer These einen jeweils unterschiedlichen Status zuschreiben. Unsere erste Reaktion, die Vernünftigkeit des Vorziehens des Wertvolleren als eigenständiges und substantielles Rationalitätspostulat zu verstehen, scheint uns auf ein problematisches Verständnis von Werten festzulegen. Vor dem Hintergrund anderer philosophischer Theorien verliert unsere These, insofern sie überhaupt aufrechterhalten werden kann, entweder ihre Substanz oder ihre Eigenständigkeit.

(2) In diesem Abschnitt will ich ein Argument diskutieren, das zu zeigen beansprucht, daß unsere These zu verwerfen ist. In seiner Arbeit „Desire as Belief" [Mind 97, 1988, 323-32] argumentiert David Lewis dafür, daß Wünsche nicht mit Glaubenseinstellungen gleichgesetzt werde können. Wie können wir dieses Resultat auf unsere These anwenden?

Eine vernünftige Person, die das Ideal anstrebt, Wertvolles Wertlosem vorzuziehen, wird Dinge wollen, die wertvoll sind. Die voluntativen Einstellungen dieser Person sind an ihren Überzeugungen bezüglich des Wertvollseins von Dingen ausgerichtet. Das Argument von Lewis kann dazu benützt werden, zu zeigen versuchen, daß es keine Bedingung praktischer Vernunft sein kann, ein allein an Wertüberzeugungen ausgerichtetes System voluntativer Einstellungen zu haben. Eine derartige Bedingung stünde, so der Anspruch des Lewisschen Arguments in unserer Interpretation, in Konflikt mit plausiblen und wohletablierten Rationalitätsbedingungen. Dieser Konflikt kann nur durch die Verwerfung unserer These als allgemeingültige Rationalitätsbedingung gelöst werden. Was sind diese plausiblen Rationalitätsprinzipien, mit denen unsere These angeblich unvereinbar ist?

Zunächst haben wir ein Prinzip, das vernünftiges Glauben bestimmt. Glaubenseinstellungen können mehr oder weniger stark sein. Die Stärke von Glaubenseinstellungen eines vernünftigen epistemischen Systems läßt sich als Wahrscheinlichkeitsfunktion C repräsentieren. Ich nenne dieses Prinzip P_1 und will es in folgender Weise ausdrücken:

P_1: $C(A)=\Sigma_i C(A/E_i)C(E_i)$

P_1 ist ein Theorem der Wahrscheinlichkeitstheorie. Die E-Propositionen bilden eine Partition, d.h. sie bilden eine Menge einander wechselseitig ausschließender und gemeinsam erschöpfender Propositionen. P_1 besagt z.B., daß der Glaubensgrad, daß Hans kommt, gleich der Summe der Glaubensgrade ist, daß Hans kommt, gegeben es regnet, und daß Hans kommt, gegeben es regnet nicht, wobei die beiden Elemente durch den jeweiligen Glaubensgrad, daß es regnet bzw. nicht regnet, gewichtet werden.

Ist dies ein unumstrittenes Prinzip? Nicht unbedingt. Eine Art von Zweifel am Bayesianismus, d.h. an einer an der subjektivistischen Wahrscheinlichkeitstheorie orientierten Erkenntnistheorie, bezieht sich darauf, ob es eine hinreichende Bedingung theoretischer Rationalität sein kann, daß Glaubensgrade formal Wahrscheinlichkeiten sind. Im Prinzip P_1 ist aber von Hinreichendsein nicht die Rede. Eine andere Art von Zweifel bezieht sich auf die Möglichkeit der quantitativen Charakterisierung von epistemischen Zuständen. Es kann aber wohl nicht sein, daß unsere These, daß es vernünftig ist, das Wertvolle dem Wertlosen vorzuziehen, mit einem epistemischen Prinzip unvereinbar ist, weil letzteres epistemische Einstellungen in quantitativer Weise betrachtet. Soweit ich es beurteilen kann, spricht daher im hier vorliegenden Zusammnenhang nichts dagegen, P_1 zu akzeptieren.

Was ist das zweite Prinzip? Nehmen wir an, daß sich auch die Stärke von Wünschen in quantitativer Weise erfassen läßt. Für eine rationale Person wird zwischen ihren Wünschen und ihren Überzeugungen eine bestimmte Verbindung bestehen. Ich will diese Verbindung zunächst an einem Beispiel illustrieren. Nehmen wir an, daß Hans Anna treffen will. Hans überlegt, wie er dieses Ziel am besten verwirklichen kann. Er wird hier zu sein dort zu sein vorziehen, wenn er glaubt, daß Anna eher hier als dort ist. Der rationale Grad, in dem Hans wünscht, hier zu sein, wird durch die Wichtigkeit, die Anna zu treffen für ihn besitzt, und durch seine Überzeugung bezüglich des Aufenthaltsorts von Anna bestimmt. Die Entscheidungstheorie bietet uns eine systematische Darstellung dieser Art von verünftigen Verbindungen zwischen epistemischen und voluntativen Einstellungen. In der quantitativen Begrifflichkeit der Entscheidungstheorie lautet das Prinzip so: voluntative Bewertungen vernünftiger Personen sind durch eine Erwartungsnutzenfunktion V repräsentierbar. Ich will diesen Gedanken im folgenden Prinzip P_2 ausdrücken:

P_2: $V(A)=\Sigma_i V(AE_i)C(E_i/A)$

(Die E-Propositionen in unserem Beispiel sind: „Anna zu treffen" bzw. „Anna nicht zu treffen". Verschiedene A-Propositionen beschreiben die Handlungsalternativen von Hans: hier zu sein, dort zu sein usw.)

Nun müssen wir noch unsere These in den von diesen beiden Postulaten gesetzten begrifflichen Rahmen einbauen. Die Grundidee, die es darzustellen gilt, ist die folgende: je stärker ich davon überzeugt bin, daß etwas wertvoll ist, desto stärker soll der Grad des Wunsches sein, der sich darauf richtet.

Obwohl dies den Gedanken, der hinter der These steckt, nicht vollständig ausdrückt, garantiert dieses Postulat doch, daß ich etwas, das ich für wertvoll halte, dem vorziehe, das ich für wertlos halte (und daher nicht für wertvoll halte). Für jede Proposition A, so können wir annehmen, gibt es eine entsprechende Proposition A^*, die die korrespondierende Wertproposition bezeichnet. A^* sagt demnach, daß es wertvoll oder gut ist, daß A der Fall ist.

P_3: $C(A^*)=V(A)$

(Eine komplizierte Form desselben Arguments kann für das in gewisser Hinsicht adäquatere Prinzip P_3' geführt werden. Dieses Prinzip nimmt auf Grade des Gutseins Rücksicht. P_3' fordert, daß ich etwas in dem Grade wünschen soll, in dem ich es für gut halte. D.h., wenn ich mir sicher bin, daß A im Grade j gut ist $(C(A^*j)=1)$, dann soll ich A im Grade j wünschen $(V(A)=j)$; oder allgemeiner: $V(A)=\Sigma_j C(A^*j)j$.)

Nun wollen wir zeigen, daß es Fälle gibt, in denen nicht alle drei Prinzipien erfüllt werden können. Was ist die Struktur dieser problematischen Fälle? Wenn wir das epistemische Prinzip P_1 auf P_3 anwenden, erhalten wir K_1:

K_1: $C(A^*)=\Sigma_i C(A^*/E_i)C(E_i)$ (Anwendung von P_1 auf *-Propositionen)

Wenn wir P_2 und P_3 verbinden, erhalten wir K_0:

K_0: $C(A^*)=\Sigma_i V(AE_i)C(E_i/A)$ (von P_2 und P_3)

Wenn wir in K_0 den V-Ausdruck durch den entsprechenden C-Ausdruck ersetzen, ergibt sich K_2:

K_2: $C(A^*)=\Sigma_i C([AE_i]^*)C(E_i/A)$ (von K_0 und P_3)

Betrachten wir K_1 und K_2. Wenn die ersten Glieder dieser Summen gleich sind, während die zweiten Glieder verschieden sind, dann können K_1 und K_2, und daher auch P_1, P_2 und P_3, nicht gleichzeitig zutreffend sein. Einer der problematischen Fälle liegt also dann vor, wenn B_1 und B_2 erfüllt sind.

B_1: $C([AE_i]^*)=C(A^*/E_i)$

B_2: $C(E_i)\neq C(E_i/A)$

Hier ist ein Beispiel: Hans will Anna treffen. Die folgenden beiden Propositionen werden von Hans in gleichem Ausmaß geglaubt: (a) daß es gut ist, daß Anna und er am Ort i sind (b) daß es gut ist, daß Anna am Ort i ist, gegeben er ist am Ort i (für alle i). Das erfüllt B_1. Da Hans aus irgendwelchen Gründen auch glaubt, daß er und Anna zusammenkommen werden, ist Annas am-Ort-i-Sein für Hans Evidenz, daß auch er am Ort i ist. Das erfüllt B_2.

Das ist ein überraschendes Resultat. P_1 ist ein epistemisches Prinzip und P_2 drückt in entscheidungstheoretischer Form aus, daß man Sachverhalte in

Hinblick auf die folgenden beiden Aspekte bewerten soll: wie wichtig ist das, was mit der Verwirklichung dieser Sachverhalte erreicht werden kann, und wie wahrscheinlich ist es, daß man das erreicht, was einem wichtig ist. Die Entscheidungstheorie scheint bloß ein Kalkül von Bewertungen zu sein, der instrumentelle Zweckmäßigkeit verkörpert. Wieso sollte solch ein Kalkül nicht durch so etwas wie unsere These verstärkt werden können?

Sehen wir uns den intuitiven Hintergrund des Lewisschen Arguments an. Unsere These setzt bestimmte Überzeugungen mit bestimmten Wünschen oder Bewertungen gleich. Aber die Logik von Überzeugungen und Wünschen ist unterschiedlich. Erwartungsnutzenbewertungen ändern sich in der angegebenen Weise mit bedingten Wahrscheinlichkeiten, während absolute Wahrscheinlichkeiten die Rolle als Gewichtungen im epistemischen Prinzip P_1 spielen. Warum, fragt einer, ist es keine Bedingung praktischer Vernünftigkeit, das Wertvolle dem Wertlosen vorzuziehen? Die Antwort, die uns das Lewissche Argument gibt, ist: weil sich Erwartungsnutzen in Abhängigkeit von bedingten Wahrscheinlichkeiten und Überzeugungen, Wertüberzeugungen eingeschlossen, in Abhängigkeit von absoluten Wahrscheinlichkeiten entwickeln. Das ist alles, was ich an intuitivem Hintergrund ausloten kann. Dieser Hintergrund ist im selben Grade formal wie das Argument selbst. Es ist ein Nachteil dieses Arguments, daß man seine Pointe nicht wirklich unabhängig von der formalen Struktur des Arguments erklären kann.

Der nächste Punkt, den ich vorbringen will, wiegt wesentlich schwerer. In dem vorgebrachten Argument kommen *-Propositionen vor. Die intendierte Interpretation des *-Operators ist, daß $A*$ bedeutet, daß A gut oder wertvoll ist. Aber nichts zwingt uns, den *-Operator in dieser Weise zu verstehen. Alles, was P_3 fordert, ist, daß ich, wenn ich z.B. überzeugt bin, daß $A*$ wahr ist, mir wünsche, daß A der Fall ist. Wie auch immer wir die Semantik des *-Operators verstehen, P_3 steht in Konflikt mit P_1 und P_2. Intuitiv betrachtet beweist das mehr als Lewis lieb sein kann. Nehmen wir z.B. an, daß $A*$ bedeutet, daß ich mir wünsche, daß A der Fall ist. Dann fordert P_3, daß ich mir wünsche, daß A der Fall ist, genau dann wenn ich davon überzeugt bin, daß ich mir wünsche, daß A der Fall ist. Die Unvereinbarkeit der drei Postulate hätte zur Folge, daß es nicht der Fall sein kann, daß eine vernünftige Person alle ihre Wünsche kennt und keine unbewußten Wünsche hat. Das Lewissche Argument, so scheint es, beweist zu viel. Irgendetwas stimmt damit nicht.

Ich kann hier keine vollständige Analyse des Lewisschen Arguments vorlegen. Ich will mich darauf beschränken, die Grundidee meiner Kritik an diesem Arguments zu erklären. Wir können einen faktischen Konflikt vermeiden, wenn der Gegenstandsbereich, auf den sich die Prinzipien P_2 und P_3 beziehen, verschieden ist. P_2 fordert, daß der Grad des Wünschens ein Erwartungsnutzen ist, und P_3 fordert, daß rationales Wünschen sich an den

Überzeugungen über das Wertvollsein von Sachverhalten orientiert. Die Unterscheidung zwischen intrinsischen Wünschen und instrumentellen oder allgemeiner nicht-intrinsichen Wünschen ist prima facie ein guter Kandidat, den Anwendungsbereich von P_2 von dem von P_3 zu trennen. Ich verlasse mich hier auf ein intuitives Verständnis dieser Unterscheidung. Manches wünschen wir uns um seiner selbst willen, anderes wünschen wir, weil wir glauben, daß es zur Erreichung etwas intrinisch Gewünschten beiträgt. Diese Strategie läuft darauf hinaus, zwei Thesen zu verteidigen. (1) Das Erwartungsnutzenprinzip P_2 ist keine Bedingung, die intrinsische Wünsche substantiell bestimmen kann. Das heißt: im Falle intrinsischer Wünsche ist P_2 trivialerweise erfüllt. (2) Das Prinzip der Übereinstimmung von Wertüberzeugung und Wunsch ist keine Bedingung, die instrumentelle Wünsche substantiell bestimmen kann. Das heißt: im Falle nicht-intrinsischer Wünsche, ist P_1 und daher P_3 keine substantielle Einschränkung. Wenn beide Thesen richtig sind, dann wäre gezeigt, daß die drei Lewisschen Rationalitätsprinzipien zu keinem faktischen Konflikt führen.

Die erste These klingt plausibel. Nehmen wir der Einfachheit halber an, daß eine bestimmte Proposition W den einzigen Sachverhalt beschreibt, der für eine bestimmte Person intrinsisch wertvoll ist und so intrinsisch gewünscht wird. Wenn allein W intrinsisch wertvoll ist, dann ist der Wert der Kombination von W mit jedem anderen beliebigen Sachverhalt derselbe wie der Wert von W, insbesondere ist der Wert von W derselbe wie der Wert von $W\&E$ und derselbe wie der Wert von $W\&\neg E$. Daher haben die bedingten Wahrscheinlichkeiten, die in P_2 vorkommen, keinen Einfluß. Alles, was P_2 in diesem Fall fordert, ist die Trivialität, daß der Wert von W einem gewichteten Mittel entspricht, wobei die beiden Elemente, die gewichtet werden, ohnehin denselben Wert wie W haben. (Die Situation wird komplizierter, wenn wir gemischte Güter betrachten, d.h. solche, die sowohl in intrinsischer als auch in instrumenteller Hinsicht gewünscht werden. Wir müssen dann die verschiedenen Aspekte des Sachverhalts, unter denen er wünschenswert erscheint, voneinander trennen.)

Wie steht es mit der zweiten These? Kann gezeigt werden, daß instrumentelle Wünsche vom Prinzip der Übereinstimmung von Wunsch und Wertüberzeugung nicht substantiell betroffen sind? Ein Beispiel wird hilfreich sein, um meine Antwort auf diese Frage zu verdeutlichen. Nehmen wir an, du willst Anna treffen. Dies sei von dir intrinsisch gewünscht. Du überlegst nun, ob es gut ist, Anna anzurufen. Gemäß unserer These P_3 ist dies eine Überzeugung, auf die das epistemische Prinzip P_1 angewendet werden kann. Gemäß P_1 hängt die Überzeugung, daß es gut ist, Anna anzurufen, von den folgenden beiden bedingten Wahrscheinlichkeiten ab. Es ist gut, Anna anzurufen, gegeben du triffst sie, und es ist gut, Anna anzurufen, gegeben du triffst sie nicht. Welcher Glaubensgrad soll diesen Propositionen zukommen? Du könntest folgendermaßen überlegen: Gegeben, daß ich Anna treffe, war es gut, sie anzurufen. Aber ist das wirklich richtig? Vielleicht hättest du sie auch getroffen, wenn du sie nicht angerufen hättest. Was war dann gut daran, sie anzurufen? Betrachten wir die zweite Proposition. Ist es gut, Anna anzurufen, gegeben du triffst sie nicht? Die Antwort scheint klar zu sein: wenn ich sie nicht treffe, dann kann es wohl nicht gut gewesen sein, sie anzurufen. Aber wiederum ist das nicht ganz richtig. Nehmen wir an, daß dein Anruf sie an euer Treffen erinnert hat, daß der Anruf also die Wahrscheinlichkeit des Treffens erhöht hat. Dann war es in einem Sinne sicherlich gut, sie anzurufen, auch wenn es letztendlich, aus anderen Gründen – Annas Auto war defekt – zu keinem Treffen gekommen ist. Was ich damit sagen will, ist folgendes. Wenn wir herausfinden wollen, ob es gut ist, Anna anzurufen, dann werden diese bedingten Wahrscheinlichkeiten nicht hilfreich sein. Wir würden hingegen in der folgenden Weise überlegen, um den rationalen Grad der Wünschbarkeit des Anrufes zu bestimmen. Was ist die Wahrscheinlichkeit, daß wir uns treffen, gegeben ich rufe sie an, und was ist die Wahrscheinlichkeit, daß ich sie treffe, gegeben ich rufe sie nicht an? Diese Wahrscheinlichkeiten werden die Gewichte für den Wert der Wichtigkeit sein, die das Treffen bzw. Nicht-Treffen für uns besitzt. Das heißt, daß Überzeugungen über das instrumentelle Gutsein von Sachverhalten aufgrund von Erwartungsnutzenüberlegungen gebildet werden. Wenn wir aber mit dieser Methode zu einer Überzeugung bezüglich des instrumentellen Gutseins eines Sachverhalts gekommen sind, dann wird das epistemische Prinzip P_1 trivialerweise erfüllt sein. Wenn meine Erwartungsnutzenüberlegungen mich dazu gebracht haben, dem Anrufen einen bestimmten Wert zuzuschreiben, dann werden sich die bedingten Wahrscheinlichkeiten in P_1 nicht mehr unterscheiden. Das heißt, daß P_1 und damit P_3 in Hinblick auf instrumentelle Werte trivialerweise erfüllt sind, wenn diese Werte gemäß P_2 gebildet worden sind.

Ich will die Grundidee meiner Kritik am Lewisschen Argument nochmals zusammenfassen. Ausgehend von der Vermutung, daß dieses Argument zuviel beweisen würde, habe ich zu zeigen versucht, daß eine Einschränkung des Gegenstandsbereichs der verwendeten Rationalitätsprinzipien faktische Konflikte in der Anwendung der Prinzipien ausschließt. Diese Einschränkung bedient sich der Unterscheidung zwischen intrinsischen und nicht-intrinsischen Wünschen, und damit einer Unterscheidung, die unabhängig vom Lewisschen Argument plausibel ist. Im Verein mit einer analogen Unterscheidung zwischen intrinsischem und nicht-intrinsischem Wert von Sachverhalten könnte unsere These dann in folgender Weise eingeschränkt werden: Intrinsische Wünsche sollen durch Überzeugungen über den intrinsischen Wert von Gegenständen bestimmt werden.

Ich habe die Begriffe des intrinsichen Wunsches und des intrinischen Wertes verwendet, ohne irgendeine genauere Erklärung dieser Begriffe zu geben. Ich glaube, daß eine detaillierte Auseinandersetzung mit der von diesen Begriffen gemeinten Unterscheidung neue Probleme für die oben vorgeschlagene Einschränkung unserer These aufwerfen wird. Dies ist eine Richtung, in der die Diskussion um die Vorziehbarkeit des Wertvollen fortzuführen wäre. Doch mein Hauptanliegen in diesem Vortrag war zu zeigen, daß eine solche Diskussion nötig ist.

ÜBER DEN BEGRIFF DER HUMANITÄT

KÁROLY KÓKAI (WIEN)

Der Begriff der Humanität am Ende des 20. Jahrhunderts hat eine einfache Bedeutung. Mit ihm meint man soviel wie menschlich, und zwar in Hinblick auf die höheren, idealen Werte des Menschen. Er dient heutzutage als beinahe unumstrittener Fluchtpunkt, um komplexe politische Aktivitäten zu rechtfertigen. Oder ist es nicht die Humanität, die es zu verwirklichen gilt? Ist es nicht sie, auf die sich alle als letztes Argument berufen? Leben wir nicht in einer Zeit, wo sie als allseitig anerkannter Wert gesetzt und nicht in Frage gestellt wird? Wenn jemand Humanität in Frage stellt, wird das nicht als Ausdruck der Sehnsucht nach einer noch tieferen Humanität verstanden?

Ich kann hier auf diese Fragen einzeln nicht eingehen. Ich möchte aber trotzdem eine Antwort auf sie finden, indem ich sie ausklammere und mich auf einen geschichtlichen Aspekt des Begriffes beschränke. Wie dieser Begriff seine bis heute wirkende entscheidende Prägung bekommen hat, das möchte ich hier bei dem Philosophen untersuchen, bei dem dieser Begriff rhetorisch die heute gängige Bedeutung besitzt, und der an der Schwelle unserer modernen Welt steht. Ich möchte über den Philosophen sprechen, der bei diesem Akt der Institutionalisierung einen großen Beitrag leistete und der heute als Humanist gilt: über Immanuel Kant.

Obwohl bei Kant dem Begriff der Humanität zenrale Bedeutung zukommt, erscheint dieser bei ihm trotzdem problematisch. Führt man sich aber die Stellen vor Augen, wo Kant über Humanität redet, entsteht trotzdem ein Bild, das ich hier kurz nachzeichnen möchte, weil hier der moderne Humanitätsbegriff in seiner vollen philosophischen Komplexität das erstemal erscheint. Kant verwendet den Begriff der Humanität selten. Er kommt bloß dreimal in seinen Schriften vor. Das erstemal in der 1790 erschienenen *Kritik der Urteilskraft*, dann 1798 in der *Anthropologie in pragmatischer Hinsicht* und schließlich in der 1800 erschienenen *Logik*.

Als erstes möchte ich eine Stelle aus der *Kritik der Urteilskraft* in Erinnerung rufen: „Empirisch interessiert das Schöne nur in der Gesellschaft; und, wenn man den Trieb zur Gesellschaft als dem Menschen natürlich, die Tauglichkeit aber und den Hang dazu, d.i. die Geselligkeit, zur Erfordernis des Menschen, als für die Gesellschaft bestimmten Geschöpfs, also als zur Humanität gehörige Eigenschaft einräumt: so kann es nicht fehlen, daß man nicht auch den Geschmack als ein Beurteilungsvermögen alles dessen, wodurch man sogar sein Gefühl jedem andern mitteilen kann, (...) ansehen sollte."[1] Humanität wird hier in den Kontext des Schönen und des Urteils über dieses gestellt. Humanität wird hier im Sinne von Bildung, von Humanitas verstanden. Diese Bildung verleiht dem gebildeten Menschen eine spezielle Färbung, die ihn als Gesellschaftsmensch auszeichnet.

Ich habe eingangs über Kant als Humanisten gesprochen. Berechtigt diese soeben zitierte Stelle aus der *Kritik der Urteilskraft* aber zu dieser Bezeichnung? Kann man Kant aufgrund dieses Zitats einen Humanisten nennen? Statt einer Antwort zunächst das nächste Zitat aus der 1798 publizierten *Anthropologie in pragmatischer Hinsicht*: „(...) Neigung zum Wohlleben und Tugend im Kampfe mit einander, und Einschränkung des Prinzips der ersteren durch das der letzteren machen zusammenstoßend den ganzen Zweck des wohlgearteten, einem Teil nach sinnlichen, dem anderen aber moralisch intellektuellen Menschen aus (...). Die Denkungsart der Vereinigung des Wohllebens mit der Tugend im Umgange ist die Humanität"[2]. Hier erscheint der Begriff Humanität genauso, wie vorher: als Umgang. Er bezeichnet eine Umgangsform, eine gesellschaftliche Verhaltensweise. Humanität erscheint bei Kant als kultureller, als zivilisatorischer Begriff jener Gesellschaft, in welcher Wohlleben und Tugend miteinander zu vereinigen möglich sind.

Die dritte Stelle, wo wir dem Begriff der Humanität bei Kant begegnen, findet sich in der zwei Jahre nach der *Anthropologie in pragmatischer Hinsicht* erschienenen *Logik*: „Einen Teil der Philologie machen die Humaniora aus, worunter man die Kenntnis der Alten versteht, welche die Vereinigung der Wissenschaft mit Geschmack befördert, die Rauhigkeit abschleift und die Kommunikabilität und Urbanität, worin Humanität besteht, befördert."[3] Hier begegnen wir der vorher zweimal festgestellten Bedeutung zum dritten Mal. Der Begriff der Humanität erscheint bei Kant als eine Umgangsform, sie gehört zur Geselligkeit, ist Vereinigung von Wohlleben und Tugend, besteht aus Kommunikabilität und Urbanität. Alle diese Begriffe, die die Bedeutung des Begriffes Humanität bestimmen: Umgang, Geselligkeit, Wohlleben, Tugend, Kommunikabilität und Urbanität, sind zivilisatorische Begriffe.

Das sind also die Stellen, wo Kant den Begriff der Humanität verwendet. Wir sehen, er verwendet ihn in einem speziellen Sinn. Humanität war für Kant Eigenschaft des gelehrten und zivilisierten Gesellschaftsmenschen. Ist dies aber alles, was Kant über Humanität zu sagen hatte? Sind diese Stellen diejenigen, aufgrund deren man Kant einen Humanisten nennen kann? Welche Reihe von Begriffen muß man sich vor Augen halten, wenn man über

---

1 Immanuel Kant, *Kritik der Urteilskraft*, 1790 bzw. 1793: B 162f. A161f.
2 Immanuel Kant, *Anthropologie in pragmatischer Hinsicht*, 1798 bzw. 1800: A 294, B 243.
3 Immanuel Kant, *Logik*, 1800: A 62.

den Begriff der Humanität bei Kant redet?

Der Begriff, dem im System Kants die zentrale Bedeutung zukommt, der bei der Konstruktion von Ethik und Rechtsphilosophie die Rolle spielt, die es erlaubt Kant einen Humanisten zu nennen, ist der Begriff der Menschheit. Dieser Begriff wird bei Kant gemäß der Wortbedeutung verwendet, als Abstraktum vom Ausdruck „Mensch". Menschheit ist zunächst Verallgemeinerung vom Menschen. Diese Verallgemeinerung verdient unsere Aufmerksamkeit, da sie Fragen vor uns aufstellen läßt, die nicht restlos zum Verschwinden zu bringen sind. Der Schritt vom Menschen zur Menschheit übersteigt nämlich die Grenze, die den Menschen von seinem Wesen trennt, um dieses Wesen zu definieren. Er ist ein Schritt mit großen, um nicht zu sagen ungeheuerlichen Folgen. Wie ungeheuerlich diese Folgen sind, das zeigt die Tragweite, die es mit ihm zu überspannen gilt. Auf diesen Schritt, auf die Verbindung und Unterscheidung der Begriffe Mensch und Menschheit gründet Kant seine Ethik – dieser Schritt weckt aber Ungeheuer, statt sie zu bändigen. Es genügt hier auf die Reihe der Tatsachen, von den Napoleonischen Kriegen bis zu den heutigen Gewaltlegitimationsstrategien in Westeuropa und Amerika, hinzuweisen, um nur solche zu erwähnen, an welche die Geschichte sich erinnern wird, die im Zuge der praktischen Umsetzung der Idee der Humanität aufgetreten sind.

Hier finden wir die Antwort auf die Frage, warum Kant als Humanist gilt. Kant gilt als Humanist wegen der Positionierung der Begriffe Mensch und Menschheit in seinem philosophischen System. Er gilt als Humanist, weil er dem Begriff der Humanität über seinen bloßen Bildungsinhalt hinaus philosophische Tiefe gegeben hat. Bei ihm wurde der Mensch zum neuzeitlichen Subjekt, das erst als modernes bezeichnet werden kann. Zum Wesen dieses Subjekts gehört seine Bestimmung, das Ideal der Menschheit in sich zu verwirklichen. Humanität, Menschheit und Mensch sind zentrale Begriffe in Kants System. Humanität, Menschheit und Mensch bilden eine Reihe, die durch unterschiedliche Abstraktionsgrade in eine Richtung und auf ein Ziel zeigen. In dem Kant den Begriff des Menschen zur Menschheit verallgemeinert, schafft er den Begriff, der zur Grundlage seiner Ethik wird, auf den er dann anschließend seine Rechtsphilosophie aufbaut.

Ich habe hier eine Reihe von Begriffen verfolgt, die vom Allgemeinen zum Konkreteren, vom Humanismus über Menschheit zum Menschen führte – und so im Gegensatz zu der üblichen Richtung von Überschreitung läuft. Ich habe dabei auf die Widersprüche hingewiesen, die wesentlich diesen Begriffen angehören und die diese Begriffe erst sinnvoll machen. Ich habe aber die unmittelbaren, oft schmerzhaften und blutigen Aspekte dieser Widersprüche ausgeklammert. Das, um diesen Vortrag theoretisch zu halten, um nicht die Grenze dort zu überschreiten, wo Reden wie diese praktisch werden – um also die bisherige Reihe der Widersprüche, nicht um noch einen zu vermehren: mit dem Reden, das den Greuel verschleiert, zu dessen Vorwand der Begriff der Humanität praktisch dient.

Wir sind einer ganzen Reihe von Widersprüchen begegnet. Ein nächster Widerspruch gilt diesem Vortrag selbst. Der Begriff, um den es mir hier ging, der Begriff der Humanität läßt sich nicht definieren. Auf die Definition, auf die Klarheit kann man aber auch nicht verzichten.

Humanität ist zentrales Zeichen, das weder zu durchdringen, noch aufzulösen ist. An der zentralsten Stelle, im Mittelpunkt unseres anerkannten und gültigen Wertesystems steht ein Ort. Dieser Ort trägt den Namen Humanität. Aus der Annahme, daß Humanität eine zivilisierte Umgangsform, die Form des geselligen Umgangs ist, folgt, daß das Zentrum, um das sich alles dreht, das als Mittelpunkt gesetzt wird, nicht mit Inhalten gefüllt zu werden braucht. Der Ort, den jeder anstarrt, ist leer.

PHILOSOPHISCHE BERATUNG

ECKART RUSCHMANN (FREIBURG I.BR.)

1 Der Begriff 'Beratung' im Kontext der Philosophie

Ich möchte hier drei Aspekte nennen, unter denen der Begriff der Beratung von Bedeutung für die Philosophie der Gegenwart ist bzw. die Möglichkeit hat, für die Zukunft grundlegende Bedeutung zu erlangen:

1.1 Philosophische Beratung als neues Tätigkeitsfeld von Philosophen

Beratung stellt ein Tätigkeitsfeld von Philosophen dar, das sich in den letzten Jahren zu konsolidieren begann. Odo Marquard hat auf diese Form philosophischer Tätigkeit im 'Historischen Wörterbuch der Philosophie' unter dem Stichwort 'Praxis, Philosophische' hingewiesen. Er zitiert bei der Definition G.Achenbach, der 1981 diesen Begriff prägte: „Unter Philosophischer Praxis versteht er [Achenbach] die professionell betriebene 'philosophische Lebensberatung', die 'in der Praxis' eines Philosophen geschieht" (Marquard, 1989, 1307).

1.2 'Beratung' als fundierender Begriff für Philosophie

Der Beratungsbegriff kann fundierend für ein dialogisches Verständnis von Philosophie verwendet werden, d.h. man kann Philosophieren als „eine Form der Beratung" auffassen (Mittelstraß, 1982, 140). Wird das ernstgenommen, dann hat 'Philosophische Beratung' m.E. nicht nur Relevanz für die Anwendungsform in der Praxis eines niedergelassenen Philosophen, sondern auch für Lehre und Ausbildung. Wenn 'Philosophische Beratung' zu einem Aspekt der universitären philosophischen Ausbildung würde, könnte das mit dazu beitragen, etwas von diesem dialogischen Charakter für die Philosophie (und damit die Universität) wiederzugewinnen.

1.3 Philosophische Beratung als Grundlage einer Philosophie der Philosophie(n) unter Strukturaspekt

Der Philosophische Berater ist – ähnlich wie es bei der Beschäftigung mit den historischen Systemen der Philosophie der Fall ist – immer wieder aufs Neue mit unterschiedlichen 'Philosophien' konfrontiert, die ihm durch seine 'Besucher' (Klienten) zugetragen werden und kann (oder sollte) dabei ein *Strukturverständnis* entwickeln, das ihm ermöglicht, angemessen mit der jeweiligen individuellen 'Alltagsphilosophie' umzugehen.

So wird m.E. eine Konzeption oder Theorie Philosophischer Beratung auch ein strukturelles Verständnis unterschiedlicher philosophischer Ansätze erarbeiten, im Sinne einer 'Philosophie der Philosophien', und kann damit zu diesem wichtigen Aspekt einen Beitrag leisten.

2 Abgrenzung von Beratung und Psychotherapie

Legt man den Begriff der 'Beratung' zugrunde (und nicht den sehr weit und vage gefaßten der 'Praxis') läßt sich die Frage der Abgrenzung zur Psychotherapie ganz formal (und auch der gesetzlich geregelten Weise entsprechend) bestimmen; Philosophische Beratung gehört damit in den größeren Kontext (unterschiedlich fundierter) Beratungskonzeptionen und läßt sich, formal definiert, als professionelle Tätigkeit philosophisch geschulter Berater bezeichnen. Es gibt dabei durchaus viele Gemeinsamkeiten mit anderen Beratungskonzeptionen (die bisher von den Philosophischen Praktikern kaum zur Kenntnis genommen wurden), aber auch klare Abgrenzungsmöglichkeiten.

3 Konzeption Philosophischer Beratung

Die Grundlinien einer Konzeption Philosophischer Beratung möchte ich anhand von drei Fragen entwickeln.

3.1 Was ist Beratung?

Beratung wird vornehmlich dann gesucht, wenn bestimmte Sachverhalte oder Lebensvollzüge problematisch geworden sind und der Klärung bedürfen. Es wird dann u.U. eine (oder mehrere) Person(en) aufgesucht, die vertraut sind und/oder kompetent erscheinen.

Vom Berater her gesehen setzt Beratung zunächst einmal Verstehen des Mitgeteilten voraus, dann wird ein kritisches Umgehen damit folgen. Konstitutiv hierfür ist die Unterscheidung von Erkennen (hier als 'Welterfassen' bezeichnet) und Verstehen (als Rekonstruktion individuellen Welterfassens d.h. Nachvollziehen des Erkennens eines anderen Menschen).

Jedes Verstehen geht von einer bestimmten Konzeption des Selbst- und Welterfassens aus, in die in ganz wesentlichem Maße die anthropologischen Grundannahmen eingeflossen sind, das jeweilige Menschenbild und die persönliche Weltsicht. So stellt sich als nächstes die Frage:

3.2 Was ist Welt-Erfassen?

'Erkennen' ist hier verstanden als Welt- und Selbsterfassen im Sinne von Wahrnehmung und kognitiver Verarbeitung, mit jeweils interaktivem und zirkulärem Bezug zum Erleben (Gefühl, Gestimmtheit). Hier finden sich in der Philosophischen Hermeneutik viele Anregungen, wobei Schleiermacher (und dann Dilthey) insofern einen Höhepunkt markieren, als sie zum erstenmal den zu verstehenden Text zur Rekonstruktion des Welt- und Selbsterfassungsprozesses des Texturhebers benutzen. Dieser Ansatz wurde in der Folge nicht systematisch fortgesetzt und wird erst heute in neuer Form wieder aufgenommen, wobei nun auch die von Dilthey vor 100 Jahren intendierte Verbindung von (kognitiver) Psychologie und Philosophie möglich erscheint.

Ein solcher Verstehensansatz geht davon aus, daß (mündliche oder schriftliche) Äußerungen durch den Rückbezug auf die Strukturelemente des Welterfassens gegliedert und auf diese Weise 'geordnet' auf den eigenen Wissensbestand bezogen werden. Wenn diese Integration (als Rekonstruktion) gelingt, sprechen wir von Verstehen, gelingt sie nicht, liegt 'Nichtverstehen' vor. Dieses Nichtverstehen, das eigentlich sehr häufig den Anfang eines Dialogs markiert, wird allerdings meist durch Rückgriff auf eigenes Vorverständnis 'überbrückt' und führt dann häufig zu 'Mißverstehen', das sich empirischen Untersuchungen zufolge (wie schon von Schleiermacher vermutet) quasi 'von selbst' einstellt, während wirkliches Verstehen eine bewußte Rekonstruktionsarbeit darstellt.

Bei den 'Grundprozessen', die als Elemente der jeweils (meist implizit) zugrundeliegenden Strukturmodelle vorliegen, handelt es sich um perzeptiv-kognitive und emotionale Prozesse, wobei Wahrnehmung und Denken zwar eng aufeinander bezogen sind, durch die Art ihres relationalen und temporalen Bezugs aber phänomenal und empirisch unterschieden werden können. (Hinzu kommt, als viertes Strukturelement, der 'Wille', der nicht immer klar als eigene Instanz unterschieden wird.)

Ein Zentralitätsmodell der psychischen Struktur (im Unterschied zur meist üblichen Form der hierarchischen Strukturierung) ist m.E. geeignet, als verläßliche Orientierung für den Verstehensprozeß zu dienen. Das von meiner Frau (Elisa Ruschmann, 1990) entwickelte 'Empathiemodell' hat sich in meiner beraterischen Tätigkeit seit über 10 Jahren bewährt, kann aber hier nicht detailliert dargestellt werden.

3.3 Was ist angemessenes Welterfassen?

Dieses Rekonstruieren des Welterfassens des anderen Menschen als 'Verstehen' stellt sozusagen die hermeneutische Grundlage für den Beratungsprozeß dar. So wie zur Hermeneutik die Kritik gehört, stellt das kritische Umgehen mit dem Verstandenen einen weiteren wesentlichen Aspekt von Beratung dar.

Nun setzt jedes kritische Umgehen mit einer defizitären Form des Welterfassens und der Lebensbewältigung m.E. die Konzeption angemessenen bzw. 'optimalen' Welterfassens voraus. Nur vor diesem Hintergrund lassen sich Lücken erfassen, ungünstige kognitive Verarbeitungen (z.B. vorschnelle Verallgemeinerungen), unangemessene Reaktionen usw.

Das Ziel des Beratungsprozesses ist dann entsprechend, dem Betreffenden dazu zu verhelfen, seine mentalen Prozesse, Modelle, Konzeptionen und konkreten Abläufe in ihrem interaktiven Zusammenhang mit Erlebensprozessen (= Gefühl bzw. Gestimmtheit) so zu optimieren, daß er sich ein Stück in Richtung auf ein angemesseneres Selbst- und Welterfassen zubewegt. Dazu kann Beratung beitragen. Wenn ungünstige Prozesse in sehr starkem Ausmaß stattgefunden haben, wird die Störung Krankheitswert haben und bedarf der Psychotherapie. In allen anderen Fällen kann Beratung bei der Neustrukturierung und -ordnung der jeweiligen Konzepte und Modelle helfen. Es können sich neue, günstigere Strukturen und Konzepte bilden, vor allem aber kann die ganze mentale Struktur quasi 'aufgelockert' werden, neue Standpunkte eingenommen werden.

So kann Philosophische Beratung m.E. im Beratungsfeld einen wichtigen Platz einnehmen und durch ihre spezifische Fundierung eine ganz eigenständige Kompetenz und Qualität bekommen. Diese liegt meiner Ansicht nach in der Überprüfung und Ordnung der Konzepte, Vorstellungen, Denkabläufe usw. (unter ständigem Mitbeachten des Erlebenszusammenhanges) bis hin zu den Grundmodellen und Grundorientierungen sowie der Frage nach den 'eigenen Werten' und der persönlichen Sinnorientierung (hier besteht ein enger Bezug von Philosophischer Beratung zur Ethik).

Meine persönliche Ansicht (und Erfahrung) ist, daß die Weite und Offenheit der Konzepte und Modelle des Beraters (d.h. seine/ihre Welt- und Menschenbild-Annahmen) und die 'Tiefe' seines Strukturverständnisses menschlichen Selbst- und Welterfassens wesentlich darüber entscheiden, welche Themen in der Philosophischen Beratung bearbeitet werden können und welche nicht.

In der Beratungssituation werden immer wieder auch Fragen nach Sinn, nach Transzendenz usw. auftauchen, und die Schwierigkeiten und Probleme, die sich aus bestimmten Konzepten und Vorstellungen in diesem Bereich ergeben, können dann zum Thema werden. Damit angemessen umgehen zu können fordert vom Berater ein strukturelles Verständnis auch für die 'tieferen' Dimensionen des Menschseins. Dem (wieder) einen Platz in der Philosophie zu geben, in einer dem heutigen Verständnis angemessenen Form, stellt wohl eine noch zu leistende Aufgabe dar.

Literatur

Marquard, Odo: 'Praxis, Philosophische'. In: Ritter/Gründer (Hrsg.): *Historisches Wörterbuch der Philosophie, Bd. 7*, Sp. 1307-1308. Basel 1989

Mittelstraß, Jürgen: *Versuch über den Sokratischen Dialog*. In: J. Mittelstraß: Wissenschaft als Lebensform. Frankfurt/M. 1982, 138-161

Ruschmann, Elisa: *Entwicklung eines Strukturmodells zur deskriptiven Erfassung individueller Subjektivität im personzentrierten Kontext*. Unveröff. Psychol. Diplomarbeit Freiburg 1990

Ethik

Rettet die Medizin die Ethik?

Peter Kampits (Wien)

Daß Ethik heutzutage Konjunktur hat, ist eine bereits banal gewordene Feststellung. Die im deutschen Sprachraum schon vor gut zwei Jahrzehnten angesagte Rehabilitierung der „praktischen Philosophie" (M. Riedel) hat sich nicht nur in der theoretischen Diskussion um eben dieses „Praktische" niedergeschlagen, sondern vor allem im Bereich der sogenannten „angewandten Ethik". Hier sind es die Herausforderungen, die durch die Entwicklung der Wissenschaften, durch Wirtschaft, Recht und Technik in unseren pluralistischen Gesellschaften entstanden sind, die die Ethik zu neuen Antworten nötigen. Ethik und Wirtschaft, Ethik und Technik, Ethik und Ökologie sind ebenso wie Ethik und Medizin gleichsam bereits traditionelle Themen geworden, darüber hinaus gibt es bereits eine Ethik des Journalismus, der Politikberatung, des multikulturellen Miteinander und wohl bald auch eine solche des Tourismus oder der Gastronomie. Natürlich hat diese Entwicklung auch inflationäre Seiten, die in der Rede von einer „Moralhypertropohie" (A. Gehlen) oder einer „Übertribunalisierung" (O. Marquard) zum Vorschein kommen.

Nun steht gerade die Medizin in einem besonderes engen Verhältnis zur Ethik. Die traditionelle Verbundenheit beider Bereiche läßt sich in den unterschiedlichsten Kulturen beobachten und weist eine lange Tradition auf, haben doch beide mit entscheidenden Dimensionen des menschlichen Handelns zu tun.

In der europäischen Tradition ist diese Verbindung bereits im „corpus hippocraticum" gegeben, der aber auch das grundsätzliche Spannungsfeld zwischen ärztlich-technischem Können und moralischem Sollen aufweist. Die dabei deutlich werdende Beziehung zu lebensweltlichen Problemen hat auch immer wieder zu Neuformulierungen der dem ärztlichen Verhalten immer noch grundgelegten Hippokratischen Eides geführt (etwa im Genfer Ärztegelöbnis von 1948 oder in der Helsinki-Tokio-Deklaration-1975).

Seit etwa rund dreißig Jahren ist von den USA ausgehend die Forderung nach einer eigenen Medizin-Ethik immer deutlicher geworden. Die Gründe hierfür liegen auf der Hand: „Die Fortschritte biomedizinischer Wissenschaft und Technik haben.... das Verhältnis von Arzt und Patient, die Arbeitsbedingungen und die Leistungsfähigkeit der traditionellen Medizin in eine neue Dimension gestellt. Insbesondere die rasante Entwicklung der Medizin in den letzten hundert Jahren hat mit den Entwicklungen der Anästhesie, der Schutzimpfungen und Antibiotika, bei Organverpflanzungen und Organersatz, in der Infertilitätsbehandlung und bei sich abzeichnenden Entwicklungen der genetischen Diagnose und der Gentherapie die Handlungsmöglichkeiten des Arztes enorm verändert".[1]

Diese Veränderungen haben dazu geführt, daß die traditionell geltenden Normen sittlich ärztlichen Verhaltens ihre Selbstverständlichkeit eingebüßt haben und daß Herausforderungen an die Ethik entstanden sind, die teilweise Neuland darstellen. Dazu kommt, daß in einer pluralistischen Gesellschaftsverfassung ethische Maximen und Normen weitgehend ihre Verbindlichkeit und Allgemeingültigkeit eingebüßt haben und durch eine Vielzahl von Wertvorstellungen, Prinzipien und Orientierungsmaßstäben ersetzt wurden. Dies gilt nicht allein für die Ethik im allgemeinen, sondern vornehmlich für den Bereich medizinischer Fragestellungen: Bereits die Diskussion pro oder contra Abtreibung, Euthanasie und Sterbehilfe, In-vitro-Fertilisation, Konservierung von Embryonen, oder über die Grenzen der genetischen Forschung zeigt, daß es sehr schwierig geworden ist, zu einem verbindlichen Konsens bei diesen Fragen zu gelangen. Daraus ergibt sich, daß die Forderung nach klaren und eindeutigen Orientierungshilfen gerade dort fragwürdig geworden ist, wo einerseits pluralistische Wertvielfalt besteht und andererseits der biomedizinische Fortschritt neue Fragestellungen aufwirft.

Nun hat auch die Medizinethik auf Grund dieser Entwicklung in den letzten Jahren einen Strukturwandel erfahren, der sie vom traditionellen Standesethos ebenso entfernt hat, wie von der Auffassung, es genüge, allgemeine ethische Prinzipien einfach auf die genannten medizinischen Bereiche anzuwenden. Freilich ist vornehmlich auf ärztlicher Seite immer noch die Meinung verbreitet, tradierte ärztliche Sittlichkeit – was immer man darunter verstehen mag – und die bestehenden Codices würden völlig ausreichen, um die vorhandenen und neu entstehenden Probleme zu lösen. Dagegen greift aber auch immer mehr die Auffassung um sich, daß die Ärzte angesichts der neuen Entwicklung und des von ihnen ausgelösten Entscheidungsdruckes in eine rat- und hilflose Situation geraten, in der es gilt, Orientierungshilfen und Orientierungsanleitungen ethischer Art zu erstellen.

Der genannte Strukturwandel in der medizinischen Ethik ist freilich noch längst nicht abgeschlossen, und steht auch mit einem Strukturwandel des Selbstverständnisses der Medizin in engem Zusammenhang. Wenn auch noch weitgehend das gängige Selbstverständnis der Medizin am Ideal einer angewandten Naturwissenschaft orientiert ist, hat sich in letzter Zeit gerade auf Grund des vielfach ins Wanken geratenen Objektivitätsideals eine zunehmende Attraktivität alternativer Medizinmodelle ergeben, die von psychosomatischen Perspektiven bis zur Ganzheitsmedizin reichen. Dabei sollte aber nicht übersehen werden, daß die Reduktion der Medizin auf Naturwissen-

---

1 H.M.Sass, *Medizin und Ethik*, Stuttgart 1987, 7

schaft sich erst relativ spät, nämlich im 19. Jahrhundert durchgesetzt hat und damit die ihr wesensgemäß innewohnende Spannung zwischen Ars (Heilkunst) und Scientia (Heilkunde) einseitig und reduktionistisch aufgelöst wurde. Der unbezweifelbare Erfolg, den die naturwissenschaftliche Methodik und Erkenntnis für die Medizin erbracht hatte, trieb als Kehrseite jene Verobjektivierung und Enthumanisierung der medizinischen Praxis hervor, die heute vielfach eingeklagt wird und die zu jener Überbewertung der technisch orientierten Apparatemedizin führten, die zu kompensieren eines der Hauptprobleme der medizinischen Ethik darstellt. Auch ohne in den derzeit gängigen Chor der Wissenschaftsfeindlichkeit oder Wissenschaftsverteufelung einzustimmen, läßt sich die Problematik dieser Reduktion der Medizin auf eine angewandte Naturwissenschaft kaum bestreiten.Sie hat unter anderem auch zu einer Verkürzung und Fehldeutung des Arzt-Patient-Verhältnisses geführt: der Arzt als Einsatzleiter technischer Apparate, durch sein Expertenwissen abgeschirmt, der Krankheit als eine Art Funktionsstörung eines Organes behandelt und der Patient als zur Reparatur bestimmtes pathologisches Präparat können weder der ärztlichen Dimension des Helfens in der Not entsprechen, noch dem vollen Phänomen Krankheit Rechnung tragen. Nicht von ungefähr ist deshalb die Kritik an dieser reduktionistischen Beziehung in den letzten Jahren enorm gewachsen: von V.v. Weizsäckers Plädoyer für die „Einführung des Subjektes" in die Medizin,[2] bis zu D. v. Engelhardts Feststellung, daß der Kranke nur mehr als Objekt und nicht als Subjekt wahrgenommen würde, mehren sich die kritischen Stimmen.[3]

Gegenüber dem Paradigma von Physik, Chemie, Anatomie und Biologie muß sich die Medizin wieder als Handlungs- und Orientierungswissenschaft verstehen lernen. Denn auch unter den veränderten Verhältnissen einer naturwissenschaftlich-technisch geprägten Welt bleiben die obersten Ziele der Medizin nicht Wissensvermehrung und Erkenntnis, sondern Heilung und Gesundheit, auch wenn niemand bestreiten wird, daß letzteres auf der Basis von Wissen und Erkenntnis erfolgen muß.

Dieser Charakter der Medizin als einer Handlungswissenschaft bringt sie – wie dies in der langen abendländischen Tradition der Fall war – in unmittelbare Nähe zur Ethik. Freilich bedarf es aber – und dies schlägt sich auch in der gegenwärtigen Diskussion um den Strukturwandel der medizinischen Ethik nieder – besonders angesichts der Werte- und Normenpluralität der Gegenwart verschiedener Überlegungen, um den Sinn und die Aufgabe me-

---

2 V.v. Weizsäcker, *Der kranke Mensch*, Stuttgart 1951
3 Vgl. D. v. Engelhardt. *Der Wandel der Vorstellungen von Gesundheit und Krankheit in der Geschichte der Medizin*, Angermüller Gespräche Medizin – Ethik – Recht, Passau 1995

dizinischer Ethik auch tatsächlich anzugeben.

Dabei geht es zunächst um die Frage nach dem Verhältnis von ethischen Theorien und den Erfordernissen, die von seiten der medizinischen Praxis erhoben werden. Auch hier lassen sich vergröbernd zwei Grundhaltungen unterscheiden: die erste, nahezu klassisch gewordene, sieht in den Anforderungen der medizinischen Praxis eine Umsetzung der Anwendung allgemeiner ethischer Prinzipien, oder wie es bei Beauchamp-Childress formuliert wird: „ The application of general ethical theories, prinicipels and rules to problems of therapeutic practice, healthcare, delivery and medical and biological research."[4]

Dabei wird allerdings die Gefahr einer externen, gewissermaßen den philosophischen Ethik-Profis anheimgestellten Beurteilung und Abwägung medizinischer Situationen deutlich, ebenso wie das Problem der Anwendung vorgeformter ethischer Theorien und Prinzipien auf konkrete Situationen. In vielen Fällen zeigt sich dabei die grundsätzliche Entfremdung dieser Regeln von der tatsächlichen medizinischen Realität.

Überdies kann hier auch das Problem entstehen, daß medizinisch-ethische Fragestellungen zu intellektuellen und theoretisch für den Ethiker interessanten Phänomenen werden, an denen sich allgemein ethische Grundsätze erproben lassen.

Die zweite Position sieht Medizinethik eher als eine Art reflektiertere Praxis, wobei dem Einzelfall und Besonderheiten, seiner Analyse und seinen Implikationen besonderer Augenmerk geschenkt werden muß. Dieses Setzen auf Konkretionen gegenüber der Theorie läuft aber wieder Gefahr, in Beliebigkeit zu geraten und überdies wiederum einer Sonderethik, auch wenn sie als interne Medizinethik oder klinische Ethik erscheint, das Wort zu reden.

Nun ist sicher der Theorieübergang und hier vor allem die Methodendiskussion um die Begründung ethischer Normen, Prinzipien oder Urteile in der Gegenwart unübersehbar. Die schwierige Frage nach der Universalisierbarkeit ethischen Normen, in der sich derzeit die Vertreter verschiedener ethischer Richtungen wie in einem Labyrinth verlaufen, hat zu einem Anschwellen jener metaethischen Fragestellungen geführt, die sich – auch wenn sie ins sprachanalytisch Subtile geraten – mit O. Marquard als „Emigration ins Prinzipielle" oder gar als „transzendentale Wolkentreterei" bezeichnen lassen. Die endlosen Ableitungen in Begründungsversuche innerhalb metaethischer Theorien, die Vielzahl diskurstheoretischer, teleologischer oder deontologischer Ansätze erwecken den Eindruck, daß die Ethik vornehmlich auf ihre eigene Legitimationstheorie abgestellt ist und, daß sie die Medizin benützt, um einen willkommenen Anlaß und eine Rechtfertigung für ihre neu ent-

---

4   T. Beauchamp-J.Childress, *Principles of Biomedical Ethics*, New York 1983

fachte Betriebsamkeit zu finden.

Eine weitere Problematik der medizinischen Ethik stellt die Frage dar, ob der traditionelle Bestand an ethischen Normen und Prinzipien ausreicht, um die neu entstandenen Fragestellungen entsprechend zu beantworten. Freilich geht dieses Problem über eine medizinische Ethik hinaus und betrifft die Frage des Verhältnisses der Ethik zur wisssenschaftlich-technischen Verfaßtheit unserer Zivilisation überhaupt.

Auch hier lassen sich zwei verschiedene Grundhaltungen unterscheiden: die Auffassung, daß es keineswegs einer neuen Ethik bedarf, sondern eine Anwendung traditioneller ethischer Prinzipien auf die neu entstandenen Fragen durchaus zureichend sei: So formuliert etwa H.M. Sass: „Gäbe es nicht die alte Tradition der medizinischen Ethik, medizinische Ethik müßte heute erfunden und eingeführt werden als komplementäres Instrument der Bewertung der Ziele und Mittel medizinischen Handels, aber nicht als eine neue Ethik, sondern als Anwendung klassischer ethischer Prinzipien auf neue Handlungsfelder. Die defensiv gewordene Ethik, die sich mit einer kulturell weit verbreiteten Technophobie trifft, muß angesichts der den Medizinern und anderen Berufen der modernen Gesellschaft zugewachsenen neuen Handlungsoptionen einer offensiven Ethik weichen, die antizipatorisch und in konkreten Güterabwägungen ethische Analysen, ethische Bewertung und ethisches Management bestimmt."[5]

Demgegenüber kann aber auch die Ansicht durchdringen, daß angesichts der spezifischen Entwicklung medizinischer Praxis (etwa den technischen Möglichkeiten der Lebensverlängerung, oder der In-vitro-Fertilisation) herkömmliche ethische Prinzipien schlechtweg überfordert sind, und auch ihre Anwendung selber mannigfache Probleme aufwirft.

So stellt etwa H. ten Have fest, daß innerhalb der Medizinethik eine Kluft zwischen innerer und externer Moralität entstanden sei, wobei der professionelle Ethiker sozusagen als neutraler Schiedsrichter und Beobachter erscheint, der moralische Alternativen abwiegt und dadurch sehr oft den Kontext etwa klinischer Entscheidungen außer Acht läßt.[6]

Ebenso kritisch äußert sich in diesem Zusammenhang A. Janik, der darauf verweist, daß der konkrete Charakter, den die medizinischen Probleme für die Ethik haben, von der zur Interpretation neigenden allgemeinphilosophischen Diskussion übersehen würde.[7]

---

5   H.M.Sass, *Medizin und Ethik*, Stuttgart 1989, 8f.
6   H.ten Have, Approaches to Ethics in Medicine in: P. Kampits (Hrsg.), *Medizin-Ethik-Recht Bd II*, Zentrum f. Ethik und Medizin, Krems 1994, 17ff.
7   A. Janik, Professional Ethics 'Applies' Nothing, in H. Pauer-Studer (Hrsg.) *Norms, Values and Society*, Amsterdam 1994.

In jedem Fall gilt es der jeder Ethik als Wissenschaft vom rechten und richtigen Handeln inhärenten Bezugnahme auf dieses Handeln selbst zu entsprechen. Die doppelte Bedeutung des Wortes Ethik, das sich von Gewohnheit, Sitte und Brauch, ursprünglich von Aufenthalt – ebenso ableitet wie von Ethos im Sinne einer sich zum Charakter festigenden Grundhaltung, enthält eine grundsätzliche Ambiguität. Gültig bleibt allerdings der in der theoretischen Diskussion um Verfahrensfragen in der gegenwärtigen Ethik, weiterhin vergessene Hinweis des Aristoteles, daß das Ziel in der Ethik nicht „Erkenntnis, sondern Handeln" heißt.[8]

Allgemein theoretische Regeln, denen niemand die Zustimmung versagen wird, wie etwa dem Kant'schen Kategorischen Imperativ, der „Goldenen Regel", der utilitaristischen Maxime zur Glücksmaximierung für die größtmögliche Zahl an Menschen, oder auch dem allgemeinen Bekenntnis zur Humanität, reichen weder aus, um der Relativierung der verschiedenen Standpunkte in medizinischen Fragen zu entsprechen, noch geben sie die geforderten konkreten Orientierungsanleitungen. Sicherlich ist die medizinische Ethik keine „Territorialethik", (H. Jonas) die als interne Moral abgekoppelt von allgemeinen ethischen Überlegungen ihr eigenes Feld bearbeitet. Andererseits hat gerade im Bereich der Medizin sowohl in individueller wie auch in sozialer Perspektive die Ethik in der Tat vor neue, um nicht zu sagen, extreme Anforderungen gestellt.

Sicherlich muß eine medizinische Ethik eine Differentialethik sein, die beides, allgemeine Überlegungen und Begründungen des rechten und sittlichen Handelns ebenso einbeziehen, wie sie sich vom Konkreten und einmaligen Situationen der Integration von Arzt und Patient leiten läßt, auch ohne damit für jede Handlungssituation eine festgeschriebene Antwort geben zu können, ohne eine Kasuistik zu liefern. Denn Ethik und ärztliches Handeln sind mit dem Bekenntnis zur menschlichen und das heißt immer schon endlichen Freiheit verbunden, einer Freiheit, die sich ethisches Handeln immer nur als Selbstverpflichtung auferlegen kann, und sich dadurch auch keinerlei Regelung durch Strafgesetz und Jurisdiktion unterwerfen kann. Wie immer, um nur ein Beispiel zu nennen, eine gesetzliche Regelung für den Schwangerschaftsabbruch oder die Lebensverlängerung ausfallen mag, sie entlastet weder die Betroffenen, noch den Arzt vor einer persönlichen Entscheidung und Verantwortung.

---

8   Aristoteles, *Nikomachische Ethik I*, 1095,a 5.

SOLLENSVERSTÄNDNIS UND ETHIKBEGRÜNDUNG

HANS KRAML (INNSBRUCK)

1 Zur Semantik von Sollensansprüchen

Eine sprachliche Analyse der Ausdrücke, die in wertenden und normativen Zusammenhängen vorkommen, reicht nicht aus, um den spezifischen Charakter ethischer Forderungen zu ermitteln. Es gibt zu viele Möglichkeiten, moralische und andere Forderungen auszudrücken, und verschiedene Sprachen bedienen sich unterschiedlicher Mittel dazu. Will man die Überlegungen zu der besonderen Form ethischer Kontexte am Sollensverständnis festmachen, so muß zunächst anderweitig klargestellt werden, wie ethisches Sollen zu verstehen ist. Die Frage einer Begründung ethischer Forderungen hängt direkt mit einer Klärung des Charakters dieser Forderungen zusammen.

Obwohl es einer genaueren Erörterung bedürfte, sei einmal davon ausgegangen, daß spezifisch ethische Kontexte auftreten, wenn die in einer Situation Beteiligten durch die Verfolgung ihrer Zwecke miteinander in Konflikt geraten. Dabei soll von einem Konflikt dann die Rede sein, wenn die von den Beteiligten verfolgten Zwecke sich gegenseitig ausschließen oder stark behindern. In solchen Situationen sind wohl alle daran interessiert, daß ihre Zwecke bei einer Lösung angemessen berücksichtigt werden. Findet sich in einer solchen Lage eine Lösung, mit der alle Beteiligten einverstanden sind, so kann man die Situation so darstellen, daß alle Beteiligten zusammen mit dem Beschluß, der erzielten Lösung zu folgen, von sich und allen anderen fordern, ihr Handeln nach der gefundenen Lösung einzurichten. Der gemeinsame Beschluß rechtfertigt die Erwartung, daß alle Beteiligten den Entschluß fassen, entsprechend zu handeln. Das kann man so ausdrücken, daß nun alle dem Beschluß gemäß handeln sollten oder zu einem solchen Handeln verpflichtet seien.

Der Übergang davon, daß eine Person sich in einem gemeinsamen Beschluß verpflichtet hat, in einer bestimmten Weise zu handeln, zu der Annahme, daß sie nun auch dazu verpflichtet ist, ist in dieser Form kein logischer Übergang. Es wurde in der Literatur häufig auf den sogenannten „naturalistischen Fehlschluß" hingewiesen, der einer Einschätzung dieses Übergangs als eines Schlusses zugrundeliege. John Searle (1983, 261-271) hat die These vertreten, daß es sich um eine gültige Herleitung eines Sollens aus einer Tatsachenfeststellung handle. Aus der Tatsache, daß A sich verpflichtet hat, p zu tun, indem er etwa versprochen hat, p zu tun, folge, daß er auch verpflichtet ist, p zu tun. Searles Kritiker haben immer darauf bestanden, daß aus dem Satz „A hat sich verpflichtet, p zu tun", nicht folge „A ist verpflichtet, p zu tun". Formal gesehen sei der erste Satz ein Satz der Form „p", der zweite Satz einer der Form „es ist geboten, daß p". Die Behauptung, der zweite Satz folge nicht aus dem ersten, hat möglicherweise folgenden präzisen Sinn: Wenn man zu irgendeinem beliebigen, vollständigen und widerspruchsfreien System der deontischen Logik den kontingenten Satz „p" im Sinn einer Annahme hinzunimmt, so kann man doch nicht den Satz „p" mit dem in dem betreffenden System definierten deontischen Operator gewinnen.

2 Die Begründung von Forderungen

Selbst wenn dies zutrifft, ist zu beachten, was Searle m. E. sagen wollte, nämlich daß die Inanspruchnahme von Einrichtungen deren Benützer berechtigt, von den Nutznießern die Einhaltung der Konsequenzen der betreffenden Einrichtungen zu verlangen. (Searle, 1983, 275-279) Die Forderung an die einzelne Person, sich der Einrichtung ganz anzuschließen, wenn sie sie benützt, macht von der Annahme Gebrauch, daß die nominatorfreie Formulierung einer Ausnahmeklausel zur Beseitigung der Einrichtung führen würde, deren Bestehen sogar im Interesse der Person liegt, die sich an die Konsequenzen der Einrichtung nicht halten möchte.

Die Inanspruchnahme einer Einrichtung ist als Zustimmung zu deuten. Verläßt sich eine Person auf eine Einrichtung, so können die anderen dieses Verhalten nur so deuten, daß die Person von den anderen die Einhaltung der entsprechenden Regelungen erwartet. Diese Erwartung kann nur durch den Hinweis auf die Allgemeinheit der Erwartung gerechtfertigt werden. Dann kann die betreffende Person durch alle anderen auf diese Inanspruchnahme der Allgemeinheit der Regelung im Sinn einer Zustimmung festgelegt werden. In diesem Sinn ist die Forderung, zu den Konsequenzen der Inanspruchnahme einer Einrichtung zu stehen, begründet. Mehr kann in Kontexten von Anforderungen nicht von Begründungen verlangt werden.

Zur Besonderheit ethischer im Unterschied zu sonstigen Regelungen zur Handlungsabstimmung gehört, daß eine einzelne Person ihre Zwecke, die gerade Gegenstand der Regelung sind, unter Umständen leichter erreichen könnte, wenn sie gegen die Regelung verstieße, während alle anderen dabei bleiben, sich an sie zu halten. Dieser Umstand motiviert die Einführung von Sanktionen, die in anderen Fällen unterbleibt, weil sich der Verstoß gegen die Regelung als Mißerfolg des Handelns herausstellt, wie das etwa bei Verstößen gegen Fertigungsnormen, Rechenregeln usw. der Fall wäre.

Die Verwendung ethischer Sollensansprüche nimmt so gesehen Bezug auf die gemeinsame Anerkennung von Regelungen im Sinn von Normen, die als zu unterstellen betrachtet wird – aufgrund konkludenter Handlungen, wie Juristen sagen würden. „Du sollst p tun" heißt soviel wie „p zu tun ist Konsequenz derjenigen Regelungen, zu denen du dich durch Inanspruchnahme und darin eingeschlossene Anerkennung verpflichtet hast."

Einen Sollensanspruch ohne weitere Einschränkung darf nur erheben, wer gelten läßt, daß er selbst Adressat dieses Anspruches ist.

Ein Sollensanspruch an eine bestimmte Person besteht dann, wenn eine allgemeine Regelung aufgrund einer für die betreffende Person bestehenden Situation für diese in Kraft tritt. Vorbedingung dafür, daß der betreffende Sollensanspruch überhaupt an eine bestimmte Person gerichtet werden darf, ist, daß von ihr angenommen werden kann, sie habe dieser Regelung schon vorher zugestimmt. Das hat sie unter anderem dann bereits getan, wenn sie die Regelung selbst schon einmal gegenüber anderen in Anspruch genommen hat.

Besteht dieser Zusammenhang tatsächlich, so soll definitorisch der entsprechende Sollensanspruch „begründet" heißen. Das bedeutet, daß in diesem Zusammenhang Begründungen nicht mehr sein können als der Rückgriff auf eine zu verstehen gegebene Anerkennung. Das ist ein möglicher Fall von Begründung, nicht bloß eine Problembeseitigung durch Definition.

3 Bedürfnisbekundungen

Wer soweit des Sprechens mächtig ist, daß er mit Bedürfnisbekundungen umgehen kann, der nimmt in Bedürfnisäußerungen die Anerkennung der Bedürfnisse durch andere in Anspruch und signalisiert durch diese Äußerungen zugleich Kooperationsbereitschaft mit anderen. Es ist nicht weiter verwunderlich, wenn eine Person, die ein Bedürfnis äußert, aufgrund ihrer Erfahrung mit der Kooperation anderer von vornherein die Bereitschaft signalisiert, entgegenstehende Bedürfnisse zu berücksichtigen und ihre eigenen Handlungen in Absprache mit den Beteiligten und Betroffenen auszuführen. Das gehört, ohne daß hier weitere Erörterungen angestellt werden können, zur Rolle von Bedürfnisäußerungen. Das Vorgehen ist ohne weiteres begründet, weil es darin besteht, nach Maßgabe allgemeiner Zustimmung zu handeln. Die Begründung besteht dann in der Feststellung des Faktums der Zustimmung. Da es im ganzen Zusammenhang um Handlungsabstimmung geht, ist die allgemeine Zustimmung das Musterbeispiel einer Begründung. Jede Person, die gelernt hat, Bedürfnisse zu bekunden und Bekundungen anderer zu verstehen, hat gelernt, dies als den Idealfall zu betrachten.

4 Die Begründung moralischer Normen

Eine solche Person wird aber auch eingestehen müssen, daß sie die Möglichkeit, Bekundungen zu machen und zu verstehen, der Tatsache zu verdanken hat, daß andere vorweg ihre Bedürfnisse anerkannt haben, bevor sie zu einer Stellungnahme in der Lage war. Jede Person, die zur Frage nach der

Begründung von Regelungen imstande ist, hat solche Regelungen normalerweise längst beansprucht und damit konkludenterweise anerkannt. Dazu gehören jene Regelungen, die verhindern sollen, daß andere, deren Zwecke mit den eigenen Zwecken in Konflikt geraten könnten, einfach in irgendeiner Form ausgeschaltet werden, sodaß sie mindestens ihre Ansprüche nicht geltend machen können. Man kann diese Regelungen als die moralischen Regeln einer Gesellschaft ansehen. Es handelt sich dabei um tatsächliche Regelungen, die naturwüchsig entstanden sein können und daher trotz einer gewissen Prärogative nicht unantastbar sein können. Die Bereitschaft zur kooperativen Lösung von Handlungskonflikten gibt solchen Regelungen ihre Rechtfertigung. Diese ist Gegenstand der Ethik. Bestehende Regelungen sind ethisch immer kritisierbar, wenngleich die Verflechtung von Handlungsregelungen mit weiten Bereichen gesellschaftlicher Einrichtungen nicht jede beliebige Änderung einmal aufgetretener Regelungen erlaubt. Es bleibt festzuhalten, daß eine moralische Regelung nicht deshalb verpflichtend ist, weil sie diese bestimmte Regelung ist, sondern weil es sich um überhaupt eine Regelung handelt.

Literatur
J.L. Mackie, *Ethik*, Stuttgart 1981.
J. Searle, *Sprechakte*, Frankfurt 1983.
E. Tugendhat, *Vorlesungen über Ethik*, Frankfurt 1993.
U. Wolf, *Das Problem des moralischen Sollens*, Berlin 1984.

INTERDISZIPLINARITÄT IN DER ETHISCHEN FORSCHUNG

GEORG SPIELTHENNER (GRAZ)

Ich werde in dieser stark gekürzten Version des am Kongreß gehaltenen Vortrages (1) ein Beispiel einer interdisziplinären Forschung vorstellen und dabei auf einige Schwierigkeiten hinweisen, um dann (2) anhand der normativen Ethik Richard Hares zu zeigen, wie eine meines Erachtens sinnvolle Interdisziplinarität in der ethischen Forschung aussehen könnte.

(1) In den Arbeiten des amerikanischen Psychologen Lawrence Kohlberg, dessen Theorie den dominierenden moralpsychologischen Ansatz der letzten Jahrzehnte darstellt, sind philosophische und psychologische, aber auch pädagogische Untersuchungen integriert. Von den philosophisch relevanten Thesen, die er auf Basis seiner empirischen Untersuchungen aufstellte, werde ich hier nur auf seine Ansicht eingehen, seine Forschung sei auch relevant für das Problem der Überprüfung normativer Ethiken.

Kohlberg untersuchte die Entwicklung des moralischen Begründens. Das Hauptergebnis seiner moralpsychologischen Forschung war, daß sich dieses stufenförmig entwickelt. Über diese Stufenentwicklung stellte Kohlberg eine Reihe von Hypothesen auf. Die meisten waren empirischer Natur (z.B. daß die Entwicklung sequentiell von niedrigeren zu höheren Stufen verläuft, ohne Sprünge und ohne Regressionen); er vertrat aber auch die ethische These, daß eine jeweils ontogenetisch spätere Stufe eine „moralisch adäquatere" sei, also eine bessere Art des Begründens normativer Urteile darstelle. Mit dieser These ging er aber über eine (rein) psychologische Forschung hinaus. Denn um sie rechtfertigen zu können, muß seine Stufentheorie eine normative Theorie voraussetzen (was hier nur behauptet, aber nicht begründet werden kann). Kohlbergs Auffassung war nun aber, daß seine psychologische Forschung ihrerseits geeignet sei, solche von Philosophen entwickelten normativen Theorien zu testen; und es war gerade diese These, die bei Philosophen das Interesse an seinen Arbeiten weckte. (Aus Platzgründen werde ich im folgenden nur auf Kohlbergs letzte Position zu dieser Frage eingehen.)

Der späte Kohlberg betrachtete das Verhältnis seiner Entwicklungstheorie zur Moralphilosophie als eine „progressive Spirale". Sein Grundgedanke war dabei etwas vereinfacht gesagt, daß bereits in die Konstruktion normativer Theorien empirische Daten eingehen, weshalb sie dann auch empirsch geprüft werden können. Eine solche Überprüfung könne dann u.U. zu einer Änderung der normativen Theorie führen, die dann – als veränderte – wiederum empirisch geprüft werden kann, wodurch ein „progressive circle" entstehe. Dieser Gedanke soll nun etwas näher erläutert werden.

Kohlberg betrachtete sowohl Moralphilosophien (wie die von Rawls, Habermas oder Hare) als auch seine Moralpsychologie als rekonstruktive Disziplinen, deren Aufgabe es sei, sog. rationale Rekonstruktionen zu erarbeiten. Eine rationale Rekonstruktion besteht nach Kohlberg darin, Regeln und Prinzipien explizit zu machen, die dem Denken, Wollen, Fühlen oder Handeln von Personen zugrunde liegen. Eine rationale Rekonstruktion in diesem Sinne geht somit von empirisch gegebenen Daten aus und ihr Ergebnis sind stets nur Hypothesen, die ihrerseits an empirischen Daten (nämlich Äußerungen, Meinungen, Handlungen usw.) geprüft werden müssen. Daraus wird klar, warum für Kohlberg empirische Wissenschaften eine wichtige Funktion für die Überprüfung normativer Theorien haben. Sind nämlich normative Ethiken tatsächlich rekonstruktiv in diesem Sinne, dann ist die Psychologie natürlich von erheblichem Nutzen für sie. Denn solche Rekonstruktionen setzen voraus, daß man weiß, wie Menschen moralisch denken, und jedes vorgeschlagene Prinzip muß am tatsächlichen Denken überprüft werden. Beides sind aber psychologische Probleme.

Die Einwände gegen diese Sichtweise sind natürlich naheliegend. Ein erster besteht darin, daß Kohlberg hier zwei Dinge konfundiert hat: Es ist danach eine Sache, und zwar eine empirische, die Prinzipien des tatsächlich vorkommenden moralischen Denkens zu ermitteln und eine andere, nämlich eine philosophische, deren Gültigkeit zu bestimmen. Was Kohlbergs empirische Untersuchungen demnach zeigen können ist nur, wie Personen tatsächlich moralisch denken. Damit ist aber nicht gezeigt, wie sie denken (und handeln) sollten. Es ist aber genau dies, was eine normative Theorie zu leisten hat.

Ein zweiter Einwand besteht im Vorwurf der Zirkularität. Konstruiert man eine normative Ethik nämlich in der von Kohlberg vorgeschlagenen Weise, dann muß man zuerst eine Gruppe von Personen auswählen, deren moralisches Denken man dann „rekonstruiert". Die Auswahl dieser Personen setzt aber bereits normative Standards voraus.

Als Ergebnis dieser Ausführungen muß man m.E. festhalten, daß Kohlbergs Untersuchungen keinen substantiellen Beitrag für die Lösung des Begründungsproblems in der Ethik leisten können. Ich will damit gar nicht sagen, daß seine Auffassung der Ethik als einer rekonstruktiven Disziplin falsch ist, sondern nur, daß seine Untersuchungen nicht wirklich geeignet waren, die Prinzipien des moralischen Denkens zu ermitteln. Außerdem will ich damit nicht sagen, daß seine Arbeiten nicht für andere Fragen der Ethik relevant sein können (z.B. seine interkulturellen Untersuchungen für das Problem des ethischen Relativismus). Es bedeutet aber vor allem nicht, daß es nicht in einem gewissen Sinne eine Komplementarität von empirischen Wissenschaften und Philosophie bei der Konzipierung und Überprüfung normativer Theorien gibt. Dies soll im folgenden nun anhand der normativen

Ethik Hares skizziert werden.

(2) Da es in Hares Theorie darum geht, jene Handlung zu finden, welche die Präferenzenerfüllung bestmöglich fördert, ist es für einen Handelnden wichtig zu erkennen, welche Präferenzen andere Personen haben. In der Psychologie liegen bereits zahlreiche Untersuchungen darüber vor, unter welchen Umständen Personen welche Präferenzen entwickeln und was das Erkennen fremder Präferenzen fördert oder hemmt. In diesem Zusammenhang sind z.b. Untersuchungen aus der Motivationspsychologie sowie der Entwicklungspsychologie von Relevanz.

Wenn die Theorie Hares letztlich verlangt, die Präferenzen aller Betroffenen bestmöglich zu befriedigen, dann ist es für die Ermittlung einer richtigen Handlung in einer konkreten Situation von zentraler Bedeutung herauszufinden, wie sich eine Handlung auf die Präferenzen der Beteiligten auswirkt. Dies erfordert (nicht nur, aber auch) ein umfassendes psychologisches Wissen. Ein solches kann zwar faktisch nie erreicht werden, man kann sich ihm aber durch psychologische Forschung wenigstens annähern.

Zu den Präferenzen, deren Erfüllung zu maximieren ist, zählen bei Hare auch die moralischen Überzeugungen von Personen. In dieser Hinsicht sind besonders Untersuchungen, wie sie Kohlberg durchführte, von großem Nutzen. Sie zeigen nämlich, welche moralischen Überzeugungen Personen faktisch haben, wovon sie abhängen und wie sie sich mit der Entwicklung verändern. Ein Wissen darüber ist (wenigstens in Hares Theorie) für die Lösung eines ethischen Problems unerläßlich, und ein solches Wissen können nur empirische Untersuchungen vermitteln.

Hares Theorie erfordert aber nicht bloß die Erfüllung von Präferenzen, deren sich Personen bewußt sind, sondern auch unbewußter, die aber dennoch für das Gelingen ihres Lebens von Bedeutung sind. Auch bezüglich dieses Problems liegen in der Psychologie bereits Untersuchungen vor, z.B. in den Arbeiten Maslows, dessen Theorie der Grundbedürfnisse begründete Hinweise darauf gibt, welche Bedürfnisse für ein geglücktes Leben befriedigt werden müssen, auch wenn sich Personen dieser Strebungen nicht bewußt sind.

Bei der Ermittlung einer richtigen Handlung darf nach Hare beim kritischen moralischen Denken ausschließlich die Intensität der betroffenen Präferenzen berücksichtigt werden. Dabei stellt sich aber die Frage, wie man diese messen kann. Da die Psychologie mit dem Problem der Messung psychischer Phänomene ständig konfrontiert ist, sind in ihr dazu zahlreiche Methoden entwickelt worden, von denen einige auch für die Theorie Hares (aber auch für andere Ethiken) fruchtbar gemacht werden können.

Lassen sie mich abschließend die zwei unterschiedlichen Auffassungen über das Verhältnis von Philosophie und Psychologie in der ethischen Forschung gegenüberstellen, wie sie sich aus den Arbeiten von Hare und Kohlberg ergeben. Für Hare sind für den Aufbau und die Rechtfertigung einer normativen Ethik philosophische Überlegungen ausschlaggebend. Innerhalb dieser Theorie spielen jedoch empirische Fragen eine wichtige Rolle. Es ist aber die Philosophie, die der Psychologie hier sozusagen ihren Platz zuweist – oder anders gesagt, die Philosophie stellt an die Psychologie gezielt Fragen, deren Beantwortung für die Lösung ethischer Probleme wichtig ist. Die Philosophie bedient sich gewissermaßen der Psychologie und verwendet letztere als ethische Hilfswissenschaft. Aus der Sicht Kohlbergs ist die Psychologie jedoch auch für die Aufstellung und Rechtfertigung eines normativen Grundprinzips relevant. Vielleicht war es dieser überzogene Anspruch, der ihn dazu verleitete, die ethische Relevanz der Psychologie in einer falschen Richtung zu suchen. Philosophische und empirische Untersuchungen scheinen mir in der ethischen Forschung wie die zwei Seiten einer Medaille zu sein. Sie sind zwar voneinander geschieden, bilden aber erst gemeinsam das Ganze; und es ist eines der schwierigen Probleme einer interdisziplinären Forschung auf dem Gebiet der Ethik, das genaue Verhältnis dieser Seiten zueinander zu bestimmen.

Sozialphilosophie und
Politische Philosophie

IMMANUEL KANTS „ZUM EWIGEN FRIEDEN" – NAIVE UTOPIE ODER UNVERMEIDLICHER „AUSGANG DER NOT"?

THOMAS MOHRS (PASSAU)

1995 war ein wichtiges Kant-Jahr. Denn immerhin feierte seine Schrift „Zum ewigen Frieden"[1] – mit der Kant seinerzeit seinen größten publizistischen Erfolg einfahren konnte[2] – ihren 200sten Geburtstag. Und wie es sich gehört, erschienen zu diesem Anlasse neben einer Vielzahl von einschlägigen Aufsätzen und Zeitungsartikeln in verschiedenen Verlagen Sammelbände und Kommentare zur Kantischen Friedensschrift. Nun ist das Jubeljahr 1995 jedoch verstrichen – und dementsprechend kann man den alten Kant wieder in der Versenkung verschwinden lassen, zumal er selbst – jedenfalls nach der Einschätzung von Hannah Arendt[3] – diese Schrift „nicht zu ernst" genommen hatte. Offensichtlich ist dies nicht so leicht möglich. Denn durch nahezu alle neueren und neuesten Publikationen zur Friedensschrift bzw. allgemeiner zur politischen Philosophie Kants zieht sich wie eine roter Faden die These, daß Kants Ideen nicht nur theoretisch interessant und anspruchsvoll sind, sondern

---

1   Kants Schriften werden zitiert nach der Werkausgabe von Wilhelm Weischedel, Frankfurt/Main 19782, hier vornehmlich Bd. XI, *Schriften zur Anthropologie, Geschichtsphilosophie, Politik und Pädagogik 1*; zusätzlich wird jeweils die A/B-Paginierung der Erst- und Zweitauflagen angegeben.
2   Immerhin erschien bereits wenige Wochen nach der Erstauflage (2000 Exemplare) ein Nachdruck von 1500 Exemplaren, und noch zu Lebzeiten Kants, also bis 1804, erschienen weitere 10 Auflagen; bis heute sind es insgesamt weit über 50. Verglichen mit seinen größeren (bzw. umfangreicheren) philosophischen Werken, vor allem der „Kritik der reinen Vernunft", war also die Friedensschrift ein regelrechter publizistischer „Renner". Zur Wirkung und Wirkungsgeschichte der Kantischen Friedensschrift siehe Höffe, O. (Hrsg.), *Immanuel Kant, Zum ewigen Frieden*, Berlin 1995, S. 21-28; vgl. auch Azouvi, F., Bourel, D., *De Königsberg à Paris. Le réception de Kant en France (1788-1804)*, Paris 1991; Batscha, Z., Saage, R. (Hrsg.), *Friedensutopien. Kant/Fichte/Schlegel/Görres*, Frankfurt/Main 1979; Buhr, M., Dietzsch, St. (Hrsg.), *Immanuel Kant: Zum ewigen Frieden. Mit Texten zur Rezeption 1796-1800*, Leipzig 1984; Dietze, A. u. W. (Hrsg.), *Ewiger Friede? Dokumente einer deutschen Diskussion um 1800*, Leipzig/Weimar 1989.
3   Vgl. Arendt, H., *Das Urteilen. Texte zu Kants politischer Philosophie*, hrsg. und mit einem Essay v. R. Beiner, München 1985, S. 17 ff. (Der Titel dieses Buches steht freilich in einem deutlichen Kontrast zur einleitenden These Arendts, wonach Kant „niemals eine Politische Philosophie geschrieben" hat [ebd., S. 17]. Doch wie kann man Texte zu etwas publizieren, das es nach Meinung der Autorin [bzw. der Dozentin] nie gegeben hat?)

nach wie vor von einer geradezu unerhörten praktischen Aktualität, weshalb es auch nach wie vor lohne, sich mit ihm zu beschäftigen.

Im folgenden wird es mir also um folgende beiden Fragen gehen:
a) wie sich diese Aktualität näherhin begründen läßt und
b) ob diese Aktualität auch beinhaltet, daß Kants politiktheoretische Konsequenzen nach wie vor gültig und damit auch für die heutige politische Praxis relevant sind, sein könnten oder sein sollten.

1 Kants „Logik des Weltsstaates".

Bekanntlich geht Kant in seiner politischen Philosophie von der originär Hobbesianischen These aus, wonach sich die Staaten untereinander nach wie vor in jenem Naturzustand des „Krieges aller gegen alle" befinden, dessen allgemeines Elend dereinst die menschlichen Individuen und Völker dazu *genötigt* hatte, sich eben diese Staaten als „Gehege" zu schaffen, um überhaupt längerfristig „neben einander bestehen [zu] können".[4] (Am Rande erwähnt sei hier, daß diese Vorstellung für Kant im Gegensatz zu Hobbes offensichtlich mehr ist als nur eine kontrafaktische Anfangshypothese! Hobbes ging in seinem „Leviathan" unmißverständlich davon aus, es habe „niemals eine Zeit gegeben ..., in der sich einzelne Menschen im Zustand des gegenseitigen Krieges befanden", jener Kriegszustand herrsche aber „zu allen Zeiten" zwischen den „Könige[n] und souveräne[n] Machthaber[n]".[5] Kant hingegen vertritt die Auffassung, daß es sehr wohl eine Phase der Menschheitsgeschichte gegeben hat [vor allem nach dem Übergang vom Zeitalter der Jäger und Sammler zum Zeitalter der Ackerbauern und Viehzüchter], in der jener kriegerische Naturzustand de facto herrschte. Als „bloße Idee der Vernunft" bezeichnet er lediglich die These vom „ursprünglichen Kontrakt" zwischen den Konfliktparteien; dieser sei „keineswegs als ein Faktum vorauszusetzen nötig".[6] Mit dieser Stelle korrespondiert Kants Überlegung im 1. Anhang in „Zum ewigen Frieden", wonach in der „Ausführung jener Idee" vom Gesellschaftsvertrag „(in der Praxis) auf keinen andern Anfang des rechtlichen Zustandes zu rechnen [ist], als den durch Gewalt, auf deren Zwang nachher das öffentliche Recht gegründet wird; welches dann freilich ... große Abweichungen von jener Idee (der

---

4 Kant, *Idee zu einer allgemeinen Geschichte in weltbürgerlicher Absicht* (= Idee), Bd. XI, S. 40, A 396.
5 Hobbes, Th., *Leviathan oder Stoff, Form und Gewalt eines kirchlichen und bürgerlichen Staates*, hrsg. u. eingeleitet von I. Fetscher, Frankfurt/Main 19893, S. 97.
6 Kant, *Über den Gemeinspruch: Das mag in der Theorie richtig sein, taugt aber nicht für die Praxis* (= Gemeinspruch), Bd. XI, S. 153, A 250.

Theorie) in der wirklichen Erfahrung schon zum voraus erwarten läßt".[7])

Das „Possenspiel" – so Kants alles andere als idealistische These –, das die Menschheit dergestalt auf diesem Globus veranstaltet, unterscheidet sich nach seiner nüchternen Überzeugung vom Verhalten „anderer Tiergeschlechter" lediglich dadurch, daß letztere „dieses Spiel mit weniger Kosten und ohne Verstandesaufwand betreiben"[8], weshalb Kant – das Treiben der Menschheit auf der „großen Weltbühne" betrachtend – auch sehr zurecht die Frage stellen kann, „was man sich von unserer auf ihre Vorzüge so eingebildeten Gattung für einen Begriff machen soll".[9] Die Staatenbildung hat nach Kant absolut nichts mit irgendwelchen Idealvorstellungen, mit moralischer Einsicht oder auch nur moralischer Reflexion zu tun, sondern ist – völlig analog dem Hobbesschen Modell – nichts anderes als der letzte „Ausgang der Not", den die Menschen um den Preis des Untergangs zu wählen gezwungen waren.

Und analog zur „Logik des Leviathan" auf der inter-individuellen Ebene kann es nach Kant letztendlich auch für die Staaten „keine andere Art geben, aus dem gesetzlosen Zustande, der lauter Krieg enthält, herauszukommen, als daß sie, eben so wie einzelne Menschen, ihre wilde (gesetzlose) Freiheit aufgeben, sich zu öffentlichen Zwangsgesetzen bequemen, und so einen (freilich immer wachsenden) *Völkerstaat* (civitas gentium), der zuletzt alle Völker der Erde befassen würde, bilden".[10] Und ebenso wie auf der interindividuellen Ebene ist es nicht moralische Reflexion und vernünftige Einsicht, die den Staaten den Weg aus ihrem elenden Naturzustand weist, sondern es ist nach Kant – dem Philosophen des kategorischen Imperativs und der Autonomie des moralischen Subjekts – auch auf dieser zwischenstaatlichen Ebene die letzte Konsequenz der blanken Not. So heißt es etwa in seiner „Idee zu einer allgemeinen Geschichte in weltbürgerlicher Absicht" von 1784: „So schwärmerisch diese Idee [vom Völkerstaat] auch zu sein scheint ...: so ist es doch der unvermeidliche Ausgang der Not, worein sich Menschen einander versetzen, die die Staaten zu eben der Entschließung ... zwingen muß, wozu der wilde Mensch eben so ungern gezwungen ward, nämlich: seine brutale Freiheit aufzugeben, und in einer gesetzmäßigen Verfassung Ruhe und Sicherheit zu suchen".[11] Noch deutlicher formuliert Kant diese Logik des Welt-Leviathan in seiner Schrift „Über den Gemeinspruch" von 1793. Hier heißt es: „So wie allseitige Gewalttätigkeit und daraus entsprin-

---

7   Kant, *Zum ewigen Frieden* (= EwF), Bd. XI, S. 231, A 69.
8   Kant, *Der Streit der Fakultäten* (= Streit), Bd. XI, S. 354 f., A 138.
9   Kant, *Idee*, Bd. XI, S. 34, A 388.
10 Kant, *EwF*, Bd. XI, S. 212, BA 38.
11 Kant, *Idee*, Bd. XI, S. 42, A 399; vgl. auch ebd., S. 44, A 402.

gende Not endlich ein Volk zur Entschließung bringen mußte, sich dem Zwange, ... nämlich dem öffentlichen Gesetze zu unterwerfen, und in eine *staatsbürgerliche* Verfassung zu treten: so muß auch die Not aus den beständigen Kriegen, in welchem wiederum Staaten einander zu schmälern oder zu unterjochen suchen, sie zuletzt dahin bringen, selbst wider Willen, ... in eine weltbürgerliche Verfassung zu treten".[12]

Kant ist demnach in seiner politischen Philosophie konsequent über Hobbes hinausgegangen, indem er das Naturzustandstheorem, die These vom Krieg aller gegen alle, die Verelendungstheorie und die darauf aufbauende „Logik des Leviathan" auf die Ebene der Staaten unter sich übertrug und zu dem *theoretisch* sehr folgerichtig anmutenden Schluß gelangte, ein echter, nachhaltiger, stabiler und sicherer Weltfriede sei einzig und allein in einem zu schaffenden Weltstaat, einer universalen Rechts- und Herrschaftsordnung zu erreichen.

2 Kants Ringen: unvermeidlicher „Ausgang der Not" oder doch nur „Süßer Traum"?

So sehr die Kantische Argumentation auf theoretischer Ebene auch überzeugen mag – die lästige Frage stellt sich dem Philosophen in der Tat unerbittlich: Was taugt das für die Praxis? Sind das nicht bloß die süßen Träume eines weltabgehobenen Schulweisen, „sachleere[] Ideen", die der „*weltkundige* Staatsmann"[13] zurecht belächeln, zurecht in praxi ignorieren kann, ja muß, sofern er „Realpolitik" betreiben will?

Kant selbst ist sich des utopischen Charakters seiner Idee von einem „Völkerstaat" oder der „Weltrepublik" sehr bewußt. In immer neuen Anläufen ringt er mit dem Problem der Realisierbarkeit eines solchen Projektes und kommt diesbezüglich letztendlich – allen naturteleologischen Spekulationen zum Trotze[14] – zu einem negativen Ergebnis. So schreibt er etwa im

---

12 Kant, *Gemeinspruch*, Bd. XI, S. 169, A 279.
13 Zu diesen Begriffen vgl. Kants höchst ironische Vorbemerkung zum „Ewigen Frieden" (*EwF*, Bd. XI, S. 195, BA 3).
14 Wiederholt sucht Kant in seinen politischen Schriften Zuflucht zur naturteleologischen These, es sei die Natur (bzw. die „Vorsehung") selbst, die „einen regelmäßigen Gang [verfolge], unsere Gattung von der unteren Stufe der Tierheit an allmählich bis zur höchsten Stufe der Menschheit ... zu führen" (Idee, Bd. XI, S. 43, A 401; vgl. ebd. S. 44 ff., A 407 ff.). Kant argumentiert in diesem Zusammenhang rein pragmatisch: Vor die Wahl gestellt, ob man die Geschichte der Menschheit als einen rein zufälligen, „epikurischen Zusammenlauf wirkender Ursachen" betrachten will, „oder ob man lieber will" (!), daß in der Menschheitsgeschichte „im großen überall nichts, wenigstens nichts Kluges herauskomme", oder ob man „die Geschichte der Menschengattung im großen

unmittelbaren Anschluß an die soeben zitierte Stelle aus dem „Ewigen Frieden": „Da sie [d. h.: die Staaten] dieses [also den Völkerstaat] aber nach ihrer Idee vom Völkerrecht durchaus nicht wollen, mithin, was in thesi richtig ist, in hypothesi verwerfen, so kann an die Stelle der positiven Idee *einer Weltrepublik* (wenn nicht alles verloren werden soll) nur das negative Surrogat eines den Krieg abwehrenden ... Bundes den Strom der rechtscheuenden, feindseligen Neigung aufhalten, doch mit beständiger Gefahr ihres Ausbruchs".[15] Und zwei Jahre nach dem „Ewigen Frieden", 1797, bezeichnet er in seiner „Metaphysik der Sitten" die Vorstellung von einer Weltrepublik unmißverständlich als „unausführbare Idee".[16]

3 Manchmal fliegt die „Eule der Minerva" eben doch schon am Abend vorher

Können wir aus unserer heutigen Sicht der historisch Besserwissenden sinnvoll etwas anderes tun, als in die Kantsche Skepsis einzustimmen?[17] Hat nicht zuletzt die europäische Geschichte nach 1795, vor allem aber die Ge-

---

als die Vollziehung eines verborgenen Plans der Natur ansehen [will], um eine innerlich- und, zu diesem Zwecke, auch äußerlich-vollkommene Staatsverfassung zu Stande zu bringen", kann es nach Kant nur eine vernünftige Entscheidung geben – die positiv-optimistische Idee von der Zweckmäßigkeit und planvollen Zielgerichtetheit der Natur (vgl. zur Kantschen Argumentation Idee, Bd. XI, S. 43 ff. A 401 ff.; vgl. auch Streit, Bd. XI, S. 352 ff., A 134 ff.). Und auch im „Ewigen Frieden" ist es schließlich „die große Künstlerin Natur (natura daedala rerum)", die nach Kant die „Garantie des ewigen Friedens" leistet, indem sie „durch die Zwietracht der Menschen Eintracht selbst wider ihren Willen emporkommen [läßt]" (vgl. *EwF*, Bd. XI, S. 217 ff., BA 48 ff.). Auch in diesem Zusammenhang fällt auf, daß Kant gerade kein moralisches Motiv als Eintrachtstiftend angibt, sondern – paradoxerweise – die menschliche „Zwietracht". Auch am Ende des Abschnittes „Von der Garantie des ewigen Friedens" (*EwF*, Bd. XI, S. 226, B 65) argumentiert Kant völlig moral-frei, wenn er als Grund für die Vereinigung von Völkern „den wechselseitigen Eigennutz" angibt, bzw. den „Handelsgeist, der mit dem Kriege nicht zusammen bestehen kann, und der früher oder später sich jedes Volkes bemächtigt."
Auf die Probleme dieser teleologischen Spekulationen will ich hier nicht näher eingehen – vor allem deshalb, weil ich das pragmatische Argument Kants für den Optimismus insofern für nach wie vor gültig halte, als mir nach wie vor keine sinnvolle Alternative erkennbar zu sein scheint – was übrigens uneingeschränkt auch für Kants Auffassung von den geeigneten Motiven gilt.

15 Kant, *EwF*, Bd. XI, S. 212 f., BA 38 f.; vgl. entspr. *Gemeinspruch*, Bd. XI, S. 169 f., A 279.
16 Kant, *Metaphysik der Sitten*, Bd. VIII, S. 474, A 227, B 257.
17 Vgl. etwa Habermas, J., Kants Idee des Ewigen Friedens, in: *Information Philosophie 5* (1995), S. 5-19; hier: S. 8-14.

schichte dieses Jahrhunderts und auch unsre jüngste Vergangenheit (Jugoslawien!) überdeutlich gezeigt, daß die Vorstellung von einer „Weltrepublik" der freien Republiken im Kantischen Sinne hoffnungslos überzogen ist? Muß man nicht – mit den Worten des amerikanischen Vizepräsidenten Al Gore – bereits deshalb die Vorstellung von „einer Art Weltregierung" kategorisch zurückweisen, weil die „Befürchtung, unsere [d.h. die amerikanischen] Rechte könnten beschnitten werden, wenn wir auch nur einen Teil unserer Souveränität an eine übernationale Instanz abgeben, ... es absolut sicher [macht], daß es nicht geschehen wird"?[18]

Ist nicht die Vorstellung von einem Welt-Leviathan „nach der Idee eines ursprünglichen gesellschaftlichen Vertrages" alleine deshalb als allzu optimistisch zurückzuweisen, weil diesem Weltstaat – unabhängig von seiner späteren verfassungsrechtlichen Form – ein echter demokratisch-rationaler Gründungsakt seitens der zukünftigen Untertanen-Staaten vorausgehen müßte? Doch wenn schon im Hinblick auf die Kantische Staatsphilosophie *mit Kant* bezweifelt werden kann, daß jemals ein Staat per Gesellschaftsvertrag (und damit per kollektiver Vernunft) gegründet wurde, daß es also „kaum einen Staat auf der Welt [gibt], dessen Anfänge mit gutem Gewissen zu rechtfertigen sind"[19], muß man dann nicht erst recht die gewaltfreie, vernunftgestützte Auflösung des zwischenstaatlichen „prisoner's-dilemma" in einer Situation der allgemeinen existentiellen Bedrohtheit für gänzlich unmöglich und gleichsam die irrwitzigste Ausgeburt philosophischer Weltfremdheit halten? Stellt sich etwa nicht für die Staatsindividuen die lähmende Grundfrage, ob nicht die Preisgabe ihrer Souveränität zugunsten eines Super-Souveräns höchst unvernünftig wäre, für den doch erstmals wirklich gelten würde: „Non est potestas super terram quae comparetur ei"? Wichtigster Grund: „We fear that a world sovereign might become an invincible international tyrant or disclose himself as our deadliest enemy invested with enhanced political legitimacy".[20]

Schließlich: Wenn man mit Kant von der „Vernunftidee" einer Weltrepublik als dem „letzten Ausgang der Not" redet, dann sind auch bezüglich jener „Not" erhebliche Zweifel an der Übertragbarkeit der „Logik des Leviathan" auf die heutige Staatengesellschaft angebracht. Zwar dürfte es gewiß nicht schwerfallen, eine Reihe von Staaten und Gesellschaften der heutigen Welt anzuführen, in denen es infolge von Naturkatastrophen, Veränderungen der

---

18   Gore, A., *Wege zum Gleichgewicht. Ein Marschallplan für die Erde*, Frankfurt/Main 1992, S. 303.
19   Hobbes, *Leviathan*, S. 539.
20   Cohen, M., Moral Scepticism and International Relations, in: *Philosophy and Public Affairs 13*/84 (1984), S. 320 f.

ökologischen und ökonomischen Überlebensbedingungen sowie anderen, zumeist anthropogenen Gründen zu einem mehr oder weniger drückenden „Elend des Naturzustandes" gekommen ist, doch von einer *allgemeinen*, alle Staaten der Erde betreffenden existentiellen Notsituation zu sprechen, in der keines der betroffenen „Individuen" darauf hoffen kann, allein aufgrund seiner „natürlichen Stärke" eine unangreifbare, unverwundbare Machtposition einnehmen zu können, dies müßte doch vor einer Versammlung wohldotierter und wohlgenährter mitteleuropäischer Philosophen und Philosophinnen eher wie ein verspäteter Faschingsscherz anmuten.

Bestätigen demnach all' die soeben genannten Gründe die skeptische These, der zufolge Kants Idee vom Ewigen Frieden in einem Völkerstaat bzw. einer rechtlich verfassten Weltrepublik nach wie vor nichts weiter ist als ein süßer Philosophentraum, der für die Praxis internationaler Politik gänzlich irrelevant ist?

Meine These lautet dagegen, daß die „Eule der Minerva" in Gestalt der Kantischen Ideen auch der europäischen, auch der amerikanischen Wirklichkeit vorausgeflogen ist, daß diese Wirklichkeit gerade mal im Begriff ist, die Ideen des Philosophen einzuholen. Zum Beleg dieser These sei nur einer von vielen anderen Aspekten angeführt:

3.1 Der drohende demographische Kollaps.

Das Faktum: Um das Jahr 1830 erreichte die Menschheitsbevölkerung nach einem Zeitraum von mehreren Hunderttausenden ihrer Existenz die Milliardenmarke; binnen eines weiteren Jahrhunderts verdoppelte sich die Weltbevölkerung auf 2 Milliarden; nach 1930 vergingen nur mehr 30 Jahre bis zum Überschreiten der 3-Milliarden-Grenze, dann nur noch 15 bis zur vierten, weitere zwölf bis zur Erreichung der fünften Milliarde. Heute beträgt die Weltbevölkerung ca. 5,7 Milliarden bei einer globalen Zuwachsrate von 1,7 %, was in absoluten Zahlen ein jährliches Anwachsen der Weltbevölkerung um annähernd 100 Millionen (100.000.000 !) Menschen bedeutet. Die mittleren Schätzungen des Bevölkerungsfonds der Vereinten Nationen (UNFPA) lassen für das Jahr 2000 – selbst bei sich weiter verringernder Zuwachsrate – eine Weltbevölkerungg von ca. 6,4 Milliarden, für das Jahr 2025 eine Zahl von ca. 9,05 Milliarden erwarten.

Dabei ist aufgrund der regional höchst unterschiedlichen Zuwachsraten (von 0,1 % in Westeuropa bis 3,3 % in Westafrika und über 4 % in den Vereinigten Arabischen Emiraten, Saudi-Arabien sowie diverser anderer Länder) zudem zu erwarten, daß sich der Anteil der weiterhin rasch wachsenden Entwicklungsländer an der Weltbevölkerung nach UN-Schätzungen von 77 % im Jahr 1990 auf 84 % im Jahr 2025 erhöhen, während umgekehrt der Bevölkerungsanteil Europas und Nordamerikas von 22 % im Jahr 1950 auf nur noch 9 % im Jahr 2025 schrumpfen wird – was nicht zuletzt mit hoher Wahrscheinlichkeit zu einem unabsehbaren Anwachsen des Migrationsdrucks aus den armen Ländern des „Südens" in die reichen „Inseln" des „Nordens" führen wird. (Es dürfte schwer fallen, das mit einer solchen Entwicklung einhergehende Konfliktpotential zu überschätzen.)

Diese „absurde[] Bevölkerungsexplosion" stellt nicht nur für den Tübinger Biologen Hans Mohr eine „tödliche Bedrohung" dar, an deren „Folgelasten" (auch) unsere Kultur zu ersticken drohe[21]; vielmehr schätzen eine Vielzahl von Autoren die Bevölkerungsentwicklung als *das* Weltproblem schlechthin ein, dessen Lösung die notwendige Bedingung für das Gelingen aller sonstigen Anstrengungen zur Rettung unseres gefährdeten Planeten ist.[22] Doch die alles entscheidende Frage ist eben, wie dieser globalen Bedrohung in effizienter Weise begegnet, wie die „Zeitbombe Mensch" entschärft werden könnte.

Aus der Fülle der diskutierten Vorschläge sei hier nur einer erwähnt, der unter anderem von der Direktorin des UN-Bevölkerungsfonds, Nafis Sadik, propagiert wird und welcher schlicht lautet: „Weniger Menschen durch weniger Armut".[23] Doch selbst wenn man dieser Formel ein Höchstmaß an

---

21 Mohr, H., Evolutionäre Ethik als biologische Theorie, in: Lütterfelds, W. (Hrsg.), *Evolutionäre Ethik zwischen Naturalismus und Idealismus*, Darmstadt 1993, S. 22 f.

22 Aus der Vielzahl der in diesem Sinne argumentierenden Autoren seien nur einige wenige genannt: Gore, *Wege zum Gleichgewicht*, S. 310; Meadows, D. u. D., Randers, J., *Die neuen Grenzen des Wachstums*, Stuttgart 1992, S. 44-55; Kennedy, P., *In Vorbereitung auf das 21. Jahrhundert*, Frankfurt/Main 1993, S. 17; Popper, K., Eine Frage der Verantwortung, in: Klüver, R. (Hrsg.), *Zeitbombe Mensch. Überbevölkerung und Überlebenschance*, München 1993, S. 182 f.

23 Vgl. Sadik, N., *Zur Diskussion gestellt: Weltbevölkerungsbericht 1989. Vorrang für Frauen: Der Schwerpunkt für die 90er Jahre*, Bonn 1989; dies., *Weltbevölkerungsbericht 1991. Freie Entscheidung oder Schicksal?* Bonn 1991; dies., *The state of world population 1992. A world in balance*, New York 1992. Die Verbesserung der materiellen Lebensbedingungen kann sogar als eine Art von Möglichkeitsbedingung für das Gelingen weiterer Maßnahmen zur Reduzierung der Geburtenraten wie etwa Bildungsprogramme sowie Maßnahmen zur sozialen und rechtlichen Gleichstellung der Frauen angesehen werden. Denn in Gesellschaften, in denen gerade wegen der schwierigen materiellen Lebensbedingungen Kinder als „Segen" erfahren werden, ist es naheliegend, daß „Kinderlosigkeit ... nicht selten als Strafe" aufgefasst wird und Frauen, die sich der quantitativen Fortpflanzungsstrategie verweigern wollen, sozial stigmatisiert werden (vgl. Kamphaus, F., Weniger Menschen durch weniger Armut. Überlegungen zum Weltbevölkerungswachstum, in: *Frankfurter Allgemeine Zeitung, Nr. 58* [9.3.92], S. 12 f.).

Plausibilität unterstellt, weniger Armut in der Dritten Welt würde wirklich eine signifikante Änderung des reproduktiven Verhaltens und längerfristig die erwünschte „demographische Wende" zur Folge haben, so stellt sich doch unweigerlich die nächste komplexe Frage: Wie und durch wen, mit welchen und – nicht zuletzt – mit wessen Mitteln soll die Armut reduziert werden.[24] Um die Argumentation an dieser Stelle abzukürzen: Wer immer und völlig zurecht einen „Bewußtseinswandel" für Familienplanung in den Entwicklungsländern fordert, der muß sich auch Gedanken über einen diesem Wandel korrelierenden Bewußtseinswandel in den reichen Nationen der Erde machen. Denn es gibt nicht das Bevölkerungsproblem der Dritten Welt, sondern es gibt alleine das gewaltige Weltbevölkerungsproblem, das alle Staaten der Erde mehr oder weniger unmittelbar betrifft. Mit anderen Worten: Das Problem der Bevölkerungsentwicklung ist ein Problem der *Weltinnenpolitik*. Dementsprechend kann und darf auch die Lösung des vornehmlich in der Dritten Welt bzw. den Entwicklungsländern akuten Weltproblems der Bevölkerungsexplosion nicht alleine die Aufgabe der unmittelbar betroffenen Staaten sein; vielmehr müssen die reichen Länder des „Nordens" – und zwar letztlich aus ureigenstem Interesse! – ihren erheblichen Beitrag dazu leisten.[25] Doch wie sollte eine problemadäquate Entwicklungspolitik, die von den Armen wie den Reichen grundlegende Verhaltensänderungen und echte, spürbare Opfer verlangte, überhaupt realisierbar gemacht, wie durchgesetzt und in welcher Weise die allgemeine Einhaltung der von einer solchen Politik gesetzten Maßnahmen garantiert werden – wenn nicht durch supranationale Institutionen, ausgestattet mit realer politischer (Zwangs-) Gewalt?

---

24 Auf die in dieser Formel ebenfalls enthaltene Problematik, daß ein höherer Wohlstand in den jetzigen Entwicklungsländern mit hoher Wahrscheinlichkeit auch einen immens zunehmenden Ressourcen- und Energieverbrauch zur Folge haben würde, was wiederum negative Rückkopplungseffekte auf die ökologische Krisensituation der Erde haben müßte, sei hier nur hingewiesen. Vgl. dazu etwa Hauchler, I., Krise und Neuorientierung der Entwicklungspolitik, in: *Loccumer Protokolle 21/93* (1993), S. 393-406; zur differenzierten Diskussion van Dieren, W. (Hrsg.), *Mit der Natur rechnen. Der neue Club-of-Rome-Bericht*, Basel 1995, Kap. 7-9.

25 Vgl. zu dieser Forderung etwa Gore, *Wege zum Gleichgewicht*, S. 277 ff., Weizsäcker, E.U., *Erdpolitik*, Darmstadt 19922, S. 203-214. Es geht also in diesem Zusammenhang überhaupt nicht um moralische Appelle an die Solidarität und Hilfsbereitschaft der Reichen gegenüber den Armen, sondern – mittelfristig kalkuliert – um harte Eigeninteressen.

4 Der Ausgang aus dem Naturzustand eine universale Überlebensfrage.

Welche Antworten man auf dieses konkrete Problem auch geben mag: An der Faktizität des geschilderten sowie weiterer, zum größten Teil eng vernetzter Menschheitsprobleme wie etwa dem drohenden ökologischen Kollaps[26], dem immer effizienter werdenden international organisierten Verbrechen, neuen Formen des weltweit operierenden Terrorismus, den negativen Implikationen weltweiter medialer und ökonomischer Vernetzung usw., kann heute nicht mehr gezweifelt werden. Ebenso steht außer Zweifel, daß die möglichst rasche Lösung oder aber Nichtlösung dieser Probleme mit hoher Wahrscheinlichkeit darüber entscheiden wird, ob es für die Spezies Mensch auf diesem Planeten eine Zukunft geben, oder ob sie – wie unzählige Arten vor ihm – letztlich aus dem evolutiven „Rennen" ausscheiden, d.h. als Art aussterben wird. Es geht heute – wie es (der kaum der Hysterie zu verdächtigende) Karl Popper 1992 in einem seiner letzten Interviews formulierte – „nicht um Kleinigkeiten, sondern um das Überleben der Menschheit".[27]

---

26 Zwar wird neuerdings – bezeichnenderweise vor allem in den westlichen Industrienationen – mit Verweis auf deren umweltpolitischen Erfolge in den letzten Jahrzehnten der „Öko-Optimismus" gepredigt, doch auf diesen will ich hier nicht näher eingehen. Zum einen deshalb, weil trotz aller unbestreitbaren regionalen und nationalen Erfolge der Ökologie-Bewegung eine völlige „Entwarnung" zum jetzigen Zeitpunkt zumindest als verfrüht erscheint. Vor allem aber deshalb, weil dieser „Optimismus" reichlich kurzsichtig zu sein scheint, da er vom partiellen Erfolg in einigen (reichen) Staaten der Erde auf einen fehlenden universalen Handlungsbedarf schließen will. Und genau dies könnte fatale Konsequenzen haben. Mit einer Vielzahl von Autoren von Jacques Cousteau über Al Gore bis Ernst Ulrich von Weizsäcker gehe ich vielmehr davon aus, daß hinsichtlich der ökologischen Problematik nach wie vor dringender Handlungsbedarf besteht. (Zum „Öko-Optimismus" siehe Mohr, R., Die Angst vor dem Glück, in: *Der Spiegel, Nr. 17* (1996). S. 228-231; Maxeiner, D., Miersch, M., *„Öko-Optimismus"*, Düsseldorf 1996; zu den bisherigen Leistungen und Erfolgen ökologisch orientierter Politik etwa in Westeuropa siehe Weizsäcker, E. U., *Erdpolitik*, S. 23 ff, 39 ff.

27 Popper, K., „Kriege führen für den Frieden", Spiegel-Interview, in : *Der Spiegel, Nr. 13* (1992), S. 202-211; hier: S. 208; vgl. entspr. Gore, *Wege zum Gleichgewicht*, S. 267: „wenn wir die Erhaltung der Erde nicht als unser neues Organisationsprinzip begreifen können, ist das nackte Überleben unserer Zivilisation in Frage gestellt"; ebs. Gerhardt, V., *Immanuel Kants Entwurf „Zum ewigen Frieden"*, Darmstadt 1995, S. 73; ähnlich Hein, a.a.O., S. 55: „gelingt es nicht, adäquate Formen inter- und transnationaler politischer Kooperation zu finden, so sind Katastrophen globalen Ausmaßes unvermeidbar (Umweltkatastrophen, sich ausweitende Kriege, neue Formen des Terrorismus

Die Tragekapazität der Erde als ökologischer Gesamt-Nische der Menschheit ist erschöpft; die Konkurrenzsituation um immer knapper werdende Ressourcen wird zunehmend kritischer. Die globalen Probleme bedrohen alle Staaten der Erde letztlich gleichermaßen; sie scheinen gleichsam das militärische und ökonomische Nord-Süd-Gefälle zu nivellieren. Die Probleme sind auch nur in globaler Kooperation zu lösen; kein einzelner Staat kann darauf hoffen, die Bedrohung alleine aufgrund seiner „natürlichen" Stärke von sich abwenden zu können. Denn im Zeitalter der konventionellen Hochrüstung zahlreicher Staaten, der Proliferation von Massenvernichtungswaffen und militärischer Overkillkapazitäten erscheint der Gedanke an die militärische Lösbarkeit multinationaler oder gar globaler Probleme als höchst anachronistisch.[28] Und erst recht wäre es eine Horrorvision, wollte man behaupten, im Weltmaßstab müßte nun etwa der Staatenbildungsprozeß in Europa nachgespielt werden.

Werden jedoch die besagten Probleme nicht gelöst, so bewegen sich alle Staaten letztlich gleichermaßen auf eine Situation zu, in denen ihre Existenz – etwa infolge des Eskalierens von Ressourcen-Konflikten – von der „beständige[n] Furcht und Gefahr eines gewaltsamen Todes" geprägt ist und das Leben der meisten Menschen auf der Erde mit Hobbesianischer Konsequenz „armselig, ekelhaft, tierisch und kurz"[29] zu werden droht. Und mehr noch: Da es heute nicht mehr die Möglichkeit gibt, den Überlastungsdruck in einer ökologischen Nische durch Migration in unterbesiedelte Gebiete zu „ventilieren", deren Tragekapazität noch nicht erschöpft ist[30], stellt sich die Situation der heutigen Staaten erstmals als die einer echten Schicksalsgemeinschaft dar, deren Mitglieder auf Gedeih und Verderb aufeinander angewiesen sind.

Was aber den Einwand anbelangt, die bestehenden und bevorstehenden Probleme könnten und müßten doch – entsprechend dem „negativen

---

etc.).
28 Siehe dazu etwa Czempiel, E.-O., *Weltpolitik im Umbruch*, München 19932, S. 75 ff.; Kennedy, P., *In Vorbereitung auf das 21. Jahrhundert*, Frankfurt/Main 1993, S. 170 f.
29 Hobbes, *Leviathan*, S. 96.
30 Vgl. etwa Krell, A., *Migration und Asyl. Die Weltbevölkerung zwischen Integration und Polarisierung*, Report der Hessischen Stiftung Friedens- und Konfliktforschung, Nr. 4/92, Frankfurt/Main 1992, S. 1: „Die Siedlungsmigration (durch Landnahme oder Ansiedlung auf Einladung), entwicklungsgeschichtlich von großer Bedeutung, ist historisch im wesentlichen beendet, die meisten Räume sind besetzt". Konsequenz: „Die Zahl der Staaten, die sich durch Zuwanderung überfordert fühlen, nimmt weltweit zu".

Surrogat"[31] zur Kantschen Vernunftidee – auf der Basis vernünftiger Entscheidungen und multinationaler Verträge zu lösen sein, an die sich alle beteiligten Regierungen letztlich aufgrund moralischer Selbstbindung[32] halten werden, so mag dies hoffen wer will. Doch an der Berechtigung jener Hoffnung sind ganz erhebliche Zweifel angebracht, wenn man etwa das sehr nüchterne Kantische Bild teilt vom boshaften, selbstsüchtigen, herrschsüchtigen, unvertragsamen Menschen als jenem „krumme[n] Holze", aus dem niemals etwas „ganz Gerades gezimmert werden [kann]", oder als das „Tier, das, wenn es unter andern seiner Gattung lebt, *einen Herrn nötig* hat"[33]. Überhaupt sei im Hinblick auf die fragliche motivationale Kraft menschlicher Moralität an Kants durchaus niederschmetterndes Urteil erinnert, wonach „etwas von dieser Art" – nämlich der echten menschlichen Moralisierung – absolut nicht zu erwarten sei, solange es dem menschlichen Geschlechte nicht gelingt, sich „aus dem chaotischen Zustande seiner Staatsverhältnisse" herauszuarbeiten.[34]

So ist – ganz nebenbei – der institutionell abgesicherte Weltfrieden in Kants politischer Philosophie nicht nur der (unvermeidliche) „Ausgang der Not" aller Politik, sondern zugleich auch Möglichkeitsbedingung für wahre menschliche Moralität, die vollständige Entwicklung seiner natürlichen Anlagen und damit seine moralische Vervollkommnung.

5 Die Alternative zu Kants süßem Traum ein Alptraum

Fazit: Kants Lehre vom Ewigen Frieden in einem möglichst streng nach dem Subsidiaritätsprinzip organisierten, möglichst minimalen[35] Weltstaat, in dessen „Gehege" alle anderen Staaten auf einen Teil ihrer nationalen Souveränität verzichten und der mit den für die Errichtung und Erhaltung einer universalen Rechtsordnung erforderlichen Mittel – also auch Macht- und Zwangsmittel[36] – ausgestattet ist, mag nach wie vor ein „süßer Traum" sein,

---

31 Kant, *EwF*, Bd. XI, S. 213, BA 40.
32 Vgl. dazu Habermas, a.a.O., S. 7 f.
33 Kant, *Idee*, Bd. XI, S. 40 f., A 396 f.
34 Kant, *Idee*, Bd. XI, S. 45, A 404; vgl. entspr. „Das Ende aller Dinge", Bd. XI, S. 181, A 507: „dieser heroische Glauben an die Tugend scheint doch, subjektiv, keinen so allgemeinkräftigen Einfluß auf die Gemüter zur Bekehrung zu haben, als der an einem mit Schrecken begleiteten Auftritt, der vor den letzten Dingen als vorhergehend gedacht wird".
35 Zur Konzeption eines extrem minimalen Weltstaates im Vergleich zum ultraminimalen und zum homogenen Weltstaat siehe Höffe, O., Ausblick: Die Vereinten Nationen im Lichte Kants, in: ders. (Hrsg.), *Immanuel Kant, Zum ewigen Frieden*, Berlin 1995, S. 245-272.
36 Zur Forderung nach „internationalen Institutionen mit realer Zwangsgewalt"

und der Prozeß seiner Bildung wird mit Sicherheit nicht ohne Konflikte und Widerstände, nicht geradlinig ablaufen[37]; doch auch die Alternative dazu ist nichts weiter als ein Traum – freilich ein ausgemachter Alptraum. Der Verzicht auf die positive Idee eines möglichen Weltfriedens im Sinne Kants ist gleichbedeutend mit dem Verzicht auf aussichtsreiche Versuche, die „Menschheitsprobleme" zu lösen und läuft auf die Akzeptanz eines eskalierenden Weltunfriedens hinaus.

Auch in Kants Schriften taucht an mehreren Stellen der Gedanke an eine Alternative zu seiner „Vernunftidee" von der Weltrepublik der freien Republiken auf, doch auch bei Kant ist diese Alternative nichts anderes als: der Ewige Friede – allerdings der auf dem „großen Kirchhofe der Menschheit".

6 *Epilog: Ein Appell an Philosophen*

Geht man vom eher negativen (oder einfach: realistischen) Menschenbild aus, das Kant seiner politischen Philosophie zugrundelegt sowie von seiner These, daß an eine echte Moralisierung der Menschheit vor dem Ausgang der Staaten aus ihrem „Naturzustand" nicht zu denken ist, so muß man zum einen (nochmals) feststellen: Das einzig wirklich verallgemeinerbare Motiv – und damit der kleinste (und zugleich größtmögliche) gemeinsame Nenner einer minimalen weltpolitischen „Moral" – ist der menschliche Eigennutz.

Vor allem hinsichtlich der von den Menschen in den Wohlstandsnationen der Erde zu fordernden (einschneidenden) Verzichtsleistungen wäre es demnach aussichtslos, auf moralische Einsicht, Uneigennützigkeit und selbstlose Opferbereitschaft zu setzen. Vielmehr muß mit allen verfügbaren und legitimen Mitteln versucht werden, den Menschen hier einsichtig zu machen, daß die Änderung ihrer Lebensweise mittel- und langfristig ihnen selbst zugute kommt („return on investment"), während die Verzichtsverweigerung unausweichlich weitaus schwerwiegendere negative Folgen für das je eigene Wohl zeitigen muß. Es gilt – mit den Worten Humes –, jener unausrottbaren „eigennützigen Neigung" eine „neue Richtung zu geben", da nur sie alleine in der Lage ist, sich selbst „im Zaum zu halten".[38] Daß mit dem Appell an den Eigennutz gerade jene menschliche Eigenschaft angesprochen ist, die Ursache der gegenwärtigen Misere ist, entspricht exakt dem Kantischen Paradox: Durch die menschliche „Zwietracht" bringt die Natur „Eintracht"

---

bzw. einem „Universalstaat" als der einzigen Möglichkeit zu Vollendung der Kantischen „Rechtsidee" vgl. Hösle, V., *Philosophie der ökologischen Krise*, München 1991, S. 135.

37 Vgl. zu dieser Einschätzung Hein, W., Die Neue Weltordnung und das Ende des Nationalstaates, in: *Nord-Süd aktuell*, 1/93 (1993), S. 50-59; hier: S. 52, 58.

38 Hume, D., *Ein Traktat über die menschliche Natur*, hrsg. v. R. Brandt, Hamburg 1978, S. 236.

hervor, aus der „Unvertragsamkeit", der „mißgünstig wetteifernde[n] Eitelkeit", der „nicht zu befriedigende[n] Begierde zum Haben, oder auch zum Herrschen"[39], entspringt die Notwendigkeit zu effizienter globaler Kooperation.

Bleibt die Frage, wer jener „man" sein könnte, der den Menschen (bzw. zumindest den Führungskräften in Politik und Wirtschaft) in den Wohlstandsnationen der Erde einsichtig machen sollte, worin der Zusammenhang zwischen ihrem wohlverstandenes Eigeninteresse und einem (minimalistischen) „Weltethos" besteht. Um es kurz zu machen: Es wäre sicherlich ein hypertrophe Verrücktheit, wollte man eine derartig gewaltige Aufgabe „den" Philosophen übertragen und auf ein „Risorgimento" der Philosophie als Orientierungshilfe und Wegweiserin der Politik, als öffentlicher Stimme der Vernunft hoffen – dennoch: Es ist allemal legitim, auch von heutigen Philosophen – mit Kant – zu fordern, daß sie als „freie Rechtslehrer" oder auch als „Hilfsarbeiter" ihren Beitrag zur „Volksaufklärung" leisten – nicht zuletzt deshalb, weil diese in ihrem eigenen (mittelfristigen) Interesse liegt.[40]

---

39 Kant, *Idee*, Bd. XI, S. 38, A 394.
40 Zur Kennzeichnung der Philosophen als „freie Rechtslehrer" vgl. Kant, *Streit*, Bd. XI, S. 362 f., A 151 f.; zur Kennzeichnung als „Hilfsarbeiter", deren Aufgabe es ist, „den Baugrund etwas aufzuräumen und einen Teil des Schuttes zu beseitigen, der den Weg zur Erkenntnis versperrt", vgl. Locke, J., *Versuch über den menschlichen Verstand*, Bd. I, Hamburg 19814, S. 11.

KINDERPHILOSOPHIE UND DEMOKRATIE

DANIELA G. CAMHY (GRAZ)

„*Eine Demokratie ist mehr als eine Regierungsform; sie ist vor allem eine Weise gemeinsamen Lebens, eine verbundene kommunikative Erfahrung.*"

John Dewey

1 Einleitung

Durch den raschen gesellschaftlichen, sozialen und wirtschaftlichen Wandel stellen sich immer neue globale Probleme. Um diese gemeinsam bewältigen zu können und um der Herausforderung nach Multikulturalität Rechnung zu tragen, müssen wir herkömmliche Werte überdenken, ethische Überlegungen anstellen und globales Denken in den Vordergrund stellen.

Die Grundlagen des eigenen Denkens müssen untersucht, bewußtgemacht und überprüft werden. Die Philosophie kann dabei Hilfsmittel sein, Gedanken zu klären, folgerichtiges Schließen zu üben, Widersprüche aufzudecken, Zusammenhänge zu erkennen, Vorstellungen und Auffassungen aufzuzeigen, alternative Denkmodelle zu erarbeiten, Entscheidungen zu treffen und zu lernen, Verantwortung für das eigene Denken und „vernünftige" Handeln zu übernehmen.[1] Die Philosophie bietet dazu Gelegenheit. Sie ist nicht auf einen Gegenstand beschränkt, sondern fächerübergreifend, grundlegende Fragen werden gestellt, und es kommt zu keiner Tabuisierung.

Gerade in einer Zeit, in der sich die Strukturen und Normen ständig ändern, ist es notwendig, sich mehr mit den philosophischen Grundlagen von Erziehung zu beschäftigen. Es ist wichtig, schon Kinder zum Selbstdenken zu ermutigen und ihr Urteilsvermögen zu fördern, sodaß sie tolerant sein können, offen für neue Ideen und Lösungswege, ohne dadurch völlig verunsichert zu werden.

Erziehung wurde seit dem 18. Jahrhundert als Kern der Aufklärung verstanden, als Förderung von autonomen Denken und moralischen Handeln möglichst aller. Kant war sich darüber im klaren, daß dieses Projekt der Aufklärung ein sehr langwieriges sein werde. Er hatte gerade in die Erziehung der Kinder die größte Hoffnung gesetzt, wie er in der kleinen Schrift „Was heißt sich im Denken orientieren?" betont:

> Aufklärung in einzelnen Subjekten durch Erziehung zu gründen ist (..) gar nicht leicht. Man muß nur früh genug anfangen, die jungen Köpfe zu dieser Reflexion zu gewöhnen. Ein Zeitalter aber aufzuklären ist sehr lang-

---

1   Martens, Ekkehard: Erziehung zur Vernunft und Rationalitätskrise. In: Camhy, Daniela G. (Hrsg.): *Wenn Kinder philosophieren*. Leykam, Graz 1990.

wierig, denn es finden sich viele äußere Hindernisse, welche jene Erziehungsform teils verbieten, teils erschweren.[2]

Die Methode und die Haltung des Selbstdenkens und der moralischen Urteilsbildung legt auch die Philosophin und politische Theoretikerin Hannah Arendt, aufgrund ihrer Erfahrung mit totalitärer Nazi-Herrschaft, dringend nahe. Zugleich betont sie, daß hierfür weder altersmäßige noch intellektuelle Schranken bestehen müssen.

2 Der Ausgangspunkt des Philosophierens ist das Fragen, das Wundern und das Staunen.

Philosophieren mit Kindern hat die Aufgabe, bei der Neugierde und dem Wissensdurst der Kinder anzusetzen, ihr Fragen und das Weiterfragenwollen zu fördern und Kinder so in ihrem Prozeß des Entdeckens und eigenständigen Denkens zu unterstützen.

Kinder haben das Bedürfnis zu fragen, zu entdecken, sie wundern sich noch und je nach Altersstufe beschäftigen sie sich auch mit grundsätzlichen Fragen. Oft werden sie mit ihren Fragen, Lebensbedürfnissen und Schwierigkeiten allein gelassen. Die Unklarheiten, ihre Zweifel, ihre Vorstellungen und Auffassungen, das Hinterfragen und das Fragen nach dem Sinn bringen sie oft in eine geistige Unruhe, die nach Durcharbeitung verlangt.[3]

Im philosophischen Gespräch, bei der Kinder gleichwertige Gesprächspartner sind, lernen sie ihre Gedanken und Argumente bewußt und überlegt einzusetzen. Diese Form des Gesprächs geht dem Gedanken nach auf die Maieutik des Sokrates zurück. Ausgehend von den vorhandenen Möglichkeiten jedes Gesprächspartners wird den eigenen Ideen und Gedanken durch geschicktes Fragen zur Geburt verholfen, um das Wahre zu finden, nicht um es zu vermitteln.

Beim Philosophieren geht es nicht um das Reproduzieren von Faktenwissen, sondern vielmehr darum, Kinder und Jugendliche dahingehend zu fördern, sich Kenntnisse und Fähigkeiten anzueignen, die ihnen helfen, sich schnell auf neue Situationen einzustellen, Zusammenhänge zu erkennen und aus der Informationsflut Widersprüchliches aufzudecken und selbständig denken zu lernen.

Das Philosophieren mit Kindern und Jugendlichen wird in unserer immer rascher sich entwickelnden Welt heute für einen kulturerneuernden Zugang immer unverzichtbarer, weil es davon ausgeht, die menschliche Identität und

---

2 Kant, Emanuel: Was heißt sich im Denken orientieren. In: *Werke in 6 Bänden.* Hrsg. v. Wilhelm Weischedel. Darmstadt 1960-1966.

3 Camhy, Daniela G.: Praxis der Kinderphilosophie in Österreich. In: *Zeitschrift für Didaktik der Philosophie.* Heft 9, Schroedel, Hannover 1984.

das Schöpferische im Menschen ins Zentrum zu stellen.

3 Community of Inquiry

Eine „community of inquiry" ist durch den Dialog gekennzeichnet. Gemeinsam wird untersucht, geforscht, hinterfragt und nachgedacht. Dies verlangt von den TeilnehmerInnen nicht nur ein genaues Zuhören und Mitdenken, sondern auch Achtung und Respekt voreinander. Man hilft einander zu verstehen, genauer zu denken, zu begründen, sich klarer auszudrücken.

Für Matthew Lipman, Pionier auf dem Gebiet der Kinderphilosophie und Schüler John Deweys, ist das Philosophieren, mit dem Ziel verbunden eine „community of inquiry", eine dialogisch orientierte Forschergemeinschaft, aufzubauen.

In „Democracy and Education"[4] behandelt Dewey die Erziehung am Modell des wissenschaftlichen Hinterfragens, wobei das eigenständige, kritische Denken im Mittelpunkt steht. Lipman nennt als eine Voraussetzung für kritisches Denken, die Förderung und Entwicklung der thinking skills (Denkfähigkeiten).

Converting the classroom into a ´community of inquiry´ in which students listen to one another with respect, build on one another´s ideas, challenge one another to supply reasons for otherwide unsupported opinions, assist each other in drawing inferences from what has been said, and seek to identify one another´s assumptions.[5]

In einer „community of inquiry", in der der Dialog eine wesentliche Rolle spielt, entwickeln die TeilnehmerInnen nicht nur kognitive Fähigkeiten, sondern auch soziale Kompetenzen, die vor allem im Hinblick auf das friedliche Zuammenleben von großer Bedeutung sind.

There are social behaviours that can be observed: listing to one another, supporting one another by amplifying and corroborating their view, submitting the views of others to critical inquiry, giving reasons to support another´s view even if one doesn`t agree, taking one another´s ideas seriously by responding and encouraging each other to voice their views. A certain care is manifest in the group, not only care for the logical procedures but for the growth of each member of the community.[6]

Nach C.S. Pierce liegt das charkteristische Merkmal des Forschens (inquiry) darin eigene Schwächen zu finden und richtigzustellen, was fehler-

---

4   Dewey, John: *Democracy and Education.* MacMillan, New York 1944
5   Lipman, Matthew: *Thinking in Education.* Temple University Press, Philadelphia 1991, S.15.
6   Sharp, Ann M.: *The Community of Inquiry: Education for Democracy.* Montclair, Manuskript 1987.

haft ist. Forschen ist daher selbstkorrigierend.

„One of the most important advantages of converting the classroom into a community of inquiry (in addition to the undoubted improvment of moral climate it brings out) is that the members of the community begin looking for and concreting each other´s methods and the community as a whole, each is able to become self-correcting in his or her own thinking."[7]

„We have got to learn how to teach children to think for themselves if we are to have a democracy worth having. The thinking individual is as important as the inquiry society."[8]

Die „community of inquiry" bildet vor allem in der heutigen Zeit, eine nicht zu unterschätzende Rolle. Kinder, Jugendliche und Erwachsene erleben zwar einerseits weitgehende Freizügigkeit und Konsum, andererseits aber erfahren sie soziale Unsicherheit und Verluste vieler Werte. So reagieren sie oft mit Passivität, Aggressivität, Brutalität und Fremdenhaß, die durch die Verunsicherung und Angst ausgelöst werden.

Das Philosophieren macht sich in der Sprache bemerkbar, das aufmerksame und wache Zuhören, Hinschauen, und Wahrnehmen führt zu einer kritischen, weltoffenen Haltung, die sich Weltanschauungen nicht aufoktroyieren läßt. Die dabei sich entwickelnde „community of inquiry" zeigt einen Weg auf, um zu lernen, Demokratie auch zu leben.

Wenn das „Philosophieren mit Kindern und Jugendlichen" die Erlangung von persönlichkeitsbildenden, sozialen und kommunikativen Kompetenzen zum Ziel hat, und auch die Auseinandersetzung mit kultureller Vielfalt fördert und dazu beiträgt, Fähigkeiten wie Verantwortung, kritische Urteilsbildung, Kreativität, Solidarität, gewaltlose Konfliktlösung zu entwickeln, muß man auf allen Ebenen der Curriculumsplanung ansetzen und transnationale Dimensionen miteinschließen.

Erziehung von heute markiert die sozial-politischen Dimensionen einer Gesellschaft von morgen. Daraus resultiert auch für die Kinderphilosophie eine klare Aufforderung sich der Tragweite ihres Wirkens verantwortlich zu zeigen. Sie muß sich kritisch und selbstkritisch wichtigen Tendenzen des Zeitgeschehens stellen und diese Form bewußter, erkenntnisfördernder Auseinandersetzung mit der Wirklichkeit den Kindern als formale Denkhilfe zur Bewältigung des Lebens weitergeben. Nur bei Interaktion, in Auseinandersetzung kann ein sinnvoller Dialog entstehen, aus dem verantwortungsbewußte Entscheidungen getroffen werden können.

---

7 Lipman, Matthew: *Thinking in Education*. Temple University Press, Philadelphia 1991, S.121.
8 Lipman, Matthew: *Thinking in Education*. a.a.O. S. 106.

Das Philosophieren mit Kindern scheint Fähigkeiten zu vermitteln, die in einer Welt, die mehr und mehr von einer gegenseitigen Abhängigkeit gekennzeichnet ist, unerläßlich sind. Solche für internationale und interkulturelle Beziehungen wichtigen Fähigkeiten sind u.a. Offenheit gegenüber fremden Methoden und Ideen, Respekt vor unterschiedlichen Ansichten, die Fähigkeit, Konflikt und Opposition als Mittel zu erkennen, um neue Erfahrungen zu machen und zu einem größeren Verständnis zu gelangen, die Fähigkeit, Alternativen zu finden, kritsch und kreativ zu denken und Mut zur Selbstkorrektur zu haben. Philosophieren mit Kindern könnte damit die ideale Rahmenbedingung sein, um intersubjektive Erfahrung und Verständnis für die komplexe kulturelle Pluralität auszuarbeiten. Dabei geht es weniger darum, zu einem Konsens zu finden, als vielmehr um ein gegenseitiges Verständnis zu erlangen.

Eine Aufgabe des Philosophierens mit Kindern ist, Kinder auf die Auseinandersetzung mit der Wirklichkeit vorzubereiten, und ihnen zu helfen, sich einer Welt, in der sich die gesellschaftlichen, wirtschaftlichen und sozialen Werte in einem ständigen Wandel befinden, kritisch und verantwortungsbewußt zu stellen und deren Anforderungen in Interaktion zu bewältigen. Die gesellschaftliche Relevanz der Kinderphilosophie liegt folglich darin, daß die Kinder zu selbständigen, denkenden und mündigen Bürgern erzogen werden, die kritikfähig sind, und die aktiv zur Erhaltung des Friedens und der Demokratie beitragen.

Die Fähigkeit für das Gelingen eines friedlichen Zusammenlebens ist jedoch nur möglich, wenn bestimmte Voraussetzungen erfüllt sind. Dazu gehören die Entwicklung einer bestimmten Gesprächskultur und die Fähigkeit zur Toleranz. Doch weder die Fähigkeit zum Dialog noch die Fähigkeit zur Toleranz entwickeln sich von einem Tag auf den anderen. Es ist ein Entwicklungsprozess, der auf allen Stufen des Bildungssystems eine Rolle spielen muß.

INTERNATIONALE GERECHTIGKEIT – VERSUCH EINER ANNÄHERUNG

PETER KOLLER (GRAZ)

Ich möchte im folgenden versuchen, in groben Strichen eine Vorstellung der internationalen Gerechtigkeit zu skizzieren. Wegen des knappen Platzes werde ich mich dabei jedoch darauf beschränken, einen möglichen Weg aufzuzeigen, wie man zu einer solchen Konzeption gelangen könnte. Zu diesem Zweck werde ich zunächst drei allgemeine Probleme aufwerfen, die mir für jede Konzeption internationaler Gerechtigkeit von grundlegender Bedeutung zu sein scheinen. Anschließend werde ich dann eine rohe Skizze einer solchen Konzeption vorlegen, die freilich wirklich nicht mehr als einen Annäherungsversuch darstellt.

1 Probleme einer Theorie internationaler Gerechtigkeit

Die normativen Grundlagen internationaler Gerechtigkeit: Daß jede Konzeption internationaler Gerechtigkeit einen normativen Maßstab braucht, um internationale Beziehungen bewerten und Anforderungen an eine gerechte internationale Ordnung begründen zu können, liegt auf der Hand. Worin dieser Maßstab bestehen soll, versteht sich aber nicht von selbst. Kant hat in seiner Schrift *Zum ewigen Frieden* die Ansicht vertreten, der Maßstab bestehe in der allgemeinen Annehmbarkeit einer internationalen Ordnung für alle einzelnen Staaten bzw. deren Regierungen. Doch diese Ansicht ist unannehmbar, weil sie zur Folge hat, daß die Rechte der Einzelmenschen auf internationaler Ebene hinter den Interessen der Regierungen von Staaten verschwinden und sich damit vollkommen verflüchtigen.

Der normative Maßstab für die Gerechtigkeit internationaler Beziehungen kann nichts anderes sein als ihre Annehmbarkeit aus der Sicht aller einzelnen Menschen als freier und gleicher Personen. Bei der Bewertung internationaler Verhältnisse ist demnach eine *globale moralische Perspektive* einzunehmen, aus der die Interessen aller betroffenen Menschen, gleichgültig welcher Gesellschaft sie angehören, berücksichtigt werden müssen. Damit stellt sich die Frage nach den Forderungen der internationalen Gerechtigkeit wie folgt: Wie muß eine internationale Ordnung beschaffen sein, die bei sorgfältiger Erwägung aller relevanten Tatsachen von allen Menschen vernünftigerweise angenommen werden könnte, gleichgültig, welcher Gesellschaft sie angehören? Diese Frage ist nicht einfach zu beantworten und sie läßt Spielraum für unterschiedliche Antworten. Aber diese Unsicherheit, die ja jeder moralischen Erwägung innewohnt, ist kein Grund, die Suche nach Standards der Gerechtigkeit überhaupt aufzugeben.

Die moralische Signifikanz der Staaten: Ein zweites Problem betrifft die Frage, wie die Existenz zur Vielzahl von relativ selbständigen und voneinander abgegrenzten Staaten moralisch zu bewerten ist: Ist sie bloß ein kontingentes Faktum oder hat sie einen moralischen Eigenwert? Kant scheint der Meinung gewesen zu sein, daß die Vielheit der Staaten einfach eine Gegebenheit ist, der zwar Rechnung getragen werden muß, die aber für sich allein genommen moralisch indifferent ist. Wäre dies so, dann müßte die Errichtung eines Weltstaates als wünschenswert erscheinen, wenn er nur realisierbar wäre. Ich teile diese Ansicht nicht. Denn Staaten als relativ selbständige politische Gemeinwesen haben neben der Aufgabe, den Rechtsfrieden zu sichern, zumindest zwei weitere wichtige Funktionen, die sie nur unter der Voraussetzung ihrer Diversität erfüllen können: die Gewährleistung sozialer Solidarität und die Ermöglichung nationaler Selbstbestimmung.

Soziale Solidarität bedeutet eine besondere Verantwortlichkeit zwischen Menschen, die sie verpflichtet, sich wechselseitig um ihr Wohlergehen zu kümmern. Eine solche Verantwortlichkeit kann aber nicht zwischen Menschen schlechthin, sondern nur im Rahmen herrschaftlich organisierter sozialer Gemeinwesen bestehen, die unter Bedingungen fortgeschrittener sozialer Differenzierung die Form von Staaten annehmen. Nationale Selbstbestimmung meint die Möglichkeit von Menschen, eine eigenständige nationale Kultur zu entwickeln, eine kollektive Lebensform, in der sie sich zuhause fühlen und durch die sie zu einer Gemeinschaft verbunden werden. Um diese Möglichkeit sicherzustellen, bedarf es eines geeigneten Rahmens, der die Entfaltung nationaler Gemeinschaften sowohl ermöglicht als auch auf die Grenzen ihrer friedlichen Koexistenz begrenzt. Und es spricht einiges dafür, daß relativ selbständige und teilsouveräne Staaten hierfür erforderlich sind.

Die moralische Unvollkommenheit internationaler Beziehungen: Im Bereich internationaler Beziehungen Bedingungen herrschen oft Bedingungen vor, die eine Befolgung von an sich vernünftigen moralischen Normen als unzumutbar erscheinen lassen, weil die beteiligten Akteure, vor allem die Staaten, wegen des Fehlens einer überstaatlichen Autorität nicht mit der allgemeinen Einhaltung dieser Regeln rechnen können und häufig auch keine Sanktionen befürchten müssen, wenn sie sie selber verletzen.

Für eine Konzeption internationaler Gerechtigkeit bedeutet dies, daß es nicht genügt, einfach nur nach Grundsätzen einer idealen Weltordnung zu suchen, die zwar als erstrebenswert erscheinen mag, aber so gut wie keine Aussicht auf Verwirklichung hat. Es gilt darüber hinaus auch nach moralischen Richtlinien zweiter Ordnung zu fragen, deren Befolgung den beteiligten Akteuren, vor allem den Staaten und ihren Repräsentanten, unter den realen Gegebenheiten unserer Welt zugemutet werden kann. Um eine solche Konzeption zu entwickeln, ist es zweckmäßig, in zwei sukzessiven Schritten vorzugehen. Im ersten Schritt gilt es die Grundsätze einer idealen internationalen Ordnung zu bestimmen, die aus globaler Perspektive allgemeine Zustimmung fänden, wenn diese Grundsätze im großen und ganzen allgemein eingehalten würden. Diese Überlegung führt zu einer *idealen Theorie* internationaler Gerechtigkeit. Auf deren Grundlage ist dann im zweiten Schritt eine *realistische Theorie* zu entwickeln, die den moralischen Unvollkommenheiten der realen Welt Rechnung trägt.

2 Internationale Gerechtigkeit – Ideal und Realität

Die ideale Theorie geht von der fiktiven Annahme aus, daß die Umsetzung der aus globaler Perspektive allgemein annehmbaren Grundsätze internationaler Gerechtigkeit keine besonderen Schwierigkeiten bereitet. Um diese Grundsätze zu finden, sind entsprechende empirische Informationen über die Beschaffenheit der internationalen Beziehungen vonnöten. Da ich diese Frage hier nicht im Detail diskutieren kann, möchte ich in grober Vereinfachung drei Weltmodelle unterscheiden, die als mögliche Ausgangspunkte für eine Theorie internationaler Gerechtigkeit in Betracht kommen: das Modell separierter Gesellschaften, das Modell einer umfassenden Weltgesellschaft und das Modell interdependenter Nationalgesellschaften.

Das *Modell separierter Gesellschaften*, das allen klassischen Theorien des Völkerrechts zugrundeliegt, nimmt an, daß sich die Welt aus einer Vielzahl von unabhängigen und selbstgenügsamen Gesellschaften zusammensetzt, die untereinander nicht durch enge Kooperationsbeziehungen verbunden sind und zwischen denen keine wesentlichen Interdependenzen bestehen. Obwohl dieses Modell der heutigen Realität ganz offensichtlich nicht entspricht, ist es lehrreich zu fragen, welche Grundsätze internationaler Ordnung aus globaler Sicht als akzeptabel erscheinen würden, wenn die Welt so beschaffen wäre. Ich denke, diese Grundsätze würden die folgenden Forderungen inkludieren: 1. daß jede Gesellschaft ein Recht auf Existenz und politische Selbstbestimmung hat, 2. daß kein Staat seine Interessen mit Gewalt durchsetzen darf, also ein wechselseitiges Gewalt- und Interventionsverbot, und 3. daß jeder Staat berechtigt ist, angemessene Vergeltungsmaßnahmen gegen andere zu ergreifen, falls sie ihre Pflichten verletzen. Dagegen besteht in einer Welt separierter Gesellschaften wenig Anlaß, Grundsätze anzunehmen, die den einzelnen Gesellschaften sehr weitgehende wechselseitige Verpflichtungen auferlegen. So wäre sicher kein Grundsatz annehmbar, der jedem ein Recht auf freie Bewegung und Aufenthalt in jedem Land einräumt; und auch kein Grundsatz internationaler Verteilungsgerechtigkeit, der eine gerechte Verteilung des irdischen Reichtums verlangt.

Das *Modell einer umfassenden Weltgesellschaft* geht demgegenüber davon aus, daß alle Gesellschaften infolge ihrer weitreichenden ökonomischen, politischen und ökologischen Verflechtungen zu einer weltumspannenden Einheitsgesellschaft verschmolzen sind, in der alle Völker eng miteinander kooperieren und voneinander abhängen. Obgleich auch dieses Modell nach meiner Ansicht der Realität nicht entspricht und auch gar keine erstrebenswerte Zukunftsvision darstellt, ist es wieder hilfreich zu überlegen, welche Grundsätze internationaler Gerechtigkeit als allgemein annehmbar erscheinen würden, wenn es richtig wäre. Es scheint plausibel, daß diese Grundsätze mit den Forderungen der sozialen Gerechtigkeit einzelner Gesellschaften zusammenfallen müßten. Ohne hier auf die Frage der sozialen Gerechtigkeit eingehen zu können, nehme ich an, daß zu jenen Grundsätzen jedenfalls die folgenden gehören würden: 1. ein Grundsatz der Weltbürgerschaft, der allen Menschen ein Recht auf freie Bewegung und Aufenthalt überall auf der Welt gewährt; 2. ein Grundsatz der rechtlichen Gleichheit und der Freiheit, der die weltweite Gewährleistung der Menschenrechte und der Grundfreiheiten verlangt; und 3. ein Grundsatz der globalen Verteilungsgerechtigkeit, der eine für alle Teile der Welt annehmbare Verteilung der Güter und Lasten der globalen wirtschaftlichen Kopperation fordert. Um diesen Grundsätzen Geltung zu verschaffen, wäre freilich eine globale politische Autorität mit hinreichenden Gesetzgebungs- und Zwangsbefugnissen, kurz: ein Weltstaat, erforderlich.

Das *Modell interdependenter Nationalgesellschaften* nimmt eine mittlere Stellung zwischen den anderen Modellen ein. Es nimmt ebenfalls eine hochgradige Verflechtung der einzelnen Nationen an, geht aber davon aus, daß die einzelnen Gesellschaften sich nicht nur tatsächlich ein gewisses Maß an Unabhängigkeit bewahrt haben, sondern um ihrer Selbstbestimmung willen auch bewahren sollten. Ich denke, daß dieses Modell den realen Gegebenheiten der Welt viel eher entspricht und auch aus moralischen Gründen den Vorzug verdient. Das Modell macht es aber schwieriger, die Grundsätze internationaler Gerechtigkeit zu bestimmen, weil es bei der Wahl dieser Grundsätze genauere Informationen über die Interdependenzen zwischen den einzelnen Gesellschaften verlangt. Es spricht aber vieles dafür, daß diese Grundsätze jedenfalls die folgenden Prinzipien enthalten müßten: 1. ein Prinzip der beschränkten Autonomie der Staaten, das jedem Staat ein gewisses Maß an Selbständigkeit garantiert, diese aber auf jenen Umfang begrenzt, der mit einer effektiven Sicherung der Menschenrechte und der Verteilungsgerechtigkeit vereinbar ist; 2. ein Prinzip des weltweiten Menschenrechtsschutzes, das alle Staaten zur Achtung der Menschenrechte verpflichtet und in Fällen ihrer Verletzung entsprechende Maßnahmen der Staatengemeinschaft fordert; 3. ein Prinzip der Weltbürgerschaft, das den Menschen ein bedingtes Recht auf freie Bewegung einräumt, die ihnen ein Staat nur dann verwehren darf, wenn es zum Schutz seiner inneren Ordnung notwendig ist;

und 4. ein Prinzip der internationalen Verteilungsgerechtigkeit, das verlangt, die Vorteile und Lasten der Kooperation zwischen den Gesellschaften so zu verteilen, daß diese Kooperation nicht nur den mächtigen und reichen, sondern auch den ärmeren Nationen zum Vorteil gereicht. Die Realisierung dieser Prinzipien erfordert keinen Weltstaat, aber ein Netzwerk supranationaler Organisationen, die über hinreichende Befugnisse verfügen, um den Prinzipien Geltung zu verschaffen.

Wie immer die genannten Prinzipien im einzelnen zu präzisieren sind, es kann kein Zweifel bestehen, daß sie ideale Grundsätze sind, die unter den realen Gegebenheiten der Welt derzeit nur geringe Verwirklichungschancen haben. Infolgedessen können sie nur eine beschränkte Verbindlichkeit haben, weil den einzelnen Staaten nicht zugemutet werden kann, jene Prinzipien einseitig einzuhalten, solange das nicht auch die meisten anderen tun. Um zu Richtlinien einer internationalen Ordnung zu gelangen, deren Befolgung tatsächlich gefordert werden kann, ist zu prüfen, ob und inwieweit die Prinzipien der idealen Theorie im Lichte der moralischen Unvollkommenheiten der wirklichen Welt modifiziert werden müssen. Dazu ist es aber nötig, diese Unvollkommenheiten näher zu betrachten. Dafür ist hier nicht der Platz. Allgemein kann man aber soviel sagen, daß die Imperfektion der realen Welt dazu nötigt, vom Ideal einer gerechten internationalen Ordnung erhebliche Abstriche zu machen.

Hegel und der Weltstaat

Michaela Strasser (Salzburg)

Hegel ließ seine in den „Grundlinien der Philosophie des Rechts" (1820/21) vorgetragene Staatskonzeption an den Grenzen des Einzelstaates enden, um von da aus in die Weltgeschichte überzugehen. Wenn im Jahre 1995 an Hegels großem Vordenker Kant und seinem Entwurf „Zum ewigen Frieden" (1795) angeknüpft wurde, um Weltgesellschaft, Weltbürgertum und Weltstaat neu zu thematisieren, sollte eben auch Hegel auf die Moderne und ihre Globalisierung in Gesellschaft und Staat hin befragt werden.

1 Eine Abbreviatur Hegelscher Begrifflichkeit

1. An den Beginn ist die Überzeugung von der sozialphilosophischen Relevanz der Hegelschen „Rechtsphilosophie" zu stellen, wobei Hegelsches Rechts-Philosophieren zugleich immer auch schon politisches Philosophieren ist.

2. Die „Idee des Rechts" und der institutionalistische Ansatz bei Hegel sind dann jene Konzepte, die für gegenwärtige Problemlagen aktualisiert werden können. Hegel ging es primär um Kategorien, die es erlaubten, sich in der komplexer werdenden bürgerlichen Gesellschaft zu orientieren bzw. Maßstäbe für zukunftsfähige Steuerungsprozesse der vorhandenen Gesellschaft zu entwickeln. Sein Denken bewegt sich von Anbeginn zwischen den Polen, die markiert werden von klassisch-politischem Denken, aufklärerisch-rationalistischem Naturrecht, subjektiver Reflexion, romantisierendem Rückgriff auf Vergangenes und den „Tatsachen der Moderne"[1].

3. Das faszinierende große Thema der Hegelschen Rechtsphilosophie ist die „Freiheit" als „Idee des Rechts" und jeder „philosophischen Rechtswissenschaft". Und Idee des Rechts ist nach Hegel Begriff des Rechts und dessen Verwirklichung. Die Idee der Freiheit konstituiert nicht nur den Begriff des Rechts, vielmehr gestaltet sich im Recht selbst die Freiheit als Prozeß ihrer Verwirklichung. Die Freiheit hat nach Hegel kein Dasein in einer von der Wirklichkeit und dem Recht abgetrennten reinen Vernunft. Die Objektivität ist für Hegel die rechtlich und institutionell verfaßte Öffentlichkeit, die sich in die Sphäre der Gesellschaft und des politischen Gemeinwesens gliedert. Im Staat als der politisch-sittlichen Ordnung gelangen die in der Gesellschaft geltenden modernen Prinzipien der Autonomie und der subjektiven

---

1 Daß Moderne und Romantik immer schon Komplementärerscheinungen in Gesellschaft, Politik wie auch Kultur waren und sind, darauf weist neuerdings Cornelia Klinger hin: *Flucht, Trost, Revolte. Die Moderne und ihre ästhetischen Gegenwelten*, München, Wien 1995.

Freiheit mit dem Recht der Gemeinschaft zur Einheit.

4. Im Hintergrund ist die grundsätzliche Trennung von Gesellschaft und Staat, von Gesellschaft und Gemeinschaft zu sehen, die den sozialrealen wie auch kognitiven Kontext Hegelschen Denkens und die Gegenwart verbindet. Bei Hegel ist die Entwicklung der Gesellschaft gekennzeichnet durch eine sich überschlagende Ökonomisierung, zunehmende Freisetzung des einzelnen von traditionellen Bindungen, sich steigernde Komplexität und soziale Differenzierung einer aus immanenter Dynamik sich entwickelnden modernen Gesellschaft. Über die weitreichenden Implikationen der Hegelschen Gesellschaftstheorie darf aber die andere, für Hegel wesentliche Perspektive nicht verloren gehen: die Betonung der Notwendigkeit der rechtlichen Verfaßtheit der sich dynamisch entfaltenden Gesellschaftsstrukturen. Auf der gesellschaftlichen wie auf der Ebene des Staates ist es die Grundbestimmung der Institutionen, Garant der öffentlichen Freiheit zu sein. Sie sind vernünftig, insoferne sie „die Grundsäulen der öffentlichen Freiheit" sind, sie sind wirklich, wenn sie die wesentliche Grundlage des „Zutrauens" und der „Gesinnung" der Individuen für den Staat bilden.

5. Der Staat als die umfassende politische Ordnung ist die institutionelle Garantie subjektiver und allgemeiner Freiheit. Auf der höchsten Stufe der Verwirklichung der Freiheit, d.h. in der rechtsstaatlich verfaßten politischen Ordnung schließt sich der Kreis der Entwicklung der Idee des Rechts als der Idee der Freiheit.

6. Das die Gesellschaft und den politischen Staat vermittelnde Moment sind die Öffentlichkeit und die öffentliche Meinung. Geltung und Anerkennung des Rechts und die „Lebendigkeit" der gesellschaftlichen und politischen Institutionen werden über das „öffentliche Bewußtsein" und den „öffentlichen Raum" vermittelt.

2 Soziopolitische Problemfelder in Geschichte und Gegenwart

Von der Fülle von Faktoren, die uns den Wandel der Gesellschaft heute, aber auch ihre Krisenhaftigkeit anzeigen, ist – gerade mit Blick auf Hegel und die große Bedeutung, die er dem Prinzip der subjektiven Freiheit als Bestimmungsmerkmal der Moderne beigemessen hat – vor allem auf den fortschreitenden Prozeß der Individualisierung einzugehen.

Der Prozeß der Individualisierung läßt sich auf die drei Bedeutungsfelder von Individualisierung im engeren Sinn, Autonomisierung und Privatisierung hin aufschlüsseln[2]. Neben individueller Selbstbestimmung als Chance setzt Individualisierung auch Prozesse des Gemeinschaftsverlustes frei. Angesichts

---

2   Vgl. dazu Axel Honneth: *Desintegration. Bruchstücke einer soziologischen Zeitdiagnose*, Frankfurt a.M. 1994, Kap. 2.

der fortgeschrittenen Ausdifferenzierung und Fragmentierung von Gesellschaft verfällt die über einen kulturellen Konsens vermittelte Identität und werden nur mehr partielle Identitäten gestiftet. Nicht minder widersprüchlich ist der Prozeß der Individualisierung dort, wo dem Drang zur Individualität ein nicht geringer gesellschaftlicher Konformitätsdruck entspricht. Das Leben bleibt durch und durch vergesellschaftet und institutionenabhängig. Spricht nicht auch Hegel schon von der Gesellschaft als „die ungeheure Macht, die den Menschen an sich reißt, von ihm fordert, daß er alles durch sie sei"?

D.h. Individualisierung enthält Positives wie Negatives gleichermaßen. Dort wo Individualisierung als Verlust erlebt wird, taucht zur Überwindung eines rein hedonistischen Individualismus wieder das Konzept der Gemeinschaft auf: ganz einfach als Suche nach Geborgenheit und als Suche nach emotional befriedigenden Lebensweisen. Auch in und mit dem Konzept der Zivilgesellschaft kommt in der aktuellen Debatte wieder das „Gemeinschaftliche" in den Blick. So vor allem wenn sie verstanden wird als Forderung nach einer „authentischen, d.h. nicht institutionell entfremdeten und lebensweltlich verwurzelten (demokratischen) politischen Kultur"[3].

Schon bei Hegel bedeutete Individualisierung auch Entfremdung, Verlust des Sittlichen, des Gemeinschaftlichen. Sie wird dann evident, „wenn die Ziele, Normen und Zwecke, die die gemeinsamen Bräuche oder Institutionen definieren, irrelevant oder gar absurd zu werden scheinen oder wenn die Normen neu definiert werden"[4]. So etwas scheint heute mit den demokratischen Bräuchen der westlichen Gesellschaften zu passieren. Auch heute leben wir in einer solchen Phase der „Entfremdung".

3 Der Blick auf die Zukunft von Weltgesellschaft und Weltstaat

Nicht nur die Gegenwart öffnet sich im Zuge der Globalisierung zur Welt hin, gerade auch die Zeit Hegels brachte eine Fülle von die Welt umspannenden Konzepten des Friedens hervor[5]. Doch haben unter dem Vorzeichen der Globalisierung heute solche Entwürfe nicht mehr nur den Charakter von utopischen Zielentwürfen. Vor allem im Überschreiten der Einzelgesellschaft zur Weltgesellschaft hin sind die Prozesse der Globalisierung als Prozesse der Entgrenzung überall im Gange.[6] Sie umspannen die Globalisierung der

---

3   Mit Bezugnahme auf Hegel selbst insbesondere auch Ernest Gellner: *Bedingungen der Freiheit. Die Zivilgesellschaft und ihre Rivalen*, Stuttgart 1995.
4   Charles Taylor. *Hegel*, Frankfurt a.M. 1983
5   Hans Joas u. Helmut Steiner (Hrsg.): *Machtpolitischer Realismus und pazifistische Utopie. Krieg und Frieden in der Geschichte der Sozialwissenschaften*. Frankfurt a.M.1989.
6   Anthony Giddens: *Konsequenzen der Moderne*. 2. Aufl. Frankfurt a.M. 1995

Märkte, weltweite Mobilität und durch die Medien vermittelt den Wandel von der Öffentlichkeit zur Weltöffentlichkeit. Die durch die neuen Technologien freigesetzten neuen Kommunikationsweisen bewirken überhaupt den Erfahrungsschwund von räumlicher wie zeitlicher Distanz[7]. Der Optimismus der Entwürfe einer Weltrepublik im 18. Jahrhundert ist gegenw%ortig jedoch einem „geschichtsphilosophischen, zuweilen mit apokalyptischen Untertönen versehenen Pessimismus bloß aus der Defensive geborener Konzepte von Weltgesellschaft oder Weltstaat gewichen"[8].

Hegel selbst stellte sich in seiner Zeit gegen Entwürfe von Weltfrieden und Weltstaat, die die Grenzen des Einzelstaates überschreiten. Er spricht da vom Naturzustand zwischen den Staaten und Völkern. Auch in unserer Zeit wird angesichts der allerorten aufbrechenden Kriegszustände von einem Rückfall in den Naturzustand gesprochen, ja von Rebarbarisierung . Doch auch Gegenkonzepte gegen einen solchen „Hobbesianismus" unserer Tage werden entworfen, getragen von einem „normativen Optimismus", verbunden mit der Überzeugung, daß vor allem die Politik der Menschenrechte und im internationalen Recht die Entwicklung von einem Recht der Staaten zu einem Recht der Völker fortschreite.

Wo – quer durch die Literatur – sich ein Konsens abzeichnet und positive Entwicklungen in eine Gesellschaften und Staaten überschreitende Richtung gesehen werden, ist es das Rechtsinstrument der Menschenrechte, das auf dem Hintergrund des Wandels von der Öffentlichkeit zur Weltöffentlichkeit in Gestalt der „humanitären Intervention" nationalstaatliche Begrenzungen aufzuweichen und sich zu institutionalisieren beginnt. Der Öffentlichkeit, nunmehr als Weltöffentlichkeit, scheint wieder die Aufgabe der Vermittlung oder des Übergangs vom Gesellschaftlichen zum Politischen zuzukommen und zu jenem Ort zu werden, wo das Recht zum Dasein kommt. Denn der herausragende Ort, wo Rechtsverletzungen zur Kenntnis und Beruteilung gebracht werden, ist die Öffentlichkeit. In und durch Öffentlichkeit erlangen Rechtsansprüche die Anerkennung, die sie erst vor Mißachtung schützen. Träger und Vermittler solcher Prozesse sind heute vielfach nichtstaatliche, grenzüberschreitende Organisationen und Institutionen.

Im Überschreiten der Grenzen von Einzelgesellschaft und Einzelstaat hin auf Weltgesellschaft und Weltstaat geht es also – ganz im Hegelschen Sinn – wiederum um Prozesse der Verrechtlichung und Institutionalisierung als Bedingung der Möglichkeit von (individueller wie allgemeiner) Freiheit.

---

7 Vgl. Patrice Flichy: *Tele. Geschichte der modernen Kommunikation.* Frankfurt/Main, New York 1994.
8 Frank Niess: *Eine Welt oder keine. Vom Nationalismus zur globalen Politik.* München, Zürich: Piper 1995

Religionsphilosophie

EINIGE BEMERKUNGEN ZUR NEUEREN DISKUSSION UM „PASCALS WETTE"

WINFRIED LÖFFLER (INNSBRUCK)

Pascals Fragment „Infini-rien" („Unendlich-nichts"), das im deutschen Sprachraum meist als Fragment 233 der *Pensées* gezählt wird, hat in den letzten Jahrzehnten im angelsächsischen Raum eine ausgedehnte Diskussion erfahren, die einerseits wohl eine Spätfolge seiner Erwähnung bei William James, andererseits und hauptsächlich jedoch stimuliert ist durch die Entwicklung der Entscheidungstheorie als neuer philosophischer Disziplin. Gegen das hermeneutische Bedenken, an einen Religionsphilosophen des 17. Jahrhunderts, den man (neben dem Wettargument) meist mit dem Begriff des „Herzens" als Organ der Wahrheitsfindung assoziiert, mit einem derartigen neuen, teilweise der Ökonomie entstammenden Instrumentarium heranzugehen, mögen zwei Bemerkungen genügen: Erstens ist Pascal selbst einer der Großväter der Entscheidungstheorie. Seine Arbeiten als Mathematiker gehören zur gemeinsamen historischen Wurzel von Wahrscheinlichkeits- und Entscheidungstheorie, nämlich zur Behandlung der praktischen Frage, wie bei vorzeitig abgebrochenen Glücksspielen der Einsatz fairerweise geteilt werden soll. Zweitens sind entscheidungstheoretische Überlegungen in unserem Text zu offenkundig, als daß man derlei Interpretationshilfen beiseitelassen sollte. Jedenfalls ist diese Zugangsweise ein möglicher Weg, den Text für weitere religionsphilosophische Fragestellungen zu öffnen und nicht am falschen Platz nach Erklärungen zu suchen. Daneben hat die neuere analytische Diskussion die Relevanz des Arguments für allgemeine erkenntnistheoretische Probleme verstärkt herausgestellt.

Freilich hat diese neue Interpretationslinie auch Schattenseiten. Mitunter zeigt die Diskussion scholastische Züge im schlechten Sinne, die Textbasis verknappt sich auf wenige Zeilen, teilweise wird überhaupt die einflußreiche, aber simplifizierende Textparaphrase bei James zugrundegelegt, und nicht selten verschwimmen die Grenzen zwischen Pascalexegese und der Interpretation eines Strohmannes namens „Pascal´s Wager". In dieses Bild paßt z.B., daß einige Autoren zwei grundsätzliche Interpretationsfragen zum Originaltext gar nicht mehr bemerken und stillschweigend zu verschiedenen Voraussetzungen greifen:

(a) Womit haben nach Pascal eigentlich die nicht religiösen Menschen zu rechnen, wenn sich post festum herausstellt, daß Gott doch existiert? Ist es die Hölle mit unendlichen Qualen, die Trauer über verspielte unendliche Freuden oder was sonst? Davon hängt zwar (wie wir noch sehen werden) für die Gültigkeit des Arguments überraschend wenig ab, einige Einwände gegen

Pascals Wette basieren aber auf der Voraussetzung, daß diesen Leuten die Hölle oder dergleichen Übel droht.

(b) Welche Handlungsalternativen wägt Pascal eigentlich ab? Einige Autoren nehmen (vermutlich in Anschluß an die Darstellung bei James) an, die Alternativen wären „an Gott glauben" und „nicht an Gott glauben" – was sofort die berechtigten Fragen aufwirft, ob man rein aus praktischen Überlegungen heraus, ohne hinreichende Erkenntnisgründe etwas glauben kann („glauben" hier im epistemischen Sinn), und ob das Argument nicht schon daran scheitert. Derlei Einwände sind erstaunlich, denn an sich würde schon das Weiterlesen des Textes deutlich machen, daß Pascals psychologische Analyse wesentlich feiner ist: Es geht nicht einfach um epistemisches Glauben oder nicht, sondern um die bewußte Teilnahme oder Nichtteilnahme an einer religiösen Lebensform, die langfristig so etwas wie Glauben entstehen läßt.

Nach einer knappen entscheidungstheoretischen Analyse von Pascals Argument(en) und Übersichten über die vier Hauptgruppen von Einwänden sowie drei gängige Sanierungsstrategien sollen im folgenden Überlegungen zu einer allenfalls vertretbaren eingeschränkten Variante des Wettargumentes angestellt werden, die mit Pascals Original zwar nicht mehr allzuviel gemeinsam hat, aber ein gewisses Licht auf die Grundstruktur religiöser Erklärung werfen kann.

1 Drei Formen von „Pascals Wette"

Meine folgende Analyse ist – wenngleich mit etlichen Modifikationen – Ian Hacking verpflichtet, der 1972 erstmals darauf hingewiesen hat, daß sich in Pascals gedanklichem Gespräch in Fragment 233 eigentlich drei Argumente verbergen. Diese Interpretation ist heute ein weitgehend akzeptierter Standard geworden.[1]

1.1 Das Argument aus schwacher Dominanz

„Ja, aber man muß auf eines setzen, darin ist man nicht frei, Sie sind mit im Boot. Was werden Sie also wählen? Sehen wir also zu, da man wählen muß, wobei Sie am wenigsten wagen? Zwei Dinge haben Sie zu verlieren: Die Wahrheit und das höchste Gut; und zwei Dinge haben Sie einzubringen: Ihre Vernunft und Ihren Willen, Ihr Wissen und Ihre Seligkeit, und zweierlei haben Sie von Natur zu meiden: den Irrtum und das Elend. Ihre Vernunft ist nicht mehr betroffen, wenn sie sich für das eine oder das andere entscheidet, da man sich mit Notwendigkeit entscheiden muß. Das ist ausgemacht, wie ist es dann mit Ihrer Seligkeit? Wägen wir Gewinn und Verlust für den Fall, daß wir auf Kreuz setzen, daß Gott ist. Schätzen wir

---

1 Hacking (1975). Dagegen aber z.B. Brown (1984).

diese beiden Möglichkeiten ab. Wenn Sie gewinnen, gewinnen Sie alles, wenn Sie verlieren, verlieren Sie nichts. Setzen Sie also, ohne zu zögern, darauf, daß er ist."[2]

Interpretiert als Entscheidungsproblem, gibt es also zwei relevante Weltzustände, nämlich Gott existiert, oder er existiert nicht. Dem Entscheider stehen zwei Handlungsalternativen offen: ein religiöses Leben zu führen (H_1), oder nicht (H_2). Wenn Gott existiert, winkt religiösen Menschen „das höchste Gut" bzw. „alles";[3] was mit nicht religiösen Menschen geschehen wird, ist, wie erwähnt, vom Text her nicht ganz klar. Wenn Gott nicht existiert, verlieren oder gewinnen religiöse ebenso wie nicht religiöse Menschen nichts.[4] Der Aufwand für ein religiöses bzw. nicht religiöses Leben bleibt vorläufig außer Betracht. Die Ergebnismatrix hätte also folgende Gestalt:

	Gott existiert	Gott existiert nicht
H_1: Religiöses Leben	„das höchste Gut", „alles"	weder Gewinn noch Verlust
H_2: Kein religiöses Leben	Hölle? Entgang des höchsten Gutes? ... ?	weder Gewinn noch Verlust

Eine Bewertungsmatrix könnte z.B. folgende Gestalt haben:

	Gott existiert	Gott existiert nicht
H_1: Religiöses Leben	$+\infty$	0
H_2: Kein religiöses Leben	$-\infty$? 0 ? $-x$? ...?	0

Man braucht nichts über die Wahrscheinlichkeit der Existenz Gottes zu wissen, um einzusehen, daß H_1 die bessere Strategie ist als H_2: bei jedem Weltzustand bringt H_1 ein mindestens ebenso gutes Ergebnis wie H_2, bei einem Weltzustand (der Existenz Gottes) sogar ein besseres. Damit ist H_1

---

2 Pascal (1994⁹), 122f.
3 Etwas vereinfacht. Eine weitere Interpretationsfrage wäre z.B., ob schon allein der „Versuch" eines religiösen Lebens genügt oder erst der „Erfolg", die Entstehung von Glauben. Dementsprechend müßte die Ergebnismatrix allenfalls modifiziert werden; an der Substanz des Arguments ändert sich dadurch jedoch nichts.
4 Vereinfacht. Was es heißt, im Falle der Nichtexistenz Gottes nichts verloren oder gewonnen zu haben, ist interpretationsbedürftig (diesseitige und/oder jenseitige Gewinne/Verluste?); ebenso soll nichts bezüglich der Weiterexistenz der Entscheidungssubjekte präjudiziert sein.

schwach dominant über H_2 und jedenfalls vorzuziehen. Pascal konstruiert das Argument als Entscheidung unter Unwissen, H_1 wäre aber auch bei beliebigen Wahrscheinlichkeiten der Existenz oder Nichtexistenz Gottes vorzuziehen.

1.2 Das 2. Argument: Entscheidung unter Risiko bei Wahrscheinlichkeit 0,5

Mit dem Einwurf „aber vielleicht setze ich zuviel" bringt der Gesprächspartner in Erinnerung, daß die Abkehr vom nicht religiösen Leben einen gewissen Verlust für ihn bedeutet:

> „»Das ist wunderbar. Gewiß, ich muß setzen, aber vielleicht setze ich zu viel.« – Nun, sehen wir zu. Da die Wahrscheinlichkeit für Gewinn und Verlust gleich groß ist, könnte man den Einsatz noch wagen, wenn es nur zwei für ein Leben zu gewinnen gibt. Gibt es aber drei zu gewinnen, dann muß man, denn sie sind ja gezwungen zu setzen, das Spiel annehmen; Sie würden unklug handeln, wenn Sie, da Sie einmal spielen müssen, Ihr Leben nicht einsetzen wollten, um es dreifach in einem Spiel zu gewinnen, wo die Chance für Gewinn und Verlust gleich groß ist. Es gibt aber eine Ewigkeit an Leben und Glück zu gewinnen; [...]"[5]

H_1 ist nicht mehr dominant, denn wenn sich Gottes Nichtexistenz herausstellen sollte, war der Aufwand umsonst. In Antwort auf diesen Einwand konstruiert Pascal die Wette als Entscheidungsproblem unter Unsicherheit, wobei die epistemische Wahrscheinlichkeit der Existenz Gottes zunächst mit 0,5 angenommen wird. Setzt man willkürliche Zahlen für den Aufwand des religiösen Lebens ein, ergibt sich etwa folgende Bewertungsmatrix:

	G: Gott existiert $p(G) = 0,5$	¬G: Gott existiert nicht $p(\neg G) = 0,5$
H_1: **Religiöses Leben**	+∞	-100
H_2: **Kein religiöses Leben**	0	0

Der Erwartungswert von H_1 wäre also $(0,5 \times +\infty) + (0,5 \times -100) = +\infty$, der Erwartungswert von H_2 wäre $0,5 \times 0 + 0,5 \times 0 = 0$.

Nach der Bayesschen Regel („Wähle die Handlung mit dem höchsten Erwartungswert!") wäre also H_1 vorzuziehen. Die Bewertungsmatrix macht auch Pascals stufenweise Argumentation verständlich: ab einem Gewinn von +100 („zwei für ein Leben") ist der Punkt erreicht, an dem die Erwartungs-

---

5 Pascal (1994[9]), 123.

werte für H_1 und H_2 gleich sind, und daraus erklärt sich die Passage „...könnte man den Einsatz wagen, wenn es nur zwei für ein Leben zu gewinnen gibt"; in diesem Falle wäre der Erwartungswert von H_1 gleich $(0,5 \times +100) + (0,5 \times -100) = 0$, d.h. gleich dem Erwartungswert von H_2. Die Annahme von 0 als Wert des Ergebnisses [H_2 / G] dient hauptsächlich der Vereinfachung, hat allerdings auch eine gewisse Stütze im Text; mit einem endlichen oder unendlichen negativen Wert wäre das Argument a fortiori gültig. Als ein bemerkenswertes Resultat der entscheidungstheoretischen Analyse kann also schon jetzt festgehalten werden, daß das Wettargument – entgegen etlichen Interpretationen – auch ohne Höllendrohungen etc. gültig ist.

1.3 Das 3. Argument: Entscheidung unter Risiko bei beliebig kleiner, aber endlicher Gewinnwahrscheinlichkeit

Viele Abhandlungen beziehen sich fraglos nur auf diese dritte, bekannteste Version des Arguments. Dies könnte daran liegen, daß der Text selbst auf dieses eigentlich zentrale Argument hinzuleiten scheint, weiters an den philosophisch interessanten Wahrscheinlichkeitsüberlegungen, und daran, daß das Argument von den schwächsten Prämissen ausgeht: Es kommt ohne die für manche anstößige Voraussetzung einer Wahrscheinlichkeit von 0,5 aus und rechnet auch mit Aufwendungen für das religiöse Leben.

„Es gibt aber hier unendlich viele, unendlich glückliche Leben zu gewinnen, die Wahrscheinlichkeit des Gewinns steht einer endlichen Zahl der Wahrscheinlichkeit des Verlustes gegenüber, und was sie [sic! „Sie"? W.L.] ins Spiel einbringen, ist endlich. Das hebt jede Teilung auf: Überall, wo das Unendliche ist und keine unendlich große Wahrscheinlichkeit des Verlustes der des Gewinns gegenübersteht, gibt es nichts abzuwägen, muß man alles bringen. Und so, wenn man notwendig setzen muß, hieße es, auf die Vernunft verzichten, wollte man das Leben lieber bewahren, statt es so dicht vor dem Erfahren des Verlustes, des Nichts, für den unendlichen Gewinn zu wagen."[6]

Charakteristisch für diese Version ist der Grundgedanke, daß der unendlich wertvolle Gewinn das genaue Ausmaß aller sonstigen Größen irrelevant macht, also den Aufwand für ein religiöses Leben, insbesondere jedoch auch die Wahrscheinlichkeit der Existenz Gottes. Egal wie gering diese Wahrscheinlichkeit ist: solange sie nur endlich klein ist, macht der unendlich große Erwartungswert ein religiöses Leben (wiederum nach der Bayesschen Regel) zur besseren Alternative:

---

6 Pascal (1994[9]), 124.

	G: Gott existiert $p(G) = x$ (x beliebig klein, aber endlich)	$\neg G$: Gott existiert nicht $p(\neg G) = y$ $(y < 1)$
H_1: Religiöses Leben	$+\infty$	-100
H_2: Kein religiöses Leben	0	0

EW (H_1) = (x × +∞) + (y × -100) = +∞
EW (H_2) = (x × 0) + (y × 0) = 0 (oder, sofern man für [H_2 / G] eine andere Interpretation wählt, einen endlichen oder unendlichen negativen Wert; auch das dritte Argument ist also ohne Höllendrohungen formulierbar).

1.4 Ein viertes Argument?

In ihrem Zusammenhang mit den drei erwähnten Argumenten fraglich ist folgende Passage gegen Ende des Fragments 233:

„Nun, was könnte Ihnen Schlimmes geschehen, wenn Sie diesen Entschluß [ein religiöses Leben zu führen, W.L.] fassen? Sie werden treu, rechtschaffen, demütig, dankbar, wohltätig, Freund, aufrichtig, wahrheitsliebend sein. Allerdings die verderblichen Vergnügungen, Ruhm, Genüsse werden Sie nicht haben, aber werden Sie nicht anderes dafür haben? Ich sage Ihnen, Sie werden dabei in diesem Leben gewinnen und mit jedem Schritt, den Sie auf diesem Wege tun, immer mehr die Gewißheit des Gewinnes und die Nichtigkeit des Einsatzes erkennen, sodaß Sie endlich begreifen, daß Sie auf eine unendlich sichere Sache setzten und daß Sie nichts dafür gegeben haben."[7]

Pascal scheint hier von einem schon diesseitigen Vorteil des religiösen Lebens auszugehen. Daraus ergäbe sich wiederum ein Dominanzargument, diesmal allerdings aus starker Dominanz, denn das religiöse Leben bietet bei *jedem* möglichen Weltzustand das bessere Ergebnis:

	Gott existiert	Gott existiert nicht
H_1: Religiöses Leben	„das höchste Gut", „alles" plus diesseitiger Gewinn	diesseitiger Gewinn
H_2: Kein religiöses Leben	Hölle? Entgang des höchsten Gutes? ... ?	status quo

Eine Bewertungsmatrix (wiederum mit willkürlichen Zahlenwerten) könnte z.B. folgende Gestalt haben:

---

7 Pascal (1994[9]), 126.

	Gott existiert	Gott existiert nicht
H_1: Religiöses Leben	$+\infty + 20 = +\infty$	(z.B.) 20
H_2: Kein religiöses Leben	$-\infty$? 0 ? $-x$? ...?	0

Insgesamt hat dieser Text in der neueren Diskussion weniger Aufmerksamkeit gefunden,[8] für die theologische Deutung dürfte er jedoch von einigem Interesse sein.[9]

2 Argumente gegen Pascals Wettargument

2.1 Entscheidungstheoretische Argumente i.e.S.:

Vom Text her ist klar vorgegeben, daß zumindest eine unendliche Größe in die Überlegungen eingeht, nämlich der unendliche Wert der Belohnung für religiöses Leben, wenn Gott existiert. Damit fällt das Argument eigentlich aus dem Anwendungsbereich der üblichen entscheidungstheoretischen Systeme heraus: Die möglichen Werte für die einzelnen Ergebnisse sind nämlich als endlich definiert. Verstößt man gegen diese Endlichkeitsbedingung, lassen sich leicht Verstöße gegen sehr grundsätzliche und plausible Rationalitätsbedingungen konstruieren,[10] weil die unendliche Größe alle (für Entscheidungsprobleme i.a. ja sehr wohl relevanten) Unterschiede in den sonstigen Größen sozusagen aufsaugt. So hätten etwa alle noch so unwahrscheinlichen Götterhypothesen denselben Erwartungswert, wenn sie nur eine unendliche Belohnung versprechen (dazu nochmals später).

2.2 Erkenntnistheoretische Einwände allgemeiner Natur

Einige Autoren hegen Vorbehalte gegen den Versuch, unsere Überzeugungen durch andere Faktoren beeinflussen zu lassen als durch entsprechende Erfahrungsbelege. Pascals Wettargument scheint aber in Richtung einer bewußten Überzeugungsänderung aufgrund reiner praktischer Klugheit hinzuzielen. Kann man sich also gleichsam entscheiden, etwas zu glauben? Wodurch werden unsere Überzeugungen kontrolliert und beeinflußt, wenn nicht durch Erfahrungsbelege? Ist es rational, ohne hinreichende Erfahrungsbelege eine Überzeugung zu haben? Oder, etwas verschärft: Kann man etwas

---

8 Siehe aber z.B. Wetzel (1993). Explizit bestritten wird die Bedeutsamkeit dieses Textes von Rescher (1985), 117-120, 149f.
9 Weitere Überlegungen zu Wettargumenten mit modifizierten Ergebnismatrizen finden sich in Sobel (1993), Wetzel (1993).
10 McClennen (1994), 124f.

wider die Erfahrung glauben?

Hier sind zwei kleine exegetische Zwischenrufe angebracht. Erstens: Eine einfache „Entscheidung, etwas zu glauben" hat Pascal nicht vor Augen, seine psychologische Analyse ist viel differenzierter. Pascal denkt eher an etwas, was man mitunter als intentionalen Akt zweiter Ordnung bezeichnet, nämlich den Wunsch, glauben zu können. Derartige intentionale Akte zweiter Ordnung sind durchaus möglich und können durchaus rational sein, unser tägliches Leben bietet genügend Beispiele dafür.[11]

Zweitens: Eine Überzeugungsbildung wider bessere Erfahrungsbelege hat Pascal erst recht nicht im Sinn. Er geht eher davon aus, daß uns Erfahrungsargumente keine ausreichende Handhabe bieten, an die Existenz oder Nichtexistenz Gottes zu glauben. Wie diese Situation entscheidungstheoretisch zu deuten ist, ob als Entscheidungsproblem unter Unwissenheit oder unter Risiko, kann dabei offen bleiben.

Von derartigen überschießenden Deutungen einmal abgesehen sind die Einwände freilich gewichtig und führen mitten in erkenntnistheoretische Grundfragen, insbesondere zum Verhältnis von theoretischer und praktischer Rationalität. Als knapper Hinweis, daß Überzeugungen ohne sehr starke spezielle Erfahrungsbelege zumindest nicht in jedem Falle irrational sind, mag ein Stichwort genügen: ein Prinzip des Vertrauensvorschusses, das in verschiedensten Varianten (principle of charity / Prinzip der Einfühlung, Prinzip der Nachsicht, Prinzip der Glaubwürdigkeit, Prinzip der wohlmeinenden Interpretation, Prinzip der Rationalitätsunterstellung, Prinzip der praktischen Gewißheit, etc.) diskutiert wird, scheint insbesondere unserer sozialen Wirklichkeit, der Interpretation fremden Verhaltens, der Zuschreibung von mentalen Zuständen etc. zugrundezuliegen. Eine weitere erkenntnistheoretisch und religionsphilosophisch gewichtige Frage, die hier ebenfalls nur kurz erwähnt werden kann, ist die, was unter einer subjektiven Wahrscheinlichkeit für die Existenz Gottes zu verstehen ist und inwieweit sich hier religiöses und sonstiges Glauben unterscheiden oder ähneln.[12]

2.3 Moralische Einwände

Einige Autoren sehen an diesen erkenntnistheoretischen Problemen hinter Pascals Argument auch moralische Aspekte. Hier können wiederum vier

---

11 Etwa den Wunsch, eine Person nicht mehr zu hassen, von ihr Besseres zu denken, etc. Ob es derlei auch im rein epistemischen Bereich gibt (das Bestreben, eine Proposition irgendwann (ohne neue Erkenntnisgründe) glauben zu können), ist tatsächlich fraglich. Allerdings hat Pascal wohl keine rein epistemische Glaubensauffassung im Blick.

12 Siehe dazu Weingartner (1994).

verschiedene Angriffslinien[13] unterschieden werden:

aa) Anschließend an Pascals Wendung „Das wird Sie verdummen" sehen Autoren wie Flew und Mackie[14] in Pascals Argument eine Anleitung zur Selbstkorruption, zum wissentlichen Mißbrauch menschlicher Erkenntnisfähigkeiten insofern, als im Wege über die Einwirkung auf das Gemüt irrationale Überzeugungen gefördert werden sollen. Obgleich diese Einwände m.E. an den Absichten Pascals vorbeigehen, da Pascal nicht nur eine epistemische Glaubensauffassung vor Augen hat, so haben sie doch einen berechtigten Kern: Ein religiöser oder sonstiger Glaube allein aus Klugheitsgründen, ohne irgendwelche Erfahrungsbezüge, wäre vermutlich tatsächlich irrational.

bb) Dieses Selbstkorruptionsargument kennt auch eine sozialethische Variante, die im Wege über William James Eingang in die Diskussion um Pascals Wette gefunden hat. Das Grundprinzip hinter William K. Cliffords folgenreichem Aufsatz „The Ethics of Belief" (1877) lautet: Es ist immer, überall und für jedermann falsch (und zwar moralisch falsch!), irgendetwas ohne hinreichende Erfahrungsbelege zu glauben.[15] Clifford begründet dies durch eine Art Argument der schiefen Bahn: Wenngleich ein Glaube ohne hinreichende Erfahrungsbasis zwar, isoliert betrachtet, nicht in jedem Fall unmittelbar einen Schaden anrichtet, so schädigt man dadurch mittelbar die Gesellschaft, weil man auch andere zum Glauben ohne hinreichende Erfahrungsbelege verführen könnte. Dadurch könnte insgesamt die gesellschaftliche Praxis, seine Überzeugungen an der Erfahrung auszurichten, zu forschen und zu überprüfen, außer Übung kommen, was einem Rückfall in die Barbarei gleichkäme. Pascals Wettargument wäre aus dieser Sicht geradezu als Anstiftung zu derart unmoralischer Leichtgläubigkeit zu betrachten.

cc) Hauptsächlich von Terence Penelhum[16] stammt ein Argument, das den Pascalschen Wetter als impliziten Komplizen eines unmoralischen Systems sieht: Unglaube dürfe nur dann zum Verlust des ewigen Glücks führen, wenn er schuldhaft ist. Das wäre er aber wohl nur bei wissentlicher Selbsttäuschung oder mutwilligem Unglauben. Von beidem könne angesichts der unzureichenden Erfahrungsbelege aber nicht die Rede sein. Eine Zuspitzung kann dieses Argument noch durch den Hinweis erfahren, daß das erwähnte unmoralische System zusätzlich auch noch mit Höllendrohungen operiert.[17] Über die fragliche exegetische Angemessenheit dieser Deutung habe ich

---

13 Zu aa) bis cc) siehe Quinn (1994).
14 Mackie 1985, 320f.; Flew (1976), Kap. 5.
15 Clifford (1877), zitiert nach Brody (1992^2), 34.
16 Penelhum (1971), 216ff.; Flew (1976), Kap. 5. Ähnliche Überlegungen schon bei Hick (1966^2), 33ff. und Flew (1966), 184-191.
17 Flew (1976), Kap. 5; Flew (1966), 184-191.

bereits kurz gesprochen.

dd) Verschiedene Autoren meinen im Anschluß an Überlegungen bei William James,[18] daß ein im Wege über Pascals Wette erworbener Glaube etwas genuin Irreligiöses sei, nämlich eine aufgrund von Eigeninteresse, Berechnung, Absicherungsdenken und Egoismus gewonnene Einstellung, die mit vertrauensvoller Gewißheit und Gottesliebe recht wenig zu tun habe. Als vorläufige Verteidigung gegen diesen Einwand (ebenso wie gegen Penelhums Einwand) könnte man festhalten, daß Pascal ja nirgends behauptet, das Wettargument sei der einzige mögliche Weg zum Glauben. Pascal scheint eher davon auszugehen, daß für einen bestimmten Leserkreis der Weg über die Abwägung eigener Interessen eine denkbare Möglichkeit sei, langfristig genuin religiösen Glauben zu wecken.

2.4 Die „Many Gods-Objection" [MGO]

Vermutlich die meisten Gegeneinwände sind Varianten des Einwandes aus der Möglichkeit vieler Götter.[19] Eine klassisch gewordene Zuspitzung stammt bereits von Diderot: „Auch ein Imam könnte so argumentieren!".[20] Man könnte die Ergebnismatrix also auf der Seite der Weltzustände um beliebig viele weitere Spalten, d.h. um die Existenz beliebiger denkbarer Götter erweitern, und dies wird in der einschlägigen Literatur auch – mit einigem Unterhaltungswert – reichlich getan: Logisch möglich wären – neben den Gottheiten anderer Hochreligionen – z.B. auch ein Gott, der nur Chardonnay-Trinker belohnt, und die n denkbaren Götter, die genau jene Menschen belohnen, die in ihrem Leben n-mal auf eine Trennfuge im Gehsteig treten.[21] Sofern die Existenz dieser Götter nicht die Wahrscheinlichkeit 0 hat, ist der Erwartungswert des Setzens auf einen dieser Götter unendlich. Eine neuartige Variante dieses Einwandes, die Pascals psychologische Analyse durchaus richtig versteht, stammt von Anthony Duff:[22] Auch wer sich nicht zur Förderung religiösen Glaubens in sich entschließt, hat eine geringe Chance, auf irgendwelchen anderen Wegen doch noch zum Glauben zu gelangen, und somit eine Chance auf die unendliche Belohnung. Zugegeben, diese Chance

---

18   James (1896), zitiert nach Brody (1992²), 37f.
19   Eine Auswahl neuerer Vertreter dieses Einwandes: Gale (1991), 349ff; Martin (1983); Penelhum (1983), 73; Flew (1984), 61-68; eine verfeinerte Variante bringen Mougin / Sober (1994).
20   D. Diderot, Addition LIX zu *Pensées Philosophiques* (Den Haag 1746). Die erst um 1760 verfaßten Additions werden meist den *Pensées Philosophiques* beigebunden.
21   Anderson (1995), 48; Gale (1991), 350.
22   Duff (1986). Ähnlich bereits Cargile (1966), 253f.

ist äußerst gering, aber wegen der Multiplikation mit dem unendlichen Wert der Belohnung wäre der Erwartungswert eines religiös gleichgültigen Lebens ebenso unendlich wie der eines religiösen.

Selbst wenn man also von der Voraussetzung ausgeht, es gäbe cine Entscheidungstheorie, die unendliche Werte zuläßt, ließe uns das Wettargument insgesamt im Unklaren, für welche Handlungsalternative wir uns entscheiden sollen, da uns unendlich viele Möglichkeiten mit unendlichem Erwartungswert offenstehen.

Eine naheliegende (und noch zu besprechende) Rückzugsstrategie wäre freilich, sich auf finite Varianten des Wettarguments zu beschränken. Nehmen wir also an, die Belohnung für Anhänger der eschatologisch sich als richtig herausstellenden Konfession sei sehr groß, weitaus größer als alle irdischen Werte, aber nicht unendlich. Damit wird das Argument sensibel für die Wahrscheinlichkeiten der einzelnen Götterhypothesen, und damit scheidet der Chardonnay-Gott wohl ebenso aus wie seine zumindest abzählbar unendlich vielen konstruierbaren Kollegen. Aber vielleicht ist doch Vorsicht geboten: Denn mit welcher Begründung scheiden wir ihn eigentlich aus, d.h. ordnen ihm eine vernachlässigbar kleine Wahrscheinlichkeit zu? Erst Recht geraten wir in Begründungsnotstand, wenn tatsächlich ein Imam so argumentiert wie Pascal. Die Pointe hinter all diesen Überlegungen (und hinter der MGO insgesamt) ist wohl die: Macht Pascal nicht stillschweigend bestimmte theologische Voraussetzungen? Wie ist die als Voraussetzung in das Argument eingehende Begrifflichkeit zu rechtfertigen? – Betrachten wir jedoch zunächst einige gängige Sanierungsversuche für das Wettargument.

3 Drei Rettungsstrategien

Heutige Verfechter des Wettarguments müßten also zumindest mit Einwänden aus diesen vier Hauptrichtungen fertigwerden. Die moralischen und allgemein erkenntnistheoretischen Einwände klammere ich aus Platzgründen aus. Daß sich in vielen Fällen zumindest *tu quoque* – Argumente und sonstige Verteidigungen zugunsten des Wettarguments finden lassen, wurde immerhin angedeutet.

3.1 Finite Varianten des Wettarguments

Das Problem der Unverträglichkeit unendlicher Größen mit der gängigen Entscheidungstheorie legt zwei Ausweichstrategien nahe: man könnte entsprechende Adaptierungen im Bereich der Entscheidungstheorie versuchen, oder man muß das Wettargument selbst abändern.

Soweit ich sehe, sind die Ansätze in Richtung infiniter Entscheidungstheorien bisher eher bescheiden und über die Formulierung einiger minimaler

Metakriterien der Rationalität[23] kaum hinausgekommen. Verschiedentlich wurde daher die zweite Ausweichstrategie verfolgt und überlegt, das Wettargument auf eine finite Variante einzuschränken.[24] Wenn man das Charakteristikum der unendlichen Belohnung aufgibt und nur von einer endlichen, aber alle irdischen Güter vielfach übersteigenden Belohnung ausgeht, werden endliche Erwartungswerte für die einzelnen Handlungsalternativen einigermaßen problemlos berechenbar, allerdings wird das Argument dann sensibel für unterschiedliche Wahrscheinlichkeiten der einzelnen Götterhypothesen. Damit kommt u.a. das Problem des Übels in der Welt ins Spiel. Daß diese Sensibilität aber auch ein Vorteil sein kann, haben wir oben bei der Ausscheidung der skurrilsten Versionen der MGO gesehen.

Leider sind damit aber nicht alle Probleme gelöst. Bekanntlich führt ein simples Vorgehen nach der Bayes-Regel bei stark verzerrten Entscheidungsproblemen (d.h. sehr große Gewinne bei sehr kleiner Gewinnwahrscheinlichkeit) mitunter zu unplausiblen Resultaten. Vermutlich würde z.B. niemand 1000 Schilling in eine Lotterie investieren, bei der er zwar eine Milliarde Schilling gewinnen kann, allerdings nur mit der Gewinnwahrscheinlichkeit von 1 zu 100.000.[25] Die Bayessche Regel aber würde die Teilnahme empfehlen. Dies kollidiert mit unseren intuitiven Vorstellungen vernünftigen Handelns; Sofern finite Versionen von Pascals Wettargument also strukturell einer verzerrten Entscheidungssituation wie in unserem Lotteriebeispiel äh-

---

23 Etwa: Wenn mehrere Handlungsalternativen ein unendlich wertvolles bzw. nützliches Ergebnis bringen könnten, dann müßte es rational sein, diejenige Strategie zu wählen, die es am wahrscheinlichsten herbeiführt: so Anderson (1995), 51f.; Schlesinger (1977), 137; (1988), 154; (1994), 90f.; Vgl. auch Sobel (1993), Sorensen (1994).
24 Problematisierend McClennen (1994), 123-127.
25 Als Lotterie i.e.S. hätte dieses Spiel freilich einen fatalen Fehler, da man ein „Dutch book" gegen den Veranstalter spielen, d.h. ihn bei jedem Spielausgang verlieren lassen könnte: Wer für 100 Millionen Schilling sämtliche Lose kauft, gewinnt die Milliarde sicher. Die hier relevante Frage ist jedoch nur die, ob es rational ist, mit 1000 Schilling auf ein solches Spielangebot einzusteigen.
Ein weiterer naheliegender Einwand wäre, ob beim Ansatz von Nutzen- statt Werteinheiten die Bayessche Regel immer noch das Mitspielen empfehlen würde: Aufgrund des Prinzips des abnehmenden Grenznutzens wäre der Nutzen einer gewonnenen Milliarde Schilling ja nicht zehnmal so groß wie der von 100 Millionen Schilling, sondern erheblich geringer. – Dieser Einwand trifft das Beispiel allerdings nicht substantiell, denn das Lotto-Beispiel mit Geldwerten sollte nur als Verständnishilfe dienen. Man könnte das Beispiel auch von vornherein mittels Nutzeneinheiten formulieren. Worum es einzig geht, ist die Konstruktion einer Entscheidungssituation mit einer riesigen Gewinnmöglichkeit bei äußerst geringer Gewinnaussicht.

neln, scheinen sie ebenfalls unvernünftiges Handeln zu empfehlen. Weitere Sanierungsschritte müßten also bemüht sein, die Kluft zwischen Gewinnwahrscheinlichkeit und Gewinnhöhe zu verringern.

3.2 Die ökumenische Version der Wette

Ein Rettungsversuch, der dies leisten könnte, zugleich (und hauptsächlich) aber der MGO ausweichen will, ist die Formulierung einer Wette zugunsten eines allgemeinen Theismus, sozusagen des gemeinsamen harten Kerns aller Hochreligionen.[26] Das Wettargument rechtfertigt dann das Vertrauen auf irgendeine Religion, sofern sie z.b. die Existenz eines allmächtigen, allgütigen, allwissenden Schöpfers impliziert, etwa im Sinne des minimalen Theismus von Richard Swinburne[27] oder der „basic religion" im Sinne des späten Joseph M. Bochenski.[28] Das erhöht einerseits die Gewinnwahrscheinlichkeit, andererseits scheint man der MGO zuvorzukommen. Bei näherem Hinsehen allerdings zeigen sich Probleme: (1) Für unsere Zwecke müßte der minimale Theismus auch eine Theorie über das Weiterleben nach dem Tode und die jenseitige Vergeltung enthalten. Schon den gemeinsamen harten Kern von Christentum, Islam und Judentum in dieser Frage herauszuarbeiten, dürfte allerdings nicht unproblematisch sein. (2) Einmal angenommen, das Hindernis (1) wäre überwindbar – sind wir damit den Chardonnay-belohnenden Gott, der ansonsten aber den minimalen Theismus erfüllt, schon losgeworden? Freilich neigen wir dazu, mit ihm nicht ernsthaft zu rechnen, ebenso wie wir z.B. die Gottheiten irgendwelcher gewalttätiger Sekten aus der ökumenischen Wette wohl heraushalten wollten. Aber mit welchem Recht?

3.3 Wette und Erfahrung

Antwort darauf bietet eine dritte Sanierungsstrategie: die Kombination des Wettarguments mit aposteriorischen Wahrscheinlichkeitsüberlegungen, die sich auf Erfahrungsbelege verschiedenster Art stützen könnten: hierher gehören die empirischen Ausgangspunkte der klassischen Gottesbeweise ebenso wie eigene und berichtete religiöse Erfahrungen, mehr oder weniger glaubwürdige historische Zeugnisse wie heilige Schriften und Berichte, die Kontinuität und Tragfähigkeit einer religiösen Gemeinschaft, die moralische Glaubwürdigkeit des Verhaltens ihrer Mitglieder, usw.

Wenn solcherlei Beweismaterial einer Religion gegenüber allen anderen eine signifikante subjektive Wahrscheinlichkeit verleiht, dann könnte tatsächlich die Aussicht auf eine äußerst große Belohnung das religiöse Leben

---

26 Jordan in Jordan (1994).
27 Swinburne 1987, 16ff.
28 Bochenski (1994), 144f.

als vernünftige Strategie erscheinen lassen. Diesfalls wäre auch das Problem der verzerrten Wettsituation beseitigt; das Wettargument funktioniert am ehesten, wenn die Wahrscheinlichkeiten sich nicht nahe null bewegen.[29]

Auch Pascal scheint einer derartigen Ergänzung des Wettarguments um Erfahrungsbelege nicht völlig ferngestanden zu sein, wie etwa Fragment 564 der *Pensées* zeigt, das wohl dahingehend zu interpretieren ist, daß die Wahrscheinlichkeit des Christentums aufgrund der Beweislage 0,5 sei (dies deutet in Richtung Argument 2). Allerdings ist einzuräumen, daß es bei Pascal bekanntlich auch genügend Stellen gibt, in denen der Wert z.B. der Gottesbeweise dezidiert bestritten wird. Eine Klärung dieser Frage müßte wohl auch Pascals theologische Hintergründe miteinbeziehen, etwa seine augustinisch-jansenistisch geprägte Erbsündenlehre usw.

4 Eine eingeschränkte Variante

Nach dem bisher gesagten scheinen finite Varianten des Arguments aussichtsreicher. Nehmen wir also eine Belohnung für das Bemühen um eine religiöse Lebensform an, die immens größer ist als alle irdischen Güter, alle Leiden aufwiegt etc., die aber endlich ist. Kritikern, die nun einwerfen, damit sei Pascals Pointe eigentlich über Bord geworfen, müßte man allerdings wohl Recht geben.

Wie schon angesprochen, wird das Argument damit wahrscheinlichkeitssensibel, was durchaus auch Vorteile hat: denkmögliche, aber eklatant unplausible Götterhypothesen wie die erwähnten skurrilen Konstrukte könnte man damit ausscheiden. Was bleibt, ist allerdings das Problem der verzerrten Entscheidungssituation: angenommen, z.B. das Christentum stellt eine riesige Belohnung für ein religiöses Leben in Aussicht, und die Existenz Gottes im Sinne des Christentums hätte für eine Person eine gewisse Wahrscheinlichkeit. Aus irgendwelchen Gründen (z.B. der Betroffenheit vom Leiden in der Welt) sei diese Wahrscheinlichkeit aber eher gering. Wird diese Person auf die Option des Christentums setzen, um eventuell die überwältigende Belohnung zu erlangen? Entgegen der Bayesschen Regel wird sie es vermutlich nicht tun, ebenso wenig, wie sie ihre 1000 Schilling in obiger Lotterie aufs Spiel setzen wird. Schon viel eher wird sie auf den Weg des Christentums setzen, wenn die subjektive Wahrscheinlichkeit irgendwo um 0,5 liegt, wenn also die Verzerrung der Entscheidungssituation aufgehoben ist. Die erwähnte Kombination des Wettarguments mit verschiedensten Erfahrungsargumenten dürfte also einigermaßen vielversprechend sein. Wahrscheinlichkeitserheblich ist auch die Problemlösungskompetenz einer Religion als integrative Erklärung, d.h. das Ausmaß, wie sehr sie eine Hilfe zur Einordnung und

---

29 Morris (1986, 1994), Quinn (1994), Rescher (1985), bes. 44-60.

Deutung alles dessen bietet, womit sich ein Mensch im Laufe seines Lebens auseinanderzusetzen hat. Wenn also aufgrund verschiedenster Faktoren das Christentum oder eine andere Religion zu einer tragfähigen, lebbaren Option für diese Person wird, dann könnten Überlegungen in Richtung eines jenseitigen (und diesseitigen) Nutzens vielleicht ein zusätzliches Motiv sein, das sozusagen zum Zünglein an der Waage wird.

Vieles deutet daraufhin, daß Pascal selbst von ähnlichen Überlegungen ausgegangen ist. Eine starke Interpretationstradition nimmt als gedachten Adressatenkreis von Pascals Wettargument Personen seiner Zeit an, die zwar noch irgendwie religiös sozialisiert wurden, denen also das Christentum der einzige wahrscheinliche Kandidat für eine explizierte Weltanschauung sein mußte, die aber aufgrund der Anhänglichkeit an weltliche Güter in ihrer Glaubensüberzeugung gleichgültig geworden waren. Viele Merkmale des Textes unterstützen diese Deutung, etwa die erwähnte Sorge des imaginären Gesprächspartners, zu viel zu setzen, oder Pascals Rat gegen Ende des Textes, man müsse, um zum Glauben zu kommen, den Widerstand seiner Leidenschaften brechen, indem man an einer religiösen Lebensform teilnimmt.

Literaturauswahl

Anderson, R., Recent criticisms and defenses of Pascal´s Wager, in: *International Journal for Philosophy of Religion 37* (1995), 45-56.

Bochenski, J.M., Religious Hypothesis Revisited, in: Weingartner, P. (Hg.), *Scientific and Religious Belief.* Dordrecht u.a. 1994, 143-160.

Brody, B. A. (Hg.), *Readings in the Philosophy of Religion. An Analytic Approach.* Englewood Cliffs 1992[2].

Brown, G., A Defence of Pascal´s Wager, in: *Religious Studies 20* (1984), 465-479.

Cargile, J., Pascal´s Wager, in: *Philosophy 41* (1966), 250-257.

Clifford, W.K., *The Ethics of Belief* (1877), abgedruckt in: Brody (1992[2]), 29-34.

Duff, A., Pascal´s Wager and Infinite Utilities, in: *Analysis 46* (1986), 107-109.

Flew, A., *God and Philosophy.* New York 1966.

Flew, A., *The Presumption of Atheism and other Essays.* New York 1976.

Gale, R., *On the Nature and Existence of God.* New York 1991.

Hacking, I., *The Emergence of Probability.* Cambridge u.a. 1975.

Hick, J., *Faith and Knowledge.* Ithaca 1966[2].

James, W., *The Will to Believe* (1896), abgedruckt in: Brody (1992[2]), 35-47.

Jordan, J. (Hg.), *Gambling on God. Essays on Pascal's Wager*. Lanham–London 1994.

Jordan, J., *The Many-Gods Objection*, in Jordan (1994), 101-113.

Mackie, J.L., *Das Wunder des Theismus*. Stuttgart 1985.

Martin M., Pascal's Wager As An Argument For Not Believing In God, in: *Religious Studies 19* (1983), 57-63.

McClennen, E.F., *Pascal's Wager and Finite Decision Theory*, in: Jordan (1994), 115-137.

Morris, T.V., Pascalian Wagering (1986), abgedruckt in: T.V. Morris, *Anselmian Explorations*. Notre Dame 1987, 194-212.

Morris, T.V., *Wagering and the Evidence*, in Jordan (1994), 47-60.

Mougin, G. / Sober, E., Betting Against Pascal's Wager, in: *Nous 28* (1994), 382-395.

Pascal, B., *Über die Religion und einige andere Gegenstände* (Pensées). Übertragen u. hg. von E. Wasmuth. Heidelberg 1994^9.

Penelhum, T., *God and Skepticism*. Dordrecht u.a. 1983.

Penelhum, T., *Religion and Rationality*. New York 1971.

Quinn, P.L., *Moral Objections to Pascalian Wagering*, in Jordan (1994), 61-81.

Rescher, N., *Pascal's Wager*. Notre Dame 1985.

Resnik, L., *Choices*. Minneapolis / London 1987.

Schlesinger, G.N., *Religion and Scientific Method*. Boston 1977.

Schlesinger, G.N., *New Perspectives in Old-Time Religion*. Oxford 1988.

Schlesinger, G.N., *A Central Theistic Argument*, in Jordan (1994), 83-99.

Sobel, J.H., *Pascalian Wagers*. Unveröff. Manuskript 1993.

Sorensen, R.A., *Infinite Decision Theory*, in Jordan (1994), 139-159.

Swinburne, R., *Die Existenz Gottes*. Stuttgart 1987.

Weingartner, P., Similarities and Differences between Scientific and Religious Belief, in: Weingartner, P. (Hg.), *Scientific and Religious Belief*. Dordrecht u.a. 1994, 105-142.

Wetzel, J., Infinite Return: Two Ways of Wagering with Pascal, in: *Religious Studies 29* (1993), 139-149.

WISSENSCHAFTLICHER UND RELIGIÖSER GLAUBE

PAUL WEINGARTNER (SALZBURG)

Eine weit verbreitete Meinung ist, daß wissenschaftlicher Glaube (Glaube an wissenschaftliche Hypothesen) und religiöser Glaube (Glaube an das Credo einer bestimmten Religion) wenig bis gar nichts miteinander zu tun haben. Bei genauerer Betrachtung zeigen sich aber eine Reihe von interessanten Ähnlichkeiten und Verschiedenheiten, die im folgenden kurz erörtert werden.[1]

1 Ähnlichkeiten

1.1 Sowohl im wissenschaftlichen wie auch im religiösen Glauben müssen drei wichtige Komponenten unterschieden werden: *Was* geglaubt wird (der „Inhalt" des Glaubens); das Glauben selbst (die Tätigkeit des Glaubens); die Gründe des Glaubens (warum man glaubt).

1.2 Dabei hat sowohl im wissenschaftlichen Glauben als auch im religiösen Glauben der Inhalt mindestens zu einem wesentlichen Teil propositionalen Charakter, d.h. das, was geglaubt wird, ist etwas, was der Fall ist (oder nicht der Fall ist), etwas, was wahr oder falsch ist. Aber sowohl im wissenschaftlichen als auch im religiösen Glauben ist der Glaubensinhalt auch normativ: D.h. es wird auch an Normen bzw. deren Gültigkeit geglaubt. Beispiele sind die sittlichen Gebote oder die methodologischen Normen in den Wissenschaften.

1.3 Im wissenschaftlichen und im religiösen Glauben muß man zwei Glaubensbegriffe unterscheiden: den wissensausschließenden (G-Glaube) und den wissenseinschließenden (B-Glaube) Glauben. Der G-Glaube ist durch die Bedingung charakterisiert, daß, wenn jemand etwas G-glaubt, er dieses nicht weiß und wenn er etwas weiß, er dieses nicht glaubt oder nicht mehr zu glauben braucht.[2] Der B-Glaube ist durch die Bedingung charakterisiert, daß, wenn jemand etwas weiß (oder G-glaubt), er dieses auch B-glaubt, bzw. wenn er es nicht (einmal) B-glaubt, auch nicht weiß (bzw. nicht G-glaubt). B-Glaube ist also eine Konsequenz sowohl des Wissens als auch des G-Glaubens und kann auch durch „für wahr halten" charakterisiert werden. G-Glaube ist hingegen wissensausschließend. Beispiele für G-Glauben sind

---

1 Eine ausführliche Erörterung findet man in: Weingartner, „Similarities and Differences between Scientific and Religious Belief", in: P. Weingartner (ed.): *Scientific and Religious Belief, Philosophical Studies Series 59*, Dordrecht, Kluwer 1994, p. 105-142 und der anschließenden Diskussion.
2 Thomas v. Aquin faßt den religiösen Glauben als G-Glauben auf. Cf. Summa Theologica II-II qu 1 und 2.

Vermutungen in der Mathematik (wie die Fermats) oder Vorhersagen in den Naturwissenschaften wie die der Massenablenkung der Lichtstrahlen. Bevor der Beweis oder der experimentelle Nachweis erbracht ist, liegt G-Glaube, aber kein Wissen vor. Nachdem der Beweis oder der experimentelle Nachweis erbracht ist, liegt Wissen vor, aber kein G-Glaube mehr, sondern nur B-Glaube.

Religiöser Glaube ist immer wissensausschließender Glaube. Wenn man religiös etwas glaubt – z.B. daß Christus für die Rettung der Menschheit auf die Welt kam – dann weiß man es nicht (und man weiß, daß man es nicht weiß). Das gilt für alle Arten des religiösen Glaubens, wenn auch nicht für alle Sätze, die zum Kontext des religiösen Glaubens (im weiteren Sinn) hinzugerechnet werden.

1.4 Trotz des wissensausschließenden Charakters hat der G-Glaube verschiedene Beziehungen zum Wissen: Wer glaubt, weiß daß er glaubt. D.h. G-Glaube wird als bewußter Glaube (aktuelle Tätigkeit), nicht als Disposition zum Glauben aufgefaßt. Wer glaubt, weiß außerdem, was es ist was er glaubt, sodaß er die Frage, was er glaubt, in einer verständlichen Weise beantworten kann (obwohl nicht jeder die Konsequenzen und Voraussetzungen davon zu analysieren fähig ist). Es kann auch sein, daß man etwas zur Zeit t_1 glaubt und später (t_2) weiß, wie das bei Vermutungen und Vorhersagen in den Wissenschaften geschieht und auch für den religiösen Glauben vertreten wird,[3] so daß vieles, was religiös geglaubt wird, später (nach dem Tod) durch Wissen ersetzt wird. Deshalb ist es auch möglich, daß in bezug auf dasselbe einige (G-) glauben, andere bereits wissen; etwa solche, die einen Beweis nicht verstehen, werden weiterhin (bzw. verstärkt) an die Richtigkeit der Vermutung glauben, die ihn verstehen hingegen wissen. Im religiösen Bereich wird von denen in diesem Leben gesagt, daß sie das glauben, was die Seligen und Heiligen bereits wissen. Schließlich kann ein Aspekt oder eine Eigenschaft einer Sache bereits gewußt sein, andere derselben Sache aber noch geglaubt werden. So sind einige Eigenschaften eines neuen Elementarpartikels durch Experiment nachgewiesen, andere werden begründet vermutet und geglaubt. In der christlichen Philosophie ist das berühmte Beispiel die Existenz und die Wesenheit Gottes. Von der ersteren kann man nach den christlichen Philosophen ein gewisses Wissen erlangen, von der zweiten ist kein Wissen in diesem Leben möglich, sodaß Glauben notwendig ist an das, was in geoffenbarten Texten, in Gleichnissen und Analogien gesagt wird.

1.5 Beide Arten von Glauben, das wissenschaftshypothetische und das religiöse, erfüllen gewisse Konsistenzbedingungen. Dabei ist nicht vorausgesetzt, daß das jeweilige System der geglaubten Hypothesen oder der Sätze,

---

3 Cf. Paulus, 1 Kor 13, 12.

die im weiteren Sinne zum Credo der Religion gehören, strenge Bedingungen der logischen Abgeschlossenheit im Sinne von deduktiver Unfehlbarkeit in bezug auf das Glauben erfüllen. Was gemeint ist, sind ganz einfache Prinzipien, die leicht durchschaubar sind und auf konkrete Glaubenssituationen angewandt werden: Es ist unmöglich zu glauben, daß p der Fall ist und (zur selben Zeit) zu glauben, daß non-p der Fall ist. (p, q ... stehen für beliebige Aussagen, die wahr oder falsch sind oder für die entsprechenden Sachverhalte). D.h. wenn eine Person glaubt, daß p der Fall ist, dann glaubt sie nicht, daß non-p der Fall ist. Dies gilt auch für den schwächeren B-Glauben. Es gilt aber natürlich nicht die Umkehrung: Wenn eine Person nicht glaubt, daß non-p, dann glaubt sie, daß p. Denn das würde „Allgläubigkeit" implizieren, bzw. daß man in bezug auf jeden beliebigen Sachverhalt p einen Glauben hätte (entweder glaubt, daß p der Fall ist oder glaubt, daß non-p der Fall ist). Dies ist aber sicher falsch.

Eine andere Konsistenzfrage ist die, ob gilt: Wenn es konsistent ist zu glauben, daß p der Fall ist, dann ist auch p konsistent. Ein berühmtes Gegenbeispiel ist Freges Glauben an sein Komprehensionsaxiom. Dieses Glauben war konsistent (nach seinem Glauben war das Axiom selbst und alle seine Folgerungen wahr und das Axiom außerdem notwendig für die Begründung der Arithmetik). Aber dieses Axiom ist trotzdem falsch, weil (mit Hilfe von Russells Antinomie) ein Widerspruch daraus ableitbar ist. Es gilt also höchstens das Umgekehrte: Wenn p konsistent ist, ist auch das Glauben an p konsistent. Aus diesem Grunde scheinen Thomas v. Aquin und Leibniz so nachdrücklich von der Theologie zu fordern, daß das, was zum Glauben vorgelegt wird, als widerspruchsfrei nachgewiesen wird.

1.6 Beide Arten von Glauben erfüllen bestimmte einfache logische Gesetze wie z.B. modus ponens, modus tollens, hypothetischer Syllogismus, disjunktiver Syllogismus, dictum de omni und die Distribution in bezug auf die Konjunktion und die Implikation: Wenn Gp und $G(p \to q)$, dann Gq (modus ponens): Wenn geglaubt wird, daß p (der Fall ist) und wenn geglaubt wird, daß: wenn p, dann auch q, dann wird auch geglaubt, daß q. Wenn geglaubt wird, daß für alle Elemente (Dinge) einer bestimmten Klasse ein Prädikat zutrifft, dann wird auch geglaubt, daß dieses Prädikat für ein bestimmtes Element (Ding) dieser Klasse zutrifft. Wenn $G(p$ und $q)$, dann auch Gp und Gq. Wenn $G(p \to q)$, dann auch $Gp \to Gq$. Außerdem gehört hierher auch die Substitution durch Identität: Wenn $G(a = b)$ und $G(Fa)$ dann $G(Fb)$: Wenn geglaubt wird, daß $a = b$ und geglaubt wird, daß a die Eigenschaft F hat, dann wird auch geglaubt, daß b die Eigenschaft F hat.

Es mögen noch mehrere derartige einfache Prinzipien allgemeine Geltung haben. Aber die oben genannten genügen bereits für rationales Argumentieren in den Bereichen des wissenschaftlichen und religiösen Glaubens. Ganz einfache und selbstverständliche Prinzipien wurden dabei ohnehin vorausgesetzt, wie etwa der Identitätssatz oder das Einmaleins.

1.7 Wissenschaftlicher und religiöser Glaube akzeptiert einige Metaprinzipien über Glauben und Glaubende. So z.B.: Keiner glaubt nur Falsches, bzw. alle glauben einiges Wahre. Ein weiteres wichtiges einschänkendes Prinzip ist, daß für keinen Glaubenden sein Credo vollständig ist. Das Credo ist dabei ein System von Aussagen und evtl. Normen, die ein Glaubender (der einer Wissenschaftlergemeinschaft oder einer Religionsgemeinschaft angehört) anerkennt. Das Credo wäre vollständig in bezug auf das Gebiet (auf das sich das Credo bezieht), wenn alle wahren Aussagen (gültigen Normen) über dieses Gebiet aus dem Credo folgen. Eine bescheidenere Frage wäre die, ob das Credo in manchen Fällen hinreichend vollständig für einen bestimmten Zweck ist. Dies wurde insbesondere für das religiöse Glauben diskutiert und es wurde vertreten, daß das christliche Glauben als Glaubensgrundlage hinreichend vollständig ist, um die Möglichkeit zu haben das ewige Leben zu erlangen. In bezug auf den wissenschaftlichen Glauben: Ist das „Credo" eines Wissenschaftlers hinreichend vollständig, um eine bestimmte Theorie begründen zu können?

1.8 Sowohl wissenschaftliches als auch religiöses Glauben hat wichtige Gründe für den Glauben. Ein wichtiger Grund ist der, daß dasjenige, was geglaubt wird, nachweisbar nicht unmöglich bzw. nicht widerspruchsvoll ist. Denn erkannte Inkonsistenz (Widersprüchlichkeit) wäre ein ernsthaftes Hindernis für das Glauben. Das wird sowohl von großen Theologen als auch von Philosophen und Wissenschaftlern betont.[4] Aber über die Widerspruchsfreiheit hinaus ist die Bewährung ein äußerst wichtiger Glaubensgrund. In bezug auf wissenschaftliche Hypothesen und Gesetze ist das selbstverständlich. Gilt es auch für den religiösen Glauben? Ich denke, ja. Die allgemeine Erfahrung, daß eine zu hohe Bewertung der irdischen und äußeren Güter den Menschen rastlos, sorgenerfüllt und unglücklich werden läßt, wird von religiösen Menschen als Bewährung der Lehren der Religionen verstanden, die übernatürlichen, inneren und zeitlosen Güter höher zu bewerten. Die Bewährung und Überprüfung ist spezifischer, wenn etwa versucht wird (von einzelnen oder von ganzen Gruppen) nach dem 4. oder dem 8. der Zehn Gebote zu leben oder das Gebot der Nächstenliebe zu verwirklichen.

2 Verschiedenheiten

2.1 Im religiösen Glauben ist das, was geglaubt wird, schon vorhanden, niedergelegt in einem Text (Bibel, Koran) oder tradiert durch mündliche

---

4 Cf. Thomas v. Aquin, *Summa Theologica* II-II, 1, 5, ad. 2. Leibniz, *Philosophische Schriften*, ed. Gerhard, Bd. I., p. 384.

Überlieferung. Allerdings gilt dies für die etablierte Religion, nicht für den Beginn, wo es keinen derartigen etablierten Korpus gibt. Hingegen wird im wissenschaftlichen Glauben das, was geglaubt wird, laufend entdeckt, gefunden, erfunden, konstruiert, vorgeschlagen, vermutet usw.

2.2 Religiöser Glaube schließt den Glauben ein, daß das, was religiös geglaubt wird, nicht (gänzlich) falsch sein kann. Dies gilt vom ernsthaften, bewußten Glauben an die wichtigen und grundlegenden Sätze des Credos einer Religion. Selbst wenn der reife Gläubige (zum Unterschied vom Fanatiker) auch hier eingestehen wird, daß ein Spielraum für bessere oder schlechtere Interpretation und Verständnis dieser Sätze möglich ist. Wissenschaftlicher Glaube hingegen erlaubt, daß das, was wissenschaftlich geglaubt wird, auch falsch sein kann. Obwohl zweifellos hier ein wichtiger Unterschied besteht, ist die Charakterisierung doch zu grob. Vor allem gibt es im wissenschaftlichen Glauben verschiedene Stufen der Glaubensgewißheit, die hier bedeutsam sind, von denen ich nur zwei Extremfälle – dazwischen gibt es viele Abstufungen – erwähne: Der Glaube an die Gültigkeit des Gesetzes der Erhaltung der Gesamtenergie (in einem abgeschlossenen System, d.h. auch im Universum) ist so hochgradig bewährt, daß, ähnlich wie beim religiösen Glauben, man annimmt (oder mitglaubt), daß es nicht falsch sein kann. Ähnliches gilt etwa von der Konstanz der Lichtgeschwindigkeit. Anders verhält es sich hingegen mit Hypothesen oder Theorien, die noch wenig bewährt sind oder die bisher keine experimentelle Überprüfung ermöglicht haben (wie z.B. die Stringtheorie in der Physik). Hier räumt man die Möglichkeit der Falschheit ohne weiteres ein. Dabei wissen wir natürlich aus der Geschichte, daß experimentelle Überprüfung manchmal erst viel später möglich war (z.B. wurde die Massenanziehung von Cavendish erst 111 Jahre nach Newtons Theorie experimentell nachgewiesen).

2.3 Religiöser Glaube ist verbunden mit dem Glauben und dem Wunsch nach einem Glückszustand oder einer Belohnung nach diesem Leben, während es für den wissenschaftlichen Glauben keine solche Verknüpfung mit einem transzendenten Zustand gibt. Die spezifische Verknüpfung ist folgende: Wer religiös glaubt, der glaubt auch, daß das Glauben eine notwendige Bedingung für das zukünftige Glück (Heil) ist. Da er aber das zukünftige Glück will, will er auch glauben oder akzeptiert das zumindest. Das folgt logisch, wenn man ein Prinzip annimmt, das lautet, daß man die notwendigen Bedingungen oder Konsequenzen dessen, was man will, auch entweder will oder zumindest in Kauf nimmt bzw. akzeptiert. Ein schwaches Analogon zu diesem Prinzip scheint es auch manchmal beim wissenschaftlichen Glauben zu geben, wenn ein Wissenschaftler an eine (vielleicht von ihm vorgeschlagene) Hypothese nicht nur glaubt, sondern auch glauben will.

2.4 Religiöser Glaube sucht nach oder behauptet letzte globale Erklärungen, während solche in den Wissenschaften im allgemeinen suspekt sind. Letzte globale Erklärungen sind solche, die einen letzten und höchsten (hinreichenden) Grund für alles (vieles) angeben. Obwohl in den Wissenschaften möglichst allgemeine Gesetze und Theorien (über einen bestimmten Bereich der Realität) angestrebt werden, werden letzte und höchste Erklärungen i.a. weder behauptet noch erwartet. Es gibt allerdings einige neueste Ausnahmen dazu, wie die allgemeine Systemtheorie oder die Kosmologie („Theory of Everything") und die allgemeine Evolutionstheorie. Diese Theorien versuchen auch globale Erklärungen und letzte Begründungen.

2.5 Religiöser Glaube (wenigstens in den sog. drei Abrahamsreligionen Judentum, Christentum, Islam) impliziert den Glauben an eine höchste allwissende allmächtige allgütige und glaubwürdige Autorität. Im Bereich des wissenschaftlichen Glaubens gibt es hier keine Entsprechung, außer einer schwachen Analogie wenn an Autoritäten in der Wissenschaft geglaubt wird.

2.6 Für den religiösen Glauben im Judentum, Christentum und Islam ist wesentlich, daß er sich im praktischen Handeln jedes Gläubigen als eine Konsequenz des Glaubens manifestiert, während im wissenschaftlichen Glauben die praktische Anwendung keine so ausschließende Bedingung in bezug auf jeden einzelnen Wissenschaftler darstellt. Es ist in der Wissenschaft diesbezüglich eine Arbeitsteilung beispielsweise zwischen Theoretiker und Experimentator nicht nur möglich, sondern auch sinnvoll, hingegen kann ein religiös Gläubiger nicht das praktische Handeln einem anderen überlassen.

2.7 Mindestens der christliche religiöse Glaube schließt den Glauben ein, daß, um religiös glauben zu können, die Hilfe Gottes (im Sinne der Gnade) nötig ist. Im wissenschaftlichen Glauben gibt es dafür nichts Entsprechendes, obwohl man bei großen wissenschaftlichen Genies auch von besonderen Gaben, manchmal von Begnadung spricht.

Philosophisch-religionswissenschaftliche
Grenzfragen

AUFGABEN UND ZIELE VON PHILOSOPHIE UND THEOLOGIE
DIALOG ZWISCHEN EINEM PHILOSOPHEN UND EINEM THEOLOGEN

ANTON KOLB (GRAZ)

1 Relevanzkrise

Philosoph: Kennen wir uns? Sind wir uns schon einmal begegnet? Du bist mir nicht ganz unbekannt.

Theologe: Du scheinst zu sehr in der Gegenwart zu leben, bedenkst deine eigene Geschichte, deine eigene Vergangenheit zuwenig. Wenn du Ahnenforschung betreibst, dann erkennst du, daß wir gemeinsame Vorfahren, „Eltern" haben, daß wir eigentlich „Geschwister" sind.

Philosoph: Du möchtest wohl gerne wieder zurückkehren in die Vergangenheit, in das Mittelalter, zur Auffassung der Philosophie als „ancilla theologiae", die allerdings passé sind. Die Philosophie hat sich emanzipiert, sie ist selbständig, eigenständig, unabhängig, autonom geworden. Der Blick zurück genügt nicht. Du darfst nicht einfach Vergangenes verlängern wollen, sondern mußt vor allem die Veränderung, die Säkularisierung, die Gegenwart bedenken.

Theologe: Die Ansicht von der „ancilla theologiae" war sicher einseitig. Wenn du darin zu Recht einen Fehler siehst, solltest du nicht denselben Fehler begehen und die Theologie zu einer „ancilla philosophiae" machen oder überhaupt abschaffen wollen. Es geht nicht um Bevorzugung, weder der Theologie noch der Philosophie. Gegenwärtig übersieht die Philosophie nicht selten eine mögliche Hilfestellung durch die Theologie, und umgekehrt. Philosophische sind häufig säkularisierte Themen der Theologie, der Religion. Man sollte weder die Theologie in die Philosophie noch die Philosophie in die Theologie hinein auflösen. Vielleicht hat man im Mittelalter primär die Bedeutung und die Hilfestellung der Philosophie für die Theologie im Auge gehabt. Man verfolgte damals ein ausgewogenes Verhältnis von Wissen und Glauben. Was aber dann, wenn sich herausstellen sollte, daß die Theologie im Endeffekt einen weiteren Horizont, einen größeren Überblick hat, die letzte Ursache und das letzte Ziel der Welt und des Menschen besser erkennt als die Philosophie?

Philosoph: Du fühlst dich anscheinend einerseits noch immer überlegen, möchtest dich offenbar andererseits bei mir einschmeicheln, weil deine Akzeptanz und Relevanz nachlassen, weil die Theologischen Fakultäten aus wissenschaftlichen, demokratischen und finanziellen Gründen gegenwärtig in Diskussion stehen, in Frage gestellt werden.

Theologe: Sind Relevanz-, Legitimations- und Wozufragen nicht ein typisch gegenwärtiges Problem deinerseits, *auch* deinerseits? Sollten wir nicht gemeinsam den Kampf gegen die Gefahr der je eigenen Überflüssigkeit führen, um die je eigene Existenzangst zu überwinden? Wir müssen kritische, selbstkritische Betrachtungen zur Lage und Aufgabe von Philosophie und Theologie anstellen, zumal uns beide die Auswahl sowie die Behandlung von oft lebensfernen Themen, Problemen und Methoden in eine Krise getrieben haben. Wir sollten nicht nur von einer Entmachtung von Philosophie und Theologie z. B. durch die Naturwissenschaften, sondern auch, ja vielleicht sogar hauptsächlich von ihrer Selbstausschaltung[1] sprechen. Es stellt sich zunehmend die berechtigte Frage nach den Aufgaben und Zielen von Theologie *und* Philosophie, der Geisteswissenschaften, der Wissenschaften überhaupt. Theologie und Philosophie werden verstärkt durch neue Ziele, Mittel, Methoden sowie durch ein Umdenken ihre Nützlichkeit und Notwendigkeit nachweisen müssen.

Philosoph: Ich sehe tatsächlich weitgehend eine Bedeutungs- und Funktionslosigkeit der Theologie. Allerdings muß ich zugeben, daß auch die Philosophie zunehmend in Zugzwang gerät, insbesondere durch den Siegeszug von Naturwissenschaften, Medizin und Technik. Aber wir haben beizeiten Vorsorge getroffen, z. B. durch den Empirismus, den Positivismus, den Neopositivismus, die analytische Philosophie; Richtungen, die du einseitig bekämpft hast. Wir haben uns den Naturwissenschaften zugewendet und gewidmet, die du zunächst verurteilt und negiert (vgl. den „Fall Galilei"), später, ja bis heute vernachlässigt hast. Da lag es wohl nahe, daß wir dich nicht mehr sonderlich ernst nehmen konnten. Nach dem seinerzeitigen gegenseitigen Kampf kam es zu einem mehr oder minder interesselosen Nebeneinander von Naturwissenschaften und Theologie, von Philosophie und Theologie.

Theologe: Diese Verurteilung der Naturwissenschaften, die diesbezügliche Fehleinschätzung und Interesselosigkeit sind tatsächlich bedauerlich. Ich habe ohnehin selbst dadurch am meisten Schaden genommen. Die Situation ist aber in letzter Zeit – gerade auch durch neue Einsichten und Bemühungen seitens der Theologie – deutlich besser geworden. Es gibt einen Dialog – siehe unseren heutigen –, gemeinsame Interessen, interdisziplinäre Zusammenarbeit, gemeinsame Projekte. Ich gestehe aber, daß ich in den eigenen Reihen zum Teil noch immer zuwenig Verständnis für die Notwendigkeit, die Erleichterungen, die Hilfe, die Selbständigkeit, den Fortschritt finde, die durch die Naturwissenschaften erreicht wurden. Ich erinnere dich jedoch

---

1 Vgl. O. Marquard, Skeptische Betrachtungen zur Lage der Philosophie, in: *Wozu Philosophie? Stellungnahme eines Arbeitskreises*, hg. v. H. Lübbe, Berlin 1978, 70-90. H. Plessner, *Die verspätete Nation. Über die politische Verführbarkeit bürgerlichen Geistes*, Frankfurt 1974, 42, 156, 159, 176.

auch an das Faktum und die berechtigten Gründe in bezug auf die Naturwissenschafts-, Technik-, überhaupt Wissenschaftsverdrossenheit, die gerade die Theologie mit ihrem Orientierungs- und Sinnpotential wieder auf den Plan gerufen haben. Empirismus und Positivismus habe ich mir zumindest insofern zum Teil zunutze gemacht, als ich weiß, daß ich ohne Sinneseindrücke, ohne Induktion, ohne Verifikation nie ganz werde auskommen können (aber das wußte ich auch schon früher) – zum Unterschied z. B. vom Kritischen Rationalismus – und auch ich auf Erfahrung und Tatsachen abstelle. Aber Erfahrung ist für mich ein Begriff, der weitaus mehr als die Sinneserfahrung einschließt, z. B. auch die innere und lebensweltliche Erfahrung, die Gotteserfahrung. Du scheinst einen sehr vagen, unbestimmten, eingeschränkten Erfahrungsbegriff zu vertreten. Was sind Tatsachen? Nehmen wir sie einfach zur Kenntnis, oder schaffen wir sie zumindest zum Teil? Was ist mit den virtuellen Welten? Sollten wir nicht gemeinsam und effizient den Rechtspositivismus kritisch hinterfragen? Im Neopositivismus setzt sich die Philosophie z. B. der Gefahr aus, sich auf Naturwissenschaften zu reduzieren und sich selbst zu verlieren.

Philosoph: Die Philosophie erlebt gerade wieder eine Konjunktur, einen Boom. Sie wird insbesondere in Frankreich in Kaffeehäusern, in Bistros vorgetragen und diskutiert,[2] aber ansatzweise auch schon in Deutschland und in Österreich. Es gibt die „Philosophie jetzt!"[3], die Kinderphilosophie, philosophische Beratung, philosophische Praxis, „Neue Sternstunden der Philosophie"[4], „Sofies Welt"[5], „Also sprach Bellavista"[6], um nur einiges zu nennen. Die Philosophie hält Einzug in die Literatur.

Theologe: Dies sind beachtliche Entwicklungen und Bemühungen, mit denen erfreulicherweise versucht wird, große Philosophen und interessante Themen wieder ins Gespräch zu bringen, um existentielle, persönliche, soziale, gesellschaftliche Probleme allenfalls einer Lösung zuzuführen, um Sinnsuchen-

---

2   M. Sautet, *Un café pour Socrate. Comment la philosophie peut nous aider à comprendre le monde d'aujourd'hui*, Paris 1995.
3   Hg. v. P. Sloterdijk, München 1995. 1995 sind die Bde. über Platon, Aristoteles, F. W. J. Schelling, G. Bruno, A. Schopenhauer und J. P. Sartre erschienen; bis 1997 sind ca. 18 Bde. geplant.
4   J. Gaarder, *Sofies Welt. Roman über die Geschichte der Philosophie*, München 1993.
5   O. A. Böhmer, *Neue Sternstunden der Philosophie. Schlüsselerlebnisse großer Denker von Platon bis Adorno*, München 1995 (Beck'sche Reihe 1130). O. A. Böhmer, *Sternstunden der Philosophie. Schlüsselerlebnisse großer Denker von Augustinus bis Popper*, München, 3. Aufl. 1995 (Beck'sche Reihe 1030).
6   L. DeCrescenzo, *Also sprach Bellavista. Neapel, Liebe und Freiheit*, Zürich 1988 (detebe 21670).

den zu helfen. In Wirklichkeit aber handelt es sich wohl um einen Versuch, der „absoluten Nichtigkeit" der Philosophie zu entgehen, weil ihre – eingebildete oder wirkliche – „absolute Wichtigkeit"[7] längst überholt ist, falls es sie je gegeben haben sollte. Bei den von dir genannten Beispielen handelt es sich in Wirklichkeit kaum um eine Konjunktur, sondern eher um ein Symptom, um eine Akzeptanzkrise der Philosophie. Es ist erfreulich, wenn die Philosophie gegenwärtig in die Literatur Einzug hält – das hat sie übrigens auch schon in früheren Epochen getan –, neuesten Datums aber werden zum Teil Philosophie und Literatur gleichgesetzt. Das bedeutet letztlich eine Selbstaufgabe der Philosophie; genauso wie die Behauptung, daß alle Menschen von Natur aus Christen seien, eine Selbstaufgabe des Christentums bedeutet. Das Problem der Philosophie kann nicht durch die Verwischung oder Leugnung des Gattungsunterschiedes zwischen Primär- und Sekundärliteratur, zwischen Philosophie und Literatur gelöst werden.

2 Freiheit gegen Abhängigkeit

Philosoph: Die gegenwärtige Akzeptanz- bzw. Legitimationskrise der Wissenschaft ist sicher allgemeiner Natur. Sie gilt nicht nur für Philosophie und Theologie. Über die Philosophie kann aber nicht von außerhalb der Philosophie entschieden werden. Man kann die Philosophie nicht aufheben, ohne sie zu begründen. Philosophen, die die Philosophie allenfalls abschaffen wollen, schaffen sich selbst ab, aber nicht die Philosophie. Die Philosophie ist autonom. Die Philosophie, die Vernunft begründen sich aus sich selbst, auch im Unterschied zur Theologie, die sich weitgehend heteronom durch Offenbarung, durch das kirchliche Lehramt, durch das Konkordat bestimmen läßt. Die Philosophie läßt sich weder von der Theologie noch von den Naturwissenschaften vorschreiben, was sie ist oder soll. Die Philosophie lernt aber von den Naturwissenschaften, von deren Wissenschaftlichkeit, sie will und kann selbst wissenschaftlich sein.

Theologe: Wir sollten gemeinsam – du und ich – die politischen, parteipolitischen, weltanschaulichen, ideologischen Einflüsse und Manipulationen in deinem, in unser aller Bereich, in *allen* Disziplinen, an den Universitäten und Hochschulen, in der Gesellschaft, in der Politik erkennen und mit der Einflußnahme des Lehramtes auf die Theologie vergleichen. Welche Einmischung, welche Abhängigkeit ist gravierender, folgenschwerer, negativer, allenfalls positiv? Bis zu einem gewissen Grad gibt es berechtigte bzw. verständliche weltanschauliche, persönliche, politische Einflüsse im wissenschaftlich-universitären Bereich im allgemeinen, auf dem Gebiet der Religi-

---

7 O. Marquard, Skeptische Betrachtungen zur Lage der Philosophie (siehe Anm. 1), 80.

on, des Glaubens, der Kirche für die Theologie im besonderen.

Philosoph: Für das aufgeklärte, liberale, demokratische, autonome, tolerante Denken der Philosophie, der Wissenschaft in der Neuzeit, vor allem im 20. Jahrhundert, ist der unmittelbare und direkte Einfluß des Lehramtes, des Konkordates, der Kirche auf die Wissenschaft, auf die Lehre unzulässig, unzumutbar. Schon im Staatsgrundgesetz Österreichs aus dem Jahre 1867 heißt es: „Die Wissenschaft und ihre Lehre ist frei".

Theologe: Auf diesen zentralen, oft ausgesprochenen Einwand bzw. Vorwurf will ich näher eingehen. Zunächst ist festzustellen, daß wir alle zusammen an den Universitäten den gleichen staatlichen Gesetzen unterworfen sind. Außerdem dürfen wir Freiheit nicht mit Libertinismus verwechseln. Denke z. B. an den Freiheitsbegriff des Christentums, auch an jenen von Hegel. Es gibt keine Freiheit ohne Bindung, soll Freiheit nicht zur Willkür, zur absoluten, totalitären und asozialen Subjektivität pervertieren. Denke weiters an P. K. Feyerabend und an Th. S. Kuhn. Insbesondere diese beiden renommierten Philosophen haben aufgezeigt, daß und wie irrationale Mechanismen, soziopsychologische Faktoren, wie z. B. Zwang, Machtkampf, Repression, Diffamierung, Propaganda, Überredung, Opportunismus, den Wissenschaftsbetrieb bestimmen, die Freiheit in Lehre und Forschung beeinflussen und beschränken. Denke an die sogenannte „herrschende Meinung" innerhalb einer bestimmten Disziplin. Es gibt „Dogmen", Immunisierungsversuche in vielen, wenn nicht in allen Disziplinen, besonders im Wirtschaftsleben, in der Politik. Das ordentliche Lehramt der katholischen Kirche übertreibt derzeit leider außerordentlich.[8] Nicht einmal die Theologie wehrt sich in genügendem Maße dagegen. Wir alle müssen gemeinsam und effizienter gegen *alle* Formen des Fundamentalismus in Kirche, Religion, Theologie, Philosophie, Wissenschaft, Wirtschaft, Gesellschaft und Politik auftreten. Was tun wir gegen die wirklichen Ungerechtigkeiten, Greueltaten und Fundamentalismen in der Welt?

3 Mühlen ohne Mehl

Philosoph: Insbesondere der Neopositivismus, die analytische Philosophie, die Sprachphilosophie des 20. Jahrhunderts vertreten die Auffassung, daß Aufgabe und Ziel der Philosophie in der logischen Analyse der Sprache, in der „conceptual analysis", im „linquistic turn" lägen. Die analytische Philosophie ist *die* Philosophie schlechthin. Die Vertreter dieser Philosophie haben begriffen, daß sich die Philosophie aus der realen Welt, aus den Inhalten,

---

[8] Siehe z. B. die Erklärung der Glaubenskongregation vom 20.11.1995, in der gesagt wird, daß die Ablehnung der Priesterweihe der Frau „unwiderruflich", „unfehlbar" sei.

aus den Gegenständen zurückziehen muß, die sie nicht erkennen kann, über die es immer nur Streit gab, die sie den dafür zuständigen Naturwissenschaften bzw. Einzelwissenschaften überlassen soll und muß. Man muß die verwendeten Begriffe klären oder eliminieren, um sich wieder verständigen und verstehen zu können, um die Philosophie endlich zu einer Wissenschaft zu machen, um zu einem gemeinsamen Verständnis, zu gemeinsamen Begriffen von Naturwissenschaften und Philosophie, womöglich zu einer Einheitswissenschaft zu gelangen. Schon Kant hat erkannt, daß man das „Ding an sich" nicht erkennen kann. Es geht primär um die richtige Methode, nicht so sehr um den Inhalt. Man muß sich mit der *Sprache* der Wissenschaft, der Philosophie, der Ethik, der Religion beschäftigen und nicht mit der Wissenschaft, mit der Philosophie, mit der Ethik, mit der Religion selbst.

Theologe: Ich sehe darin eine nützliche und notwendige Aufgabe. Aber das kann doch nicht die Hauptaufgabe, nicht das alleinige Ziel der Philosophie sein. Dein Standpunkt, die angenommene „Unabhängigkeit" von der realen, empirischen Welt, bedeuten eine Selbsteliminierung, eine Selbstaufgabe, einen weitgehenden „Verzicht" auf die Gewinnung neuer Wissensinhalte, auf gegenständliche Erkenntnis, auf Wirklichkeitserkenntnis, auf die Möglichkeit, ja Notwendigkeit, in die Verhältnisse der realen Welt gestaltend einzugreifen. Man kann nicht, um mit Hegel gegen Kant zu sprechen, schwimmen, ohne in das Wasser zu gehen, man kann nicht, um mit F. Brentano und E. Husserl zu sprechen, denken, ohne *etwas* zu denken. Man kann nicht – wie Kant – alles im Apriori ausmachen wollen. Wenn wir das „Ding an sich", die Materie, die Welt nicht erkennen, erkennen wir nichts, können wir diese Welt gar nicht verstehen, können sie weder gestalten noch verändern. Es ist erstaunlich und widersprüchlich, daß die eher empirisch ausgerichtete analytische Philosophie apriorische, idealistische, rationalistische Entscheidungen trifft, Positionen einnimmt, Prämissen vertritt und so gerade die empirische Welt vernachlässigt. Die Gefahr der analytischen Philosophie besteht u. a. darin, daß sich die Analysen verselbständigen, vor allem auf höheren Ebenen. Wenn die Philosophie nur noch Fragen stellt, keine Antworten mehr geben will oder kann, dann hat sie weitgehend abgedankt, dann werden die Antworten von anderswo geholt.
Es gibt kein Subjekt ohne Objekt, kein Objekt ohne Subjekt, kein (Selbst-)Bewußtsein ohne Gegenstandsbewußtsein, keine völlige Differenz von Frage und Antwort, von Erkennen und Gefühl, von Rationalität und Erfahrung, kein Menschsein ohne In-der-Welt-Sein, keine reale Form ohne Materie, keine Methode ohne Lehre, kein Wie ohne Was, keine Theorie ohne Praxis. Die analytische Philosophie soll nicht zur dominanten oder gar einzigen Philoso-

phie an den (Kath.-) Theologischen Fakultäten werden.[9] Die Ausgrenzung, Eliminierung, Negation von Realität, Welt, Leben aus der Sprache, dem Sagbaren, aus der Lehre, aus dem Inhalt, aus der Philosophie, aus dem Wissen, aus der Wissenschaft bedeuten eben deren Abwesenheit, Vernachlässigung, Preisgabe, Verlust, aber keineswegs Tätigkeit, Aktivität, wie z. B. L. Wittgenstein meint. Eliminierung aus der Theorie ist keine Tätigkeit im angenommenen Sinn. So wird die Leere der Lehre ersichtlich. Die Verwaltung des Mangels kann nicht Aufgabe der Philosophie, der Universität sein. Über das Unsagbare kann und soll man konsequenter- und logischerweise nichts sagen. Reines sowie apriorisches Bewußtsein, „elfenbeinerner Turm" bedeuten Gehäuse, Käfig, Kerker, verdünnen das Leben, die Lebenswelt, die Existenz, die wahre Wirklichkeit bzw. grenzen diese aus. Für mich war es immer unverständlich, an der Realität der Außenwelt zu zweifeln. Wer Realitäten verleugnet, lebt an den Realitäten vorbei. Wenn ich die Welt nicht erkennen kann, dann brauche ich mich auch nicht um sie zu kümmern. Bloße Kritik bzw. Negation, Verunsicherung, Entmythologisierung, Enttabuisierung, Sinnentleerung sind gerade in Zeiten wie diesen nicht zielführend. Es geht nicht um ein Aufoktroyieren von Weltanschauung, sondern um die Erkenntnis, daß wir alle immer schon eine Weltanschauung haben, Werturteile fällen und uns in Vernetzungen und Abhängigkeiten befinden.

Ein gewichtiger Grund, „sich um eine neue Sicht und Einschätzung der Philosophie und des Wiener Kreises zu bemühen, liegt in der allgemeinen Orientierungslosigkeit, in die uns die zeitgenössische Philosophie und Wissenschaftstheorie geführt hat"[10]. Diese Orientierungslosigkeit ist zwar leider zu beklagen, aber mit der Philosophie des Wiener Kreises läßt sie sich wenig bis gar nicht beheben. Eine „wissenschaftliche Weltauffassung" (Wiener Kreis), die Behandlung von Lebens-, Existenz-, Sinn-, Sozial-, Ökologie- und Geschichtsfragen, ein Handeln sind nämlich dann nicht möglich, wenn man die Aufgabe der Philosophie auf die logische Analyse der Sprache, auf „Sprachkritik" (L. Wittgenstein) reduziert, Welt, Natur, Realität, Inhalte weitgehend aus der Philosophie ausklammert. Es stellt also eine Fehleinschätzung bzw. Hybris in eigener Sache dar, im Zusammenhang mit der

---

9 E. Runggaldier empfiehlt im folgenden Beitrag die analytische Philosophie an den Theol. Fakultäten: Zum Philosophieunterricht an kirchlich-theologischen Fakultäten, in: *ZKTh* 114 (1992) 153-165. Vgl. R. Esterbauer, Kritische Anmerkungen zu Edmund Runggaldiers Bemerkungen zum Philosophieunterricht an kirchlich-theologischen Fakultäten, in: *ZKTh* 115 (1993) 27-32, und E. Runggaldier, Zu R. Esterbauers „Kritischen Anmerkungen", in: *ZKTh* 115 (1993) 33-36.

10 R. Haller, *Neopositivismus. Eine historische Einführung in die Philosophie des Wiener Kreises*, Darmstadt 1993, 8.

Vertreibung von Mitgliedern des Wiener Kreises aus Österreich im Jahre 1938 noch heute von einer „Vertreibung der Vernunft" aus Österreich zu sprechen. Die Form, das Formale und Logische genügen sich nicht selbst. Formalisierungen können sich nur dann auf Inhalte beziehen, wenn Inhalte in diese selbst eingehen. Der Logizismus ist als gescheitert anzusehen. Weiters sei auf den Unvollständigkeitssatz von K. Gödel hingewiesen. Es genügt auch nicht, einige Positionen des Rationalismus in die eigene empirische Philosophie – ohnehin widersprüchlich – einzubauen, um Schwächen des Empirismus bzw. Positivismus zu entgehen.

Philosoph: Der analytischen Philosophie geht es um den Aufbau einer gemeinsamen Sprache für Wissenschaft und Philosophie. Die Vernunftkritik Kants wird zur Sprachkritik. Logik bzw. Logistik sind kein Selbstzweck, sie dienen vielmehr der Analyse sprachlicher Ausdrücke. Es bedarf der Klärung der Fähigkeiten und Grenzen des Verstandes vor jeder gegenständlichen Erkenntnis, der Klarstellung der Methode vor ihrer Anwendung, wie bereits der Empirist J. Locke und der Rationalist R. Descartes übereinstimmend erklärt haben; analog dazu Kant. Ich denke, daß wir damit einen „point of no return" erreicht haben. Der Wiener Kreis stellt mit seinem logischen Positivismus die einflußreichste Richtung der österreichischen Philosophie des 20. Jahrhunderts dar und hat wesentlich zur Begründung der derzeit weltweit einflußreichsten Philosophie, nämlich der analytischen Philosophie, beigetragen.

Theologe: Du betreibst Mühlen, aber mahlst kein Mehl; du wetzt ständig das Messer, aber schneidest kein Brot; du übst „l'art pour l'art"; du diskutierst die Prolegomena, aber kommst nie zum Logos; du kommst vor lauter Vorarbeiten nie zu den Arbeiten; du verwechselst Werkzeug und Ware, Mittel und Zweck, Weg und Ziel; du entwickelst Werkzeuge, aber baust nie ein Haus, in dem man wohnen kann; du machst das Denken zur Selbstbefriedigung; du betreibst eine andere Art des „circulus vitiosus"; du schmorst im eigenen Saft. Solche Wind- oder Gebetsmühlen helfen uns nicht. Wir sitzen auf einem Pulverfaß, und du diskutierst selbstgenügsam Sprache, Logik und Methode der Philosophie. Die Welt ist auf dem besten Wege, durch die Menschen die schlechteste aller Welten zu werden,[11] und du tanzt auf dem Vulkan. Die Menschen verbringen ihr Leben in Sorge, Angst und fürchten den selbstverschuldeten Weltuntergang, und du sprichst von einem goldenen Zeitalter, von einem Paradies auf Erden, von einem „point of no return" des Analytikers. Wir müssen uns endlich wieder und dringend mit echt inhaltlichen, praktischen, ethischen, sozialen und ökologischen Fragen, mit Themen

---

11 G. W. Leibniz hielt die reale Welt für die beste und A. Schopenhauer für die schlechteste aller möglichen Welten.

der traditionellen Philosophie befassen. Es geht um ein ausgewogenes Verhältnis von Realität, Sprache und Bewußtsein.

Philosoph: Ich erinnere Dich an die verdienstvollen Bemühungen und Ergebnisse der Kommunikationswissenschaften, der Sozialwissenschaften; an die inzwischen zumindest mehrheitliche Anerkennung folgender Thesen: grundsätzliche Fehlbarkeit der menschlichen Vernunft; (absolute) Wahrheit können wir nicht erkennen; Ablehnung jedes Dogmatismus bzw. jedes Infallibilismus; Kritizismus; Falsifikation;[12] lauter Positionen, die von dir kaum akzeptiert werden.

Theologe: Als die Philosophie „sprachlos" wurde, hat sie die Sprachphilosophie eingeführt. Als die zwischenmenschliche Kommunikation nicht mehr funktionierte, bedurfte man der Kommunikationswissenschaften. Man muß endlich wieder „die Wissenschaft der menschlichen Beziehungen pflegen: die Fähigkeit von Menschen verschiedenster Art, in derselben Welt in Frieden zusammenzuleben und zusammenzuarbeiten"[13]. Je eiliger das Neue verfolgt wird, umso rascher gehört es zum Alten, gehört es der Vergangenheit an. Je unbekümmerter wir uns den rasanten Entwicklungen ausliefern, umso mehr wächst die Sehnsucht nach vertikalen und horizontalen Konstanten, nach Tradition, Dauer, Ruhe, Einkehr, Innerlichkeit, Orientierung, Sinn, Theologie, Religion. Probleme deinerseits sehe ich im Folgenden: Du förderst, stärkst, begünstigst – wenngleich meist indirekt, unbewußt und ungewollt – mit deinem Fortschrittsglauben in Wirklichkeit einen Rückschritt, mit deinem Rationalismus einen Irrationalismus, mit deiner Entmythologisierung den Mythos, mit deiner Vernunft die Unvernunft, mit deinem Nihilismus den Totalitarismus, mit deinem Skeptizismus den Dogmatismus, mit deinem Libertinismus den Absolutismus, mit deiner inhaltsleeren und allseitigen Toleranz die Intoleranz, mit deiner Propagierung des Nutzens einen Schaden,[14] mit deinem übertriebenen „Prinzip Hoffnung"[15] das „Prinzip Angst", mit deiner Sucht nach dem Neuen die Sehnsucht nach dem Alten, mit deinem Atomismus, Mechanismus, Reduktionismus, Relativismus, Subjektivismus, mit deiner Beliebigkeit den Fundamentalismus, den Zentralismus, den Traditionalismus, den Fideismus. Theologie hingegen sucht und versucht eine

---

12 Diese Positionen werden vor allem von Kritischen Rationalisten vertreten.
13 Aus einer Erklärung von A. Einstein und Th. Mann aus dem Jahre 1945, zitiert von H. Küng, in: *Ja zum Weltethos. Perspektiven für die Suche nach Orientierung*, hg. v. H. Küng, München 1995, 59.
14 Der Nobelpreisträger M. Eigen hat beim Symposion zum Thema „Gigatrends" am 14.9.1995 in Stift Rein gemeint, daß unsere erste Frage heute nicht mehr laute, welchen Nutzen eine Entdeckung bringe, sondern welcher Schaden zu erwarten bzw. zu befürchten sei.
15 „Das Prinzip Hoffnung" ist der Titel eines Werkes von E. Bloch.

ausgewogene Mitte zwischen den je genannten Begriffspaaren, kann auf diese Weise Extreme vermeiden und zum Vorbild für andere werden. Am Festhalten an der je nur *einen* oder je nur *anderen* Seite, d. h. an Extremen, also an im Prinzip gleichen Fehlern und entsprechenden falschen Verhaltensweisen, sind auch schon so manche politische Mehrheitsparteien gescheitert. Daraus sollten wir lernen.
Manche Richtungen und Vertreter der Philosophie sehen und erkennen das Absolute im Gefühl, im Gemüt, in der Poesie, in der Freiheit, in der Kunst, in der Ästhetik, in der Musik, im Subjekt, im Subjektiven, im Relativen, in der moralischen Handlung, im Handeln überhaupt, im Glauben und lehnen gleichzeitig – widersprüchlich und inkonsequenterweise – alles Absolute im Wissen, in der Wissenschaft ab, treten absolutistisch dagegen auf. Da ist es mir lieber, daß die Theologie in Gott den oder das Absolute sieht, konsequenter als du an der Wahrheitsbefähigung des Menschen festhält. Alle brauchen mehr Realismus, weniger Hybris; mehr Konsens, weniger Kritik; mehr Verantwortung, weniger Worte; mehr Solidarität, weniger Egoismus; mehr Virulenz, weniger Indifferenz; mehr Effizienz, weniger Präpotenz; mehr Kompetenz, weniger Insuffizienz; mehr Mut zur Wahrheit, weniger Lüge; mehr Dialog, weniger Monolog; mehr Dialog zwischen Philosophie und Theologie, weniger Streit der Philosophien und Theologen untereinander; mehr positive Beiträge, weniger negative Philosophie; eine konstruktivere (Bildungs-)Politik, weniger negative Kritik und Methodik (vgl. die Falsifikation). Wir brauchen die Interdisziplinarität, die Einheit, die Teamarbeit, die Kooperation, mehr Harmonie und Symphonie.

4 Rationalität gegen Irrationalität?

Philosoph: Du tust so, als ob du alle Zusammenhänge durchschauen und für alle Probleme eine Lösung anbieten könntest. Solche Zeiten sind aber endgültig vorbei. Die Philosophie, die echten Wissenschaften sind vorsichtiger, bescheidener geworden, sie zweifeln am Begründungspostulat, sie kennen die Grundlagenkrise, die Wahrheits-, die Wert-, die Orientierungs- und Zielprobleme, sie bemühen sich vor allem, *rein rational,* d. h. *wissenschaftlich,* zu argumentieren, während du religiös, christlich, offenbarungstheologisch, d. h. voreingenommen, unwissenschaftlich, unbeweisbar, ideologisch, deinen Glauben, deine Überzeugungen vorträgst und vertrittst. Der schlimmste Mangel z. B. von I. Kant und H. Sidgwick – um nur diese zwei Beispiele zu nennen – bestand darin, daß sie am Ende ihrer Argumentation auf eine religiöse Begründung ihrer Ethik zurückgegriffen haben. Das ist eine wissenschaftliche Bankrotterklärung.[16]

---

16 P. Koller hat in seinem Vortrag „Der klassische Utilitarismus. Eine Ethik der

Theologe: Dein Hauptirrtum besteht in deiner Annahme bzw. in deiner Behauptung, daß du in dieser Frage rein rational, wissenschaftlich und objektiv argumentierst, die Theologie kritisierst. Du kannst aber nicht rein rational beweisen bzw. aufzeigen, daß Theologie nicht rational, sondern irrational, unwissenschaftlich, ideologisch ist. Du kannst deinen Rationalitätsbegriff nicht aus Rationalität, nicht allein aus Kalkülen begründen. Du bedenkst nicht die Krise der instrumentellen, technischen, wissenschaftlichen Vernunft, du huldigst einem überholten Rationalitätsmodell, einem Szientismus, die genau dem Vorschub leisten, was du bekämpfst, wie z. B. Religion, Theologie, Mystik, Mythos, Spiritualität, Esoterik. Außerdem gibt es keine Voraussetzungslosigkeit. Du sollst nicht einerseits Werturteile aus der Wissenschaft zu eliminieren versuchen, andererseits vordergründige und unbegründete Werturteile aussprechen. Man kann die Theologie nicht aufheben, ohne sie zu begründen. Den Vorwurf der „Ideologie" und der „Phänomenblindheit" könnte und müßte also eher ich dir gegenüber erheben. Aber mit diesem gegenseitigen Vorwurf kommen wir nicht weiter. Du mußt rationaler und sachlicher argumentieren. Gerade du dürftest nicht dogmatisch vorgehen, nicht einem voreingenommenen „Glauben" huldigen. Nach dir müßte der „kleine" Kant deiner „Größe" und Kritik weichen. Gefragt sind Toleranz und Vernunft, die sich nicht auf eine einzige philosophische Richtung eingrenzen lassen.
Auch du hast sicher schon realisiert, daß sich Wissenschaft nicht rein wissenschaftlich von Nichtwissenschaft, daß sich Rationalität nicht rein rational von Nichtrationalität bzw. Irrationalität, daß sich Wissen nicht zur Gänze von Nichtwissen, von Glauben – sowohl im theologisch-religiösen als auch im ganz allgemeinen Sinn verstanden – abgrenzen lassen. Zwischen dem religiösen und wissenschaftlichen Glauben gibt es sowohl Gemeinsamkeiten bzw. Ähnlichkeiten als auch Verschiedenheiten. Die Zwei-Firmen-Theorie der Wahrheit läßt sich nicht adäquat begründen. Du sollst „Dogmen" der Theologie nicht durch „Dogmen" der Philosophie ersetzen. Außerdem gibt es keine rein rationalen Entscheidungen. Bei Ablehnung des Begründungspostulates läßt sich nichts wirklich begründen. Man kann ohne Begründung nichts begründen, ohne Einsicht nichts erkennen, ohne Weisheit nichts erreichen.
Philosoph: Du magst zum Teil recht haben, du magst deinen „Glauben" behalten, er ist deine Privatsache. Du kannst mich aber zu dessen Annahme nicht zwingen, wie du es im Verlauf der Geschichte vielen gegenüber immer wieder versucht und damit großen Schaden angerichtet hast. Ich bleibe bei meiner innerweltlichen, philosophischen, rationalen Begründung und Metho-

---

sozialen Wohlfahrt" am 30.1.1996 in Graz diese Auffassung vertreten.

dik. Naturwissenschaften, Technik, Medizin, Wirtschaftswissenschaften, echte Philosophie können nur wissenschaftlich argumentieren und experimentieren.

Theologe: Es ist völlig richtig, daß niemand zu einem religiösen Glauben gezwungen werden darf, was leider durchaus geschah. Es ist völlig falsch zu leugnen, daß ein „Glaube" im allgemeinen Sinn bzw. Interessen längst und immer schon in *alle* Wissenschaften Einzug gehalten haben. Ich erinnere weiters nochmals an die durchaus begründeten Wissenschafts-, Naturwissenschafts- und Technikverdrossenheiten, die nicht nur wegen des sie begrenzenden Formalobjektes, sondern gerade auch wegen ihrer darüber hinaus oft noch eng begrenzten Sichtweise entstanden sind. Philosophie und Theologie haben insbesondere in Zeiten wie diesen den wertvollen Vorteil, daß sie Universalwissenschaften sind, daß sie kein sie einschränkendes Formalobjekt, daß sie keinen vorgängigen Gegenstandsentwurf haben. Dennoch können und sollen Philosophie und Theologie nicht gleichgeschaltet werden, weil Theologie nicht nur rational, sondern auch aus der Offenbarung argumentiert. Die Philosophie ist in vielerlei Hinsicht säkularisierte Theologie. Die Philosophie muß wieder begreifen, daß sie die Theologie und den Glauben nicht ersetzen, nicht an deren Stelle treten kann und soll. Die Philosophie kann offenbar den Sinn, die Orientierung, den Halt, den Trost und die Zuversicht nicht ersetzen, die aus der Religion kommen, die gerade heute so dringend gebraucht werden.

Naturwissenschaften, Philosophie und Theologie haben ihre durchaus originären, autonomen Aufgaben zu erfüllen. Deshalb scheint mir der derzeit wieder einmal unternommene Versuch einer Einheitswissenschaft eher eine Verschiebung denn eine Lösung der Probleme zu bedeuten.[17] Dennoch hat alles mit allem zu tun, dennoch ist unser aller Verantwortung unteilbar. Es gibt nur *eine* Verantwortung. Es gibt nur *eine* Vernunft, auch wenn wir sie in die theoretische und praktische Vernunft geteilt, in „Vernünfte" (siehe Lyotard) auseinanderdividiert und die Vernunft zur Unvernunft gemacht haben. Die Grundlagenforschung und die angewandte Forschung haben sich z. T. zu weit voneinander entfernt.[18] Es gibt nur *einen* Logos, auch wenn wir diesen

---

17 Siehe die Dissertation: R. Esterbauer, *Verlorene Zeit – wider eine Einheitsdisziplin von Natur und Gott*, Stuttgart 1996. F. J. Tipler z. B. vertritt in seinem Werk: *Die Physik der Unsterblichkeit. Moderne Kosmologie, Gott und die Auferstehung der Toten*, München 1994, eine typische und wieder moderne Einheitsdisziplin.

18 Der Fonds zur Förderung der wissenschaftlichen Forschung (FWF) und der Forschungsförderungsfonds für die gewerbliche Wirtschaft (FFF) wollen eine Brücke zwischen wissenschaftlicher Erkenntnis und wirtschaftlichem Erfolg schlagen. Der Präsident des FWF, A. Schmidt, hat in seinem Vortrag „Ist die

insbesondere im Verlauf der Neuzeit in die Natur- und Geisteswissenschaften auseinanderentwickelt und damit in Frage gestellt haben. Wir müssen „Die zwei Kulturen"[19] zu *einer* Kultur zusammenführen. Das Problem unserer Zeit heißt wieder einmal „Entzweiung", wie dies z. B. die Romantik und Hegel schon für ihre Zeit gesehen und gesagt haben. Die Lösung für heute und morgen heißt wieder Integration, Synthese, Versöhnung, (Grund-)Konsens, common sense, Einheit, Zusammenschau, Ganzheit, Holismus, Systemdenken, Solidarität.

5 *Richtiger Kompaß*

Philosoph: Du spielst wieder einmal den Propheten und blickst in die Zukunft. Unser ganzes Wissen ist rein hypothetischer Natur. Dazu kommt noch, daß die Frage nach der Zukunft und den Zielen weder deskriptiv noch normativ genau beantwortet werden kann. Die Technik, die Naturwissenschaften, die Wirtschaftswissenschaften, die Wissenschaften überhaupt sind vielleicht nicht wertneutral. Um die Frage der Wertfreiheit können und werden sich die genannten Disziplinen allerdings kaum kümmern. Diese versuchen berechtigterweise, gerade auch in ihrer Anwendung mit einem Minimum an Ethik bzw. Moral auszukommen. In der politischen Umsetzung z. B. kommt es kaum oder gar nicht auf das *wahre*, sondern auf das *geglaubte* Modell an.[20] Wenn es z. B. um die Befriedigung der Bedürfnisse geht, so weiß man heute noch nicht, welche Bedürfnisse unsere Kinder, künftige Generationen haben werden. Deshalb reicht auch das Prinzip der „Nachhaltigkeit" in den Wirtschaftswissenschaften nicht aus, das von der Minimalethik der Abwendung von Schaden und von zusätzlicher Last für die Zukunft ausgeht.

Theologe: Sogar du sprichst vom „Glauben", von einem *geglaubten* Modell, wenn es um die Zukunft geht. Wahrscheinlich hat F. W. J. Schelling recht, wenn er meint, daß alle Wissenschaft nur im Glauben entstehe, daß der Glaube ein „notwendiges Ingrediens jedes auf ein Ziel gerichteten Tuns"[21] sei. Aufgaben und Ziele haben immer mit Zukunft zu tun. Es gibt keine völli-

---

Grundlagenforschung in Gefahr?" am 13.1.1996 in Leoben eine solche Gefahr gesehen. Er meinte: „Wir brauchen Helden der Wissenschaft". Solche Helden kann man aber nicht bestellen.

19 Titel des berühmten Vortrages von C. P. Snow, gedruckt im Jahre 1959.
20 Diese Auffassungen hat G. Tichy am 22.11.1995 im Rahmen des interdisziplinären Seminars „Ökonomie – Ökologie – Ethik" vertreten, das vom Phil. Inst. d. Kath.-Theol. Fak. d. K.-F.-Univ. Graz im WS 1995/96 unter der Leitung von A. Kolb durchgeführt wurde.
21 Zur Geschichte der neueren Philosophie (Aus dem handschriftlichen Nachlaß), in: F. W. J. Schelling, *Sämtliche Werke*, hg. v. K. F. A. Schelling, 1. Abt. Bd. 10 (1833-1855), Stuttgart 1861, 1-200, 183.

ge Differenz von Ratio und „Autorität". Aber genau das von dir vertretene Minimum, das Defizit, das Ignorieren von Ethik, Moral und Wert erzeugen unsere Probleme, unsere Schwierigkeiten. Wenn man von der Auffassung ausgeht, gegenwärtig noch nicht wissen zu können, was in Zukunft nützlich oder schädlich, gut oder schlecht, wahr oder falsch sein wird, dann weiß man es wohl auch für die Gegenwart kaum, weil und wenn jetzt und später die Kriterien fehlen; dann wird man es nie wissen, dann ist es gleich gültig, nämlich gleichgültig, welche Handlungen man setzt, welcher Unterlassungen man sich schuldig macht. Die Abwendung zusätzlicher Last ist sicher ein erstrebenswertes Ziel, reicht aber nicht aus, weil die Last derzeit schon zu groß ist. Die Verschuldung, die uns angesichts der Globalisierung der Ökonomie und der Ökoprobleme umso mehr angeht, hat in letzter Zeit nicht nur in der Dritten Welt, sondern auch in westlichen Industriestaaten, wie z. B. in Amerika, ja weltweit zugenommen. Das Prinzip der „Nachhaltigkeit" will die sozialen und ökologischen Auswirkungen der Wirtschaft in das System der Volkswirtschaftlichen Gesamtrechnungen einbeziehen. Gerade dieses Bemühen scheint mir notwendig und zukunftsträchtig zu sein.[22]

Ohne daß ich mich hier näher auf den in Theorie und Praxis derzeit wieder weithin vertretenen Utilitarismus und Pragmatismus einlassen kann, sei zumindest betont, daß es derzeit allgemein einen dringenden Bedarf an einem Dialog, einer Diskussion, einem Konsens, an allseits verbindenden und verbindlichen Kriterien, Maßstäben, Normen, Regeln, Werten, Grundhaltungen, Idealen und Zielen gibt, um dem Skeptizismus, dem Nihilismus, einer ungewissen Zukunft, einem ökologischen Kollaps, einem drohenden Untergang zu entgehen. Es bedarf genereller Maßstäbe und Orientierungen, ohne die ein interpersoneller, dauerhafter, qualitativer, gerechter Nutzenvergleich, ohne die konkrete, wertorientierte Inhalte und Ziele nicht verfolgt werden können. Die generellen „Grundsätze und Ziele" sollen weder im neuen UniStG noch an den Universitäten überhaupt entfallen, sollen in den Wissenschaften, in der Moral, in der Gesellschaft nicht vernachlässigt werden.[23] Unser Tun und Lassen, unser Handeln, unsere Existenz, unser Leben und unser Tod, unsere

---

22 Siehe: *Mit der Natur rechnen. Der neue Club-of-Rome-Bericht: Vom Bruttosozialprodukt zum Ökosozialprodukt*, hg. v. W. van Dieren, Basel 1995. *Zukunftsfähiges Deutschland. Ein Beitrag zu einer global nachhaltigen Entwicklung. Studie des Wuppertal Institutes für Klima – Umwelt – Energie GmbH*, hg. v. Bund/Misereor, Basel 1996.
23 Vgl. den Beitrag: A. Kolb, Grenzen, Gründe, Gefahren und Ziele der Wissenschaften. Ein Vergleich mit der Theologie als Wissenschaft, in: *Metamorphosen des Eingedenkens. Gedenkschrift der Kath.-Theol. Fak. d. K.-F.-Univ. Graz 1945-1995*, hg. v. M. Liebmann, E. Renhart, K. M. Woschitz, Graz 1995, 241-258.

Lebenswelt, unsere Freuden und Leiden, unser Glück und Unglück, unsere Hoffnungen und Enttäuschungen, unsere Zukunft sind nicht rein hypothetisch zu sehen und zu verstehen, sehr zum Unterschied von deinen wissenschaftlichen Hypothesen. Unser Problem sind nicht die „drei großen Kränkungen" nach Freud, sondern die drei großen Verluste der Neuzeit, nämlich der Verlust der Wirklichkeit, der Verlust der Wahrheit, der Verlust der Werte. „Die Gesellschaft wird vom falschen Kompaß geleitet."[24]

In letzter Zeit habe ich häufig die Auffassung vertreten, daß wir die Geisteswissenschaften als Ergänzung und Korrektiv der Naturwissenschaften dringend brauchen. Wenn ich die Divergenz und Zerrissenheit innerhalb der Philosophien – ich konnte nur auf einige philosophische Strömungen Bezug nehmen –, ja Widersprüchlichkeiten innerhalb ein und derselben philosophischen Richtung bedenke, dann frage ich mich und dich, ob eine gesellschaftliche Anwendung bzw. Umsetzung wirklich möglich, sinnvoll, wünschenswert und zumutbar ist. Da vertreten Theologie und Religion insofern eine bessere Position, als z. B. 2000 Jahre Christentum im allgemeinen, 1000 Jahre Christentum in Österreich im besonderen – man denke an das Millennium im Jahr 1996 – eine großartige kulturelle Leistung zeigen und beweisen. Die Kräfte des Christentums sind nicht erschöpft, auch wenn sie von einigen Philosophen und anderen fälschlicherweise immer wieder für tot erklärt werden. Die Theologie – in sich leider auch oft uneins – wird nicht mehr primär oder allein mit der Argumentation von der „nutzlosen Forschung", von den „Orchideenfächern", sondern zunehmend aufgrund ihrer Gesellschafts-, Lebens- und Zukunftsrelevanz zu legitimieren sein. Wir brauchen wieder mehr „praktische Vernunft", mehr praxisnahe Philosophie, Theologie, Wissenschaft. Man muß froh sein, daß es eine Motivation für moralisches Verhalten, die alle dringend brauchen, aus der Religion, aus dem Glauben, aus der Theologie gibt. Ethik, Moral, Ethos können und sollen eine Einheit bilden. Es darf zu keiner völligen Differenz von Ethik und persönlichem Leben kommen. Nur intellektuelle und moralische Redlichkeit schützen vor wissenschaftlicher Schädlichkeit. Im Maße der Eitelkeit schwindet intellektuelle Redlichkeit.

Manche Vertreter der Philosophie an den Geisteswissenschaftlichen Fakultäten könnten und sollten sich besser und unvoreingenommener über Forschung und Lehre der Philosophie sowie der eigentlich theologischen Fächer an den Theologischen Fakultäten informieren. Philosophie und Theologie

---

24 J. Tinbergen und R. Hueting, zit. in: *Mit der Natur rechnen* (siehe Anm. 22), 275. Vgl. auch den Beitrag: A. Kolb, Glaube – Wissen – Zukunft, in: *Theologie im Dialog. Gesellschaftsrelevanz und Wissenschaftlichkeit der Theologie*, Graz 1985, 21-60.

sollten sich mehr um die Wirkung ad extra kümmern, sich ab extra mehr und bereitwilliger befragen und fordern lassen, müssen sich den neuen Herausforderungen stellen. Sie behandeln zu viele Detailprobleme, zu viele Themen der Vergangenheit und sprechen eine für ein breiteres Publikum zuwenig verständliche Sprache. Sie sollen für (Vor-)Bildung, Bewältigung des Lebens, Effizienz des Erkennens, Kultur Sorge tragen, orientieren und motivieren, gegen die Anarchie des Denkens ankämpfen. Die Theologie hat den Vorteil, die Philosophie innerhalb und außerhalb ihrer Fakultät zu haben. Philosophie und Theologie werden sich – wie andere Disziplinen – der Evaluierung stellen müssen. Es soll nicht nur eine Technikfolgenabschätzung geben, sondern wir beide sollen uns selbst um eine Philosophie- und Theologiefolgenabschätzung bemühen. In der Wissenschaft geht es nicht nur – wie bisher meistens gesehen und betont – um die Ursachen, sondern zunehmend um die Wirkungen, um die Finalität. Mit dem Hinweis auf die Notwendigkeit und die prinzipielle Unabschätzbarkeit der Grundlagenforschung wird man das Auslangen nicht mehr finden.

Philosoph: Nach Hegel ist die Philosophie „ihre Zeit in Gedanken gefaßt". Diese Aufgabe bleibt natürlich über die jeweilige Zeit hinaus zu erfüllen, wobei das Spannungsverhältnis von Vergangenheit und Zukunft auszuhalten ist. Die Philosophie, die Wissenschaften überhaupt müssen auch in Zukunft ihre Autonomie bewahren (siehe Humboldt), müssen diese verstärken (siehe UOG 1993), sie dürfen sich nicht an die Anwendung, an die Bedürfnisbefriedigung, an die Wirtschaftlichkeit, an die Politik verlieren. Die Grundlagenforschung wird, soll es eine Chance geben, unsere Zukunft sichern. Die Wissenschaft kann sich bei Entlastung von gesellschaftlicher Verantwortung zu bisher ungeahnten Möglichkeiten steigern (so z. B. der Soziologe N. Luhmann).

Theologe: Der genannte Anspruch Hegels konnte und kann von der Philosophie nie voll eingelöst werden. Es geht um ein ausgewogenes Verhältnis von Vergangenheit und Zukunft, um eine Kontinuität von der Vergangenheit über die Gegenwart in die Zukunft hinein. Der Wissenschafter muß mehr aus der (Wissenschafts-)Geschichte lernen. Man darf vor lauter Vergangenheitsbewältigung nicht die Zukunftsbewältigung vergessen. Die gegenwärtigen Entwicklungen lassen sich nie allein aus sich selbst heraus, sondern immer nur als Entwicklungsgeschichte im dialektischen Prozeß verstehen. Viele Philosophen und Theologen haben im Lauf der Zeit betont, daß man das Wissen um das Eine brauche, um das Viele zu verstehen. Die Wissenschaft ist für ihre Folgen zumindest moralisch (mit-)verantwortlich. Es gibt keine Wertfreiheit, keine Verantwortungsfreiheit der Wissenschaft. Die politische Erheblichkeit von Ergebnissen der Wissenschaft nimmt zu, die Politikberatung durch Wissenschaft wird wichtiger. Häufig fehlt der politische Wille zu tun, was als richtig erkannt worden ist. Es gibt eine gemeinsame gesellschaftliche Verantwortung, eine Gesamtverantwortung von Wissenschaft und Politik, der sich viele Wissenschafter leider entziehen.[25] Dasselbe gilt – ceteris paribus – für die Medien, die Öffentlichkeit, deren Unterstützung die Wissenschaft immer dringender braucht.

6 Ziele und Zukunft

Philosoph: Nenne mir aus deiner Sicht Wege und Ziele für unsere gemeinsame Arbeit und Verantwortung.

Theologe: Die gegenwärtigen Probleme lassen sich nicht mehr lokal, regional, von einer einzigen wissenschaftlichen Disziplin aus lösen. Die globale Vernetzung fast aller Bereiche nimmt zu. Leider gibt es analog dazu keine tragfähige und anerkannte Weltautorität, Weltordnung. Die Diagnose „bellum omnium contra omnes" (Th. Hobbes) sollte durch die Therapie „Si vis pacem, para bonum", durch die Frage „Cui bono?" ersetzt werden. Dualismen, Monismen und Reduktionismen sind zu verabschieden. Es wäre besser, nicht negativ und destruktiv, sondern positiv und konstruktiv zu denken und zu arbeiten. Die positive Beantwortung der uralten Frage nach „Sein oder Nichtsein" liegt – hinsichtlich Mensch und Erde – in der Einsicht, Entscheidung und Verantwortung des Menschen. Weder vordergründige und ineffiziente Optimisten, die nichts zu tun und zu verändern brauchen, noch apokalyptische Pessimisten, die gerade gegen die Jahrtausendwende zu eine Konjunktur erleben, sind gefragt. Die uralten Fragen nach dem „Woher?", „Wohin?" und „Wozu?" müssen endlich beantwortet, dürfen nicht einfach als typisch marxistisch abgetan werden.[26] Die Suche nach „Sündenböcken" reicht nicht aus. Der intellektuelle Skeptiker, der hybride Zyniker, der demonstrative Nihilist, der absolute Relativist, der feine Maxi, der Alleszermalmer, Sisyphus, Ahasver und Prometheus werden der Gesellschaft nicht helfen, die Zukunft nicht retten. Es geht um die Bewältigung des Lebens.

Philosophen und Theologen, alle Wissenschafter sollen in Zukunft folgende Möglichkeiten des Internet besser nützen: Kommunikation über e-mail weltweit und innerhalb sehr kurzer Zeit; Diskussion von inhaltlichen Fragen im Rahmen von News-Groups; Präsentation und Publikation eigener For-

---

25 Siehe A. Kolb, Zur Wissenschafts-, Forschungs- und Bildungspolitik, in: A. Kolb, *Wissenschaft – Bildung – Kultur. Für Integration, Ziele, Werte und Verantwortung*, Graz 1995, 84-98.

26 „Die Disqualifizierung erkenntnisleitender Interessen als partikularer und der Ersetzung der Frage: Warum? durch die Frage: Cui bono? ist besonders charakteristisch für alle marxistischen Argumentationen" (R. Spaemann, Der Streit der Philosophen, in: *Wozu Philosophie? Stellungnahme eines Arbeitskreises*, hg. v. H. Lübbe, Berlin 1978, 91-106, 100).

schungsergebnisse und Vorstellung von Institutionen im World-Wide-Web; Literatur- und Datensuche in in- und externen Datenbanken und Bibliotheken sowie auf CD-ROM-Servern mittels Gopher und World-Wide-Web; selbständiges Suchen von Literatur in entfernten Bibliotheken sowie Literaturbestellung; weltweite Verbreitung von Nachrichten, Kongreßankündigungen, Anfragen usw. mittels News-Lists sowie der Zugang zu den dort präsentierten Informationen; EDV-mäßige Verfügung über Originaltexte; Zugang zu Presseagenturen und Printmedien (etwa Fachzeitschriften, Tages- und Wochenzeitungen). Das „Jahr des lebenslangen Lernens 1996" soll genützt werden. Mit der EDV können Informationen bzw. Ergebnisse rascher verbreitet, Aufgaben besser erfüllt, Ziele effizienter erreicht werden. Allerdings wird auch die Kurzlebigkeit gefördert, werden die Bedeutung und der Einfluß von Büchern und Zeitschriften allenfalls gemindert, steigt die Rechtsunsicherheit, nehmen ethische Probleme zu. Internet vernetzt, schafft aber keine wirklich menschlichen Verbindungen.

Die Schwerpunkte der Theologischen, Geisteswissenschaftlichen, Grund- und Integrativwissenschaftlichen Fakultäten, die Forschungsschwerpunkte von Philosophie und Theologie befassen sich – zumindest in Österreich – zuwenig mit der Lösung aktueller Probleme. Die derzeit in Österreich eingerichteten 8 „Spezialforschungsbereiche" (SFB)[27] sind fast zur Gänze naturwissenschaftlich-technischen Themen gewidmet; einzige Ausnahme ist der Bereich „Moderne" an der K.-F.-Universität Graz (Sprecher: R. Haller, R. Flotzinger), der sich allerdings mit der Vergangenheit, nämlich mit der Zeit von ca. 1870-1930 befaßt. Im FWF befinden sich derzeit 6 SFB und 7 Forschungsschwerpunkte in Begutachtung, wobei sich diese 13 wiederum mehrheitlich mit naturwissenschaftlich-technischen Themen befassen. Unter diesen 6 SFB befindet sich erfreulicherweise einer aus der Philosophie, nämlich „Koexistenz rivalisierender Paradigmen" (Sprecher: P. Weingartner).

Weder Österreich noch Europa dürfen als Nabel der Welt betrachtet werden. Die (wirtschaftliche) Zukunft Europas wird sich zunehmend in Südostasien entscheiden. Die westliche Industriegesellschaft ist im Auslaufen begriffen. Für die postindustrielle Gesellschaft sind noch keine Modelle entwickelt worden. Die Postmoderne hat einen kulturellen, esoterischen, apokalyptischen, subjektiven, antiwissenschaftlichen, anarchischen Charakter und vermag so die akuten gesellschaftlichen, sozialen, humanen, geschweige denn wirtschaftlichen Probleme sicher nicht zu lösen. Die Wissenschaften – auch

---

27 Es handelt sich um folgende 8 SFB: Biokatalyse, Biologische Kommunikation, Optimierung und Kontrolle, Moderne, Microvascular Injury and Repair, Molekulare Mechanismen der Zelldifferenzierung und des Zellwachstums, Biomembranen und Atherosklerose, Elektroaktive Stoffe.

Philosophie und Theologie – sind zu einseitig auf reine Wissens-, Wissenschaftsvermittlung ausgerichtet und sehen deren Grenzen, Insuffizienzen und Gefahren zuwenig bis gar nicht. Sie müßten mehr auf den Zusammenhang von Begabung, (Aus-)Bildung, Bedarf bedacht sein und eine intensivere Verbindung von Wissenschaft, Wirtschaft und Kultur betreiben. Die Studienziele sollten sich mehr dem humanen, sozialen und wirtschaftlichen Bedarf anpassen und nicht einfach nach Besitzstand, Tradition, bisherigen Disziplinen und Prestige entschieden werden. Lehre und Forschung betreffend ist mehr auf Qualität und Wettbewerb zu achten. Über den übertriebenen Spezialisierungen gehen häufig die großen und notwendigen Orientierungen verloren.

Alle Disziplinen sollen intrafakultär und intrauniversitär besser zusammenarbeiten, ihre im Dialog und Konsens erzielten, hoffentlich gesellschaftsrelevanten Ergebnisse einheitlich präsentieren. An den Universitäten sollen wir alle zusammen mit vereinten Kräften folgende Aufgaben erfüllen, folgende Ziele verfolgen:

Leben und Überleben; Bewahrung und Erhaltung von Mensch, Tier, Pflanze, Erde; Zusammenleben der Menschen in Frieden, Freiheit, (soziale) Gerechtigkeit und Solidarität; Menschenwürde, Menschenrechte.

Insbesondere im Bereich der Geistes-, Human- und Kulturwissenschaften[28] sind mehr zukunftsorientierte Forschung, mehr Problemlösungskapazität, mehr gemeinsame Planung, Koordinierung, Zusammenarbeit, mehr finanzielle Mittel notwendig. Es sind Arbeits- und Forschungsschwerpunkte über humane und konsensuale Ziele, über globale Strategien und Lösungen zu erarbeiten, die – bei aller Autonomie der Wissenschaften – in gemeinsamer Verantwortung mit der Politik umzusetzen sind. Die Wissenschaften hören mit ihrem Erkennen und ihrer wissenschaftlichen Verantwortung leider meistens dort auf, wo die politische Verantwortung beginnt. Es geht weniger um Details, mehr um Orientierung und Zukunft; weniger um die Lösung interner Probleme von Philosophie und Theologie, mehr um interdisziplinäre Zusammenarbeit; weniger um komplizierte Fachausdrücke der Spezialisten, mehr um allgemeine Verständlichkeit und Verständigung. Am Ende des Jahrhunderts, des Jahrtausends, zum „Millennium" brauchen wir beide und andere einen Rückblick und einen Ausblick, Zusammenhang, Kontinuität und Kreativität, ein neues Denken, neue Fragen, neue Antworten auf neue Herausforderungen, Probleme, Bedürfnisse. Der Verlust von Transzendenz bedeutet eine Fixierung auf die Immanenz, einen Verlust an Begründung, Ein-

---

28 Siehe A. Kolb, Neuer Begriff der Kulturwissenschaften, der Kultur, der kulturellen Identität, in: *SJP* 40 (1995) 151-157.

heit, Zusammenschau, Zukunft und Ziel. Wo es keine Subordination gibt, da gibt es keine Koordination.[29]

Der *Philosoph* und der *Theologe* reichen einander die Hand.

Da hält das *„Raumschiff Erde"* kurz seine Fahrt an und meldet sich zu Wort: Seit ca. 5 Milliarden Jahren bin ich als Planet unterwegs; gemessen daran bist du, Mensch, nur einige Minuten „auf der Welt". Seit der Mitte des 20. Jahrhunderts bereitest du mir Sorge, weil du imstande bist, mich fehlzuleiten, ja mich zu zerstören. Durch euren Handschlag hege ich wieder ein wenig Hoffnung. Ich fühle mich nur sub specie creationis, evolutionis et aeternitatis richtig verstanden. Nun kann ich wieder leichter Kurs nehmen in Richtung Einheit von Mensch und Natur, in Richtung Vernunft, Frieden, Freiheit, Gerechtigkeit, Glück und Zukunft.

---

29 Augustinus vertrat in seinem Werk „De civitate Dei" die Auffassung, daß es zu keiner richtigen Koordination (coordinatio) in der Welt, unter den Menschen kommen könne, wenn die Unterordnung (subordinatio) unter Gott fehlt.

WIE IST METAPHYSIK ALS WISSENSCHAFT MÖGLICH?[*]

HEINRICH SCHMIDINGER (SALZBURG)

Es mag vermessen erscheinen, einen Vortrag mit einem Titel zu versehen, der das Zitat eines der großen Werke der Geistesgeschichte enthält.[1] Sehr rasch stellt sich da der Verdacht ein, daß jemand Schuhe anzieht, die ihm um vieles zu groß sind. Nicht weniger seltsam mutet es an, wenn eine Frage gestellt wird, die für einen großen Teil aller Wissenschaftler erledigt zu sein scheint. Erinnern wir uns nur daran, daß selbst Philosophen und Wissenschaftler, die bei Metaphysik noch an etwas Positives denken konnten, wenigstens hinsichtlich ihrer Wissenschaftlichkeit skeptisch waren. Ganz zu schweigen von all den Kritikern, die die Metaphysik nahezu ausschließlich im Namen der Wissenschaft ignoriert oder bekämpft haben. Ausgerechnet dieser großen Zahl von Gelehrten gegenüber soll nun die Frage erneuert werden, ob und wie Metaphysik als Wissenschaft möglich ist? Hat dies überhaupt Sinn, so muß mindestens Zweierlei gezeigt werden: *erstens*, daß es starke Gründe dafür gibt, sich der scheinbar erledigten Frage neu zuwenden zu müssen, und *zweitens*, daß in der Tat eine reale Möglichkeit existiert, in der Metaphysik als Wissenschaft auftreten könnte.

Beides möchte dieser Vortrag auf sich nehmen, wobei er angesichts der engen Grenzen, die ihm gesetzt sind, mehr *thesen-* und *hinweisartig* als ausführend und begründend vorgehen muß. Letzteres soll nicht befürchten lassen, daß sich im Folgenden bloße Behauptungen aneinanderreihen werden. Trotz der Knappheit der Argumentation möge sich vielmehr abzeichnen, daß die einzelnen Thesen und Überlegungen *diskursfähig* sind und genauere Betrachtungen zumindest nahelegen.

Entsprechend der Aufgabe, die sich der Vortrag setzt, ist er in *zwei* Teile gegliedert: Im *ersten* Teil geht es um die Gründe, die es sinnvoll machen, die Frage nach der möglichen Wissenschaftlichkeit der Metaphysik neu aufzunehmen. Im *zweiten* Teil hingegen steht das Problem einer konkreten Realisierbarkeit der Metaphysik als Wissenschaft im Mittelpunkt.

---

[*] Der vorliegende Text gibt bis auf eine Auslassung, die aus Platzgründen notwendig war, den in Graz gehaltenen Vortrag wieder. Gegenüber diesem sind keine inhaltlichen Änderungen vorgenommen worden. Die meines Erachtens berechtigten Einwände und Kritikpunkte, die in der Diskussion nach dem Vortrag vorgebracht wurden, sind - soweit ich mich an sie noch exakt erinnern kann - in den Fußnoten genannt und - wo es mir möglich war - beantwortet.

1   I. Kant, *Prolegomena zu einer jeden zukünftigen Metaphysik, die als Wissenschaft wird auftreten können*, A 48.

1

Bevor allerdings in medias res gegangen werden kann, ist zu fragen, was im Folgenden unter Metaphysik vorzustellen ist. Ich schlage dazu wiederum Zweierlei vor:

1.1

Erstens möge ausgemacht sein, daß es auf das Wort „Metaphysik" letztlich nicht ankommt, daß es im Bedarfsfall vielmehr auch ersetzt oder gestrichen werden könnte.[2] Ausschlaggebend bleibe das *Thema*, um das es jener Unternehmung geht, die man im Laufe der Geschichte „Metaphysik" genannt hat. Dies zu fordern scheint mir deshalb wichtig zu sein, weil Wörter, die durch ihren vielfältigen Gebrauch so unterschiedliche und schicksalshafte Bedeutungen erhalten haben wie das Wort „Metaphysik", unserer Vorstellungskraft sehr rasch Assoziationen aufdrängen, die vom ursprünglich Gemeinten und Beabsichtigten ablenken. Denken wir nur an jene Deutung, die sich vermeintlich am Wort selbst orientiert, in Wirklichkeit aber nichts anderes als eine Wortmystifizierung betreibt, an jene Deutung nämlich, die bei „Metaphysik" an „Meta-physik" denkt, d.h. an die Wissenschaft von jenem, das *jenseits* des Physischen – des sinnlich und erfahrungsmäßig Erfaßbaren – zu finden ist. Sie macht die Metaphysik zur Wissenschaft des Übersinnlichen und Transzendenten. Wie unheilvoll sich dies – mag es historisch gesehen noch so nachvollziehbar und verständlich sein[3] – auf die ganze Debatte um die Metaphysik ausgewirkt hat, weiß jeder, der die Philosophie- und Wissenschaftsgeschichte auch nur wenig kennt. Was jedoch war ursprünglich mit der Unternehmung „Metaphysik" beabsichtigt? Was lag sozusagen in der primären Intention ihrer Erfinder? Damit bin ich bei meinem zweiten Vorschlag:

1.2

Zweitens: Ich behaupte, daß folgende Minimaldefinition nicht nur die Absicht trifft, welche die griechischen Philosophen bei der Einführung der Metaphysik gehabt haben, sondern zugleich einen Ausgangspunkt für eine Debatte bilden könnte, von dem aus heute über Metaphysik diskutiert wird. Sie lautet: *Metaphysik ist eine mögliche Form, sich mit Fragen, die die Wirk-*

---

[2] Vgl. D. Henrich, *Was ist Metaphysik – was Moderne? Zwölf Thesen gegen Jürgen Habermas* ([1]1985), in: ders., *Konzepte. Essays zur Philosophie in der Zeit*, Frankfurt 1987, 7-43, hier 11.

[3] Siehe dazu den Artikel *Metaphysik* von Th. Kobusch, L. Oeing-Hanhoff und T. Borsche in: Historisches Wörterbuch der Philosophie, Bd. 5 (1980) 1186-1279.

lichkeit in ihrer Gesamtheit betreffen, zu beschäftigen. Wir ersehen aus dieser Definition Mehrfaches:

1.2.1

Zunächst erscheint als das *Spezifikum* der Metaphysik die Beschäftigung mit Fragen, welche die Wirklichkeit im Ganzen tangieren.[4] Die antike und mittelalterliche Tradition meinte diesem Ganzen der Wirklichkeit dadurch näherzukommen, daß sie auf dem Wege der *Abstraktion* alles Wirkliche auf das Fundamentalste reduzierte, was sich von ihm überhaupt sagen läßt. Sie gelangte so zum Begriff des Seienden bzw. zum Begriff des Seins. Die Metaphysik wurde in der Folge zur Wissenschaft des Seienden als Seienden oder zur Wissenschaft des Seins des Seienden. Als im Zuge der Neuzeit an die Stelle der Abstraktion die *Konstruktion*, d.h. der Entwurf, die Fiktion und die Systematisierung durch die menschliche Erkenntniskraft trat, verlor der Seinsbegriff – eingestandenermaßen oder nicht eingestandenermaßen – letztlich an Bedeutung und wurde schließlich von verschiedenen Richtungen der Philosophie sogar als nicht zulässig kritisiert. Aufgrund dieser Entwicklung, die an dieser Stelle nicht näher untersucht werden kann, soll er auch in der hier vorgeschlagenen Definition nicht verwendet werden. Zugleich bleibe aber das, was mit ihm intendiert worden ist, nämlich die Wirklichkeit im Ganzen, (so weit dies überhaupt möglich ist) thematisiert.[5] Dies wiederum

---

4   Man ersieht daraus, daß ich die „metaphysischen Fragen" nicht von den unterschiedlichen *Arten* des Fragens her bestimme, sondern von dem her, *wonach* gefragt wird. Das inkludiert, daß Fragen unterschiedlicher Art *letztlich* dennoch nach *demselben* fragen können. So ist z.B. nicht ausgeschlossen, daß sie sehr lebensnah und konkret – nach dem Muster „warum lebe *ich*?" – oder aber in der Form der metaphysischen Tradition – wie „Warum gibt es überhaupt etwas und nicht vielmehr nichts?" – gestellt sind. Dennoch treffen sie sich darin, Relevanz für *alles* zu besitzen, was als wirklich anerkannt wird, d.h. die Wirklichkeit in ihrer Gesamtheit zu tangieren. Meine Rede von „Fragen, die die Wirklichkeit in ihrer Gesamtheit betreffen", bezieht sich daher lediglich auf diesen *gemeinsamen Nenner* prinzipiell unterschiedlich stellbarer und formulierbarer Fragen.

5   Hier stellt sich natürlich die Frage, was unter dem „Ganzen der Wirklichkeit" vorzustellen ist. Ohne hier im Detail auf diese Frage eingehen zu können, meine ich, daß das Ganze, wenn überhaupt, so nur als *Ordnung* oder als *System* zu „haben" ist. Denn ausschließlich durch ein System kann das erreicht werden, was unabdingbare Voraussetzung für ein „Haben" des Ganzen ist: die Reduktion der unerhörten Vielfalt und Komplexität der Wirklichkeit. In diesem Sinne teile ich weitgehend Kants Auffassung hinsichtlich der Gegebenheit der Totalität von Bedingungen, wonach diese niemals als „Gegenstand", sondern allemal nur als Regel unseres Umgangs mit der Wirklichkeit da ist. (Vgl. *Kritik der reinen Vernunft* B 536ff., A 508ff.)

geschehe durch die Rede von den „Fragen, die die Wirklichkeit in ihrer Gesamtheit betreffen". Daß dabei an das Übersinnliche und Transzendente noch nicht einmal gedacht ist, ergibt sich nicht allein aus dem Wortlaut der Definition als solcher, sondern auch aus der historischen Tatsache, daß beim Entstehen der Metaphysik trotz aller Forderung nach einer philosophischen Theologie eine Unterscheidung von Immanenz und Transzendenz – im späteren und heutigen Sinn – völlig fremd war.

1.2.2

Sodann liegt der Akzent der vorgeschlagenen Definition auf den *Fragen*. Im Vordergrund stehen somit nicht die Antworten, die man der Metaphysik so gerne unterstellt und so weidlich kritisiert. Antworten kann es selbstverständlich geben, wie überall mit Antworten zu rechnen ist, wo halbwegs sinnvolle Fragen gestellt werden, sie sind jedoch für die Metaphysik nicht konstitutiv. Das heißt umgekehrt: Metaphysik besteht auch dort, wo es beim bloßen Fragen bleibt. Oder anders formuliert: In erster Linie ist Metaphysik der Umgang mit einer besonderen Art von Fragen – nichts mehr, nichts weniger. Bei diesem Umgang kann sich durchaus herausstellen, daß Antworten auf die genannten Fragen unmöglich sind. Deshalb ist es mit der Metaphysik noch keineswegs zu Ende. Immerhin besteht ein nicht zu überschätzender Erkenntnisgewinn darin, daß die Unbeantwortbarkeit einer Frage erwiesen wird.[6]

1.2.3

Schließlich ist in der vorgeschlagegnen Definition von der *einen Form* die Rede, in der die Metaphysik Fragen behandelt, die die Wirklichkeit in ihrer Gesamtheit betreffen. Das impliziert, daß es noch andere Formen gibt, in der die genannten Fragen angegangen werden. In der Tat nehmen sich derer neben der Metaphysik auch die Religion, die Literatur, die Kunst, die Ideologie und die allgemeine, nicht spezifizierte Weltanschauung an.[7] Und es ist allseits bekannt, daß diese Formen dabei sehr erfolgreich sind. Unvergleichlich häufiger und wahrscheinlich auch zielführender als mit der Metaphysik lösen zahllose Menschen die umfassenden Fragen mit ihrer Hilfe. Dies wiederum hat seinen Grund darin, daß die Metaphysik im Unterschied zu allen anderen Formen *wissenschaftlich* vorgehen will, was von Hause aus Schwierigkeiten impliziert, weil nun einmal der Anspruch auf Wissenschaftlichkeit

---

6   Es versteht sich von selbst, daß die Behauptung der Unbeantwortbarkeit einer Frage ihrerseits eine Antwort darstellt.
7   Vgl. H. Schmidinger, *Ein Versuch, Philosophie zu definieren*, in: O. Muck (Hg.), *Sinngestalten. Metaphysik in der Vielfalt menschlichen Fragens*, Innsbruck-Wien 1989, 42-52.

mit Forderungen verknüpft ist, die einiger Anstrengung und Konsequenz bedürfen. Darin besitzt die Metaphysik ihre Besonderheit und unter Umständen auch ihre Berechtigung. Letzteres jedoch ist genau das Thema dieses Vortrages. Deshalb sei nichts vorweggenommen, sondern noch einmal konkret gefragt: Ist Metaphysik als Wissenschaft überhaupt möglich und, wenn ja, wie ist das konkret vorzustellen?

2

Daß es gerechtfertigt ist, die Frage nach der Wissenschaftlichkeit der Metaphysik neu zu stellen, folgt nach meiner Ansicht vor allem aus *drei* Erkenntnissen:

2.1

An *erster* Stelle muß festgehalten werden, daß es die sogenannten „unabweislichen Fragen"[8] gibt und daß diese zwar nicht notwendig, sehr wohl aber *auch* inmitten der Wissenschaften selbst entspringen. Beides hat man lange Zeit hindurch zu bestreiten versucht, indem man alle Fragen umfassender Natur aus der Wissenschaft verbannte und sie zu subjektiven Angelegenheiten des Menschen erklärte. Das konnte jedoch auf Dauer nicht aufrecht erhalten werden. Zum einen stellte sich nämlich heraus, daß sogenannte subjektive Angelegenheiten durchaus Rückwirkungen auf die reine Objektivität der Wissenschaft haben, und zum andern wurde zunehmend klar, daß die Wissenschaft sowohl innerhalb ihrer eigenen Bereiche unausweichlich auf metaphysische Fragestellungen stößt als auch im Zuge ihrer kritischen Selbstreflexion notwendige metaphysische Voraussetzungen zur Kenntnis nehmen muß.

2.1.1

Ich beginne mit Letzterem: Wissenschaft ist ein Wissen, das zumindest den Anspruch erhebt, sich über seine eigenen Voraussetzungen und Bedingungen Klarheit verschafft zu haben bzw. zu verschaffen. Wie schwierig, ja wie nur begrenzt möglich die Einlösung dieses Anspruchs ist, hat die moderne Wissenschaftstheorie hinlänglich bewußt gemacht. Vor allem wurde deutlich, daß die Wissenschaft Voraussetzungen akzeptieren muß, die sie aufgrund ihrer eigenen methodischen Prämissen oft nicht widerspruchsfrei re-

---

8 „Die menschliche Vernunft hat das besondere Schicksal in einer Gattung ihrer Erkenntnisse: daß sie durch Fragen belästigt wird, die sie nicht abweisen kann, denn sie sind ihr durch die Natur der Vernunft selbst aufgegeben, die sie aber auch nicht beantworten kann, denn sie übersteigen alles Vermögen der menschlichen Vernunft." (I. Kant, *Kritik der reinen Vernunft*, A VII).

flektieren kann. Man darf auch sagen: Sie kommt nicht darum herum, ihrem eigenen Tun Annahmen zugrundezulegen, die Aussagen über die Wirklichkeit in ihrer Gesamtheit enthalten und damit metaphysischer Natur im zuvor angegebenen Sinne sind.

Denken wir etwa daran, daß jede Wissenschaft, will sie nicht vor sich selbst unglaubwürdig, ja sinnlos und absurd werden, davon ausgehen muß, daß es in der Wirklichkeit als solcher so etwas wie eine Ordnung gibt.[9] Wäre dies für sie nicht von vornherein entschieden oder zumindest aller Annahme wert, so könnte sie es auf der Stelle bleiben lassen, nach Zusammenhängen und Gesetzmäßigkeiten innerhalb der Wirklichkeit zu suchen. Wie könnte nun aber die Wissenschaft diese keineswegs selbstverständliche Annahme – vergessen wir nicht, daß es Gelehrte gegeben hat und gibt, die sie bestritten und bestreiten[10] – ihrerseits erörtern oder gar legitimieren? Oder denken wir an die unterschiedlichen Fundamentaldefinitionen, die eine Wissenschaft braucht, um überhaupt tätig werden zu können, z.B. an die Definition von Materie, von Leben, von Seele, von Geschichte und dergleichen. Auch hier gelangt die Wissenschaft meines Erachtens unausweichlich zu Entscheidungen, die sie aus sich selbst, mittels der von ihr zugelassenen Aussagen, nicht abzudecken vermag. Wollte sie hier nicht einfach verstummen, müßte sie sich zu Aussagen entschließen, die weit mehr beträfen als den von ihr gewählten und mittels spezifischer Methoden erschlossenen Wirklichkeitsbereich.

Man kann sich natürlich auf den Standpunkt stellen, daß die Wissenschaft hier bei ihren Leisten zu bleiben und sich der wirklichkeitumfassenden Aussagen zu enthalten habe. Es fragt sich allerdings, ob sie es sich damit nicht zu leicht macht. Verfahren die Wissenschaften auf diese Weise nicht wie Ministerialbeamte, die die Existenz eines Problems erst dann anerkennen, wenn es auch eine Stelle oder einen Kollegen gibt, die bzw. der dafür zuständig ist?

---

9 Vgl. dazu (unter vielem anderen): I. Kant, *Kritik der Urteilskraft*, B XX, A XIXf.; A. Einstein, *Naturwissenschaft und Religion*, in: H. P. Dürr (Hg.), *Physik und Transzendenz*, Bern-München-Wien [6]1992, 71-78, bes. 75.

10 Ein modernes Beispiel für diese Position bietet der rumänisch-französische Denker Émile Michel Cioran (1911-1995). Siehe seine Bücher *Über das reaktionäre Denken* ([1]1957/70), Frankfurt 1980, 26-37, und *Die verfehlte Schöpfung* ([1]1969), Frankfurt 1979, 7ff. In der früheren Geistesgeschichte wäre vor allem an Philosophen und Dichter zu denken, die dem sogenannten „Nihilismus" zuzuordnen sind. Als Beispiel erwähne ich nur die anonym erschienen *Nachtwachen von Bonaventura* ([1]1804), hg. von W. Paulsen, Stuttgart 1964, bes. 48,53. (Als ihr Autor konnte Ernst August Klingemann eruiert werden. Siehe R. Haag, *Noch einmal: Der Verfasser der Nachtwachen von Bonaventura*, in: Euphorion. Zeitschrift für Literaturgeschichte 81 [1987] 286-297.)

Ist es denn wirklich apriori ausgeschlossen, daß es wissenschaftlich vertretbare Aussagen auch über jenen Kanon hinaus gibt, den sich jede Wissenschaft für sich setzt?[11]

2.1.2

Diese Frage ist umso mehr gerechtfertigt, als die Wissenschaft nicht bloß in ihrem Vorfeld mit Fragen umgeht, die die Wirklichkeit in ihrer Gesamtheit betreffen, sondern auch im Zuge ihres eigenen Vorgehen immer wieder auf Probleme stößt, die im zuvor definierten Sinne als metaphysische Probleme bezeichnet werden dürfen. Ein eindrucksvolles Beispiel dafür scheinen mir die sogenannten „abgeschlossenen Theorien" der Physik zu bieten.[12] In diesen Theorien wird ausdrücklich der Versuch unternommen, die Wirklichkeit, sofern sie der Physik und ihrer Einstellung zugänglich ist, so weit als möglich und so einfach als möglich wissenschaftlich zu erfassen. Natürlich steht jede diesbezügliche Aussage unter der Einschränkung, daß sie sich lediglich auf die physikalisch begreifbare Wirklichkeit beziehe, also nicht für die Wirklichkeit in jeder Hinsicht gelten dürfe. Gewiß. Es bleibt aber doch bestehen, daß auch in dieser spezifischen – physikalischen – Hinsicht nichts Geringeres als die Wirklichkeit im Ganzen, soweit sie zugänglich ist, anvisiert wird. Dadurch gewinnt die Wissenschaft, ob sie das eigens will oder nicht, aus ihrer eigenen Dynamik heraus eine metaphysische Einstellung. Nicht von ungefähr messen sich Wissenschaftler, die so weit vordringen, daß sie so etwas wie Weltformeln finden wollen, gerne mit Philosophen, die große metaphysische Theorien aufgestellt haben.[13]

---

11 Hier erhebt sich unwillkürlich die Frage, wie die Wissenschaft *wissenschaftlich* über sich hinauskommen soll. Ich meine, daß dies nur möglich ist, wenn die Kriterien für die Wissenschaftlichkeit von Erkenntnissen so *erweitert* werden, daß ihnen auch noch die Reflexion über die Voraussetzungen von Wissenschaft genügen kann. Einen Weg in diese Richtung bietet meines Erachtens der Versuch, Wissenschaft von der Argumentation her zu definieren. Siehe Punkt 1.3.

12 Vgl. u.a. W. Heisenberg, *Der Begriff „abgeschlossene Theorie" in der modernen Naturwissenschaft* (^{1}1948), in: ders., *Schritte über Grenzen*, München ^{7}1989, 73-80; C. F. von Weizäcker, *Die Einheit der Natur* (^{1}1971), München 1974, 133-171, 193ff..

13 Vgl. dazu u.a. W. Heisenberg, *Die Plancksche Entdeckung und die philosophischen Grundlagen der Atomlehre* (^{1}1958), in: ders., wie Anm. 12, 20-51, bes. 29ff., 39ff.; ders., *Das Naturgesetz und die Struktur der Materie* (^{1}1964), ebd. 187-206, passim; ders., *Physik und Philosophie* (^{1}1959), Frankfurt-Berlin 1990, 41-70 u.ö.; C.F. von Weizäcker, *Die Einheit der Natur*, wie Anm. 12, 183ff., 367-491 u.ö.

2.1.3

Schließlich ist der sogenannte subjektive Bereich, in den man die metaphysischen Fragen so gerne abschiebt, nicht zu unterschätzen. Dies kommt ganz einfach daher, daß sich die Bereiche des Subjektiven und des Objektiven nicht so klar trennen lassen, wie dies die Saubermacher der Philosophie gewünscht haben und immer noch wünschen. Das heißt aber auch, daß sich zumindest nicht überall eindeutig sagen läßt, was als objektiv relevant anzuerkennen ist und was nicht.

Veranschaulichen wir uns dies an der Frage nach dem Sinn des Lebens. Sie gilt ja als ein Paradebeispiel für ein Problem, daß der einzelne Mensch zu bewältigen und mit sich selbst auszumachen hat, für ein subjektives Problem par excellence also. Ich will gar nicht leugnen, daß diese Frage eine radikal subjektive Dimension besitzt, die wissenschaftlich völlig unzugänglich bleibt. Andererseits ist doch zu überlegen, was geschehen würde, wenn sich das Leben für den Einzelnen, für eine Gruppe von Menschen oder gar für eine größere Allgemeinheit als sinnlos herausstellte. Hätte dies für die Wissenschaft überhaupt keine Folge? Wer dies behauptete, müßte zumindest erklären, wie die Wissenschaft sich selbst dann noch als eine rationale und sinnvolle Veranstaltung begreifen dürfte, wenn alles rund um sie herum im Abgrund des Absurden und Wertlosen versinken würde. Wäre er dazu nicht in der Lage, hätte er damit zu rechnen, daß die vermeintlich subjektive Frage nach dem Sinn des Lebens am Ende doch ihre objektive Seite hat, die als solche auch für die Wissenschaft zur Behandlung ansteht.[14]

Noch einmal: Niemand könnte es der Wissenschaft verwehren, diese Frage von sich zu schieben und der bloßen Weltanschauung anheimzustellen. Die Wissenschaft müßte sich dann jedoch ihrerseits fragen lassen, wie sie es mit ihrem eigenen Anspruch halte, ein selbstkritisches Wissen zu sein, d.h. ein Wissen, das sich über seine eigenen Voraussetzungen und Möglichkeitsbedingungen Rechenschaft gibt und sie so weit als möglich reflektiert. Dem könnte die Wissenschaft nur dann glaubwürdig begegnen, wenn sie sich imstande sähe, das ganze Sinnproblem als wissenschaftlich irrelevant zu erweisen. Dies würde ihr jedoch die neuerliche Entgegnung einhandeln, ob sie dazu ohne Einbeziehung metaphysischer Aussagen in der Lage wäre. Aufgrund der geschichtlichen Erfahrungen, die die Wissenschaft und die Philosophie mit Abgrenzungs- und Sinnkriterien im engeren Sinn gemacht haben, würde ich meinen, daß sie sich damit zumindest schwer täte.

---

14 Siehe dazu H. Schmidinger, *Die Sinnfrage als möglicher Ausgangspunkt der Metaphysik heute*, in: Salzburger Jahrbuch der Philosophie 38 (1993) 93-106.

2.2

Den *zweiten* Grund dafür, daß über die Berechtigung der Frage nach Wissenschaftlichkeit der Metaphysik neu aufzunehmen ist, sehe ich darin, daß die Erforschung der Philosophiegeschichte die Einseitigkeit und Relativität der Begriffe von Metaphysik, die der Kritik an der Metaphysik zugrundelagen, deutlich zu Tage gebracht hat. So ist unbestritten, daß der Kritik des Humanismus und der Aufklärung ausschließlich der scholastische und rationalistische Typ, der späteren und vor allem modernen Kritik hingegen überwiegend der idealistische, lebensphilosophische und seinsphilosophische Typ von Metaphysik vor Augen stand. Dies läßt zumindest die Frage zu, ob vom bestimmten Typ auf die Metaphysik als ganze geschlossen werden darf oder ob nicht wenigstens andere, neue Typen von Metaphysik ins Kalkül zu ziehen sind. Denn immerhin müßte man respektieren, daß es die „unabweislichen Fragen", die die Wirklichkeit im Ganzen betreffen, *gibt* und diese einer Lösung harren, die möglicherweise in Zweifel gezogen, zugleich aber nicht apriori ausgeschlossen werden darf. Wer könnte nämlich behaupten, daß es prinzipiell keinen Typ von Metaphysik geben kann, der ihnen gewachsen ist?

2.3

Damit bin ich beim *dritten* Grund dafür, daß hinsichtlich der Wissenschaftlichkeit der Metaphysik neu nachzudenken wäre. Nicht wenige Richtungen der Philosophie und Wissenschaft, die die Metaphysik im Namen der Wissenschaftlichkeit kritisiert und verworfen haben, gingen von einem sehr engen Wissenschaftsbegriff aus. Dies äußerte sich vor allem darin, daß sie nur *einen* Typ von Argumentation gelten ließen. Nicht selten war dies jener Argumentationstyp, den *Stephen Toulmin* den deduktiven Typ genannt hat, konkret jener Typ also, der in der Mathematik sowie in den Naturwissenschaften vorherrscht.[15] Dagegen haben sich nicht nur die Geisteswissenschaften bzw. die hermeneutisch und praktisch orientierten Philosophen gewandt, es wurde vielmehr auch innerhalb jener Richtungen, die sich anfangs als wissenschaftliche Argumentation ausschließlich die mathematisch-naturwissenschaftlichen Argumentation vorstellen konnten, immer mehr bewußt, daß es *mehrere* Typen von Argumentation gibt, die gleichberechtigt sind und auf je verschiedene Weise Wissenschaft konstituieren können. Es zeichnete sich mit andern Worten ein umfassenderes Verständnis von Wissenschaft ab, das sich im wesentlichen auf zwei Prinzipien beschränkte: Daß

---

15   S. Toulmin, *The Uses of Argument* (^{1}1958), deutsch Kronberg 1975; vgl. J. Habermas, *Theorie des kommunikativen Handelns*, Frankfurt 1981, Bd.I, 25-71.

nämlich Aussagen – bzw. Zusammenhänge von Aussagen (Theorien, Systemen) – dann als wissenschaftliche Aussagen anerkannt werden dürfen, wenn sie *erstens* intersubjektiv nachvollziehbar sind, d.h. vom einfachsten Ausdruck an verstanden und in ihrem Zusammenhang logisch rekonstruiert werden können, und wenn sie *zweitens* beurteilbar sind, d.h. auf der Basis von Begründungen in einen allgemeinen Diskurs eingebunden werden können, der freie Stellungnahmen gestattet. Wir können auch kurz sagen: Wissenschaft erweist sich überall dort als möglich, wo *methodisch* und *differenziert* argumentiert wird. Der Akzent muß natürlich auf „methodisch und differenziert" liegen, denn grundsätzlich argumentiert wird bekanntlich auch in der alltäglichen Kommunikation.[16] Hier geschieht dies freilich so, daß zwischen den diversen Typen der Argumentation wenig oder gar nicht unterschieden und kaum darüber reflektiert wird, was als mögliches Argument, als mögliche Begründung, anzuerkennen ist.

2.3.1

Daß das Kriterium für die Wissenschaftlichkeit nicht zu eng gefaßt werden darf, ergibt sich meines Erachtens nicht zuletzt daraus, daß die Wissenschaftssprache – ob sie das will oder nicht – an die allgemeine Sprache gebunden bleibt. Man geht über diesen Umstand gerne hinweg, weil es ja gerade sie in ihrer Undifferenziertheit ist, von der man die Wissenschaftssprache absetzen will. Man beachtet dabei allerdings zu wenig, daß der *unvermeidliche* Gebrauch der allgemeinen Sprache zur Einführung oder Erläuterung einer Wissenschaftssprache für eben diese von *konstitutiver* Bedeutung ist. Es ist nämlich nicht möglich, dasjenige, *woraus* man etwas abgrenzt – dies ist in unserem Fall die allgemeine Sprache – ohne Folgen für das, was man abgegrenzt – gegenwärtig die Wissenschaftssprache – auf- oder abzuwerten. Würde man in diesem Sinne z.B. die Wissenschaftssprache als das wahrhaft Rationale gegenüber der allgemeinen Sprache hinstellen, so wäre man genötigt zu erklären, wie denn aus dem Weniger-Rationalen, aus dem Minder-Rationalen oder aus dem Vor-Rationalen das Rationale hervorgehen könne. Das läßt sich zugunsten des Rationalen nur unter der Voraussetzung durchführen, daß das Rationale schon im Weniger-, Minder- oder Vor-Rationalen geortet würde. Auf die Wissenschaft umgemünzt heißt dies aber: Die Grenzen des wissenschaftlich Aussagbaren sind nicht so scharf gezogen, wie dies manche Wissenschaftstheoretiker gerne hätten. Und dies wiederum bedeutet: Wer den mehr oder weniger engen Kanon einer Wissenschaft verläßt und in Anspruch nimmt, was eigentlich keine Wissenschaft entbehren kann, nämlich die allgemeine Sprache, der bewegt sich noch nicht gleich jenseits des Gut

---

16 Vgl. H. Schnädelbach, *Reflexion und Diskurs*, Frankfurt 1977, 135ff., 180ff.

und Böse der Wissenschaft.[17] Auf die Metaphysik angewandt: Wenn es darauf ankommt, Aussagen zu Problemen zu tätigen, die den methodischen und axiomatischen Rahmen einer Wissenschaft sprengen, dann bedeutet dies noch nicht den Weg ins Abseits der reinen Spekulation, bloßen Weltanschauung oder subjektiven Beliebigkeit. Hier ist eine Schwarz-Weiß-Malerei nicht am Platz.

3

Empfiehlt es sich also, die Frage nach der möglichen Wissenschaftlichkeit der Metaphysik neu zu stellen, dann lohnt es sich auch, Gedanken darüber zu machen, wie diese Wissenschaftlichkeit, sollte sie überhaupt erwiesen werden, vorzustellen wäre. Dazu liegt es nahe, von dem Umstand auszugehen, daß es die Metaphysik nach der zuvor gegebenen Definition (vgl. *1.2*) mit Fragen zu tun hat, die die Wirklichkeit in ihrer Gesamtheit betreffen. Sollte es nämlich die Metaphysik dazu bringen – was allerdings nicht unbedingt gefordert ist –, Antworten auf dieselben zu finden, so könnten diese erwartungsgemäß nur aus Theorien bestehen, die ebenfalls umfassender Natur sind.

3.1

Dies jedoch führt sogleich zu der Frage, ob derartige Theorien prinzipiell möglich sind. Darauf wiederum kann es meines Erachtens nur eine *negative* Antwort geben. Wenigstens folgende vier Gründe scheinen mir dafür zu sprechen:

3.1.1

Zunächst ist jede Theorie durch die Endlichkeit und Relativität des Standpunktes bestimmt, von dem aus sie entworfen ist. Konstituierende Faktoren dafür sind die Sprache, die Biographie, die Gesellschaft, die Wirtschaft, die Kultur, die Geschichte und anderes mehr, was als Möglichkeitsbedingung des menschlichen Wissens angesehen werden muß. Eine Erkenntnis des Menschen, die frei von diesen Faktoren wäre, ist grundsätzlich nicht vorstellbar. So herrschen in jeder Erkenntnis Perspektive und Positionsbezogenheit. Dies wiederum setzt einer Theorie, die nichts Geringeres als die Wirklichkeit in ihrer Gesamtheit erfassen will, eine unbedingte Grenze. Wenn es nämlich so ist, daß jede Theorie den Charakter der Relativität und Perspektivität besitzt, dann kann es notwendigerweise auch andere Theorien geben, die dasselbe „Objekt" haben, es aber nicht nur unterschiedlich betrachten,

---

17 Vgl. K.-O. Apel, *Das Problem einer philosophischen Theorie der Rationalitätstypen*, in: H. Schnädelbach (Hg.), *Rationalität*, Frankfurt 1984, 15-31.

sondern aufgrund ihrer unterschiedlichen Einstellung auch ganz andere Bestandteile in ihm sichtbar machen.[18] Die Wirklichkeit als ganze bleibt damit jeder denkbaren Theorie prinzipiell verwehrt.

3.1.2

Dem entspricht *weiters*, daß jede Theorie durch die Systematisierung, mittels derer sie sich die Wirklichkeit zurechtlegt, sowohl zu einer Erschließung als auch zu einer Verschließung derselben führt. Im *selben* Moment, in dem sie die Wirklichkeit in einer bestimmten Hinsicht zugänglich macht, deckt sie sie in anderer Hinsicht auch zu.[19] Dieses Verschließen oder Zudecken darf nicht als etwas Absichtliches oder gar Böswilliges mißdeutet werden. Es gehört vielmehr *konstitutiv* zu jedem Akt des Menschen, der die Wirklichkeit zu bewältigen versucht. Wertmäßige Gesichtspunkte spielen hier noch keine Rolle. Sie sind vielmehr ihrerseits erst durch die Beachtung bzw. Nichtbeachtung dieser Tatsache bedingt. Ich meine, daß diesbezüglich sowohl Horkheimers und Adornos Theorie von der Dialektik der Geschichte[20] als auch Heideggers Theorie von der Erschlossenheit, die allemal auf eine Verschlossenheit verweist,[21] richtige Einsichten enthalten.

3.1.3

Daß es keine Theorien geben kann, die die Wirklichkeit in ihrer Gesamtheit erfassen, hat seine Ursache *sodann* in der Verfassung der menschlichen Vernunft. Auch diese müßte ja eine integrative, kontinuierliche und friktionsfreie Einheit besitzen, wenn so etwas wie ein Einheitsblick auf die gesamte

---

18   Dies gilt es grundsätzlich zu bedenken, wenn man behauptet, daß Perspektive und Ganzheit einander nicht ausschließen. Die Grenze, die der Erkenntnis gesetzt ist, liegt nicht bloß darin, daß jedes Ganze der Wirklichkeit allemal ein *perspektiviertes* Ganzes ist, sondern mehr noch darin, daß jede Perspeketive am Ganzen jeweils Teile sichtbar macht, die jeder anderen Perspektive verschlossen bleiben. So „enthält" jede Persepktive „Teile" der Wirklichkeit, die keine andere enthält.

19   Zum selektiven Charakter jedes Systems siehe N. Luhmann, *Sinn als Grundbegriff der Soziologie*, in: J. Habermas / N. Luhmann, *Theorie der Gesellschaft oder Sozialtechnologie*, Frankfurt 1971, 25-200, hier 35ff.

20   Exemplarisch in dem gemeinsam mit Max Horkheimer verfaßten Buch *Dialektik der Aufklärung* ([1]1947), neuerdings in: M. Horkheimer, *Gesammelte Schriften*, Bd. V, Frankfurt 1987, 13-238, sowie in seinem Spätwerk *Negative Dialektik* ([1]1966), in: Th. W. Adorno, *Gesammelte Schriften*, Bd. VI, Frankfurt 1973.

21   Vgl. u.a. M. Heidegger, *Vom Ursprung des Kunstwerkes* ([1]1935), in: M. Heidegger, *Gesamtausgabe*, Bd. V, Frankfurt 1977, 41f.; ders.: *Vom Wesen der Wahrheit* (1931/32), in: *Gesamtausgabe*, Bd. XXXVII, Frankfurt 1988, 117ff.

Wirklichkeit möglich sein sollte. Das ist jedoch nicht der Fall. Die menschliche Vernunft tritt vielmehr in einer nicht behebbaren Vielgestaltigkeit auf. Zwischen ihren Gestalten existieren Übergänge und Interferenzen, diese sind jedoch nicht so stark, daß sich die einzelnen Gestalten aufeinander reduzieren oder zu einer übergeordneten Einheitsgestalt – einen Einheitsdiskurs – vereinigen laßen. Wollte man auf einer Einheit bestehen, so ließe sich diese allenfalls nach dem Muster eines Netzwerkes vorstellen, in dem sich zwischen bestimmten Positionen wohl Verbindungen, zugleich aber auch nicht verringerbare Distanzen auftun.[22] Schon Aristoteles sah es so, als er eine theoretische, eine praktische und eine poietische Vernunft unterschied. Ihm folgte die ganze aristotelisch-scholastische Tradition, vor allem aber Immanuel Kant mit seinen drei Kritiken.[23] Und völlig zurecht beharren heute etliche Vertreter des sogenannten postmodernen Denkens auf dieser Einsicht.

3.1.4

Eine umfassende, die gesamte Wirklichkeit belangende Theorie ist *schließlich* deshalb unmöglich, weil es das schlechthin nicht Systematisierbare gibt. Mir persönlich scheint dies noch wichtiger zu sein als die prinzipielle Schwierigkeit, daß sich das Ganze niemals objektivieren läßt, weil ja durch die Objektivierung etwas vom Ganzen ausgenommen wird, nämlich das objektivierende Subjekt. Immerhin wäre diesbezüglich noch das idealistische Modell zu erwägen, welches diese Schwierigkeit mit Hilfe des (absoluten) Selbstbewußtseins löst. Nein, für viel entscheidender halte ich den Umstand, daß so und so viel Wirkliches seine Wirklichkeit verlöre, wenn es sich systematisieren und theoretisch ausloten ließe. Denken wir nur an die nicht zu leugnenden Phänomene des Leidens und des Bösen. Keines von beidem wäre noch das, was es ist, bzw. das, als was es erfahren wird, wenn es Theorien gäbe, die seiner Herr würden.[24] Von ihnen selbst her ist daher jeder Theorie eine prinzipielle Grenze gesetzt, und so steht noch einmal fest, daß es Theorien, die der gesamten Wirklichkeit gewachsen wären, nicht geben kann.

---

22 Vgl. vor allem W. Welsch, *Vernunft. Die zeitgenössische Vernunftkritik und das Konzept der transversalen Vernunft*, Frankfurt 1995; R. Schaeffler, *Erfahrung als Dialog mit der Wirklichkeit. Eine Untersuchung zur Logik der Erfahrung*, Freiburg-München 1995.

23 Vgl. W. Welsch, *Unsere postmoderne Moderne* ([1]1987), Weidenheim [3]1991, 277-294.

24 Darauf hat insbesondere die Diskussion um die Literatur nach dem Holocaust aufmerksam gemacht. Siehe dazu u.a. J. E. Young, *Beschreiben des Holocaust. Darstellung und Folgen der Interpretation*, Frankfurt 1992; R. McAffee-Brown, *Elie Wiesel. Zeuge für die Menschheit* ([1]1983/89), Freiburg-Basel-Wien 1990, 30-60.

3.2

Die Folge dieses Tatbestandes bildet das unausweichliche *Dilemma* der menschlichen Vernunft, welches darin besteht, daß sie offensichtlich nicht daran vorbeikommt etwas zu tun, wozu sie grundsätzlich nicht imstande ist. Sie kann, wie gerade das Vorgehen der Wissenschaften erweist, nicht umhin, metaphysische, d.h. die Wirklichkeit im Ganzen betreffende Aussagen zu machen, sie besitzt dazu jedoch von vornherein keine Bedingung der Möglichkeit. Zwischen ihrem Müssen und ihrem Können spannt sich somit eine unvermeidliche *Dialektik* auf, die es fraglich erscheinen läßt, ob sie an sich selbst als sinnvolle Einrichtung angesehen werden darf oder nicht.

Verhält es sich aber so, kann dann nicht die ganze Frage nach der allfälligen Wissenschaftlichkeit der Metaphysik ad acta gelegt werden? Wenn schon Metaphysik in der Form von Theorien, welche die Wirklichkeit in ihrer Gesamtheit erfassen, unmöglich ist, was bringt dann noch eine Überlegung hinsichtlich ihrer eventuellen Wissenschaftlichkeit? Tun dann nicht die Wissenschaften schon alles, was überhaupt getan werden kann, indem sie zwar metaphysische Positionen beziehen, sie aber nicht eigens reflektieren?

Viele Wissenschaftler neigen dazu, diese letztere Frage bejahend zu beantworten, wobei es nicht darauf ankommt, ob sie dies explizit sagen oder implizit in ihrem Vorgehen ausdrücken. Es soll auch nicht bestritten werden, daß es naheliegt, eine solche Ansicht zu vertreten. Allerdings bleibt die Frage, ob sich die Wissenschaft aus dem genannten Dilemma der Vernunft so ohne weiteres davonmachen kann. Will sie nicht selbst eine vernünftige Veranstaltung sein? Zieht dies nicht zwangsläufig nach sich, daß sie von der Frage nach der Sinnhaftigkeit der Vernunft als solcher mitbetroffen ist? Wie ließe sich die Rationalität oder Vernünftigkeit der Wissenschaften auch aufrechterhalten, wenn sich herausstellen sollte, daß die Vernunft aufgrund der ihr immanenten Dialektik zwischen Müssen und Können etwas zumindest Kontraproduktives ist?[25]

3.3

Nach meiner Auffassung kommt die Vernunft über das geschilderte Dilemma angesichts der wirklichkeitsumfassenden Aussagen nur auf dem Weg von *Postulaten* hinaus. Ich meine außerdem, *daß die Metaphysik auf der Basis von Postulaten – im Rahmen des Möglichen – Wissenschaft sein kann.* Um diese These als diskussionswürdig anzusehen, gilt es darauf zu achten, was ein Postulat ist.

---

25 Zu dieser Problematik vgl. I. Kant, *Kritik der reinen Vernunft*, B 490ff., A 462ff.

3.3.1

Postulate sind *Annahmen*, mehr nicht. Sie bilden jedoch eine ganz besondere Klasse von Annahmen, die sich von anderen Annahmen, insbesondere von den Hypothesen, im Grad ihrer Unumgänglichkeit unterscheiden. Postulate ergeben sich aus ihren Prämissen nämlich so zwingend, daß die Annahme ihres Gegenteiles zur völligen Unmöglichkeit oder Widersinnigkeit der Prämissen führen würde. Im gegenwärtigen Fall liegen die Prämissen nirgends anders als in der Wissenschaft selbst bzw. in der Vernunft, die sich selbst reflektiert. Sie, die Wissenschaft bzw. die Vernunft, sind es daher auch, die sinnlos würden, wenn sie nicht bestimmte postulatorische Annahmen machen würden.

Ein solches Postulat wurde bereits angesprochen. Es besteht in der Annahme, daß die Wirklichkeit in ihrer Gesamtheit einen Ordnungszusammenhang darstellt. Wäre sie dies nämlich nicht, hätte das wissenschaftliche Systematisieren keinerlei Wert, ja wäre im Grunde ein absurdes und – was seinen erwiesenen Erfolg anbelangt – ein völlig unerklärliches Unterfangen. Neben diesem Postulat gibt es zweifellos noch andere, die sich – wie Kant gezeigt hat – vor allem aus dem Phänomen der Vielgestaltigkeit der Vernunft ergeben. Um sie kann es hier jedoch nicht gehen, weil ihre Erörterung viel Zeit und Platz beanspruchen würde. Vielmehr muß noch einmal zur Wissenschaftlichkeit der Metaphysik zurückgekehrt werden.

3.3.2

Diese ist nach meiner Ansicht dann gewährleistet, wenn zum ersten sichergestellt ist, daß die Postulate hinsichtlich der Wirklichkeit in ihrer Gesamtheit *von wissenschaftlich gesicherten Erkenntnissen aus* aufgestellt werden, und wenn zum zweiten außer Diskussion steht, daß die Postulate *einer permanenten Konfrontation mit den Erkenntnissen der Wissenschaften* unterzogen bleiben. Nur auf diese Weise kann die Metaphysik an der Wissenschaftlichkeit der Wissenschaften partizipieren und dadurch selbst Wissenschaft sein.[26]

---

[26] In der Diskussion über meinen Vortrag wurde hier auf die Gefahr eines Widerspruchs hingewiesen, ich könne nämlich nicht auf der einen Seite sagen, daß Postulate Annahmen seien, die „so zwingend [sind], daß die Annahme ihres Gegenteiles zur völligen Unmöglichkeit oder Widersinnigkeit der Prämissen führen würde", und auf der anderen Seite fordern, „daß die Postulate einer permanenten Konfrontation mit den Erkenntnissen der Wissenschaften unterzogen bleiben". Dieser Gefahr meine ich insofern zu entgehen, als nach meiner Ansicht Postulate *immer nur im Bezug auf bestimmte Prämissen* aufgestellt werden. Diese Prämissen sind jedoch niemals so zwingend anzunehmen wie die Postulate, die *mit ihnen* in zwingenden Zusammenhang gebracht werden. Sie

Es liegt in der Konsequenz dieser Position, daß Metaphysik weder als eine Art Sonderwissen angesehen werden kann, das sich aus wissenschaftsunabhängigen Erkenntnissen ableiten ließe, noch als ein starres System von Aussagen oder Prinzipien, das sich autonom bzw. immun gegenüber allen Veränderungen in den Wissenschaften etablieren könnte. Metaphysik wird vielmehr durch das Auf und Ab, durch das Vor und Zurück, durch das Hin und Her der Entwicklungen innerhalb der Wissenschaften mitgeprägt sein. Und: Metaphysik wird sich angesichts der ungeheuren Ausdifferenzierung sowie angesichts der unterschiedlichen Geschichte der einzelnen Wissenschaften, mit denen sie sich konfrontiert, mit *fragmentarischem* Wissen begnügen müssen.

---

müssen daher einer kontinuierlichen Überprüfung ausgesetzt bleiben. Dadurch wiederum stehen auch die Postulate auf einem permanenten Prüfstand. Hieraus ergibt sich weiters, daß Postulate wie alle anderen menschlichen Erkenntnisse der Perspektivität und Endlichkeit unterworfen sind.

RELIGIÖSE MOMENTE IN REDUKTIONISTISCHEN WELTBILDERN MODERNER PHYSIKER

REINHOLD ESTERBAUER (GRAZ)

1 Metaphysik als Rede von Gott

Von Gott ist in naturwissenschaftlichen Weltbildentwürfen oft dann die Rede, wenn das anthropische Prinzip zur Sprache kommt. An seine Erörterung schließt sich fast immer eine Stellungnahme zur Metaphysik an. Dieser Begriff steht dann, gleichgültig ob Metaphysik für möglich gehalten wird oder nicht, vornehmlich für eine sinnvolle Rede von Gott.

Es ist zu beachten, daß das anthropische Prinzip ein methodologisches ist, und zwar der physikalisch betriebenen Kosmologie beziehungsweise der Evolutionsbiologie. Das heißt, daß die behandelten Schlüsse auf Gott nicht auf derselben Ebene angesiedelt sind wie die klassischen Gottesbeweise. Denn wird von einem solchen physikalischen Prinzip auf Gott geschlossen, so ist dieser Gottesbegriff selbst ein *physikalischer*. Gott ist wie zum Beispiel bei Paul Davies[1] ein Teil der *physikalischen* Welt oder wie bei Frank J. Tipler[2] und Bernulf Kanitscheider[3] eine innerphysikalische Frage.

Der Begriff „Metaphysik" begegnet in den unterschiedlichsten Entwürfen, wird aber jedesmal in einen negativen Kontext gestellt: in Konzeptionen, die religiöse Weltinterpretationen ablehnen, in naturwissenschaftlichen Entwürfen, die die Gottesfrage weitestgehend offenlassen oder höchstens zu einer Geschmacksfrage erklären, sowie in naturwissenschaftlichen Ansätzen, die Gott zum Gegenstand naturwissenschaftlicher Betrachtung machen. Nicht nur eine Einheitswissenschaft unter naturwissenschaftlichem Vorzeichen und agnostische Vorschläge haben ihre Schwierigkeiten mit der Metaphysik, sondern auch weltanschaulich eher neutrale Konzepte. Problematisch ist offenbar der methodische Bruch, der vollzogen werden muß, wenn von einer explizit naturwissenschaftlichen Basis auf Bereiche geschlossen werden soll, die nach traditioneller Auffassung von Metaphysik nicht mehr als naturwissenschaftlich zu bezeichnen sind.

Die Scheu vor diesem Methodenbruch im Übergang von den Naturwissen-

---

1   Davies P., *Gott und die moderne Physik*, München 1989 (= Goldmann TB 11476), 286. Vgl. auch Davies P., *Der Plan Gottes. Die Rätsel unserer Existenz und die Wissenschaft*, Frankfurt/ M. 1995, 32–35.
2   Tipler F. J., *Die Physik der Unsterblichkeit. Moderne Kosmologie, Gott und die Auferstehung der Toten*, München 1994, 26, 35, 403f.
3   Zum Beispiel: Kanitscheider B., Rez. zu: Barrow J. D., Die Natur der Natur, Heidelberg 1993, in: *Physikalische Blätter* 50 (1994) 958.

schaften zu genuin philosophischen oder theologischen Problemen versuchen die einzelnen Wissenschaftler verschieden zu bewältigen. Die einen vertreten einen „*Absolutismus der Welt*" und lehnen den Bereich der Metaphysik überhaupt ab.[4] Die anderen ziehen sich auf die Naturwissenschaften als eine objektive Sphäre zurück und erklären den Wirklichkeitsbereich, der nicht naturwissenschaftlich faßbar ist, zum Betätigungsfeld rein subjektiver Spekulationen oder Geschmacksurteile.[5] Und die dritten versuchen, des Problems so Herr zu werden, daß sie die Naturwissenschaften als für den Bereich der Metaphysik methodisch kompetent betrachten und die Metaphysik durch die Naturwissenschaften ersetzt wissen wollen.[6]

2 Zum Programm einer Hermeneutik naturwissenschaftlicher Aussagen

Den methodischen Bruch zwischen naturwissenschaftlicher Objektivität und als unwissenschaftlich hingestellter metaphysischer Subjektivität zu überwinden ist heute für diejenigen ein zentrales Anliegen, die eine Zusammenschau von Naturwissenschaften und Philosophie sowie Theologie vorantreiben möchten. Soll dieser Vorgang nicht von vornherein die Naturwissenschaften als allein relevante Einheitswissenschaft einsetzen und soll Metaphysik nicht fraglos mit naturwissenschaftlichen Mitteln betrieben werden, so sehen viele in einem hermeneutischen Vermittlungsversuch die Lösung, die weder auf die Faktizität naturwissenschaftlicher Ergebnisse noch auf die darüber hinausgehenden Sinndeutungen verzichtet.

Interessanterweise treffen sich in einem solchen Anliegen sowohl Agnostiker als auch Theisten. Franz Josef Wetz, der – wie erwähnt – sowohl Metaphysik als auch christliche Weltdeutungen ablehnt, bekennt sich zu einer „*Hermeneutik des wissenschaftlichen Weltbildes*"[7], wobei er „wissen-

---

4 Wetz F. J., *Lebenswelt und Weltall. Hermeneutik der unabweislichen Fragen*, Stuttgart 1994, 326 und 268.

5 Davies, *Der Plan Gottes*, 14 und 266, wo es heißt: „... aber wie immer in der Metaphysik ist die Entscheidung eher eine Sache des Geschmacks als des wissenschaftlichen Urteils."

6 Hoimar von Ditfurth zum Beispiel, wenn er meint, daß die Naturwissenschaften „nichts Geringeres als die Fortsetzung der Metaphysik mit anderen Mitteln" seien (v. Ditfurth H., Vorwort. Naturwissenschaft als Fortsetzung der Metaphysik mit anderen Mitteln, in: Davies P., *Gott und die moderne Physik*, München 1989 [= Goldmann TB 11476], 7–11, 11); oder I. Prigogine und I. Stengers, die klassische Begriffe der Metaphysik mit physikalischen Begriffen unterlegen und die bislang relevante Disziplin verabschieden (Prigogine I./ Stengers I., *Das Paradox der Zeit. Zeit, Chaos und Quanten*, München 1993, 313f.).

7 Wetz, *Lebenswelt und Weltall*, 312.

schaftlich" als naturwissenschaftlich versteht. Er meint damit die Auslegung und Deutung der von den Naturwissenschaften zu Tage beförderten Daten und Fakten. Diese Abschlußdeutung der Welt ist nach Wetz zwar nicht sinn-, wohl aber gegenstandslos.

Anders als Wetz möchten christliche Wissenschaftler ein hermeneutisches Verfahren dazu benutzen, einen Zusammenhang zwischen naturwissenschaftlichen Fakten und religiösem Glauben aufzubauen. Harald v. Sprockhoff zum Beispiel sieht die „Deutung der wissenschaftlichen Ergebnisse", die er zugleich als „Sinngebung" versteht, als Chance an, die Grenze zwischen Naturwissenschaft und Glauben durchlässig zu machen.[8] Auch Hans-Dieter Mutschler sieht im Verhältnis zwischen wissenschaftlichen Daten und religiösem Glauben nicht nur ein Projektionsverhältnis. Damit man falsche Analogien und Kategorienverwechslungen vermeidet, schlägt er vor, die naturwissenschaftlichen Ergebnisse im nachhinein „hermeneutisch ‚aufzuladen'"[9]. Er versteht darunter eine „Sinnaufladung"[10] von weltanschaulich neutralen Fakten, die in einen lebensweltlichen Sinn- und Deutungshorizont eingebettet und so möglicher Gegenstand theologischer Reflexion werden.

In solchen hermeneutischen Versuchen sehe ich eine doppelte Schwierigkeit. Zum einen haben die ökologischen Probleme aufgezeigt, daß sekundäre Interpretationen naturwissenschaftlicher Ergebnisse nur allzu leicht vor interessegeleitetem Denken kapitulieren. Dabei dient die Neutralität der Fakten als Vorwand für die Unabhängigkeit der Interpretation von Sinnstrukturen der Natur. Die Behauptung der Neutralität naturwissenschaftlicher Fakten ist jedoch selbst schon eine Interpretation, auf deren Basis technisches Verfügen über eine so interpretierte Natur sehr lange als politisch neutral ausgegeben wurde.

Zum anderen können die Naturdaten und -fakten, die sekundären Sinnaufladungen und hermeneutischen Reinterpretationen zur Grundlage dienen, nicht als repräsentativer Querschnitt von Naturerfahrung gelten. Die spezifische Methode der Quantifizierung und des Experimentierens bestimmt, was Gegenstand naturwissenschaftlicher Forschung werden kann und wie Natur innerhalb der Naturwissenschaften zur Sprache kommt. Das bedeutet, daß Natur im Rahmen naturwissenschaftlicher Forschung als eingeschränkter Gegenstandsbereich erforscht wird, da ihr vorweg ein methodischer Rahmen gesteckt ist, der Erscheinungsformen ausblendet, die sich etwa der Quantifi-

---

8   v. Sprockhoff H, *Naturwissenschaft und christlicher Glaube – ein Widerspruch?*, Darmstadt 1992 (= WB-Forum 71), 143.
9   Mutschler H.-D., *Physik – Religion – New Age*, Würzburg ²1992, 39.
10 Ebenda.

zierung entziehen.[11] Damit ist aber der Bedeutungsrahmen weder primär von der Natur her bestimmt noch neutral, vielmehr legt die methodische Vorentscheidung den naturwissenschaftlichen Sinnhorizont fest. Folglich steht eine Sinnaufladung weder vor sinnfreien Naturdaten noch geht sie von Naturerfahrung aus, die möglichst unvoreingenommen ist.

3 Lebensweltliche Naturerfahrung als Ausgangspunkt einer Philosophie der Natur

Die vorgestellten Versuche einer Hermeneutik naturwissenschaftlicher Aussagen erweisen sich als Zwei-Stockwerks-Lehren. Die Basis bilden die naturwissenschaftlichen Fakten. Darauf ruhen die Deutungen auf, die diese Daten mit Sinn aufladen. Als auf diese Weise hermeneutisch aufgeladene sind die Sinnstrukturen *der Natur selbst* verdeckt und von Sinnaufladungen überfrachtet.

Deshalb erscheint es angebrachter, die Vorgaben naturwissenschaftlichen Vorgehens nicht unhinterfragt als Voraussetzung für eine Philosophie der Natur zu übernehmen, sondern nach einem Zugangsweg zur Natur Ausschau zu halten, der auch die zumindest nicht schon von vornherein leugbaren Bedeutungs- und Sinngefüge der Natur selbst berücksichtigt. Dazu ist es notwendig, sich vom Monopolanspruch zu befreien, nach dem nur die naturwissenschaftliche Forschung adäquate Naturerfahrung sein kann. Da die methodische Verkürzung der Naturerfahrung von der in der Lebenswelt erfahrenen Natur ausgeht, die nicht durch einen methodischen Filter von vornherein inhaltlich geschmälert ist, wird eine universale Naturdeutung, die in den oben vorgestellten Entwürfen „Metaphysik" genannt wird, nicht umhin können, sich lebensweltlicher Naturerfahrung zu stellen.

Eine Philosophie der Natur, die den erwähnten Abstraktionen entgehen will, wird folglich einerseits einen methodisch möglichst uneingeschränkten Zugang zur Natur versuchen und andererseits von konkreten alltäglichen Naturerfahrungen ausgehen müssen. Sonst läuft sie Gefahr, rechtfertigender Überbau für eine auf Naturwissenschaften eingeschränkte Weltsicht zu sein. Umso mehr wird sich eine Metaphysik, die sich nicht nur als Gesamtschau der Natur, sondern auch als Rede von Gott versteht, solcher Engführung der Naturerfahrung enthalten müssen.

---

11 Das sieht auch Davies, betrachtet die Veränderung der Begriffsrahmen für religiöse Fragen durch naturwissenschaftliche Fortschritte aber als positiven Beitrag der Naturwissenschaften für die Theologie (Davies, *Gott und die moderne Physik*, 280).

„DIE KUNST IST MEHR WERT ALS DIE WAHRHEIT"
ZUM ERLÖSUNGSMOTIV IN NIETZSCHES ANTIPESSIMISTISCHEM ENTWURF

HANS-WALTER RUCKENBAUER (GRAZ)

Angesichts der 'postmodernen' Renaissance von Nietzsches Kunstverständnis und der damit oft einhergehenden willkürlichen und ausschnitthaft verkürzten Wahrnehmung seines Denkens versuche ich im Folgenden eine sorgfältig textnahe, wenngleich bruchstückhafte Auslegung, jene „Goldschmiedekunst und -kennerschaft des *Wortes*" (3,17)[1] vor Augen, die Nietzsche seinen Lesern abverlangt.

1 Wahrheit als Illusion: vollständiger Nihilismus

Wer das Verhältnis der Kunst zur Wahrheit bei Nietzsche in den Blick nehmen will, spürt damit der Antwort auf die Frage nach, was jene Aufgabe bedeutet, an die sich Nietzsches Erstlingsschrift „zum ersten Male herangewagt hat, – *die Wissenschaft unter der Optik des Künstlers zu sehn, die Kunst aber unter der des Lebens ....*" (1,14).

Ein Aphorismus aus der Zeit zwischen „Morgenröthe" und „Fröhlicher Wissenschaft" formuliert unsere Problemstellung: „Damit es irgend einen Grad von Bewußtsein in der Welt geben könne, mußte eine unwirkliche Welt des Irrthums – entstehen: Wesen mit dem Glauben an Beharrendes an Individuen usw. Erst nachdem eine imaginäre Gegenwelt im Widerspruch zum absoluten Flusse entstanden war, konnte *auf dieser Grundlage* etwas *erkannt werden* – ja zuletzt kann der Grundirrthum eingesehn werden worauf alles beruht (weil sich Gegensätze *denken* lassen) – doch kann dieser Irrthum nicht anders als mit dem Leben vernichtet werden: die letzte Wahrheit vom Fluß der Dinge verträgt die *Einverleibung* nicht, unsere **Organe** (zum *Leben*) sind auf den Irrthum eingerichtet." (9,503f.) – Mit der Annahme eines ewig werdenden, chaotischen Geschehens am Wesensgrund der Welt hat Nietzsche zeitlebens Heraklit Recht gegeben, „dass das Sein eine leere Fiktion ist" (6,75), und zieht daraus erkenntnistheoretische Folgerungen. Die Bedingung der Möglichkeit von Bewußtsein ist Identität und auf derem Boden allein ist Identifikation von Etwas als Etwas möglich. Daher gilt: „*Erkenntniß* und *Werden* schließt sich aus.*" (12,382) Erkenntnis negiert zwangsweise das totale Werden und muß es in Sein umfälschen. „Eine werdende Welt könnte im strengen Sinne nicht 'begriffen', nicht 'erkannt' werden: nur insofern der 'begreifende' und 'erkennende' Intellekt eine schon geschaffene grobe Welt

---

[1] Die Zitation Nietzsches erfolgt durch Angabe von Bandnummer und Seitenzahl der Kritischen Studienausgabe in 15 Einzelbänden (=KSA), hrsg. v. G. Colli u. M. Montinari, München, Berlin/New York ²1988.

vorfindet, gezimmert aus lauter Scheinbarkeiten, aber fest geworden, insofern diese Art Schein das Leben erhalten hat – nur insofern giebt es etwas wie 'Erkenntniß'" (11,561). Ganz allgemein kann die Entwicklung des Lebens zu organischen Einheiten als eine solche Verfestigung verstanden werden, die in ihrem Streben nach Beharren, Individualität und Selbstbehauptung doch nur den Wahn eines sich selbst gleichen Selbst nährt.

Gesetzt und Nietzsche folgend, alles sei Werden, „so ist *Erkenntniß nur möglich auf Grund des Glaubens an Sein*" (12,106). Dieser Glaube ist eine Illusion; er ermöglicht jedoch der Erkenntnis, eine imaginäre Gegenwelt zur ewig werdenden Wirklichkeit zu entwerfen. Daß auch in ihr etwas erkannt werden kann, leugnet Nietzsche nicht, doch weist er auf den Grundirrtum hin, daß nämlich diese imaginäre Welt die wahre sei. Im Gegensatz dazu beruht der Wahrheitsbegriff der traditionellen Metaphysik ja gerade auf der Prämisse der durch ein Absolutes gesicherten Relation von Verstand und wahrer Welt. Auf der Bewußtseinsstufe von Nietzsches eigener Philosophie kann der Glaube an den Gott der Metaphysik, der gleichsam durch sein Licht dem Schein, in dem wir leben, das Gütesiegel des Seins aufprägt, als Irrtum durchschaut und auf die Frage von Wertungen zurückgeführt werden. Daß alles, was uns bislang wahr dünkte, notwendig Schein, Nicht-Sein, Illusion, Irrtum, Trug, Nichts sein soll, charakterisiert das Phänomen des vollständigen Nihilismus. „Die extremste Form des Nihilism wäre: daß *jeder* Glaube, jedes Für-wahr-halten nothwendig falsch ist: *weil es eine* **wahre Welt** *gar nicht giebt. Also: ein perspektivischer Schein, dessen Herkunft in uns liegt* (insofern wir eine engere, verkürzte, vereinfachte Welt fortwährend *nöthig haben*)" (12,354).

Der Unaufhebbarkeit des Irrtums haftet allerdings keine Bitternis an, weil die Wahrheit entthront und ihres Absolutheitsanspruchs beraubt wird. Im Bild gesprochen: Wahrheit wird aus der ätherisch reinen Hinterwelt der Metaphysik hinab ins Leben gestoßen und bekommt Flecken ab. Ihre Tauglichkeit für ein Erdenleben muß sie nun erst einmal beweisen. Der göttliche Schutz, oberste Richtschnur zu sein, ist jedenfalls dahin. Aus der Vieldeutigkeit der Worte und Begriffe Nietzsches kristallisiert sich der neue Bewertungsmaßstab der Lebensdienlichkeit heraus. Erst die Rückbezüglichkeit auf das Leben entscheidet über den Wert von Wahrheit und Irrtum (vgl. 11,506). Als 'neues' „*Kriterium der Wahrheit*" fungiert der „Wille zur Macht, als Wille zum Leben – des aufsteigenden Lebens" (13,516).

Georg Picht deutet das ambivalente Verhältnis von Grundirrtum, Welt, Schein und Sein folgendergestalt: „Der reine Fluß der Zeit ist nur die reine Zerrissenheit in die Negativität des Gegensatzes von Vergangenheit und Zukunft. Er ist nicht Welt. Die Welt ist organisierte Einheit, ist aber eben deshalb nur wahrhaftiger Schein. Aber solange wir die Welt isoliert vom

Fluß der Zeit betrachten und ihr Wesen für sich selbst als reines Sein festhalten wollen, verfallen wir dem Scheinwesen des Scheins. [...] Wahrhaftiger Schein ist die Welt dann, wenn wir das Werk vom Schaffen, vom Sich-Gebären her verstehen, wenn wir also verstehen, wie der Schein der Welt aus der Überwindung der als ihr Grund stets vorgegebenen Zerrissenheit der reinen Zeit notwendig hervorgeht."[2] Die Gegenkraft zur Überwindung der nihilistischen Konsequenz des Ausgangs vom absoluten Widerspruch sieht Nietzsche in jener bewußten Bejahung des Scheins, wie sie die Kunst vollzieht: „*wir haben die Kunst*, damit wir nicht an der Wahrheit zu Grunde gehn." (13,500).

2 Gegenbewegung: Kunst

Gleich einem Refrain kehrt in Nietzsches späten Aufzeichnungen die Formulierung von der „*Kunst als Gegenbewegung*" (13,235; vgl. 13,224.241.293.296.356) wieder, die den Keim der Nihilismusüberwindung in sich trägt. Mit den kunstbezogenen Sentenzen der Selbst-Notierungen (vgl. 12,450) aus der Zeit nach der Neuauflage seiner früheren Schriften 1886/7 knüpft Nietzsche an sein Jugendwerk an und stellt im fragmentarischen Rückbezug auf die „Geburt der Tragödie" als deren großes Verdienst die Thematisierung der Kunst als Bezwingerin des Pessimismus, „als einzige überlegene Gegenkraft gegen allen Willen zur Verneinung des Lebens: als das Antichristliche, Antibuddhistische, Antinihilistische par excellence ..." (13,225 [=521]) heraus. Die Gegenwirkung der Kunst wird deshalb in den höchsten Rang emporgehoben, weil sie den lebensbejahenden Schein in seiner Notwendigkeit begreift und in ihr der gute Wille zum Schein seine größte Potenz erreicht. Von daher läßt sich Leben als Kunst der Erzeugung des zu seiner Erhaltung notwendigen Scheins beschreiben. Nietzsche spricht von der „Kunst als Wille zur Überwindung des Werdens, als 'Verewigen'" (12,313), und gerade dadurch ist sie „die große Ermöglicherin des Lebens, die große Verführerin zum Leben, das große Stimulans zum Leben ..." (13,194 [=521]). Das Maß des Lebens erweist sich als das entscheidende Kriterium der Kunstbewertung. Kunst ordnet sich weder irgendeiner 'Moral' unter, noch verselbständigt sie sich zur Zwecklosigkeit um ihrer selbst willen; vielmehr zielt ihr Sinn einzig und allein „auf eine *Wünschbarkeit von Leben*" (6,127). „Nietzsche versteht mit 'Kunst' [...] eine grundsätzliche Haltung zur Wirklichkeit, in der diese schaffend ausgelegt wird. [...] Das antirationale, schaffende, das 'artistische' Verhältnis zur Welt wird für Nietzsche jenes sein, dem er allein eine für die glückende Bewältigung des Lebens

---

2   Picht, Georg: *Nietzsche*. Mit einem Vorwort v. Enno Rudolph, Stuttgart 1988, 269f.

zureichende Sinnstiftung zuschreibt."³
Aus der Perspektive einer sich selbst als Kunstwerk gebärenden (Willens-) Welt gelingt dem Denken zuletzt sogar eine Art 'Einverleibung' des Grundwiderspruchs. „Es begreift, daß es in dem, was es erkennt, zur vollen Durchsichtigkeit der Erkenntnis erst gelangt, wenn es durchschaut, daß es den Horizont der Erkenntnis immer nur als den notwendigen Schein des Entwurfes, also immer nur als ein Kunstwerk zu gestalten vermag, dessen Wahrheit negiert wird, wenn man es für wahr ausgibt und damit seinen Entwurfscharakter negiert."⁴ Erst das freie, aufgeklärte Denken weiß um die Kunst im Sinne des Sich-Entwerfens in die Zukunft als der Voraussetzung seines Vollzugs – dergestalt sieht Nietzsche in der Kunst „die *Erlösung des Erkennenden*" (13,521[=526]). Die Fähigkeit zum Experiment mit der eigenen Weltperspektive und die Kraft zum Schaffen von Sinn für das diesseitige Leben kennzeichnen die perspektivische Philosophie Nietzsches. Konsequenterweise mündet daher Nietzsches Nachdenken über das Phänomen 'Kunst' in einer dezidierten Schaffensästhetik. So interessiert ihn das Kunstwerk nur als Ausdruck des perspektivischen Lebensentwurfs eines produktiven Subjekts. Die Kunst bestimmt sich von ihrer Aufgabe her. In aphoristischer Verdichtung zieht Nietzsche das Fazit einer lebenslangen Auseinandersetzung mit dem Phänomen des Künstlerischen und erhellt dessen zentrale Funktion: „das Wesentliche an der Kunst bleibt ihre Daseins-*Vollendung*, ihr Hervorbringen der Vollkommenheit und Fülle / Kunst ist wesentlich *Bejahung, Segnung, Vergöttlichung des Daseins* ..." (13,241).

---

3   Mader, Johann: *Zur Aktualität Nietzsches*, Wien 1995 (= Wiener Vorlesungen im Rathaus Bd. 39), 49f.
4   Picht, op. cit., 277.

DAS GRUNDPROBLEM DER RELIGIONSPHILOSOPHIE

JÖRG SALAQUARDA (WIEN)

Alle „Bindestrich"-Philosophien stehen vor der Aufgabe, thematische Einschränkung und grundsätzliche Erörterung miteinander zu verbinden. Die Religions-Philosophie hat es mit einer zusätzlichen Schwierigkeit zu tun, weil die Religion die Fragen, die die Religionsphilosophie stellt, immer auch schon selbst beantwortet hat – sei es in Gestalt mythischer Erzählungen, dogmatischer Festlegungen oder kritischer, durch philosophische Ansätze mitgeprägter theologischer Reflexionen. Daraus erwächst der Religionsphilosophie ihr Grundproblem: Akzeptiert sie die Selbstauslegung der Religion(en), droht sie überflüssig zu werden; läßt sie sie außer acht, droht sie ihren Gegenstand zu verlieren.

Eine selbständige Religionsphilosophie gibt es erst seit der Aufklärung, als die Philosophie ihre „ancilla"-Rolle ablegte und der Religion und Theologie mit eigenständigem Anspruch gegenübertrat. Allerdings verfiel sie schnell in das andere Extrem und setzte an die Stelle der ihr sachlich und historisch vorgegebenen positiven Religion(en) ihre eigene „vernünftige" Idee von Religion. Hobbes ging mit seiner politischen Funktionalisierung der Religion voran. Viele sind ihm in der Funktionalisierung gefolgt, allerdings orientierten sich die meisten an einer anderen Bezugsgröße. Von Anfang an zeigte sich dabei jene Zweideutigkeit im Verhältnis zur Religion, die seither bestimmend geblieben ist: Indem die Religionsphilosophie die Religion auf den Begriff brachte und dergestalt vernünftig rekonstruierte, beraubte sie sie der Dimension des Geheimnisses oder des Numinosen (R. Otto), ohne die sie als Religion nicht leben kann.

Zunächst bot sich die Religionsphilosophie dem Christentum, der in Europa vorherrschenden Religion, freilich als Helferin an. Sie stellte in Aussicht, die Wahrheit der Religion besser begründen und verteidigen zu können, als die Religion selber es vermochte. Als Gegenleistung sollte die Religion ihre überlegene Einsicht anerkennen und alle Vorstellungen und Lehren preisgeben, die vor dem Forum der Vernunft nicht bestehen konnten. In diesem Geiste erhob Descartes im Widmungsschreiben seiner „Meditationen" an die Theologen der Sorbonne den Anspruch, durch die philosophischen Beweise der Existenz Gottes und der Unsterblichkeit der Seele der Theologie allererst ein tragfähiges Fundament bereitet zu haben. Populären Ausdruck fand diese Tendenz in John Tolands Versuch einer Versöhnung der Grundgedanken des Christentums mit denen der Vernunft. Sein auf diesem Wege herausgearbeitetes deistisches „christianity not mysterious" erachtete er als in seinem Bestand als „as old as creation". Offene und aggressive Bestreitung des Christentums trat erst später auf, etwa bei LaMettrie und Holbach.

Überblickt man die Geschichte der Religionsphilosophie, kommt man jedoch zu der überraschenden Einsicht, daß es wenig Unterschied machte, ob die Philosophie die Religion (um welchen Preis auch immer) affirmierte, oder ob sie sie bestritt. Gemeinsam ist beiden Ausformungen die Überzeugung, daß sie wissen, was die Religion eigentlich meint, und daß sie dieses Wissen begründen können. Die Religion selbst meine zwar auch, es zu wissen bzw. zu können. Sie sei aber nicht fähig, diesen Anspruch einzulösen, weil sie sich statt auf rational überprüfbare Argumente auf zufällige, willkürlich interpretierte Fakten stütze.

Als ein zentrales, in der neueren Theologie zu Recht viel diskutiertes Beispiel für dieses Selbstverständnis kann die Religionsphilosophie Feuerbachs gelten. Dieser war überzeugt durch seine anthropologische Interpretation die Religion in ihre Wahrheit zu geleiten, während die traditionell theologische Auslegung sich in Widersprüche verwickle und der Religion gerade nicht gerecht werde. Wer an der theologischen Auslegung festhielt, verfehlte nach Feuerbachs Überzeugung den eigentlichen, anthropologischen Gehalt der Religion. Ernst Blochs These, daß nur ein Atheist wirklicher „Christ" im Sinne des Gehalts der christlichen Religion sein kann, findet sich also schon im „Wesen des Christentums".

Bei allen Unterschieden im einzelnen stimmte nun die Feuerbachsche Position in dieser Grundhaltung mit der Hegels überein. Beide Philosophen anerkannten das Christentum, sofern es ihren vernünftigen Begriff von Religion in sein Selbstverständnis aufnahm, verwarfen es aber, sofern es darauf beharrte, sich selbst von einem religiösen Standpunkt aus und ohne Vermittlung der Philosophie definieren zu können. Daß durch das dialektische „Aufheben" der Religion in die Philosophie im Sinne Hegels eine zweideutige Situation entstanden war, in der die Konsequenzen von Strauß, Bauer, Feuerbach, Marx, Stirner u.a. genauso legitim waren wie die von Daub (bei dem Feuerbach noch gehört hatte), Rosenkranz und Marheineke, ist von der Literatur zu Recht herausgearbeitet worden (vgl. bes. die Arbeiten von Löwith und H.-M. Saß).

In der Religionsphilosophie triumphierte somit das methodische Moment des Philosophierens über das thematische der Religion. Religionsphilosophisches Denken folgte dem von Heidegger als „onto-theo-logisch" bezeichneten Grundmuster: Sein wird wie ein Seiendes aufgefaßt; des Näheren wird es als das Seiende als solches konzipiert, das in einem höchsten Seienden gründet. Indem die Religionsphilosophie ihren Gegenstand nach diesem Muster konstruierte, verfehlte sie ihn – unabhängig davon, ob sie ihn „Gott" nannte, oder Mensch, oder Gesellschaft, oder wie auch immer, und unabhängig davon, ob sie die Religion als eine (wenn auch unvollkommene) Erkenntnis des letzten Gründenden gelten ließ, oder im Namen des von ihr gesetzten und ausgelegten Fundaments als falsches Bewußtsein zurückwies. K. Barth war deswegen der Meinung, daß es leichter sei, sich mit den offenen Kritikern auseinanderzusetzen als mit den scheinbaren Verbündeten: Er zog deswegen Feuerbach Hegel vor.

Der „Gott der Philosophen", gegen den schon früh in seiner Descartesschen Gestalt Pascal, und gegen den später in seiner Hegelschen Gestalt Kierkegaard protestierte, scheint freilich in einem seit der Mitte des 19. Jahrhunderts rasch voranschreitenden Auflösungsprozeß untergegangen zu sein. Mit seiner Rede vom „Tod Gottes" sprach Nietzsche („Die fröhliche Wissenschaft", Aph. 125) die Einsicht aus, daß das „erste Gründende" der ontotheo-logischen Tradition brüchig geworden ist. Ist dieser Gott, vor dem man nach Heideggers Diktum „weder singen noch tanzen" kann, aber tatsächlich tot? Die philosophische Theologie erschöpft sich nicht darin, das erste Gründende der Onto-Theo-Logie aufzuweisen. W. Weischedel, dessen „Gott der Philosophen" zu einem Standardwerk geworden ist, begnügte sich nicht damit, die Geschichte der abendländischen Philosophischen Theologie und ihres Scheiterns nachzuzeichnen, sondern legte selbst einen neuen Entwurf dieser Disziplin vor, der die Zweideutigkeit der heutigen Situation widerspiegelt. Auch er zielte auf einen ersten Grund ab, vermochte diesen in der Tradition mystischer Erfahrungen und der negativen Theologie aber nicht näher zu benennen oder gar zur Begründung weiterer Erkenntnisse heranzuziehen. Gerade der „Gott der Philosophen" bleibt seinem Entwurf zufolge das Geheimnis ständigen Sich-Entziehens, das allenfalls als „Vonwoher der Fraglichkeit" bezeichnet werden kann. Ähnlich verstand K. Jaspers, in Anknüpfung an Kants Ideenlehre, die „Transzendenz" als ein nicht gegenständliches anderes, das von uns Menschen deswegen auch nie im wissenschaftlich-objektivierenden Zugriff, sondern nur über existenzielle Vergewisserung erfahren werden kann.

Die „Ver-endung" der abendländischen Metaphysik vollzieht sich freilich auch auf dem Feld philosophischen Nachdenkens über die Religion nicht derart, daß zuerst das bisher Tragende brüchig wird und verschwindet, dann erst das Neue sich zeigt. Die Entwicklung der neueren Religionsphilosophie läßt sowohl die von Nietzsche auf die Formel „Nihilismus" gebrachte Auflösung des Alten erkennen wie auch die tastenden, zumeist zweideutig bleibenden und deswegen in besonderem Maße der Interpretation bedürftigen Neuansätze. Das zu Beginn genannte Dilemma läßt sich nur dann überwinden, wenn es der zeitgenössischen Religionsphilosophie gelingt, die spezifischen Anforderungen sowohl der positiven Religion wie der Philosophie plausibel zu berücksichtigen. Religion läßt sich als menschliche Antwort auf die Erfahrung heiliger Wirklichkeit begreifen. Wer aus dieser Erfahrung heraus lebt und denkt, wird bestreiten, daß sie von einem Ort außerhalb jener Erfahrung angemessen erfaßt werden kann. Zur Philosophie wiederum gehört – wie immer man sie ansonsten des Näheren definiert – die kritische Überprüfung von Wirklichkeitsansprüchen. In einem offenen, selbstkritischen, der Skepsis zuneigenden Entwurf lassen sich diese scheinbar gegensätzlichen Tendenzen verbinden (vgl. zum Folgenden die religionsphilosophischen Ansätze von W. Trillhaas auf protestantischer und H.- R. Schlette auf katholischer Seite).

Wenn die Verbindung gelingen soll, muß erstens die Eigenständigkeit der Religion gewahrt werden. Philosophie muß darauf verzichten, an den positiven Religionen vorbei und unabhängig von ihnen bestimmen zu wollen, was Religion ist. „Vor allem ist auszuschließen, daß die Religionsphilosophie die Aufgabe hätte, eine eigene ('vernünftige') Religion zu entwerfen" (Trillhaas, „Religionsphilosophie", 3). Philosophie muß außerdem akzeptieren, daß es die Religion nur in den Religionen gibt. Diese Tatsache verfehlt sie ebenso, wenn sie sich an einem allgemeinen Begriff von Religion orientiert, wie wenn sie für eine bestimmte positive Religion einen Anspruch auf Vorrang oder gar Alleinberechtigung erhebt. Daß Religion den Philosophierenden grundsätzlich pluralistisch gegenübertritt, wirft zwar Probleme auf, stellt aber zugleich eine Chance dar. Die Probleme resultieren daraus, daß die Religionen untereinander notorisch uneins sind, und daß einige von ihnen einen alle anderen ausschließenden Wahrheitsanspruch erheben. Hier klärend einzugreifen halte ich für eine wichtige Aufgabe der Religionsphilosophie. Die Chance liegt darin, daß eine Religionsphilosophie, die im Rahmen der Religionswissenschaft auf die vielen Stimmen hört, die ihr aus der Welt der Religionen entgegenschallen, nicht so leicht in Abhängigkeit von einer Religion geraten wird, auch und gerade wenn sie ihre Angewiesenheit auf die positiven Religionen anerkennt.

Damit die Verbindung gelingt, muß Philosophie jedoch nicht nur die Eigenständigkeit der Religionen anerkennen, sondern zugleich an ihrer kritischen Aufgabe festhalten. Sie darf nicht in jene Beliebigkeit verfallen, die man den Vertretern einer skeptischen Grundhaltung von jeher vorgeworfen hat. Derartige Vorwürfe sind nur berechtigt, wo skeptische Zurückhaltung mit Unverbindlichkeit, Methodenvielfalt mit Beliebigkeit und Perspektivik mit Standpunktlosigkeit verwechselt wird. Wie in der Politik die unbestreitbaren Schwächen und Probleme sozial-liberaler Demokratie nicht durch den vielbeschworenen „starken Mann" zu lösen sind, sondern durch unablässiges Bemühen um Ausbreitung und innere Klärung demokratischer Gesinnung, so lassen sich auch die Schwierigkeiten des postmodernen Pluralismus nicht durch erneuten Rückzug in die Onto-Theo-Logie der Tradition lösen. Wenn die philosophische Beschäftigung mit der Religion von der Prämisse ausgeht, daß das, was Religion ermöglicht, also die heilige Wirklichkeit, der sie in ihrem Tun und Reden zu entsprechen trachtet, rationalem menschlichen Zugriff entzogen bleibt, dann hat das nicht nur Konsequenzen für die Philosophie, sondern auch für Religion und Theologie. Religionsphilosophie wird jeder Religion, die die Absolutheit der Dimension, in die sie weist, mit der Absolutheit eines menschlich-relativen Anspruchs verwechselt, einen Kategorienfehler nachweisen. Jaspers hat das in seinem Gespräch mit den Religionen, besonders mit dem Christentum, auf einsichtige Weise getan. Es war das versteckte Motiv von Schopenhauers Religionskritik, die Dimension des ganz anderen gegen jeden unangemessenen religiösen Zugriff zu verteidigen. Heilige Wirklichkeit manifestiert sich zwar immer wieder in der uns zugänglichen Erscheinungswelt. Aber Stein und Tier, Gestirn und Mensch, Tempel und Hain, Gebot und Satzung, oder was immer sie als Ort ihrer Zuwendung wählt, werden nicht selbst heilig, sondern nur zeitweilig geheiligt. Religionsphilosophie kann und wird herausarbeiten und, wo nötig energisch darauf hinweisen, daß wir genausowenig mit unserer Frömmigkeit oder mit unserer religiösen Autorität oder mit unseren rituellen Veranstaltungen über Gott verfügen, wie mit unseren rationalen Begriffen.

Kulturphilosophie, Anthropologie und Hermeneutik

ÄSTHETIK NACH DER POSTMODERNE

KONRAD PAUL LIESSMANN (WIEN)

Ein Blick auf die Situation verwirrt. Blättert man etwa Kunstzeitschriften durch,[1] um sich über die neuesten Trends zu informieren, wird vor allem eines klar: Irgendwie ist alles möglich, aber so richtig geht nichts mehr. Untrennbar – so zumindest der erste Eindruck – fließen heute an allen Ecken und Enden Kunst, Werbung, Design, Propaganda, Unterhaltung, Lebensgefühl, Mode, Kritik und Konsum ineinander. Versatzstücke der Moderne, wie das aufklärerische Pathos, der Filz und die Sorge um Randgruppen kreuzen sich mit postmodernem Ästhetizismus, die sichtbaren Signale einstiger Protestbewegungen – wie des Punk – werden zu Markenzeichen, industriell verordnete Freizeitekstasen – wie Techno – mutieren zu einer neuen Kunst- und Jugendbewegung, die Geschlechterfrage darf ohnehin nirgendwo fehlen, wer andere schminken kann, beansprucht die Aureole des Künstlers und der diesbezügliche Verweis auf Baudelaire ist obligat. Und dort, wo man die schwache Vermutung hegt, daß bestimmte Dinge miteinander zu tun haben könnten oder zu tun haben sollten, wird – so das neue, oder auch schon wieder alte Zauberwort – auf Teufel komm raus *kontextualisiert*. Wendet man sich der ernsteren und weniger marktanfälligen zeitgenössischen Musik zu, so kann man – etwa jüngst bei Ulrich Dibelius – lesen, daß die gegenwärtige Situation an „Verworrenheit und labyrinthischer Buntscheckigkeit" kaum zu überbieten sei: „So reicht das derzeit zu beobachtende Spektrum vom strengen, wenn auch in seiner Systematik bereicherten Strukturdenken bis zur völlig entgrenzten, augenblickshörigen Offenheit und aleatorischen Unvorhersehbarkeit, von hochgezüchteter Komplexität bis zum magischen Kult um die Simplizität des Urtümlichen, vom sehnsüchtigen Nachmodellieren historischer Klänge bis zum ausgestellten Schock widerborstiger Experimentierlust, vom achtungsgebietenden, in seinen Maßen und Mitteln opulenten Großwerk bis zum bescheidenen Umkreisen kleinstmöglicher Veränderungsgrade, von dunklem Mystizismus bis zum hellwachen Hantieren mit Computer- und Samplerprogrammen und was dergleichen noch mehr sein mag."[2] Wirft man einen raschen Blick auf die Literaturszene, so ergibt sich ein ähn-

---

1 Zum Beispiel die neue, sehr schicke Wiener Zeitschrift „spinger – Hefte für Gegenwartskunst", in der die als Kontext-Kunst apostrophierte Selbstdarstellung der *Jungdesignerin* Darja Richter, einer *Meisterschülerin* von Wolfgang Joop, die mit einem *selbstentworfenen Oberteil,* das alles zeigte, posierte, Auslöser nachfolgender Beschreibung wurde (springer -2-3/Juni 1995, S. 141)

2 Ulrich Dibelius, Komponieren gegen den Dogmenzwang. In: *Merkur* 2/1996, S. 123f.

liches, vielleicht um eine Spur streitlustigeres Bild. Immerhin sehen sich die Verteidiger einer stilistischen Beliebigkeit, die dafür eine spannende, lesbare, unterhaltende, erzählende, verständliche Literatur fordern und dabei gleich an Patrick Süskind und Robert Schneider denken[3] einer avantgardistischen Nachhut gegenüber, die besorgt die Ansprüche der Literatur gegen ihre Verächter verteidigen möchte.[4]

Der einstige, schrille Kampfruf der Postmoderne – *anything goes* – scheint eine Selbstverständlichkeit, damit aber langweilig geworden zu sein, so daß die Rückbesinnung auf die asketischen Ideale der Moderne wohl nicht lange auf sich warten lassen kann. Wer zählen kann, der zählt, und ist, geht es um die hübsche Frage: was kommt nach der Postmoderne? wie Heinrich Klotz in der Gegenwart bei der *Zweiten Moderne* angelangt.[5] Damit aber sind wir dort, wo wir schon einmal waren, und die kurz unterbrochene Projektarbeit kann also weitergehen: in erster Linie, so liest man, mit *neuer Abstraktion* und dem Lob der *neuen Medien*. War in der Postmoderne soviel *Ende* wie nie zuvor, so wird nach dem allgemeinen Postismus, den vielen Gesten der Verabschiedung, das *Neo* womöglich zur universellen Vorsilbe der Wiederkunft des Gleichen. Intime Kenner der Moderne aber wissen, daß die weltgeschichtlichen Wiederholungen so ihre Tücken haben: auf die Tragödie pflegt die Farce zu folgen.

Man wird, dies läßt sich diagnostizieren, der Postmoderne noch einmal nachtrauern. Was immer, durchaus zu Recht, gegen die Postmoderne vorgebracht werden konnte – ihr Historismus und Eklektizismus, ihre vordergründige Ironie, ihre künstlerische Schwäche und Impotenz, ihre epigonalen Gesten, ihre Beliebigkeit, ihre soziale und politische Ignoranz, ihr angestrengter Ästhetizismus – sie war, bis auf weiteres, die letzte *Epoche* in der Geschichte der Zivilisationen. Zwar dauerte sie, streng genommen, nur ein knappes Jahrzehnt – von 1979, dem Erscheinungsjahr von Jean-François Lyotards *La condition postmoderne,* bis 1989, dem Jahr, in dem überhaupt alles anders wurde –, aber sie bündelte ein womöglich dekadentes und unordentliches Lebensgefühl, das doch ein wenig mehr war als eine Laune des überhitzten Kunstmarktes, zu einem Begriff. Die Postmoderne, deren Diskurs

---

3   Vgl. dazu Uwe Wittstock, *Leselust. Wie unterhaltsam ist die neue deutsche Literatur?* München 1995
4   Vgl. dazu Christian Döring (Hg.), *Gegenwartsliteratur. Wider ihre Verächter.* Frankfurt/Main 1995, worin der Autor in Bezug auf die österreichische Literatur auch versuchte, diese Frontstellung aufzubrechen (Konrad Paul Liessmann, Verteidigung der Lämmer gegen die Schafe. Ein Spaziergang über die österreichische Literaturweide. In: Döring, a.a.O., S. 82ff.)
5   Heinrich Klotz, *Kunst im 20. Jahrhundert. Moderne – Postmoderne – Zweite Moderne.* München 1994

von der Architektur, Kunst, Musik und Literatur über die Philosophie und Historiographie bis in die Pädagogik und Politik reichte, drängte so, egal, was man von ihren ästhetischen Erzeugnissen und Zeugnissen halten mag, zu einer Thematisierung der Moderne, die diese nicht als ewigen Horizont dessen, was ist, sondern als ein vergängliches, beendbares, durch und durch ambivalentes Projekt überhaupt erst ins allgemeine Bewußtsein rief.[6]

Natürlich hat die Postmoderne die Moderne weder abgelöst noch überwunden noch wirkungsvoll deren Unmöglichkeit demonstriert – aber sie hat eine Ahnung davon gegeben, daß sich auch die Moderne erschöpfen könnte. Diese Erschöpfung hatte die Postmoderne selbst mit Frivolität zu überspielen gesucht – indem sie, manchmal durchaus nicht ohne Witz, die müde gewordene Moderne mit all dem konfrontierte, was diese mit der großen Geste des Traditionbruches verbannt haben wollte: das Tafelbild, die Gegenständlichkeit, den Inhalt, den auktorialen Erzähler und den C-Dur-Akkord. „Die postmoderne Antwort auf die Moderne", schrieb Umberto Eco, „besteht in der Einsicht und Anerkennung, daß die Vergangenheit, nachdem sie nun einmal nicht zerstört werden kann, da ihre Zerstörung zum Schweigen führt, auf neue Weise ins Auge gefaßt werden muß: mit Ironie, ohne Unschuld"[7] – und auch diese sinnige Bestimmung ist, wie könnte es anders sein, geborgt, eine Anspielung, ein inverses Zitat: „Große Dinge verlangen, daß man von ihnen schweigt oder groß redet: groß, das heißt cynisch und mit Unschuld", so Friedrich Nietzsche, den die Postmoderne gerne als einen der ihren reklamierte, im Entwurf einer Vorrede zum nie geschriebenen *Willen zur Macht*.[8]

Mit Ironie, ohne Unschuld: das bedeutete den sympathischen Verzicht auf die großen Dinge. Ecos Nietzsche-Paraphrase enthüllt aber auch die Krux der Postmoderne: sie läßt sich nicht durchhalten. Ironie, daran scheiterte schon die Romantik, kann nicht von Dauer sein. Strategien der permanenten Distanzierung und Selbstdistanzierung schüren nur die Sehnsucht nach Einheit, Echtheit, Identität und nach einem Boden unter den Füßen. Im Grunde war die Postmoderne so nicht viel mehr als eine Neckerei der Moderne – aber manche Aufklärer wurden darob so verärgert, daß sie zornig die Postmoderne der Reaktion verdächtigten[9] – und dies ist das Schlimmste, was die Moderne einem ihrer Feinde antun kann. Denn sie ist der Fortschritt und hat dabei nicht bedacht, daß die Postmoderne vielleicht nichts anderes gewesen war als ein Spiegel, in dem die Moderne ihr schon etwas gezeichnetes Ge-

---

6   Zygmunt Bauman, *Moderne und Ambivalenz. Das Ende der Eindeutigkeit.* Hamburg 1992
7   Umberto Eco, *Nachschrift zum Namen der Rose*, München 1984, S. 78f.
8   Friedrich Nietzsche, *Kritische Studienausgabe 13*, S. 189
9   Burghart Schmidt, *Postmoderne – Strategien des Vergessens*. Darmstadt 1986

sicht sehen mußte.

Aber das von Eco mit Nietzsche exponierte Problem bleibt: die Moderne konstituierte sich nicht zuletzt durch einen Bruch mit der Vergangenheit, einer emphatischen Trennung von den alten Zeiten, deren permanente Wiederholung nicht zuletzt auf dem Felde der Ästhetik seltsam komisch wirkte. Die zentrale Frage, die sich gegenwärtiger Ästhetik stellt, scheint also die zu sein: wie läßt sich, nach dem Interruptus der Postmoderne, zur Moderne zurückkehren, wie läßt sich diese fortsetzen, ohne daß es peinlich wäre. Denn daß die Moderne bestimmte Strategien ausgereizt hat, scheint offenkundig: irgendwann einmal sind alle Tabus gebrochen, die Selbstreflexion ästhetischer Mittel, mehrmals vorangetrieben bis zur absoluten Reduktion, zum Verschwinden des Bildes, des Tones, des Wortes, läßt sich nicht beliebig aufgreifen und wiederholen, und das schon mehrmals forcierte Spiel, aus der profanen Welt der Gegenstände einige von ihnen zu Kunstwerken zu er- und verklären, ist ebenfalls schal geworden – denn die Menge der Dinge ist endlich, auch dann, wenn man Handlungen aller Art, soziale Aktionen, politische Auftritte und Restaurantbesuche noch dazunimmt. Natürlich ist der Rückgriff auf diese Strategien, ein Anknüpfen an die Motive und Verfahren der klassischen Avantgarde, immer möglich. Die *Neo-Abstraktion*, die mancherorts verkündet wird, ließe sich als erstes Anzeichnen dieses Remakes der Moderne verstehen, das aber, genau genommen, jenem Verdikt verfallen müßte, das sie ausgerechnet der Postmoderne entgegenschleuderte: bloßes Zitat zu sein, epigonal. Gilt nach den Parametern einer avancierten Kulturökonomie für die Moderne tatsächlich das Gesetz des Neuen – so Boris Groys[10] – und wollte die neue Moderne tatsächlich nur in der Weise modern sein, wie sie es schon einmal war, dann bedürfte sie schon eines kräftigen amnestischen Schubs, um dies durchzuhalten. Die Chancen stehen dafür übrigens nicht schlecht: je mehr Informationen wir in unseren Datenbanken speichern, desto schneller und leichter vergessen wir bekanntlich.

Macht die Moderne also weiter wie gehabt, agiert sie wie die Vormoderne und produziert Variationen auf ein Thema. Das muß nicht bedeuten, daß neo-avantgardistische Arbeiten damit an sich entwertet wären – so wie die Kunstgeschichte zahlreiche Variationen der Himmelfahrt Mariens kennt, kennt die Moderne dann eben zahlreiche Variationen des monochromen Bildes –, aber solche Variationen widersprechen den selbstauferlegten Gesetzen der Moderne, die ästhetische Errungenschaften nicht als Traditionsstiftung, sondern als Momente der Bewegung und permanenten Traditionsbruch verstand. Der Epochenschnitt, durch den sich die Moderne legitimierte, indem sie in setzte,

---

10 Boris Groys, *Über das Neue. Versuch einer Kulturökonomie*. München Wien 1992

verschwände, und mit ihm die Moderne als emphatisch Neues. Was aber, so könnte man nebenbei einmal fragen, wenn ohnehin alles ganz anders läge, und der heroische Bruch der Moderne mit der Tradition, ihr Eintritt in die ästhetische Selbstreflexivität, ihre permanente Selbstthematisierung von Anfang an nur ein Wechsel des Sujets gewesen wäre? Würde sich die Kunst der Moderne damit abfinden, gegenüber dem ganz Alten, der Vormoderne, nur ein neues *Thema* gefunden zu haben, das sie seitdem variantenreich und in unterschiedlichen Qualitäten abhandelt, nämlich sich selbst, indem sie Darstellendes und Dargestelltes zusammenfallen ließ, hieße das zwar retrospektiv auf den großen Bruch mit der Tradition verzichten zu müssen, befreite aber die Varianten der Abstraktion und des Experiments von dem Vorwurf, eigentlich nichts Neues zu sein. Das Neue zöge sich, wie schon bei aller alten Kunst, zurück in das Detail, in die Ausführung, in die spezifische Gestalt des Gestaltlosen, was dem Kunstdiskurs wohl nicht übel bekäme. Sähe man dies so, ließe sich die Postmoderne, ebenso retrospektiv betrachtet, auch als ein Wunsch deuten, doch ein wenig die Sujets auszutauschen und zur Abwechslung wieder einmal Darstellbares darzustellen.

Ästhetik nach der Postmoderne: Die gegenwärtige Unübersichtlichkeit und Unordnung kann aber auch bedeuten, den seit der schon klassisch gewordenen *Theorie der Avantgarde* von Peter Bürger immer wieder ventilierten Anspruch des ästhetischen Pluralismus als Kraftfeld tatsächlich ernst zu nehmen. In der Kunst war nicht alles zu allen Zeiten möglich. Jetzt scheint alles möglich zu sein. Daß es keine Logik des ästhetischen Fortschritts in dem Sinne mehr gibt, wie ihn die Moderne für sich reklamieren wollte, liegt zumindest phänomenologisch auf der Hand. Heute noch mit den Argumenten Adornos Strawinski aus dem CD-Schrank verbannen zu wollen um dortselbst Schönberg zu sammeln, wirkte seltsam kauzig angesichts eines Begriffs der *Klassischen Moderne*, der einstens Gegensätzliches unter diesem Markennamen problemlos vereint; und daß die Postmoderne ästhetische Verfahren wieder salonfähig gemacht hat, die lange verpönt waren, müssen auch ihre Gegner zugestehen. Das wirft aber auch ein Licht auf die Geschichte der Moderne und ihrer Selbstdeutung. Die posthume Entdeckung von Komponisten wie Erwin Schulhoff etwa, der in der Zwischenkriegszeit elegant die Strenge der europäischen Avantgarde mit der schwülen Dekadenz des Fin de siècle und der Leichtigkeit amerikanischer Unterhaltungsmusik vermischte, oder von Allan Petterson, der mit seiner wuchtigen expressiven Symphonik zur dogmatischen Dodekaphonie und Serialität der Nachkriegsmoderne vollkommen quer stand, verweist darauf, daß nach der Postmoderne vorerst einmal die Geschichte der Moderne neu geschrieben werden könnte. Das Nebeneinander der Stile ist ja keine Erfindung der Postmoderne, sondern war je schon künstlerische Praxis gewesen, die in die linearen Modelle des Fortschrittsdiskurses nur keinen Eingang gefunden hatte, auch und gerade dann nicht, wenn sich diese Modelle wie in Adornos *Ästhetischer Theorie* melancholisch an einer Logik des Zerfalls orientierten. Eine diesbezügliche Revision der Moderne käme unter Umständen nicht nur zu anderen Urteilen, sondern auch zu ästhetischen Möglichkeiten, an die nicht nur ironisch, sondern bewußt angeknüpft werden könnte. Damit aber stellte sich das Verhältnis der Moderne zu ihrer eigenen und zur vormodernen Tradition noch einmal anders.

Soweit bisher ersichtlich, dürfte modern sein in der zweiten Moderne jedoch bis auf weiteres den angestrengten Versuch darstellen, die Dogmen der Moderne fortzuschreiben und jene Richtungen zu benennen oder zu erfinden, denen das dafür unumgängliche *Fortschrittsprädikat* zukommt. Die *Kontextualisierung* von Kunst wird etwa von ihren prononcierten Propagandisten wie Peter Weibel als Fortsetzung jenes avantgardistischen Programms gewertet, das in der Konzept-Kunst der 60er und 70er Jahre einen dezidierten Ausdruck gefunden hatte und durch die „reaktionäre" *Malerei* der 80er Jahre, also der Postmoderne, unterbrochen worden war.[11] Unter dieser Perspektive funktioniert die alte, letzlich doch schale Frontstellung wieder, eine selbstreflexive, experimentelle und grenzüberschreitende Moderne kämpft gegen das konservative und damit nahezu blasphemisch gewordene Tafelbild. Wenn man die polemischen Aspekte, die auch zu den Strategien des Kunstmarktes und seiner Intrigen, die sich gerne als Diskurse tarnen, gehören, vernachlässigt, so gehorcht die Proklamation der *Kontext-Kunst* zur dominierenden Strömung der 90er Jahre durchaus einer inneren Logik, die in der Geschichte der Avantgarde und ihrer Reflexion seit Duchamps *Ready-mades* gründet. Wenn einmal erkannt ist, daß nicht das Werk die Kunst konstituiert, sondern der Rahmen, die Institution, der Kontext aus jedem beliebigen Gegenstand, aus jeder beliebigen Aktion ein Kunstwerk machen kann, liegt es im Interesse einer selbstreflexiv gewordenen Kunst, diese Kontexte ästhetisch und theoretisch zu thematisieren. Daß solches im 20. Jahrhundert immer schon dort geschehen war, wo man Rahmenbedingungen diskutierte, die ökonomische Basis der Kunstproduktion untersuchte, dialektische Wechselbeziehungen zwischen Kunst und anderen sozialen oder politischen Bereichen konstatierte, ja daß die forsche Kritik der traditionellen Kunstinstitute ohnehin zu den Gründungsmythen der Moderne gehört, könnte allerdings Zweifel an der ästhetischen Potenz der Kontextualisierungen aufkommen lassen. Aber davon abgesehen: Dieses Konzept erlaubt nicht nur die erneute Einbeziehung des Sozialen und Politischen, von Mode und Markt, sondern macht – manchmal durchaus unfreiwillig – klar, daß ohne Kontext in der Tat kein

---

11 Peter Weibel, *Kontext Kunst. the art of the 90's*. Köln 1994

Werk mehr funktioniert. Und das gilt natürlich nicht nur für die bildende Kunst. Wäre man hämisch, könnte man sagen, daß das größte Ereignis der Kontext-Kunst des vergangenen Jahres das glänzende Zusammenspiel zwischen Günther Grass und Marcel Reich-Ranicki, zwischen Spiegel und Steidl, zwischen *Literarischem Quartett* und *Ein weites Feld* gewesen war – ein Ereignis der Kontext-Kunst auch dann, wenn kein großer Kurator für diese Kontextualisierung verantwortlich zeichnet. Der Roman ist nur noch Moment in einem Ganzen, ohne das er, stimmte das Konzept vom Kontext, an *ästhetischem* Wert verlöre. Die Klage, daß solche Mediatisierung von Kunst dieser schade, orientiert sich offensichtlich an einem Begriff des isolierten, reinen Werkes, der immer schon Gegenstand heftiger Kritik gewesen war, und sie klingt um so fadenscheiniger, wenn sie von jenen erhoben wird, die ansonsten die Auflösung des Werkes und seines Schöpfers im Kontext einfordern. Aber es gibt natürlich eine Differenz zwischen Kontext und Kontext-Kunst. Die programmatische Inszenierung der Interdependenzen von Werken, Ausstellungsräumen, medialen Vermittlungen und gesellschaftlichen Segmenten möchte zwar in Fortführung avantgardistischer Programmatik nicht nur noch immer und schon wieder das Werk zum Verschwinden bringen, sondern auch die Differenz zwischen Künstler und Kurator, zwischen Arena und Publikum, zwischen Kritiker und Händler, zwischen Medium und Botschaft verwischen – aber in und durch eine ästhetische Geste. Damit wird das Verschwundene im selben Moment restituiert. Auch diese Form der Grenzüberschreitung setzt die Erfahrung der Grenze voraus. Nur daß jenseits eines Kontextes und unterscheidbar von diesem Kunst denkbar ist, macht Kontext-Kunst möglich.

Offensichtlich funktioniert die bewußte Kontextualisierung, die ja letztlich ihr zeitgenössisches theoretisches Konzept der Systemtheorie entlehnte, am besten über jene Rückkoppelungsschleifen, die am leichtesten durch digitale Medien evoziert werden können. Die Stilisierung der Medienkunst zur Kunst der Zukunft bei der Biennale 1995 in Venedig durch denselben Kurator, der zwei Jahre zuvor in Graz bei der Trigon '93 die Kontext-Kunst propagierte, nämlich Peter Weibel, ist so nur konsequent. Der Computer erlaubt es, daß der Betrachter, das heimliche Objekt der Begierde jedes Künstlers, selbst zum Kontext wird, der durch jede seiner Bewegungen die Installation modifiziert.[12] Nicht wenig Hoffnung setzt die grau gewordene Moderne so in die Welt der neuen Medien. Diese trägt in der Tat einige Signaturen, mit denen sich die Moderne stets gerne schmückte: technische Innovation, Jugendlichkeit, ein Hauch von Subkultur, emanzipatorische Ansprüche, Dynamik, Ge-

---

12 So etwa Richard Krisches „Telematische Skulptur" im von Peter Weibel kuratierten Österreich-Pavillon der Biennale 1995

schwindigkeit, eine neue, kühle Ästhetik und vor allem: die Alten verstehen sie nicht. Medienkunst, am höchsten Stand der Technik, scheint für viele noch am ehesten imstande, die Moderne zu erneuern, ohne sie zu wiederholen. Denn die neuen sozialen Realitäten der avancierten Kommunikationsverhältnisse scheinen zu garantieren, daß das Alte tatsächlich chancenlos bleibt. Die euphorische Rede vom Ende der Gutenberg-Galaxis, der verkündete digitale Zivilisationsbruch, die Entwicklung neuer Datenträger mit entprechenden ästhetischen Potentialen lassen so auch die postmoderne Befindlichkeit bewußt hinter sich. Letztlich war die Postmoderne im strikten und übertragenen Sinn auch das Aufleuchten einer angeblich verglimmenden literaten Kultur gewesen. Sie bezog ihren Reiz in hohem Maße aus Büchern, ihr bevorzugtes Mittel war nicht die Simulation, auch nicht die Virtualität, sondern das Zitat, ihr Boden die Historie und ihr Adept – oft genug ist es ihr vorgerechnet worden – der halbwegs Gebildete. Damit haben neue Medien nichts im Sinne. Sie kehren zwar in ihren Verheißungen zu bestimmten Positionen der Moderne zurück, wollen aber weit über diese hinaus. Die Transformation der Gesellschaft in eine Informationsgesellschaft orientiert sich zwar noch am Programm der Aufklärung, realisiert die Idee der Weltbürgergesellschaft aber als elektronisch vernetztes *global village*, das selbst wiederum der Logik der digitalen Maschinerie gehorcht und von dem keiner zu sagen wüßte, warum es weniger borniert sein sollte als alle anderen Dörfer dieser Welt. Deren Apriori aber ist die von Marshall McLuhan erstmals behauptete Identität von Botschaft und Medium. Nur unter dieser Voraussetzung funktioniert die digitale Revolution als Revolution. Ansonsten hätten wir nur neue Speicher- und Übertragungsmedien für Botschaften entwickelt, die auch nicht klüger sind als ehedem. Das aber wäre die Aufregung nicht wert. Unter ästhetischen Gesichtspunkten betrachtet, bedeutet das Verschwinden der Botschaften im Medium tatsächlich einen Ästhetisierungsschub der Kommunikation, eine nun doch schon seit einiger Zeit erwartete „Ästhetik des Immateriellen", deren Prophezeiungen paradoxerweise von ihren Entwicklungen permanent überboten und unterlaufen werden.[13] Die Bedeutung von Software- und Interfacedesign nicht nur für den Umgang mit den neuen Maschinen mag dies ebenso unterstreichen wie das lawinenartig anwachsende Getümmel auf den sogenannten *Info-Highways*: noch vor wenigen Jahren war davon nicht die Rede gewesen.

Die Digitalisierung ließe sich so durchaus als Fortsetzung jener Implikationen der Moderne deuten, die dem Bild, genauer: der Abbildbarkeit von Wirklichkeit, den Kampf ansagten, nun aber nicht mehr als das bildliche

---

13 Florian Rötzer(Hg.), *Ästhetik des Immateriellen. Zum Verhältnis von Kunst und Neuen Technologie*. Kunstforum International 97/98-188/89

Verschwinden des Bildes, wie es die Abstraktion durchführte, sondern als dessen Aufzehrung durch Virtualität. Die von Günther Anders schon am Fernsehbild diagnostizierte Unbildlichkeit, die *ontologische Zweideutigkeit* dieses Mediums, das zwischen Realität und Illusion oszilliert, verschiebt sich angesichts des virtuellen Raumes auf eine neue Ebene: ein sichtbares *Als ob*, das allerdings nicht nur die konventionelle Wirklichkeitserfahrung irritiert, sondern auch die durch elektronische Medien der ersten Generation substituierte: Der Cyberspace konkurriert nicht nur mit der Sinnlichkeit, vielleicht mit dieser gar nicht, sondern in erster Linie mit den Fernseh- und Kinowelten. Jenseits der philosophischen Frage, ob es nicht Erfahrungen gibt, die sich der Digitalisierung entziehen und als letztes Residuum von wirklicher Wirklichkeit aufgefaßt werden könnten, bedeutet dies für die Künste wohl eine radikalisierte Konfrontation mit den Möglichkeiten der Konstruktion von Welten. Fraglich aber, ob dies die bruchlose Fortsetzung der ästhetischen Moderne mit anderen Mitteln genannte werden könnte, auch wenn die neuen Medien, wie eine sie affirmierende Theorie behauptet, nicht eine Bilderflut erzeugen, sondern eine neue Form der Gegenstandslosigkeit. Kasimir Malewitsch´ suprematistisches Programm von 1915, welches *das befreite Nichts der Gegenstandslosigkeit* verkündete, sein weißes Quadrat, wird für diesen Entwurf zur Antizipation eines Zustandes, den die neuen Medien nun realisieren: „die Erfahrung einer gegenstandslosen Welt jenseits bisheriger Kunst."[14] Realisiert aber wird diese Ungegenständlichkeit durch eine Flut von digitalen, technisch reproduzierten Bildern, die nun der Welt vorausgehen, anstatt sie abzubilden. Die digitalen Bilder und Zeichen stellen also keinen Gegenstand mehr dar, symbolisieren keine Realität mehr, diese ist, wenn überhaupt, in ihnen. Das Sein fällt mit dem Schein zusammen. Das bedeutet nicht nur, daß diese Bilder an keiner Realität mehr gemessen werden können, sondern das bedeutet auch, daß es dort, wo Realität noch abgebildet werden soll – bei digitalen Fotografien etwa –, keine Möglichkeit mehr gibt, Nachbearbeitungen und Fälschungen als solche zu erkennen, weil der Prozeß der Aufnahme mit dem der Bearbeitung technisch identisch ist. Die Frage nach dem Original hat sich so anscheinend auf technischem Wege endgültig erledigt und damit vielleicht auch die nach dem kreativen Subjekt. Im Fluß der Daten verliert sich jede Handschrift.

Von der Hand zu weisen sind solche Überlegungen nicht. Gegenüber den technischen Innovationen des 19. Jahrhunderts, die im wesentlichen Reproduktionsverfahren bereitstellten, bedeutet die Digitalisierbarkeit, die es erlaubt, alle bisherigen Medien – Bild, Text, Musik – in einen einheitlichen

---

14 Norbert Bolz, *Am Ende der Gutenberg-Galaxis. Die neuen Kommunikationsverhältnisse.* München 1993, S. 141

dualen Code zu übersetzen, eine tatsächliche Erschütterung derselben. Man muß nicht gleich das Ende des Buches verkünden, um zu erkennen, daß wir in eine Kultur hineinschlittern, in der Texte und herkömmliche ästhetische Verfahren durch neue Medien zumindest relativiert und kontrastiert werden. Was aber bedeutet das? Die Kunst, so eine These, könne auf diesen Prozeß nur noch zweifach reagieren: entweder der Künstler überläßt sich diesem Prozeß, gehorcht der Logik der Digitalisierung und begnügt sich mit dem Design von Datenflüssen. Oder aber der Künstler verweigert sich und gründet seine ästhetische Praxis wieder in einem Ritual, wird zum Magier aus Antithese zur Technologie.[15] Sicher: solche Strategien sind nicht nur möglich, sondern wahrscheinlich. Und es wird zur Freiheit des Künstlers gehören müssen, sich von diesem Getümmel der Medien zu verabschieden, auch wenn der Geist der Zeit dies nicht goutiert und als reaktionäre Neosakralisierung der Kunst verurteilt. Ob allerdings auf der anderen Seite der Video-Clip tatsächlich das „ästhetische Urphänomen" der Gegenwart ist und das computergestützte Graphikdesign die Kunst der Gegenwart gleichzeitig ist und überflüssig macht, ob also, während antiquierte Künstler Bilder, Objekte, Installationen, Kompositionen und Dichtungen schaffen, die Kunst selbst sich irgendwo zwischen einigen Internet-Adressen und den Designerwerkstätten für CD-Roms abspielt, bleibt wohl bis auf weiteres fraglich. Diese These ließe sich nur aufrechterhalten, wenn gezeigt werden könnte, daß im Medium selbst nun jene *ästhetischen* Potentiale liegen, die vormals die ästhetischen Subjekte erzeugten: Irritationen durch Wahrnehmung und Wahrnehmung durch Irritationen. Dort, wo sich die neuen Technologien glatt in die sozialen Systeme einklinken oder solche generieren, macht es wenig Sinn, von Kunst oder ihrem Ende zu sprechen. Diese setzt, in welchen Räumen auch immer, einen Wahrnehmungsbruch voraus, der schockhaft sein kann, aber nicht sein muß: auch die Erfahrung des Schönen ist solch ein Bruch. Wo aber nicht mehr passiert, als daß sich Realität mit Fiktion und Simulation durchsetzt und einfache mathematische Gleichungen graphisch dargestellt werden können – was durchaus hübsch anzusehen ist –, bleibt es bei den kleinen und großen Lügen, Täuschungen und Illusionen, die auch schon vor Erfindung der neuen Medien die Lebenswelten durchzogen. Sowenig eine Falschmeldung in einer Zeitung eine poetische Offenbarung ist, sowenig ist eine digitale Illusion am Bildschirm schon eine ästhetische Erfahrung. Das heißt nicht, daß sich aus diesen technischen Potentialen, die zur Zeit wohl noch nicht viel mehr sind als Jahrmarktsattraktionen, nicht ästhetische Strategien gewinnen ließen. Möglich aber auch, daß gerade die technisch erzeugten virtuellen Welten, die den Alltag durchziehen werden, da-

---

15 Bolz, Ebenda, S. 166

durch den ganz alten ästhetischen Fragestellungen einen ganz neuen Reiz verleihen werden: wie man eine Geschichte erzählt, Emotionen zu Klängen transformiert und auf einer flachen Leinwand einen Bedeutungskosmos entstehen läßt. Wenn nicht alles trügt, ist die Auseinandersetzung mit der „Malerei nach dem Ende der Malerei"[16] noch immer mindestens ebenso spannend wie die Frage nach den neuesten Vernetzungsmöglichkeiten von Computergraphiken, Echtzeitvideos, gescannten Holzschnitten, eingeblendeten News-groups und ausgeblendetem Verstand.

Man könnte das alles aber auch so sehen. Im Jahre 1988 erschien Christoph Ransmayrs Roman *Die letzte Welt* – für viele im Guten wie im Bösen ein Text der Postmoderne. Cottas Reise nach Tomi, in das Kaff am Schwarzen Meer, auf den Spuren des exilierten und verschwundenen Dichters Ovid, trug auch viele Züge, die solch eine Deutung nahelegten: Das kundige Spiel mit einem großen Text der Antike, die Zeichen, die Ovid hinterlassen hat und aus deren Dekonstruktion sich ein Sinn ergab, der letztlich immer nur den Dekonstrukteur meinte, die artistische Arbeit mit Anachronismen, eine ästhetizistische Erzählhaltung, durch die sich manche stirnrunzelnd an Gabriele d'Annunzio erinnert fühlten,[17] das verweisungsschwere Ovidische Repertoire am Ende des Buches, letztlich die raffinierte Metamorphose der *Metamorphosen* – und doch war in dem Buch ein Ton, der die Frage nach seiner Postmodernität letztlich doch auch unangemessen erscheinen ließ. Im Jahre 1995 veröffentlichte Christoph Ransmayr den Roman *Morbus Kitahara*.[18] Er spielt nicht in Tomi, aber auch in einem Kaff, *Moor*, das viele Züge von Mauthausen trägt; und er spielt in einem Land, das einen barbarischen Krieg angezettelt und verloren hat, und zur Sühne dafür für Jahrzehnte in vorzivilisatorischen Zuständen gehalten wird. Ein Verhängnis liegt über diesem Land und seinen Bewohnern, ein Verhängnis, das nicht beschrieben wird, sondern einer kühlen und klaren Prosa erwachsen soll. *Morbus Kitahara* ist kein delikates Spiel mit Literaturen – auch wenn eine Hauptfigur Bering heißt –, aber auch kein geschichtsspekulativer Thesenroman über den Morgenthau-Plan; keine moralische Abrechnung mit deutscher Geschichte, aber auch kein Ausweichen vor den Fragen von Krieg und Frieden, Schuld und Sühne; geschrieben mit einem Gestus, der keine neoavantgardistischen Züge trägt, keine *Zweite Moderne* plakatiert, aber vielleicht aus sich heraus überzeugt. Wenn man wollte, könnte man sagen: der Roman ist geschrieben ohne Ironie,

---

16 Johannes Meinhardt, *Ende der Malerei und Malerei nach dem Ende der Malerei*. Kunstforum International 131/1995, S. 202ff.

17 Karin Fleischanderl, *Des Kaisers neue Kleider. Schreiben in Zeiten der Postmoderne*. Wien 1994, S. 71ff.

18 Christoph Ransmayr, *Morbus Kitahara*. Roman. Frankfurt/Main 1995

aber auch ohne Unschuld. Wäre dies gar die neue Formel? Ein Paradigmenwechsel? Ein Beweis für die Möglichkeit von Literatur im Medienzeitalter? Ein Hinweis für den ästhetischen Umgang mit belasteter Geschichte, mit Vergangenheit überhaupt? Eine Überwindung der Postmoderne? Statt der ironischen Vergewisserung der Vergangenheit der Entwurf einer vergangenen Zukunft, die auch die zukünftige Vergangenheit sein kann? Oder wieder nur ein Text, der an seinem Thema, wenn auch grandios, letztlich gescheitert ist? Möglich, daß es dort, wo wirklich die Kraft des Ästhetischen auf dem Spiel steht, nach der Postmoderne, nach den Umbrüchen, nach der Digitalisierung, nicht um Zuordnungen und Einordnungen, nicht um die Scheidung in Fortschritt und Rückschritt, nicht um Traktate und Deklarationen geht, auch nicht um die rechte linke Gesinnung oder das gute neue Medium, sondern darum, ob die wirkliche und einzige Errungenschaft der Moderne, die riskante Entbindung einer autonomen ästhetischen Subjektivität, noch einmal einen Weg gefunden hat, eine Welt zu gestalten und damit jene Souveränität der Kunst gegenüber allem Betrieb zu behaupten und durchzusetzen, die diese allein rechtfertigt. Solches entscheidet sich aber, wenn überhaupt, nicht von Richtung zu Richtung, nicht von Mode zu Mode, nicht von Diskurs zu Diskurs, nicht von Kontext zu Kontext, nicht von Netz zu Netz, auch nicht von Moderne zu Moderne, sondern immer nur: von Fall zu Fall. Das aber bedeutete, sich wieder oder immer noch der Kraft jenes Kierkegaardschen Einzelnen zu überlassen, den die ästhetische Moderne gezeugt hat, um ihn immer und überall wieder durchzustreichen.

ZUR BEDEUTUNG DER KATEGORIE GLÜCK FÜR EINE THEORIE DES MODERNEN SUBJEKTS

CHARLOTTE ANNERL (WIEN)

Bezugnehmend auf Wolfgang Matzs Biographie „Adalbert Stifter oder Diese fürchterliche Wendung der Dinge" resümiert Karl-Markus Gauß die letzten Jahre von Adalbert Stifter:

> Als er endlich zum Hofrat ernannt und mit vollen Bezügen in Pension geschickt wird, jubelt er: „Mein Nachsommer hat begonnen." Nachsommer: Glück in Ruhe, heitere Hinnahme des Lebens, eine kleine Welt im Gleichgewicht ... Was folgte aber waren: rastlose Hetze von einer Kur zur anderen, nächtliche Panikattacken, Exzesse an Völlerei, tiefe Schwermut nach höchsten Ehrungen, Weinkrämpfe, die würgende Einsicht, daß ihn das Chaos am Ende doch noch verschlingen werde.[1]

Doch nicht nur das auf sich gestellte Individuum, auch die theoretische Glücksforschung kann nicht umhin, eine eklatante Schwierigkeit zu konstatieren, die „Semantik von Glück zu explizieren": „In der Moderne weiß keiner so genau zu sagen, was Glück ist. Definitionsversuche sind selten und meist erfolglos, jedenfalls aber umstritten."[2]

Im Gegensatz dazu zeigt sich jedoch die allgemeine These einer universellen und grundlegenden Bedeutung von Glück für die Lebensorientierung jedes einzelnen auch in der gegenwärtigen Diskussion als ähnlich unumstritten wie in jener Früh- und Hochzeit aufklärerischer Gesellschaftsentwürfe, die sich mit der Kategorie Glück noch auf eine Kategorie zu beziehen meinten, deren Status evident und verbürgt schien. So postuliert etwa Günter Bien: „Nun ist es aber so: Alle Menschen streben von Natur und daher unaufgebbar nach Glück."[3]

Diese Diskrepanz zwischen der Konstatierung eines generellen Bezuges auf Glück innerhalb der Handlungsausrichtungen neuzeitlicher Individuen sowie der wachsenden Unsicherheit seiner inhaltlichen Bestimmung weist auf eine Situation der Untertheoretisierung dieses Phänomenbereichs modernen Lebens hin. Angesichts des Umstandes, daß „das Glück seit Anbeginn ein besonders bevorzugtes Thema der Philosophie gewesen ist"[4], entsteht daher die Herausforderung an die Philosophie, sich nach einer wechselvollen

---

1 *Die Presse*. Wien 13.1.1996
2 Christian Fleck, Das Glück in der Moderne. In: Franz Vranitzky (Hg.): *Themen der Zeit*. Wien 1994. S. 199.
3 Günther Bien, Über das Glück. In: *Information Philosophie*. Lörrach. Nr.1/1995 S. 5
4 ebd.

Geschichte von Glücksentwürfen und Glücksskepsis mit der Bedeutung dieser Kategorie erneut auseinanderzusetzen.

1 Glück als Kompaß menschlicher Praxis

Die grundlegende Bedeutung von Glück für die Handlungsorientierung des von der Selbstverständlichkeit religiöser und kultureller Traditionen sich lösenden Einzelsubjekts wird in radikaler Weise innerhalb utilitaristischer Theorieansätze formuliert.

Im Schatten der „Idee der Wählbarkeit des Lebens für alle", in der die Tendenz besteht, „buchstäblich alles als zur Disposition stehend zu betrachten"[5], ist Glück das scheinbar nichts mehr voraussetzende Restkriterium menschlicher Praxis.

Diese Annahme erhielt eine so unzweifelhafte Faktizität zuerkannt, daß Glück und Freiheit als zwei wie selbstverständlich einander ergänzende Bestimmungen des modernen Menschen aufgefaßt wurden, wie dies etwa in den von Thomas Jefferson formulierten Menschenrechten zum Ausdruck kommt.

In diesen Evidenzerlebnissen befangen, fehlt innerhalb utilitaristischer Theoriebildung das Bemühen, diesen grundlegenden Stellenwert von Glück philosophisch verständlich zu machen, seinen eigentlichen Charakter und logischen Ort innerhalb des menschlichen Lebens- und Handlungszusammenhanges zu bestimmen. Daher urgiert etwa Höffe, daß es der Utilitarismus unterließ darzulegen, ob das für seinen Ansatz zentrale „Hedonismus-Axiom" eine logisch-strukturelle oder eine empirische These darstellt, wie hoch also sein „Formalitätscharakter" ist, vorausgesetzt, es resultiert nicht aus einer „physiologischen Theorie".[6]

Eine weitere hervorzuhebende Eigenheit in dieser Konzeption stellt der Umstand dar, daß darin „eine nähere Theorie des Glücks fehlt"[7]. Die persönliche Glücksproduktion wurde vielmehr in Analogie zur Struktur der Warenproduktion dem Individuum anheimgestellt.

Diese theoretische Leerstelle bedeutet aber zugleich, daß in bezug auf diesen Produktionsprozeß keine tiefer begründeten Widersprüche und Probleme erwartet wurden.

2 Kant: Glück im Reich der Zwecke

Kant ging in seinen Überlegungen zunächst ebenfalls von der These der grundsätzlichen Orientiertheit aller menschlicher Handlungen an der durch diese zu bewirkenden Quantität von Glück aus.

---

5   Christian Fleck, Das Glück in der Moderne. S.197.
6   Otfried Höffe, Zur Theorie des Glücks im klassischen Utilitarismus. In: Günther Bien (Hrsg.), *Die Frage nach dem Glück*. Stuttgart-Bad Cannstatt 1978. S. 149.
7   a.a.O., S. 147.

Zugleich wird jedoch die ausschließliche Verankerung dieses Phänomens im Bereich bloßer Natürlichkeit eingeschränkt. Kants Ausführungen rücken eine zweite logische Sphäre in den Blick, in der menschliche Glücksbemühungen angesiedelt sind: Es ist dies die Sphäre von Rationalität.

Denn die Eigenart menschlicher Bedürfnisse wird in Kants anthropologischem Modell so bestimmt, das diese nicht unmittelbar in feste, konkrete Handlungen eingegossen sind. Vielmehr ist eine die Folgen kalkulierende, innere und äußere Erfahrungen auswertende, technisches und soziales Wissen einsetzende Reflexionsinstanz, nämlich, modern ausgedrückt, instrumentelle Vernunft, notwendig, um die Lücke zwischen Bedürfnis und Tun zu überbrücken und subjektive Innerlichkeit in Zwecke in der Welt zu übersetzen. Kants Äußerungen zum Begriff der Glückseligkeit stellen insoferne einen konsequenten Versuch dar, die Kategorie des Glücks an eine rationalistische, instrumentalistische Interpretation aller Handlungen zu binden, gleich welchen Charakter diese in Wirklichkeit auch haben mögen.

Andererseits liefert Kant auch eine Kritik dieses rationalistischen Glücksstrebens. Dabei wird in grundsätzlicher Weise die technische Herstellbarkeit des naiv aufklärerischen Glücksideals der Anordnung des eigenen Lebens in Form eines optimalen Zweck-Mittel-Gefüges in Frage gestellt. Kant nennt etwa die Unmöglichkeit der Erkennbarkeit der eigenen Bedürfnisse, der Kontrollierbarkeit der Weltbegebenheiten und der stringenten Bewertung und Abwägung der Handlungsmittel und -folgen. Zudem findet jene Konsequenz einer nach entfernten Zielen strebenden Form der Praxis Hervorhebung, daß Glück nur mehr in einem fast ausdehnungslosen Durchgangspunkt zwischen einem mühevollen Überwinden von Hindernissen und einem sich daran anschließenden tätigkeitslosen und daher leeren Genießen angesiedelt ist. Ferner führt Kant in seiner Moraltehorie tiefgehende Störungen von Gemeinschaftlichkeit an, die durch ein generalisiertes instrumentelles Welt- und Sozialverhalten drohen.

Die perspektivische Wendung, die Kant einleitet, besteht nun in der wachsenden Erkenntnis, daß Rationalität nicht einer menschlichen Natur auf äußerliche Weise beigeordnet ist, sondern daß erstere jene Natürlichkeit entscheidend bestimmt und mitstrukturiert. Während in der Nachfolge Kants Glückstheorien entstanden, die diesen Umstand immer deutlicher hervorhoben – es sei an Hegel, Schopenhauer, Nietzsche, Adorno und Schlick erinnert –, ist allerdings zu vermerken, daß Kant häufig dazu neigt, die Probleme um die Erscheinungsweisen von Glück und Unglück zu naturalisieren, indem er diese einer angeborenen menschlichen Natur, die durch einen Konflikt zwischen „Geselligkeit" und „Ungeselligkeit", durch „Selbstliebe" sowie einem „Hang zum Bösen" gekennzeichnet ist, zuschreibt.

3 Nietzsche: Das Glück der Krämer

Nietzsches vertieft die Diskussion moderner Glückserwartungen in zwei wesentlichen Punkten:

Er lenkte zum einen den Blick auf einen Typus von Glück, der nicht einem zweckgerichteten Streben korreliert ist, sondern diesem als ergänzende Sphäre beigeordnet ist. Seine Kritik der Romantik, seine Auseinanderesetzung mit dem Phänomen des Ästhetischen und die damit in Zusammenhang gestellte Abwertung des bürgerlichen Modells von Weiblichkeit heben die Problematik einer Glücksproduktion hervor, die nicht den „Kampf", sondern den „Schlaf", das Ausruhen, die Hervorbringung von Gefühlen unter Umgehung des Wagnisses des Tuns als Schema besitzt. Allerdings fehlt in Nietzsches Theorie eine Erklärung des Ursprungs dieser alternativen, die Krisen rationaler Praxis ausgleichenden Glücksprogramme.

Zum anderen resultiert aus diesen Überlegungen eine radikale In-Frage-Stellung der Kategorie Glück als solcher:

Es hat vielleicht jeder seinen Maßstab für Das, was ihm als oberflächlich gilt: wohlan, ich habe den meinen ... Wer das Leiden als Argument gegen das Leben fühlt, gilt mir als oberflächlich, mithin unsere Pessimisten; im gleichen, wer im Wohlbefinden ein Ziel sieht.[8]

Nietzsche zufolge bringen „eudämonistische Werthmaaße" einen Perspektivenwechsel zum Ausdruck, der einer tieferen Störung moderner Praxis entspringt: Diese Umkehr des Blicks besteht darin, daß Lust und Leid, die in gelingenden Handlungszusammenhängen „Nebenumstände" darstellen, nun zur Hauptsache, zum eigentlichen Ziel allen Tuns erklärt werden.

Was ist aber jenes Handlungsmoment, das „wichtiger ist als Wohlbefinden"[9]? Nietzsches Projekt einer Um- bzw. Rückwertung menschlichen Tuns, das sein Denken bis zuletzt nicht zur Ruhe kommen und ihn zu einem der differenziertesten Diagnostiker der Eigentümlichkeiten und Defekte der Moderne werden läßt, kann allgemein durch die Rücknahme des Blicks auf das Innere des Handelnden und die Hinwendung auf das Tätigsein selbst und dessen „Werk" charakterisiert werden: „Die unangenehmen Folgen kommen für einen, der zu irgendeiner Aufgabe geschaffen ist, nicht als Gegengründe gegen diese Aufgabe in Betracht."[10]

Ich möchte nun die These vertreten, daß sich an Nietzsches Bemühungen ein spezifisches Paradoxon modernen Glücks exemplifizieren läßt: Dieses besteht darin, daß Nietzsche einerseits die solipsistische Ausrich-

---

8   Friedrich Nietzsche, *Kritische Studienausgabe*. Hrsg. V. Giorgio Colli und Mazzino Montinari. München u. Berlin/New York 1988. Bd. 12, 1 [161].
9   a.a.O., 9[107].
10 a.a.O., 9[16|.

tung neuzeitlichen Handelns an der Kategorie Glück kritisiert und zu überwinden bestrebt ist. Andererseits läßt sich zeigen, daß Nietzsches Versuche der Assimilierung von Struktureigenschaften anderer, nicht glücksbezogener Handlungsformen in moderne Gesellschaften aufgrund der Unumkehrbarkeit des geschichtlichen Prozesses der Freisetzung von verbindlichen Inhalten der Glücksperspektive nicht entkommen, sondern die angestrebte Umwertung in das kritisierte Primat der Innerlichkeit zurückzuspringen droht.

So betätigt sich eben jene kritisierte Trennung von Handelndem und Handlung, sobald Nietzsche einen alternativen, 'höheren' Glücksbegriff zu formulieren versucht: „Was ist Glück? – Das Glück davon, daß die Macht wächst, daß ein Widerstand überwunden wird."[11]

Nietzsches Problematisierung:

„Wenn das innerste Wesen des Seins Wille zur Macht ist, wenn Lust alles Wachstum der Macht, Unlust alles Gefühl, nicht widerstehen und Herr werden zu können, ist: dürfen wir dann nicht Lust und Unlust als Cardinal-Thatsachen ansetzen?"

4 Glück und Geschichtlichkeit

Welche Sicht ergibt sich nun auf das eingangs skizzierte Dilemma zwischen der generellen Glücksorientiertheit des aus traditionalen Vorgaben sich lösenden Subjekts und den Schwierigkeiten, dieses zu definieren und zu verwirklichen?

An Nietzsche anknüpfend läßt sich modernes Glück im Spannungsfeld zwischen einer rationalen Erkämpfung subjektiver Zwecke und der Gestaltung eines separierten, alternativen Raumes der Erholung und Ausgleichung, der losgelösten Idylle ansiedeln.

Glück steht so einerseits im Zeichen der Organisation modernen Lebens in Zweck-Mittel-Relationen. Andererseits haben die mannigfaltigen, zu verschiedenen Zeiten unterschiedlich hervortretenden Probleme dieses aufklärerischen Projekts eine Glücksproduktion zur Folge, die diese Defekte durch die Schaffung neuer Lebens- und Handlungsräume zu kompensieren sucht.

Dabei wird, und dies wird in der aufklärerischen Glücksdiskussion oft vernachlässigt, auf Strukturmomente vormoderner Gesellschaften bezug genommen, und zwar in einer Weise, daß dies zumeist unkenntlich gemacht und verschwiegen wird.

Bedenkt man diesen Ursprung der verschiedenen Glücksvorstellungen in dem Versuch der Herauslösung und Nutzbarmachung einzelner Momente sowohl rationaler als auch vorrationaler Praxisarten, dann wird die Schwierigkeiten moderner Glückstheorien, zu verläßlichen und einheitlichen Aussa-

---

11 KSA 13, 11[414]

gen zu gelangen, verstehbar: Denn nichts gewährleistet, daß sich jene oft unterschiedlichen Logiken entstammenden Ansprüche und Erwartungen verbinden und verwirklichen lassen.

Für das moderne Subjekt ergibt sich daraus eine tiefer begründete, von frühaufklärerischen Utopieentwürfen ungeahnte Schwierigkeit, sich in seinen Gefühlen zu orientieren.

DER ALLTAGSGEGENSTAND ALS THEMA DER PHILOSOPHIE

FELIX ANNERL (WIEN)

1 Der Ausschluß des Gegenstandes

„Außer dem Himmel und einigen Bäumen", so schreibt H. Petroski (94/9) in seiner Untersuchung der Entstehung unserer Eßbestecks, „ist alles künstlich, was ich von da, wo ich jetzt sitze, sehen kann. Der Tisch, die Bücher, der Stuhl, der Teppich und die Tür, die Lampe, die Decke, die Straße, die Autos und die Gebäude draußen vor meinem Fenster, sie alle sind entstanden, indem man Teile der Natur auseinandergenommen und wieder zusammengesetzt hat." (Petroski 1994, S. 9)

Gegenstände, ob solche des täglichen Gebrauchs oder des technischen Einsatzes, ob als individueller Besitz oder als Waren, ob verziert oder sachlich-funktionell, spielen seit jeher eine bedeutende Rolle im menschlichen Leben. Es ist daher erstaunlich, daß sie innerhalb der Philosophie kaum Erwähnung finden. Nur eine kleine Gruppe davon, nämlich die der Kunstwerke, vermochte die Aufmerksamkeit auf sich zu ziehen.

Seltsamerweise scheint auch sonst keine Wissenschaft für Alltagsdinge zuständig. Sie finden zumeist nur in bestimmten Übergangsbereichen wie in jenen von der Philosophie zur Ökonomie, zur Soziologie oder zur Technik Beachtung, etwa bei Marx, Simmel oder in der Technikforschung. Nur dort wird von Rock und Leinen, von Geld und Gold, von Werkzeugen und Maschinen geredet. Doch selbst in diesen Ecken der Sozialwissenschaften stehen Artefakte nicht für sich, wird nicht über das Wesen des Rockes oder über das eines Heizkörpers diskutiert. Man untersucht nämlich hier die Dinge nicht innerhalb oder bezüglich ihres normalen Gebrauchs oder hinsichtlich ihrer äußeren Erscheinung, sondern nur unter gewissermaßen sekundären Aspekten, also etwa als Waren, als kulturelle Symbole oder als gesellschaftsverändernde Innovationen.

Der Umstand, daß es andere Untersuchungen bisher kaum gibt, drückt unmißverständlich die Ansicht aus, daß Gegenständen keine grundlegende Bedeutung für unsere Existenz, für unsere Stellung in der Welt zukommt, während etwa Kunstwerke diesbezüglich für wesentlich gehalten werden. Diese Ansicht findet man z.B. auch bei Heidegger (1972). An seinem Begriff des „Zeugs" (S.18) haftet zwar der Alltag, die Arbeit, „die Verläßlichkeit", aber erst das Kunstwerk vermag den Raum der menschlichen Wirklichkeit zu „lichten", eine „Welt" zu gründen und überdies zu zeigen, was alles Seiende „in Wahrheit ist" (S. 24).

Hier hingegen soll diese Auffassung des untergeordneten Ranges der Dinge bestritten werden. Es gilt zu zeigen, daß alltägliche Gegenstände bei der Konstitution unserer Welt und unseres Geistes eine zentrale Stellung einnehmen, die bisher ignoriert oder mißverstanden wurde. Um diese Stellung darzulegen, bedarf es zuerst einer Untersuchung, in welcher Weise die Marginalisierung des Gegenstandes exekutiert wurde.

2 Die Gründe des Ausschlusses

Unsere erste Arbeitshypothese lautet, daß es zwei Dogmen gibt, die für die Nichtbeachtung der Alltagsgegenstände verantwortlich sind:

Das erste Dogma lautet: Jedes Artefakt ist, sofern es nicht künstlerischen Charakter hat, ein bloßes Mittel. Als solches ist es keineswegs unwichtig, es hat aber nur eine heteronome Bedeutung. Das Mittelhafte ist also nur insofern relevant, als es für einen Zweck dient. Ist es dazu nicht imstande oder ist der Zweck erreicht, so gilt es nichts.

Welches Objekt ein Mittel ist, ist überdies nicht empirisch feststellbar, sondern wird oft nur von einem Theoretiker behauptet. Alles, auch ein vormaliger Zweck, kann nämlich als solches gesehen werden. Der Interpret muß, um etwas als Mittel erscheinen zu lassen, nur einen Zweck namhaft machen, den jemand – bewußt oder unbewußt – mit jenem 'Mittel' erreichen wollte. Kurz, jedes Artefakt, und sei es das höchste, läßt sich als Mittel für einen unterstellten Zweck interpretieren. Die Beliebigkeit der Unterstellung irgendwelcher Ziele, durch die man funktionale Erklärungen jeder Art und Richtung hervorzuzaubern vermag, hat in allen Sozialwissenschaften zu einem ungehemmten Wildwuchs gegensätzlicher Hypothesen geführt.

Die Problematik der funktionalistischen Reduktion qua Interpretation zeigt sich allerdings im Alltag so deutlich, daß es erstaunt, daß sich die wissenschaftstheoretische Kritik daran, wie sie Popper, Stegmüller u.a. übten, nicht durchsetzen konnte. Denn hier, im Alltag, läßt sich beim besten Willen nicht plausibel machen, warum es zu den wenigen letzten Zwecken, die von der Theorie behauptet werden, eine solche Unzahl von Mitteln gibt. Wir brauchen nur unseren Schuhkasten zu öffnen, um gestehen zu müssen, daß die sich bietende Vielfalt nicht durch das magere Bedürfnis gerechtfertigt werden kann, Füße zu bekleiden, und seien es die eigenen.

Die zweite Art der Reduktion des Gegenstandshaften, schlägt den entgegengesetzten Weg ein. Es wird dabei die Vielfalt und Differenziertheit der Dinge nicht durch eine interpretatorische Degradierung zum bloßen Mittel verdeckt, sondern durch eine Erhebung zu Kunstwerken, zu Zwecken an sich.

Es ist hier nicht der Raum, den Hintergrund dieser Interpretationsart, die man als ästhetische Reduktion bezeichnen könnte, aufzuklären. Der entscheidende Punkt ist auch hier, daß das betreffende Objekt aus seinem wirklichen Verwendungszusammenhang im Alltag entfernt wird, und zwar indem man es als besonders schön, wertvoll oder ausdrucksstark würdigt. Der altägyptische Kamm kämmt keine Haare mehr, sondern befindet sich in einer Museumsvitrine, wo er nur mehr bestaunt werden darf.

Jene Interpretationen, welche vorgaben, sämtliche Kamm-Funktionen zu kennen, treten zurück, das Objekt kann plötzlich ohne seine angeblichen Nützlichkeiten existieren, die doch so wesentlich schienen. Dafür wird es mit neuen geheimnisvollen Talenten aufgeladen wie: eine Kultur zu repräsentieren, Gedanken zu symbolisieren usf.

Das dem Gegenstand Wesentliche wird jedoch durch seine Erhebung zur Kunst genauso verdeckt wie vorhin durch seine Erniedrigung zum Mittel, und zwar in beiden Fällen *durch die Lösung der Dinge aus ihrem alltäglichen Handlungszusammenhang*. Bei der ästhetischen Reduktion erfolgt diese Trennung von der Handlung durch die museale Isolationshaft. Bei der funktionalistischen Reduktion ist diese Trennung insofern verdeckt, als an die Stelle der wirklichen Handlungen eine andere, in bestimmter Richtung nützende, unterstellte gesetzt wird.

3 Die Methodik einer neuen Beschreibungsweise

Wir kennen im Zusammenhang mit Gegenständen eine Reihe von Erscheinungen, für die wir nur höchst kurzschlüssige Erklärungen haben. Der Umstand der Freude an Gegenständen etwa wird meist in der erwähnten funktionalistischen Manier als bloße Gier oder als Lust am Status abgetan. Phänomene des 'Designs' oder des Zusammenhangs der Gegenstände innerhalb eines 'Stils' werden wie alle Rätsel der äußeren Form durch den Hinweis auf mystische ästhetische Fähigkeiten erklärt.

Die Thesen und Kunstgriffe, die nötig sind, um einen anderen, besseren Zugang zu etwas so Elementarem wie dem Alltagsgegenstand zu finden, können hier nur andeutungsweise skizziert werden:

Wir koppeln den Gegenstand fest an die Handlung, und zwar erstens deshalb, weil im alltäglichen Gebrauch ursprünglich Ding und Handlung tatsächlich eng miteinander verbunden waren. Wir nehmen diese Verknüpfung aber auch deshalb vor, weil es bezüglich der Handlung seit Kant eine große Zahl von begrifflichen Untersuchungen gibt, welche wir nun nützen können.

Wir machen uns zweitens eine besonders erprobte begriffliche Differenzierung der Handlung zunutze, um eindeutig zwischen Mittel und Gegenstand zu unterscheiden, und zwar Max Webers Gliederung der Handlungstypen. Weber faßt den Rationalisierungsprozeß vor allem als Prozeß des Übergangs von traditionalen zu zweckrationalen Handlungen auf (Weber 1953).

Wir verbinden nun in einem dritten Schritt (eingedenk unserer ersten These) den idealtypischen Gegenstand mit dem Weberschen Idealtypus der traditionalen Handlung, das reine Mittel mit der zweckrationalen Handlung.

Wir gehen dabei von der naheliegenden Annahme aus, daß die logischen Eigenschaften des Gegenstands von denen der traditionalen Handlung bestimmt sind, die des Mittels von der zweckrationalen Handlung.

Zur Erforschung der logischen Eigenschaften der rationalen Handlung nutzen wir die diesbezüglichen Ergebnisse der analytischen Philosophie, zur Erforschung des Traditionalen stützen wir uns auf diverse Kulturtheorien.

Die Phänomene des Alltags, der Ästhetik oder des Konsums werden nun mit Hilfe unseres begrifflichen Rasters dadurch erklärt, daß man sie als Konsequenz der *Mischung der logischen Eigenschaften der beiden Idealtypen* interpretiert, als Mischung, die durch den historischen Übergang von traditionaler zu zweckrationaler Handlung bzw. von Gegenstand zu Mittel zustandekommt.

Ich schlage also eine entwicklungsgeschichtliche Beschreibungsform vor, bei der jede Erscheinung als Verbindung einzelner logischer Aspekte der beiden 'Idealtypen' aufgefaßt wird. Mit dieser Methode kann etwa das Kunstwerk außerhalb aller individuellen Intentionen einzelner Schöpfer als Verbindung von gegenstandshaften und mittelhaften Momenten beschrieben werden. Die Verlockung, die vom Konsumartikel ausgeht, muß nicht mehr über psychologische Unterstellung angeblicher Süchte erklärt werden, sondern läßt sich über die ursprüngliche Bedeutung des Gegenstandes als Element einer Kultur verständlich machen etc.

Literatur
Heidegger, Martin: *Der Ursprung des Kunstwerkes*, Stuttgart 1972
Petroski, Henry: *Messer, Gabel, Reissverschluß. Die Evolution
        der Gebrauchsgegenstände*, Basel 1994
Weber, Max: *Wirtschaft und Gesellschaft*, Tübingen 1953.

DIE LOGIK DES WEDER-NOCH ODER
WARUM NICHTVERSTEHEN (K)EIN PROBLEM IST

ARTUR R. BOELDERL (LINZ)

Daß wir verstehen, ist eine der herausragendsten Eigenschaften, über die wir verfügen. Gleichzeitig gibt unser Verstehenkönnen uns jedoch Grund, darüber nachzudenken, ob es nicht eigentlich obszön ist zu verstehen – obszön wenigstens dann, wenn sich unser Verstehenkönnen zu einem unbedingten Verstehenwollen oder einem universalen Verstehensglauben hypostasiert.[1]

Vor einer solchen gefährlichen Hypostase der menschlichen Fähigkeit zu verstehen zu bewahren, ist die Feststellung unserer anderen Fähigkeit geeignet, die Fähigkeit des Nichtverstehens nämlich – und es ist keineswegs ohne Absicht, daß ich das Nichtverstehen, das uns allen wohl eine zumindest ebenso häufig begegnende Erfahrung ist wie das Verstehen, hier als eine Fähigkeit einführe und es so bereits aus dem Bereich eines bloßen Nichterfolgs des Verstehens, eines Negativen im Verstehensprozeß, herauslösen möchte. Beides, Verstehen wie Nichtverstehen, sind Tatsachen. Die Fragen, die ich stelle, haben zu tun mit dem Verhältnis, das beide zueinander unterhalten oder nicht unterhalten. Die Pole, die den Rahmen für dieses Vorhaben abstecken, lassen sich charakterisieren als einmal der *hermeneutische* Ansatz, für den Nichtverstehen bestenfalls eine Vorstufe späteren Verstehens ist, und dann der *dekonstruktive* Ansatz, welchem Verstehen und Nichtverstehen als grundsätzlich ununterscheidbar gelten. Meine „Lösung" für das Problem tendiert dahin zu sagen, daß Nicht-Verstehen etwas „ganz anderes" ist als Verstehen, welch letzteres es gleichwohl allererst ermöglicht. Ich nenne dies den *hermetischen* Ansatz.

Hermeneutisches wie hermetisches Paradigma zugleich ist Hermes, der griechische Götterbote. Ihm kommt die Dekonstruktion auf die Schliche. Sohn des Zeus und der Nymphe Maia, wird schon bei Hermes´ Geburt in einer dunklen Höhle des Berges Kyllene klar, daß für ihn die Herrschaft des Kronos nur bedingt Gültigkeit hat.[2] Tatsächlich hält es Hermes nicht lange in seiner Geburtshöhle, er verläßt die Grotte, findet eine Schildkröte und bastelt aus deren Panzer ein Musikinstrument: die Leier, mit welcher er nichts Eili-

---

1 Vgl. dazu etwa: The Obscenity of Understanding: An Evening with Claude Lanzmann. In: Cathy Caruth (Hg.), *American Imago. Studies in Psychoanalysis and Culture*. Bd. 48/4: Psychoanalysis, Culture, and Trauma: II. Baltimore 1991, S. 473-495.
2 Vgl. Karl Kerényi, *Die Mythologie der Griechen*. Band I: Die Götter- und Menschheitsgeschichten. München [16]1994, S. 130.

geres zu tun hat als ausgerechnet die „Urszene" seiner Empfängnis, das Liebesspiel von Zeus und Maia, zu besingen und bei dieser Gelegenheit seine eigene Geburt zu preisen. Kein Wunder, daß es ihn dabei alsbald nach Fleisch gelüstet.[3]

Und so stiehlt er seinem Halbbruder Apollon fünfzig Rinder aus dessen Herde – im Verlauf welcher Schandtat er zu jenem begnadeten Spurenleger wie -leser wird, als der er für unseren Zusammenhang so interessant erscheint.[4] Hermes deklassiert Apollon, den Gott der (Verbrechens-)Aufklärung, und besticht ihn darüber hinaus mit dem *Corpus* seines ersten Delikts, des Mordes an der Schildkröte nämlich, aus dem ja die Leier hervorgegangen war.

(Hätte Jacques Lacan sein berühmtes ‚Seminar über E. A. Poes *Der entwendete Brief*' als ‚Seminar über Hermes' *Die entwendeten Rinder*' gehalten, so könnte man annehmen, daß er hinsichtlich des Verhältnisses von Hermes und Apollon zu dem Schluß gekommen wäre: *Hermes-Holmes-Dupin düpiert Apollon-Lestrade-den Polizeipräfekten*, indem er die vom Kriminalisten geforderte Spurensuche verweigert, wie er auch als Krimineller die von ihm polizeilich erwartete Spurentilgung verweigert hat, ja ganz im Gegenteil besondere Sorgfalt auf die deutliche Lesbarkeit seiner Spuren verwandt hat.)[5]

Zwei der entwendeten Kühe sind von Hermes zur Opferung für die zwölf olympischen Götter vorgesehen. Nur: Die Zahl von zwölf Olympiern wird erreicht erst durch die Hinzuzählung seiner selbst, denn bislang hat es stets bloß elf gegeben. Hermes bringt sich ein Opfer, sich so selbst erhöhend, nicht ohne freilich sich gleichzeitig gehörig erniedrigt zu haben – wie so oft in seiner Geschichte ist nicht zu entscheiden, was ist das eine und was das andere. Hermes wird ein Opfer dargebracht, das den olympischen Göttern zugedacht ist; da selbiges Opfer dezidiert auch dem Hermes erbracht wird, muß also auch er ein Olympier sein. Nun ist aber Hermes selber derjenige, der den Göttern ein Opfer bringt. Wir haben es daher offenbar mit zwei „Hermen" zu tun, einem Opfernden und einem, dem geopfert wird.

Was hat das mit der Verstehensproblematik zu tun? Viel. Hermes ist derjenige Gott, der in ausgezeichneter Weise für das steht, was die Dekonstruk-

---

3   Vgl. Kerényi, *Mythologie der Griechen*, S. 130.
4   Vgl. Kerényi, *Mythologie der Griechen*, S. 131.
5   Vgl. dazu Jacques Lacan, Das Seminar über E. A. Poes ‚Der entwendete Brief'. In: Ders., *Schriften I*. Olten-Freiburg im Breisgau 1973; Jacques Derrida, Der Facteur der Wahrheit. In: Ders., *Die Postkarte von Sokrates bis an Freud und jenseits*. 2. Lieferung. Berlin 1987; Slavoj Žižek, *Liebe dein Symptom wie dich selbst! Jacques Lacans Psychoanalyse und die Medien*. Berlin 1991.

tion als „Unentscheidbarkeit" und „Aporetizität" bezeichnet und worin sie ein Kennzeichen von „Literarizität" erblickt. Nicht von ungefähr ist Hermes auch der Gott der *Schrift*, ihres Zeichens Schnittstelle zwischen dem Sichtbaren und dem Unsichtbaren, zwischen Innen und Außen, Präsenz und Absenz, Ursache und Wirkung. Jede Einzelheit der mythischen Erzählung von Hermes weist jene fundamentale Unentscheidbarkeit von Grund und Folge auf, die sich allen hermeneutischen Versuchen, das, was (in einem Text) unlesbar ist, lesbar zu machen, widersetzt und als unhintergehbare Irritation in den Weg stellt.

Das zeigt besonders eindrucksvoll der Vorgang der Opferung als ein Vorgang der Schrift, der UnMöglichkeit der Einschreibung in den Olymp, das zeigt aber auch die Geschichte mit den gerade ob ihrer Deutlichkeit „unlesbaren" Spuren. Hermes ist bereits an seinem Ursprung als Gott in sich gedoppelt, nicht mit sich selbst identisch, weder „ganz" auf der Erde noch „ganz" im Olymp, auf eine Weise, die das Gedoppeltsein der restlichen Halbgötter bei weitem übertrifft. Sind diese nämlich Mischwesen, sowohl sterblich als auch unsterblich, so ist Hermes´ Status nicht auf diese Weise festzulegen. Er ist nicht *entweder* (Gott) *oder* (Mensch), auch nicht wechselweise, er ist aber eben auch nicht *sowohl* (Gott) *als auch* (Mensch), wie Herakles. Ein Denken, das in Alternativen operiert, kommt an ihn nicht heran, es kriegt immer nur eine Facette des Hermes zu fassen – wie die (hermeneutische) Aufklärung qua Exoterik einerseits, die (hermeneutische) Esoterik andererseits.[6] Hermes entzieht sich jeglicher Festschreibung in Oppositionen, bleibt im Bereich des Unentscheidbaren: *weder-noch*.

Die daraus folgende „hermetische" Logik ist eine nicht-dialektische, die mir unter anderem in der von Jacques Derrida entwickelten Dekonstruktion am Werk und erkannt zu sein scheint (wenn es beispielsweise heißt, es sei

---

6 Während Aufklärung und Esoterik Kehrseiten einer und derselben Medaille, eben der universalen Hermeneutik, darstellen – was sich daran ersehen läßt, daß erstere versteht, was klar ist, und zweitere, was unklar, beide aber unerschütterlich alles und das Ganze zu verstehen trachten und auch tatsächlich ver-stehen (was ist auch Gadamers Charakterisierung des Verstehens als „Einrücken in die Tradition" anderes als die Aufnahme in den elitären Zirkel der Verstehenden im Falle der Esoterik?) -, könnte das hermetische Äquivalent des hermeneutischen Verstehens phänomenologisch mit dem Ausdruck „dämmern" gefaßt werden, wie ihn die Umgangssprache kennt. Vgl. dazu vom Verf.: *Literarische Hermetik. Die Ethik zwischen Hermeneutik, Psychoanalyse und Dekonstruktion*. Wien 1996 (im Erscheinen), wo die hier aufgrund der Raumnot nur allzu kurz angerissenen Problemfelder ausführlich diskutiert werden. „Archäologische" Vorarbeiten zur Thematik finden sich bereits in: Verf., *Alchimie, Postmoderne und der arme Hölderlin. Drei Studien zur philosophischen Hermetik*. Wien 1995.

Merkmal der Spur, nur *als* unlesbare lesbar zu sein)[7]. Sie ist zugleich nichthermeneutische Logik: Logik des Nicht-Verstehens und nicht des Verstehens.[8] Diese entzieht sich den hermeneutischen Einteilungen (in Oberfläche und Tiefe, falsch und wahr, monosem und polysem), indem sie eine prinzipielle Ausweglosigkeit beider, deren Metapher die Schrift ist, an ihren jeweiligen Anfang setzt, nicht ohne dadurch den Begriff des Anfangs selber nachhaltig zu unterminieren.

Denn es gibt da immer etwas im Text, was weder das eine noch das andere ist, was sich zusätzlich gibt, was etwas ersetzt, indem es etwas anderes bereithält. Man muß daher – so meine These – *entgegen* der hermeneutischen Tradition von Schleiermacher über Dilthey, Heidegger und Gadamer bis zu Jauß und Iser und *mit* den poststrukturalistischen Einsichten eines Lacan und eines Derrida von der Idee eines vorgängigen Verstehens als Bedingung der Möglichkeit von Subjektivität sich verabschieden zugunsten eines (genetisch betrachtet) primordialen, (strukturell gesehen) jedoch gleichursprünglichen Nicht-Verstehens, das nicht einfach Mißverstehen (als inadäquates oder nicht erfolgtes Verstehen) ist, sondern beidem, Verstehen wie Mißverstehen, unabdingbar vorausliegt.

---

7 Vgl. Jacques Derrida, *Schibboleth. Für Paul Celan.* Graz-Wien 1986.
8 Über den logischen Stellenwert dieses „Nicht" vgl. ebenfalls vom Verf., *Literarische Hermetik*.

EINIGE ANMERKUNGEN ZU FREUDS „DREI GROSSE KRÄNKUNGEN" AUS DER PERSPEKTIVE BUDDHISTISCHER PHILOSOPHIE

ROLAND TRAUNMÜLLER (WIEN)

Das kontroverseste Element buddhistischer Philosophie findet sich in ihrem Menschenbild. Im Unterschied zu anderen Hochreligionen, die in verschiedenen Formen von einem innersten Wesenskern jeden Individuums sprechen, einem unvergänglichen geistigen Prinzip, welches das eigentliche Sein des Menschen ausmache, bestreitet der Buddhismus dessen Existenz. Nach buddhistischer Auffassung gibt es keinen innersten Wesenskern, kein unsterbliches „Selbst" (*anâtman*). An die Stelle eines substantiellen Ichs, das alle Zeiten und auch den Tod überdauern könnte, tritt ein äußerst analytisches psychologisches Modell. Der Mensch wird zergliedert in fünf verschiedene Einzelteile; er ist zusammengesetzt aus den fünf „Daseinsfaktoren" Körperliches, Empfindungen, Wahrnehmungen, Geistesregungen und Bewußtsein. Buddhistisch gesprochen besteht ein Mensch aus fünf vergänglichen Faktoren *und zwar nur aus diesen fünf;* ihr dynamisches Zusammenwirken ist es, was ein Individuum als Individuum konstituiert, ohne daß diesem Zusammenwirken wieder eine eigene Substanz zugrundeliege. In der aphoristischen Analogie des *Peer Gynt*: Der abendländisch-westlich-christliche Mensch ist eine Nuß: Eine Schale, und unter dieser Schale läßt sich in der Mitte ein Kern finden. Der östlich-buddhistische Mensch ist eine Zwiebel: Schale um Schale kann heruntergeschält werden, ohne je einen einen Kern zu finden – weil die Mitte leer ist.

Ein zweites Spezifikum buddhistischer Philosophie ist ihre eigentümliche Stellung des Menschen. Nach buddhistischer Auffassung wandern alle Lebewesen in einem Kreislauf der Wiedergeburten (*samsâra*), unterteilt in eine Reihe verschiedener grundlegender Daseinsbereiche. Die Gattung Mensch existiert als nur eine Klasse von Wesen neben einer Vielzahl von anderen Existenzbereichen. Zwar verfügt ein als Mensch geborenes Lebewesen über einige besondere soteriologische Chancen; dennoch befindet sich der Mensch in keiner absoluten Sonderstellung, er steht weder außerhalb der Natur noch thront er als Krone der Schöpfung über den anderen Lebewesen. Graphisch dargestellt wird dies im Rad des Lebens (*bhâvacakra*), dem bedeutendsten Motiv buddhistischer Ikonographie: eine kreisförmige Anordnung sämtlicher Daseinsbereiche, welche den Menschen nicht ins Zentrum der Welt stellt, sondern als eine mögliche Existenzform unter anderen abbildet. Alle Daseinsbereiche liegen einander gegenüber, ohne daß irgendeiner bedeutender wäre als die anderen.

Die praktische Auswirkung dieser integrativen Sichtweise artikuliert sich in der buddhistischen Ethik. Als vielleicht einzige Ethik von Weltgeltung stellte sie von Anfang an und von ihren tiefsten Grundprinzipien her nicht der Mensch mit anthropozentristischer Exklusivität in den Mittelpunkt, sondern inkludierte ganz ausdrücklich alle Lebewesen, Menschen und Tiere gleichermaßen. In einer knappen Formel zusammengefaßt: Die buddhistische Ethik *wendet sich* zwar primär an den Menschen – da nur dieser ethische Regeln überhaupt erfassen und befolgen kann –, aber sie *umfaßt* immer alle Lebewesen.

Eine dritte Besonderheit buddhistischer Philosophie ist ihre Kosmologie. Diese beschreibt das Bild eines unermeßlich gewaltigen leeren Raumes, worin sich unzählbar viele Welten befinden. Jede dieser Welten besteht aus Erde, Sonnen, Monden usw. Eine Vielzahl von Welten bildet ein Weltensystem. Diese Weltensysteme kommen in unterschiedlichen Größendimensionen vor, bestehend aus 1000, 1000000 oder 1000000000 Welten. Innerhalb dieser unfaßbaren Vielzahl anderer Welten und Weltensysteme gilt als selbstverständlich, daß intelligentes, erlösungsbefähigtes Leben nicht auf unsere Erde beschränkt ist. Unsere Erde bildet nur eine dieser buchstäblichen Myriaden von Welten und erscheint, kosmisch betrachtet, *völlig belanglos*.

Psychologie, Theorie der Lebewesen und Kosmologie des Buddhismus sind Bruchstücke aus drei unterschiedlichsten Wissensbereichen. Und doch gibt es einen ganz wesentlichen Zusammenhang, gewissermaßen einen roten Faden: *Alle drei Theorien beschreiben irgendeine Art von System oder Struktur ohne Mittelpunkt*. Der Mensch – psychologisch als Individuum, biologisch als Gattung, kosmologisch als Planet – bleibt in allen drei System ohne einen absoluten Fixpunkt und bildet auch nicht selbst ein absolutes Zentrum. Buddhistische Philosophie steht damit vehement gegen jegliche Art von Zentrismus, und dies auf mehreren unterscheidbaren Ebenen:

1. Gegen den „Ego-Zentrismus", nämlich in jenem Sinne, daß es kein absolutes, fix definierbares Zentrum des menschlichen Ego gebe.
2. Gegen den Anthropozentrismus: Der Mensch besitzt keine absolute Ausnahmestellung in der natürlichen Gemeinschaft der Lebewesen, wie auch die buddhistische Ethik sich nicht exklusiv auf den Menschen konzentriert.
3. Gegen den Geozentrismus: Unsere Erde ist keine singuläre Besonderheit, sondern nur eines unter unausmeßlich vielen anderen Welten.

Was ist nun die Quintessenz dieses *crash course* buddhistischer Philosophie? Ist uns dieses Modell eines dreigliedrigen Antizentrismus tatsächlich ein so fremdes? Oder nicht doch ein vertrautes, vielleicht in umgekehrter Reihefolge und mit etwas anderen Worten?

Zwei große Kränkungen ihrer naiven Eigenliebe hat die Menschheit im

Laufe der Zeiten von den Wissenschaften erdulden müssen.

Die erste, als sie erfuhr, daß unsere Erde nicht der Mittelpunkt des Universums ist, sondern ein winziges Teilchen eines in seiner Größe kaum vorstellbaren Weltsystems. Sie knüpft sich für uns an den Namen Kopernikus, obwohl schon die alexandrinische Wissenschaft ähnliches verkündet hatte.

Die zweite dann, als die biologische Forschung das angebliche Schöpfungsvorrecht des Menschen zunichte machte, ihn auf die Abstammung aus dem Tierreich und die Unvertilgbarkeit seiner animalischen Natur verwies. Diese Umwertung hat sich in unseren Tagen unter dem Einfluß von Charles Darwin [...] nicht ohne das heftigste Sträuben der Zeitgenossen vollzogen.

Die dritte und empfindlichste Kränkung aber sollte die menschliche Größensucht durch die heutige psychologische Forschung erfahren, welche dem Ich nachweisen will, daß es nicht einmal Herr ist im eigenen Haus, sondern auf kärgliche Nachrichten angewiesen bleibt von dem, was unbewußt in seinem Seelenleben vorgeht.[1]

„Die drei großen Kränkungen", Freuds philosophisch vielleicht berühmtester Text, ist eine Analyse der verheerenden Wunden, die dem westlichen Weltbild von den wissenschaftlichen Erkenntnissen Kopernikus', Darwins und Freuds selbst geschlagen wurden.

Aus einer ideengeschichtlichen Vogelperspektive wird hier gleichfalls eine Gemeinsamkeit erkenntlich. Was Freud als die schwerwiegendsten Kränkungen identifiziert, sind Infragestellungen absolut-zentraler Positionen des Menschen, das verbindende Muster wiederum die Widerlegung von bis dahin selbstverständlichen Annahmen von Ausnahmestellungen – von Zentrismen: die Annahme eines unveränderlichen Wesenskerns der menschlichen Persönlichkeit, der souverän alle seelischen Prozesse zentral steuere (Ego-Zentrismus); die Behauptung, die Gattung Mensch habe eine absolute und von allen anderen Kreaturen getrennte Ausnahmestellung (Anthropozentrismus); und die Überzeugung, der kleine Planet Erde befinde sich in einer kosmisch ausgezeichneten Sonderstellung (Geozentrismus).

Jahrhundertelang fand das westliche Weltbild sein *fundamentum inconcussum* in ebendiesen psychologischen, biologischen und kosmologischen Zentrismen. Doch lauerte gerade in der Absolutheit eine immense Gefährlichkeit, denn als diese Zentren schwankten, wurden sie schnell zu Epi*zen*tren naturwissenschaftlicher Erdstöße, jene Kulturen umso verheerender verwüstend, wo der Zentrismusglaube so lange Zeit als selbstverständlich gegolten hatte. Drei klassische Zentrismen, drei große Kränkungen: Unsere buddhistischen Reflexionen als Folie darübergelegt, finden wir nun ebenfalls

---

1 Sigmund Freud,. *Vorlesungen zur Einführung in die Psychoanalyse*. Frankfurt am Main 1994, S. 273ff.

einen Verzicht, in Psychologie, der Lehre von den Lebewesen und Kosmologie absolute Zentren zu postulieren oder den Menschen – als Individuum, als Gattung oder als Planet – in diesen Zentren zu verabsolutieren: Die gleiche Absage an ebendiese klassischen westlichen Absolutheitsansprüche und Sonderstellungsbehauptungen – und damit eine Vorwegnahme der therapeutischen Kränkungen neuzeitlicher Wissenschaften.

Wenn Freud aber diese großen Kränkungen als „Kränkungen *der Menschheit*" bezeichnet und sich damit auf die gesamte Menschheit bezieht, so trifft dies nicht zu: Die buddhistische Philosophie scheint gegen diese Kränkungen *immun*, insofern als diese Kränkungen auf buddhistischer Seite schlichtweg ins Leere greifen oder einen kongenialen Widerhall finden. Das impliziert aber zwangsläufig, daß es einen blinden Fleck in Freuds Argumentation gibt. Eigenartig an Freud ist, daß er die großen Kränkungen in der Widerlegung der drei klassischen Zentrismen sieht – Ego-Zentrismus, Anthropozentrismus, Geozentrismus –, selbst jedoch unbemerkt einem *vierten* Zentrismus zum Opfer fällt: nämlich dem Eurozentrismus, der ausschließlichen Betrachtung der Welt aus der abendländischen Perspektive. Denn Freud irrt, wenn er spricht, daß „die Menschheit" drei große Kränkungen erfahren mußte – es läßt sich nicht sehen, weshalb Kopernikus', Darwins und Freuds eigene Erkenntnisse buddhistische Kulturen derart tief kränken könnten, wie es unser abendländisches Weltbild erfahren mußte. Die drei Kränkungen der Menschheit sind wirklich nur Kränkungen *des Abendlandes*: sie treffen östliche Kulturen kaum.

Von nicht unbedeutendem Interesse wäre aber in diesem Zusammenhang, nach den (drei?) Kränkungen *des Morgenlandes* zu fragen, und zwar nach den *spezifischen* Kränkungen.[2] Wenn Freuds „drei große Kränkungen" wirklich nur Kränkungen des Abendlandes sind, was sind dann die drei großen Kränkungen des Morgenlandes? Und, eine noch spannendere Frage: Was sind wirklich die großen Kränkungen der gesamten Menschheit?

---

2   Davon ausgeschlossen seien etwa kolonialer Imperialismus und aufoktroyierte Übernahme fremder Kulturelemente, die wohl allgemeine Verletzungen eines Selbstwertgefühls darstellen.

Geschichte der Philosophie

ROGER BACONS († 1292) ANALYSE DER *CAUSAE ERRORIS*
EIN BEITRAG ZUR GESCHICHTE DER IDEOLOGIEKRITIK

FLORIAN UHL (LINZ)

1 Einleitung

Gehen wir von der sehr allgemeinen terminologischen Bestimmung aus: Ideologie ist eine nicht-bewußte, interessenbedingte Verdeckung des rational Erfaßbaren bzw. Erfaßten und damit ein Hindernis auf dem Weg zu verläßlichem Wissen.

Gehen wir weiters – durch historische Erfahrung belehrt – davon aus, daß Auffassungen von Rationalität bzw. Rationalitätsstandards vom historischen, gesellschaftlichen und kulturellen Kontext nicht unabhängig sind; daß Gewohnheiten, Traditionen, ‚kollektive Vorurteile', die Meinung der ‚Anderen', insbesondere die ‚signifikanter Anderer' oder wie man früher sagte: die Auffassungen der ‚Autoritäten', einerseits und unsere eigenen Vor-Urteile andererseits die Wissensbemühungen – wie das Streben nach Weisheit (,Weisheit' – im Sinne von Orientierungs- und Heilswissen) – nicht unbeeinflußt lassen; daß, anders gesagt, Irrtum und Ignoranz anthropologisch tiefsitzende sowie lebensweltlich respektive institutionell bedingte Ursachen haben.

Von solchem Ausgangspunkt also eröffnet sich uns ein interessantes Problemfeld für „ideologiekritische Analysen", die – wie ich zeigen möchte – nicht erst in der Neuzeit die Aufmerksamkeit der Forscher von Francis Bacon bis beispielsweise zu Ernst Topitsch auf sich zogen.[1] Es handelt sich vielmehr um ein Thema, das unter dem Titel *‚ratio-auctoritas'* zu den grundlegenden Fragen mittelalterlich-scholastischen Denkens gehört.[2]

Einer der originellsten Denker des 13. Jahrhunderts hat dieses Grundthema *‚auctoritas-ratio'* ausgeweitet und im Rahmen seiner Analyse der *causae erroris* Untersuchungen zur Entstehung von Vorurteilen vorgelegt. Daß die Lehre von den Idolen des Lordkanzlers Francis Bacon in Analogie zu den Untersuchungen von dessen mittelalterlichen Namensvetter verläuft, liegt auf der Hand[3]. Doch es geht mir hier nicht darum, inhaltliche Parallelen zwi-

---

1   Vgl. H. Barth: *Wahrheit und Ideologie.* Frankfurt am Main ²1961; E. Topitsch/K. Salamun: *Ideologie. Herrschaft des Vor-Urteils.* München 1972.
2   Vgl. M.-D. Chenu: Scholastik. In: *Handbuch theologischer Grundbegriffe II* (1963) S. 478-494; U. G. Leinsle: *Einführung in die scholastische Theologie.* Paderborn u. a. 1995, S. 19 passim (=UTB 1865); R.Schönberger: Scholastik. In: *Lexikon des Mittelalters VII/7* (1995) Sp. 1521-1226.
3   Vgl. A. Döring: Die beiden Bacons. In: *Archiv für Geschichte der Philosophie*

schen beiden Denkern herauszustellen oder gar den Nachweis einer direkten literarischen Abhängigkeit erbringen zu wollen.

Es geht mir vielmehr darum zu zeigen, wie im 13. Jahrhundert Einsichten erarbeitet und diskutiert wurden, die uns nicht nur einen Einblick in einen – außerhalb von Spezialistenkreisen noch immer wenig beachteten – Abschnitt unserer abendländischen geistigen Tradition vermitteln; es geht mir aber auch darum, die Aktualität so früher „ideologiekritischer Analysen" bewußt zu machen, und eine Lücke in der Geschichte der Ideologiekritik zu schließen.

Die in Rede stehende Persönlichkeit ist *Roger Bacon*: aus englischer Adelsfamilie stammend, geboren um 1220, Philosophieprofessor an der damaligen kulturellen Metropole des Abendlandes, der Universität Paris, als Forscher in den experimentellen Wissenschaften dem nicht minder berühmten Studienzentrum von Oxford verbunden, als Frater Rogerius vom Orden der Minderbrüder vom Papst zur Übersendung seines wissenschaftlichen Werkes ersucht, 1292 hochbetagt gestorben.[4]

Fragen wir nach den Grundanliegen von Bacons Programm, das der Reform von Wissenschaft und Gesellschaft gilt, so treten sogleich die *Causae erroris* in den Vordergrund, eine Problematik, der er den ganzen ersten Teil seines Hauptwerkes, des *Opus maius* von 1267/68, widmet; das zweite Kapitel der *Communia mathematica* beschäftigt sich ebenfalls zu Anfang mit den allgemeinen Ursachen des menschlichen Irrtums, und mit der Erinnerung an die Hauptursachen der menschlichen Unwissenheit beginnt auch sein letztes Werk, das sprachphilosophisch so interessante *Compendium studii theologiae*, das uns nur als Fragment vorliegt, da der Autor wohl während der Arbeit daran vom Tod ereilt wurde.

2 Die vier fundamentalen Hindernisse für Wissenschaft und Weisheitsstreben

Eine umfassende und grundlegende Reform des Studienwesens in ‚Lehre und Forschung' war das zentrale Anliegen Bacons, dem er sich in jeder seiner Schriften seit den sechziger Jahren des 13. Jahrhunderts widmete. Diesem Bestreben stellten sich nicht bloß kontingente Hindernisse – ordens- und universitätspolitischer Art – in den Weg, sondern auch solche, die von lebensweltlichen Gegebenheiten abhängen, wozu Institutionen einer Gesell-

---

17 (1904), S. 341-348.

4 Vgl. dazu das erste Kapitel meiner Studie „Die Wissenschaftslehre Roger Bacons im Kontext seines Lebens und seiner Zeit" (im Erscheinen) sowie J.M.G. Hackett: *Bacon, Roger*. In: *Dictionary of the Middle Ages*, New York 1983, S. 35 - 42.

schaft, hier solche der mittelalterlichen, gehören. Ferner stehen der ins Auge gefaßten Reform anthropologisch verankerte Einstellungen und Haltungen der Menschen entgegen. Dies ins Bewußtsein zu heben, ist Bacons Bemühen.

Zur Vermeidung, ja systematischen Ausschaltung der Faktoren, die einen erfolgreichen Wissens*erwerb* und eine geglückte Wissens*vermittlung* behindern, muß man die *Ursachen* von Irrtum und Unkenntnis erforschen. Deshalb beginnt Bacon sein Hauptwerk mit der Darstellung der *universales causae totius ignorantiae humanae,* der Hauptursachen aller menschlichen Unwissenheit; denn auf dieser Negativfolie will er die Voraussetzungen aufscheinen lassen, die vorhanden sein bzw. geschaffen werden müssen, wenn Wissen erreicht werden soll: „Den ganzen ersten Teil des *Opus maius* widme ich diesem Problem, weil nur dann, wenn irrige Voraussetzungen ausgeschaltet sind, die Wahrheit mit Überzeugungskraft erfaßt werden kann."[5]

Die Baconsche Analyse legt vier Quellen des Irrtums und der Unwissenheit frei, die das Haupthindernis für alle Wissensbemühungen bilden:

Es bestehen aber vier ganz große Hindernisse, die Wahrheit zu erfassen, welche sich jedem entgegenstellen, er mag noch so sehr um Weisheit bemüht sein, so daß es kaum jemand möglich ist, in den wahren Rang von Weisheit zu gelangen, nämlich: das Beispiel einer brüchigen und der Würde entbehrenden Autorität, die alltägliche Gewohnheit, die Haltung der unwissenden Menge und die Verheimlichung der eigenen Unwissenheit [auf irgendeinem Gebiet] durch Herausstellen eines Anscheins von Weisheit. *Jeder Mensch* ist in diese Übel verstrickt, *jeder Stand* davon betroffen. Denn jeder benützt bei einzelnen Handlungen im Leben, im Studium und in jeglicher Beschäftigung die drei übelsten Argumente zu immer demselben Schluß: Dies ist durch das Beispiel der in Ansehen stehenden Persönlichkeiten bewiesen, das entspricht der Gewohnheit, das ist bei der Allgemeinheit so üblich; ergo muß man sich daran halten. Aber aus den Prämissen ergibt sich bei weitem klarer die entgegengesetzte Schlußfolgerung...[6]

---

5   *Opus tertium, capitulum* 2. In: *Opera quaedam hactenus inedita.* Ed. J. S. Brewer. London 1859, S. 72 (im folgenden zitiert als *OT*): „*Totam vero primam partem Majoris Operis facio de hac materia, quia, nisi istae causae excluderentur, nulla persuasio potest fieri veritatis.*"
6   *Opus maius* p. I, c. 1. In: The ‚opus maius' of Roger Bacon. Ed. J. H. Bridges. 3 Bde. Frankfurt am Main 1964. 3. Bd., S. 2 (Diese Ausgabe wird im folgenden als *OM* zitiert, lateinische Zahl = Bandnummer, *pars* = p., *capitulum* = c.): „*Quatuor vero sunt comprehendae veritatis offendicula, quae omnem quantumcunque sapientem impediunt, et vix aliquem permittunt ad verum titulum sapientiae pervenire, videlicet fragilis et indignae auctoritatis exemplum, consuetudinis diuturnitas, vulgi sensus imperiti, et propriae ignorantiae occultatio cum ostentatione sapientiae apparentis. His omnis homo involvitur, omnis status occupatur. Nam quilibet in singulis actibus vitae et studii et omnis negotii*

Die „vier ganz großen Hindernisse" sind also:
(1) die falsche Autorität (*auctoritas fragilis et indigna*),
(2) die langdauernde Gewohnheit *(consuetudinis diuturnitas)*,
(3) die Meinung der Vielen (*sensus vulgi* bzw. *sensus multitudinis imperitae*),
(4) die Sucht, den Anschein von Weisheit zu zeigen *(desiderium apparentis sapientiae)*.[7]

Das Verhängnisvolle – wie schon Seneca betonte, auf den sich Bacon im ersten wie im letzten Teil des *Opus maius* immer wieder beruft – ist das *Zusammenspiel* dieser vier Faktoren[8]: Etwas, das durch das Beispiel von *Autoritäten* bezeugt ist, das der *Gewohnheit* entspricht und das *allgemein üblich* ist, wird zugleich für wahr und recht gehalten, es dient nicht nur als Richtschnur und Paradigma für das eigene Urteilen und Handeln, sondern wird als *Weisheit zur Schau getragen*.

Trifft man auf ein solches Zusammenspiel von Autoritäten, Gewohnheiten, öffentlicher Meinung und selbstbewußt zur Schau getragener ‚Experten-Haltung', die zu allen Sach- und Orientierungsproblemen Rat weiß, müßte man – Bacon zufolge – sozusagen ideologiekritisch genau den umgekehrten Schluß ziehen, daß nämlich die entsprechenden *Auffassungen* wenn nicht falsch, so zumindest unbegründet bzw. die zur Debatte stehenden *ethischen Orientierungen* ungerechtfertigt sind und daß man sich deshalb nicht an sie halten darf, sondern in prüfender Weise auf Distanz gehen muß.[9]

Ich gehe nun der Reihe nach auf die vier Quellen des Irrtums und der Unwissenheit ein.

2.1 Die brüchige und fragwürdige Autorität

Die erste Quelle des Irrtums bzw. der Unwissenheit liegt auf dem Gebiete des Umgangs mit den *Autoritäten* in der Wissenschaft. (Ich übersetze *auctoritas* ganz einfach mit „Autorität"; was in unserem Baconschen Kontext damit gemeint ist, soll durch die Angabe der Bereiche, in denen der Begriff

---

tribus pessimis ad eandem conclusionem utitur argumentis, scilicet, hoc exemplificatum est per majores, hoc est consuetum, hoc vulgatum est; ergo tenendum. Sed oppositum conclusionis longe melius sequitur ex praemissis..."

7 Vgl. *OM III*, p. I, c. 9, S. 18.
8 Vgl. *OM III*, p. I, c. 1, S. 2; im *Compendium studii theologiae* (In: *Roger Bacon: Compendium of the Study of Theology*. Ed. Maloney. Leiden u.a. 1988, p. I, c. 2., S. 38-47; im folgenden zitiert als *CST*), das die Überschrift „*Capitulum secundum de causis generalibus humanorum errorum*" trägt, wird nur das Zusammenspiel der drei erstgenannten Ursachen des Irrtums dargestellt. Vgl. ebd., 38 f.
9 Vgl. *OM III*, p.I, c.1, S. 2.

gebraucht wird, klar werden.) Mit seinen Ausführungen zu diesem Thema trifft Bacon ein wesentliches Charakteristikum des scholastischen Wissenschaftsverständnisses und Wissenschaftstreibens. Darüber hinaus gelangt Rogerius in diesem Zusammenhang zu Einsichten, die Richtungweisend für die Entwicklung wie für das Selbstverständnis wissenschaftlicher Verfahrensweisen geworden sind. Darauf werden wir noch am Schluß (Punkt 3) zu sprechen kommen.

Den Grundsatz aller Autoritätskritik findet der *doctor mirabilis* vor: Schon bei den „Alten" – die Bacon in diesem Zusammenhang ständig zitiert – galt die Regel, daß die *unbedingte Treue zur Wahrheit (amica veritas) Vorrang vor der Treue selbst zu berühmten Autoren hat*. In der Nachfolge der „Alten", versteht Bacon daher seinen Auftrag zur Kritik an den Autoritäten:

> Da es sich so verhält, dürfen wir nicht an allem festhalten, was wir gehört und gelesen haben, sondern müssen auf das genaueste die Auffassungen der früheren Generationen prüfen, um hinzuzufügen, was bei ihnen fehlte, und um zu berichtigen, wo Irrtümer unterlaufen waren. Freilich müssen wir dabei mit aller Bescheidenheit und gleichsam entschuldigender Behutsamkeit verfahren. Doch können wir uns zu solchem Wagnis aufschwingen, nicht nur, weil die Notwendigkeit es erfordert, damit wir nicht die Wahrheitssuche aufgeben oder dem Irrtum verfallen, sondern gerade aufgerufen durch Beispiel und Autorität jener Persönlichkeiten der Vergangenheit...[10]

Keine menschlichen Äußerungen dürfen als *kritik-immun* gelten, nicht die Auffassungen früherer Generationen von Gelehrten noch die eigenen Auffassungen. Es gilt, sie laufend zu prüfen und am Maßstab neuer Erkenntnisse (bzw. Erfahrungen) zu messen.

Mit „*Offenheit für Kritik*" ist einer der ideologiekritischen Maßstäbe Roger Bacons genannt.[11] Mithilfe dieses Maßstabs lassen sich tradierte Auffassungen scheiden in solche, denen schließlich *wahre auctoritas* zukommt, und solche, bei denen dies nicht der Fall ist.

Zu diesem Kriterium der Offenheit für Kritik kommen noch andere we-

---

10 *OM III*, p. I, c. 7, S. 16: „*Quoniam igitur haec ita se habent, non oportet nos adhaerere omnibus quae audivimus et legimus, sed examinare debemus districtissime sententias maiorum, ut addamus quae eis defuerunt, et corrigamus quae errata sunt, cum omni tamen modestia et excusatione. Et ad hanc audaciam erigi possumus, non solum propter necessitatem, ne deficiamus vel erremus, sed per exempla et auctoritates eorum ...*"

11 Dieses Kriterium ist heute noch entscheidend. Denn ideologische Strategien zeichnen sich nach E. Topitsch dadurch aus, daß sie „beliebigen Wertungen den Anschein absoluter Geltung und beliebigen Theorien denjenigen der Unwiderlegbarkeit verschaffen..." (E. Topitsch: *Sozialphilosophie zwischen Ideologie und Wissenschaft*. Neuwied u. a. ³1971, S. 41).

sentliche Merkmale der *auctoritas solida et vera* hinzu:

Die „echte Autorität" ist – und hier kommt zuerst ein theologisches Argument bzw. eine *religiöse Legitimation*, die zu den Selbstverständlichkeiten der Kultur, zur ‚Lebenswelt' des christlichen Mittelalters gehört – jene, die (1) durch Gottes Ratschluß der Kirche übertragen ist *(Dei judicio collata est ecclesiae)*, oder die (2) aus Verdienst *(meritum)* und Würde *(dignitas)* der Person erwächst; sie findet Bacon „bei den Heiligen, bei Philosophen höchsten sittlichen Ranges und anderen Gelehrten, die, soweit es Menschen möglich ist *(qui juxta humanam possibilitatem)*, in der Erforschung des Wissens Erfahrung gesammelt haben".[12] Ich nenne (1) das institutionenbezogene und (2) das personenbezogene Kriterium echter Autorität.

(ad 1) An erster Stelle der *auctoritas* steht die Institution Kirche: Die wahre Autorität ist der Kirche als *Institution* göttlicher Stiftung durch Gottes Ratschluß verliehen – eine Formulierung, die, wie schon gesagt, der mittelalterlichen Geisteshaltung im christlichen Abendland entspricht. Dieses lebensweltlich gegebene und somit selbstverständliche Kriterium von *auctoritas vera* – das sei hier gleich erwähnt – schließt nicht die Kritik der konkreten zeitgenössischen Institution aus. Denn die jeweiligen Vertreter der Institution Kirche sind in ihren Urteilen und Entscheidungen keineswegs von der Möglichkeit des Irrtums frei. Man denke an Frater Rogerius' Kreuzzugskritik oder an seine äußerst derbe Kritik an der Dummheit und dem Sittenverfall der Prälaten im *Compendium studii philosophiae* von 1272. (Es steht den Leserinnen und Lesern übrigens frei zu überlegen, ob und in welcher Hinsicht in unserer Kultur an die Stelle der *auctoritas* der *ecclesia* die *auctoritas* der modernen, sich durch ihren technischen Erfolg legitimierenden Wissenschaft getreten ist.)

(ad 2) Nach diesen Erläuterungen zum institutionenbezogenen Kriterium der *auctoritas vera* ein Hinweis zum personenbezogenen, zu *meritum* und *dignitas*:

Beim *Einzelnen* erwächst echte Autorität, wie in der rhetorischen Tradition seit Cicero gesagt wird, aus *Verdienst* – hier auf dem Gebiete des Wissens – und aus der moralisch grundgelegten *Würde* der Person. Die *auctoritas fragilis et indigna* kann entsprechend auf kein geistiges Verdienst verweisen, sie ist gewaltsam und widerrechtlich angeeignet, und zwar durch Anmaßung und Ruhmsucht, bzw. verliehen durch die unkundige Menge; sie entbehrt jeder Würde, weil – zum einen – man Würde nicht sich selbst verleihen kann und

---

12 *OM III*, p. I, c. 1, S. 3 f.: „... nulla loquor ratione de solida et vera auctoritate, quae vel Dei judicio collata est Ecclesiae, vel quae ex merito et dignitate personae nascitur in sanctis et perfectis philosophis et aliis sapientibus, qui juxta humanam possibilitatem in studio sapientiae experti sunt."

weil – zum anderen – *dignitas* nicht von den ihrerseits der *dignitas* entbehrenden Massen verliehen werden kann.[13]

Entscheidend neben dem institutionenbezogenen Kriterium und dem personenbezogenen ist (3) ein *text* bzw. *sachbezogenes Kriterium*, das die Autorität zu urteilen (*auctoritas iudicandi*) und somit den Geltungsanspruch des Urteils betrifft. Hier stoßen wir auf den grundlegenden Prüfstein der Bejahung bzw. Übernahme eines tradierten oder vorliegenden Urteils: die *Sachkundigkeit*.

Die Wahrheit des Inhalts einer Auffassung soll entscheiden und nicht das Ansehen bzw. die Macht und der Einfluß der Person, die diese Auffassung vertritt. Bacon nennt unter Bezugnahme auf Seneca die Regel: „Nicht die Autorität dessen, der da spricht, soll auf dich Eindruck machen. Denn du sollst nicht darauf achten, wer etwas sagt, sondern darauf, was jemand sagt."[14] Diesem Grundsatz folgt Bacon etwa (wie wir an etlichen Stellen seiner Schriften sehen können), wenn er sich auf Aristoteles bezieht: Er akzeptiert *den* Philosophen als *auctoritas* nach Punkt (2): dem *personenbezogenen Merkmal* echter Autorität. Dennoch muß das, was Aristoteles sagt, kritisierbar sein. Denn die Geltung von Urteilen, die auf Sachkenntnis beruht, ist das Kriterium „wahrer" Autorität.

Sehr scharf läßt Bacon die Sachkenntnis als Kriterium für ein *autoritatives* Urteil hervortreten, wenn er sagt:

> Da derjenige, der ein Urteil fällt, verpflichtet ist, die Sache zu kennen, steht jemandem, der in Unkenntnis ist, keine Autorität zu, über das zu urteilen, was er nicht kennt. Und so darf man seinem Urteil, mag es positiv oder negativ sein, nicht zustimmen, vielmehr muß man sich im Gegenteil auf das entschiedenste dagegen stellen, weil jeglicher in Unkenntnis gefällte Spruch der Autorität entbehrt. Selbst wenn er das Richtige behaupten sollte, käme ihm kein echter Wahrheitsgehalt zu, da die Unkenntnis das Urteil entstellen würde. (...) Daher darf man jemandem, der etwas bestätigt oder verwirft, das er nicht kennt, nicht zustimmen, darf ihm gar kein Gehör schenken, muß ihm vielmehr widersprechen, mag er auch bei den Leuten als Gelehrter gelten oder es wirklich sein, mag es sich selbst um eine sittlich gute, ja heiligmäßige Persönlichkeit handeln.[15]

---

13 Ebd.: „*...sed de illa auctoritate loquor, quam sine Dei consilio violenter usurpaverunt multi in hoc mundo, nec ex merito sapientiae, sed ex propria praesumptione et desiderio famae, et quam vulgus imperitum concessit...*"

14 *OM III*, p. I, c. 7, S. 16: „*Et Seneca dicit in libro de quatuor virtutibus cardinalibus, Non te moveat dicentis auctoritas. Non quis sed quid dicat intendito.*"

15 *OM III*, p. I, c. 11, S. 25: „*...cum judex teneatur habere scientiam causae, non habet homo ignorans auctoritatem judicandi de his quorum habet ignorantiam, et ideo si affirmet vel neget, ejus judicio stari non debet, immo ex hoc vehementius resistendum, quod sententia qualiscumque feratur ex ignorantia quae*

Der Geltungsanspruch eines Urteils stützt sich auf die Kenntnis der Sache, die zu beurteilen ist; das Ansehen als Gelehrter wie die moralische Qualifikation der Person spielen hier keine Rolle. Angesichts der *„fragilitas mentis humanae"* ist allerdings eine vollkommene Kenntnis der beurteilten Sache und daher eine Unfehlbarkeit menschlichen Wissens unmöglich. Dadurch sind nach beiden Kriterien der *auctoritas vera et digna* im menschlichen Bereich Grenzen gesetzt.[16] Es macht aber in moralischer Hinsicht einen Unterschied aus, ob jemand nach bestem Wissen und Gewissen urteilt oder fahrlässig und oberflächlich in bezug auf die Kenntnis der Sache verfährt oder gar zur Verheimlichung der Unkenntnis bzw. zum Anschein von Wissen etwas bejaht oder verwirft, was natürlich eine Ablehnung solchen Urteils aus doppeltem Grund zur Folge haben müßte.[17]

2.2 Die Gewohnheit

Eine weitere Quelle des Irrtums ist „lang andauernde Gewohnheit", die durch „Nachahmung" des Beispiels der *Autoritäten* entsteht; so im *Opus maius:* „Doch die Tochter tut meist, wie die Mutter tat, der Sohn wie der Vater, der Knecht wie der Herr, der Mann auf der Straße wie der König, der Untergebene wie der Vorgesetzte, der Schüler wie der Lehrer."[18] Die falsche Autorität verführt durch falsches Wort und Beispiel, und die damit gewonnenen Einstellungen, Haltungen und Meinungen verfestigen sich durch Wiederholung zu Gewohnheiten. Und diese werden – wie Aristoteles sagte – zur „zweiten Natur" und diese „hält uns am stärksten im Zwang".[19] Es entspricht dem menschlichen Hang zur Gewohnheit, sich nach dem Beispiel der anderen zu richten, statt eigenständiges Denken zu pflegen, spontan neue Wege

---

auctoritatem non habet. Unde si verum diceret, verisimile non esset, et sententiam ignorantia foedaret (...) Quapropter sive sapiens apud vulgus, sive secundum veritatem, sive bonus seu sanctus affirmet vel reprobet quod ignoret..., approbare non debet..., sed negligi et contradici..."

16 *Compendium studii philosophiae,* c. 6. In: *Opera quaedam...* (ed. Brewer), S. 439 (im folgenden zitiert als *CSP*): „*Nam humanum aliquid passi sunt, et fragilitate mentis humanae aliquando capti, non potuerunt ad plenum in omnibus discernere veritatem. Nihil enim perfectum in humanis inventionibus reperitur..."*

17 *OM III*, p. I, c. 11, S. 25.

18 *OM III*, p. I, c. 3, S. 7: „*Matris quidem exempla ut in pluribus sequitur filia, patris natus, domini servus, regis bajulus, praelati subditus, magistri discipulus."*

19 *Communia mathematica, distinctio I,* c. 2. In: *Opera hactenus inedita Rogeri Baconi,* Fasc. XVI. Ed. R. Steele. Oxford 1940, S. 5 (im folgenden zitiert als *CM*): „*...quia ipsa est altera natura, ut Aristoteles dicit libro* Problematum *et alibi, cujus violentia sic detinemur..."*

zu gehen und eigene Erfahrungen und „Experimente" zu wagen. Bacon weist auf den Zwangscharakter der *consuetudo* auf, indem er auf die vielen Aussprüche berühmter Männer zurückgreift, die aus ihrer Lebenserfahrung über die Gewohnheit urteilen – etwa wenn Averroes bemerkt, daß dem Menschen Handlungen, die er gewohnt ist, leicht fallen, so daß er sie, auch wenn sie schädlich sind, für nützlich hält, oder wenn Seneca feststellt, daß wir Fehler, die mit uns groß geworden sind, kaum mehr ablegen können.[20]

Die „*multiplikative Kraft*" des von einem zum anderen weitergegebenen Irrtums und seine verheerenden Konsequenzen ersieht Bacon aus dem Seneca-Ausspruch: „Niemand irrt für sich allein, sondern ist Ursache und Urheber des Irrtums beim Mitmenschen, und so treibt mit uns der Irrtum, der von Hand zu Hand weitergegeben wird, sein Spiel, und wir gehen am Beispiel der anderen zugrunde."[21]

Die Gewohnheit erstickt die Urteilsfähigkeit, und an die Stelle des eigenen Urteils tritt als maßgebend das Beispiel der anderen.[22]

So wirkt die Macht der *consuetudo* als wichtigstes Orientierungsmittel und geht mit dem Maßstab des Denkens und Handelns, den die „Menge" vorgibt, eng zusammen. Nirgends findet Bacon diese Verstrickung wiederum so scharf erfaßt und so treffend formuliert wie bei Seneca:

Zu den Gründen unseres Unglücks zählt, daß wir uns im Leben nach dem Beispiel der anderen richten. Denn nicht die Vernunft ist für uns bestimmend, sondern wir gehen am Gängelband der Gewohnheit. Was nur wenige tun, wollen wir nicht nachahmen, wir tun, wofür sich die Mehrheit entschieden hat, in der Meinung, daß das, was häufiger geschieht, auch das moralisch Bessere sei. So nimmt bei uns das öffentliche Fehlverhalten der Vielen die Stelle dessen ein, was recht ist.[23]

Damit gelangen wir zum dritten *offendiculum sapientiae*.

2.3 Das Vorurteil der Menge

Mit der Preisgabe des eigenen Denkens durch die Stützung auf Autoritäten und Gewohnheiten ordnet sich der Mensch der Menge und damit undurch-

---

20 Vgl. *OM III*, p. I, c. 2, S. 4.
21 Ebd.: „*Nemo sibi soli errat, sed alieni erroris causa et auctor est, versatque nos et praecipitat traditus per manus error, et alienis perimus exemplis.*"
22 Vgl. *OM III*, p. I, c. 2, S. 7: „*... videmus fide occulata quod pro uno exemplo veritatis tam in scientia quam in vita sunt plus quam mille falsitates.*"
23 „*Inter causas malorum nostrorum est, quod vivimus ad exempla, nec ratione componimur, sed consuetudine adducimur; quod si pauci facerent nollemus imitari, cum plures facere coeperint, quia frequentius quam honestius id facimus, et recti locum apud nos tenet error, ubi publicus factus est.*" Diesen Ausspruch Senecas zitiert Bacon mehrmals: *OM III*, p. I, c. 2, S. 4; *OT*, c. 22, S. 72; *CST*, c. 2, S. 38.

sichtigen Machtverhältnissen, dem, was man heute „öffentliche Meinung" nennt, ein und unter.[24] Die Menge ist der Ort der Vor-Urteile im wörtlichen Sinn insofern, als ihr Inhalt als der eines allgemein gültigen Urteils lange „vor" und diesseits „*rationaler Argumentation*" und der je eigenen *Überprüfung an der Erfahrung* übernommen und tradiert wird.

Die *multitudo* oder das *vulgus* sind beim Minderbruder Bacon keine Bezeichnung für eine soziale Schicht.[25] Seine Kritik am *vulgus* ist also nicht durch einen elitären Habitus motiviert – der bei ihm gewiß auch zu finden ist –, sondern er unterscheidet streng zwischen *vulgus* und *simplices*, zwischen der Masse und den einfachen Leuten; wobei er bei Letztgenannten, etwa bei den *vetulae*, den Kräuterweiblein – wie der an Alchemie bzw. Medizin interessierte Frater betont –, viel Wissen und Weisheit angetroffen habe. (Darauf hat insbesondere Franco Alessio hingewiesen.)[26]

Wenn Bacon schon hart ins Gericht geht mit der Voreingenommenheit und der Unwissenheit des *vulgus*, ist es nicht verwunderlich, daß er besonders scharf den Umstand kritisiert, daß es sich bei jenen, denen „berufsmäßig" das Studium der Weisheit obliegen sollte, beim Stand der Philosophen (beim *vulgus philosophorum*), nicht anders verhält als bei der Menge der gewöhnlichen Leute. Aus all dem ergibt sich als wichtige Verhaltensregel, um zu verläßlicher Orientierung zu gelangen, folgende Maxime:

> Meiden wir die Menge und das von ihr gegebene Beispiel, begegnen wir der Gewohnheit stets mit Zurückhaltung,... gehören wir zu den wenigen, und soweit wir es vermögen, zur Zahl der weisen und heiligen Menschen, damit wir nicht der Einstellung der Vielen verfallen. Denn von Anbeginn der Welt schieden sich stets alle nach Weisheit Strebenden, wie die Heiligen und die wahren Philosophen, sowohl was die Wissenschaft betraf als auch die Lebensführung, von der Auffassung der Menge, einer Auffassung, die, wie in den meisten Dingen, im Irrtum befangen ist.[27]

---

24 Vgl. M. Horkheimer und Th. W. Adorno: Ideologie. In: *Soziologische Exkurse. Nach Vorträgen und Diskussionen*. Frankfurt am Main ²1972, S. 170.

25 *Vulgus* bedeutet die Menge derjenigen Menschen, die sich durch eine bestimmte geistige Haltung der Orientierung an Autoritäten und insbesondere an Gewohnheiten auszeichnen und von denen ihrerseits eine große Macht hinsichtlich der Orientierung der Menschen ausgeht. Das *vulgus* ist im wahrsten Sinne des Wortes „unerfahren" (*imperitus*) – in den wesentlichen Dingen und Geheimnissen des weltlichen und geistigen Bereiches. Vgl. *OM III*, p. I, c. 3 und c. 4, S. 8ff.

26 Vgl. F. Alessio: *Introduzione a Ruggero Bacone*. Bari 1985, S. 38ff., *OM III*, p. I, c. 10, S. 24.

27 *OT*, c. 22, S. 72: „*Et exemplorum multitudinem declinemus, et consuetudinem semper habeamus suspectam, et simus ex paucis et de numero sapientum et sanctorum quantum possumus, ut sensum multitudinis evitemus. Nam semper a*

2.4 Der von den Gelehrten zur Schau getragene Anschein von Weisheit

Als die gefährlichste und schädlichste Art aller Ursachen des Irrtums hebt Bacon im *Opus maius* jene besonders hervor, die den übrigen dreien die Bahn bereitet. Sie stellt einerseits eine in jedem Menschen schlummernde Neigung dar[28] – das Bedürfnis, Wissen und Weisheit ‚zur Schau zu tragen' *(desiderium apparentis sapientiae):* „Dies ist ein ganz absonderliches *(singularis)* wildes Tier, das jede *ratio* weggrast und zerstört."[29] Andererseits ist mit dem *desiderium apparentis sapientiae* auch das Phänomen angesprochen, daß Gelehrte, die sich auf einem bestimmten Gebiet wohl auskennen, in allem (also in der *sapientia* – als umfassendem Orientierungs- und Heilswissen) „Experten" seien. Diese weitverbreitete Haltung ist in unseren hochkomplexen Gesellschaften wohlbekannt. Wissensdünkel aber als *individuelle Haltung* ist ein Hindernis bei Erkenntnisbemühungen, weil er Unfähigkeit, Neues zu lernen, und Intoleranz gegenüber anderen Auffassungen impliziert. Denn über das, was wir nicht wissen, „gehen wir", wie Bacon sagt, „einfach hinweg, mißbilligen es, weisen es zurück, verdammen es in Grund und Boden, damit wir nur ja nicht etwas nicht zu wissen scheinen."[30] Und der Wissensdünkel jener „Autoritäten", die ihre Unwissenheit durch starrsinniges Festhalten an ihrem „Paradigma" verbergen, wird so zur Ursache der übrigen Irrtümer. Er hindert den Wissenschafter schließlich, seine Studien an den *außer*wissenschaftlichen Bedürfnissen, nämlich denen der Kirche und der Gesellschaft, zu orientieren. Denn der Eindruck der erreichten Vollkommenheit gibt diesen „Schein-Weisen" das Bewußtsein, nicht nur im Besitze „unumstößlicher", „endgültiger" Wahrheit bzw. wenigstens einer trefflichen Methode samt unumstößlichen Rationalitätsstandards zu sein, sondern darüber hinaus auch das Relevante vom Irrelevanten bestens unterscheiden zu können – und macht sie unempfindlich für die Notwendigkeit einer *reformatio* des Wissens, der Kirche und der Gesellschaft. Die Art von Gelehrten hat Bacon denn auch im Auge, wenn er am Beginn des *Opus maius* von der „brüchigen und unwürdigen Autorität" spricht.[31]

---

 principio mundi sapientes omnes, ut sancti et veri philosophi, separaverunt se a sensu vulgi, tam in scientia *quam in vita: quia ille ut in pluribus est erroneus...*"
28 Dieses Übel scheint aber dann in dem mehr als zwanzig Jahre später verfaßten, sonst identischen Katalog der *causae erroris im* 2. Kapitel des *Compendium studii theologiae* nicht mehr auf. Vgl. *CST,* p. I, c. 2, S. 38-47.
29 *OM III,* p. I, c. 9, S. 18: „*Haec enim est singularis fera, quae depascit et destruit omnem rationem, quae est desiderium apparentis sapientiae, quo fertur omnis homo.*"
30 Ebd.: „*Et quidquid nescimus, ubi scientiam ostentare non valemus, negligimus, reprehendimus, reprobamus et annihilamus, ne videamur aliquid ignorare...*"
31 *OM III,* p. I, c.1, S. 4: „*... de sophisticis enim auctoribus multitudinis insensa-*

In dieser Hinsicht weist die erste Irrtumsquelle: der Glaube an brüchige Autoritäten, bereits voraus auf die vierte, von der wir gerade handeln, bzw. es impliziert die vierte in gewissem Sinne die erste.

3 Auf dem Weg zu verläßlichem Wissen: auctoritas, argumentum, experimentum

Abschließend möchte ich einige Hinweise geben, die deutlich machen sollen, wie jene mittelalterliche Ideologie- und Wissenschaftskritik, die Roger Bacon repräsentiert, positiv zu verläßlichem Wissen zu gelangen gedenkt. Ich beginne mit einigen Bemerkungen über die Stellung der *auctoritas* im scholastischen Wissenschaftsbetrieb, um einem naheliegenden Mißverständnis vorzubeugen, welches Bacons Anliegen als ein dem scholastischen Wissenschaftsverständnis grundsätzlich entgegenstehendes sieht. Demgegenüber muß – recht betrachtet – die *kritische Einstellung zur Autorität* als *Konstitutivum der scholastischen Methode* überhaupt gelten, so daß Bacons Kritik nicht als eine fundamentale Kritik an dieser Methode als solcher zu betrachten ist, sondern vielmehr als Kritik an deren *Fehlern*, nämlich der fallweisen unkritischen Haltung gegenüber den als Autoritäten geltenden Texten und – wie wir heute sagen würden – der *Verwechslung der Ebenen von Genese und Geltung*. Selbst die heilige Schrift, die als göttliche Rede selbstverständlich absolute Autorität besitzt, bedarf – wie die Gelehrten der „Schule" wußten – geeigneter Mittel der *Auslegung* und ist so auch auf vernünftige Anstrengungen des Verstehens mit Hilfe der *ratio* angewiesen.[32]

Versucht man, den Gedanken Bacons zu den *auctoritates* in heutiger Redeweise zu „wiederholen", so könnte man sagen, daß Autoritäten im Hinblick auf den Wissenserwerb (*Genese*) eine wesentliche Ausgangsbasis unseres Redens und Denkens bilden. Den maßgebenden Autoritäten in Leben und Denken verdanken wir es, daß wir denken und philosophieren können. Auf ihren Schultern stehend vollbringen wir neue Leistungen. Die *auctoritas* kann man in diesem Sinne als ein grundlegendes Element im Rahmen des *Entdeckungszusammenhangs* bezeichnen. Sie ist für die Genese des Wissens – für eine *ars inveniendi* – von unverzichtbarer Bedeutung, da wissenschaftliche Arbeit nie beim Nullpunkt anhebt:

---

tae loquor, qui aequivoce sunt auctores, sicut oculus lapideus aut depictus nomen habet oculi, non virtutem." – „Ich spreche also von jenen Scheingelehrten, die sich zu Autoritäten bei der stumpfen Menge aufgeworfen haben, von jenen sogenannten Autoritäten, die dem Auge im Steinbildwerk oder Gemälde gleichen, das zwar als Auge bezeichnet wird, aber nur den Namen eines Auges hat, nicht dessen lebendig-geistige Kraft."

32 Vgl. M.-D. Chenu: *Das Werk des hl. Thomas von Aquin*. Heidelberg-Graz 1960, S. 138ff.

Es ist aber unmöglich, daß jemand sich ganz allein die Kenntnis schwieriger Wissenschaften erwirbt. Denn zu keiner Zeit noch ist irgendeine Wissenschaft wie vom Himmel gefallen gefunden worden, vielmehr ist sie seit Anbeginn der Welt allmählich gewachsen, und noch ist sie in diesem Leben nicht zur Vollendung gelangt...[33]

Scheint bei Bacon die *auctoritas* in dem Sinne eines wichtigen Elementes im Rahmen der Genese des Wissens auf, so darf sie jedenfalls für die Wirklichkeitswissenschaften – wie etwa die Naturwissenschaft – nicht als *Instanz zur Prüfung* der Berechtigung eines *Geltungsanspruchs* mißverstanden bzw. mißbraucht werden. Der Zweck und Wert der Kenntnis der Auffassungen älterer Autoren, die als Autoritäten gelten, liegt darin, daß sie den *Ausgangspunkt* für die Entstehung neuen Wissens bilden.

Autorität und Überlieferung spielen sowohl für die Wissensbildung als auch innerhalb der christlichen Weltanschauung naturgemäß eine zentrale Rolle. Doch als Weg zur Sicherung der *Geltung* von Auffassungen mißt Bacon der Autorität wenig Wert bei, da sie keine Sicherheit der Erkenntnis *verbürgen* kann und da durch Berufung auf Autorität nicht schon vernünftige Einsicht zu begründen ist. Die unkritische Zustimmung zur Meinung der Autoritäten kann – wenn nicht schon die Überlieferung bzw. die Übersetzung ihrer Auffassungen selbst fehlerhaft ist – zu einem Hindernis für das Streben nach Wissen und Wahrheit werden.

Nach Bacon gibt es zwei *modi cognoscendi*, die uns zu verläßlichem Wissen führen und denen grundsätzlich unvergleichlich höherer Wert im Prozeß des Wissenserwerbs zukommt als dem Beweis aus der Autorität (dem dritten geläufigen *modus cognoscendi*). Diese beiden *modi cognoscendi* sind das *argumentum* und *experimentum*.[34] Die neue Instanz, welche Bacon in die wissenschaftliche Auseinandersetzung mit den *auctoritates* einführt, ist *experientia* bzw. *experimentum*, also Erfahrung.

Das *argumentum* als logisch-deduktives Verfahrendient dazu, aus „wahren" Prämissen mittels logischer Regeln weitere „wahre" Sätze abzuleiten. Damit ist ein wesentliches Charakteristikum aristotelisch-scholastischen Verständnisses von Wissenschaft genannt.[35] Dieser *modus*

33　*CSP*, c. 5, S. 429: „*...impossibile est quod homo adquirat scientias difficiles per se. Nam numquam in aliqua aetate inventa fuit aliqua scientia, et adhuc non est completa in hac...*"

34　Vgl. *OM II*, p. VI, c. 1, S. 167 f. bzw. 172 f. Zur Interpretation der Epagogé vgl. W. Detel: Einleitung. In: H. Flashar (Hg.): *Aristoteles. Werke in deutscher Übersetzung*, Bd. 3, Teil II: Analytica posteriora, 1. Halbband, S. 233-262.

35　Beispielhaft in diesem Sinne ist die Definition von Wissenschaft durch Thomas von Aquin. Vgl. ders.: *Summa theologica*, I-II, q. 57 a2 ad 1: „*„id quod est commune omnibus scientiis, ut scilicet ex principiis conclusiones demonstret.*"

cognoscendi basiert aber auf Prämissen, bei deren Auffindung – wie schon Aristoteles gesehen hat – bereits die *Erfahrung* ins Spiel kommt. Mit den Ausdrücken *experientia* und *experimentum* ist bei Bacon aber hauptsächlich das *Verfahren der Prüfung* von *autoritativ* vorgegebenen bzw. „*argumentativ*" ermittelten Auffassungen bezeichnet.

Sehr kritisch betrachtet Bacon das Thema der logischen Regeln und Beweisführungen, auf das sich ein Großteil der scholastischen Aktivitäten konzentriert, und er ordnet die logisch-deduktiven Beweisverfahren jenen Methoden und Instanzen der *scientia experimentalis* unter, die mehr vermögen, als nur korrekte Zusammenhänge zwischen Sätzen herzustellen bzw. aus Sätzen Konsequenzen zu ziehen und Auffassungen in „axiomatisch-deduktiver" Form darzustellen. Um zu „wahrer" Erkenntnis zu gelangen, gilt es, die Geltung der *argumenta* an der Erfahrung zu prüfen und durch Rückgriff auf die Instanz der Erfahrung zu sichern.

Im Kontext der Erklärung des Regenbogens – eine der wissenschaftsgeschichtlich wohl beachtlichsten Leistungen Roger Bacons – lassen sich Bacons methodische Schritte des Ausscheidens von Theorien aufgrund ihrer Prüfung durch Erfahrung sehr gut rekonstruieren.[36] Im Kapitel 11 der *Pars sexta* des *Opus maius* etwa, das der Erklärung der *Form* des Regenbogens gewidmet ist, verwirft Bacon die Theorien der von ihm ansonsten am meisten geschätzten Philosophen, des Aristoteles, des Seneca, wie die seines von ihm hochgeehrten Lehrers Robert Grosseteste, aufgrund der Prüfung ihrer Auffassungen an der Erfahrung bzw. aufgrund von einfachen ‚experimentellen Ergebnissen'.

Allgemein gesagt: Eine verläßliche Orientierung ist nur möglich, wenn wir in jedem Fall neu die Autoritäten und die Argumente bzw. Vorschriften der Autoritäten auf ihre „rationale Rechtfertigung" hin prüfen – wobei als letzte Instanz die Erfahrung zu gelten hat. Dasselbe gilt im Hinblick auf Gewohnheiten, gängige Meinungen und den „Schein von Weisheit", den Experten und Vielwisser ausstrahlen können. Andernfalls verfangen wir uns – wie Bacon sagt – „im von uns nicht gründlich Erprüften und werden – in der Weise des Studierens wie in der Wissenschaft und in der Sache des Studiums – gleich Roß und Maultier an Nasenring und Halfter in den Irrtum geführt".[37]

---

36 Vgl. dazu die Analysen in meiner Studie „Die Wissenschaftslehre Roger Bacons" (Anm. 4), Teil II.

37 *CM*, d. I, c. 2, S. 4 f.: „*...in singulis facultatibus qua non bene a nobis examinata capimur..., et velut equus et mulus chamo et freno trahimur tam in modo studendi quam in sciencia vel substancia studii ad errorem.*"

ZUM RELATIONENPROBLEM IM 14. JAHRHUNDERT

HARALD BERGER (GRAZ)[1]

Die aristotelisch-scholastischen Relationentheorien[2] muten aus heutiger Sicht deshalb seltsam an, weil sie folgender Vorgabe Rechnung tragen mußten: Relationen bzw. vielmehr bezügliche Dinge (*tà prós ti, quae sunt ad aliquid, relativa*) bilden eine der Aristotelischen Kategorien von Akzidentien, und zwar die mit dem 'geringsten Sein', da es bei den bezüglichen Dingen keine 'Bewegung' gibt – Dinge können anfangen und aufhören bezüglich zu sein, ohne daß sie sich selbst verändern. Als Akzidentien können Relativa aber nur éinem Zugrundeliegenden inhärieren, gemäß dem Prinzip, „quod unum accidens non sit in duobus subiectis", das sich bei Aristoteles selbst zwar nicht explizit findet, in der von ihm ausgehenden Tradition (spätestens seit Avicenna und z.B. noch bei Leibniz) aber als selbstverständlich betrachtet wird. Dieser Vorgabe gemäß lautet die scholastische Standard-Auffassung folgendermaßen: Ein Relativum inhäriert einem Ding und ist auf ein anderes gerichtet, so daß der Begriff (die *ratio*) der Kategorie des Bezüglichen durch zwei Merkmale bestimmt ist, nämlich das *esse in* einerseits und das *esse ad* anderseits. In der hochentwickelten Scholastik wird dann durchaus auch zwischen abstrakten und konkreten relativen Termen bzw. Dingen unterschieden, also z.B. zwischen der Herrschaft als Relation und dem Herrn als Ausgangsglied (*terminus a quo*) der Relation; als Akzidens mit dem 'geringsten Sein' erfordert die Relation aber immer eine Grundlage (*fundamentum relationis*), z.B. das Vermögen, Gewalt auszuüben (also eine Qualität), kraft welcher sie der Substanz (*subiectum relationis*, dem Menschen, der der Herr ist) inhäriert und auf das Zielglied der Relation (*terminus ad quem*, den Knecht) gerichtet ist.

Die ontologische Diskussion in der Scholastik dreht sich vor allem um das Verhältnis der Relation zum Fundament: Wird die Relation als vom Fundament real verschieden aufgefaßt, so ist sie eine zusätzliche Entität, und man kann von „Relationen-Realismus" sprechen; wird eine reale Verschiedenheit abgelehnt, mag man dies „Relationen-Nominalismus" nennen. Zu Beginn des 14. Jhs. besteht weitgehend Einigkeit darüber, daß Relationen von jeder

---

1 Diese Arbeit ist aus dem Projekt P9134-HIS des Fonds zur Förderung der wissenschaftlichen Forschung, Wien, geleitet von Univ.Doz. Dr. W.L. Gombocz, Graz, hervorgegangen.
2 Gute Überblicke und Bibliographien bieten M.G. Henninger, *Relations. Medieval Theories 1250-1325*, Oxford 1989, und R. Schönberger, *Relation als Vergleich. Die Relationstheorie des Johannes Buridan* [...], Leiden/etc. 1994 (=Studien und Texte zur Geistesgeschichte des Mittelalters, 43).

Verstandestätigkeit unabhängig und auch vom Fundament verschieden sind. Über die Art dieser Verschiedenheit von Relation und Fundament besteht zwischen den Realisten allerdings keine Einigkeit. Z.B. verwirft der frühe Thomist Hervaeus Natalis die aus seiner Sicht beiden hauptsächlichen Auffassungen von jener Verschiedenheit[3]:

1. Relation und Fundament sind wie verschiedene Dinge real verschieden und bilden eine akzidentelle Zusammensetzung (*compositio*); z.b. enthält ein ähnliches weißes Ding mehr Dinge als ein weißes Ding, ebenso wie ein weißer Mensch mehr Dinge enthält als ein Mensch. Diese Auffassung findet sich vielleicht am prägnantesten ausgedrückt bei Thomas Wylton[4]. Dagegen wendet Hervaeus u.a. ein, daß die Erwerbung einer Relation als eines Dinges, das vom Fundament real verschieden ist, dem Aristotelischen Prinzip widerspricht, daß eine Relation ihr Subjekt nicht verändert.

2. Relation und Fundament unterscheiden sich zwar real, aber nicht wie Dinge, sondern wie *res* und *modus rei*, d.h. wie ein Ding und die Seinsweise dieses Dinges, welche selbst natürlich kein Ding ist, da sie sonst wiederum einer eigenen Seinsweise bedürfte, etc. *in infinitum*. Nach dieser Auffassung, die v.a. mit dem Namen Heinrichs von Gent verbunden ist, haben nur die ersten drei (sog. „absoluten") Kategorien einander ausschließende Seinsweisen und somit je eigentümliche Dingarten; die Seinsweise der Bezüglichkeit (*modus essendi ad aliud*) hingegen ist mit jenen drei vereinbar, so daß es keine eigenen Relationen*dinge*, sondern eben nur -*modi* gibt. Dagegen wendet Hervaeus u.a. ein, daß es nur zwei Arten der Einheit gibt, nämlich der Einfachheit (wie z.B. Materie/Form) oder der Zusammengesetztheit (wie z.B. Substanz/Akzidens); erstere Einheit schließt aber reale Verschiedenheit aus, so daß nur jene bereits verworfene Auffassung vom Dingkomplex übrigbleibt.

3. Deshalb stellt Hervaeus eine eigene Theorie auf: Durch eine Relation werden ihrem Begriff nach zwei Dinge gesetzt, und zwar ein Ding *in recto* im Subjekt (nämlich das Fundament) und ein Ding *in obliquo*, nämlich das Zielglied der Relation (der *terminus ad quem*). Die Relation bedingt im *Subjekt* nichts, was vom Fundament verschieden wäre, sie unterscheidet sich von diesem nur durch das Zielglied[5]. Die Relation kommt zwar zum Funda-

---

3 Hervaeus äußert sich an etlichen Stellen seiner *Quolibeta*, Venedig 1513, zum Relationenproblem, ich beziehe mich insbesondere auf I, 9, foll. 20vb-21vb; II, 7, foll. 43ra-47vb; VII, 15, fol. 143rb-vb; X, 1, foll. 168va-170rb.

4 Cf. M.G. Henninger, „Thomas Wylton's Theory of Relations", in *Documenti e studi sulla tradizione filosofica medievale*, 1/2 (1990), 457-490 (bes. 468s).

5 Op. cit. (n. 3), 21rb: „Relatio importat duo, unum in recto, quod ponit in suo subiecto, et aliud in obliquo, sc. terminum ad quem; [...] et utrumque est de ratione ipsius relationis. [...] Relatio non dicit aliam rem a fundamento suo, nisi

ment neu hinzu, aber eben nicht im Sinne der Inhärenz, sondern der Koexistenz bzw. 'realen Konnotation' des Zielglieds[6]. Diese Auffassung, welche nach Petrus Aureoli die weitere Entwicklung der Lehre des Thomas darstellt[7], zeigt schon eindeutig in die Richtung des Nominalismus Ockhams[8]: Aus der Koexistenz von Fundament und Zielglied ergibt sich die Relation zwangsläufig, sie ist also keine dritte Entität zusätzlich zu den beiden ersteren.

Bei diesem Stand der Diskussion setzt im zweiten Dezennium des 14. Jahrhunderts die Kritik von konzeptualistischer Seite ein: Petrus Aureoli hält alle vorgängigen Theorien für insofern ungenügend, als sie die *Verbindung* von Fundament und Zielglied der Relation nicht zu erklären vermögen. Dabei legt er seiner ganzen Kritik einen solchen Relationsbegriff zugrunde, der von einer orthodoxen aristotelischen Ontologie gar nicht erfüllt werden kann: Für Petrus ist nämlich eine Relation ein *intervallum* oder *medium inter duo*, also etwas zwischen dem Fundament und dem Zielglied der Relation, das beide *verbindet* (er spricht z.B. von „connexio"[9]). Keine extramentale Entität kann aber diese Bedingung des Zwischenseins und Verbindens zweier Dinge erfüllen, dies kann allein der vergleichende Verstand leisten. Der Mittelsatz dieses Arguments wurde von orthodoxen Aristotelikern allgemein zugestanden, aber ebendarum versuchten sie, Relationen nicht als Verbindung von Dingen, sondern als Gerichtetsein auf Dinge zu erklären, um der Konklusion zu entgehen. Nach Petrus gibt es also in der Wirklichkeit nur das Fundament

---

    terminum ad quem".

6   Op. cit. (n. 3), 47va-b: „Aliquid de novo advenire alicui dupliciter est: Uno modo per inhaerentiam, sicut albedo advenit de novo ei, quod prius non erat album. Alio modo per coexistentiam, sicut si aliquo praeexistente [co- ed.] albo aliud fiat album, illud aliud album advenit albo per coexistentiam [...]. Ista connotatio [sc. des Zielglieds durch die Relation] est ex parte rei, quia ex parte rei aliud est in se existere et coexistere alteri; et aliud requiritur ad verificandum aliquid existere in se, et aliud ad verificandum aliquid coexistere alteri".

7   Cf. Petrus Aureoli, *Commentariorum in primum librum Sententiarum pars prima*, Rom 1596, 663aE: „Dixerunt vero alij, praedictorum [sc. Thomas'] sententiam exponentes, quod [es folgen Referat und Kritik der Position des Hervaeus]"; cf. auch Petrus Nigri, *Clypeus Thomistarum*, Venedig 1504, foll. 114vb-116ra.

8   Auch Francisco Suárez stellt Hervaeus in diese Tradition, cf. *Disputationes metaphysicae*, 47, 2, §12, Bd. 2, Paris 1866 (Nachdr. Hildesheim 1965), 789b; §22, 792b.

9   Cf. Aureoli (n. 7), 667bE; offenbar hat er diesen Relationenbegriff aus Simplikios, einem griechischen Aristoteles-Kommentator des 6. Jhs., entnommen (cf. z.B. 674aBC) und durch diesen auch die Stoische Lehre von den Relationen als mentalen Entitäten kennengelernt.

und das Zielglied der Relation, diese selbst als Verbindung jener beiden Dinge wird von der Seele beigesteuert. Dabei unterscheidet Aureoli zwischen Akten des Erfassens und den intentionalen Inhalten dieser Akte, so daß seine Theorie z.b. der Ähnlichkeit dann so aussieht: Der Verstand erfaßt mit einem Akt das weiße Ding A, wodurch dieses als intentionaler Gegenstand in der Seele erscheint, und ebenso das weiße Ding B. Sodann vergleicht er die intentionalen Gegenstände A und B, indem er von A ausgeht und in B endet – A ist dann das Fundament und B das Zielglied der Relation. Dieser Vergleich resultiert nun in dem Urteil, daß A und B (als weiße Dinge) ununterschieden sind, wobei diesem Urteilsakt wiederum ein Urteilsinhalt (*esse iudicatum* bzw. *iudicium obiectivum*) entspricht. Ebendieser Urteilsinhalt ist nun die Relation der Ähnlichkeit: Die Einheit der drei intentionalen Gegenstände, Fundament, Term und Relation, wird von der Seele gestiftet, und außerhalb der Seele ist eine solche Einheit eben gar nicht möglich[10].

Kurz nach Aureoli beginnt Ockham mit seiner Sentenzenvorlesung und damit seine kurze philosophische Karriere. Für ihn sind weder die realistischen Theorien annehmbar, noch will er zugeben, daß eine Relation nur ein Verstandesding ist. Ockham argumentiert sehr ausführlich gegen jede Art von relativen Dingen und gegen jede Art von Unterscheidung zwischen Relation und Fundament, ja der Ausdruck „fundamentum relationis" sei gemäß der Philosophie des Aristoteles gar kein philosophischer Term[11]. Für ihn gibt es nur absolute Dinge, namentlich Substanzen und Qualitäten, aber diese Dinge können von der Seele auf verschiedene Weise erfaßt und sprachlich auf verschiedene Weise bezeichnet werden: Im Grunde stellt Ockhams Auffassung eine bloße Verschärfung der Lehre des Hervaeus dar, indem er dessen Begriffe *in recto/obliquo* und *Konnotation* auf die Zeichenebene überträgt; relative Terme wie „ähnlich" sind konnotative Terme, die ein Ding *in recto* und ein anderes *in obliquo* bezeichnen, in der Wirklichkeit gibt es aber nicht mehr als diese (z.B. zwei weißen) Dinge. Die zahlreichen Argumente gegen gegenteilige Auffassungen sind einerseits Anwendungsfälle des angeblich von Ockham selbst herrührenden „Rasiermessers", anderseits Regreßargumente z.B. solcherart, wie sie heute durch Bradley und Russell bekannt sind[12].

---

10 Ibid., 676aD: „Similitudo est quaedam unitas huius qualitatis ad illam [cf. Aristoteles, Met., 1021a11s], quae quidem non est aliud, quam unitas iudicij [...] & ideo tale iudicium obiectivum connectens duas albedines appellatur similitudo".

11 *Opera philosophica*, Bd. 1: *Summa logicae*, St. Bonaventure, NY, 1974, 177.

12 Interessante Darstellungen außerhalb der Ockham-Scholastik finden sich z.B. bei K.R. Olson, *An Essay on Facts*, Stanford 1987, 32-36; E. Tegtmeier, *Grundzüge einer kategorialen Ontologie*, Freiburg/München 1992, 25-30.

Von Hervaeus, Aureoli und Ockham werden also in den ersten beiden Jahrzehnten des 14. Jahrhunderts historisch wichtige Alternativen zum problematischen aristotelischen Begriff 'gerichteter' Akzidentien entwickelt, indem die Verbindung der Relata entweder der Seele (Aureolis Mentalismus) oder den Relata selbst (Ockhams Reduktionismus) zugeschrieben wird. Historisch bemerkenswert ist einerseits, daß der nominalistische Impuls vom Thomisten Hervaeus ausgeht und von Ockham nur mehr in seine Philosophie der ontologischen Armut und des semantischen Reichtums integriert werden muß, und anderseits die eher geringe Rezeption Ockhams im folgenden Nominalismus, v.a. aus dem Pariser Milieu (Johannes Buridan, Albert von Sachsen, Marsilius von Inghen u.a.): Diese Autoren übernehmen nicht den Reduktionismus Ockhams, sondern den Mentalismus Aureolis (wenn auch ohne dessen Theorie des *esse intentionale*), und hier wird der Grund gelegt für die lange, bis in dieses Jahrhundert reichende Tradition der Auffassung, daß Relationen mentale Akte sind.

SUBJEKTIVITÄT ALS HAUPTTHEMA DES RATIONALISMUS[*]

MARINA BYKOVA (MOSKAU UND WIEN)

Die Subjektivität, ein seit Ende des XVIII. Jahrhunderts in der Philosophie aktiv gebrauchter Terminus[1], bedeutet traditionell das, was zum Subjekt, zu seiner psycho-physischen Ganzheit gehört, was – vermittelt oder unvermittelt – im Prozeß seiner Wahrnehmungen und Empfindungen mitbeteiligt ist und auch auf eigene Weise jene Denkungsart bestimmt, die eine spezifische Charakteristik dieses konkreten Subjekts ist. Die Subjektivität ist das, was eine individuelle Totalität des Subjekts fundiert. Sie ist der Ausdruck einer auf breiter Front sich durchsetzenden Prozeßstruktur des Verhaltens eines menschlichen Denkens zu anderen und zur Natur. Die Subjektivität wird deshalb vor allem als empirisches Selbstbewußtsein gedacht, als ein reales Selbstbewußtsein im Kontext der menschlichen Erfahrung[2], wo das Verhältnis dieses Selbstbewußtseins zum Bewußtsein eigentlich begriffen werden soll.

Seit Descartes erhebt die Philosophie den Anspruch, die Thematisierung der menschlichen Subjektivität und der ihr zugrunde liegenden Gestalten des Selbstbewußtseins vorzunehmen. Ergebnis dieser Thematisierung war nicht nur eine reale Konstituierung des philosophischen Begriffs der Subjektivität, und zwar in dem noch heute maßgeblichen, modernen Sinne – was selbst ohne Zweifel von großer Bedeutung ist –, sondern auch eine detaillierte Ausarbeitung der Konzeption der Subjektivität. Die neuzeitliche Philosophie hat gerade auch dadurch historiographisch mit Recht den Titel *Philosophie der Subjektivität* gewonnen. Anstelle der bisher nur rein psychologischen Analyse des Bewußt- und Selbstbewußtseins[3], der Erforschung der Synthese

---

[*] Das Text des Referates wurde im Rahmen eines Lise-Meitner-Stipendiums des Fonds zur Förderung der wissenschaftlichen Forschung erstellt.
[1] Vgl. *K. Homann*: Zum Begriff „Subjektivität" bis 1802. – In: Archiv für Begriffsgeschichte. 1967. N 11. S. 184-205.
[2] Hier ist wohlgemerkt nicht der neuzeitliche oder moderne philosophische Erfahrungsbegriff gemeint, sondern ein Begriff von Erfahrung intendiert, wie er im Alltag benutzt wird.
[3] Wenn man nach einer umfassenden Geschichte des Begriffs *Selbstbewußtseins* fragt, ist ihr Anfang noch bei Augustin zu sehen und zu markieren. Vgl. dazu: *H. Scholz*: Augustin und Descartes. – In: Blätter für deutsche Philosophie, 5 (1931/32). S. 405-423. Auf diese Stelle ist auch nicht ohne Interesse, daß die Problematik des Selbstbewußtseins, sicher in einem weiterem Sinne, und zwar als Problem der Selbstbegründung auch der Antike nicht fremd ist. Noch bei Aristoteles tritt es unter dem philosophisch als Zentrales gemeinten Terminus *noesis noeseos* auf usw. Aber zum Hauptthema wird das Selbstbewußtsein und

der Bewußtseinsvorstellungen usw., tritt nun eine Erforschung der Subjektivität auf, bei welcher der eigentliche philosophische Inhalt des Problems zum Gegenstand wird. Das Selbstbewußtsein wurde als Charakteristik des logischen Denkens aufgefaßt und das Forschungsinteresse konzentrierte sich nun mehr auf die Frage: Was ist der Inhalt und wie ist die Struktur dieses Selbstbewußtseins? Gerade die Schwierigkeit, diese Frage im Rahmen einer psychologischen Interpretation des Selbstbewußtseins zu beantworten, und auch der dialektisch-wiedersprüchliche Inhalt des Selbstbewußtseins und die damit verbundene Schwierigkeit, die ursprüngliche Einheit der Gedanken und der gedachten Sachverhältnisse, – durch die eigentlich das Selbstbewußtsein erst möglich wird, – zu erklären, rief eine ganz neue Einstellung der Subjektivität zum Leben hervor. – Die Subjektivität ist nun nicht nur bloß empirisch, sondern auch als theoretisches Prinzip interpretiert. Diese neue, einen wichtigen theoretischen Bruch in der Entwicklung der Philosophie markierende Einstellung ist eigentlich der neuzeitlichen Philosophie, und vor allem der Philosophie des Rationalismus zu verdanken.

Diese Philosophie ist mit dem Paradigma verbunden, das sich an dem Ich, dem Subjekt orientiert. Es wird der Wert des Subjekts bestätigt und erstmalig erfolgt seine Deontologisierung (vollständig bei Kant), was ein Erwachen des Interesses an der realen Subjektivität und eine Anerkennung ihrer Wirklichkeit und ihrer Freiheit bedeutete. Zugleich geschah eine grundlegende Umorientierung in der Auffassung der Vernunft: sie ist nun nicht mehr ein Repräsentant isolierter Rationalität, sondern stellt das allgemeine menschliche Wesen selbst dar. Dabei geht es nicht um eine Verabsolutierung der Vernunft. Die Vernunft bleibt zu dem konkreten Menschen gehörig und ist auch eine untrennbare Eigenschaft *aller* (ohne Ausnahme) Menschen. Gerade deshalb bedeutet die Freiheit des Ich nicht nur die Freiheit der allgemeinen Urteilskraft oder die Freiheit, überhaupt urteilen zu können, sondern die Freiheit mit der *eigenen* Vernunft zu beurteilen und zu denken, die Freiheit des *individuellen* Urteils. Diese Vernunft aber wird nun zum allgemeinen Gesetz der Handlungen des Subjekts, verwandelt sich in das allgemeine Prinzip, von dem aus versucht wird, die Definition des Ich zu bekommen. Es gelingt nun durch eine neue Auffassung vom Subjekt.

Gleichzeitig mit einem Begriff des konkreten, denkenden Subjekts arbeitet die rationalistische Philosophie einen Begriff des absoluten Ich bzw. der Subjektivität aus, der nichts anderes als die allgemeine Struktur der reinen mentalen Handlungen bedeutet. Dieses Ich, die Subjektivität, die als Prozeß des Selbstbewußtseins (und folglich auch der Selbstidentifizierung, der Ent-

---

damit die ganze Problematik der Subjektivität in der Neuzeit und vor allem in der rationalistischen philosophischen Tradition.

faltung eigener Bestimmungen) zu verstehen ist, ist nun ein zentrales (erstes) Prinzip des systematischen Aufbaus der Philosophie und der Welt, ein systematischer Standpunkt, den die ganze Wirklichkeit und die Gesetze ihrer Entwicklung und Erkenntnis bestimmt. Und damit wird sie zum zentralen Begriff der philosophischen Forschungen. Es bedeutete in der Tat den Übergang zu dem prinzipiell neuen Paradigma der Philosophie, zum Paradigma der Subjektivität.

Dieses Paradigma ist eigentlich der ganzen neuzeitlichen Philosophie (hier im Sinne der Moderne) von Descartes bis zur heutigen, sogenannten postmodernen Zeit gemein; der Philosophie, die eigentlich mit dem subjektiven Selbstbewußtsein als *fundamento inconcusso* anhebt. Wenn schematisch versucht wird, sich den Entwicklungsverlauf des Subjektivitätsbegriffs in der neuzeitlichen Philosophie vorzustellen, so läßt sich diese Entwicklung grob mindestens in zwei Abschnitte und damit in zwei unterschiedlich gerichtete Bewegungslinien einteilen. – Zuerst führt die Entwicklung von der Auffassung über die Subjektivität als einem nur empirischen, individuellen Selbstbewußtsein, d.h. von der konkreten, als ein epistemologisches Begründungsprinzip verstandenen Individualität, hin zum Verständnis der Subjektivität als reinem Selbstbewußtsein, als theoretischem Deduktionsprinzip der Logik und der Ontologie. Es geschieht in der philosophiegeschichtlichen Periode von Descartes bis Hegel. Den zweiten Abschnitt, der von Hegel über Kierkegaard und Nietzsche bis zur Postmoderne (Husserl, Heidegger usw.) reicht, kann man nun theoretisch als eine Rückkehr zum Individuell-Konkreten beschreiben, wobei jedoch nun dem Individuell-Konkreten sowohl der Status eines Begründungs- als auch eines Deduktionsprinzips zugeschrieben wird. Ob wir heute tatsächlich das Ende des neuzeitlichen Paradigmas miterleben, lasse ich dabei offen.

Zum Hauptthema wird die Subjektivität in den im Rahmen der neuzeitlichen Philosophie entwickelten rationalistischen philosophischen Konzepte. Da wurde nicht bloß einen Begriff des Selbstbewußtseins bzw. der Subjektivität thematisiert, sondern zum erstenmal eine theoretische, konzeptuell begründete Auffassung über die Subjektivität entwickelt. Dadurch wird sowie den Begriff der Subjektivität neues konzepiert, als auch die ganze Menge der wichtigsten philosophischen Themen und Probleme werden neues thematisiert und entwickelt. In dem Referat wird eine Auffassung der Subjektivität in der rationalistischen philosophischen Tradition (im Hinblick auf die ganze Mannigfaltigkeit der hier ausgearbeiteten Konzeptionen hinsichtlich der Subjektivität) systematisch analysiert, und zwar in der philosophiegeschichtlichen Periode von Descartes bis Hegel. Es wird versucht, die bisher ignorierten oder verleugneten Tatsachen des Bewußtseins" aufzuweisen und die rationalistischen Konzepte im Kontext der Problematik der Subjektivität aufzuhellen.

Eine Gestalt rationalistischer Subjektivitätstheorie in der geschichtsphilosophischen Periode von Descartes bis Hegel kann als die systematische Geschichte des Selbstbewußtseins zu verstehen. Diese Geschichte des Selbstbewußtseins hat zum einen die Aufgabe, die verschiedenen Vermögen und Leistungen des Ich aus einem einheitlichen Prinzip der Subjektivität systematisch zu entwickeln; sie hat zum anderen die Aufgabe, in den Vorstellungsinhalten solcher Leistungen die Genesis des selbstbezüglichen Ich aufzuweisen. Bei Descartes und Leibniz wird als wichtigste die zweite Ausgabe betrachtet und sie wird in der der Wissenschaft zugrundeliegenden Metaphysik – sei es cartesianisches cogitaren System oder die Monadologie Leibniz' – realisiert. Bei Fichte und Schelling werden diese Aufgaben im transzendentalen Idealismus als einer eigenen, der Logik vorhergehenden Grundlegungswissenschaft eingelöst, die auch Formen, Gesetze und Kategorien der reinen Logik aus ursprünglichen Leistungen des Selbstbewußtseins oder des Ich erst herleiten soll. Hegel geht jeweils von Auseinandersetzungen mit den anderen neuzeitlichen Theorien des Ich oder des Selbstbewußtseins aus. Wie den anderen Idealisten, so gilt auch Hegel das reine Ich, das reine Selbstbewußtsein oder das reine Subjekt als grundlegendes Prinzip. Angemessen kann es für ihn nur in der Grundlegungswissenschaft der Philosophie, in der reinen Logik, expliziert werden. Dabei erweist sich für ihn, daß die Subjektivität in ihrer fundamentalen Struktur selbst von rein logischer Bedeutung ist. Hegel versteht sie zunächst noch als endliche Reflexion, die sich in den ihr immanenten logischen Bestimmungen selbst erfaßt; für den reifen Hegel ist sie dann die absolute Subjektivität. Nur dadurch werden die beiden Aufgaben der systematischen Geschichte des Selbstbewußtseins vollständig erfüllt und damit wird die Subjektivitätstheorie systematisch fundiert.

EINIGE BEMERKUNGEN ZU FEHLDEUTUNGEN VON KARL R. POPPERS RATIONALITÄTSKONZEPTION

KURT SALAMUN (GRAZ)

Gegen Poppers fallibilistische und kritizistische Rationalitätskonzeption sind eine Reihe von Einwänden erhoben worden, die sich bei genauerer Prüfung als Mißverständnisse und Fehldeutungen erweisen. So u. a. der Einwand, diese Konzeption führe notwendig in den Skeptizismus und Erkenntnisrelativismus. Demgegenüber hat Popper selber und haben andere Kritische Rationalisten wie Hans Albert, John Watkins und in jüngerer Zeit Alan Musgrave[1] mit überzeugenden Argumenten deutlich gemacht, daß der Verzicht auf die Idee einer absolut gesicherten Wahrheit und einer möglichen Letzbegründung des Wissens keineswegs die Preisgabe jeglichen Wahrheitsideals bedeuten muß. Man kann auch den Standpunkt eines erkenntnistheoretischen Realismus in Verbindung mit einer regulativen Idee der Wahrheit vertreten. Es gilt dabei allerdings stets zwischen der Wahrheitsidee und dem Wahrheitskriterium, d. h. dem Feststellungsverfahren der Wahrheit von Aussagen, zu unterscheiden. Skepsis gegenüber der Möglichkeit, zu einer Letztbegründung von Erkenntnissen und zu einem absolut gesicherten Wissen zu gelangen, impliziert nicht bereits Skepsis gegenüber der Möglichkeit des Vernunftvermögens, zu einem mehr oder weniger gut bewährten und zutreffenden konjekturalen Wissen über die Wirklichkeit zu gelangen. Wir können dieses Wissen als wahr bezeichnen weil die Aussagen, in denen es formuliert ist, zumindest vorläufig mit der Wirklichkeit übereinstimmen und aller bisherigen kritischen Überprüfung standgehalten haben.

Genausowenig wie die Aufgabe der Idee einer absolut gesicherten Erkenntnis notwendig die Preisgabe jeglicher Wahrheitsidee und jeglicher Möglichkeit einer objektiven und wahren Erkenntnis bedeutet, genausowenig impliziert die mit evolutionstheoretischen Erkenntnissen übereinstimmende Auffassung von Popper, daß jeder Mensch ein apriorisches Wissen in Form von angeborenen Erwartungen besitzt, das jeder auf Beobachtung beruhenden Erfahrung vorausgeht und diese immer schon imprägniert,[2] notwendig schon den Erkenntnisrelativismus. Die relativistische Konsequenz, daß der Mensch sein Leben lang im Bezugsrahmen von Vorerwartungen befangen bleiben muß und seine gesamte Weltsicht davon strikt determiniert ist, ist

---

1   Vgl. A. Musgrave, *Alltagswissen, Wissenschaft und Skeptizismus*. Tübingen 1993. S. 280 ff.
2   Vgl. Popper, *Objektive Erkenntnis. Ein evolutionärer Entwurf*. Hamburg 1973. S. 81 ff.; ders., Auf dem Weg zu einer evolutionären Theorie des Wissens. In: ders., *Eine Welt der Propensitäten*. Tübingen 1995. S.55-93.

wohl nur ein Ausdruck jenes „Mythos des Bezugsrahmens", den Popper einer ausführlichen Kritik unterzogen hat.[3] Solche erkenntnisrelativistischen Auffassungen übersehen die Tatsache, daß wir mit unserem Erkenntnis- und Vernunftvermögen durchaus in der Lage sind, noch so tief verankerte Erwartungshaltungen und Vorurteile, auch wenn sie über die Sprache internalisiert wurden, immer wieder zu korrigieren. Vorerwartungen erweisen sich oft als falsch. Wir lernen aus der Erfahrung falscher Realitätseinschätzungen und kommen durch ständige Korrekturen unserer durch die Evolution vermittelten Vorerwartungen, des lebensweltlichen Vorverständnisses, der emotionalen Begleitkonnotationen erlernter sprachlicher Ausdrücke usw., zu einem realitätsgerechteren, objektiven Wissen. Für dieses Wissen, das nicht selten im Gegensatz zu ursprünglichen Vorerwartungen steht, nehmen wir Wahrheit in Anspruch solange es nicht widerlegt wird und uns durch Problemlösungskapazität eine halbwegs zuverlässige Realitätsorientierung ermöglicht. Die Betonung dieser Tatsache durch Poppers Kritischen Rationalismus hat gerade in der Gegenwart eine wichtige Aufklärungsfunktion gegenüber kulturrelativistischen und radikal konstruktivistischen Positionen, die sich nicht zuletzt deshalb einer so großen Popularität erfreuen, weil sie mit einer weithin verbreiteten Wissenschaftsskepsis und Rationalitätsfeindlichkeit so leicht vereinbar sind.

Im Zusammenhang mit einer falschen Positivismus-Etikettierung wurden gegen Poppers Rationalitätskonzeption auch die Vorwürfe des Dezisionismus und Wertrelativismus erhoben. Damit ist gemeint, daß aus einem positivistisch verengten Vernunftverständnis heraus Wertprobleme aus dem Bereich der Rationalität ausgeklammert und in den Bereich des Irrationalen abgeschoben werden. Damit würden Wertentscheidungen zu subjektiven Willkürentscheidungen und beliebigen Dezisionsakten herabgewürdigt, anstatt sie mit rationalen Begründungsargumenten zu fundieren und ihnen den Status allgemeiner Geltung zu verschaffen. Der Vorwurf des Dezisionismus mag zwar auf neopositivistische Positionen, wie etwa den radikalen Emotivismus von Alfred J. Ayer oder auf Ludwig Wittgensteins Standpunkt im „Tractatus logico-philosophicus" zutreffen, keineswegs aber auf Poppers Kritischen Rationalismus.

Vergegenwärtigt man sich zunächst einmal die Positionen in der Wertediskussion, die von Poppers Standpunkt aus abgelehnt werden, so sind dies:
1. jede Art von fundamentalistischer Wertebegründung. Eine solche liegt z.B. vor, wenn in ethischen Theorien der fundamentalistische Anspruch erhoben wird, bestimmte Werte oder Prinzipien seien deshalb allgemeingültig

---

3   Vgl. K. Popper, *The Myth of the Framework. In defence of science and rationality.* London/New York 1994. S. 33 ff.

und damit auch allgemeinverbindlich, weil sie in einem absoluten Sinne begründbar bzw. aus einer absoluten Instanz zwingend ableitbar sind. Unabhängig davon, ob nun ein Gott und seine Offenbarung, die Natur, wie dies in Naturrechtstheorien der Fall ist, oder gar die Vernunft selber zu einem wertsetzenden Absolutum hochstilisiert werden, erweisen sich derartige fundamentalistische Versuche der Wertebegründung schon deshalb als Irrwege, weil sie in der Regel auf einem naturalistischen Fehlschluß beruhen. Es wird aus einem Sein, das oft auch nur ein imaginiertes Sein ist, ein Sollen abgeleitet. Man kann damit zwar kurzfristig individuelle Sicherheits- und Gewißheitsbedürfnisse befriedigen, doch die dabei vorausgesetzten absoluten wertsetzenden Instanzen sind bei genauerer Betrachtung bloß selbstproduzierte Gewißheiten des menschlichen Geistes.

2. der Standpunkt eines platonistischen Wertkognitivismus und Wertobjektivismus, wie ihn etwa Max Scheler in seiner materialen Wertethik entwickelt hat, und bei dem das Erkenntnis- und Vernunftvermögen in einen so illusionären Bereich wie eine an sich seiende ideale Wertewelt ausgeweitet wird.

3. die Position eines non-kognitivistischen Emotivismus, der normative Aussagen als bloßen Ausdruck von Gefühlen und Willenshaltungen ohne jegliche kognitive Sinnkomponente interpretiert und Wertentscheidungen als irrationale Willkürakte erscheinen läßt, die sich einer rationalen Diskussion grundsätzlich entziehen.

4. die vielfältigen Varianten eines naturalistischen Wertkognitivismus, der hinter David Humes Einsicht über die Unableitbarkeit von Soll-Sätzen aus Seinsaussagen zurückfällt. Popper, Albert, Herbert Keuth[4] und andere Kritische Rationalisten haben vielfach gezeigt, daß auf der Basis des kritisch-rationalistischen Vernunftverständnisses ein Standpunkt in der Wertediskussion vertretbar ist, bei dem die Sein-Sollen-Dichotomie bzw. der kritische Dualismus zwischen Tatsachenerkenntnis und Wertentscheidung unverwischt akzeptiert wird, ohne deswegen Werte und Wertentscheidungen, auch letzte Wertstandpunkte im Sinne Max Webers, in eine irrationale Dimension abschieben zu müssen.

Man kann Wertaussagen, seien es nun Werturteile, Empfehlungen oder Imperative, durchaus eine partielle kognitive Sinnkomponente zusprechen, denn sie beruhen in der Regel auch auf kognitiven Situationsdeutungen und einem gewissen Ausmaß an Sachwissen. Bei Änderung der Situationsdeutung durch Falsifizierung des Sachwissens, auf dem die Situationsdeutung beruht, können sich auch Werturteile oder Imperative ändern, obgleich dies aus rein

---

4 Vgl. H. Albert, *Traktat über rationale Praxis*. Tübingen 1978; H. Keuth, *Erkenntnis oder Entscheidung*. Tübingen 1993.

logischen Gründen nicht zwingend der Fall sein muß. Aus fallibilistischer und kritizistischer Sicht kann man Wertstandpunkte oder ethische Systeme als undogmatische Vorschläge zur Regulierung des praktischen Verhaltens auffassen, wie dies Albert einmal formuliert hat.[5] Solche Vorschläge sind stets in bezug auf die Realisierbarkeit der in ihnen enthaltenen Forderungen sowie in bezug auf die Konsequenzen, die aus ihnen folgen, rational diskutierbar und überprüfbar. Es können Kriterien für die Bewährung von ethischen Orientierungskonzepten durch Übereinkunft festgesetzt werden, die natürlich selber wiederum auf Wertentscheidungen beruhen, die ihrerseits wiederum auf ihre Implikationen und Konsequenzen hin durchdacht und durch Übereinkunft akzeptiert werden können. Ein solches Kriterium kann z.B. die Geeignetheit eines ethischen Systems sein, primär solche Verhaltensweisen zu fördern, die in spezifischen oder in unterschiedlichen Handlungssituationen größtmögliche Annäherungen an das humanitäre Prinzip der Leidminimierung in Aussicht stellen.

Vergegenwärtigt man sich die Möglichkeiten, die Popper, Albert und andere Kritische Rationalisten vor Augen führen, wie Wertstandpunkte kritisch diskutierbar und einer rationalen Prüfung zu unterziehen sind und eventuell auch im Lichte von Erfahrungen revidiert werden können, so wird damit weder einem naturalistischen Wertkognitivismus noch einem Wertrelativismus das Wort geredet. Es geht dabei primär um die argumentative Unterstützung eines Wertpluralismus. Die Entscheidung zu einem der im Rahmen eines pluralistischen Wertsystems miteinander konkurrierenden Wertstandpunkte ist der werttheoretischen Konzeption des Kritischen Rationalismus zufolge keine Willkürentscheidung, sondern erfolgt auf der Basis von Sachwissen und rationalen Überlegungen, obgleich dabei dem Sachwissen nicht jene zwingende Relevanz beigemessen wird, wie dies in kognitivistischen Positionen der Werttheorie der Fall ist. Das subjektive, nicht-kognitive Element jeder Wertentscheidung bleibt deutlich im Blickfeld. Dieses Element ist für Poppers Rationalitätskonzeption die Voraussetzung dafür, daß die Freiheits- und Verantwortungsidee jenen zentralen Stellenwert haben kann,[6] den Popper ihr aus seiner liberalen Grundüberzeugung heraus zuspricht.

---

5 Vgl .H. Albert, a. a. O., S. 22 ff.
6 Zu dieser praktisch-moralischen Dimension von Poppers Rationalitätskonzeption vgl. meinen Artikel „Das Ethos der Aufklärung im Kritischen Rationalismus", in: K. Salamun (Hg.), *Moral und Politik aus der Sicht des Kritischen Rationalismus*. Amsterdam/Atlanta 1991. S. 95-119.

FRANZ BRENTANO UND ÁKOS VON PAULER

RÓBERT SOMOS (PÉCS)

Die bodenständige ungarische Philosophie des 19. Jahrhunderts hatte enge Beziehungen zu deutschen, nicht aber zu österreichischen Universitäten. Das gilt ganz allgemein für die Geistes- und Naturwissenschaften.

Nach Ende seines Philosophiestudiums in Budapest nahm Ákos von Pauler (1876-1933) Ausslandsstudien in Leipzig und in Paris (1898-1900) auf, wo er bei W.Wundt und P.Janet Philosophie und Psychologie studierte. Zunächst strebte er eine Harmonisierung des Positivismus mit Kant an, später aber ging er von der Priorität des logischen bzw. des ethischen Geltungsprinzips aus. Bis 1911 gibt Pauler schließlich den subjektivistischen Ausgangspunkt auf; sein Programm der Logik als einer autonomen Disziplin der Philosophie mündete in einer scharfen Kritik des Psychologismus.

Neben Bolzano und Husserl spielte Brentano eine entscheidende Rolle in Paulers Wende von 1905. Nicht das – jetzt mit 1910 genau datierbare – persönliche Treffen und nicht die Gespräche mit Brentano waren für Pauler bestimmend, sondern folgende Elemente der Brentanoschen Philosophie:

1 Intentionalitätslehre

Obwohl Pauler Brentano, Mach und Meinong schon während seiner Perioden im engen Anschluß an den Positivismus kannte, begann seine eigentliche Wende ab 1905. Zuerst erwähnt Pauler Brentano nur in Verbindung mit Aristoteles,[1] aber seine Hinweise auf Husserl sind sehr wichtig, denn Paulers Zitate aus dem zweiten Band der „Logischen Untersuchungen" dienen der Explikation von Brentanos Intentionalitätslehre. Das Wort „Bewußtsein" hat nach Pauler zwei Bedeutungen: Erstens ist es die Gesamtheit der durch seelische Prozesse vorausgesetzten und im individuellen Organismus lokalisierbaren Erscheinungen; zweitens ist es die Gesamtheit der wertenden Bewußtseinsfunktionen. „Das Bewußtsein als wertender Akt ist auch etwas subjektives ... aber sein Inhalt ... ist unabhängig von dem individuellen Akte... Selbst die Wahrheit, die durch das Urteil ausgedrückt wird (mit einem scholastischen Wort: der intentionale Inhalt des Urteiles), ist weder ein psychischer Akt, noch ein individuelles Moment, sondern in seiner Geltung von allen subjektiven Erlebnissen unabhängig."[2]

---

1 *Bewußtsein und Wirklichkeit* (Tudat és valóság) In MFTK 1905. S.25.
2 op. cit. S.20.

2 Die Konzeption der in sich, für sich und seinem Wesen nach als richtig und rechstverbindlich angenommenen Geltung

Paulers Standpunkt bewegt sich in der Nähe der Werttheorie der Neokantianer, insbesonders in seinem Buch „Über die Natur der ethischen Erkenntnis". Tatsache und sehr wichtig ist, daß Pauler in diesem Buch die These Brentanos über die Existenz des jus naturale in „Vom Ursprung sittlicher Erkenntnis" in dem Sinne annimmt, daß natürlich das ist, was „... im Gegensatz zum willkürlich, durch positiven Machtspruch Bestimmten, die Regel bedeutet, welche an und für sich und ihrer Natur nach als richtig und bindend erkennbar ist."[3]

3 Der Gedanke logischer Evidenz, welcher von allen anthropologistischen Momenten einer Zwangsempfindung unabhängig ist

Husserl folgend betrachtet Pauler Bolzano als den Anreger der Richtung der reinen Logik, aber er nimmt auch auf Kant, Cassirer und J.Cohn als Vertreter des Standpunktes einer reinen Logik Bezug. Gleichzeitig lehnt Pauler die Versuche der Neokantianer ab, die mit Hilfe der Lehre von einem hyperindividuellen Ich die Einheit der Vernunft absichern wollen,[4] ja er möchte alle anthropologistischen Momente aus der reinen Logik verbannen. In diesen Rahmen paßt auch seine Berufung auf Brentano, der die Theorie ablehnt, nach welcher wir „... nach logischen Grundsätzen denken 'müssen' und dieser, in unserem Denkmechanismus verborgene Zwang bewegt uns, diese Prinzipien anzunehmen. Dies ist aber falsch: Schon Brentano hat mit feiner Analyse nachgewiesen, daß es keine solche Zwangsempfindung gibt, vielmehr erkennen wir **unmittelbar objektiv** als evident das, was offenbar ist."[5]

4 Die Konzeption der inneren Aktivität der Seele versus Seelenbegriff der experimentellen Psychologie

Nach Paulers Meinung bewirkte der Intentionalitätsgedanke eine grundlegende Änderung innerhalb der neueren Psychologie. Brentano war der wahre Erneuerer der Lehre von den Akten. Mittels dieser Lehre brach die moderne Psychologie mit der Idee der früheren dominant experimentellen Psychologie, die im seelischen Leben nur ein passives Moment sehen konnte. Pauler bringt auch diesen Brentanoschen Gedanken mit Aristoteles in Ver-

---

3   F.Brentano: *Vom Ursprung sittlicher Erkenntnis* 1889. S.4, Á. von Pauler: *Über die Natur der ethischen Erkenntnis* (Az ethikai megismerés természete) Budapest. 1907. S.226.
4   *Zur Theorie der logischen Grundsätze.* (A logikai alapelvek problémájához) Budapest. 1911. S.11.
5   op. cit. S.15.

bindung und zwar in dem Sinne, daß die aristotelische Lehre über den sensus communis nichts anderes ist, als eine Auffassung, welche im seelischen Geschehen ein selbsttätiges Leben findet.

Später wurden andere Elemente der Brentanoschen Philosphie für Pauler wichtig:

5 Brentanos Aristotelismus. (Ab 1912)

Es ist ein auffallendes Merkmal der Persönlichkeit Paulers, daß er die Innovatoren in der Geschichte der Philosophie sucht. Allerdings steht in seinem Brentano-Nekrolog[6] die Parallelität von Aristoteles und Brentano übermäßig in Vordergrund. Der Nachruf erweckt den Anschein, daß Brentano nur eine Etappe am Wege zu Aristoteles sei. Tatsächlich sind jedoch die Brentanoschen Einflüsse auf Pauler frühere, wie z.b. auch die Einsicht von der objektivistischen Natur des griechischen Denkens. So meint Pauler zum Beispiel in seinem nur in Handschrift erhaltenen Buch „Einführung in die Philosphie", daß der Höhepunkt der griechischen Philosophie die Sophistik sei, weil das Prinzip homo-mensura wohl eine Form des eigenen philosophischen Standpunkts Paulers von der Korrelativität von Objekt und Subjekt ist. Pauler wirft hier Aristoteles Kritiklosigkeit vor, aber in seiner Vorlesung des folgenden Jahres 1902 zeichnet er ein günsteres Bild von Aristoteles. Diese Handschrift ist jenes nie publizierte Buch, in dem der Name Brentanos erstmals auftaucht, aber es findet sich kein Wort über griechischen Objektivismus darin.[7]

6 Seine Ontologie. (Von 1911-12)

In der in Handschrift erhaltenen „Logik" Paulers von 1911-12 und in seinen Briefen wird die Möglichkeit einer Metaphysik d.h. einer Ontologie erwähnt, und Pauler übernimmt Brentanos mathematisch-philosophische und ontologische Ideen.

7 Noch später seine Religionsphilosophie

Nach dem Ersten Weltkrieg wurde Pauler sehr stark von den politischen Ereignissen der Jahre 1918-19 beeinflußt. Die Schrumpfung Ungarns durch den Friedensvertrag von Trianon (1920) veränderte sein Leben. Bereits im zweiten Jahrzehnt des 20. Jahrhunderts glaubte Pauler an die Möglichkeit einer Metaphysik, fand Zutrauen zur philosophia perennis; später entwickelte er diese Metaphysik in ein theistisches System einer katholischen, thomistischen Ontologie. Seine strenge, auf reine Logik gegründete Wahrheitsphi-

---

6 Franz Brentano 1837-1917. In: Athenaeum S.73-78.
7 Handschriftarchiv der Bibliothek der Ungarischen Akademie der Wissenschaften Ms 5049/6.

losophie begann weicher zu werden und die dritte Auflage der „Einführung in die Philosophie" und die posthum veröffentlichte „Metaphysik" zeigen Elemente einer katholisch-konservativen Lebensphilosophie. Pauler zitiert mehrmals mit Respekt Brentanos Gottesbeweise.